Jürgen Thorwald, im Oktober 1916 in Solingen geboren, in einem Dorf am Niederrhein aufgewachsen, schrieb schon als Schuljunge zahlreiche Geschichten und träumte davon, einmal Erzähler und Romanschriftsteller zu werden. Nach dem Ende der Schulzeit begann er mit einem Studium der Medizin, wurde aber durch eine schwere Erkrankung gezwungen, dieses Studium aufzugeben. Sein nachfolgendes Studium der Literatur und Geschichte wurde im Zweiten Weltkrieg durch die Einberufung zur Kriegsmarine abgebrochen.

Seine Arbeit als Schriftsteller, die kurz nach dem Krieg in der Redaktion der heute im »Rheinischen Merkur« aufgegangenen Wochenzeitschrift »Christ und Welt« begann, führte ihn in den folgenden Jahren und Jahrzehnten zu internationalen Erfolgen großen Stils. Dazu zählten seine (durch nostalgische Erinnerungen an sein so absurd aufgegebenes Medizinstudium angeregten) großartig erzählten Medizinhistorien. Sie umfaßten unter anderem seine zweibän... e
Geschichte der Chirurgie »Das Jahrhun...
Weltreich der Chirurgen« (Band 328...
Chirurgen Ferdinand Sauerbruch« (B...
Ärzte« (Band 3138), »Die Patienten« (B...
an denen zum ersten Mal neue Metho...
ausgehend von der dramatischen Gesc...
chen übersetzte Story der Kriminalisti... (Band
3157, 3160, 3164).

Während der jahrelangen Forschungsarbeiten für andere noch nicht veröffentlichte Werke aus dem medizinischen Themenkreis wie »Die Frauenärzte« und »Das Jahrhundert der Spezialisten« entstanden in Erfüllung seiner erzählerischen Kinderträume die drei Romane »Der Mann auf dem Kliff« (Band 1042), »Die Monteverdi-Mission« (Band 19061) und »Tödliche Umarmung« (Band 19088), in denen er sich tatsächlich als bedeutender Erzähler erwies. Sein Ruf beruht jedoch nicht zuletzt auf seinen Werken als Historiker, zu denen als jüngstes der erste Teil einer Geschichte der Juden in Amerika »Das Gewürz« (Band 3666) gehört.

Doch es waren zwei zeithistorische Werke aus den »Christ und Welt«-Tagen, die seine Entwicklung als Historiker einleiteten. Es handelte sich um die 1949/50 erschienenen Bücher »Es begann an der Weichsel« und »Das Ende an der Elbe«. Gestützt auf eine damals neuartige umfassende Quellenforschung, durch die Befragung ungezählter Zeugen, überlebender Verantwortlicher wie überlebender Opfer, gleichzeitig getragen von einem tiefen Wunsch nach noch verborgener oder entstellter Wahrheit und nicht zuletzt erfüllt von einem Gefühl für Schuld und Sühne schilderte er in den beiden Büchern die grauenvollen Ereignisse, die am Ende des Zweiten Weltkrieges, im Januar 1945, mit dem entscheidenden Angriff sowjetischer Armeen gegen die zerbrechende deutsche Ostfront begannen. Sie endeten mit dem deutschen Zusammenbruch und der Flucht von 12 Millionen Deutschen aus den ostdeutschen Provinzen über Land und Meer nach Westen.

»Es begann an der Weichsel« und »Das Ende an der Elbe« fanden in kurzer Zeit nicht nur Hunderttausende von Lesern in Deutschland. Sie wurden auch in Amerika, England, England, Frankreich, Holland, Spanien, Italien und anderen Ländern übersetzt. In den vier Jahrzehnten, die seither vergingen, wurden sie von keiner anderen Darstellung an Gehalt und Erzählungskunst übertroffen.

Vollständige Taschenbuchausgabe

Titel der Originalausgabe »Die große Flucht«
Umschlaggestaltung Adolf Bachmann
Umschlagfoto Süddeutscher Verlag
Druck und Bindung Ebner Ulm
Printed in Germany 6 5 4 3 2
ISBN 3-426-03803-X

Jürgen Thorwald:
Es begann an der Weichsel
Das Ende an der Elbe

Knaur

ISBN 3-426-03803-X 1080

Inhalt

Es begann an der Weichsel

Das Ende an der Elbe

Anstelle eines Vorwortes zu »Es begann an der Weichsel« die Stimme der schweizerischen »National Zeitung Basel« vom Februar 1950, die dem Buch den Weg in die Welt eröffnete:

»›Es begann an der Weichsel‹ lautet der Titel eines soeben erschienenen Buches über den deutschen Zusammenbruch im Osten, das an packendem Tatsachenstoff wie in seiner geistigen Haltung alle bisherigen Darstellungen des turbulenten Geschehens weit überragt.

Bisher war der Verlauf der sich überstürzenden militärischen Niederlagen und Gebietsverluste des Hitlerreiches im deutschen Osten, die im Januar 1945 mit dem dramatischen Durchbruch der Russen an der Weichsel einsetzten, dem zeitgenössischen Beobachter im Ausland nur in zufälligen Ausschnitten gegenwärtig. Man hatte von dem panischen Grauen der deutschen Massenflucht aus den umkämpften und verlorenen Provinzen eine dunkle Vorstellung. Die blutigen Verzweiflungskämpfe um die Plätze der Ostseeküste und um notdürftig befestigte Großstädte wie Posen und Breslau standen in etwas wirrer Erinnerung. Aber das Interesse blieb vor allem an die Kämpfe im Westen, den Übergang über den Rhein und den Zusammenbruch in Berlin gefesselt.

Nun liegt endlich die zusammenhängende und in ihrer meisterhaften Gestaltung ungemein fesselnde Darstellung des dramatischen Untergangs der Streitkräfte und des ganzen blühenden deutschen Siedlungsbesitzes im Osten vor, um dessen Sicherung und Erweiterung doch ursprünglich der verbrecherische Unterjochungswahn Hitlers sich in Bewegung gesetzt hatte. Der Bericht umfaßt die heftigen Auftritte im Führerhauptquartier, die mit erschütternder Regelmäßigkeit in dem starren Beharren Hitlers auf seinen Fehlentscheiden ausliefen, deren selbstzerstörerische Auswirkung, die nutzlose Vernichtung ganzer Armeen, die Verlogenheit der Gauleiter bis zum schmählichen Verduften und das namenlose Massenelend der flüchtenden oder einem unheimlich brutalen Feind ausgelieferten Zivilbevölkerung. Dies alles gesehen, geschildert und beurteilt, gewissermaßen von innen her, von einem Deutschen – erstaunlich objektiv, fast ohne Pathos und frei von feindseligem Ressentiment und von Haß.

Der noch junge Autor hat sich um die historische Fundierung seiner Feststellungen und Urteile mit außerordentlicher Gewissenhaftigkeit bemüht. Neben den einzeln aufgeführten Quellen muß er eine Unmenge an privaten Aufzeichnungen, Briefen, Tagebüchern verarbeitet haben und hat außerdem eine große Anzahl von Persönlichkeiten, Augenzeugen und Flüchtlingen befragt. In seiner Bewertung des gewaltigen Materials zeigt er sich aber auch gegenüber sehr hoch gestellten Gewährsmännern unbefangen. Die Bemühung, schroffe Schwarz-weiß-Zeichnungen zu vermeiden, macht den Bericht dort, wo er Verantwortungslosigkeit, Korruption oder Unmenschlichkeit aufdeckt, um so zwingender.

Der Haupteindruck des Berichts geht von den Szenen aus, die den unheimlichen Selbstzerstörungs- und Selbstbetrugsprozeß in der Urteils- und Entschlußkraft Hitlers und seiner Leute bis zu den ihm verfallenen Heeresführern anschaulich machen. Am krassesten tritt diese Selbstverseuchung durch die Propagandalüge in den Fällen der verantwortungslosen Gauleiter von Posen und Ostpreußen zutage, deren Verstrickung in den selbstgezüchteten Überlegenheitswahn zur Folge hatte, daß die rechtzeitige Evakuierung der Zivilbevölkerung unterblieb und damit unsägliches Elend angerichtet wurde. Es ist eine mutige Tat, daß von deutscher Seite diese geistige Selbstvergiftung mit ihren Folgen so schonungslos klargestellt wird, wie es auch allerhand Achtung verdient, daß die rücksichtslose deutsche Besetzungspraxis in Rußland, und insbesondere die gefühllose Behandlung der russischen Gefangenen, bei der Abwägung von Recht und Unrecht keineswegs beschönigt wird. Um so mehr Gewicht erhalten dadurch die erschütternden Aufzeichnungen über die Exzesse der Roten Armee.

Das Buch ist ein wichtiger Beitrag nicht nur zur deutschen Selbstbesinnung, sondern auch zum Verständnis der deutschen Wirklichkeit. Viel tiefer als durch die militärische Niederlage im Westen ist das deutsche Volk durch den mehr wie ein Elementarereignis wirkenden Einbruch der unaufhaltsam vordringenden Roten Armee beeindruckt und erschüttert worden. In den Millionen Flüchtlingen aus den Ostprovinzen ist das Erlebnis dieser Erschütterung und der damit verbundenen schweren persönlichen Opfer in Erinnerungsbildern gegenwärtig. Jede sachliche Aufklärung über die Zusammenhänge, auch wenn sie manch eigene Schuld aufdeckt, kann dazu beitragen, die Verwirrung aufzulockern. Der Umwelt dagegen wird aus der Schilderung des Umfangs jener erschütternden Katastrophe erst verständlich, was alles an Schicksalserfahrung einem neuen, nüchternen deutschen Lebenswillen im Wege steht. Man kann dem Verfasser, der auch in seinen kritischen Ausführungen an die Adresse der Alliierten alle Schulmeisterattitüde zu vermeiden weiß, bestätigen, daß sein Buch der ihm in dem klugen und nüchternen Nachwort gesetzten Zweckbestimmung tatsächlich gerecht wird: ›Dieses Buch dient dem Gesamtbilde. Es ist kein Buch über die Schuld der anderen und über die eigene Unschuld. Es wurde nicht geschrieben, um Generale zu verherrlichen oder Parteimänner ausnahmslos zu verdammen oder umgekehrt; es wurde nicht geschrieben, um die eigene Unschuld zu beweisen und die Schuld der anderen zur eigenen Entlastung zu brandmarken; es wurde geschrieben, um auf allen Seiten die Wahrheit zu finden, soweit dies schon heute und soweit es einem unvollkommenen Menschen überhaupt möglich ist. Denn in der Wahrheit allein liegen die Lehren, die dieses Buch erteilen kann – den Deutschen, aber auch anderen Völkern.‹«

Dr. Alfred Kober-Staehelin

Es begann an der Weichsel

ZIEGENBERG

Der Befehlszug des Generalstabschefs des deutschen Heeres befand sich in der Nacht vom 8. auf den 9. Januar 1945 auf der Fahrt von Zossen südlich Berlin nach Lich bei Gießen. Schwere englische Kampfverbände waren über dem Ruhrgebiet und über Mitteldeutschland gemeldet. Der Zug hatte seit seiner Abfahrt mehrfach Umleitungen befahren müssen. Aber das war seit langem nichts Ungewöhnliches.

Generaloberst Guderian hatte sich niedergelegt. Er litt an einer Herzkrankheit, die sich durch die Aufregungen seines Amtes nicht gebessert hatte. Da er zu einer neuen Auseinandersetzung zu Hitler fuhr, von deren Verlauf in starkem Maße Wohl und Wehe der deutschen Ostfront abhing, wollte er sich so lange wie möglich ausruhen und Kräfte schonen.

Trotzdem war ihm keine Ruhe geschenkt. Hinter ihm stand wie ein drohendes Gespenst die Gewißheit, daß das sowjetische Heer am 12. Januar eine neue Großoffensive gegen die deutsche Ostfront entfesseln würde, die nun aus dem Raum von Tilsit nach Warschau und von dort entlang der Weichsel nach Süden verlief.

Über das Ausmaß dieser Offensive gab man sich im Generalstab des Heeres keinen Illusionen hin. General Gehlen, Chef der Abteilung Fremde Heere Ost, der die Nachrichten über den östlichen Gegner zusammenstellte, war ein kühl und gewissenhaft arbeitender Mann. Guderian hatte keinen Grund, an der Zuverlässigkeit seines Mitarbeiters zu zweifeln. Dessen Aufstellungen aber waren um so beängstigender, als jetzt nur noch Reste jenes 1941 und 1942 eroberten Raumes die sowjetischen Armeen von Deutschland trennten. In Ostpreußen standen russische Truppen schon auf deutschem Boden, und was der überraschten deutschen Zivilbevölkerung im

Spätherbst 1944 in Nemmersdorf und Goldap an Mord, Vergewaltigung und Verschleppung zugestoßen war, zwang dazu, der kommenden Entwicklung mit Sorgen entgegenzusehen.
Der Generaloberst drehte sich unruhig zur Seite. Der schwache Schein des Nachtlichtes fiel auf seinen gedrungenen Kopf. Die lebhaften Augen verrieten Temperament. Guderian war kein Generalstabschef, wie man sich einen solchen gemeinhin vorstellte. Er war weder ein ausgesprochen »operativer Kopf«, noch liebte er die Planungsarbeit an Schreibtischen. Er war ein Mann der Front und ein Panzerführer.
Daß ausgerechnet er, der in der Hauptsache die deutsche Panzerwaffe geschaffen und bis 1941 eine Panzerarmee geführt hatte, nach dem Attentat auf Hitler am 20. Juli Generalstabschef geworden war, schien mehr eine Laune des Zufalls als Bestimmung. Dies um so mehr, als Hitler ihn während der verlorenen Winterschlacht 1941/42 vor Moskau abgesetzt und verbannt hatte. Erst 1943 war Guderian zurückberufen worden, als er gebraucht wurde, um der ausgebluteten Panzerwaffe neues Leben einzuhauchen. Er war Generalinspekteur der Panzertruppen geworden – und nach dem 20. Juli Chef des Generalstabes des Heeres. Durch eine Laune des Zufalls, weil der Mann, der eigentlich diese Stellung erhalten sollte, erkrankte.
Guderian fragte sich manchmal, ob er das Amt angenommen hätte, wenn ihm dessen Bürde im voraus bekannt gewesen wäre. Aber es war jetzt müßig, darüber nachzudenken. Er hatte sich mit der nicht allzu überlegten Tatkraft des Panzermannes in die neue Aufgabe hineingestürzt. Er hatte das Führerhauptquartier und Hitler selbst vorher so selten persönlich erlebt, daß er sich dem Glauben hingegeben hatte, es bedürfe nur eines Mannes mit Zähigkeit und dem Mut zum offenen Wort, um Irrtümern Hitlers ein Ende zu machen und militärisch zu retten, was noch zu retten war. Wahrscheinlich hatte er sich selbst zu hoch eingeschätzt. Vor allem aber hatte er die Wirklichkeit verkannt.
Guderian war, wie die meisten Generale, kein politischer Kopf. Er trennte das Militärische scharf vom Politischen und hielt es für seine Sache, zu kämpfen, und für die Sache der Politiker, ein Ende zu machen und ein Ende zu finden, wenn es keinen anderen Ausweg mehr gab. Er hatte seit den Erklärungen Roosevelts und Churchills während des Treffens der Alliierten in Casablanca das eindeutige *vae victis* der Gegner vor Augen. Und nach seiner Überzeugung als

Soldat war seither nichts anderes übriggeblieben, als sich zur Wehr zu setzen, gleich, welche Schuld Hitler und Deutschland in der vergangenen Zeit auf sich geladen haben mochten.

Einige Empörer des 20. Juli, die das Debakel überlebt hatten, warfen Guderian vor, er habe das Amt des Generalstabschefs in einem Augenblick übernommen, in dem Generale, Offiziere, also Kameraden, verhaftet und bald darauf auf eine unmenschliche Weise zu Tode gebracht wurden. Sie vergaßen nie einen Befehl über die Schuld des Generalstabs am 20. Juli, den Guderian nach der Übernahme seines neuen Amtes erlassen hatte. Sie argwöhnten, Guderian habe aus alter Gegensätzlichkeit gegen den einstigen Generalstabschef und nunmehrigen Empörer, General Beck, der seinerzeit wenig Verständnis für die revolutionären Ideen Guderians über die Panzerverwendung gezeigt hatte, sein Amt übernommen.

Seine Gegner mochten mit ihrer Kritik insofern recht haben, als die unvernarbten Wunden seines plötzlichen und nach seinem Empfinden ungerechten Sturzes im Winter 1941/42 Guderian dazu getrieben hatten, eine vermeintliche Scharte in seinem Leben wiedergutzumachen. Aber das war nicht das Entscheidende. Entscheidend für seine unkomplizierte Natur war die Überzeugung gewesen, daß Tyrannenmord in einem Augenblick verfehlt sei, in dem es darum ging, sich dem drohenden Schicksal der Unterwerfung und Vernichtung geschlossen entgegenzustemmen.

Was die Überzeugung von der Notwendigkeit des Widerstandes bis zum letzten betraf, hatte sich Guderians Ansicht bis zu dieser Nacht, in der er zu Hitler fuhr, nicht gewandelt. Seit im Verlauf der unglücklichen Dezemberoffensive in den Ardennen ein gegnerisches Schriftstück über einen alliierten Plan »Eclipse« erbeutet worden war, schien kein Grund vorhanden, anders über diese Notwendigkeit zu denken. Der Plan »Eclipse« war ein getreues Abbild von Vorstellungen, die der amerikanische Finanzminister Morgenthau über die Behandlung Deutschlands nach dem Siege nicht nur vertrat, sondern anscheinend durchgesetzt hatte. Dabei von echten Vernichtungsabsichten zu sprechen, schien Guderian keine Übertreibung.

Und trotzdem hatte sich in Guderian seit jenen hektischen Julitagen vieles geändert. Guderian kannte jetzt eine Welt von innen, die er damals mehr oder weniger von außen gesehen hatte. Er kannte jetzt das Führerhauptquartier so, wie es sich entwickelt hatte. Er kannte diesen Sumpf aus Wirklichkeitsfremdheit und Größenwahn, aus

Resten gigantomaner Konzeptionen, die vielen immer noch als genial erschienen, aber durch ihre nationalistisch-spätkolonialistische Uferlosigkeit, Verachtung nicht-»germanisch«-slawischen Menschentums, koloniale Unterwerfung und Morde die Gegenwehr und die Rache der Verachteten, der Unterworfenen und der Überlebenden des großen Mordens herausgefordert hatten, aus mangelnder Einsicht und erschütternder Unfähigkeit, aus Hörigkeit und Resignation, aus persönlichen Ressentiments und Intrigen; aus der Weigerung, die eigenen Fehler zu erkennen, und einem verzehrenden Mißtrauen gegen andere, aus Haß und einer dumpf brütenden Angst vor dem Ende, die sich hinter übersteigerten Siegesverkündigungen zu verbergen suchte.
Guderian besaß trotz seiner Krankheit eine bullenhafte Zähigkeit. Er wirkte nur selten diplomatisch, war vielmehr von aggressiver Offenheit. Und er hatte damit seit dem Sommer 1944 in der Tat manches erkämpft, was ihm militärisch vernünftig erschien. Aber wenn er die Summe dessen übersah, was er im günstigsten Sinne erreicht hatte, so blieb sie klein genug.
Guderian sah auf die Uhr. Er schob die Verdunkelung hoch und las das Namensschild eines kleinen Bahnhofes in Mitteldeutschland. Es würde wenigstens noch fünf Stunden dauern, bis der Zug Gießen erreichte. Von dort war es noch eine kurze Kraftwagenfahrt bis Ziegenberg in Hessen, wo Hitler sich seit Beginn der inzwischen zusammengebrochenen Dezemberoffensive in den Ardennen aufhielt.

Die deutschen Fronten hatten im Jahre 1944 die furchtbarsten Rückschläge erlitten. Im Westen hatten die englisch-amerikanischen Invasionsarmeen im Sommer 1944 die Landung in der Normandie durchgesetzt. Sie hatten die ohne Luftunterstützung, mit versiegendem Nachschub und unter erheblichem Führungschaos kämpfende deutsche Westfront nach wochenlangem Ringen durchbrochen. Sie hatten Frankreich und Belgien überschwemmt und waren – unter Aussparung des niederländischen Gebietes – bis an die deutsche Westgrenze vorgedrungen.
In Italien schob sich die alliierte Front Stück für Stück weiter nach Norden vor. Im hohen Norden hatten die erschöpften Finnen im September 1944 Waffenstillstand mit der Sowjetunion geschlossen. Die deutsche Gebirgsarmee an der Eismeerfront war in schwierigen Märschen durch die Tundra nach Nordnorwegen zurückgewichen, von wo sie jetzt langsam nach Süden zog. Alle Niederlagen, Rück-

züge und Katastrophen wurden jedoch durch die Rückschläge an der Ostfront überschattet.
Anfang Juni 1944 war jene Front noch weit jenseits der deutschen Ostgrenzen durch sowjetisches Gebiet verlaufen. Wenige Wochen später bereits wankte auch das ganze Gebäude dieser Front. Dies geschah zuerst im Bereich der Heeresgruppe Mitte des Generalfeldmarschalls Busch, dessen balkonartig weit vorspringende Tausend-Kilometer-Front sich von Kowel über Pinsk, Shlobin, Mogilew, Orscha, Witebsk bis in die Gegend nordostwärts Polozk erstreckte. Die 2., 9. und 4. Armee sowie die 3. deutsche Panzerarmee standen hier mit knapp vierzig schwachen Divisionen und zwei Reservedivisionen einhundertfünfzig sowjetischen Schützendivisionen und fünfundvierzig Panzerdivisionen gegenüber. Diese eröffneten am 22. Juni nach stundenlangem Trommelfeuer ihre Sommeroffensive.
Vergebens hatten die Oberbefehlshaber der Heeresgruppe Mitte, der fähige, erfahrene, als Persönlichkeit jedoch schwankende Feldmarschall v. Kluge, und sein Nachfolger, Feldmarschall Busch, der mehr und mehr resignierte und sich später dem Trunk ergab, immer wieder darauf hingewiesen, daß die Front ihrer Heeresgruppe einen strategisch untragbaren Balkon bilde, der den Gegner zum Hineinstoßen auffordern müsse. Vergebens hatten sie um die Genehmigung ersucht, diesen Balkon zu räumen, die Front zu begradigen und dadurch Reserven zu gewinnen. Aber Hitler kannte in seiner Aufbäumung gegen die an Zahl wachsenden Niederlagen nur noch eine Strategie, die keine mehr war. Er schlug um sich. Er setzte sich starr zur Wehr. Er wollte kein Stück des eroberten Raumes preisgeben.
In dem ausweglosen Gefühl, daß ihm jeder Verlust von Raum den Gegner näher brachte, gab es für ihn nur noch eine These, die etwas blind Besessenes an sich hatte. Es war die These von der kompromißlosen Verteidigung jedes einmal von deutschen Soldaten besetzten Fleckchens Boden. Er kannte fast nur noch einen Befehl: Behaupten! Auch wenn er damit ganze Armeen opferte, die an verkürzten Fronten einen längeren Widerstand hätten leisten können. Vergebens hatten v. Kluge und auch Busch darauf gedrängt, hinter ihrer Front Befestigungsanlagen zu bauen und vorsorglich zu besetzen, um nach einem Durchbruch des Gegners den zurückweichenden eigenen Truppen wieder Halt zu geben. Dem hatte Hitler seine zweite, immer wiederkehrende These entgegengestellt, daß der Bau

von Befestigungslinien im rückwärtigen Frontgebiet die Truppe nur dazu verführe, rückwärts zu blicken und in der Kampffront nicht genügend Widerstand zu leisten. Er hatte statt dessen, wie so oft in den vergangenen Jahren, mehr oder weniger wahllos einige Städte im Frontbereich zu »Festungen« erklärt, deren Besatzungen den Befehl erhielten, diese festen Plätze bis zum Tode zu verteidigen, gleich, was ringsum geschah. Er klammerte sich damit an ein System, das ihm während der großen Krise im Winter 1941/42 geholfen hatte, die deutsche Ostfront zu behaupten und unter fürchterlichen Opfern das Verhängnis abzuwenden, das er selbst durch seine Unterschätzung und Herausforderung des sowjetischen Kolosses herbeigerufen hatte.

Aber Hitler übersah seit langem schon, daß jetzt nicht einmal mehr die nötigen Kräfte vorhanden waren, um solche Plätze zu behaupten. Er übersah, daß die Luftwaffe, nicht zuletzt durch die Opfer jenes Winters 1941/42, am Ende ihrer Kraft angekommen war und keine ausreichende Versorgung aus der Luft durchführen konnte. Und er übersah schließlich, daß Deutschland jene Regimenter und Divisionen nicht mehr verschmerzen konnte, die in den festen Plätzen zugrunde gingen.

Es kam, wie es kommen mußte. Bei Shlobin, Rogatschew, an der Rollbahn und südlich und nördlich von Witebsk brachen die sowjetischen Panzerkolonnen durch. Sowjetische Panzerverbände stießen aus dem Raum von Witebsk hinter der deutschen Front entlang vor und faßten den linken Flügel der 4. deutschen Armee im Rücken. Sie rollten bis zur Beresina und besetzten die Übergänge, über welche die unglücklichen deutschen Soldaten hätten zurückgehen müssen. Die Masse der 4. Armee und etwa die Hälfte der 3. Panzerarmee mit nahezu dreihunderttausend Soldaten fanden in den riesigen düsteren Wäldern ostwärts Minsk ein erbarmungsloses Ende.

Hals über Kopf wurde Feldmarschall Busch durch den Feldmarschall Model ersetzt, eine umstrittene Gestalt, innerlich zerrissen, aber ein sogenannter »Löwe der Abwehr«, voller Energie, voller Härte, mit der Fähigkeit, selbst in schwierigen Situationen Aushilfen zu finden. Von der Rumänienfront, die zu diesem Zeitpunkt noch in trügerischer Ruhe dalag, rollten Divisionen nach Norden. Aber die meisten kamen zu spät. Am 5. Juli fiel Molodetschno, am 8. Juli Baranowitschi. Vorübergehend gelang es Model, in der Linie Kowel–Pinsk–Lida–Wilna eine dünne Front zu errichten. Es gelang nur, weil die Russen ihre Verbände auffrischen mußten.

In dieser Lage flog Model am 10. Juli nach Rastenburg in Ostpreußen, wo Hitler sich damals noch aufhielt. Auch er wußte keinen anderen Weg mehr, als durch Zurücknahme der Heeresgruppe Nord Kräfte für seine eigene Front zu gewinnen. Diese Heeresgruppe Nord bildete nach dem Zusammenbruch der Heeresgruppe Mitte einen weit nach Osten vorstrebenden Balkon in den baltischen Staaten. Sie mußte ihren Südflügel immer weiter verlängern, um irgendwie Anschluß an die nach Westen zurückgeworfenen Reste der Heeresgruppe Mitte zu finden. Ihre Zurücknahme hinter die Düna hätte viele Divisionen frei gemacht. Aber Hitler lehnte ab. Er blieb dabei, jeden Flecken eroberter Erde zu behaupten, sei es auch nur noch ein strategisch wertloser Fetzen, der ihn an die Weite der Eroberungen und die trügerische Glorie der vergangenen Jahre erinnerte.

Er stützte sich zwar auf plausible Erklärungen des Großadmirals Dönitz, nach denen die Räumung des Baltikums die Kriegsmarine zwingen würde, die bisherige Absperrung des Finnischen Meerbusens aufzugeben und den russischen U-Booten den Weg in die Ostsee zu öffnen. Aber Hitler hatte sich aus Dönitz' Worten nur das herausgenommen, was ihm genehm war.

Schon am 14. Juli brach der nächste sowjetische Angriff los. Mit Mühe gelang es, die Wegnahme Warschaus zu verhindern. Weiter nördlich aber überschritten die Russen am 16. Juli 1944 den Njemen und stürmten bis zur ostpreußischen Grenze vor.

Guderian war noch einmal eingeschlafen, während der Zug durch den kalten, trüben Wintermorgen Kassel entgegenfuhr. Aber sein Schlaf war nur eine wirre Folge jener Traumbilder, die ihn seit Wochen heimsuchten. Und diese verwirrende Folge war ein Abbild seiner Gedanken, Vorstellungen und Sorgen. Ein Abbild all dessen, was seit Juli 1944 aus mehr oder weniger zuverlässigen Informationen auf ihn einstürmte.

In einem der Traumbilder sah er seinen eigenen Mund, der schnell und erregt Sätze hervorstieß, welche stets die gleichen Argumente wiederholten: »Die Russen stehen vor Ostpreußen. Sie können jeden Tag bei Memel an die Ostsee durchbrechen. Sie können die Heeresgruppe Nord abschneiden. Die Heeresgruppe Nord kämpft dann für nichts und wieder nichts. Wir brauchen ihre dreißig Divisionen in Ostpreußen. Wir brauchen sie am Narew. Wir brauchen sie an der Weichsel. Wir brauchen sie zum Schutz der Heimat!«

Dann sah Guderian Hitlers totenbleiches Gesicht hinter einer großen grünen Brille. Und Hitlers Mund sprach immer wieder die gleichen Worte: »Nein, kommt nicht in Frage. Die Heeresgruppe Nord kämpft, wo sie steht. Der deutsche Soldat gibt freiwillig keinen Meter Boden preis.«

Alle Bilder und Gestalten, die Guderian in seinen Träumen sah, gehörten zu einem einzigen verwirrenden Reigen, dessen einzelne Szenen erbitterte Kämpfe mit Hitler und den ringsum anstürmenden Gewalten bedeuteten.

Juli/August 1944: Die Russen in Ostpreußen. Eine dünne deutsche Front, die sich ihnen noch entgegenstellt. Die Heeresgruppe Nord in Kurland dagegen völlig unberührt. Verzweifelter Kampf um die Zurücknahme der dreihunderttausend Mann dieser Heeresgruppe zum Schutze Ostdeutschlands. Hitler: »Nein, kommt nicht in Frage!« Erster Durchbruch der Russen zur Ostsee bei Riga. Wiederherstellung der Verbindung mit der Heeresgruppe Nord.

2. September 1944: Finnland schließt Frieden.

18.–27. September 1944: Heeresgruppe Nord gezwungen, Estland zu räumen. Rückzug der Heeresgruppe Nord nach Lettland. Neuer Antrag, die Heeresgruppe Nord nach Ostpreußen zurückzunehmen. Hitler: »Nein!« Durchbruch der Russen bis zur Ostsee beiderseits Memel.

9. Oktober 1944: Endgültige Abtrennung der Heeresgruppe Nord. Antrag, die Heeresgruppe Nord zum Durchbruch nach Ostpreußen antreten zu lassen, solange die russischen Kräfte bei Memel noch schwach sind. Hitler: »Nein!«

16. Oktober 1944: Russen greifen mit vielfacher Übermacht Ostpreußen an. Halb aufgefrischte Verbände der bei Witebsk zum größten Teil vernichteten 4. Armee, jetzt unter General Hoßbach, verteidigen Ostpreußen. Vier schwache deutsche Korps gegen fünf russische Armeen. Chef des Stabes der Heeresgruppe Nord, General v. Natzmer, bei Hitler. Erneuter Antrag, die intakte Heeresgruppe Nord nach Ostpreußen durchbrechen zu lassen. Hitler: »Nein! Ich rechne bald mit einer Änderung der Lage und brauche dann Kurland, um den Russen in die Flanke stoßen zu können.«

22. Oktober 1944: Russen in Goldap und Nemmersdorf. Vordringen gegen Gumbinnen.

25. Oktober 1944: 4. Armee hält unter beispiellos erbitterten Kämpfen die Russen auf, vernichtet westlich der Straße Goldap–Gumbinnen russische Kräfte. Neuer russischer Durch-

bruch bei Daken. Schwere Krise. Ostpreußen vielleicht in einigen Tagen überrannt. Gleichzeitige Angriffe gegen Heeresgruppe Nord in Kurland. Heeresgruppe Nord auf lettischem Festlandzipfel zwischen Ostsee und Rigaer Bucht zusammengedrängt. Frage an Hitler: »Welchem Zweck soll die Behauptung dieses Zipfels dienen? Sie hat keinen Sinn!« Hitler: »Sie lenkt russische Angriffe ab!« Neuer Antrag: Truppen der Heeresgruppe Nord über See nach Ostpreußen zu bringen. Hitler: »Nein! Die Heeresgruppe bleibt, wo sie ist!«
27. Oktober 1944: Hoßbach bringt mit letzter Kraft russischen Angriff in Ostpreußen zum Stehen. Erfolg geht zum erheblichen Teil auf Unentschlossenheit des russischen Oberbefehlshabers zurück.
4. November 1944: Hoßbach nimmt Goldap zurück. Furchtbare Verwüstungen. In Nemmersdorf Frauen lebend an Scheunentore genagelt. Alle Frauen und Mädchen ungezählte Male geschändet, Männer und Greise zu Tode gemartert, 40 französische Kriegsgefangene erschlagen.
11. November, 18. November, 20. November, 23. November 1944: Anträge auf Überführung der Heeresgruppe Nord in die Heimat. Hitler: »Nein!« Russen sind nicht mehr von ostpreußischem Boden zu vertreiben. Verzweifelte Anstrengungen, um der Heeresgruppe Mitte, die jetzt unter Generaloberst Reinhardt dünnen Frontbogen mit 3. Panzerarmee, 4. und 2. Armee von Tilsit bis nördlich Warschau hält, Kräfte zuzuführen.
26. November, 28. November, 5. Dezember 1944: Anträge auf Räumung Kurlands. Hitler: »Nein! Kommt nicht in Frage, der deutsche Soldat gibt freiwillig keinen Meter Boden auf, nein, kommt nicht in Frage!«

Aber dies war nicht der einzige Reigen bedrückender und beängstigender Ereignisse, aus denen das Unterbewußte seine Traumbilder schöpfte, um Guderian auch in seinen Nächten in die von Krisen, Zusammenbrüchen, Drohungen und Sorgen durchtobte Wirklichkeit zurückzurufen, in deren Mittelpunkt er gerückt worden war. Es gab einen noch größeren, noch chaotischeren Reigen wiederum mehr oder weniger zuverlässiger Informationen, dessen Schauplatz von Warschau bis zum Balkan reichte.

5. August 1944: Rumänischer Staatsführer Antonescu in Wolfsschanze. Guderian dolmetscht in französischer Sprache. Antonescu vertraulich zu Guderian: »Ich kann nicht verstehen, daß sich an dem

Attentat auf den Führer Offiziere beteiligt haben. Sie können versichert sein, ich kann mein Haupt in den Schoß meiner Generale legen!«

6. August 1944: Der Oberbefehlshaber Heeresgruppe Süd, Generaloberst Frießner, schreibt an Hitler: »Innere Lage in Rumänien unsicher, König wahrscheinlich Mittelpunkt der Kräfte, die aus dem Kriege auszuscheiden wünschen. Diese Kräfte hegen Hoffnungen auf die Westmächte, welche die Rumänen nicht Rußland überlassen würden, auch wenn zunächst Einmarsch der Russen erfolgt. Konspiration bis in die Familie Antonescus. Front der Heeresgruppe Süd vom Schwarzen Meer am Dnjestr entlang über Jassy bis zur Karpatenlinie durch russische Angriffsvorbereitungen bedroht. Front durch die Abgabe von Divisionen zur Wiederherstellung der Lage bei Heeresgruppe Mitte geschwächt. Rumänische 4. Armee und rumänische Heeresgruppe Dimitrescu unzuverlässig. Jetzige Front nur zu halten, wenn Rumänien nicht abfällt, wenn keine weiteren deutschen Truppen abgezogen werden und wenn die zersplitterten deutschen Kräfte in Rumänien, Luftwaffe, Marine, OKWK-Truppen, SS und Polizei, Heeresgruppe unterstellt werden. Im Falle der Unerfüllbarkeit dieser Voraussetzungen sofortige Zurücknahme der Front hinter den Pruth unerläßlich.«

7. August 1944: Hitler: »Die Front bleibt da, wo sie steht!«

10. August 1944: Bericht des deutschen Gesandten in Bukarest, v. Killinger: »Lage völlig sicher. König Michael Garant des Bündnisses mit Deutschland.«

13. August 1944: Hitler befiehlt an Stelle Rückführung der Heeresgruppe Nord Abzug aller Reservedivisionen und (mit einer Ausnahme) sämtlicher Panzerdivisionen der Heeresgruppe Süd und ihre Überführung an die Weichsel, an den Narew und nach Ostpreußen.

16. August 1944: Generaloberst Frießner meldet: »Sieben russische Panzerkorps und neunzig russische Infanteriedivisionen sind angriffsbereit. Ihnen gegenüber stehen einundzwanzig deutsche Divisionen. Rumänische Divisionen unzuverlässig!«

20. August 1944: Russischer Großangriff. Rumänen legen die Waffen nieder. Fliehen oder gehen zu den Russen über. Russischer Durchbruch bis an den Pruth.

22. August 1944: 6. deutsche Armee abgeschnitten. Allgemeiner Zusammenbruch. Hitler erteilt Erlaubnis zur Zurücknahme der Heeresgruppe Süd. – Zu spät. 6. Armee eingekesselt. Nur Teile der 8. Armee retten sich an die Ausgänge der Ostkarpaten.

23. August 1944: v. Killinger in Bukarest verhaftet. Antonescu gefangen. König Michael Führer der Abfallbewegung. Hitler überträgt Frießner allgemeine Befehlsgewalt. Hitler befiehlt: »Verräterclique festsetzen. Nationalregierung bilden. Bukarest bombardieren!« – Zu spät. Ganz Rumänien im Abfall. Kriegserklärung Rumäniens an Deutschland. Sowjetische Armeen marschieren ohne Widerstand durch Rumänien. Mißhandlung, Ausplünderung, Gefangennahme, Schändung und Verschleppung der durch die Ereignisse überraschten Deutschen. Russische Armeen im Rücken der deutschen Balkanfront. Zusammenbruch der militärischen und wirtschaftlichen Positionen im Südosten. Verlust der Erdölquellen. Heeresgruppe E und F auf dem Balkan gezwungen, sich in Richtung Norden zurückzuziehen. Hitler stimmt widerwillig einem Teilrückzug zu.
1. September 1944: Beginn des Rückzuges. Furchtbare Lage zwischen Russen, Rumänen, Engländern, Partisanen. Russen in Siebenbürgen. Fürchterliche Frage: Was wird das Schicksal der Siebenbürger Deutschen sein, die seit Jahrhunderten hier leben? Hitler: »Ich befehle in Siebenbürgen die Organisation des volksdeutschen Widerstandes!« Antwort der Wirklichkeit: Einbruch der russischen Armee nach Siebenbürgen; viehische Schändung, Mord, Plünderung, Vertreibung, Verschleppung, Enteignung für alle, die nicht im letzten Augenblick mit deutschen Truppen entkommen und – graue, verlorene Trecks – durch Ungarn nach Österreich flüchten.
14. September 1944: Russen und Rumänen vor dem Banat. Neue Tragödie der Deutschen, die seit Jahrhunderten im Banat leben. Hitler: »Das Banat ist zu halten!« Antwort der Wirklichkeit: Russen und Rumänen in Temeschburg. Entsetzliches Wüten. Banater Schwaben auf der Massenflucht nach Süden. Übergangsstellen über die Donau können Andrang nicht bewältigen. Amerikanische und englische Flieger werfen Minen in den Fluß, greifen den Fährbetrieb an. Werschetz verloren. Weißkirchen verloren. Tausende von Deutschen, Greise, Frauen und Kinder, erschlagen. Furchtbare Szenen in Pantschowa, wo sich Banater Deutsche auf der Flucht vor dem Wüten des Hasses und einer tierischen Grausamkeit im letzten deutschen Brückenkopf versammeln.
Oktober 1944: Einbruch in uralte deutsche Siedlungsgebiete Batschka und Syrmien. Partisanenkorps Titos. Was ihnen nicht entkommt, wird erschlagen oder von Haus und Hof getrieben, zu Hunderttausenden in Lager gepfercht.

15. Oktober 1944: Russen in Belgrad. Deutsche Balkanarmeen auf qualvollen Rückmärschen durch feindselige Berglandschaft.
Nochmals 15. Oktober 1944: Ungarischer Reichsverweser v. Horthy versucht, Waffenstillstand zu schließen. Hofft ebenfalls auf Westmächte. Horthy durch SD-Verbände verhaftet. Neue Regierung des ungarischen Nationalsozialisten Szálasi. Ungarische 1. Armee am rechten Flügel deutscher Heeresgruppe A, die zwischen Zusammenbruch Heeresgruppe Mitte und Heeresgruppe Süd in erschöpfenden Rückzugskämpfen Zusammenhalt bewahrt hat und jetzt auf Karpatenkamm, an Wisloka und Weichsel bis südlich Warschau hält, versucht überzulaufen. Oberbefehlshaber Miklos läuft zu den Russen über.
27. Oktober 1944: Heeresgruppe A im Süden bis an die Theiß und an Linie Kaschau–Jaslo zurückgedrängt. Von der Ostsee bis zu den Karpaten Einzelkämpfe. Sonst trügerische Ruhe vor neuen Stürmen. Wachsende sowjetische Ansammlungen.
November 1944: Stetiges russisches Vordringen in Ungarn. Vorbereitung zu Großangriff über die Donau.
23. November 1944: Angriff gegen ausgeblutete deutsche Truppen. Russen in Fünfkirchen. Vierwöchige Kämpfe.
20. Dezember 1944: Neue russische Offensive.
23. Dezember 1944: Russen in Stuhlweißenburg.
24. Dezember 1944: Einschließung von Budapest.

Guderian erwachte gegen 9 Uhr durch ein Anrucken des Zuges, und das Traumbild, das er diesmal mit in sein waches Bewußtsein hinübernahm, war wiederum jener ewig verneinende Mund Hitlers – jenes Sinnbild des Anrennens gegen die Wirklichkeit, das Guderian seit dem Juli 1944 so oft erlebt hatte.
Als Guderian eine halbe Stunde später über den von kalter Winterluft durchwehten Wagengang zu seinem Arbeitsraum hinüberging, hatte er – nach seiner späteren Erinnerung – die Bilder der Nacht verscheucht. Noch war er nicht zermürbt, noch schöpfte er aus seinen starken Kraftreserven. Und sein Adjutant, v. Freytag-Loringhoven, der ihm an Hand der drahtlos aufgenommenen Meldungen die Morgenlage vortrug, las aus Guderians Gesicht, daß es an diesem Tage eine neue und wahrscheinlich heiße Auseinandersetzung mit Hitler geben würde.
Guderian blieb, als v. Freytag-Loringhoven gegangen war, noch eine halbe Stunde allein. Er sah durch das Fenster in den trüben

Wintermorgen hinaus, in den sich nur ab und zu ein paar Sonnenstrahlen hineinstahlen. Es lag kein Schnee. Guderian dachte an riesige Schneeflächen, über die er am 6. Januar, also vor drei Tagen, gefahren war, als er in Krakau den Oberbefehlshaber der Heeresgruppe A besuchte, die wahrscheinlich den ersten Anprall der bevorstehenden russischen Offensive spüren würde.

Seit dem Abklingen der Sommer- und Herbstschlachten 1944 hatte sich die Ostfront mühselig auf einer Linie stabilisiert, die im Norden am Kurischen Haff begann. Die Linie folgte dann der ostpreußischen Grenze, durchschnitt ostpreußisches Grenzgebiet östlich Goldap und führte in südwestlicher Richtung am Narew entlang bis in die Gegend von Modlin. In ihrem weiteren Verlauf lehnte sie sich an die Weichsel an. Sie schloß den links der Weichsel liegenden Hauptteil Warschaus ein. Sie umschloß bei Pulawy einen ziemlich großen Brückenkopf, den die Russen auf das Westufer der Weichsel vorgetrieben hatten. Dann hielt sich die Frontlinie wieder an das linke Ufer der Weichsel. Sie führte um einen kleinen russischen Brückenkopf bei Zwolen herum und fand erneut Anschluß an die Weichsel, um schließlich den größten und gefährlichsten russischen Weichselbrückenkopf im Gebiet von Baranow zu umfassen. Die Front überschritt dann die Weichsel und führte in gerader Linie nach Süden bis nach Kaschau in Ungarn, wo sie Anschluß an die Front der Heeresgruppe Süd fand. Vor dem nördlichen Teil dieser Linie lagen der abgeschnittene große baltische Brückenkopf der Heeresgruppe Nord und ein kleinerer Brückenkopf, der die Stadt Memel umschloß.

Die riesige Frontlinie war mit zwei deutschen Heeresgruppen besetzt, welche beide schon die Last der Sommerschlachten in Rußland getragen hatten. Im Norden stand die Heeresgruppe Mitte, die nach dem Zusammenbruch fast völlig neu formiert werden mußte, soweit dies noch möglich war. Ihr Oberbefehlshaber war Generaloberst Reinhardt, ein äußerlich professoral wirkender Mann. Er verfügte im Norden seiner Front, an der Memel, über die schwache 3. Panzerarmee des Generalobersten Rauß, eines grauhaarigen Österreichers. Seine Armee verdiente den Namen einer Panzerarmee schon lange nicht mehr. Ihr schloß sich die 4. Armee des Generals Hoßbach an, die sich kaum von den schweren Abwehrkämpfen im Oktober erholt hatte. Sie bildete wieder einen gefährlich vorspringenden Balkon in Reinhardts Front. Nach Südwesten, am Narew, schloß sich die schwache 2. Armee des Generalobersten

Weiß an, die fast nur über schwer bewegliche Infanteriedivisionen mit wenig Artillerie verfügte.

Von Modlin bis Kaschau hielt die Heeresgruppe A unter Generaloberst Harpe, einem in jahrelangen Abwehrkämpfen an der Ostfront großgewordenen, schwerblütigen Westfalen der jüngeren Generation, der aber in seinem Stabschef, dem jungen phantasievollen General v. Xylander, eine gute Ergänzung gefunden hatte. Harpe befehligte die 9. Armee, die mit wenigen unzureichend ausgerüsteten Divisionen nördlich und südlich der Stadt Warschau stand und dem General der Panzertruppen v. Lüttwitz unterstellt war. Ihr schloß sich die 4. Panzerarmee des Generals der Panzertruppen Graeser an. Ihre Front umschloß vor allem den großen russischen Brückenkopf bei Baranow. Es folgten die 17. Armee des Generals Schulz zwischen Weichsel und Beskiden und die 1. Panzerarmee des Generalobersten Heinrici um Kaschau und Jaslo.

Der Aufbau dieser Front war nur möglich geworden, weil auch die russischen Angriffswellen des Sommers ihren Kulminationspunkt überschritten hatten und die sowjetischen Armeen selbst wieder aufgerüstet werden mußten. Aber schon seit November wurde gegenüber der dünnen deutschen Front der Neuaufmarsch von vier sowjetischen Heeresgruppen festgestellt: im Norden gegenüber Ostpreußen massierten sich die Heeresgruppen Rokossowski und Tscherniakowsky und an der Weichsel von Modlin bis südlich Baranow die Heeresgruppen Shukow und Konjew. Das Schwergewicht des Aufmarsches der beiden südlichen russischen Heeresgruppen lag in dem Weichselbrückenkopf von Pulawy und Baranow. Aus letzterem zielte die vermutliche Angriffsrichtung unmittelbar auf Schlesien und Sachsen. Die Angriffsrichtung aus dem Pulawybrückenkopf wies durch den Warthegau und die Neumark direkt auf Berlin.

Die Meldungen, die Gehlen seit November über die zahlenmäßige Stärke der sowjetischen Kräfte und über ihre Ausrüstung mit Artillerie, Panzern und Flugzeugen vorlegte, hatten selbst in Guderian trotz aller vorangegangenen Erfahrungen zuerst den Eindruck der Unwahrscheinlichkeit erweckt. Aber sie ließen sich vielfach belegen, und schon im Dezember 1944 hatte das zahlenmäßige Verhältnis zwischen den russischen und deutschen Divisionen an der Weichselfront 9 zu 1, zwischen den russischen und deutschen Panzern 6 zu 1, zwischen der russischen und deutschen Artillerie 10 zu 1, an manchen Abschnitten aber auch schon 15 zu 1 betragen.

Guderian hatte in der Wirrnis der Zuständigkeiten, innerhalb deren ihm nach Hitlers Weisungen die Ostfront unterstellt war – während das Oberkommando der Wehrmacht mit Generaloberst Jodl über alle anderen Fronten gebot –, damit begonnen, die neue Ostfront für die kommenden Stürme zu rüsten. Er hatte sich dabei zunächst auf sich selbst und auf die Erfindungsgabe seiner Truppenführer und Soldaten gestellt gesehen. Sie hatten alles getan, was sie zu tun vermochten, sie hatten geschanzt und befestigt und ausgebildet und improvisiert. Sie hatten langsam aus der dünnen Front alle Panzerverbände und alle noch vorhandenen motorisierten Divisionen herausgezogen und aufgerüstet, bis die Panzerdivisionen mit 70 oder 80 Panzern wenigstens noch ein Drittel ihrer einstigen Panzerstärke zählten. Sie hatten auf diese Weise für die ganze Front von der Kurischen Nehrung bis zum südlichen Weichselknie wenigstens eine Reserve von vierzehn Divisionen heraus»gekratzt«, die im Dezember bei Krakau und Warschau und in Ostpreußen standen. Aber was bedeuteten vierzehn Divisionen hinter einer fadenscheinigen Front und gegenüber einem Gegner, der die Panzerkorps zu Dutzenden aufbot.

Daher hatte Guderian seinen immer wieder vergeblichen Kampf um die dreißig Divisionen der Heeresgruppe in Kurland aufgenommen, die der ganzen Ostfront mit einem Schlage eine völlig andere Sicherheit und Stärke geben konnten.

Dann hatte Guderian gehofft, für die Ostfront eine Anzahl von Verbänden zu erhalten, die im Spätherbst nach einer rücksichtslosen »Auskämmung« aller noch vorhandenen Menschen- und Waffenreserven als »Volksgrenadierdivisionen«, als »Volksartilleriekorps« aufgestellt worden waren. Aber im September 1944 hatte Hitler die verzweifelte Idee geboren, an der Westfront, die nun schon zum großen Teil auf deutschem Boden stand, noch einmal die Initiative gegen eine erdrückende Übermacht an sich zu reißen. Er wollte in den Ardennen in einen Streifen der alliierten Front einbrechen, der von den Alliierten in der Annahme, Deutschland sei zu keiner größeren Offensive mehr fähig, nur schwach besetzt worden war. Er glaubte, Antwerpen nehmen und Engländern und Amerikanern einen Schlag versetzen zu können, der ihren Aufmarsch gegen Deutschland um viele Monate verzögern würde. Jodl, ein Mann, der erfahren genug war, um das drohende Debakel zu erkennen, der aber längst resigniert und sich an Hitler verloren hatte, war Hitlers Idee gefolgt. So waren die letzten Reserven nach Westen gerollt, um

daraus zwei Angriffsarmeen, die 5. Panzerarmee und die 6. SS-Panzerarmee, zu formieren.
Hitler hatte Guderian zugesagt, daß die Verbände wieder der Ostfront zur Verfügung gestellt werden würden, sobald ein Erfolg im Westen errungen sei oder aber sichtbar werde, daß ein solcher Erfolg nicht errungen werden könne und ein weiterer Einsatz der Panzerarmeen sinnlos sei.
Guderian hatte sich notgedrungen auf diese Zusage verlassen. Unterdessen hatte er nach anderen Wegen gesucht, um den deutschen Osten zu schützen – Wege, die nur verzweifelte Auswege und Provisorien waren.

Guderian sah auf die graue Waldlandschaft hinaus, durch die sein Zug – schon nahe am Ziel – jetzt fuhr. Und er dachte an den Augusttag 1944, an dem er jenen Befehl erlassen, der in den folgenden Monaten bis in diese ersten Januartage 1945 hinein in Ostpreußen, in Westpreußen, in Pommern, im Generalgouvernement, im Warthegau und in Schlesien Hunderttausende von Menschen, Deutsche und Polen und Kriegsgefangene, in Bewegung gesetzt hatte, um von der Ostsee bis nach Oberschlesien Panzergräben auszuheben, Feldbefestigungen zu bauen, Straßensperren anzulegen und alle größeren Städte mit Rundumverteidigungen zu versehen. Dieser Befehl hatte der bis dahin niemals erschütterten These Hitlers widersprochen, daß der Bau von Befestigungslinien im Rücken der Fronten den Widerstandswillen der Soldaten lähme. Guderian hatte in jenen ersten Wochen, in denen er noch von Illusionen über Hitlers Wesen und über seine eigenen Möglichkeiten befangen war, seinen Befehl erlassen, ohne Hitler zu fragen. Er hatte ihn gezeichnet: »Adolf Hitler – für die Richtigkeit: Guderian.«
Es war das einzige Mal geblieben, daß ihm eine solche Eigenmächtigkeit gelang. Wenn sie ihm gelungen war, so wahrscheinlich nur deshalb, weil der Gauleiter von Ostpreußen, Erich Koch, Guderian in der Befestigung des Ostens bereits vorangegangen war. Koch hatte in dem Augenblick, in dem die russischen Armeen im Sommer 1944 zum ersten Male gegen Ostpreußen vordrangen, die Ostpreußen zu einer umfangreichen »Schanzaktion« und zugleich zu einem »Volksaufgebot in Waffen« aufgerufen.
Sein Aufruf zu den Waffen hatte inmitten eines technisierten Krieges auf alle vernünftig Denkenden wie eine gespenstische Flucht in vergangene Jahrhunderte gewirkt. Der größte Teil dessen, was Koch

an Gräben und Widerstandsnestern in jenen hektischen Tagen hatte ausheben lassen, war dilettantisch und nutzlos gewesen. Aber als ein Mann, der in den Augen Hitlers die Verkörperung rücksichtslosen Kampfeswillens war, hatte er den Weg für Guderians Versuch bereitet, im Rücken der gesamten Ostfront ein tiefes System von Feldbefestigungen herzustellen.

Die Hunderttausende waren ausgezogen, und wer würde einmal die Mühe, die Opfer und den naiven Glauben aller derjenigen belohnen, welche Grabensysteme ausgehoben hatten, die in diesen Januartagen zu einem großen Teil fertig dalagen – aber wahrscheinlich nichts weiter sein würden als vertaner Aufwand an Mühe, an Opfern und an Glauben, die eigene Heimat retten zu können.

Guderian würde einmal zugeben müssen, daß er einem grundlegenden Irrtum verfallen war, als er sein Amt mit dem Gedanken übernommen hatte, in dem Kampf um das nackte Überleben Deutschlands könne es nur eine Devise geben: Einigkeit. Als Mann, der nur in militärischen Kategorien dachte, hatte er nicht vergessen, daß die ersten Siege Deutschlands im zweiten Weltkrieg dadurch entstanden waren, daß sich militärisches Fachwissen und militärische Erfahrung mit der Phantasie Hitlers getroffen hatten, die das Ungewöhnliche nicht scheute.

Aber das war unwiderruflich vorbei. Die Hybris des Erfolges hatte Hitler zu Höhen emporgetragen, von denen aus es keine Verbindung mehr zu militärischer Vernunft geben konnte. Es war endgültig vorüber seit dem 20. Juli, der eine Kluft des Mißtrauens aufgerissen hatte, deren Überbrückung nicht mehr möglich war.

Schon in den ersten Wochen von Guderians Wirken waren die Gauleiter in Königsberg und Danzig, in Posen, Stettin und Breslau als »Reichsverteidigungskommissare« zu den wahren Herren im Bereich der Ostfront geworden. Ihnen vertraute Hitler unwiderruflich mehr als den Oberbefehlshabern, und sie hatten die Macht, die ihnen gegeben war, genutzt. An ihrer Spitze Erich Koch. Sein Aufstieg vom Gauleiter Ostpreußens zum Reichskommissar in der besetzten Ukraine und damit zum König eines »Reiches« von der Ostsee bis zum Schwarzen Meer, hatte ihn verdorben bis ins Mark. Er hatte alles Ungute in ihm emporgeschleudert: Herrschsucht und Machtgier, Ehrgeiz und Skrupellosigkeit (geistige Beschränktheit) und einen hemmungslosen Egoismus.

Seit Koch aus der Ukraine geflohen war, war ihm nur noch Ostpreußen als Herrschaftsgebiet geblieben. Er war absoluter Herr bis dicht hinter die Frontlinie der Heeresgruppe Reinhardt. Er hatte die ostpreußischen Verteidigungslinien nach seinem Willen bauen lassen und sich geweigert, auf Anforderungen Reinhardts Stellungen in der Tiefe des ostpreußischen Raumes zu errichten, weil dies Defätismus sei und den Gedanken aufkommen lasse, die Russen könnten überhaupt ins Innere Ostpreußens einbrechen. Er hatte sich geweigert, die Zivilbevölkerung aus einem mehr als zehn Kilometer tiefen Landstreifen hinter der schon auf ostpreußischem Boden verlaufenden Front in Sicherheit zu bringen, weil dies ebenfalls den Anschein erwecke, als halte man einen Einbruch der Russen für möglich. Er hatte seine Verwaltungsstellen auch in dem schmalen geräumten Landstreifen belassen, um dadurch seine Herrschaft und seine Kontrollrechte zu dokumentieren. Er hatte es abgelehnt, irgendwelche Vorbereitungen für eine Evakuierung der Bevölkerung im Katastrophenfall zu treffen, da kein Deutscher den Gedanken, daß Ostpreußen in bolschewistische Hand fallen könnte, überhaupt erwäge. Ostpreußen werde stehen wie ein Mann oder fallen. Kein Meter Boden werde freiwillig preisgegeben. Er hatte sich von Hitler das Recht einräumen lassen, durch seine Funktionäre Offiziere und Soldaten zu kontrollieren und nach »Feiglingen« zu fahnden. Er hatte offen seinem Mißtrauen gegen Reinhardt Ausdruck verliehen, erklärt, daß er in erster Linie auf sein ostpreußisches Volksaufgebot baue und sich den Titel des »Führers des ostpreußischen Volkssturms« zugelegt. Er hatte sich geweigert, seinen »Volkssturm« der militärischen Führung zu unterstellen, und er hatte als Reichsverteidigungskommissar in die Waffenproduktion Ostpreußens eingegriffen, um eigene Waffenlager anzulegen, deren Bestände er den unzureichend ausgerüsteten Heeresdivisionen entzog.

Ein Stück von Kochs Geist lebte, mit einzelnen Ausnahmen, in allen Reichsverteidigungskommissaren, am stärksten vielleicht in jenen von Stettin und Breslau, wo der Gauleiter Hanke im Zuge seiner Befestigungsarbeiten, denen er nach einer romantischen historischen Figur den Namen »Unternehmen Bartold« verlieh, ebenfalls militärischen Rat und militärische Erfahrung mißachtet hatte. Trotz alledem waren schließlich Befestigungslinien entstanden, die einige Bedeutung für den Schutz Ostdeutschlands hätten erlangen können, wenn nicht andere Umstände ihnen diese Bedeutung genommen hätten.

Die Gräben und Panzersperren, Schützenlöcher und Geschützstel-

lungen, die A-, B- und C-Linien von Ostpreußen bis an die schlesische Grenze lagen in diesen Januartagen leer und verschneit da, es sei denn an Stellen, an denen noch gebaut wurde. Viele Gräben waren bereits wieder eingefallen, denn überall fehlten die Truppen, um sie zu besetzen. Ende August 1944 hatte Guderian einhundert Festungsbataillone aus beschränkt verwendungsfähigen Männern aufstellen lassen, welche in die wichtigsten Abschnitte der im Bau befindlichen Linien einrücken sollten. Gleichzeitig hatte er 2000 schwere Beutegeschütze aus den Artillerieparks, zu denen er Zugang hatte, bereitgestellt, um damit Widerstandszentren zu bewaffnen.
Doch ein einziger Befehl Hitlers hatte ihm alle Bataillone und sämtliche Geschütze bis auf diejenigen entzogen, für die weniger als fünfzig Schuß Munition vorhanden waren. Alle Kräfte waren nach dem Westen gerollt, als die Front in Frankreich endgültig zerbrach und die Reste der deutschen Westarmee gegen die deutsche Westgrenze zurückfluteten. Alle Proteste und Vorstellungen über die drohende Gefahr aus dem Osten waren auch hier verhallt. Hitler hatte Guderian darauf hingewiesen, daß die eventuell zurückgehenden Fronttruppen ihren Kampf in den vorbereiteten Stellungen fortsetzen müßten. Während er sonst jederzeit bereit war, von zurückweichenden Verbänden das Schlechteste anzunehmen, hatte er hier Forderungen gestellt, die unerfüllbar waren. Denn alle Erfahrungen bewiesen, daß Divisionen, die in vorderster Linie einmal durchbrochen und zerschlagen waren, sich auch in rückwärtigen Stellungen nicht mehr fingen, wenn sie hier nicht von Stellungsbesatzungen aufgenommen werden konnten.
Aber Guderian hatte den Kampf auch dann noch nicht aufgegeben. Er hatte Hitler den Vorschlag unterbreitet, in allen bedrohten ostdeutschen Gebieten einen mehr oder weniger ortsgebundenen Landsturm einzuberufen, der militärisch ausgebildet und ausgerüstet und zur Besetzung der Befestigungslinie verwendet werden sollte. Guderian hatte nicht geahnt, daß er mit diesem Vorschlag in Hitler eine unmittelbare Gedankenverbindung mit den Volkssturmexperimenten Erich Kochs hervorrief. Dies hatte er erst erkannt, als Hitler ihm drei Tage später erklärte, seine Idee des Landsturmes werde in Gestalt eines »Volkssturmes« nicht nur im Osten, sondern in ganz Deutschland verwirklicht werden. Die Durchführung habe er dem Chef der Parteikanzlei, Martin Bormann, übertragen.

Das war das Ende gewesen. Bormann, der beschränkte, primitive und gefährliche Schatten Hitlers, der unfähig war, eine politische und militärische Lage zu beurteilen, und unentwegt an seiner Macht und an der Macht der Partei baute, so als brächen draußen keine Fronten zusammen, hatte den Volkssturm zu einem propagandistischen Parteiinstrument gemacht.
Die Befestigungslinien im Osten aber, an denen Hunderttausende gearbeitet hatten und Zehntausende in diesen Wintertagen noch arbeiteten, waren leer und unbesetzt. Wenn Guderian sein Gewissen befragte, dann mußte es ihm antworten, daß er sicherlich das Beste für Ostdeutschland gewollt, aber das Schlechteste erreicht hatte. Er kannte nur zu gut Hitlers »Festungs«-Besessenheit, um nicht zu wissen, daß das Vorhandensein von starken Befestigungslinien, auch wenn sie leer und schon wieder verfallen waren, Hitler im Ernstfall bewegen würde, die Verteidigung ungezählter »Festungen« zu fordern, die nur auf dem Papier Festungen waren – und damit Opfer zu verlangen, für die es keine Rechtfertigung geben konnte.

Guderian wurde aus seinen Gedanken aufgeschreckt, als sich die Tür des Abteils öffnete. In der Tür stand General Gehlen. Er meldete sich, um noch einmal den gemeinsamen Führervortrag zu besprechen.
Gehlens Gesicht war bleich, mit gelblichem Unterton. Er litt an der Berufskrankheit überarbeiteter Generalstabsoffiziere, Magen- und Gallenbeschwerden.
»Herr Generaloberst«, sagte er, »ich habe noch eine Sonderaufstellung über das beiderseitige Kräfteverhältnis im Bereich des Baranowbrückenkopfes angefertigt, das die allerjüngsten Unterlagen berücksichtigt. Der Gegner ist danach auf 90 Kilometer Breite mit fünf Schützenarmeen, sechs Panzerkorps, zwei selbständigen Panzerkorps und fünf Panzerbrigaden aufmarschiert. Das Kräfteverhältnis beträgt jetzt für den Gegner 11:1, 7:1 bei den Panzern und 20:1 bei der Artillerie. Der russische Artillerieaufmarsch beträgt an vielen Stellen 250 Geschütze pro Kilometer. Die Ergebnisse ... müßten auch den Führer überzeugen, daß wir am Baranowbrückenkopf einer Katastrophe gegenüberstehen, wenn nichts geschieht.«
Auch Gehlen urteilte aus der Vernunft. Er hatte seinem ganzen Wesen nach keine Verbindung zu einer Welt, in der nach ideologi-

schen Vorstellungen oder Zwangsvorstellungen, Fanatismen oder Träumen, Illusionen oder Instinkten gehandelt wurde. Guderian stand auf und begann hin und her zu gehen. »Gehlen«, sagte er, »heute ist unsere letzte Chance. Wenn die Panzerdivisionen aus dem Westen noch heute nacht in Marsch gesetzt werden, könnten sie noch rechtzeitig eintreffen, um das Schlimmste zu verhüten.«

Vor seinen Augen stand die Weihnachtsnacht 1944, in der er den Kampf um die Panzerarmeen in den Ardennen wiederaufgenommen hatte. Die Ardennenoffensive hatte am 16. Dezember begonnen. Am 22. Dezember war bereits klar, daß die Offensive gescheitert war.

Daher hatte Guderian am 24. Dezember, in der Weihnachtsnacht, versucht, bei Hitler die für diesen Fall zugesagte Überführung der Angriffsdivisionen nach dem Osten zu erwirken.

Aber Hitlers Blick war mit dem Trotz des Gescheiterten auf die Ardennen gerichtet geblieben. Er hatte behauptet, die Initiative befinde sich nach wie vor in seiner Hand. Er hatte die Größe der Gefahr aus dem Osten geleugnet. Die Zahlenangaben über den russischen Aufmarsch seien blanke Erfindungen. Hinweise auf das drohende Schicksal der ostdeutschen Bevölkerung hatte er zuerst überhört, dann erwidert, auch die Preußen Friedrichs des Großen hätten Opfer bringen müssen, und er könne verlangen, daß auch die Deutschen Opfer brächten. Die Atmosphäre dieser Weihnachtsnacht stand noch deutlich vor Guderians Augen – mit ihrer gewollten Unkenntnis der Zustände im Osten, nicht nur bei Hitler, sondern auch bei Jodl, der – sofern Guderian gefühlsmäßig urteilte – außerdem als Süddeutscher für das Schicksal Ostdeutschlands wenig Verständnis besaß.

In der Weihnachtsnacht noch war Guderian nach Zossen zurückgefahren. Unterwegs erhielt er die Nachricht, daß Budapest verlorengegangen war. In Zossen angekommen, erhielt er eine weitere Meldung, nach der auf Grund eines direkten Befehls aus Ziegenberg ein Panzerkorps Gille, das als Eingreifreserve hinter der Weichselfront gestanden hatte, nach Ungarn in Marsch gesetzt worden war, um eine fremde Hauptstadt zurückzuerobern.

Guderian hatte den Sturm der Empörung, des Zornes und der machtlosen Verzweiflung überwunden und war in der Neujahrsnacht 1944/45 erneut nach Ziegenberg gefahren. Er hatte sich zuerst zu Generalfeldmarschall v. Rundstedt begeben, der sich als »Oberbefehlshaber West« im Schloß Ziegenberg aufhielt. Der alte

Mann, der auch in eine Welt gestellt war, die seiner ganzen Tradition und seinem Wesen widersprach, der aber auch nicht die Kraft besaß, sich dem Mißbrauch durch diese Welt zu entziehen, rettete sich in Sarkasmen. Er hatte Guderian immerhin die Divisionen genannt, die im Westen selbst dann entbehrlich waren, wenn Hitler die Panzerarmeen nicht hergeben wollte.
Dann hatte der Kampf begonnen. Wie in den Weihnachtstagen stritt Hitler die Größe der Drohung aus dem Osten ab. Er wollte nicht anerkennen, daß sein erbittert gehaßter Gegner Stalin so gewaltige Kräfte aufzubieten vermochte. Er vertrat mit der Unbeherrschtheit dessen, der innerlich sein Unrecht fühlt, immer noch die Vorstellung von der Unzulänglichkeit der russischen Armee, die ihn 1941 zu seinem Angriff im Osten verführt hatte. Er hatte nie den Glauben aufgegeben, daß sich Stalins Reservoir einmal erschöpfen müsse. Er sprach wieder von »zusammengelesenem Pack« und von »Beutedivisionen«, die Stalin noch aufbieten könne. Er rief, der General Gehlen gehöre in ein Irrenhaus. Er überhörte Guderians Einwand, dann könne Hitler ihn, Guderian, mit in jenes Irrenhaus sperren, denn er teile Gehlens Meinung.
Guderian rang von neuem um die Kurlanddivisionen und wies an Hand von Berechnungen seiner Transportfachleute nach, daß der Abtransport einschließlich der schweren Waffen noch rechtzeitig möglich sei. Hitler lehnte ab. Dann begann das Ringen um die Divisionen, die laut v. Rundstedt im Westen entbehrlich waren.
Er erinnerte an Nemmersdorf und Goldap, an Siebenbürgen und das Banat. Er erklärte, der Osten gehe verloren, wenn nichts geschehe. Hitler erwiderte, im Osten könne er noch Raum verlieren, im Westen nicht und wiederholte, auch die Preußen Friedrichs des Großen seien nicht gern gestorben, aber sie hätten für die Sache sterben müssen, er könne auch von den Deutschen verlangen, daß sie Opfer brächten. Als Guderian nach dem Ende der vergeblichen Auseinandersetzung, noch von Erregung geschüttelt, eine Stärkung zu sich nahm, hatte der Reichsführer der SS, Himmler, ihn gefragt: »Glauben Sie wirklich, die Russen könnten angreifen? Das ist der größte Bluff seit Dschingis-Khan.«

Guderian hielt in seinem Auf und Ab inne. »Wir müssen es heute schaffen«, wiederholte er, »es bleibt die letzte Chance. Gehlen, lassen Sie sich bei unserem Vortrag durch nichts hinreißen. Bleiben Sie ruhig und kalt, auch wenn der Führer sich zu Beschimpfungen gegen

den Generalstab und gegen Sie persönlich hinreißen läßt... Ich fasse noch einmal die wichtigsten Vortragspunkte zusammen: 1. sofortige Aufgabe der Kurlandfront, 2. Überführung von Panzerkräften aus dem Westen nach dem Osten noch diese Nacht, 3. im Weigerungsfalle wenigstens Zurücknahme des Frontbalkons der 4. Armee in Ostpreußen und Einsparung von einigen Divisionen als Reserve, 4. Aufgabe unseres zwischen den Weichselbrückenköpfen Pulawy und Baranow zur Weichsel vordringenden Frontbogens kurz vor dem russischen Angriff. Einsparen von vier Divisionen als Reserve, angriffsweise Verteidigung vor dem Pulawybrückenkopf, hinhaltende Verteidigung vor dem Baranowbrückenkopf bis zur schlesischen Grenze, das heißt: der Plan ›Schlittenfahrt‹.«
Eine Stunde später hielt der Zug in Lich, und im Kraftwagen legten Guderian und seine Begleitung das letzte Stück des Weges nach dem Lager Ziegenberg zurück.

Der Arbeitsraum, den Generaloberst Jodl im Lager Ziegenberg benutzte, war verhältnismäßig groß. Er bot den zahlreichen Menschen, die sich, wie in Rastenburg so auch hier, Abend für Abend zur »Führerlage« versammelten, genügend Platz.
Keitels äußerlich repräsentative, füllige Gestalt überragte die zwanzig Männer, die sich in der Nacht vom 9. auf den 10. Januar zusammengefunden hatten. Jodls rotes Gesicht wirkte verschlossen. Görings breite, zerfließende Gestalt wurde zwischen der übereleganten Figur seines Verbindungsoffiziers zu Hitler, Generalmajor Christian, und dem Marineadjutanten, v. Puttkamer, sichtbar. Dönitz war nicht anwesend. Auch Bormann fehlte. Das sympathische kluge Gesicht des verhältnismäßig jungen Generals Winter, des Chefs des Führungsstabes Südraum, stach angenehm von den bleichen Zügen Himmlers ab. Die vierschrötige, krummbeinige Gestalt des Chefs des Heerespersonalamtes, Burgdorf, den viele den Totengräber des deutschen Offizierskorps nannten, stand neben dem Kartentisch.
Hitler erschien, kaum daß Guderian den Raum betreten hatte. v. Freytag-Loringhoven, der Guderian zum ersten Male auf einer Fahrt zu Hitler begleitete, erschrak ob seines äußeren Verfalls. Hitler ging vorsichtig und greisenhaft und schleifte den linken Fuß nach. Die linke Hand zitterte. Sein Rücken war gebeugt. Sein Kopf saß tief zwischen den Schultern. Sein Gesicht wirkte schlaff und bleich. Graue Fäden durchzogen sein schwarzes Haar. Sein zweirei-

higer grauer Rock mit goldenen Knöpfen hing formlos von seinen Schultern herab.

Hitler reichte jedem der Anwesenden seine weiche Hand. Dann ging er weiter zum Kartentisch. Einer der Adjutanten schob den Stuhl, auf dem Hitler zu sitzen pflegte, in dessen Kniekehlen, und Hitler fiel in den Stuhl hinein wie ein Mensch, der nicht mehr Herr seiner körperlichen Kräfte ist. Dann begann das merkwürdige Knistern und Rascheln, das seit Monaten alle Lagebesprechungen begleitete. Es entstand durch die Berührung zwischen Hitlers zitternder Hand und den Karten. Und es hörte nur dann auf, wenn Hitler die noch gesunde Hand auf die kranke legte.

Aber es war immer noch eine gefährliche Täuschung, von dem äußeren Verfall auf Hitlers Inneres zu schließen. Darin lebten noch Kräfte und Instinkte von geradezu manischer Gewalt: ein dämonischer Trotz, ein verbissenes Leugnen und Überhören aller bedrohlichen oder auch nur unerfreulichen Wirklichkeiten, eine panisch-besessene Flucht in den Glauben an ein Schicksal, das ihn so hoch emporgeschleudert hatte und ihn seiner Meinung nach jetzt nicht fallenlassen konnte. Sie hatten Hitler längst vergessen lassen, daß die deutschen Armeen und das deutsche Volk eine Masse fühlender und glaubender, leidender und hoffender Menschen umfaßten. Sie alle waren nur noch leblose Spielmarken in einer Hand, deren Meister nicht sehen wollte, daß das Spiel verloren war.

Guderian nahm die Stellung an Hitlers linker Seite ein, welche für Vortragende üblich geworden war, seit die Bombenexplosion am 20. Juli Hitlers rechtes Trommelfell zerstört hatte. Hitler blickte währenddessen zu Gehlen hinüber, der gerade aufgerichtet mit verschlossenem Gesicht dastand. Hitler witterte in Gehlen die Personifizierung der Wirklichkeit, die er nicht hören und nicht anerkennen wollte. Sein Gesicht nahm einen Zug feindseliger Abwehr an.

»Mein Führer«, begann Guderian. »Ich bin heute nochmals hierhergekommen, um Ihnen persönlich Vortrag zu halten, weil nach allen unseren Unterlagen mit Sicherheit feststeht, daß die russische Winteroffensive mit dem Ziel Berlin am 12. Januar, also in drei Tagen, beginnen wird. Ich möchte Ihnen nochmals, wie am 24. und 31. Dezember, in völliger Offenheit über die Lage der Ostfront berichten und habe zu diesem Zweck General Gehlen selbst mitgebracht, der Ihnen sämtliche gewünschten Unterlagen vorlegen kann. Ich selbst habe am 6. Januar die Heeresgruppe A in Krakau aufgesucht und mir persönlich die Lage vortragen lassen, wie sie bei der Heeresgruppe gesehen wird. Es ist fünf Minuten vor zwölf. Ich hoffe, mein Führer, daß Sie sich auf Grund unseres heutigen Vortrages entschließen werden, der Ostfront die nötigen Verstärkungen aus dem Westen zurückzuführen, und zwar noch in dieser Nacht.«

Am frühen Vormittag des 10. Januar fuhr der Oberbefehlshaber der Heeresgruppe A, Generaloberst Harpe, auf der Straße, die von Kielce nach Krakau führt, seinem Hauptquartier Krakau entgegen. Die Ebenen beiderseits der schnurgeraden, baumlosen Straße lagen unter Schnee. Sie dehnten sich in unendlicher Weite, weiß, kahl, leer, ohne einen natürlichen Widerstand für motorisierte Armeen, die darüber hinwegrollen wollten.

Harpe kam von der 4. Panzerarmee vor dem Baranowbrückenkopf. Die Ungewißheit über die kommenden Dinge hatte den schwerblütigen Mann noch einmal an die Front getrieben. Er hatte mit General Graeser und dessen Chef besprochen, was Guderians Besuch in Krakau am 6. Januar ergeben hatte: nämlich die Zusicherung, am 9. Januar nochmals nach Ziegenberg zu fahren und den letzten Versuch zu unternehmen, entweder die notwendigen Verstärkungen aus dem Westen zu bekommen oder aber wenigstens die Genehmigung zu dem Plan »Schlittenfahrt« zu erwirken, der von Harpe und seinem Stabschef, v. Xylander, entwickelt worden war. Harpe wußte, daß das Günstigste, was damit zu erreichen war, die Verhinderung eines russischen Einbruchs in Schlesien und Oberschlesien sein würde. Aber »Schlittenfahrt« war wenigstens ein Ausweg, an den sich die Vernunft klammern konnte.

Die Kälte nahm zu, und ein schneidender Wind wehte über die Ebenen des Generalgouvernements, so daß Harpe sein vollblütiges Gesicht hinter dem Pelzkragen barg. Harpe glaubte noch an Hitlers Stern. Er glaubte sogar noch an Hitlers Vernunft. Er hatte den Worten, mit denen Guderian ihn davor gewarnt hatte, daß Hitler aus dem Plan »Schlittenfahrt« sehr leicht auf Harpes mangelnden Willen, Widerstand zu leisten, schließen könne, kein zu großes Gewicht beigemessen. Er hoffte – er hoffte zuversichtlich, daß Hitler die Ausweglosigkeit der Lage, wenn auch im letzten Augenblick, erkennen würde.

Wenn etwas da war, was ihn bedrückte, so war es die Ahnungslosigkeit der Deutschen, die er überall hinter der Front seiner Heeresgruppe vorfand, gleich, ob im Generalgouvernement oder im Warthegau.

Der Wagen fuhr schnell durch die Straßen Krakaus und hielt schließlich vor der Schule, in welcher Harpes Stab untergebracht war. Als Harpe das Gebäude betrat, kam ihm Generalleutnant v. Xylander entgegen. Der jugendliche, schlanke Mann – sonst stets beweglich, einfallsreich und voll südlichen Temperaments – blickte bedrückt in Harpes Gesicht.

»Das OKH hat soeben das Ergebnis von Guderians Vortrag im Führerhauptquartier mitgeteilt«, sagte er. »Der Führer hat alles abgelehnt: Kurland, Verstärkungen aus dem Westen, ›Schlittenfahrt‹. Die Front bleibt stehen, wo sie ist. Und die Situation bleibt, wie sie ist. Der Führer glaubt nicht an den russischen Angriff.«

ES BEGANN AN DER WEICHSEL

In der Nacht vom 11. auf den 12. Januar wurde die unheilbrütende Stille über den weißen Schneeflächen der Baranowfront durch das aufbrüllende Trommelfeuer der sowjetischen Großbatterien zerrissen.

Es war gegen 1.30 Uhr. Von diesem Augenblick an bis gegen 6 Uhr in der Frühe trommelten ungezählte Tausende russischer Geschütze auf die deutsche Front. Sie zermalmten im wahrsten Sinne des Wortes Stellungen und Truppe. Zwischen 6 und 6.30 Uhr ließ das Feuer für kurze Zeit nach, um sich dann bis 7 Uhr noch einmal zu einer Wucht zu steigern, wie sie der zweite Weltkrieg noch nicht gekannt hatte. Dann traten die Russen in zahlreichen schmalen, tief gegliederten Regimentskolonnen zum Angriff an, die unbeirrt um Flankenbedrohung die deutsche Front durchstießen. Hinter ihnen rollten durch die aufgebrochene Front die sowjetischen Panzerarmeen, die ebenfalls unbeirrt um das, was neben oder hinter ihnen geschah, nach Westen drangen. Unmittelbar folgten unübersehbare Schwärme von Schützendivisionen, die mit allen Mitteln der Improvisation beweglich gemacht worden waren.

Bereits am Abend waren die Linien der Stellungsdivisionen der 4. deutschen Panzerarmee an zahlreichen Stellen durchbrochen. Diejenigen Einheitsreste, die überhaupt das Artilleriefeuer überlebt hatten, ertranken förmlich in der Flut der über sie hereinbrechenden graubraunen Massen. In der Nacht knatterte in den deutschen Stellungen hier und da noch ein Maschinengewehr. Aber kein Geschütz schoß mehr, kein Gegenstoß kam, der die Verlorenen befreite. Jede Befehlsführung in vorderster Linie hatte aufgehört, aber auch jede Nachrichtengebung nach hinten. Niemand konnte genau sagen, was im einzelnen geschehen war. Kaum jemand wußte um seinen Nachbarn. Die, welche zu den Überlebenden gehörten und nicht gefangen worden waren, mußten jetzt nach eigenem Gutdünken handeln.

Zum Teil schlugen sie sich, einzeln oder in kleineren Gruppen kämpfend, von allen Seiten von der sowjetischen Flut umbrandet, bald ohne Nahrung und mit nur wenig Munition, nach Westen durch.

Am selben Morgen, an dem die Front der 4. Panzerarmee zerbrach, trat der Südflügel der Heeresgruppe Konjew zwischen den Karpaten und der Weichsel gegen die 17. deutsche Armee zum Angriff an. Konjew hatte hier schwächere Kräfte eingesetzt. Sie erzielten auch bei der 17. Armee tiefere Einbrüche. Aber ihrem Befehlshaber, dem General Schulz, gelang es, den Zusammenhalt seiner Armee zu wahren.

Am Abend des ersten Kampftages hatte Generaloberst Harpe in Krakau nur über die Verhältnisse bei der 17. Armee zutreffende Nachrichten. Für die 4. Panzerarmee fehlte ihm jegliche Übersicht. Die Verbindungen waren zerrissen. Es war nur eines klar, daß ein ungeheures, stündlich sich verbreiterndes Loch aufgerissen war, in das immer neue russische Panzer- und Infanteriemassen hineinströmten. Bevor die wenigen vorhandenen Reserven überhaupt zu einem Einsatz kommen konnten, wurden sie von russischen Panzern angegriffen und in erbitterte Kämpfe verstrickt.

An diesem Abend veranstaltete Arthur Greiser, Gauleiter, Reichsstatthalter und Reichsverteidigungskommissar, in seinem Hause Mariensee einen kleinen Empfang. Haus Mariensee lag fünfzehn Kilometer von Posen entfernt vor einer Kulisse dichter, verschneiter Wälder. Es war ein großer, einstöckiger, landhausartiger Bau. Seine Gartenseite erinnerte an die Reichskanzlei in Berlin.

Greiser hatte dieses Haus für sich erbauen lassen. Seine Gegner hatten es für untragbar gehalten, mitten im Kriege Kraft, Material und Zeit für einen solchen Neubau zu verschwenden. Greiser aber hatte sich auf eine Äußerung Hitlers berufen, wonach das »nationalsozialistische Reich auch im Kriege nach kulturellem Ausdruck im

Osten zu suchen habe«. Er hatte es daher abgelehnt, in eines der seit 1939 seiner Verwaltung unterstellten ehemals polnischen Schlösser zu ziehen. Eine neue Straße verband Posen mit Mariensee. Bei der Begründung dieses Straßenbaues hatte Greiser sich darauf berufen, daß diese Straße Teilstück einer sehr zweckmäßigen Umgehungsstraße von Posen sei. Trotzdem konnte Greiser nicht verbergen, daß auch er dem Rausch der Macht und der nach 1939 scheinbar unbegrenzten Möglichkeiten der deutschen Rückeroberer und Eroberer, Germanisierer oder Kolonialherren auf polnischem Boden erlegen war.

Am Abend des 12. Januar leuchteten hinter den Verdunkelungsblenden im Erdgeschoß von Mariensee strahlende Lichter. Hier lagen die Räume, in denen Greiser zu repräsentieren pflegte, sofern dies nicht im Schlosse zu Posen geschah, das er ebenfalls im Laufe der Kriegsjahre mit erheblichen Mitteln hatte ausbauen lassen.

Am Nachmittag des 12. Januar hatte der Staatssekretär im Reichsministerium für Volksaufklärung und Propaganda, Naumann, vor einer tausendköpfigen Menge in Posen eine Rede gehalten. Er hatte im Schatten der eben begonnenen sowjetischen Offensive gesprochen. Und für das, was er gesagt hatte, konnte ihn an diesem Tage nur eines entschuldigen: daß er noch nicht wußte, was in Wirklichkeit bei Baranow geschehen war. Aber auch diese Unwissenheit entschuldigte ihn nur sehr bedingt.

Naumann hatte den Deutschen in Posen und im ganzen Warthegau verkündet, daß die Ostfront unter gar keinen Umständen zerbrechen werde. Er hatte wiederholt, was die Propaganda seit Monaten von Tilsit bis nach Kattowitz verkündete, daß die Ostfront noch nie so stark gewesen sei wie jetzt und daß man bisher noch Raum im Osten preisgegeben habe, um Kräfte zu schonen, daß vor der jetzigen Front aber das russische Vordringen ein Ende finden werde. Er hatte von neuen Armeen und geheimnisvollen Wunderwaffen gesprochen und erklärt, daß der Endsieg völlig sicher sei.

Nun, einige Stunden später, saß Greiser in Mariensee inmitten einer kleinen Schar von Gästen, die er zu sich geladen hatte, um das Ereignis des Besuches Naumanns in so entscheidender Stunde würdig zu beschließen. Und die Woge des Optimismus, die Naumann um sich verbreitet hatte, beherrschte wenigstens dem äußeren Anschein nach die Gäste. Sie beherrschte aber vor allen Dingen Greiser. Er blickte zu dem alten Baron Hagen hinüber, von dem ihm hinterbracht worden war, daß er ein Pessimist und etwas merkwür-

dig für einen baltischen Baron sei, und den er als Nachbarn nur geladen hatte, weil dem jungen Baron zwei Tage zuvor das Ritterkreuz verliehen worden war. Aus Greisers Augen sprach dabei das übersteigerte Selbstbewußtsein dessen, der sich im Kampf mit seiner innerlichen Unsicherheit befand.
Und er sagte: »Wir haben niemals, zu keiner Stunde, daran gezweifelt, daß der Sieg am Ende unser sein wird. Wir haben niemals daran gezweifelt, daß die bolschewistische Flut vor den Grenzen des Warthegaues verbluten und ihre entscheidende Niederlage erfahren wird. Niemand hat daher auch den Warthegau verlassen. Alle haben in unerschütterlichem Vertrauen auf den Führer und den Endsieg ausgeharrt und auf die Stunde dieses Entscheidungskampfes gewartet, bereit, wenn es sein müßte, sich wie ein einziger Wall von Leibern dem Bolschewismus entgegenzuwerfen und Deutschland und Europa vor der Barbarei des Ostens zu retten. Wir haben dem Staatssekretär Naumann dafür zu danken, daß durch ihn noch einmal allen Einwohnern des Warthegaues versichert wurde, daß nach dem festen Willen des Führers kein Fuß der bolschewistischen Soldateska dieses Land betreten wird. Wir haben ihm dafür zu danken, daß er uns noch einmal vor Augen geführt hat, wie nahe der Endsieg ist.« Er unterbrach sich für einen Augenblick, dann fuhr er fort: »Es lebe der Führer! Es lebe unser Großdeutsches Reich! Es lebe die Stunde, in welcher der Bolschewismus endgültig zerschmettert zu Boden sinken wird und wir ungehindert unsere deutsche Sendung im Osten erfüllen können und erfüllen werden!«
Draußen vor den Fenstern von Mariensee fiel Schnee. Er breitete sich immer höher über die weiten Ebenen des Reichsgaues, der 1939 nach dem schnellen Siege über Polen und nach dessen Teilung zwischen Deutschland und der Sowjetunion entstanden war.
Vor mehr als fünf Jahren, im September 1939, hatte Arthur Greiser als Reichskommissar Einzug in Polen gehalten. Kurz darauf war die neue Ostgrenze abgesteckt worden, die Deutschland in Zukunft haben sollte.
Der Warthegau war entstanden. So wie Ostpreußen jenseits des Gebietes, das bis 1918 deutsch gewesen war, nach Süden erweitert wurde, so wie zu dem neuen Gau Danzig-Westpreußen Gebiete geschlagen wurden, die ausgesprochen polnisch waren, so umfaßte der Warthegau neben Räumen, die im Wandel der Geschichte deutscher Kulturbereich gewesen waren, weite polnische Bezirke mit polnischer Bevölkerung.

Arthur Greiser war ein Sohn des Landes. In Schroda, in der alten preußisch-deutschen Provinz Posen, war Greiser 1897 geboren worden, in Hohensalza zur Schule gegangen. Er hatte so alte Ressentiments, die zwischen Deutschen und Polen bestanden, mit auf seinen Weg bekommen. Im ersten Weltkrieg war er Seeflieger gewesen. Später hatte er sich als Taxichauffeur und Veranstalter von Motorbootfahrten in der Freien Stadt Danzig betätigt, die als deutscher »Fleck« in jenem Korridor liegengeblieben war, den der Versailler Vertrag aus deutschem Gebiet herausgeschnitten hatte, um den Polen einen Weg an die See zu öffnen.
Greiser war ein gewandter Mann, verbindlich in seinen Formen, ein guter Redner, Verhandler und Organisator. Als er 1928 in die Partei Hitlers eintrat, stieg er schnell empor. Unter dem Danziger Senatspräsidenten Rauschning übernahm er das Innenministerium der Freien Stadt. Gleichzeitig wurde er Stellvertreter des Danziger Gauleiters Forster. Als Rauschning sich von Hitler losgesagt hatte und ins Ausland geflohen war, wurde Greiser sein Nachfolger.
Aber gleichzeitig hatte er sich seinen zukünftigen politischen Weg vorgeschrieben. Auf dem innenpolitischen Parkett Danzigs war er in starken Gegensatz zu der SA geraten, welche Anspruch darauf erhob, den Innenminister aus ihren Reihen zu stellen. Greiser hatte sich, um einen Rückhalt in diesem Kampf zu gewinnen, der SS und Himmler und dessen »volkspolitischen« und »germanisch-kolonisatorischen« Ideen für den Osten verschrieben. Vielleicht entsprachen anfänglich Himmlers Theorien trotz der tiefen Ressentiments, die Greiser gegen die Polen hegte, nicht in allen Punkten seinen eigenen Vorstellungen. Aber als er sich einmal der SS verschrieben hatte, vermochte er sich nicht mehr freizumachen.
Er vermochte es nicht, weil er wohl geschickt und gewandt, aber keine innerlich feste Persönlichkeit war. Er vermochte es ferner nicht, weil er als stellvertretender Gauleiter in wachsende Rivalität zu Albert Forster geraten war. Er konnte nicht vergessen, daß der wenig verbindliche Forster ihn seine stärkere Stellung hatte deutlich fühlen lassen. Er handelte daher Forster zuwider, sooft und sobald er dazu in der Lage war. Und er vertrat die rücksichtslosen germanischen Thesen Himmlers und seiner Theoretiker schon allein deshalb, weil Forster sich angesichts der Realitäten und pessimistischer Ausblicke auf die Zukunft davon zu entfernen versuchte.
Er war als Gauleiter des Warthegaues Herr eines Königreiches geworden. Herr über Deutsche, und noch mehr Herr über Polen, unter

denen er festzustellen hatte, wer »deutsches« Blut in seinen Adern hatte und wer nicht, um dann Volkslisten verschiedener Volkstumsgrade anzulegen und die »reinen« Polen Zug um Zug in das sogenannte polnische Generalgouvernement zwischen der deutsch-sowjetischen Interessengrenze und dem Warthegau abzuschieben. An ihre Stelle sollten »Volksdeutsche« treten, welche ihre jahrhundertealte Heimat in den baltischen Ländern, in Galizien, in Bessarabien aufgegeben hatten, als sich die Sowjetunion diese Gebiete im Jahre 1939 einverleibte. Später sollten Reichsdeutsche hinzukommen, vor allem verdiente und verwundete Soldaten. Nach Himmlers, Bormanns und Greisers Plänen sollten nur diejenigen Polen bleiben dürfen, die untergeordnete Arbeit verrichteten. Sie sollten ohne Schulbildung bleiben und als Menschen zweiter Klasse betrachtet und behandelt werden. Und so war es geschehen, soweit die wenigen Jahre seit 1939 Zeit dazu geboten hatten und soweit die Theorien nicht an der wirtschaftlichen Wirklichkeit scheiterten. Die Austreibung der Polen war in der ersten Zeit brutal gewesen, rücksichtslos, überstürzt, ohne Bedacht auf Menschlichkeit und Menschenleben; durchgeführt oder geleitet von landesfremden SS-Kommandos, die der Wirklichkeit Theorien aufzwangen; erhitzt durch Scheußlichkeiten, welche die Polen im auflodernden Haß des Septemberkrieges 1939 an polnischen Bürgern deutscher Herkunft begangen hatten; nur noch übertroffen durch die Konzentrierung, Gettoisierung und Vernichtung polnischer und nach Polen transportierter Juden, zu der im Hexenkessel rassischer, religiöser, wirtschaftlicher und menschlicher Ressentiments zahlreiche Polen ihre Hand reichten. Später hatten sich die Formen gemildert, während die Ziele dieselben blieben.
Von dem Augenblick an, in dem Greiser nicht nur Gauleiter, sondern auch Reichsstatthalter und als Obergruppenführer der SS Herr aller der SS angehörenden oder nahestehenden Dienststellen in seinem Bereich wurde, hatte er eine Machtfülle auf sich vereinigt, die schwer zu überbieten war. Wirtschaftlich gesehen, hatte er einige Verdienste zu verzeichnen. Trotz des Krieges und trotz der Notwendigkeit, »volksdeutsche« Siedler erst an die neuen Lebensverhältnisse zu gewöhnen, hatte er eine vernachlässigte Landwirtschaft zur Blüte gebracht. Er hatte ihr durch Mustergüter mit Vieh-, Schaf- und Pferdezuchten, Saat- und Kartoffelzuchten Vorbilder geschaffen. Er hatte mit umfangreichen Aufforstungsarbeiten auf landwirtschaftlich wenig brauchbaren Böden begonnen. Er hatte die

Erschließung von Braunkohlenvorkommen und Wasserkräften in die Wege geleitet.
Aber Greiser sah nicht, daß er auf Sand baute, weil er sich auf einen deutschen Sieg verließ, der nicht errungen war, und auf eine unübersehbar weit in die Zukunft reichende deutsche Macht. Vielleicht hatte er dies gelegentlich geahnt. Vielleicht! Aber nur zu bald war er dem Rausch seiner eigenen Macht erlegen. Vielleicht nicht ganz so hemmungslos wie Erich Koch, aber doch stark genug, um ein Autokrat zu werden. Mehr und mehr hatte er unter seinen engsten Mitarbeitern die selbständigen Persönlichkeiten verdrängt und maßvolle Warner durch Schönredner ersetzt. Er hatte aus dem, was er »Repräsentationspflicht« nannte, persönliche Lebensansprüche gemacht, die schließlich keine Grenzen mehr kannten. Er war charakterlich korrumpiert, und das Bewußtsein des Königtums in seinem eigenen Reich ließ ihn keine größeren Zusammenhänge mehr sehen. Bezüglich der übergeordneten politischen und militärischen Probleme begnügte er sich mit sklavischem Vertrauen in Hitler.

Um so mehr gab er sich der Jagdleidenschaft und einem ebenso leidenschaftlichen Kartenspiel hin. Vielleicht ahnte er manchmal, auf welch abschüssigem Weg er sich befand – wenn er sich in sein kleines Arbeitszimmer in Mariensee zurückzog und schwermütig vor sich hin grübelte. Aber dies waren nur seltene und vorübergehende Anwandlungen, die schnell um so betonterem Herrentum wichen.
So hatte ihn der Befehl zum Bau von Befestigungen in seinem Gau innerlich getroffen, weil er ihm plötzlich zeigte, daß der Krieg an sein Reich heranrückte, das auch im Jahre 1944 noch wie ein äußerlich friedliches Eiland dazuliegen schien.
Er hatte den Befehl ausführen lassen. Er hatte außer den Deutschen eine große Menge von Polen zur Arbeit aufgeboten und mehrere große Befestigungslinien bauen lassen. Aber er hatte nicht an den wirklichen Ernst der Lage geglaubt.
Als ihm einige seiner leitenden Verwaltungsbeamten im Herbst 1944 zum ersten Male nahelegten, für den Notfall eine Evakuierung des Gaues vorzubereiten, hatte er sie des Irrsinns beschuldigt und ihnen vorgehalten, ein aufrechter Deutscher denke nicht an eine solche Möglichkeit. Es hatte monatelangen Drängens bedurft, bis er die Erlaubnis gab, insgeheim mehr oder weniger theoretische Vorbereitungen für eine Evakuierung zu treffen.

Er hatte jedoch Befehl erteilt, daß diese Vorbereitungen, die schließlich eine Evakuierung des Gaues von allen Deutschen in drei aufeinanderfolgenden Zonen vorsahen, der Bevölkerung unter keinen Umständen bekannt werden dürften, damit diese nicht auf den Gedanken käme, die Führung der Partei glaube nicht mehr an den Sieg.
Greiser hatte verboten, daß Menschen oder Güter den Warthegau verließen. Er hatte durch Straßen- und Bahnhofskontrollen und durch Drohungen mit härtesten Strafen dafür gesorgt, daß dieses Verbot eingehalten wurde. Er hatte Mensch und Tier und Gut an den jeweiligen Platz gebannt, um dadurch das Nichtvorhandensein einer Gefahr zu beweisen, die in Wirklichkeit über allem schwebte. Und er hatte sein Vertrauen zu Hitler, in den Sieg, in die neuen Waffen mit allen Mitteln der Propaganda und des Druckes auf die Deutschen des Warthegaues übertragen, welche, nur durch wenige Nachrichtenmittel miteinander verbunden, verstreut im weiten Lande lebten. Er hatte dabei kein Mittel gescheut und den Endsieg und die Sicherheit des Warthelandes und die Widerstandskraft, Geschlossenheit und Einigkeit seiner Bevölkerung mit einer Vehemenz propagiert, die doch wieder den Gedanken nahelegte, als betäube er mit einem bombastischen Schwall von Worten, Ankündigungen und Versprechungen Ängste, die in seinem Innersten nisteten
Diesen Mann hatten die ersten Nachrichten vom Beginn des russischen Angriffs im Baranowbrückenkopf am Vormittag des 12. Januar stärker getroffen, als er zugeben wollte. Und so war ihm der Staatssekretär Naumann als Bote der Zuversicht und der inneren Aufrichtung erschienen.

Baron Hagen verließ zusammen mit seinem Sohn gegen 21.50 Uhr Mariensee. Er wollte noch einige Stunden mit seiner Frau und dem Jungen beisammensitzen, weil dieser mit dem Frühzug zu seinem Regiment an der Weichsel zurückfuhr.
Als der Kutschwagen über die verschneite Straße rollte und Mariensee schon weit hinter ihnen zurückgeblieben war, sagte der Baron: »Mir ist, als wenn der Boden unter uns wankte, und es ist das Schlimme, daß Herr Greiser mich nicht davon überzeugen kann, daß er das nicht tut.«
»Aber, Vater«, sagte der Oberleutnant. »Wie kommst du auf so etwas?«

»Hast du mir nicht selbst erzählt, daß eure Front so dünn ist wie ein Schleier und daß ...«

»Ja, aber vor den russischen Brückenköpfen ist es doch anders«, erwiderte der Oberleutnant, »und außerdem, was du befürchtest, ist doch völlig unmöglich. Haben wir so viele Jahre gekämpft und die besten Jahre unseres Lebens geopfert und haben Millionen von uns ihr ganzes Leben hingegeben, damit am Schluß die Bolschewisten nach Deutschland kommen, und dazu in dieses Land hier, das wir richtig zur Blüte gebracht haben und das in Zukunft ein Musterland werden wird? Hast du 1939 in unserer baltischen Heimat alles aufgegeben und hier von neuem angefangen und gearbeitet, damit die Bolschewisten nun auch nach hier kommen und uns doch noch nach Sibirien schicken?«

Der Baron hob langsam die Schultern und blickte über die verschneite Weite des Landes, das in der hellen Nacht dalag und ihm in der Tat zu einer neuen Heimat geworden war.

»Ihr jungen Leute«, sagte er langsam, »habt eine merkwürdige Art zu argumentieren gelernt. Ihr glaubt, gewisse Dinge würden nicht geschehen, weil sie nach eurer Meinung nicht geschehen dürfen, weil sie euch in Konflikte stürzen oder weil sie alles, was ihr getan und geglaubt habt, sinnlos machen. Die Wirklichkeit ist anders. Sie fragt nicht danach ...«

»Hör auf, Vater«, erwiderte der Oberleutnant, und seine Stimme klang erregt und hatte fast etwas von jener Feindseligkeit, die in den Söhnen jener Tage auch gegen ihre Eltern lebendig wurde. »Weißt du denn überhaupt, was das bedeuten würde?«

»Ich weiß«, sagte der alte Baron, »und ich weiß sogar, daß wir ihm, wenn es geschieht, hilflos ausgeliefert sind, weil eure Art zu argumentieren auch die Art von Leuten wie Greiser ist. Ein ›Wall von Leibern‹!? Du bist Soldat, und ich bin einmal Soldat gewesen, glaubst du, daß die waffenlosen Leiber von uns Zivilisten aufhalten würden, was ihr nicht aufhalten könnt?«

»Jetzt wirst du Defätist. Wir halten ...«

»Ich bin kein Defätist«, sagte der Baron. »Aber denk daran, daß auch deine Mutter zu den waffenlosen Leibern gehört, mit denen heute abend wieder mal herumgeworfen worden ist. Ich tue nur, was ihr nicht tun wollt. Ich sehe die Dinge, wie sie sind und wie sie werden können, und es wäre besser gewesen, wir alle hätten das früher getan. Vielleicht ist es so, daß der Bolschewismus unser Schicksal ist. Mindestens das Schicksal von uns Balten und auch das

Schicksal der Bessarabier und der Galizier und der Balkandeutschen. Und vielleicht haben wir mit unserem Umweg von Riga über die deutsche Heimat in dieses neue Land nur erreicht, daß unser Schicksal um ein paar Jahre hinausgezögert worden ist. Es gibt ein Schicksal, dem man nicht entkommen kann, mag man sich noch so mühen und kämpfen. Es bleibt einem schließlich nur eines: sich zu bescheiden und für ein paar gewonnene Jahre dankbar zu sein.«
Der Oberleutnant schwieg. »Das Bescheiden«, sagte er dann, »mag eine Sache für ältere Menschen sein, aber nicht für uns.«
»In solchen Dingen wird nicht nach dem Alter gefragt«, erwiderte der Baron, »und besonders dann nicht, wenn man sein Schicksal verdient.«
Der Oberleutnant wandte seinen Kopf zu seinem Vater hinüber. »Willst du damit behaupten«, fragte er, »daß wir das Schicksal, von den Bolschewisten überrannt zu werden, verdienten?«
»Ihr vielleicht nicht«, sagte der Baron, »was wißt ihr Jungen schon. Was habt ihr schon gesehen. Aber wir vielleicht eher. Denn wir haben besser gewußt, was im Osten hätte geschehen dürfen und was nicht. Und wir hätten im Endergebnis nicht ja sagen und uns beugen dürfen. Aber wenn ich mich dann wieder frage, was wir denn hätten tun sollen und was wir hätten tun können, dann finde ich keine Antwort.«
»Wir Balten haben immer gegen den Bolschewismus gekämpft«, sagte der Junge, »und du wärst der erste, der plötzlich ein Unrecht darin sähe.«
»Unrecht!« sagte der Baron. »Ich werde niemals ein Unrecht darin sehen, den Bolschewismus zu bekämpfen ... Und diejenigen, die uns ... deswegen mißverstehen, werden noch einmal anders über diese Frage denken. ... Aber es kommt auf die Methode an, und die deutsche Methode ist schreiendes Unrecht und zugleich schreiende Dummheit gewesen.«
Er klopfte unruhig mit seiner Linken auf das lederbezogene Sims des Wagenfensters. »Ich will nicht darüber rechten«, fuhr er langsam fort, »daß wir den Krieg gegen Rußland angefangen haben. Ich bin überzeugt davon, daß Stalin seinerseits über kurz oder lang eine günstige Stunde ausgenutzt hätte, um uns zu erpressen, wenn wir im Westen oder in Afrika in neue Schlachten verwickelt worden wären. Aber es ist auch möglich, daß diese günstige Stunde für Stalin nie gekommen wäre. Was wäre geschehen, wenn wir damals alle unsere Kraft darangesetzt hätten, in Spanien und in Afrika und im

ganzen Mittelmeer England so zuzusetzen, daß es vielleicht doch in einen Frieden eingewilligt hätte – unter der Voraussetzung, daß wir dafür bereit waren, auf alle sinnlosen Macht- oder Einflußträume in Westeuropa oder Übersee zu verzichten, die besetzten Länder und die Tschechoslowakei sofort freizugeben und hier im Osten nur eines zu behalten: dieses Land, durch das wir jetzt fahren und das so lange deutsch gewesen ist und das uns Raum und Arbeit und große Aufgaben für Jahrzehnte geboten hätte. Aber ich will darüber nicht rechten. Was ohne diesen Krieg gegen Rußland geschehen wäre, das weiß Gott allein. Wir werden es niemals erfahren. Aber wahrscheinlich wäre es besser gewesen, hier im Osten der Dinge zu warten, die vielleicht kamen. Wenn die Bolschewisten angegriffen hätten, dann wären wir wirklich zu dem geworden, was wir heute behaupten zu sein: zu Verteidigern Europas für alle Europäer. Wir wären es so unverkennbar geworden, daß das Bild vom machtgierigen Angreifer noch einmal hätte revidiert werden können. In dieser Situation hätte sich auch das Kriegsverhältnis zu England beenden lassen. Und wenn dies nicht geschehen wäre, wenn Churchill dem Einbruch eines bolschewistischen Angreifers zugesehen hätte, dann wäre er wirklich der Verbrecher an Europa geworden, den Hitler heute gern aus ihm macht.«

»Vater«, sagte der Oberleutnant, »was soll das alles?«

Der alte Baron sah ihn an: »Ich habe mir im letzten halben Jahr – während der Krankheit – einen Haufen Gedanken gemacht. Du brauchst ihnen nicht zuzustimmen. Aber du sollst ihnen zuhören, so wie es bei mir einmal meinem Vater gegenüber üblich war – wobei ich es bei meinem Sohn für selbstverständlich halte, daß er meine Worte für sich behält.«

Der Oberleutnant biß sich auf die Unterlippe, weil er die stille Mahnung fühlte.

»Wenn wir so gehandelt hätten, wie ich sage«, sagte der Baron, »dann wären vielleicht sogar die Polen auf unsere Seite getreten, obwohl Greiser und Frank damals schon im Generalgouvernement unter den Polen noch mehr Haß ausgesät hatten als einst die Zaren. Wir wären wirklich die Beschützer Europas geworden und hätten die letzte Chance gehabt, uns wieder von dem Ruf zu befreien, der uns – seit der Besetzung der Tschechoslowakei zu Recht – anhängt, nämlich Eroberer und Unterdrücker der Freiheit anderer Völker zu sein, statt nur Gebiete zurückzunehmen, die bis 1918 deutsch waren. Aber wollten wir das überhaupt? Ja, wir wollten es sicher, du und ich. Aber das ist wohl unser Schicksal, daß wir in den Führer und in die Partei etwas hineingelegt und hineingeträumt haben, was in Wirklichkeit nicht drinnen gewesen ist. Und wahrscheinlich haben gerade wir Auslandsdeutschen aus dem Programm der Partei und aus all seinen vielfarbigen Worten nur das herausgelesen, was uns gefallen hat, und wir haben das überlesen, was uns nicht gefiel, was aber auch darin war. Aber ich glaube heute: Nicht nur wir, sondern die meisten Deutschen haben das getan – und nachher war es zu spät.«

Er hob wieder die Schultern und fuhr sich mit der Hand über die Stirn.

»Du lieber, lieber Gott«, sagte er, »wenn es nur darum gegangen wäre, gegen die Bolschewisten zu kämpfen... Es wäre ein Kampf gegen Stalin geworden, der bald die meisten Russen auf unsere Seite gebracht hätte. Du hast es selbst tausendmal erlebt, daß nicht nur die Masse der Ukrainer oder der Galizier oder der kaukasischen Stämme, sondern aller sowjetischen Völker, mit denen ihr in Berührung gekommen seid, sich gern mit unserer Hilfe gegen Stalin erhoben hätten – wenn, ja, wenn wir wirklich nur gekommen wären, den Bolschewismus zu vernichten. Wenn wir gekommen wären, um ihr Rußland und ihren nationalen Stolz und sogar alles, was sie auch an brauchbaren Errungenschaften unter Stalin gewonnen haben, unangetastet zu lassen und ihnen nur zu helfen, einen neuen Staat aufzubauen, der ihnen weniger Weltrevolutionen, aber mehr menschliches Glück zusicherte. Aber in Wirklichkeit seid ihr marschiert, damit der Führer oder Rosenberg oder Koch das Ziel verwirklichen konnten, das ich früher einmal für Traumspielereien gehalten habe: Rußland zu erobern und sein nationales Leben genauso wie dasjenige Polens zu zerstören und ein germanisches Kolonialreich aufzubauen, in dem alle Slawen nur Knechte und wir die Herren sein sollten und an dessen Menschenmassen wir uns selbst nach dem totalsten Sieg am Ende erschöpfen würden. Die Masse der Russen ist immer noch um ein Jahrhundert zurück. Aber sie sind nicht mehr der willenlose Stoff, den man kneten und treten kann, so wie es sich der Führer erträumt. Zu ihnen sind wir als neue Unterdrücker gekommen. Und wir haben Stalin damit die Mittel in die Hand geliefert, die Russen wieder an sich zu binden. Sie haben zwischen zwei Übeln zu wählen gehabt, zwischen der Tyrannei unter Angehörigen ihrer eigenen Völker oder der Tyrannei unter Fremden. So haben wir den Boden geschaffen für die Partisanen, den Boden für immer größere Grausamkeit, Barbarei, Rache und Haß, die jetzt vor unseren Türen stehen.«

Der Baron schwieg. Er schwieg, weil ihm angesichts der inneren Erregung, die er in sich emporsteigen fühlte, die Stimme nicht mehr gehorchte. Und der Oberleutnant schwieg, weil er so viel hörte, wie er eigentlich nicht hören wollte und doch hören mußte.

Der Baron konnte nicht lange schweigen. Die vielen Gedanken, die ihn seit langem bedrängten, ließen sich nicht einsperren, nachdem sie einmal freigelassen worden waren. »Ich denke«, sagte er, »noch immer an die Worte, die Naumann heute gesagt hat: ›Wir haben von den Bolschewisten noch Härte zu lernen und die unbarmherzige Grausamkeit gegen Schwächlinge und Verräter. Wir haben nur so weit zurückweichen müssen, weil unsere Revolution nicht brutal und durchgreifend genug war. Es ist nicht genug Blut geflossen.‹ Das also sind wir, die wir den Bolschewismus vernichten wollten. Wir enden, indem wir ihn als Muster preisen und von ihm lernen und uns ihm anpassen. Mag sein, daß euer heutiger Kampf nichts anderes mehr übrigläßt, als erbarmungslos zu sein. Aber das ist nur die Folge der Unklugheit, der Maßlosigkeit und der Ungerechtigkeit, die früher begangen worden sind, und es bleibt das Ergebnis, daß wir von den Bolschewisten lernen sollen. Das ist es, was mich am heutigen Abend am meisten getroffen hat.«

Der Oberleutnant blickte ihn von der Seite an. »Aber du gibst ja zu«, sagte er, »daß uns nichts anderes mehr übrigbleibt, als selbst grausam zu sein, um noch mit einem grausameren Gegner fertig werden zu können. Und es ist nicht so, daß die Bolschewisten einmal menschlich gewesen wären, wir dagegen unmenschlich, und daß wir sie erst unmenschlich und grausam gemacht hätten. Sie waren es von Anfang an ...«

»Gut, mein Junge«, sagte der Baron. »Wenn die Bolschewisten ihre Leute dort, wo sie in ihren Kampffronten standen, durch Propaganda und Gewalt grausam gemacht haben, gut, dann blieb uns nichts anderes übrig, als ebenso grausam zu sein. Aber niemand hätte uns daran hindern können, in dem Gebiet, das wir besetzt hatten, und unter der Masse der Bevölkerung, die gutwillig und erwartungsvoll auf uns gesehen hat, ein besseres Beispiel zu setzen. Wen man nur als Untermenschen anspricht, den macht man schließlich dazu. Ich weiß, daß die Partisanen nicht aus sich selbst entstanden sind, sondern daß die Bolschewisten sie aufgestellt und in die besetzten Gebiete geschickt haben. Und ich weiß, daß sie mit Bestialität gekämpft und gemordet haben, die niemand begreift, der die Hintergründe nicht kennt. Aber glaubst du, daß die bolschewistischen Partisanen jemals so festen Fuß hätten fassen können, wenn wir getan hätten, was die einfachste Vernunft uns hätte eingeben müssen? Die Masse ihrer Helfer ist den Partisanen erst aus den Menschen zugewachsen, welche die Herren, die in unserem Namen hinter euren Fronten in Rußland regiert haben, zu Untermenschen machen wollten.«

Der Oberleutnant schwieg, weil er keine Antwort wußte. Es fiel ihm schließlich nichts anderes ein, als zu sagen: »Gut, aber was haben wir Soldaten damit zu tun. Meine Einheit jedenfalls hat keinem Russen etwas zuleide getan, der uns nicht mit der Waffe gegenüberstand oder uns aus dem Hinterhalt anfiel.«

»Das glaube ich«, sagte der Baron, »aber ihr büßt für die Sünden derjenigen, an die ihr immer noch glaubt. Es geht dabei nicht, daß man Koch oder die anderen vom Führer trennt und als etwas eigenes Böses betrachtet. Wir alle werden für etwas büßen, das wir nicht gewollt haben, in das wir aber verstrickt worden sind, weil wir diesen Kerlen unser Vertrauen schenkten ...«

Der Oberleutnant richtete sich auf. »Das ist deiner nicht würdig«, sagte er. »Das geht zu weit. Du willst mein Vertrauen zum Führer zerstören, dem ich meinen Eid geschworen habe. Damit zerstörst du den Glauben, den man schließlich braucht, wenn man heute noch kämpfen und eine Kompanie führen soll ...«

»Brauchst du dazu den Glauben an den Führer? Euer Kampf hat nur noch einen Sinn, wenigstens zu versuchen, die Bolschewisten aufzuhalten. Wenn man sich gegen sie zur Wehr setzt, benötigt man keinen Glauben an den Führer. Ich gehöre nicht zu denen, welche von Zeit zu Zeit die Angehörigen anderer Völker für bessere Menschen halten und die Deutschen sozusagen für den Abschaum der Menschheit. Ich weiß, daß Stalin niemals die Absicht gehegt hat, unserem Wohl zu dienen. Und ich weiß, daß auch die führende Schicht der Polen ihre nationalistischen Ressentiments gegen uns gehabt hat, und nicht nur das, sondern eigene Eroberungsträume dazu. Aber wenn der Führer und seine Leute nichts anderes getan hätten, als den Russen und den Polen die Vorwände zu liefern, mit denen sie ihren eigenen Absichten einen Mantel der Gerechtigkeit umhängen können, dann hätten sie alle übergenug an uns, an allen Deutschen und an euch da draußen gesündigt. Und das ist die Sünde, für die wir alle büßen werden, wenn ihr es nicht fertigbringt, uns sozusagen vor unserer Haustür vor diesem Schicksal zu bewahren ... Was mich besonders verzweifelt macht, ist, daß die Männer, welche die Schuld an allem haben, bei euch mehr Vertrauen genießen und mehr Glauben finden als etwa ich, der ich dein Vater bin und der ich allerdings selbst nicht richtig gehandelt habe, als ich das Gut hier genommen habe, das auch in der deutschen Zeit vor 1918 polnisch gewesen ist.«

Der Sohn gab zurück: »Und wer zählt die Güter, die die Polen den Deutschen nach 1918 abgenommen oder langsam abgepreßt haben?«

»Ja, wer zählt die«, seufzte der Baron. »Wer sagt in diesem Land wirklich, was Recht und Unrecht ist, solange die Völker und wir alle in nationalistischen Vorstellungen leben und das Nationalbewußtsein für wichtiger halten als einfachen menschlichen Frieden. Aber es gibt trotzdem ein Maß von Menschenrecht, das früher durch alle Zeiten gültig geblieben ist und das erst Greiser hier zerbrochen hat. Wenn wir uns vor fünf Jahren damit begnügt hätten, zurückzunehmen, was bis 1918 deutsch war, so hätten wir etwas getan, was zu vertreten blieb. Aber unsere Herren sind hier so maßlos gewesen wie überall. Und Greiser, den du heute abend von Angesicht zu Angesicht gesehen hast, hat sein gerüttelt Maß Schuld an dem, was geschehen ist. Und wehe uns, wenn das alles, slawisch potenziert, auf uns zurückfällt!«

Der Oberleutnant fühlte die tiefe Traurigkeit seines Vaters. Und er sagte: »Wir werden es schon schaffen. Unser Divisionskommandeur war in der vorigen Woche vorn. Er hat unsere neuen Düsenflugzeuge bei Prag gesehen. Die besitzt niemand außer uns. Sie werden den Himmel reinfegen, und damit ist das Entscheidende geschafft. Alles andere kommt wieder von selbst. Und bei den Flugzeugen handelt es sich nicht um die einzigen neuen Waffen ...«

»Ich wünschte, daß du recht behieltest.« Es hatte aufgehört zu schneien, und man sah wieder weit über das weiße Land hinweg. Sie hatten schon das Dorf hinter sich gebracht und würden in Kürze zu Hause sein. Sie hatten einmal ihr baltisches Gut zurückgelassen. Und die Russen hatten längst eine Kolchose daraus gemacht. Aber waren die Polen verpflichtet, dafür zu zahlen? Und war gerade der Pole dazu verpflichtet, den er von diesem Gut, auf dessen Boden sie jetzt fuhren, verdrängt hatte? Er selbst hatte sich bemüht, den Polen, die auf dem Gute blieben, ein gerechter Herr zu sein, doch er blieb nach nationalistischen Gesetzen ein fremder Herr.

»Ich wünschte, daß du recht behieltest«, wiederholte der Baron, aber er hatte das Gefühl, daß der Boden unter ihm und unter dem Wagen wankte. »Denn wenn du nicht recht behältst ...« Er senkte den Kopf und fuhr langsam fort: »Noch schlimmer als die Tatsünden werden die Sünden der gelieferten Vorwände sein. Ich sehe schon diejenigen, die nicht weniger maßlos sind als unsere Herren, aber die schon auf ihre Stunde lauern, um der übrigen Welt sagen zu können: Seht die Deutschen, hört, was sie getan haben, und denkt daran, wie recht ihnen geschieht, wenn wir sie jetzt zertreten.«

In derselben Nacht, in der Hagen und seine Frau von ihrem Sohn Abschied nahmen und Greiser sich nach dem Ende seines Empfanges ruhig zu Bett begab, rollten Konjews Panzerverbände längst tief hinter der zerbrochenen deutschen Front nach Westen. Sie näherten sich in dieser Nacht bereits dem Nidafluß und der Eisenbahnstrecke von Krakau nach Warschau. Beide wurden am folgenden Tag überschritten. Damit standen die Russen nur noch siebzig Kilometer von Krakau entfernt.

Binnen kurzem war ihnen im Bereich der 4. Panzerarmee ein Durchbruch gelungen, wie er nicht umfassender und folgenschwerer sein konnte. Schon wirkten sich seine Folgen auf die nördlichen und südlichen Nachbararmeen aus. Sie sahen sich in ihren tiefen Flanken bedroht. Was sie an Reserven eingespart hatten, mußten sie zusammen mit schnell herausgelösten Frontverbänden zum Schutze ihrer Flanken und ihres Rückens einsetzen.

Die Nachrichten von der Katastrophe in der Mitte der Ostfront erreichten Hitler in Ziegenberg, wo ihn seine wunschbestimmten Illusionen über die Lage der Ostfront noch bis zum 16. Januar festhielten.

Die Nachrichten trieben ihn weiter in den verbissenen, rechthaberischen und blinden Trotz hinein, in den er sich immer mehr verrannte.

Seine erste Reaktion auf die Nachrichten von der Heeresgruppe A war nicht die, daß er wenigstens jetzt noch den Versuch machte, die noch nicht angegriffenen Armeen aus ihrer hoffnungslosen Position zurückzunehmen. Vielmehr befahl er, daß jede Einheit auf dem Platze zu kämpfen und zu sterben habe, auf den sie gestellt sei. Er handelte wieder so, wie er es seit Jahren in allen Krisenlagen tat. Darüber hinaus beorderte er – gegen Guderians telefonischen Einspruch – aus Ostpreußen, wohin sich jeden Augenblick der sowjetische Angriff ausdehnen konnte, das Panzerkorps »Großdeutschland« in den Raum von Lodz. Dazu vier Divisionen aus Ungarn und von der Westfront nach Schlesien. Guderians Hinweis, daß diese Verbände zu spät kommen müßten, um die aufgebrochene Frontlücke schließen zu können, erstickte er mit irrationalen Ausfällen. Er bestritt Äußerungen, die er Guderian gegenüber in Ziegenberg getan hatte und konstruierte aus dem Plan »Schlittenfahrt« eine von vornherein vorhandene Absicht, nicht durchzuhalten, sondern zurückzuweichen.

Unterdessen brach am 14. Januar auch weiter nördlich der russische Angriff los. Die Heeresgruppe Shukow trat beiderseits Warschau zum Angriff an. Da die deutsche Front, die ihr gegenüberstand, über keine freien Reserven verfügte, zerbrach sie wie Glas. Shukows Verbände überschritten die zugefrorene Weichsel. Ihre südliche Gruppe ging aus dem Brückenkopf Pulawy, die nördliche zwischen Warschau und Modlin gegen die 9. deutsche Armee vor. Beide Gruppen nahmen Warschau in eine Zange und drangen verhältnismäßig schnell von Süden und Norden in die Stadt ein, die außer dem Namen »Festung« über nichts verfügte, was sie als Festung ausgezeichnet hätte.

Auch die 9. deutsche Armee wurde innerhalb weniger Tage auseinandergerissen. Danach gab es im ganzen weiten Bogen der Weichsel keine geschlossene deutsche Front mehr.

Am Abend des 16. Januar näherten sich die Russen Krakau. Im Inneren Warschaus standen um diese Zeit noch vier deutsche Bataillone, aus Magenkranken zusammengesetzt, unter dem Befehl des unglücklichen Festungskommandanten. Aber über all das gab es im Stab der Heeresgruppe A keine wirkliche Klarheit mehr.

Während des fortschreitenden Zusammenbruchs verließ Hitler am 16. Januar – durch die Gewalt der Ereignisse gezwungen – das Lager Ziegenberg und begab sich, da das langjährige Hauptquartier Rastenburg zu dieser Zeit bereits bedroht war, in die Reichskanzlei nach Berlin. Er traf in einem Zustand hektischer Erregung ein. Man fühlte geradezu, wie er sich gegen die von allen Seiten auf ihn einschlagenden Hiebe aufbäumte. Weil er aber die Ursachen der Katastrophe nicht eingestehen konnte, ohne sich selbst aufzugeben, gab er sich dem Haß gegen Schwächlinge und Verräter, gegen die Geister, die ihn seit dem Winter 1941/42 verfolgten und seit dem

20. Juli 1944 nicht mehr losließen, hin. Er setzte Harpe ab und traf damit einen Mann, der persönlich bis zu dieser Stunde an ihn geglaubt hatte und das Unmögliche nicht hatte möglich machen können. Statt seiner beorderte er Generaloberst Schörner aus Kurland nach Polen mit dem Befehl, in der Heeresgruppe A ohne Rücksicht Ordnung zu schaffen und die Russen zum Stehen zu bringen.

Am späten Abend des 16. Januar erschien Guderian – mitten aus dem Chaos der Katastrophenmeldungen, die nach Zossen drangen – in der Reichskanzlei, um Hitler zum ersten Male nach dessen Ankunft aus Ziegenberg Bericht über die Lage zu erstatten und zugleich die Forderung zu erheben, daß ihm, Guderian, größere Selbständigkeit des Handelns gegeben werden müsse, da die unbeschreibliche Schnelligkeit der Ereignisse es unmöglich machte, jedesmal Hitlers persönliche Entscheidung einzuholen. Guderian sah sich jedoch überraschend schnell auf ein völlig anderes Gleis gedrängt.

Vor seiner Abfahrt aus Zossen hatte sich Guderian durch den Oberst v. Bonin noch einen Bericht über die letzten Lagemeldungen geben lassen. Bonin hatte dabei mitgeteilt, es bestehe bei der Heeresgruppe A keine Verbindung mit Warschau mehr, das wahrscheinlich schon verloren sei. Guderian schilderte die Lage in ihrer ganzen Düsternis und wies beiläufig darauf hin, daß Warschau verloren sei. Angesichts der Gesamtlage der Front maß Guderian Warschau keine große Bedeutung mehr zu und übersah, daß diese Meldung Hitlers verzweifeltes Anklammern an Räume und Orte im Kern treffen mußte.

Hitler unterbrach Guderian, als ob er ein Ventil gefunden hätte, durch das er sein Mißtrauen ausströmen lassen konnte. »Das ist unglaublich!« rief er. »Warschau hat einen Festungskommandanten, der Befehl hat, die Stadt bis zum Tode zu verteidigen. Ich verlange sofort nähere Meldung.«

Der Zufall wollte es, daß gerade in diesem Augenblick Oberst v. Bonin aus Zossen die telefonische Meldung durchgab, daß das Oberkommando des Heeres soeben einen direkten Funkspruch aus Warschau aufgefangen habe, in dem der Kommandant mitteilte, daß er noch in der Stadt sei, daß er sich aber mit seinen schwachen Kräften im Laufe der kommenden Nacht aus Warschau absetzen müsse. Der Widerspruch zwischen der ersten Meldung über den Verlust Warschaus und der jetzigen Meldung des Kommandanten nährte Hitlers Mißtrauen. Er befahl die sofortige Durchgabe eines

Funkspruchs nach Warschau, daß Warschau um jeden Preis zu halten sei, obwohl sicher war, daß dieser Funkspruch den Festungskommandanten und sein kleines zusammengeschmolzenes Häuflein nicht mehr erreichen würde. Vor allem aber forderte Hitler in wildem Zorn Klarheit darüber, wie die erste Meldung über den Verlust Warschaus entstanden sei. Als ihm mitgeteilt wurde, daß der Oberstleutnant v. Christen als Sachbearbeiter der Heeresgruppe A in der Operationsabteilung in Zossen die Meldung aus Krakau aufgenommen und an den Oberstleutnant v. d. Knesebeck, den IA der Operationsabteilung, weitergegeben habe, der sie dann Oberst v. Bonin übergab, befahl Hitler – durch die adligen Namen in noch gesteigerte Erregung versetzt – die sofortige Verhaftung dieser Offiziere.

Während draußen an der Weichsel Armeen zerbrachen, kam es in der Reichskanzlei zwischen Guderian und Wenck einerseits und Hitler andererseits zu einer stundenlangen fruchtlosen Auseinandersetzung um das Schicksal dreier Offiziere, die nichts anderes getan hatten, als eine Meldung weiterzugeben.

Auch der nächste Tag stand in Berlin und Zossen unter dem Zeichen dieses Ereignisses, obwohl draußen die sowjetischen Panzer- und Infanteriearmeen unaufhaltsam nach Westen rollten. Guderian wurde durch Kaltenbrunner vernommen. Er begab sich danach erneut zu Hitler, um die Freilassung seiner Offiziere zu fordern und sich selbst zur Verfügung zu stellen. Es war vergebens. Hitler blickte ihn am Ende einer erneuten scharfen Auseinandersetzung aus geröteten Augen an und erklärte mit kaum beherrschtem Haß: »Geben Sie Ihre Mühe auf. Ich will nicht Sie treffen. Ich will nicht die einzelnen Offiziere treffen. Ich will den Generalstab treffen. Die Generalstabsclique, die den 20. Juli geboren hat, muß ausgerottet werden.«

Unterdessen wurden im Generalgouvernement und im Osten des Warthegaues deutsche Männer, Frauen und Kinder von der Flut der einbrechenden russischen Armeen überrannt.

Der stellvertretende Bürgermeister Anton Rieß fuhr am Nachmittag des 18. Januar mit seinem Schlitten aus der Kreisstadt in sein Dorf an der östlichen Grenze des Warthegaues zurück.

Anton Rieß stammte aus Bessarabien und war als »Volksdeutscher« angesiedelt worden, als die Russen Bessarabien besetzten. Er hatte alles zurückgelassen, wofür viele Generationen gearbeitet hatten, und dafür die Zusicherung bekommen, daß er im Warthegau einen neuen Hof und eine neue Heimat erhalten sollte. Er war mit seiner Familie durch verschiedene Lager in Deutschland gewandert. Vieles hatte anders ausgesehen, als er es sich vorgestellt hatte. Aber endlich hatten sie doch in dem Land Einzug gehalten, das ihre neue Heimat werden sollte. Und sie hatten einen Hof bekommen, der bis dahin einem Polen gehört hatte. Das hatte ihnen nicht gefallen, denn sie waren ehrliche Menschen und wußten um das Verhängnis des unrechten Gutes. Aber vielleicht war es auch nicht unrecht, denn die Polen hatten diesen Hof im Jahre 1924 einem Deutschen abgepreßt. Sicherlich war es gerechter zugegangen als bei ihrem Nachbarn Johann Kröner. Der hatte einen Hof übernehmen sollen, auf dem ein Kommando gerade den polnischen Bauern erschoß, weil er Waffen besessen hatte. Kröner hatte nicht einziehen wollen. Aber er hatte einziehen müssen, denn wohin sollte er sich sonst wenden. Sie hätten ihm keinen anderen Hof gegeben, sondern ihn auf der Straße stehenlassen.

Die Kommissionen waren hart und siegestrunken. Und Kröner war bloß ein »Araber«, der keine Heimat mehr hatte und eine neue suchte für seine Frau und die Kinder.

Und die Jahre vergingen, und man vergaß. Man vergaß die Geister der früheren Besitzer, die in das Land abgeschoben worden waren, das man jetzt »Generalgouvernement« nannte, oder als Knechte auf anderen Höfen zurückgeblieben waren. Die neuen Bauern hatten schwer gearbeitet, und wenn Unrecht geschehen war, so hatten sie nach ihrer Überzeugung auf jeden Fall das Land besser bebaut, als es zuvor bebaut worden war. Und was würde in fünf oder zehn Jahren sein? Es war so viel Land da, um neue Höfe zu bauen und neue Dörfer, daß auch Polen wieder Bauern werden konnten.

Anton Rieß wußte, daß er den Anordnungen zuwider dachte, wenn er hoffte, daß auch die Polen wieder Bauern werden könnten. Aber er dachte nicht allein so. Er hatte sich auch nicht gedrängt, seinen Posten zu übernehmen. Aber die Jungen waren alle fort. Er war ein alter Mann, den man dazu bestimmt hatte.

Rieß zog die Fellmütze tiefer über die Ohren und schlug die Arme übereinander, während er die Zügel zwischen die Knie preßte. Fünfzehn Grad Kälte hatte er auf dem Thermometer vor der Kreisleitung abgelesen. Er trieb die Pferde ein wenig an, denn er wollte in zehn Minuten zu Hause sein. In der Tasche seines wattierten Überrockes trug er das Notizbuch, in das alles eingetragen war, was der Kreisleiter gesagt hatte und was er seinen Leuten im Dorf weitergeben sollte. »Die Front schlägt sich hervorragend«, hieß es da, »die Anfangserfolge der Russen sind bereits ins Stocken gekommen. Eine deutsche Panzerarmee befindet sich im Anmarsch... Der Führer selbst hat eingegriffen und erklärt, daß er lieber vorzeitig seine neuen Waffen, die er eigentlich noch zurückhalten möchte, einsetzen werde, bevor er zugebe, daß auch nur ein Teil des Warthegaues verlorengeht. Die Bevölkerung kann unbesorgt sein... Falls irgend etwas Unvorhergesehenes eintreten sollte, womit jedoch nicht zu rechnen ist, wird die Bevölkerung so früh verständigt, daß sie in Ruhe ihr Dorf räumen kann.«

Das hatte Rieß in sein Buch eingetragen, um es nun an Stelle des Ortsgruppenleiters und Bürgermeisters, der mit dem Volkssturm in der Kreisstadt geblieben war und auf Gewehre wartete, bekanntzugeben.

Als er an einem verschneiten Waldstück vorüberfuhr, kamen ihm Holzgaslastwagen entgegen, die mit Soldaten behangen waren. Ein Wagen schleppte ein kleines Geschütz hinter sich her. Anton Rieß wunderte sich darüber, daß ein Geschütz zurückgefahren wurde. Aber es gab sicherlich Gründe dafür.

Er erreichte die kleine Anhöhe, von der er das Dorf sehen konnte, und fuhr die letzten hundert Meter die Straße hinab.

Die Leute warteten schon in einer Stube seines Hauses auf ihn. Es waren ältere Männer, ein paar einbeinige und einarmige Kriegsbeschädigte. Sonst waren es Frauen. Es waren die Abgesandten der Deutschen, die immer hier gelebt und in der polnischen Zeit häufig einen harten Stand gehabt hatten, wenn sie und ihre Kinder Polen werden sollten. In der Mehrzahl aber waren es Leute aus Galizien und aus Bessarabien.

Sie waren unruhig. Aber Anton Rieß zog sein Notizbuch hervor und sagte ihnen alles, was ihm der Kreisamtsleiter gesagt hatte. Und er sagte am Schluß: »Der Kreisamtsleiter läßt euch alle grüßen und sagen, daß unsere Armee im Sommer wieder vor Moskau stehen wird und daß dann jeder über die Sorgen lachen wird, die er jetzt vielleicht gehabt hat.« Sie hatten alle aufmerksam zugehört, und ihre Gesichter glätteten sich. Dann setzten sie sich ihre Mützen auf, banden sich die Kopftücher um und stapften durch den Schnee nach Hause. Sie sahen bei ein paar Polen schwaches Licht und wußten, daß auch diese sich Gedanken machten, weil sie ja nicht wußten, was auch auf sie wartete, wenn die Bolschewisten kommen würden. Der alte Rieß aber saß noch eine Weile an seinem Tisch. Die Frau hockte am Ofen und sah vor sich hin. »Ist das nun alles ganz richtig, was du gesagt hast?« fragte sie.

»Es ist richtig«, sagte Anton Rieß, »ich habe ja alles genau aufgeschrieben, damit ich nichts vergesse.«

»Dann will ich nochmals schlafen gehen«, sagte die Frau, stand auf und ging.

Anton Rieß nickte, aber dann nahm er den Überrock und ging noch einmal auf die Straße. Sein Hof lag ganz am Ende des Dorfes nach Osten zu, und er ging ein Stück auf die Straße hinaus, eigentlich ohne bestimmte Absicht, nur weil ein Gefühl ihm sagte, daß es vielleicht gut sei, wenn er noch einmal nach Osten schnupperte.

Es war jetzt ganz dunkel. Aber der Schnee leuchtete frisch und weiß. Er stand eine Weile am Dorfausgang und wollte gerade umkehren, als er nicht weit von sich im Straßengraben im Schnee ein Geräusch hörte. Als er darauf zuging, sah er dort einen Menschen liegen. Es war ein junger Mann in Uniform, ein deutscher Offizier, der gestürzt war. Aber er war nicht im Schnee ausgeglitten, sondern war einfach zusammengebrochen.

Anton Rieß war trotz seines Alters ein starker Mann; er hob den Offizier auf, bis dieser sich taumelnd aufrecht hielt, und Anton Rieß führte ihn langsam über die Straße zu seinem Haus. In der Stube setzte er ihn auf die Bank. Aber der Offizier legte sofort die Arme auf den Tisch und ließ den Kopf daraufsinken. Fast schien es, als weine er in sich hinein. Rieß wußte zuerst gar nicht, was er mit dem Fremden anfangen sollte. Dann aber holte er eine Flasche mit Branntwein, hob den Kopf des Offiziers und fragte, woher er komme: »Von der Front?«

Der Offizier sah ihn aus unnatürlich großen Augen an. »Front?« sagte er mit einer Stimme, die ihm nur unwillig gehorchte. »Front«, sagte er, »das war einmal. Ich bin der einzige von meiner Kompanie; alle anderen sind tot oder verstreut, und das ganze Regiment ist zersprengt.«

Anton Rieß hielt in der Bewegung inne, mit der er Branntwein in ein Glas hatte einschenken wollen. »Sie haben uns gejagt wie die Hasen«, murmelte der Offizier. »Was dem Trommelfeuer noch entwischt ist, das haben sie zusammengeschossen wie die Hasen. Mit Panzerkanonen auf einzelne Leute. Ich bin ihnen in einem Wald entwischt ...«

»Und die Riegelstellung?« fragte Anton Rieß.

»Stellungen«, stammelte der Offizier, »die habt ihr umsonst gegraben. Da ist niemand drin. Da fährt der Iwan mit einem ›Stalin‹ entlang, und dann sind die Gräben platt. In ein paar Stunden ist der Iwan hier, und ich muß weiter.«

Aber während er noch sprach, fiel sein Kopf wiederum auf den Tisch.

Anton Rieß sah auf den Offizier hinab. Weil er ein ehrlicher Mann war, der keine Lügen kannte, begriff er nicht, was hier geschah und was ihm gesagt wurde.

Aber er setzte die Flasche und das Glas ab und dachte, daß etwas geschehen müsse. Und er setzte sich die Mütze auf und ging bis zum Haus des Ortsgruppenleiters. Er klopfte lange und rief und klopfte, und dann machte ihm die polnische Magd auf, und er sagte, daß er telefonieren müsse. Er rief die Kreisstadt an, und es dauerte lange, weil alles seine Ordnung haben mußte und man nach einer Kennnummer fragte. Aber dann klingelte es drüben, und es meldete sich ein Kreisamtsleiter, der Nachtdienst hatte und mit ungeduldiger Stimme fragte, was Anton Rieß so Wichtiges mitzuteilen habe.

Anton Rieß berichtete, was er eben erlebt hatte. Und er sagte, er möchte sich vergewissern, ob es stimmen könne, was der Offizier sage. Und er müsse wissen, was dann geschehen solle.

Während er sprach, glaubte er auf der Dorfstraße Geräusche zu hören, die ihm fremd waren. Aber er achtete nicht genug darauf. Er horchte angespannt ins Telefon und auf die noch ungeduldigere Stimme am anderen Ende der Leitung. Die Stimme fragte ihn, ob es ihm nicht genüge, was er am Nachmittag gehört habe. Es trieben sich viele Feiglinge und Drückeberger herum, die unwahre Gerüchte ausstreuten. Zu diesen gehöre der Offizier. Anton Rieß hafte dafür, daß der Mann festgehalten und der Polizei übergeben werde.

Anton Rieß wollte noch etwas erwidern. Er wollte sagen, der Offizier sehe nicht wie ein Deserteur aus. Während er noch die Worte, die er sagen wollte, in seinem Kopf zusammensuchte, meinte er wieder, ungewohnte Geräusche zu hören. Er begann zu sprechen. Aber dann waren die fremden Geräusche ganz nah, und die Tür hinter ihm sprang auf. Er blickte sich um und sah zwei erdbraune Riesen mit Fellmützen und Maschinenpistolen.

Er wußte sofort, wer sie waren, denn solche Gestalten hatte er gesehen, als die Russen nach Bessarabien gekommen waren. Aber weil die Lüge nicht in seine kleine und saubere Welt hineingehörte, verstand er überhaupt nicht, was geschah.

Es blieb ihm auch keine Zeit, seinen Kopf damit zu zerquälen, denn

es knallte ganz leicht. Dann stürzte Anton Rieß neben dem Telefon zu Boden.
Das Telefon aber war an der Wand festgeschraubt, und der Hörer hing lang herab und baumelte über dem Körper von Anton Rieß. Der Kreisamtsleiter in der Kreisstadt hätte den Schuß hören können. Aber er hörte ihn nicht. Denn er wollte keine Zeit für überflüssige Gespräche mit Leuten verschwenden, die auf jeden Unfug hereinfielen. Er hatte eingehängt und spielte mit zwei Volkssturmmännern Karten.
Als Anton Rieß von der Maschinenpistole des mongolischen Unteroffiziers getroffen zusammenbrach, hallte das ganze Dorf bereits von Schüssen wider sowie vom Krachen eingeschlagener Türen und von den ersten gellenden Schreien der Frauen. Sie erwachten plötzlich vom Lärm in den Häusern, vom aufflackernden Licht und dem Anblick der hereinquellenden Gestalten, oder aber erst dadurch, daß durchkältete Hände nach ihnen griffen, die Zudecke von ihnen rissen, ihre Brüste betasteten und zwischen ihre Schenkel faßten.
Das Unheil war leise gekommen, auf den Kufen von fünfzehn großen Schlitten, von denen jeder vollbepackt war mit erdbraunen Soldaten, die zum Teil Schneehemden über ihre Uniformen gezogen hatten. Sie waren im letzten Dorf zu spät gekommen und hatten schon alle Häuser und Betten von anderen besetzt gefunden. Sie hatten nur eine Frau erbeutet, die nackt mit aufgelösten Haaren aus einem Fenster sprang. Sie dachten, es sei etwas Neues, eine deutsche Frau auf einem wild fahrenden Schlitten zu begatten. Aber der Schlitten fuhr zu schnell, und er war zu eng besetzt. Da hatten sie die Frau in den Straßengraben geworfen und hatten nicht einmal gewußt, daß es keine Deutsche, sondern eine Polin war.
Sie hatten dann zwei Schlitten gejagt. Diese waren aus dem letzten Dorf noch entkommen, und auf ihnen hockten Deutsche. Es waren Balten mit ihren erwachsenen Töchtern und einer polnischen Magd. Sie hatten den Versicherungen Greisers nicht ganz getraut und ihre Frauen mit den kleineren Kindern insgeheim nach Gnesen geschickt. Die älteren Kinder hatten nachfolgen sollen, und die Schlitten hatten auf jeden Fall bereitgestanden. Aber auch sie entkamen jetzt ihrem Schicksal nicht. Als der Balte auf dem zuhinterst fahrenden Schlitten die Russen erkannte, bog er von der Straße auf das freie Feld hinaus. Aber da schossen die Russen, welche an der Spitze daherjagten, die Tiere vor dem Schlitten und die Menschen auf ihm mit einem Maschinengewehr zusammen.

Die Russen aber jagten den zweiten Schlitten. Und sie überholten ihn gerade, als sie in das schlafstille Dorf einfuhren. Und ihr vorderster Schlitten fuhr so, daß die Tiere des Balten stürzten. Aber als dies geschah, waren der Balte und seine Töchter schon tot, denn sie hatten Gift genommen.
Dies geschah vor dem Hause von Anton Rieß, und es geschah in dem Augenblick, in dem Anton Rieß am Telefon erfuhr, daß alles seine Ordnung habe.

Der Unteroffizier Kossarew drang mit zehn seiner Leute in das Haus von Anton Rieß ein, vor dessen Tür die toten Balten lagen. Anton Rieß' Tür war unverschlossen, und sie fanden den jungen deutschen Offizier, der noch immer vor Erschöpfung schlief, und schossen ihm gleich eine Reihe von Kugeln in den Kopf. Kossarew zog den Kopf des Deutschen hoch und schnitt ihm die Kehle durch. Unterdessen brachen die anderen die Schränke auf. Dann ließ Kossarew Stroh herbeiholen. Sie schichteten das Stroh im Hause und an der Treppe auf, um es anzuzünden und um andere deutsche Soldaten, die vielleicht noch im Hause sein könnten, auszuräuchern. Während sie hiermit beschäftigt waren, drängten sich die Frau von Anton Rieß und seine Tochter und deren vier Kinder in der Schlafstube zusammen. Sie waren aus dem Schlaf gerissen worden und hatten durch das Fenster die Russen auf der verschneiten, hellen Straße gesehen. Die beiden polnischen Knechte und die Magd hatten versucht, nach hintenhinaus durch die Fenster zu entkommen. Aber ein Posten hatte sie gesehen und schoß hinter ihnen her, so daß einer der Knechte im Schnee liegenblieb.

Die Flammen prasselten sehr schnell, denn die Graubraunen waren im Feuerlegen schon geübt. Als die Frauen und die Kinder den Brand fühlten und sich an die Fenster drängten, schossen die Graubraunen von außen auf die Fenster und sahen zu, wie das Haus mit allem, was darinnen war, verbrannte.
An der Spitze der Graubraunen, die in das Haus des Polendeutschen Peter Haupt kamen, dessen Familie schon hundert Jahre im Lande wohnte, marschierte der Hauptmann aus Charkow selbst. Er hatte seine eigene Methode. Er ließ alle, die im Hause waren, aus den Betten holen und in die Stube treiben. Und dann ließ er das ganze Haus durchsuchen und alle Schränke und Kästen erbrechen, die Betten zerschneiden und die Sofas nach versteckten Dingen durchwühlen.

Und er ließ alles, was an Gold und Silber und sonstigen blinkenden Dingen gefunden wurde, vor sich auf dem Tisch ausbreiten. Währenddessen ließ er die Deutschen und Polen, die in der Stube zusammengetrieben waren und von Peter Haupt bis zu seinem Vierjährigen im Nachthemd frierend dastanden, mit den Gesichtern zur Wand aufstellen. Er ließ ihnen ab und zu eine Pistole oder eine Maschinenpistole ins Genick stoßen und auch einmal einen Schuß in die Decke feuern.

Er wußte, daß es in allen Dörfern Deutsche und Polen gab und daß er die Polen befreien sollte. Und er ließ den polnischen Knecht und die alte Magd laufen, nachdem sie gegenseitig beschworen hatten, daß sie Polen waren. Aber vielleicht ließ er die Magd auch laufen, weil sie alt und häßlich war, denn sonst war er der Ansicht, daß auch die Polen für ihre Befreiung bezahlen sollten, und man wußte nie, ob sie wirklich Polen waren oder ob man einen Faschisten, der vielleicht in Rußland viele seiner Brüder umgebracht hatte, mit dem Leben davonkommen ließ.

Dann ließ er Peter Haupt und dessen Sechzehnjährigen, den Vierzehnjährigen und den Vierjährigen auf den Boden hinknien und riß der Frau von Peter Haupt und der Achtzehnjährigen und der Zwölfjährigen die Hemden herab und sah sie an und ließ sie sich auf den nackten Boden legen und von seinen Leuten an Armen und Beinen festhalten. Und dann tat er nach seiner Lust.

Als Peter Haupt das Weinen seiner Zwölfjährigen hörte, stöhnte er laut, und seine Frau wand sich in den Fäusten, die sie festhielten. Sie schrie nach Hilfe, die ihr niemand geben konnte. Sie schrie nach Gott, der so unendlich fern war. Und sie bot sich an für das Kind. Aber was sie anzubieten hatte, das war dem Hauptmann ohnedies sicher.

Als sich der Hauptmann zu der Achtzehnjährigen hinüberwälzte, tat Peter Haupt einen wütenden Schrei. Er warf sich aus seiner knienden Stellung nach vorne und faßte den Hauptmann an den Beinen und zerrte ihn über den Boden zu sich her. Und das alles geschah so schnell, daß die Erdbraunen nicht zum Schießen kamen und erst trafen, als alles schon geschehen war und der Hauptmann sich mit einem Schrei der Wut hochwälzte und an seiner Seite nach der Pistole griff. Aber er schoß nicht, sondern er richtete sich, von einem plötzlichen Gedanken erfaßt, auf und riß Peter Haupts Kopf an den Haaren empor und sah, daß sie ihn schlecht getroffen hatten und daß noch Leben in ihm war. Er rief zweien der Braunen etwas zu. Und diese griffen Peter Haupt und schleiften ihn zur Tür hinaus und auf den Hof. Der Hauptmann stand mitten im Raum, zwischen den Frauen am Boden und seinen Soldaten ringsum und den knienden Söhnen, und er wartete. Er horchte und wartete. Und dann hörte er plötzlich das Schreien. Und die Stimme, die da schrie, war keine menschliche Stimme mehr. Das war ein Schrei voller unmenschlicher Qual, so daß die Frau sich wieder aufbäumte und schrie. Sie wußte nicht einmal, was geschehen war. Sie sah nicht, daß sie Peter Haupts Hoden mit Steinen zerquetscht hatten. Und sie sah nicht, wie die Qual noch einmal alle Lebenskräfte in dem schon tödlich Verwundeten erweckte und ihn hochtrieb und über den Schnee dahintaumeln ließ, die Hände in den Schoß verkrampft, bis er zusammenfiel und der Schrei erlosch.

Zur gleichen Zeit aber, in der dies alles geschah, saß in der Schlafstube von Peter Haupt ein einzelner Soldat, der mit den anderen in diese Schlafstube hineingestürzt war, um Peter Haupt und seine Frau und die jüngsten Kinder aus den Betten zu reißen. Er saß zwischen dem aufgeschlitzten Bettzeug, der aus den Schränken gerissenen Wäsche, ein paar zertretenen Puppen und schaukelte den Einjährigen auf dem Schoß, den Peter Haupts Frau an sich gedrückt hatte, als die Horde die Tür zertrat. Er saß so und dachte an seine eigenen Kinder, die er seit vielen Jahren nicht gesehen hatte. Und das Kind schrie nicht mehr, sondern war still. Dies war das menschliche Bild in dem Aufruhr, der das Dorf durchraste. Und als der Soldat das furchtbare Schreien hörte, das Peter Haupt ausstieß, und als ihm bewußt wurde, daß er im Begriff stand, die Preise des Sieges zu versäumen, stand er auf, um nach unten zu laufen. Aber vorher legte er das Kind auf die zerschnittenen Matratzen und deckte es mit einer Decke vorsichtig zu.

Kein Deutscher entrann in diesem Dorf dem Schicksal, das ihm bestimmt war. Die Scheunen, in deren Stroh und Heu sich einige Frauen gerettet hatten, gingen in Flammen auf. Die Frau des Ortsbauernführers, auf die viele Polen mit den Fingern wiesen, weil sie sich wie eine hochmütige Sklavenhalterin betragen hatte, starb am Übermaß der Schändungen. Aber es starben auch andere Frauen, weil zwanzig und mehr Soldaten sie der Reihe nach mißbraucht hatten. Die Männer aber fielen bis auf vier, die der Zufall bewahrte. Sie fielen als Faschisten oder weil man noch eine Waffe bei ihnen fand oder weil sie, wie Peter Haupt, ihre Frauen und Kinder schützen wollten oder weil es Trunkenheit und Gewalttätigkeit so wollten. Sie lagen erschossen und erschlagen in verwüsteten Häusern und auf den Höfen und auf der Straße. Der Ortsbauernführer hing mit den Füßen zuoberst im Rahmen seiner Stalltür. Aber neben ihm hing auch ein vierzehnjähriger Junge, und niemand wußte, warum.

Als am nächsten Tag gegen Mittag hinter der Frontkompanie, die dies alles getan hatte, ein NKWD-Major mit anderen Soldaten auf zwei amerikanischen Jeeps und einem amerikanischen Dreiachser in das Dorf kam, um die Faschisten zu fangen und abzuurteilen, die arbeitsfähigen Männer einzusammeln und zum nächsten Sammelplatz zu schicken und alle transportablen Werte festzustellen, fand er keine Männer mehr vor, um die es sich gelohnt hätte. Die Faschisten waren schon tot und die meisten anderen auch. Da hielt er sich an die Frauen. Er suchte diejenigen aus, die ihm kräftig genug erschienen, und ließ sie so, wie sie waren, nach Nordosten in Richtung auf die Weichsel treiben. Sie sahen ihre Kinder nicht mehr, und einige hatten nicht einmal Zeit gehabt, kräftige Schuhe oder Mäntel anzuziehen. So begann ihr Weg ins Ungewisse, der für die meisten auch der Weg in den Tod war.

Das, was in diesem Dorfe geschah, geschah in ähnlicher Form in fast allen Flecken, Dörfern, Orten und Gütern, deren deutsche Einwohner den Worten aus Berlin und Posen und aus ihren Kreisstädten vertrauten oder aber nicht wagen konnten, sich den erlassenen Befehlen zu widersetzen. Es war die Hölle selbst, die ihr Maul öffnete, jäh, hemmungslos, und Plünderung, Verwüstung, Schändung und Verschleppung wälzten sich wie ein Strom nach Westen, der alles verschlang, was ihm durch einen gewissenlosen Optimismus überantwortet wurde.

Die Heeresgruppe A blieb unterdessen für nahezu drei Tage führerlos, denn der Generaloberst Schörner traf erst am 20. Januar, aus Kurland kommend, in Schlesien ein. Aber es gab auch nicht viel zu führen. Denn niemand wußte, wo der Stab der 4. Panzerarmee zu finden war. Auch der Stab der 9. Armee war lange Zeit nicht zu erreichen. Nur mit Mühe entging der Stab der Heeresgruppe selbst am 17. Januar in Czenstochau russischen Panzern.

Diese – begleitet von aufgesessener oder motorisierter Infanterie – jagten, ohne sich aufhalten zu lassen, daher. Trafen sie auf entschlossenen Widerstand, so wichen sie aus, umgingen das Hindernis und fuhren weiter, so wie es die deutschen Panzertruppen einmal

vorgemacht hatten. Am 20. Januar waren Krakau und Lodz, Wloclawek und Czenstochau in russischer Hand.
Nicht überall glückte Konjews Angriffstaktik. Das XXIV. und XI. deutsche Panzerkorps waren zwar nicht mehr zu erfolgreichen Gegenangriffen gelangt. Aber sie ließen sich auch nicht ohne weiteres überrennen, sondern setzten sich zur Wehr. Die Angreifer umbrandeten wohl mit ihrer Überzahl wie eine Springflut die Inseln der Panzerkorps. Aber die Korps blieben stehen, machten Front nach allen Seiten und bildeten einen Halt für Reste von Infanteriedivisionen, die wie hilfloses Treibholz in der russischen Angriffswelle westwärts schwammen und nun eine Stelle fanden, an die sie sich anklammern konnten.
Angesichts der gegnerischen Überzahl war auch hier der Augenblick abzusehen, an dem die deutschen Panzerkräfte unterliegen mußten. Sie konnten nicht mehr ihre Schnelligkeit ausnutzen, weil sie auf die Infanterie Rücksicht nehmen mußten. So hatte sich der Kommandierende General des XXIV. Panzerkorps, General Nehring, im Raum um Kielce die Restteile des XLII. Infanteriekorps unterstellt, dessen Kommandierender General gefallen war. Er mußte sich nun mit diesem hemmenden Gewicht abfinden. Nachdem er, allseits umgangen, am 15. Januar den Befehl erhalten hatte, sich in Richtung Glogau durchzuschlagen, setzte er sich mit seinen Verbänden nach Westen in Marsch, nach allen Seiten hin gegen feindliche Panzer, motorisierte Infanterie und Flieger kämpfend. Sein Korps wurde zum »wandernden Kessel«, der sich in Tag- und Nachtkämpfen zu der dreihundert Kilometer entfernten deutschen Grenze durchzuschlagen suchte. Auch Zivilflüchtlinge suchten darin Rettung und Halt.
Die Kälte nahm in diesen Tagen zu. Der Wind wurde stärker und eisiger. Die Wege waren mit Glatteis bedeckt. Wer verwundet liegenblieb, fiel der Kälte zum Opfer. Eine besondere Krise trat beim Übergang über die Pilica ein, deren Eisdecke wohl Infanterie und leichte Fahrzeuge der Flüchtlinge, aber nicht die schweren Panzer und schweren Lastwagen trug. Die einzige vorhandene Brücke stürzte sofort zusammen. Die aufgefahrenen Panzer brachen in den Fluß ein und bildeten die Unterlage für eine Behelfsbrücke. In dieser Lage traten sowjetische Kolonnen zum Angriff an und donnerten Flugzeuge im Tiefangriff über die deutschen Verbände hinweg. Die überanstrengten Kräfte der Truppen begannen nachzulassen.
Da näherte sich dem Korps von Norden her Hilfe. Über Deutsch-

Eylau-Thorn war das Korps »Großdeutschland«, das Hitler am 14. Januar aus Ostpreußen zur Heeresgruppe A beordert hatte, durch Bahnhöfe, die bereits von Flüchtlingen wimmelten, in den Raum von Lodz transportiert worden. Es kam zu spät. In die Ausladungen schlugen bereits russische Granaten ein. So wie die Verbände aus den Zügen kamen, gerieten sie in den Kampf.
Ihr Führer, General v. Saucken, ein alter ostpreußischer Kavallerist, mittelgroß, hager, stand am 18. Januar am Rande von Lodz vor einer Tuchfabrik und suchte das verschneite Gelände mit seinem Glas ab. Hinter ihm wogte die beginnende Flucht aus der Stadt. v. Saucken war sich klar darüber, daß der eigentliche Auftrag, die Einbruchslücke in der Front der Heeresgruppe A zu schließen, sinnlos geworden war. Bei Skierzg standen die Russen bereits auf seiner Anmarschstraße. Aber er wußte um die verzweifelte Lage des Korps Nehring und entschloß sich, von Lodz nach Südwesten durchzustoßen und Nehring herauszuschlagen. Er brach damit alle Brücken ab, die hinter ihm noch offen waren. Etappenweise kämpfte sich sein Korps durch die Russen hindurch und erreichte am 22. Januar den »wandernden Kessel« des Generals Nehring. Am Ufer der Warthe reichten die beiden Generale einander die Hand.
Aber nur in der Mitte der russischen Vormarschfront, im Raume südwestlich Lodz, beiderseits der nach Glogau führenden Straße, erfuhr der russische Vormarsch auf diese Art eine gewisse Verzögerung. Nördlich davon, im Warthegau, waren keine kampffähigen deutschen Verbände mehr vorhanden.

Der Wehrkreisbefehlshaber in Posen, General Petzel, trug in sein Tagebuch ein:
»Auf Anfrage beim Chef des Generalstabes heißt es: ›Wir haben nichts. Helft euch selbst.‹ – Das Generalkommando hat eine Notbesetzung der B-I-Linie mit eigenen Kräften vorbereitet. Sie wird jetzt aufgerufen. Auf diese Weise gelingt es, im ganzen elf Bataillone zusammenzubekommen. Es handelt sich um fast unausgebildete Jungmannschaften. Dazu siebzehn Volkssturmbataillone. Mit diesen Kräften kommt eine Verteidigung der Stellung nicht in Frage, sie lassen sich höchstens für eine stützpunktartige Besatzung verwenden. So kommt es, daß die Russen überall zwischen den Stützpunkten durchstoßen, die Besatzungen einschließen und niederkämpfen, so daß von den eingesetzten Bataillonen sich nur einzelne Leute durchschlagen können.

Am 18. Januar geht Dilltal verloren. Der Russe stößt auf Welun vor... Im Laufe des Nachmittags Kämpfe um und bei Litzmannstadt. Kempen geht verloren. Der Feind dringt in Hohensalza ein, wird aber wieder hinausgeworfen. Erhöhte Bereitschaft für Posen...
Am 20. Januar früh Festungsalarm für Posen. Die Besatzung von Posen beträgt rund zehntausend Mann. Kernstück ist die Fahnenjunkerschule V mit rund zweitausend Oberfähnrichen und Leutnants der Infanterie.
Es ist Wahnsinn, dies hochwertige Führerpersonal als Truppe einzusetzen. Aber da ein gleichwertiger Ersatz nicht gestellt werden kann, bleibt nichts anderes übrig, will man nicht von vornherein auf eine Verteidigung Posens verzichten. Die Besatzung Posens besteht aus Landesschützen, Alarmeinheiten und Standortkompanien.«

Früher als in den dunkelsten Träumen geahnt, stand Greiser der Katastrophe gegenüber, die ihn als ersten Gauleiter im Osten zwang, die Welt der Hybris und Selbsttäuschung zu verlassen.
Es standen ihm zwei Wege offen, um sein Handeln nach dem Hereinbrechen der Katastrophe mit seinen vorangegangenen Taten und Worten in Einklang zu bringen. Er konnte versuchen, das vermessene Wort von dem »Gau, der sich wie ein Wall von Leibern« den Russen entgegenstellen werde, zu verwirklichen und wäre als der Verantwortliche für das sinnlose Hinschlachten von Menschen in die Geschichte eingegangen. Er hätte aber auch einen zweiten Weg gehen können, indem er bis zum 17. Januar aus eigener Verantwortung den erlösenden, gerade noch rechtzeitigen Befehl zur Evakuierung des Warthegaues gab. Er hätte sich persönlich, unbekümmert um alles, was ihn an Befehlen aus Berlin erreichte, mit seinem gesamten Apparat dafür einsetzen können, alle Deutschen hinter die Oder in Sicherheit zu bringen. Nachdem dies erreicht war, hätte er mit seinen Funktionären die großen Worte über den Widerstand bis zum letzten wahrmachen können und wäre wenigstens dem Odium großsprecherischer Feigheit entronnen, das die Geschichte niemals vergißt.
Greiser jedoch konnte sich zu keinem Entschluß durchringen. Der Wehrkreisbefehlshaber drängte auf die Auslösung der vorbereiteten Evakuierungsmaßnahmen und wies darauf hin, daß er mit seinen geringen Kräften niemals in der Lage sein werde, die sowjetischen Panzerarmeen aufzuhalten.

Aber Greiser klammerte sich noch an Naumanns Worte. Er wollte nicht glauben, daß die Front nicht zum Stehen zu bringen sei. Seine sklavische Bindung an Hitler hinderte ihn, aus eigenem Entschluß irgend etwas zu tun. Er wandte sich an das Führerhauptquartier, um von dort eine Entscheidung über die zu treffenden Maßnahmen zu erhalten. Eine solche Entscheidung traf jedoch nicht ein, da Hitler sich erst am 16. Januar wieder nach Berlin begeben hatte und in seiner inneren Entfernung von der Wirklichkeit keinen Augenblick die menschliche Tragödie beachtete, die sich hinter seinen glattflächigen Karten versteckte. Erst am 17. Januar erhielt Greiser, der untätig dem grotesken Weiterlaufen seiner Propagandamaschine mit ihren Siegesthesen zusah, Weisungen aus dem Führerhauptquartier.

Sie enthielten aber kein Wort über das Schicksal der Bevölkerung. Sie kamen wie von einem anderen Stern. Sie teilten Greiser mit, daß das Panzerkorps »Großdeutschland« unterwegs sei, um die Lage wiederherzustellen, und daß er selbst alle Kräfte des Gaues unter seiner Führung zusammenzufassen habe, um das Schließen der Frontlücke zu unterstützen. Diese Anweisungen hoben Greiser noch einmal für kurze Zeit aus der Hilflosigkeit, in der er zu versinken drohte.

Am Abend des 17. Januar berief er die Leiter der ihm unterstellten Staats- und Parteistellen zu sich auf das Posener Schloß. Es war gegen 18 Uhr, als die Wagen der Geladenen vor der großen Freitreppe vorfuhren. Posen schien äußerlich noch unberührt von der nahenden Katastrophe.

In kleinen Gruppen, zu zweien oder dreien, stiegen die Dienststellenleiter Greisers zum Sitzungssaal hinauf. Die Mehrzahl trug noch die braune Uniform. Zwischen ihnen gingen die wenigen, die vom Heer zu irgendeiner Dienstleistung abkommandiert waren und durch ihre feldgrauen Uniformen auffielen. Die Funktionäre drängten sich um die abkommandierten Frontoffiziere. Mit der nur mühsam unterdrückten panischen Unsicherheit von Menschen, die im »Glauben« und im Gehorsam, nicht aber im eigenen Denken geschult und urplötzlich aus vermeintlicher Sicherheit aufgestört waren, erkundigten sie sich nach der Meinung der Offiziere. Sie erhielten jedoch nur ein Achselzucken zur Antwort.

Auch in den Offizieren stritt der Verstand, der ein klares »Aussichtslos« sagte, mit dem Wunschglauben an irgendein Wunder. Gleichzeitig erfüllte sie das vorsichtige Mißtrauen, das durch die Defätistenverfolgung und die Unberechenbarkeit der Parteifunktionäre verursacht war. Jeder wartete schließlich schweigend auf Greiser. In das Schweigen hinein klang die lispelnde Stimme des Gauleiter-Stellvertreters Schmalz: »Meine Herren, der Gauleiter.«

Man nahm Platz, und am Kopfende des Tisches erschien Greiser mit seinem engsten Stab. Greisers am 12. Januar noch gesundes, gepflegtes Gesicht zeigte Anzeichen des Verfalls. Er schilderte kurz die Lage, ohne das Problem der Evakuierung zu berühren. Als er die Weisungen des Führerhauptquartiers bekanntgab, schien es, als begebe er sich auf einen Boden, der ihm im allgemeinen Zusammenbruch noch einmal Sicherheit versprach. Er teilte mit, daß der Warthegau auf Befehl des Führers gehalten werde und daß er die Gesamtverantwortung über den Einsatz aller Männer des Gaues, einschließlich der Verbände des stellvertretenden Generalkommandos, übernehme. Das Generalkommando habe versagt. Nicht einmal seine Sturmgeschütze seien einsatzbereit. Für einen Augenblick erhob sich Greisers Stimme. Die Kritik am Generalkommando verlieh ihr den etwas theatralischen Klang innerer Entschlossenheit, und die Zuhörer horchten auf und erwarteten, daß Greiser ihnen nun seine Pläne, seine Absichten und seine klaren Anweisungen für eine Änderung der Lage geben werde.

Aber Greiser hatte ihnen nichts zu sagen. Er teilte lediglich mit, daß das Panzerkorps »Großdeutschland« im Anmarsch sei, um im Raume Litzmannstadt zum Gegenstoß anzusetzen. Dann gab er einige nebensächliche organisatorische Weisungen und verließ den Raum. Mit einem Gefühl enttäuschter Leere und Ratlosigkeit brachen die Zuhörer auf und gingen durch ein leichtes Schneetreiben zu ihren Wagen zurück.

Es war bezeichnend für die Verwirrung, daß General Petzel erst am Vormittag des 19. Januar durch einen Verbindungsoffizier bei Greiser darüber verständigt wurde, daß Greiser die militärische Verantwortung im Warthegau übernommen habe. Und es war bezeichnend für die gleiche Verwirrung, die in höheren Führungsstellen und im Führerhauptquartier selbst herrschte, daß es nur eines Anrufes Petzels bei Guderian bedurfte, um die Übertragung der militärischen Verantwortung auf Greiser wieder aufzuheben.

Greiser wehrte sich gegen diese Aufhebung auch nicht, denn inzwischen war ein Ereignis eingetreten, das den schon Wankenden noch entschlußloser machte. Am 18. Januar hatte Greiser sich zu einer persönlichen Erkundungs- und »Ermutigungs«-Fahrt aufgerafft. Er war dabei dicht bei Litzmannstadt auf sowjetische Panzer gestoßen und mitten in einen heillosen Strom von Flüchtlingen hineingeraten. Als er am Abend des 18. Januar nach Posen zurückkehrte, standen russische Vorauspanzer schon in Litzmannstadt. Aber Greiser fand auch nach diesen Erlebnissen nicht die Entschlossenheit, ohne Anweisung Hitlers den Evakuierungsbefehl zu geben. Er ließ die Dinge treiben. Aber der »Ostdeutsche Beobachter in Posen« erschien mit der Schlagzeile »Der Warthegau bleibt deutsch«.

Am 19. Januar rief Greiser seine Mitarbeiter zu einer neuen Lagebesprechung zusammen. Er hatte keine Weisungen zu erteilen, da seitens Hitlers keine weiteren Weisungen an ihn ergangen waren. Er hatte wohl nur das Empfinden, irgend etwas sagen zu müssen, und berichtete in müdem Ton über seine Erlebnisse am 18. Januar und in einem Nebensatz, daß die militärische Verantwortung wieder von ihm auf General Petzel übergegangen sei.

Nur einmal erhob sich seine Stimme, als er mitteilte, er habe überall den Volkssturm fast waffenlos gesehen. »Keinen Volkssturmmann werde ich opfern«, erklärte er, »ich werde veranlassen, daß der Volkssturm nur noch zum Schutze der Trecks verwendet wird.« Es war, als ob sich sein Selbstgefühl an diesen nichtssagenden Befehl klammerte – den einzigen Befehl, den er erließ. Von einer Evakuierung war immer noch nicht die Rede. Während die sowjetischen Panzer weiter in den Warthegau hineinrollten und immer mehr ahnungslose Deutsche in ihren Dörfern überfielen, geschah in Posen nichts.

Erst am 20. Januar, als Greiser immer noch keine Anordnungen aus dem Führerhauptquartier erhalten hatte und General Petzel ihm in einer Besprechung erklärte, daß die geringen Kräfte des Generalkommandos aufgerieben seien, daß mit keinen Verstärkungen zu rechnen sei und der russische Vormarsch nicht aufgehalten werden könne, entschloß sich Greiser mit einer Geste apathischer Ausweglosigkeit den Evakuierungsbefehl für den Warthegau herauszugeben. Aber er rang sich nur deshalb zu diesem Entschluß durch, weil ihn gegen Mittag des 20. Januar statt anderer Weisungen ein von Bormann gezeichneter Befehl Hitlers erreichte, nach dem er – Greiser – sich nach Berlin zu begeben habe, um eine neue »Aufgabe beim Reichsführer SS« zu übernehmen. Dieser Befehl schien ihm gleichbedeutend mit der Erlaubnis, die Evakuierung einzuleiten.

Während die gut verwahrten Evakuierungspläne eine schubweise Räumung des Ostens, der Mitte und des Westteiles des Warthe-

gaues vorgesehen hatten, erreichte der Treckbefehl nun alle Gebiete gleichzeitig. Die deutschen Bewohner der westlichen und auch des größten Teils der mittleren Kreise gelangten in den nächsten Tagen mit verhältnismäßig geringen Verlusten nach Niederschlesien bzw. in die Provinz Brandenburg.
Die Trecks der östlichen Gebiete aber stießen nun, sofern sie den sowjetischen Kolonnen noch entkamen, auf verlassene Dörfer und Städte. Wo man ihnen, vor allem den Kindern, Nahrung und Wärme hätte geben sollen, fanden sie nur noch kalte Feuerstellen und polnische Partisanen vor. Grausam dezimiert trafen die Überlebenden an den Übergangsstellen in Schlesien und Brandenburg ein, wo ihnen zum ersten Male organisierte Hilfe zuteil wurde – zum ersten Male, denn im ganzen Warthegau hatte es keine organisierte Hilfe mehr gegeben.
Während die Tragödie ihren Lauf nahm, rief Greiser am Nachmittag des 20. Januar gegen 18 Uhr noch einmal seine Mitarbeiter zu sich.
Posen hatte sich jäh verändert. General Petzel hatte Festungsalarm gegeben. Die Straßen waren totenstill. In drückender Erwartung harrte die deutsche Bevölkerung der Dinge, die kommen mußten. Das Schloß schien wie ausgestorben. Nur noch drei, vier Wagen hielten vor der Auffahrt. Noch am 17. Januar hatten sechzig Menschen im Sitzungssaal des Schlosses gewartet. Die Schritte der zwanzig Personen, die heute die Treppen hinaufstiegen, hallten laut in hohen, menschenleeren Räumen. Diejenigen, die Greisers Aufruf nicht mehr folgten, rüsteten zur Flucht oder waren insgeheim verschwunden.
Die wenigen, die sich im Schloß versammelten, waren von fast unerträglicher Spannung erfüllt. Sie hatten gehört, daß Gauleiter Hanke offenbar entschlossen war, in Breslau zu bleiben und die Stadt zu verteidigen. Einzelne Gesichter verrieten die Angst, auf verlorenem Posten bleiben zu müssen und in den nächsten Minuten aus Greisers Mund eine Art Todesurteil zu hören. Sie waren überzeugt davon, daß es für Greiser trotz der überraschenden Wandlung, die er in den letzten Tagen gezeigt hatte, keine andere Wahl gab, als in Posen auszuharren und seine Hauptstadt zu verteidigen.
Kurz nach 18 Uhr betrat Greiser den Raum. Er sah bleich und müde aus und wirkte völlig verfallen. Und schon seine ersten Worte ließen die einen tief aufatmen, die anderen verständnislos aufblicken.

»Meine Herren«, sagte er mit einer Stimme, der nichts mehr von ihrer einstigen lauten Rhetorik geblieben war, »in einem, spätestens zwei Tagen wird der Russe in Posen sein.« Seine Augen wirkten trüb und verschwommen. Noch glaubte dieser und jener, nun werde Greiser von der »Festung Posen« und vom »Kampf bis zum Ende« sprechen. Aber er erklärte nur: »Ich gebe hier mein Lebenswerk preis. Unvollendet. Zutiefst bin ich verbunden mit diesem Lande. Mein Sohn ruht in dieser Erde...« Er blickte über die Anwesenden hinweg, als bereiteten ihm fragende Blicke Pein. »Ein Führerbefehl ruft mich nach Berlin zur Übernahme einer Aufgabe beim Reichsführer SS. Mein Stellvertreter übernimmt die Führung des Gaues.« Dann verließ er wie gejagt den Raum.
Es herrschte lautlose Stille im Saal, bis die leise, lispelnde, völlig unheroische Stimme des Gauleiter-Stellvertreters zu sprechen begann: »Bis um 21 Uhr haben sämtliche Dienststellen die Gauhauptstadt zu verlassen. Der Kreisleiter von Posen hat Befehl, die Stadt von allen Deutschen bis 24 Uhr zu räumen.«
Dann verteilte er, wie um das trübe Bild dieser Stunde zu vollenden, Berechtigungsscheine für Kraftwagen und Benzin.

Am 22. Januar traf Greiser inmitten eines wogenden Stromes von Flüchtlingen in Frankfurt an der Oder ein. Dort erreichte ihn die Nachricht, daß Hitler offenbar seinen Entschluß geändert hatte und die Verteidigung Posens als Festung wünschte.
Frankfurt konnte die Ströme verzweifelter Flüchtlinge aus Ostpreußen und dem Warthegau nicht mehr fassen und sah sich dabei selbst schon von den Panzerverbänden Shukows bedroht. Niemand weiß, was Greiser in diesen Tagen bewegte. Er fühlte plötzlich kalte Feindseligkeit überall dort, wo man ihn unter den Flüchtlingen erkannte. Er fühlte auch eine ähnliche Feindseligkeit unter den Parteileuten Frankfurts. Vielleicht würden sie in Kürze selbst flüchtend die Stadt verlassen. Aber vorläufig ließen sie ihn nach der Art der Pharisäer fühlen, daß er in ihren Augen ein erbärmlicher Feigling war.
Er floh weiter von Frankfurt nach Landsberg. Aber dort war sein Empfang genauso kalt. Als er in dem Hotel, das man ihm zugewiesen hatte, dem Lebensstil folgte, den er sich in den letzten Jahren angewöhnt hatte, erregte er öffentlichen Anstoß. Vielleicht wurde ihm hier zum erstenmal klar, wie weit er sich in der Hybris seines Herrentums und in der Abgeschlossenheit des Posener Schlosses,

des Hauses Mariensee oder der Güter, auf denen er verkehrte, vom Leben des Volkes entfernt hatte, dem er in seinen Worten immer so verbunden schien. Er vernahm aus Berlin, daß Dr. Goebbels verlangte, er solle die Führung eines Volkssturmbataillons übernehmen. Bormann trug diese Forderung, als »Stimme des Volkes«, Hitler vor. Bormanns Wirken brachte Greiser zum ersten Male auf den Gedanken, daß der Befehl, der ihn aus Posen abberufen hatte, gar kein echter Befehl Hitlers gewesen sei, sondern eine Tücke seines Feindes Bormann, mit welcher dieser ihn und damit zugleich Himmler hatte treffen wollen.

Greiser floh in das Hauptquartier Himmlers und bat, um sein Gesicht zu wahren, ihn bei seiner alten Waffe, der Kriegsmarine, einzusetzen. Himmler antwortete: »Die gibt es nicht mehr.« Himmler selbst ahnte eine Intrige Bormanns und wollte den alten Genossen nicht fallenlassen. Als Greiser daher weiterfragte: »Darf ich dann darum bitten, mein altes Gallenleiden kurieren zu dürfen?«, wies ihm Himmler ein Gästehaus in Karlsbad an.

Himmler besprach den Fall Greiser mit Hitler. Wahrscheinlich erkannte Hitler selbst, daß die Rückberufung Greisers eine Intrige Bormanns gegen Himmler war. Da er weder für den einen noch den anderen Stellung nehmen wollte, bestimmte er, daß gegen Greiser wegen Verlassens seiner Gauhauptstadt keine Schritte zu unternehmen seien, da »es sich bei Posen im Gegensatz zu Breslau nicht um eine deutsche Stadt« handele. Dieser merkwürdigen Erklärung fügte er den Satz hinzu, er benötige Greiser spätestens im Frühsommer zum Wiederaufbau des Warthegaues dringend.

Greiser wartete unterdessen in Karlsbad. Niemand weiß, wie weit er an den unbeschreiblichen Jammer derer dachte, die er im Stich gelassen hatte. Niemand weiß, ob sein Gewissen ihm schlaflose Nächte bereitete. In der trügerischen Ruhe von Karlsbad, zunächst noch fern von den Stürmen, die über Ostdeutschland hinwegbrausten, hatte er Zeit, nachzudenken. Aber er dachte offenbar mehr an sich selbst als an die Menschen, die er verlassen hatte.

Er sammelte Beweise gegen Bormann. Und im März ließ er sich noch einmal bei Himmler melden. Er erklärte ihm: »Reichsführer, ich bin von Bormann durch einen sogenannten Führerbefehl vor dem ganzen Volk unmöglich gemacht und beleidigt worden. Bormann ist Ihr erbitterter Gegner. Bormann ist der Mephisto neben dem Führer. Ich werde mich bei ihm melden und ihn über den Haufen schießen.« Aber Himmler verbot ihm ein solches Unternehmen.

Greiser begab sich nach Süddeutschland. Dort geriet er im Mai in amerikanische Gefangenschaft. Schon bei seiner ersten Vernehmung riß der Haß die Vernehmer, die entweder polnischer Herkunft waren oder den hohen SS-Führer treffen wollten, zu Mißhandlungen hin. Er wurde in ein Lazarett nach Karlsruhe übergeführt und noch mit umfangreichem Kopfverband an die inzwischen eingesetzte neue polnische Regierung ausgeliefert.
Das polnische Urteil lautete auf Tod durch Erhängen. Aus dem Gefängnis wandte er sich würdelos an den britischen Außenminister Eden und an den Papst. Das Urteil wurde an einem Morgen um 5 Uhr im Hof der Zitadelle von Posen vollstreckt und das Bild des Erhängten in Posener Schaufenstern ausgestellt.

Die Flucht Greisers und der Parteiführung aus Posen löste eine Verwirrung aus, die sich am 21. Januar bis zur Panik steigerte. Die Eisenbahnverwaltung tat alles, was in ihren Kräften stand, um die Flüchtlinge weiterzutransportieren, die sich aus den letzten vom Osten kommenden Zügen in die Stadt hinein ergossen, und die deutsche Bevölkerung Posens mit dem notdürftigsten Gepäck nach Westen zu bringen. Aber sie war bald am Ende ihrer Leistungsfähigkeit.
Große Teile der Bevölkerung verließen daher zu Fuß die Stadt und schlossen sich den Trecks an, die gerade in diesen Tagen, führerlos über die verschneiten Ebenen nach Westen gejagt, die Russen unentwegt im Rücken, durch die Stadt oder an der Stadt vorüberzogen.
In der Stadt selbst bildeten sich Trecks. Für ihre Teilnehmer wurde häufig zur Bedingung gemacht, daß sie hundert Kilometer zu Fuß marschieren könnten, eine für zahllose Menschen unerfüllbare Forderung. Aufgelöste Truppenteile, die der russische Vormarsch in den Bereich von Posen schwemmte, erhöhten noch das Bild der Verwirrung.
Es kam zu Plünderungen. Alte und Kranke blieben zurück, weil Wagen der Wehrmacht, der Partei oder der SS sich weigerten, sie mitzunehmen. Am Nachmittag des 21. Januar traf ein Befehl Himmlers an den Festungskommandanten, General Mattern, ein, Posen »bis zum letzten Atemzug« zu verteidigen.
Bis zum 22. Januar verließen Deutsche die Stadt. Trotzdem glaubten die meisten noch in dem Augenblick ihres Auszuges, sie würden bald zurückkehren können. Es war ein Zeichen für die verhängnis-

voll tiefe Wirkung, die Goebbels' Propaganda und Greisers Parolen auf sie ausgeübt hatten. Als das eintönige Tappen ihrer Schritte und das gedämpfte Klappern Tausender von Pferdehufen in den Straßen Posens verklang, barg die verlorene Stadt noch eine große Zahl von Deutschen: Alte, Kranke, schwangere Frauen, Kinder, die dem Auszug durch die Winterkälte nicht gewachsen waren, dazu solche, die in Posen geboren waren, persönlich keinerlei Schuld gegenüber den Polen auf sich geladen hatten und ihre Heimat nicht verlassen wollten.

Am 22. Januar schon griffen die Russen Posen von Osten an. Am nächsten Tag überschritten sie die Warthe bei Treskau. Nördlich von Posen marschierte eine sowjetische Gruppe, unentwegt noch Flüchtlinge vor sich hertreibend und immer wieder Trecks einholend und beschießend, in Richtung auf Birnbaum-Küstrin. Eine andere Gruppe strebte Bentschen und Frankfurt/Oder zu. Es gab nichts mehr, was sie vor dem Oderstrom aufhalten konnte.

Am 25. Januar war Posen eingeschlossen.

General Mattern, ein schwerer, großer Mann, nahe den Sechzig, mit breitem, fleischigem Gesicht, war Kommandant des Truppenübungsplatzes Warthelager bei Posen gewesen, und der Sturm der Ereignisse sowie der Mangel an Offizieren schwemmten ihn ohne sein Wollen auf den Platz des Festungskommandanten der verlorenen Stadt. Aber er war illusionslos genug, um zu wissen, daß er auf verlorenem Posten stand. Er glaubte nicht mehr an eine Rückkehr der nach Westen weichenden deutschen Armee, er glaubte nicht an einen Sinn des Befehls, dem er folgte.

Er erließ dennoch einen Tagesbefehl:

»Der Angriff des Feindes auf die Festung Posen hat begonnen. Die Festung wird verteidigt und nach dem Befehl des Führers getreu den Grundsätzen soldatischer Pflichterfüllung bis zum letzten Mann gehalten werden. Ihr wißt, daß der Ansturm des Feindes unserem deutschen Volk und unserer deutschen Heimat gilt. Nie kämpfte der deutsche Soldat tapferer, als wenn er seine Heimat verteidigte. Das Bewußtsein, die Augen des ganzen deutschen Volkes in diesen entscheidungsschweren Tagen auf uns gerichtet zu wissen, wird unsere Kräfte verdoppeln. Wir haben den Feind, der sich schon dem Ziele nahe glaubte, zum Stehen gebracht ... An unserem Widerstand soll und wird sein Ansturm weiterhin zerschellen!«

Er ließ – seinem etwas grobschlächtigen Wesen entsprechend – unter diesen Befehl den Satz stellen: »Die Lage wird erst dann beschissen, wenn wir uns nicht mehr zu helfen wissen!« Aber er konnte nicht verhindern, daß seine fleischige Hand zitterte, als er den Tagesbefehl unterschrieb.
Es gab trotz allem, was geschehen war, auch in Posen noch genug Menschen, die »glaubten«. Vielleicht nicht die zusammengekratzten Landesschützenverbände und die versprengten Einheiten, die auf der Flucht nach dem Westen in Posen aufgegriffen und in neue Einheiten gestopft worden waren. Sie lagen, durchsetzt mit Resten einer Sturmgeschütz-Ersatzabteilung, ohne Geschütze rings um den westlich der Warthe liegenden Teil der Stadt. Wohl aber lebte der »Glaube« noch in den 2000 Fahnenjunkern, die im Ostteil Posens den heranrückenden Gegner erwarteten. Sie waren noch bereit, die Schuld an allen Katastrophen jedem möglichen Umstand zuzuschieben, nur nicht dem Manne, der sich in der Reichskanzlei in Berlin seinem Schicksal entgegenstemmte. Wo ihre anerzogene Glaubenskraft nicht ausreichte, war es die Grausamkeit des Gegners, welche die jungen Männer in den Glauben an Hitler hineintrieb und ihnen keinen anderen Weg ließ als den, sich zu schlagen. »Gläubig« war ihr Kommandeur, der Oberst Gonell, ein Mann des Blutordens, einer der Haudegen, die nicht aufhörten, dem Regime zu vertrauen, und deren persönliche Tapferkeit ebenso unbestreitbar war wie die Beschränktheit ihres politischen und strategischen Horizontes. Ihm allerdings sollten die letzten Zweifel und die letzte Verzweiflung nicht erspart bleiben.
Die Stadt lag in bleierner Erwartung. Über den Funk meldete sich am Tage der Einschließung zum ersten Male das Hauptquartier des neuen Oberbefehlshabers der Heeresgruppe »Weichsel«, Heinrich Himmler, von dessen Ernennung und Tätigkeit noch die Rede sein wird. Die zurückgebliebene polnische Bevölkerung, eingespannt zwischen die sichere Hoffnung auf das Ende der deutschen Herren und die Furcht vor den unbekannten neuen Herren aus dem Osten, verkroch sich in die Keller. Mit ihr zusammen lebten Deutsche, die geblieben waren. Es gab noch wenige Tage Frist, in denen der sowjetische Befehlshaber sich in Treskau nördlich der Stadt einrichtete und die deutschen Linien abtastete. Dann griff er an. Im Südwesten, dort, wo Luftwaffensoldaten in den deutschen Gräben lagen, brachen die Russen am 27. Januar mit einem einzigen Angriffsschlag durch und stießen bis in die Innenstadt vor. Die ersten Deut-

schen sahen sich in ihren Kellern plötzlich den Maschinenpistolen der sowjetischen Soldaten gegenüber. Polen, mit denen die Russen verhältnismäßig glimpflich umgingen, erwachten aus ihrer Furcht und Ungewißheit, und viele entschieden sich für die Befriedigung ihrer Leidenschaften und ihres Hasses an den Deutschen. Die deutschen Truppen, für die jetzt der Kampf um die Stadt begann, wußten wenig von dem Schicksal der Deutschen, die im Dunkel ihrer Keller auf die »andere Seite« hinüberwechselten, und gejagt, geschändet und geschlagen, hungernd, krank und vogelfrei, als Dirnen oder Arbeitstiere verkauft, dahinvegetierten. Ihr Schicksal wurde übertönt durch den sich steigernden Lärm des Ringens um die Stadt – eines Ringens, das bald nicht mehr »Krieg« war, sondern blutige Vernichtung.

In seinem Hauptquartier in Deutsch-Krone schloß Himmler aus dem gelungenen Einbruch der Russen auf den mangelnden Kampfeswillen des Generals Mattern, enthob ihn am 28. Januar seines Postens und befahl dem zum Generalmajor beförderten Obersten Gonell, an seiner Stelle den Kampf um die Festung Posen fortzusetzen.

Gonell, von dem festen Glauben getragen, nur kurze Zeit aushalten zu müssen, um dann mit Sicherheit entsetzt zu werden, schob seine Fahnenjunker als zuverlässige Säulen in die unsicheren Fronten der Landesschützen und Luftwaffensoldaten hinein. Sie setzten sich mit Verbissenheit zur Wehr und rissen die anderen mit. Aber sie mußten den Bahnhof und ebenso Fort Roeder im Osten preisgeben. Straße um Straße ging verloren – trotz der selbstmörderischen Tapferkeit, die oft an die termitenhafte Unerschrockenheit so vieler russischer Einheiten bei den deutschen Angriffskämpfen der vergangenen Jahre erinnerte. Eine Kapitulationsaufforderung des Gegners wurde vor den Augen des Überbringers durch einen deutschen Abschnittskommandeur verbrannt. Anfang Februar war die Stadt Posen zum größten Teil verloren. Die rauchende Kampffront verlief vom Flugplatz über Kuhndorf und die Dominsel bis zur Rochusbrücke und östlich der Weichsel aus dem Raum Luisenhain über das Fort Bamberg bis in den Raum von Glowno. Das russische Artilleriefeuer verstärkte sich von Tag zu Tag. Die Russen schossen mit Panzergranaten auf einzelne deutsche Infanteristen.

Von der Zitadelle sah man hinüber zum Posener Schloß, das als Lazarett, mit Verwundeten überbelegt, in sowjetische Hand gefallen war. Dort lagen die Kameraden hilflos und verlassen, zitternd vor sowjetischen Kommissaren, die sich gelegentlich freie Bahn durch die überfüllten Räume schossen. Am Morgen gingen Kommandos durch die Säle und warfen die Gestorbenen zu den Fenstern hinaus. Grausamkeit und Gleichgültigkeit gegenüber Leben und Tod, die im ganzen Osten entfesselt waren, erreichten in Posen einen Höhepunkt. Täglich verengte sich der Ring der Front. Alle Stellungen westlich der Warthe bis auf die Zitadelle gingen verloren. Die Rochusbrücke ging in Flammen auf. Granaten barsten erbarmungslos in der Gehörlosenschule, wo sich eine wachsende Masse von Verwundeten, jeweils zu mehreren in einem Bett, auf den Treppen, in den Gängen und Kellern in schauerlicher Enge drängte – hoffnungslos, hilflos, verzweifelt.

»Ich glaube, die wollen uns opfern«, sagte am 14. Februar der 19 Jahre alte Leutnant Werner Baumann, der in der Nähe des Forts Prittwitz in einem Schützenloch lag und auf das Jaulen der sowjetischen Granaten horchte, die sich mit ihren Betonköpfen in die Ziegelmauer des Forts hineingruben und ganze Teile zum Einsturz brachten. Sein Gesicht war rußigschwarz. Seine Augäpfel leuchteten gelblichweiß, und er biß die Zähne zusammen, weil sie sonst vor Schüttelfrost zu klappern drohten.

»Opfern? Wofür?« fragte der noch etwas jüngere Leutnant Heinz Jordan. »Das wäre doch Blödsinn. Das hier hat doch nur Sinn, wenn die Front wieder vorrückt und uns aufnehmen kann.«

»Sinn, Mann, Sinn!« stieß Baumann hervor. »Gonell hat einen Plan für unseren Ausbruch nach Westen fertig gehabt und Himmler heute morgen um die Erlaubnis zum Ausbruch gebeten. Und was glaubst du... Abgelehnt!«

»Kann ja sein. Dann steht eben der Gegenstoß so dicht bevor, daß der Ausbruch Unsinn wäre. Die lassen uns doch nicht einfach verrecken. Himmler hat fest zugesagt, daß wir herausgehauen werden. So viele Fahnenjunker haben wir ja schließlich auch nicht. Und wenn sie Posen aufgeben würden, ja, Mensch, wofür sollte denn dann alles überhaupt gewesen sein?«

»Und wenn sie uns nicht entsetzen können? Wenn der Iwan mit seinen Lautsprechern recht hat? Wenn der Iwan wirklich schon vor Berlin steht?«

Der Leutnant Baumann in der Nähe des Forts Prittwitz war mit seinen Zweifeln nicht allein. Generalmajor Gonell, im schlechtbeleuchteten Befehlsbunker der Zitadelle, geriet am 15. Februar in die Lage hinein, in die um die gleiche Zeit oder in den kommenden

Monaten alle bis dahin Gläubigen und Vertrauenden hineingerieten. Er begriff den Sinn der Opfer nicht mehr, die er seinen Männern aufbürdete. Er wußte seit dem Morgen dieses Tages, daß es keinen Entsatz für Posen geben würde. Er wußte ebenso, daß Himmler seine Bitte, unter diesen Umständen den Befehl zum Ausbruchsversuch der Posener Besatzung nach Westen zu geben und die Verteidigung Posens bis zum letzten Mann aufzugeben, kurzweg abgelehnt hatte. Er wußte, daß man damit eine Opferung der ganzen Posener Besatzung verlangte, deren militärischen Sinn auch er, der Treue und Gehorsame, in einer Stunde nicht mehr begreifen konnte, in der ihm neue tiefe Einbrüche der Russen gemeldet wurden und die Frage des Aushaltens allenfalls noch eine Frage von wenigen Tagen sein konnte. Das Argument der Bindung russischer Kräfte mit dem Ziel der Entlastung der deutschen Front war bedeutungslos. Noch in den vorangegangenen Tagen hatte Gonell den selbständigen Ausbruch einzelner Offiziere mit ihren Gruppen durch die Einsetzung von Kriegsgerichten beantwortet, die jeden Ausbruch ohne Befehl ahndeten und ihre Urteile durch Funk an die Heeresgruppe Weichsel meldeten, damit die Ausbrecher, sofern sie die deutschen Linien erreichten, dort ihrer Strafe nicht entgingen. In der Nacht vom 15. auf den 16. Februar, als Gonell ruhelos in seinem Bunker auf und ab ging, lag die Last seines Vorgehens schwer auf seiner Seele.
Es gab Befehle, die man befolgen mußte, auch wenn man ihren Sinn nicht erkennen konnte. Aber hier lag die Sinnlosigkeit so offen da, daß er nicht daran vorbeigehen konnte, ohne sich die Frage zu stellen, ob er vor sich selbst mit dem Hinweis auf einen höheren Befehl der Verantwortung für das Leben derer, die sinnlos zugrunde gingen, entrinnen konnte. In der Nacht auf den 16. Februar zerbrach für Gonell die Vertrauenswürdigkeit einer Welt, in der er gelebt hatte und der er gefolgt war. Am 16. Februar abends erließ Gonell wenigstens an alle noch kämpfenden Verbände ostwärts der Warthe den Befehl, in der folgenden Nacht den Ausbruch zu versuchen und sich zu den deutschen Frontlinien durchzuschlagen. Er gab den Befehl nachträglich der Heeresgruppe bekannt, damit die Verantwortung eindeutig klar war.
Am 16. Februar um 24 Uhr versammelten sich noch ungefähr 2000 marschfähige Soldaten in Glowno und traten um 2 Uhr nachts zum Durchbruch nach Nordosten an. Sie gelangten – in weit auseinandergezogener Schlange marschierend – ungesehen hinter die an dieser Stelle lückenhafte sowjetische Front. Sie vernahmen einzelne

Granatwerfereinschläge, sonst nichts. Dann löste sich die Schar der 2000 auf und verstreute sich. Erst am 17. Februar bemerkten die Russen das Verschwinden ihrer Gegner und eröffneten mit Panzern und polnischer Miliz eine Treibjagd. Trotzdem erreichten viele von den Durchgebrochenen die deutschen Linien. Am selben Tage überrannten die Russen die Reste der deutschen Truppen, die noch östlich der Warthe verblieben waren, weil sie sich aus irgendwelchen Gründen dem Ausbruch nicht hatten anschließen können. Nur kleinen Gruppen gelang es, in die Zitadelle zu entkommen. Auf sie konzentrierte sich vom nächsten Tage an das Feuer der sowjetischen Artillerie. Auch Flieger erschienen und warfen erbeutete deutsche Bomben. Das alte Gemäuer der Zitadelle, in deren Hohlgängen 2000 Verwundete lagen, dröhnte ununterbrochen unter den Einschlägen. Tief unter der Erde fanden diejenigen, welche die Unübersichtlichkeit des Kernwerks nutzten, um weiterem Kampf auszuweichen, immer neue, bisher unbekannte Stollen – teils mit Verpflegungs- und Branntweinlagern. Die Zahl der Betrunkenen mehrte sich. Die ersten Soldaten verübten Selbstmord. Langsam drangen die Russen in die einzelnen Stollen ein.
Am 22. Februar erschien vor den deutschen Widerstandsnestern ein gefangener deutscher Major mit der russischen Drohung, sämtliche in sowjetische Hand gefallenen deutschen Verwundeten zu erschießen, falls die Zitadelle nicht kapituliere. Gonell rief daraufhin die noch erreichbaren Offiziere zusammen, gab ihnen die sowjetische Aufforderung bekannt und stellte es jedem noch marschfähigen Soldaten frei, in der Nacht auf den 23. Februar sein Heil in einem Ausbruchsversuch zu suchen. Nachdem er diese Weisungen erlassen hatte, begab Gonell sich in seinen Bunker und schoß sich eine Kugel durch den Kopf. Die Ausbruchsversuche scheiterten schon in den Anfängen.
Der zurückgebliebene General Mattern kapitulierte mit den Resten der Besatzung und den hilflosen Verwundeten. Man beließ ihm, während die sowjetischen Soldaten die Deutschen mit Schlägen und Stößen zusammentrieben und ihnen die Stiefel, Uhren, Pullover und oftmals selbst die Hosen nahmen, den Degen und überführte ihn nach Treskau zum Stab der sowjetischen Belagerungsverbände. Die Fotografen der sowjetischen Wochenschau fotografierten ihn und nahmen ihm danach den Degen ab. Sie fotografierten auch die Elendsschar der deutschen Gefangenen, die vier Tage lang zum Teil barfuß durch die Stadt getrieben wurden – graue, schmutzige Hau-

fen, denen die Todesangst im Nacken saß. Polnischer Pöbel schlug mit Knüppeln zu und warf mit Steinen. Die Schwerverwundeten aber blieben in den Kasematten des zerstörten Kernwerkes zurück. Sie ahnten Schlimmes. Aber sie ahnten nichts von den Flammenwerfern, mit denen die meisten aus dem Wege geräumt wurden – nutzloser Ballast, für den es doch kaum Ärzte, Pflege und Medikamente bei einer Armee gab, die selbst zu großen Teilen der notwendigen menschlichen Fürsorge entbehrte.
Die Überlebenden aber marschierten. Sie ließen General Mattern zurück, der ins Gefängnis übergeführt wurde. Sie ließen eine Anzahl von Kameraden zurück, die sich in die allertiefste Verborgenheit der Zitadelle gerettet hatten, nach Wochen aus dem Dunkel ans Tageslicht stiegen und – erblindeten. Sie ließen die deutschen Frauen zurück, die in Posen in russische Hand gefallen waren. Gebückt, abgemagert und scharf bewacht, schritten die Frauen über die ehemaligen Kampffelder oder knieten auf der Erde, um die entstellten Toten der Kämpfe zu sammeln oder Minen zu beseitigen.

Während sich die Katastrophe im Warthegau vollendete, hatte Konjews Vormarsch weiter südlich keinen Augenblick geruht. Nur vorübergehend durch den hartnäckigen Rückzugskampf der Panzerkorps der Generale Nehring und v. Saucken südwestlich Litzmannstadt behindert, überschritten seine Panzerarmeen schon am 19. Januar die schlesische Grenze westlich Czenstochau und trieben Massen von Flüchtlingen vor sich her.
In diesem Augenblick, am 20. Januar, traf Generaloberst Schörner im Hauptquartier der Heeresgruppe A, das sich jetzt bereits in Oppeln befand, ein.
Schörner galt als ein General, dem das unbedingte Vertrauen Hitlers gehörte. Er hatte sich zum Exponenten des nationalsozialistischen Teiles der Führerschaft der deutschen Wehrmacht entwickelt, der sozusagen in die Phalanx der alten Offiziersklasse eingebrochen war, ohne daß es ihm gelungen wäre, das Offizierskorps völlig zu durchdringen. Dieser politisch-soziale Umschichtungsprozeß – in der Sowjetunion längst vollzogen – war in Deutschland auf halbem Wege steckengeblieben. Sowohl Hitler als auch Goebbels würden sich in den letzten Tagen ihres Lebens selbst anklagen, weil sie nicht die alte Offiziersschicht beseitigt und – wie Stalin – durch eine neue, ausschließlich parteipolitisch geschulte ersetzt hatten. Nicht umsonst fiel dabei der Name Schörner als Prototyp der Verläßlichen,

die bereit waren, der Härte und Brutalität der sowjetischen Kriegführung eine gleiche Brutalität entgegenzusetzen.

Schörner war Bayer, ursprünglich zum Lehrer bestimmt, dann Gebirgsjäger und Träger des Weltkriegsordens Pour le mérite. Den Anforderungen des Generalstabs der Reichswehr hatte er nicht genügt. Sein sprunghaftes Wesen und sein Ehrgeiz, der ihn häufig nach oben dienern und nach unten treten ließ, hatten ihm nicht viele Freunde unter anderen Offizieren erworben. Er war geladen mit sozialen Ressentiments gegen die alte Offiziersschicht. Dies in Verbindung mit seinem Ehrgeiz hatte ihn Hitler zugeführt. Seine Skrupellosigkeit hatte ihm vor allem von dem Augenblick an, in dem die Reihe der großen Rückschläge begann, den Weg bereitet.

Schörner war kein Stratege, auch wenn er über einen klaren militärischen Blick verfügte. Er überließ seinem Stabschef die Führung der Operationen. Er entwickelte sich weit eher zum Kommissar des Siegeswillens und des Durchhaltens. Seine Parole hieß »Kraft durch Furcht«. Wenn für den Soldaten die Furcht vor der Bestrafung für ein Zurückweichen größer wurde als die Furcht vor dem Feind, wenn der Tod in der Etappe sicherer war als der Tod vor dem Feind, gab es auch für die Mutlosen keine Wahl.

Schörner nutzte dabei den Glauben an Hitler, der so stark in der breiten Masse der Soldaten und vor allem der jüngeren Offiziere lebte. Er pflegte die Vorstellung von der Verbundenheit zwischen Hitler und dem einfachen Mann. Er bemühte sich, eine Frontverbundenheit zu zeigen, die in seinen früheren Jahren zweifellos echt gewesen war. Sie kam jetzt längst nicht mehr aus dem Herzen, fand aber Glauben bei jenen vielen Soldaten, die, von der Barriere der Propaganda umgeben, die Schuld für alle Niederlagen in Verrat und Schwäche suchten.

Tag für Tag verbrachte Schörner damit, die Etappe zu durchstreifen, Stabsoffiziere, Zahlmeister und Intendanten an die Front zu jagen und mit jedem denkbaren Mittel Angst zu verbreiten. Auf der Stelle verhängte er Strafen. Er handelte bewußt unberechenbar, weil diese Unberechenbarkeit die Wirkung des Terrors erhöhte. Von ihm stammte die Einrichtung nationalsozialistischer Führungsoffiziere, die im deutschen Heer die Stelle der sowjetischen Kommissare einnehmen sollten. Er hatte sich Hitlers Gunst dadurch erworben, daß er in Südrußland, in Rumänien und Kurland durchbrochene oder weichende Fronten zum Stehen gebracht hatte, allerdings meist erst dann, wenn die Welle des Angriffs ihren Scheitelpunkt ohnedies überschritten hatte und sich zu überschlagen begann. Schörner hatte es verstanden, Verbindungen mit maßgebenden Männern des Führerhauptquartiers, vor allem mit Bormann und Burgdorf, aufzunehmen. Er erntete Haß und Bewunderung, Glauben und Unglauben. Aber er setzte sich durch, da Haß und Unglauben sich vor seiner Gewalt beugen mußten.

Als Schörner in Schlesien eintraf, geschah dies wiederum zu einem Zeitpunkt, in dem der gegnerische Angriff seinen Scheitelpunkt überschritten hatte. Trotzdem war die Wirkung seines Namens und seines Rufs nicht zu verkennen.

Er überschüttete die zurückweichenden Einheiten mit Befehlen, in denen er seinem Glauben an den Endsieg Ausdruck verlieh und jeden, der weiter zurückwich oder nicht an den Sieg glaubte, als Verräter bezeichnete. Er erweckte den Anschein, als gäbe es für ihn keinen Zweifel an dem siegreichen Ausgang des Krieges. Er forderte von jedem die Bereitschaft, zu sterben. Standgerichte traten in Tätigkeit, und die Zahl der Todesurteile schnellte in die Höhe. Manche Urteile waren zumindest nach dem geltenden Kodex berechtigt, andere waren es nicht. Er enthob mit sprunghafter Schnelligkeit, teils zu Recht, häufiger aber zu Unrecht, Kommandeure ihres Amtes. Er war dauernd unterwegs, von Regiment zu Regiment, von Division zu Division.

Schon wenige Tage, nachdem Schörner sein Kommando übernommen hatte, trafen Konjews Panzerspitzen bei Brieg östlich Breslau sowie bei Steinau an der Oder ein. Schörner hatte eben begonnen, an der Oder eine Verteidigungslinie aufzubauen. Aber er konnte mit zusammengewürfelten Ersatz-, Polizei- und Volkssturmverbänden sowie Resten von Fronttruppen nicht verhindern, daß Konjew die Oder überschritt und sich sowohl bei Brieg als auch bei Steinau ausgedehnte Brückenköpfe schuf. Nach nicht viel mehr als vierzehntägigem Vormarsch stand er jetzt im Herzen Schlesiens.

Vor und zwischen seinen Panzerspitzen wogte die Flucht der Deutschen, rollten, marschierten oder schleppten sich diejenigen dahin, die schon aus dem Gouvernement und dem Warthegau auf der Flucht waren. Sie zogen nun die schlesische Bevölkerung ostwärts der Oder mit in ihren Strom.

Gauleiter Hanke in Breslau, jünger und innerlich härter als Greiser, zeigte kaum mehr Selbständigkeit in der Verantwortung für das

Leben der schlesischen Bevölkerung, als sie Greiser gezeigt hatte. Auch er glaubte an den Sieg, weil die Niederlage sein Ende bedeutet hätte. Auch er wehrte sich dagegen, frühzeitig Evakuierungsbefehle zu geben und damit einzugestehen, daß er gezwungen war, sein zuvor immer wieder gesprochenes Wort »Über Schlesiens Grenzen kommen sie nicht hinaus« zu revidieren. Er hoffte auf Schörner und die Wunder, die er vollbringen würde, und suchte Rückhalte in der Geschichte. Für sich selbst und die aufgestörten Einwohner Schlesiens konstruierte er Parallelen zum Jahr 1241. Damals hatten die Schlesier das Abendland gerettet, als sie bei Wahlstatt auf sich gestellt einen Mongoleneinfall aus dem Osten zum Stehen brachten. So würde, so mußte es auch jetzt sein.

Hanke sah selbst auf verschiedenen Erkundungsfahrten die überfüllten, sogar auf den Dächern besetzten Züge und die offenen, völlig verschneiten Güterwagen mit den entkräfteten Scharen von Frauen und Kindern, die aus dem Gouvernement und dem Warthegau nach Schlesien flohen. Er sah die endlosen Reihen der Fußwanderer, die mit Schlitten, Ziehwägelchen, Kinderwagen, umgedrehten Tischen, auf denen sie ihre Habe hinter sich herzogen, über die glatten, vereisten Straßen dahintappten.

Aber er entschloß sich erst am 20. Januar, die längs der alten polnischen Grenze liegenden Kreise zur Räumung freizugeben. Nur die Tatsache, daß eine größere Entfernung die Schlesier von den Ausgangspunkten der sowjetischen Offensive trennte und ihnen alles in allem mehr Zeit ließ, schlug zu ihrem Heil aus und lenkte einen großen Teil der Fluchtbewegungen in Schlesien in halbwegs geordnete Bahnen.

Nach ihrem Zusammentreffen an der Warthe hatten sich die Reste der Panzerkorps Nehring und v. Saucken durch Trümmer von Trecks, durch sowjetische Verbände, durch den ganzen heillosen Wirrwarr bis zur Oder zurückgeschlagen. Das XXIV. Panzerkorps Nehring war im Raum von Glogau eingetroffen, und das Korps v. Saucken bewegte sich ebenfalls auf Glogau zu, als Konjew bei Steinau über die Oder gegangen war und dort den einen seiner Brückenköpfe bildete. Nehring konnte aus dem Raum von Glogau wohl nach Süden gegen diesen Brückenkopf vorstoßen und seine zu schnelle Ausdehnung nach Norden verhindern, aber er war nicht mehr in der Lage, die Russen wieder vom Westufer der Oder zu vertreiben.

Da griff Hitler persönlich ein und befahl, daß das Korps v. Saucken seine Rückzugsstraße auf dem Ostufer der Oder zu verlassen und den russischen Brückenkopf von rückwärts her anzugreifen habe. Nehring und v. Saucken erhoben Einspruch, fanden aber weder bei Schörner noch bei Guderian Unterstützung. Dem einen war das verzweifeltste Mittel recht, um an der Oder einen Stillstand der Russen herbeizuführen. Der andere sah klar, welche Auswirkung die russischen Brückenköpfe auf dem Westufer der Oder haben mußten, und wußte einfach nicht, welchen anderen Vorschlag er Hitlers Plan zur Beseitigung des Steinauer Brückenkopfes entgegenstellen sollte.

v. Saucken mußte von seiner Rückzugsstraße abbiegen und unter andauernden Abwehrkämpfen gegen den nachdrängenden Gegner nach Westen angreifen. Die Folgen traten sehr schnell ein. Zu schwach, um die Verfolger abzuwehren und gleichzeitig nach vorne anzugreifen, wurde v. Saucken gegen die Oder gedrängt. Nur mit Mühe gelang es Nehring, innerhalb eines zwei Kilometer breiten feindfreien Uferstreifens vom linken Ufer her im Eistreiben der Oder eine Pontonbrücke zu v. Sauckens Korps hinüberzuschlagen und dessen zusammengeschmolzenen Einheiten den rettenden Weg über den Strom zu öffnen. Das Ergebnis des sinnlosen Unternehmens war, daß Anfang Februar im Raum von Glogau sowohl das Ostufer als auch das Westufer verlorengingen.

Alle Aufrufe, alle Maßnahmen Schörners waren nicht in der Lage, die Kräfte aus dem Boden zu stampfen, welche die Oderlinie hätten behaupten können. Am 12. Februar war Glogau ringsum eingeschlossen. Rund 30000 Einwohner waren der Einschließung noch entronnen. Dreitausend blieben zusammen mit einer schwachen Besatzung unter dem Befehl des Kommandanten, Oberst Graf Eulenburg, zurück. Es waren Kranke, Alte und wiederum Menschen, die sich nicht hatten entschließen können, ihre Heimat zu verlassen. Und wie um Posen begann um Glogau ein Festungskampf, der erst nach der Zerstörung der Stadt in den Ostertagen sein Ende fand. Die Feuerwehren hatten wegen Wassermangels schließlich versucht, die Brände mit Rotwein zu löschen.

Wenige Tage später zerrissen auch die Verbindungen mit Breslau, und die schlesische Hauptstadt blieb von sowjetischen Armeen umzingelt zurück.

Fast eine Million Menschen lebte in Breslau, als Konjews Panzer an der schlesischen Grenze erschienen. Die einstige Einwohnerschaft

von 625 000 Köpfen hatte sich so gewaltig vergrößert, weil Breslau bis zum Februar 1945 außer Dresden die einzige Großstadt Deutschlands gewesen war, die noch außerhalb des Bereichs englischer und amerikanischer Bombergeschwader zu liegen schien. Hanke hatte niemals einen Zweifel darüber gelassen, daß er die Erklärung Breslaus zur Festung ernst nahm. Jetzt wollte er seine Träume von dem Bollwerk Schlesien, das den Feind aus dem Osten aufhielt, wenigstens in Breslau wahr machen.
Er begann in fliegender Hast, den Festungskampf vorzubereiten und zu diesem Zweck die Masse der Zivilbevölkerung, die einer Verteidigung Breslaus im Wege stehen mußte, nicht mehr festzuhalten, sondern auszutreiben. Der Auszug von sechshundert- bis siebenhunderttausend Menschen begann um den 20. Januar. Schon vorher hatten viele Menschen Breslau verlassen, und ihr Auszug in den Tagen nach dem 14. und 15. Januar war ein Trauerspiel gewesen, eine erschütternde Völkerwanderung zu den Bahnhöfen, ein Kampf um die maßlos überfüllten Züge, die nach Sachsen und Bayern und nach Berlin rollten. Der eigentliche Auszug begann erst jetzt.
Hanke bot alle Parteiverbände auf, um Hunderttausende in Bewegung zu setzen. Omnibusse und Lastwagen brachten Frauen und Kinder und Kranke in die Gebirgsorte am Rande der Sudeten. Aber sie reichten auch nicht annähernd aus, um die Massen zu befördern. Vom 20. und 21. Januar an schrien Lautsprecher durch die verschneiten Straßen: »Frauen und Kinder verlassen die Stadt zu Fuß in Richtung Opperau-Kanth!« Die Kälte erreichte in diesen Tagen 20 Grad. Die Oder trug eine feste Eisdecke, und ein schneidend kalter Wind fegte aus dem Osten über die Landschaft.

Unter den Breslauer Frauen, die an diesem Nachmittag zusammen mit ihren Kindern Breslau verließen, befand sich auch die Frau des Werkmeisters Rudolf Hanisch. Sie gelangte unter Mühen und Qualen bis nach Striegau. Und von dort schrieb sie an ihre Mutter einen Brief. Sie schrieb darin:

»Striegau, den 29. Januar 1945

Liebe Mutter!
Ich schreibe Dir nun von hier und hoffe, daß Dich dieser Brief trotz allem, was jetzt geschieht, noch erreicht. Ich liege hier in einem Behelfskrankenhaus auf dem Flur und muß morgen weiter, weil alles überfüllt ist und die Russen auch hierher kommen. Ich will dann

sehen, ob ich bis zu Euch kommen kann. Bitte, erschrick nicht, liebe Mutter, aber ich bringe Gabi nicht mit, und ich habe einen erfrorenen Arm. Ich hätte sonst Gabi vielleicht noch weiter getragen. Aber sie hätte auch hier keinen Sarg bekommen, denn Särge gibt es kaum noch, und sie wäre auch hier nur schnell begraben worden.

Ich konnte sie nicht mehr weit tragen, als sie tot war. Ich habe sie gut eingewickelt und an der Straße hinter Kanth tief in den Schnee gelegt. Da war Gabi nicht allein, denn mit mir waren ein paar tausend Frauen mit ihren Kindern unterwegs, und sie legten auch die Gestorbenen in den Graben, weil dort bestimmt kein Wagen fahren und ihnen noch ein Leid antun kann. Gabi war auf einmal tot. Sie war ja erst vier Monate alt, und Kinder von zwei und drei Jahren sind unterwegs gestorben. Es stürmte so eisig, und es gab nichts Warmes, keine Milch und nichts. Ich habe noch versucht, Gabi hinter einem Haus die Brust zu geben, aber sie nahm sie nicht, weil alles so kalt war. Das haben viele Frauen versucht, und manche haben sich die Brüste erfroren. Das ist ganz furchtbar, und es eitert.

Wir sind am 20. Januar am Nachmittag, als es schon fast dunkel war, aufgebrochen. In der Nacht vorher mußte Rudolf ganz plötzlich weg. Sie holten mitten in der Nacht alle Männer zum Volkssturm. Aber ich habe ihm noch versprechen müssen, mit Gabi zu Euch zu fahren und nicht in Breslau zu bleiben wegen der Russen und allem, was sie Frauen antun.

Sonst wäre ich vielleicht nicht aus Breslau weggegangen, als es nachmittags hieß, alle Frauen mit Kindern sollen sofort zu Fuß aus der Stadt marschieren. Es war um drei Uhr nachmittags. Ich hatte keinen Schlitten und konnte mir auch keinen leihen, weil alle ihre Schlitten selber brauchten. So habe ich nur Gabi genommen und die Decken und einen Rucksack. Als wir auf die Straße kamen, gingen schon überall Frauen mit Schlitten und Kinderwagen, und es war schlimm, daß wir keinen Kinderwagen mehr bekommen hatten. Aber viele haben später die Wagen zurücklassen müssen, weil sie damit nicht durch den Schnee kamen.

Wir schlossen uns hier und da zusammen, weil die eine Trost bei der anderen suchte. Es war dann schon dunkel. Aber es fuhren immer noch Autos von der Partei mit Lautsprechern herum. Es war unheimlich und traurig. Wir hatten Angst, und viele Kinder weinten. Wir sind dann durch die Gräbschener Vorstadt gelaufen auf die Straße nach Kanth. Viele Frauen fielen hier auf dem glatten Schnee und blieben zurück.

Es fing bald wieder an zu schneien. Und die Frauen, die ihre Kinder im Arm trugen und außerdem noch Betten und kleine Koffer bei sich hatten, fingen an, Gepäck wegzuwerfen, weil sie es nicht mehr tragen konnten. Auch mein Arm hat da schon angefangen mit dem Frost. So sind wir viele Stunden gelaufen. In einem Ort lagen die ersten toten Kinder auf dem Marktplatz. Ich habe auch an ein paar Häuser geklopft, weil ich dachte, ich würde jemand finden, der mich Milch für Gabi heiß machen läßt. Aber ich hatte kein Glück. Da habe ich einen Augenblick im Schnee gesessen. Dabei konnte ich sehen, wieviel Frauen unterwegs waren. Es waren viele, viele Tausend, und der Zug nahm kein Ende. Nach einer halben Stunde bin ich dann weitergegangen bis zum nächsten Ort. Da habe ich wieder versucht, in ein Haus zu kommen. Aber nur die Hunde kläfften. So ging es immer weiter. Und ich habe die Bäume an der Chaussee gezählt und mich von Baum zu Baum geschleppt. Weggeworfene Sachen lagen jetzt mitten auf der Straße. Und Frauen saßen auf ihren Schlitten und wollten sich ausruhen. Aber die Kälte trieb sie immer weiter, bis auf die, die einfach sitzen blieben und mit ihren Kindern erfroren sind. Mutterliebe ist sicher die größte Liebe. Aber wie groß alle Liebe sein mag, wir sind doch nur schwache Geschöpfe.
Als es anfing, hell zu werden, waren wir schon nahe bei Kanth. Gabi hatte jetzt ein paar Stunden geweint. Ich bin noch in ein paar Dörfern gewesen. Wir haben geklopft und geschrien. Wieder sind welche von uns eingelassen worden. Viele Frauen haben vor Wut mit Schneebällen die Fenster eingeworfen. Aber das half uns nichts. Dann habe ich versucht, Gabi die Brust zu geben. Aber sie nahm sie nicht. Und die Milch in der Flasche war wie Eis. Ich habe vor Elend immer vor mich hin geweint, und ein paarmal war ich auch so weit, daß ich mich am liebsten einfach in den Schnee gelegt hätte, um zu sterben. Aber dann habe ich an Rudolf gedacht. Und mein Arm wurde immer steifer und ohne Halt. So wurde es heller und heller. Und ich sah wieder tote Kinder. Vielleicht haben manche sogar lebende Kinder zurückgelassen, um sich zu retten. Wir alle torkelten ja nur so dahin. Meine Füße fühlte ich überhaupt nicht mehr. Da kam ich zu einem Dominium, und da wohnten endlich Menschen, denn sie hatten alle Räume aufgemacht, und wenigstens ein Teil von uns konnte sich wärmen, und es wurde Milch gekocht für die Kinder. Aber als ich Gabi auspackte und mich freute, daß ich ihr nun etwas zu trinken geben konnte, da war sie ganz still, und die Frau neben mir sagte: ›Die ist ja tot.‹

Seid mir nicht böse, liebe Mutter, wegen Gabi, sondern denkt, Ihr wäret so über die Straße gezogen und durch den Schnee. Vielleicht versteht Ihr es, und vielleicht versteht Rudolf es auch, wenn er noch einmal aus Breslau herauskommt und wir uns noch einmal wiedersehen.«

Die Nachrichten vom Marsch der Frauen eilten schnell zurück in die aufgewühlte Stadt und trieben diejenigen, die sich im Aufbruch befanden, in neue Konflikte zwischen der Furcht vor den Russen, dem Druck der Funktionäre Hankes, der Anhänglichkeit an die Heimat und den Schrecken der Flucht.

Seit dem 24. Januar donnerten die Geschütze im Raum von Namslau und Oels, kaum 35 Kilometer von Breslau entfernt. Die jammervollen Kolonnen der russischen Kriegsgefangenen, die in Breslau gearbeitet hatten, und die noch jammervolleren Kolonnen von Konzentrationslager-Häftlingen, die, nach außen abgeschirmt, ebenfalls als Arbeiter in den Werken von Linke-Hofmann gewirkt hatten und jetzt nach Westen getrieben wurden, gingen fast unbeachtet unter im allgemeinen Chaos und in den Sorgen, die auf alle hereinstürmten. Aber sie zerrissen für einen Augenblick die sorgfältig aufgerichteten oder aus Schweigen und Verdrängung von Wissen, Halbwissen und Ahnung gewachsenen Kulissen, die bis dahin zwischen ihrem Elend und der Masse der Deutschen gestanden hatten.

Tage- und nächtelang belagerten die wartenden Massen, von der Angst vor dem Fußmarsch festgehalten, die Bahnhöfe. Immer noch waren einige Hunderttausend zuviel in der Stadt. Nur noch diejenigen sollten Lebensmittelkarten und Aufenthaltsberechtigung in Breslau erhalten, die in kriegswichtigen Betrieben beschäftigt waren oder kämpfen konnten.

Darstellungen der Greuel des heranrückenden Gegners sollten jetzt den Abzug beschleunigen.

Der Förderung des Auszugs mit allen Mitteln stand die Jagd nach Deserteuren und kampffähigen Zivilisten gegenüber, die in den Tagen des 29. Januar begann und in die sich Schörner einschaltete. Dazwischen beschwor Hanke immer wieder einen vergewaltigten »Geist der Geschichte«. Am 6. Februar rief er in einem Offenen Brief die Studentenschaft Breslaus auf, nach dem Vorbild der Breslauer Studenten der Befreiungskriege 1813/15 ihre Pflicht zu tun. Sieben Tage später standen russische Vorhuten schon bei Kanth und trieben Bauern, die noch nicht geflohen waren, mit Kind und Kegel

in die Stadt. Abfahrbereite Züge mit Flüchtlingen konnten den Freiburger Bahnhof nicht mehr verlassen. Von Nordosten und Südosten schloß sich der Ring um die Stadt, ohne daß Schörner die Kraft gehabt hätte, dies zu verhindern.
Am 16. Februar war die Einschließung vollendet, und die Tragödie der Festung Breslau begann.

Um die gleiche Zeit fiel das oberschlesische Industriegebiet in sowjetische Hand.
An dem Tage, an dem Schörner sein Kommando übernommen hatte, war der Reichsminister für Bewaffnung und Munition, Speer, zusammen mit dem Stellvertreter des Verkehrsministers Dorpmüller erschienen, um auf die Bedeutung Oberschlesiens hinzuweisen und darzulegen, daß der endgültige Zusammenbruch Deutschlands nur noch eine Frage von Wochen oder gar Tagen sei, wenn das dortige Industriegebiet verlorengehe. Fast gleichzeitig traf ein Befehl Hitlers ein, der anordnete, das oberschlesische Industriegebiet sei unter allen Umständen zu halten.
Schörner übertrug die Verteidigung des Industriegebietes dem General Schultz und der 17. Armee. Diese trat daraufhin Stück für Stück ihres bisherigen Frontabschnittes zwischen den Karpaten und der Weichsel an die 1. Panzerarmee ab. Ihre Front verlängerte sich in wenigen Tagen immer weiter nach Norden. Schnell geriet sie gegenüber der zehn- bis fünfzehnfachen Überlegenheit Konjews in Bedrängnis. Einzelne von der 1. Armee eintreffende Bataillone mit oft bejammernswert schlechter Ausrüstung verschwanden im Gewirr der Großstädte, der Zechen und Fabrikanlagen. Dazu geriet die 1. Panzerarmee selbst in Schwierigkeiten. Die kampfesmüde 1. ungarische Armee löste sich in diesen Tagen endgültig auf.
In erbitterten Kämpfen wich die 17. Armee zurück. Sowjetische Verbände begannen das Industriegebiet im Norden und Süden zu umgehen. Um den 22./23. Januar drangen sie in Gleiwitz und Beuthen ein.
Dicht hinter der Front arbeitete das ganze Industriegebiet weiter. Der Gauleiter von Oberschlesien, Bracht, dachte nicht daran, rechtzeitig Evakuierungsmaßnahmen einzuleiten und durch den Abtransport der Familien den Arbeitswillen der Männer zu gefährden. Bracht hatte nie eine besondere Rolle gespielt. Jetzt sah er sich plötzlich Hitler gegenüber in den Mittelpunkt des Interesses gerückt. Die oberschlesische Industrie mußte arbeiten. Die Kohlen-

züge mußten rollen. Davon hingen plötzlich die Existenz Deutschlands und der Sieg ab, an den auch er mit der geistigen Enge, die er mit den Durchschnittsvertretern der Parteiführerschaft teilte, glaubte. Er setzte also alles daran, die Arbeit in seinem Bezirk in Gang zu halten. Er dachte an Produktion, nicht aber an Menschlichkeit. Seine Parolen und Befehle fielen dabei auch hier auf den Boden einer in ihrer Gläubigkeit für spätere Generationen nicht mehr faßbaren Bereitschaft, auszuhalten und zu arbeiten, nicht nur aus Anhänglichkeit an die engere Heimat, sondern weil es für Deutschland und für den unentwegt aus Berlin verheißenen Endsieg geschehen sollte.

Bald wurde im Osten auf den Halden von Zechen gekämpft, in deren Stollen noch die Bergleute arbeiteten. Um die Wende zum Februar spitzte sich die Lage der 17. Armee immer gefahrdrohender zu. Zehn Tage später war die Armee halbwegs eingeschlossen, und es war abzusehen, daß sie binnen kurzem ganz eingeschlossen und vernichtet werden würde. Entweder wurde die 17. Armee durch Aufgabe des Industriegebietes gerettet, oder Armee und Industriegebiet gingen verloren.

Die Lage war so verzweifelt und der Druck der Russen im übrigen Schlesien immer noch so stark, daß selbst Schörner sich dieser Notlage beugen mußte, weil er die Kräfte der 17. Armee nicht verlieren konnte. Mit der Härte und plötzlichen Wendigkeit, die er in solchen Lagen aufbringen konnte, befahl er auf eigene Verantwortung die Räumung des Industriegebietes und die Zurücknahme der 17. Armee bis zur Oder zwischen Ratibor und Cosel. Schörner vertrat selbst seinen Entschluß Hitler gegenüber mit den Worten: »Mein Führer, ich habe soeben die Räumung des oberschlesischen Industriegebietes befohlen. Die Truppe hat sich seit vierzehn Tagen dort erbittert geschlagen, sie kann nicht mehr. Wenn wir nicht räumen, verlieren wir eine ganze Armee, der Weg nach Mähren wird frei. Wir gehen auf die Oder zurück, dort wird gehalten.«

v. Xylander erwartete, daß Hitler sich mit Hemmungslosigkeit gegen diese Anordnung auflehnen und ihren Widerruf verlangen würde. Aber durch das Telefon kam nur die Antwort eines müden, für den Augenblick erschöpften Mannes: »Ja, Schörner, wenn Sie meinen. Sie führen ja schon richtig.« In wenigen Tagen wich die 17. Armee vor dem nachdrängenden Gegner auf die Oder zurück, und auch über der oberschlesischen Bevölkerung schlugen die Wogen des sowjetischen Einmarsches zusammen.

Schon bei dem Verlust von Gleiwitz und Beuthen war die Bevölkerung erst in dem Augenblick zum Verlassen der Städte aufgefordert worden, als die ersten Straßenkämpfe begannen. Im Falle Gleiwitz hatte Bracht noch zwei Tage vor der Besetzung der Bevölkerung bekanntgeben lassen, die akute Gefahr sei vorüber. Die Einwohner, die versuchten, auf den Straßen über Rybnik und Ratibor das andere Ufer der Oder zu erreichen, gerieten auf den verschneiten Straßen bei vierzehn Grad Kälte zwischen die kämpfenden Truppen. Bracht floh, und die sowjetischen Panzer rollten in die Städte ein, während in den Fabriken noch gearbeitet wurde.

Bei der 63. sowjetischen Armee der Heeresgruppe Konjew, die mit Teilen in Oberschlesien einzog, befand sich, wie bei allen anderen sowjetischen Armeen, eine Anzahl ehemaliger deutscher Soldaten. Sie waren in den vorangegangenen Jahren in sowjetische Gefangenschaft geraten und hatten sich aus Enttäuschung über Hitler, aus ahnungsvollen Einsichten in die Monströsität des Krieges mit der Sowjetunion, unter der Wirkung sowjetischer Propaganda, oder einfach um die sowjetische Kriegsgefangenschaft zu überleben, einem »Nationalkomitee Freies Deutschland« und emigrierten deutschen Kommunisten und Sozialisten um den früheren Reichstagsabgeordneten Wilhelm Pieck angeschlossen.
Eine Anzahl von ihnen war nach einer Umschulung in antifaschistischen Lagern als »Frontbeauftragte«, als deutschsprachige Propagandisten, zu den sowjetischen Fronteinheiten gesandt worden, um dort unter Aufsicht die gegenüberliegenden deutschen Verbände propagandistisch zu beeinflussen.
Viele gerieten in dem Augenblick, in dem sich alle in den sowjetischen Armeen aufgestauten Instinkte der Rache auf deutschem Boden entluden, in tiefe Gewissenskonflikte. Zu ihnen gehörte der Frontbeauftragte Zahn, der nach seiner späteren Flucht folgenden Bericht über seine oberschlesischen Erlebnisse schrieb:
»Nicht lange, nachdem wir in die ersten oberschlesischen Städte eingezogen waren, las ich in Beuthen an der sowjetischen Kriegskommandantur zum erstenmal das Plakat: ›Alle männlichen Einwohner von siebzehn bis sechzig Jahren haben sich zwecks kurzfristigen Arbeitseinsatzes im rückwärtigen Frontgebiet innerhalb 48 Stunden im Polizeiamt ... zu melden ... Wer dieser Anordnung nicht Folge leistet, wird vor ein Kriegsgericht gestellt ... Der Kriegskommandant.‹

Während in den Gebieten bis hinüber zur Glatzer Neiße die deutsche Bevölkerung großenteils evakuiert oder geflohen war, war in Oberschlesien fast die ganze Bevölkerung zurückgeblieben. Nun wurden diese Menschen von Rotarmisten mit Kolbenschlägen zusammengetrieben ... Leidenschaftliche Erklärungen, mit denen manche dieser Zivilisten zum Ausdruck zu bringen versuchten, daß es sich bei ihnen um deutsche Kommunisten handle, wurden nicht zur Kenntnis genommen.
Ich fragte damals einen sowjetischen Offizier, wohin denn diese Menschen kämen. Er gab mir etwas unsicher zur Antwort, die Männer müßten in der nächsten Umgebung Panzersperren beseitigen und Tote beerdigen. Genau die gleichen Plakate fand ich später in Gleiwitz, Oppeln, Brieg, und es stellte sich bald heraus, daß die Erfassung aller männlichen Zivilpersonen einen gut vorbereiteten Akt zur Zwangsdeportation aller deutschen Arbeitskräfte in das Innere Rußlands darstellte.
Sehr im Gegensatz zu dieser Aktion, für die die Kriegskommandanten klare Direktiven mit nach Deutschland gebracht hatten, stand das scheinbar regellose, wildentfesselte Treiben der Rotarmisten, sowjetischen Offiziere und Kriegskommandanten... Mit den sowjetischen Armeen war die ›Hunnenbarbarei der innerasiatischen Steppe‹ nicht nur in der Propaganda, sondern in vollster Wirklichkeit hereingebrochen. Vom Januar bis in den April hinein wütete ein scheinbar systemloses Plündern, Schänden und Morden. Jedes deutsche Individuum war Freiwild, alles deutsche Hab und Gut war ausnahmslos Beute. Hier schien es, als sei den Sowjets bei ihrer Planung zur letzten Kriegsphase eine ungeheuerliche, für die Deutschen tragische und vor der Geschichte und dem Völkerrecht nicht wiedergutzumachende Unterlassung unterlaufen. Den Kommandeuren der Roten Armee und den Kriegskommandanten fehlten jegliche Direktiven zur Normalisierung des zivilen Lebens. Schutz- und hilflos war die deutsche Bevölkerung... der Willkür ausgeliefert.
Sie war damit einem ungeschlachten Millionenheer preisgegeben, welches von Stalingrad bis nach Polen über die Leichen von Millionen von Brüdern und Schwestern, über die Trümmer ihrer zum Schlachtfeld gewordenen Städte und Dörfer hinweggezogen war. Darüber hinaus aber war dieses Heer durch systematische Propaganda zu gnadenlosem Deutschenhaß verhetzt worden. Man kann sich kaum eindringlich genug vorstellen, was es bedeutet, wenn Kalmücken, Tataren, Kaukasiern, Sibiriern, wenn primitiven, ur-

sprünglich einfältigen Menschen, die in den vielfältigen Gefahren ihrer Heimat und ihrer Armut und Primitivität das menschliche Leben bei weitem nicht so hoch einschätzen, wie es die Menschen der hochzivilisierten Länder tun, über drei Jahre lang in stets wachsendem Ausmaß nichts anderes gesagt wird als dieses: ›Die Deutschen sind Faschisten, Faschisten sind wilde Tiere und müssen totgeschlagen werden.‹ Über drei Jahre lang hämmerten die sowjetischen Sender in monotonen Schlägen: ›Tötet die deutsch-faschistischen Okkupanten!‹

...Die schlimmste Anklage der Geschichte gegen die Sowjetunion wird bleiben, daß sie sich dieser brutalen und unmenschlichen Propaganda und ihrer Folgen nach dem Betreten des deutschen Bodens bediente, um einen vorgefaßten Plan zu verwirklichen. Das Geschehen in den Gebieten rechts der Oder war nicht das zufällige Ineinanderlaufen unzähliger Einzelaktionen aus dem Haß und dem Rachedurst und der Gier blindwütig gewordener Soldaten, sondern ein wohlvorbereitetes System zur Dezimierung und Vertreibung der Deutschen aus diesem Gebiet.

Die Rote Armee hatte bewußt auf einen Verwaltungsapparat in diesem Gebiet verzichtet, weil es unumstößlicher Beschluß war, diese Gebiete für immer von Deutschland zugunsten eines sowjetfreundlichen Polen abzutrennen. Deswegen hatte sie nicht das geringste Interesse daran, in diesem Gebiet das Leben zu normalisieren. Es war für sie beschlossene Sache, den Polen zwar den Raum, aber möglichst wenig Reichtümer zu überlassen. In jeder Stadt und in jedem Dorf Schlesiens wurden daher sofort nach der Eroberung Lager eingerichtet, die der Erfassung des Beutegutes dienten. Als mich der Zufall Ende April nochmals in einige Dörfer bei Glogau führte, waren dort aus den Häusern sogar die Fußböden, Türen, Türstöcke, Fensterkreuze, Waschbecken, Klosettanlagen, Lichtleitungen und Lichtschalter demontiert. Alles war aufgestapelt, um nach Rußland verladen zu werden. Daß dabei elektrische Anlagen und Telefone häufig einfach mit Schaufeln verladen wurden, war ein Beweis für die Primitivität der Organisation und der Menschen...

Sobald die russische Hauptkampflinie über eine Ortschaft hinausgeschoben war und ein Stab beziehungsweise eine Kommandantur Einzug gehalten hatte, erhielt die zurückgebliebene oder von vergeblichen Fluchtversuchen zurückströmende Zivilbevölkerung in den meisten Fällen den Befehl, Häuser und Wohnungen zu verlas-

sen. Die männlichen Personen wurden in der bereits erwähnten Weise abgesondert. Die übrigen Zivilpersonen, Frauen und Kinder, Kranke, Schwache und Greise, wurden in einige Gebäude zusammengepfercht. Nur in ländlichen Gegenden und auf Gehöften, auf denen sich noch Großvieh befand, wurden Ausnahmen gemacht. Das Vieh wurde bald darauf von besonderen Kommandos abgeholt und, sofern es nicht einfach für den augenblicklichen Bedarf der Armee oder von Plünderern abgeschlachtet wurde, zu gewaltigen Herden zusammengetrieben und in Trecks, während deren Verlauf das Vieh massenhaft verreckte, durch Polen nach Rußland geführt.
So verheerend dieses Rowdytum gegenüber den materiellen Gütern der besetzten Gebiete aber wirkte, tausendfach schlimmer blieb das Verhalten gegenüber Leib und Seele der wehrlosen Zivilisten. Radikal wurde die Entnazifizierung durchgeführt. Sobald die Männer auf einen Haufen zusammengetrieben waren, fanden sich Politoffiziere ein, die nach zurückgebliebenen Faschisten fragten. Es brauchte sich bei der ersten groben Sichtung nur herauszustellen, daß einer der Angetroffenen auch nur NSV-Betreuer war, so wurde der Betroffene oder Beschuldigte niedergeschossen.
Die Frauen und Kinder wurden unterdessen bis zu ihrer Überantwortung an langsam nachrückende polnische Behörden ohne Rücksicht auf körperliche Verfassung zum Räumen von Minenfeldern, zu Massenbestattungen der Toten herangezogen. Das Furchtbarste aber blieb für Frauen, Mädchen und Kinder das unaufhörliche Geschändetwerden. In Schiedlow, südwestlich Oppeln, sah ich einmal zwanzig Rotarmisten vor der Leiche einer zu Tode geschändeten, sicherlich weit über 60 Jahre alten Frau Schlange stehen. Sie johlten und schrien und warteten darauf, ihre viehischen Gelüste an dem bereits leblosen Körper zu befriedigen. Das war das Fürchterlichste, was ich sah.
Diese Dinge nahmen bald Ausmaße an, daß dem guten Teil der sowjetischen Offiziere in den höheren Stäben schauderte. Die klügeren Bolschewisten unter ihnen ahnten wohl, daß der Sieg sinnlos würde, wenn man über solchen Verbrechen unwiderruflich jede Möglichkeit der Verbindung zu den Deutschen verlor.«
Wie viele Millionen Menschen seit Mitte Januar aus dem ehemaligen Warthegau und dem Generalgouvernement sowie aus Schlesien zur Flucht aufgebrochen waren, das wußte niemand zu sagen. Die allgemeine Verwirrung gestattete keinen Überblick, und nur die Straßen, Bahnen, Dörfer und Städte in Sachsen, im Sudetenland und

im Protektorat Böhmen und Mähren wurden zu Maßstäben der Völkerwanderung, die in Kälte und Schnee, Frost und Tauwetter und neuem Frost irgendwo nach einer Bleibe suchte. In diese Völkerwanderung hinein schlug am 13./14. Februar gerade dort, wo die Menschen sich schon in Sicherheit wähnten, ein angloamerikanischer Großluftangriff auf die Stadt Dresden.

Trotz der Befehle des sächsischen Gauleiters Mutschmann, die aus dem Osten in dichter Folge kommenden Flüchtlingstrecks um Dresden herumzuleiten, befanden sich in der Nacht vom 13. auf den 14. Februar nicht nur viele Flüchtlingszüge im Hauptbahnhof der Stadt; auch Trecks hielten in den Straßen und vor allem auf den Elbwiesen. Die Zahl der Flüchtlinge, die sich zu Bekannten und Verwandten in die Stadt begeben hatten, war unkontrollierbar.

Dresden beherbergte auf jeden Fall über siebenhunderttausend Menschen und war ohne Luftschutz, weil Hitler selbst den größten Teil der bei Dresden stehenden Flakverbände an die Oderfront geworfen hatte.

Zwischen 21 und 22 Uhr flogen die ersten Wellen schwerer Kampfmaschinen, über Holland einfliegend, heran und warfen zwischen 22.09 und 22.35 Uhr rund 3000 Sprengbomben und 400000 Brandbomben auf die völlig überraschte Stadt. Die Masse der Brandbomben setzte weite Flächen, vor allem der Altstadt, in Brand. Als die Angriffsverbände abflogen, lag ein riesenhafter gelbroter Feuerschein über Dresden. Ganze Stadtteile waren einfach ausgelöscht. Die eigenen Lösch- und Rettungsmannschaften standen fast hilflos dem Wüten der Flammen und den Trümmerwüsten, aus denen in panischer Angst die Überlebenden flüchteten, gegenüber. Die Rettungsverbände, die von Berlin, Leipzig, Halle in Bewegung gesetzt wurden, kämpften sich auf der völlig vereisten Autobahn heran und drangen, soweit möglich, in die Stadt ein. Die Bilder, die sie vorfanden, erfüllten selbst die Angehörigen dieser Einheiten mit Grauen, die seit 1943 so viele Zerstörungen und Brände, so viele Verschüttete und Tote gesehen hatten, daß die meisten bis ins Herz hinein abgestumpft waren, und doch war dies erst der Anfang der Katastrophe. Kurz nach Mitternacht trafen die Meldungen von neuen Anflügen aus allen Richtungen ein.

Um 1.22 Uhr erschienen die nächsten Wellen amerikanischer Kampfgeschwader über der Stadt und warfen rund 5000 Sprengbomben und 200000 Brandbomben ab. Diese Verbände brauchten nur die leuchtenden Feuerfelder anzufliegen und ihre Bombenlasten in die noch ausgesparten dunklen Flächen zu werfen, um die Vernichtung zu vollenden. Sie trafen mitten in die Menschen hinein, die sich aus den brennenden Vierteln hatten retten können oder eben dabei waren, Teile ihrer Habe aus den weniger getroffenen Stadtbezirken zu retten. Zusammenbrechende Häuser, vor allem entlang der Ost-West-Achse, die die ganze Stadt durchzog, versperrten die Straßen und überantworteten Zehntausende von Menschen dem Feuer- und Erstickungstod. Es erhob sich ein Feuersturm, dessen Sog so gewaltig war, daß er an vielen Stellen der Stadt Menschen über einhundert Meter Entfernung rettungslos in die Flammen riß. Ein dritter Angriff in den Mittagsstunden des 14. Februar rundete nur das Werk der vorangegangenen Angriffe ab.

Die Zahl der Opfer konnte nicht festgestellt werden. Es war und blieb unmöglich, in große Teile der Stadt einzudringen. Sie lagen noch nach Jahren tot und leer. Dies galt vor allem für die engen Gassen in der Nähe der Prager Straße. In ganzen Kellerzügen befanden sich die Toten in einem derartigen Zustand, daß man sie nicht bergen, sondern nur mit Flammenwerfern endgültig verbrennen konnte. In den Löschteichen trieben die Ertrunkenen umher, die in ihrer Verzweiflung mit brennenden Kleidern ins Wasser gesprungen waren. Auf den Elbwiesen lagen die Leiber derer, die dem Maschinengewehrfeuer alliierter Tiefflieger zum Opfer gefallen waren. Die Leichen in der Stadt selbst waren großenteils nackt. Der Feuersturm hatte die Kleider weggerissen, und ihre Körper waren rot und gequollen vor Hitze. Der Hauptbahnhof war eine Stätte der Verwüstung. Eine Anzahl von Zügen, vollgepackt mit Flüchtlingen, war hier blockiert worden. Die Bahnsteige waren noch übersät mit den Resten ihrer Habe. In den Kellern des Bahnhofs selbst zählte man rund zweitausend Tote. Sie waren erstickt und trieben in dem Wasser, das aus geborstenen Rohren in die Keller geströmt war. Mit Baggern mußten auf dem Heidefriedhof die Massengräber ausgehoben werden, in die man 18000 Tote senkte. Tausende andere Tote, oft nur noch Körperteile oder Menschen, die zu der Größe von Kindern zusammengeschmort waren, wurden im abgesperrten Stadtinnern auf einem Rost verbrannt. Man gewöhnte sich bald daran, die Zahl der Toten nur noch nach gefundenen Köpfen zu messen. 65 Prozent derer, die man fand, waren nicht mehr zu identifizieren.

Die Nachrichten und Gerüchte über die Ereignisse in Dresden verdüsterten noch die Schatten, welche durch den Sturm im Osten über

Deutschland geworfen wurden. Jetzt griff also auch die britisch-amerikanische Luftwaffe bis nach Sachsen hinüber, in diesen Raum, der eben auffangen mußte, was abgehetzt aus dem Osten kam. Aber die neue Unsicherheit und die neue Angst standen nicht allein. Schwerer wog, daß der Feuerbrand von Dresden die Überzeugung nährte, die Goebbels seit langem »bis zur Weißglut« weckte und schürte, daß es der anderen Seite in der Tat um die Vernichtung Deutschlands und aller Deutschen ging. Gab es für diesen Angriff auf Dresden eine andere Deutung als die kalter, wohlberechneter Vernichtung? Konnte irgend jemand davon sprechen, hier sei es darum gegangen, das größte noch vorhandene Nachschub- und Verkehrszentrum hinter der deutschen Ostfront lahmzulegen, wenn nicht nur die Bahnhöfe – selbst Verkehrszentren für die Gejagten, Heimatlosen –, sondern die ganze von Menschen überquellende Stadt samt den Flüchtlingslagern in den Elbwiesen zerbombt, verbrannt und zerschossen worden waren?

Unterdessen gab Konjew in Niederschlesien noch keine Ruhe. Zwischen Glogau und Breslau griff die 4. sowjetische Panzerarmee, zusammen mit erheblichen Infanteriekräften aus ihren Brückenköpfen, weiter nach Westen an. Bunzlau, Sprottau und Sagan fielen in ihre Hand. Wieder brach die Bevölkerung auf, ließ Hab und Gut zurück und versuchte, sich nach Sachsen zu retten. Mit Aufbietung ihrer letzten Kraft griffen schwer mitgenommene deutsche Verbände die 4. sowjetische Panzerarmee an. Es gelang ihnen noch einmal, die Russen zwischen Neiße und Bober von ihren rückwärtigen Verbindungen abzuschneiden. Aber die Kräfte reichten nicht aus, um ihre Einschließung zu vollenden. Anfang März fiel Schörners linker Flügel auf die Görlitzer Neiße zurück. Hier erst gelang es, eine Verteidigungsfront zu halten, weil Konjew, nachdem er so große Entfernungen durchmessen hatte, seine rückwärtigen Verbindungen stabilisieren mußte.

Deutsche und Russen fielen in die Verteidigung an einer Front, die aus dem Raum von Guben am westlichen Neißeufer entlangführte und aus dem Raum ostwärts Görlitz über Löwenberg – Striegau – Strehlen – Oppeln – Cosel – Ratibor – Rybnik bis nach Bielitz und von dort hinauf zur Hohen Tatra verlief. Hier wurde Schörner, der sein Hauptquartier zuerst nach Salzbrunn und dann in den Raum von Josephstadt verlegt hatte, noch einmal eine Atempause gewährt. Vor seiner Front aber vollzog sich der Todeskampf um Glogau und Breslau.

Am 1. Februar hatte Schörner den ersten Kommandanten der »Festung Breslau«, Krause, durch General v. Ahlfen ersetzt. Dieser hatte sich mit seinen Soldaten von der Weichselfront bis nach Schlesien durchgeschlagen, obwohl sowjetische Panzerspitzen bereits gegen die deutschen Grenzen rollten, als er am 16./17. Januar den Rückmarsch von der Weichsel antrat. Er hatte unvorstellbare Schwierigkeiten gemeistert und sich an Grauen und Entsetzen gewöhnt.

Er schien für Schörner der richtige Mann, um Breslau zu verteidigen. v. Ahlfen beschrieb die Situation in Breslau, seine Befehlshabertätigkeit und die Konflikte mit Hanke und Schörner, die sich daraus entwickelten:

»Zur Verteidigung Breslaus standen eine Anzahl schlecht organisierter Bataillone und Batterien und etwa 15 000 Mann mangelhaft bewaffneten Volkssturms, insgesamt rund 45 000 Soldaten, zur Verfügung. Die Zivilbevölkerung zählte noch 250 000 Köpfe... Lebensmittel waren im Überfluß vorhanden, weil Schlesien Ausweichprovinz gewesen war. Völlig unzureichend aber war die Bevorratung mit Waffen und Munition... Die Verschiebebahnhöfe waren mit unabgefertigten Güterzügen überfüllt. Im Kraftfahrverkehr herrschte Willkür... Die Industrie hatte ihren Betrieb eingestellt. Zu diesen Mängeln in der Verteidigungskraft Breslaus trat noch die Tatsache, daß, abgesehen von einigen kleinen Infanteriewerken aus dem Jahre 1914, keine Befestigungsbauten vorhanden waren...

All diesen Mängeln stand im Februar ein... Plus gegenüber. Dies war der zweifellos vorhandene Wille der Truppe und auch eines großen Teiles der zurückgebliebenen Bevölkerung, mit der Behauptung Breslaus nicht nur das nackte Leben zu verteidigen, sondern zugleich auch einem strategischen Zweck zu dienen... Es waren bei der Einschließung amtliche Nachrichten im Umlauf, nach denen sich die Lage an der Westfront infolge wachsender Uneinigkeit unter den Alliierten gefestigt hatte und mit dem Abtransport erheblicher Verstärkungen nach Oberschlesien und Pommern sowie einer entscheidenden Gegenoffensive gerechnet werden dürfte, welche die Russen in eine große Zange nehmen und unter Zuhilfenahme neuer Waffen vernichtend treffen sollte. Daß diese auf amtlichen politischen Wegen gekommenen Nachrichten nicht den Tatsachen entsprachen, konnte in Breslau Anfang Februar nicht erkannt werden. Von seiten Schörners wurde sofort nach der Einschließung eine ausreichende Luftversorgung mit Munition versprochen. Damit wurden Besitz und Betriebsfähigkeit des Flugplatzes Breslau-Gandau zum Angelpunkt für die Behauptung der Stadt. Seit Anfang Februar war zwar auf der sogenannten Friesenwiese ein Behelfsflughafen im Bau, aber er war noch nicht fertiggestellt. So mußte zwangsläufig an der Spitze aller Führungsmaßnahmen die Behauptung Gandaus stehen. Bei Tage war von Anfang an die Landung von Flugzeugen wegen der Nähe der russischen Front nicht möglich... Auch fehlte es an Junkers-Flugzeugen. Kampfflugzeuge... konnten aber infolge ihrer Lande- und Startgeschwindigkeit Gandau nicht benutzen und mußten ihre Munition in Fallschirmbehältern abwerfen. Deren Einsammeln dauerte erhebliche Zeit, und ein Teil stürzte in die Oder oder auch in feindliches Gebiet. Die Munitionsrechnung glich dauernd der Bilanz eines Bankrotteurs.«

»Ende Februar«, so berichtet v. Ahlfen weiter, »begann Gauleiter Hanke sich ... in die militärische Führung einzuschalten. Er schlug mir folgendes vor: Er habe mit seiner starken Funkstelle unmittelbare Verbindung mit der Reichskanzlei. Als Reichsverteidigungskommissar habe er dort großen Einfluß. Wenn ich als Festungskommandant eilige Anträge hätte, sollte ich sie im Entwurf ihm geben. Er werde sie dann – nach Übersetzung in eine für die Reichskanzlei passende Fassung – in seinem Namen an die Reichskanzlei funken. Dadurch sei rasche Genehmigung gewährleistet. Für die Wahrung des Urheberrechts würde er selbstverständlich sorgen. Hanke hat das Versprechen der Wahrung des Urheberrechts nicht gehalten. Der einzige Antrag militärischen Inhaltes, der von ihm ausging, war die Bitte um Zuweisung eines Fallschirmjägerbataillons, das Ende Februar einflog. Alle übrigen Anträge, die Hanke nach Berlin funkte, waren militärisches Gedankengut, das er ... ausnutzte, um sich in das Licht einer militärischen Führerpersönlichkeit zu setzen. Sein Ehrgeiz in dieser Beziehung wurde sehr bald fühlbar. Er war um so gefährlicher, als Hanke ... über eine sehr oberflächliche militärische Ausbildung verfügte und aus seiner Halbbildung heraus falsche Urteile fällte ...

Unterdessen griff der Feind an. Im Süden spielten sich bald pausenlos erbitterte Kämpfe ab. Daß der Gegner dabei die Zeit vom 20. Februar bis zum 1. März, also zehn Tage, benötigte, um vom Südpark her den Hindenburgplatz zu erreichen – eine Strecke von zwei Kilometern –, zeugt von der Zähigkeit der Verteidiger. Verbissen waren die Straßenkämpfe. Mit Brandgeschossen aller Kaliber

und mit Brandbomben setzten die Russen die Eckhäuser in Brand. Wenn diese Brände die Verteidiger zum Verlassen der Eckhäuser zwangen, griff der Feind mit starken Stoßtrupps, die über Feuerlöschgeräte verfügten, an und setzte sich in den Besitz der Eckhäuser, von wo sich dann der Angriff weiterfraß. Wir waren gezwungen, dem Inbrandsetzen der Eckhäuser durch den Feind zuvorzukommen. In den künftigen, für die Verteidigung vorgesehenen Stellen zwischen Hindenburgplatz und Sadowastraße wurden besonders wichtige Häuser ausgebrannt ... Nach dem Eindringen des Feindes in den Südteil der Stadt mußten die übermannshohen Hauptrohre der Kanalisation gesperrt werden, da sonst mit einem unterirdischen Vorgehen der Russen zu rechnen war.
Es war notwendig, daß der Festungskommandant persönlich über jeden Einsatz der wenigen vorhandenen Sonderwaffen und der Munition entschied ... Eine der Reibungsflächen (mit Hanke) bildete das Ende Februar eingeflogene Fallschirmjägerbataillon. Dieses Bataillon bestand ... zum großen Teil aus wegen Treibstoffmangels überflüssig gewordenen Flugzeugführern. Es besaß ... außer den Handfeuerwaffen weder schwere Waffen, noch verfügte es über genügende Ausbildung und Kampferfahrung ... Hanke war dagegen der Ansicht, daß dieses Bataillon geeignet sei, einen Ausfall zu machen und die Verbindung mit der Front Schörners am Zobten herzustellen. Er war nicht zu überzeugen, daß zu einem solchen Durchbruch und vor allem zur Behauptung der Verbindung mehrere Divisionen notwendig seien. Über diesen Gegensätzen entwikkelte sich auch ein Gegensatz zu Schörner, der, seiner ganzen Art entsprechend, immer engere Verbindung mit Hanke aufnahm und sich durch diesen informieren ließ. Schörner sandte daher im Falle des genannten Bataillons einen Funkspruch: ›Das Fallschirmjägerbataillon ist gut. Ich erwarte nunmehr höchste Tatkraft von Ihnen.‹
Das Verhältnis zu Schörner wurde schnell gespannter, nachdem er zweimal im Februar im Flugzeug Ordonnanzoffiziere nach Breslau gesandt hatte. Sie führten Briefe an Hanke mit, in welchen dessen Tatkraft und Tapferkeit aufs höchste gelobt wurden. Der Kommandant erhielt Abschriften dieser Briefe mit dem Bemerken: ›Abschrift, Festungskommandant zur Kenntnis.‹ Die Ordonnanzoffiziere hatten sich völlig die Art ihres Oberbefehlshabers zu eigen gemacht und berichteten in zynischer Sprache von dessen standrechtlichen Erschießungen während seiner Fahrten in Schlesien und Sachsen ...

Artilleriebeschuß und Bombenabwurf auch bei Tag auf nicht unmittelbar angegriffene Stadtteile nahmen Ende Februar dauernd zu. Munitionsmangel verbot die Bekämpfung der Flugzeuge...
Seit Anfang März begannen auch an der bisher ruhigen Nordfront Angriffe gegen den Weideabschnitt. Wenn sie auch abgewehrt werden konnten, so belasteten sie die Führung erneut wegen der knappen Reserve an Truppen und Munition. Entsprechende Lagebeurteilungen ließen keinen Zweifel an dem Ernst der Lage. Aber an Stelle von Munition hagelte es Befehle Schörners. Einer der letzten lautete: ›Die Zahl der Drückeberger nimmt wieder in erschreckendem Maße zu. Daher hat jeder Truppenverband jeden Tag eine rückwärtige Linie zu befehlen, hinter die sich kein Soldat ohne schriftlichen Befehl begeben darf. Wer hinter dieser Linie ohne einen solchen Befehl angetroffen wird, ist vom nächsten Vorgesetzten auf der Stelle zu erschießen.‹ Die Ausführung dieses Befehls hätte organisierten Mord bedeutet...«

Am Abend des 6. März traf auf dem Flughafen Gandau der Generalleutnant Niehoff ein und unterrichtete den überraschten bisherigen Festungskommandanten, daß er, Niehoff, durch Schörner zum neuen Kommandanten ernannt sei, während v. Ahlfen unverzüglich auszufliegen und »Rechenschaft über seine Kampfführung in Breslau« abzulegen habe.
Niehoff war bereits in diesem Augenblick eine von Unglück umwitterte Gestalt. Er hatte in Oberschlesien eine Division der 1. Panzerarmee geführt. NS-Führungsoffiziere hatten ihn bei Schörner »menschlicher« Verfehlungen beschuldigt. Schörner griff sie sofort auf und enthob Niehoff seines Postens. Er tat dies unter den würdelosen Umständen, die er liebte, und ließ sich erst durch das unentwegte Drängen des Oberbefehlshabers der 1. Panzerarmee zu einer genauen Untersuchung bewegen. Sie zeitigte keine Belastung für Niehoff.
Das Ergebnis der Untersuchung aber wurde sein Verhängnis, denn Schörners rachsüchtig-unberechenbarer Charakter entsandte ihn nun auf einen Posten, der einem Todesurteil nahekam. Daß Niehoff eine große Familie mit fünf Kindern besaß, war Schörner willkommen. Die Sorge um solchen Anhang mochte schwach machen. Sie machte aber auch gefügig. Schörner erteilte Niehoff die vielsagende Weisung: »Versagen in Breslau kostet den Kopf. Auf engste und beste Zusammenarbeit mit dem Gauleiter lege ich den größten Wert.«

Im übrigen gab er ihm Versprechungen auf Entsatz mit auf den Weg und den Befehl, diese Versprechungen der Breslauer Bevölkerung unverzüglich bekanntzugeben.

Als Niehoff in Breslau eintraf, war er Schörner noch nicht so vollständig verfallen, daß er v. Ahlfen nicht vor den Anklagen gewarnt hätte, die ihn erwarteten: »Was Schörner mit Ihnen im Sinn hat, ist Mord. Ich werde auch nicht anders führen können. Die Vorwürfe, die gegen Sie erhoben werden, lauten: Unglaubwürdigkeit der Lagebeurteilungen, der Munitionsmeldungen und Verlustzahlen. Kritik an der obersten Führung. Verächtlichmachung der Führertätigkeit des Gauleiters. Kleben am Gefechtsstand. Mangel an Initiative. Schwächliche Führung und Organisation.«

v. Ahlfen und Niehoff vereinbarten, daß ersterer noch einige Tage in Breslau bleiben sollte, um den neuen Kommandanten einzuarbeiten.

Niehoff tat dabei alles, um Beweismaterial zu sammeln, das v. Ahlfen entlasten konnte. Aber er glaubte trotz aller Erfahrungen an die Versprechungen, die Schörner ihm mit auf den Weg gegeben hatte, und erklärte mit schwer begreiflicher Naivität: »Bisher waren Führung und Festung hier arm und standen vor einer unlösbaren Aufgabe. Ich aber komme nicht mit leeren Händen. Südlich Breslau – um Strehlen und Münsterberg – versammelt sich jetzt eine starke Angriffsgruppe mehrerer Divisionen, um Breslau zu entsetzen und einen festen Korridor zu schaffen. Ich habe diese Divisionen selbst gesehen.«

v. Ahlfen versicherte Niehoff, daß er ihn für noch ärmer halte, als er selbst es gewesen sei. Auch er habe lange an Entsatz und an eine große Gegenoperation aus Oberschlesien heraus geglaubt. Er glaube nicht mehr daran. Selbst wenn sich um Strehlen und Münsterberg Divisionen versammelten, so halte er es für ausgeschlossen, daß sie wirklich zum Durchbruch auf Breslau antreten würden. Man müsse in Kürze mit einem neuen russischen Angriff aus der Gegend um Cosel über Neustadt/Neiße auf Glatz rechnen. Dann werde Schörner gezwungen sein, die genannten Kräfte dort einzusetzen, und Breslau sei wieder allein und auf sich gestellt.

Aber vielleicht dachte Niehoff, daß es die Bitterkeit des Abgelösten sei, die v. Ahlfen so sprechen ließ. Er hielt an seinem Glauben fest. Er gab ihn an die Breslauer Bevölkerung weiter und geriet nach wenigen Wochen in die ausweglose Lage des betrogenen Betrügers, dessen eigener Glaube mehr und mehr zerbrach, der sich aber schon so sehr Hanke und Schörner unterworfen hatte, daß er keinen Ausweg mehr fand.

In den Tagen, in denen Niehoff in Breslau eintraf, meldete Hanke Hitler, daß Breslau »frei von jedem Ballast« bis zum Siege durchhalten werde. Dementsprechend ordnete er an, daß wegen Brandgefahr durch russische Fliegerbomben alle Wohnungen bis zum ersten Stockwerk jener Häuser, welche von der Bevölkerung aufgegeben oder durch die Flucht in die Keller verlassen worden waren, ausgeräumt werden mußten. Arbeitstrupps warfen den brennbaren Inhalt der Wohnungen, von den Möbeln angefangen bis zu den Teppichen, auf die Straße.

Gleichzeitig begann er mit dem Bau des neuen Flughafens mitten in den Wohnvierteln östlich der Kaiserbrücke. Eine Verordnung »Arbeitspflicht für jeden Einwohner Breslaus«, die auch die Knaben vom zehnten Lebensjahr und die Mädchen vom zwölften Jahre aufwärts betraf und jede Arbeitsverweigerung mit standrechtlicher Erschießung bedrohte, sicherte die nötigen Arbeitskräfte. Von Funktionären herangeführt, arbeiteten Männer, Frauen und Kinder zusammen mit Pionieren, um die Häuser von der Kaiserbrücke bis zur Fürstenbrücke, die Luther-Kirche, die Canisius-Kirche, die Häuserblocks am Scheitniger Stern, von der Dickhutstraße bis zur Tiergartenstraße und von der Landwirtschaftlichen Hochschule bis zur Memelstraße zu sprengen, einzustürzen und dem Erdboden so gleichzumachen, daß Flugzeuge hier landen konnten.

Das Staatsarchiv mit seinem Akten- und Handschriftenbestand wurde in die Luft gesprengt. Auch die riesige Universitätsbibliothek sah sich durch Vernichtung bedroht, als man Mitte März begann, die rings von der Oder umflossene Sandinsel als Widerstandszentrum zu befestigen. Das Bibliotheksgebäude sollte gesprengt werden, damit seine Trümmer die Decken der Keller verstärkten. Man dachte im Kreise um Hanke daran, die wegen Brandgefahr hinderlichen Bücher in die Oder zu werfen, mußte diesen Plan aber wegen Verstopfung der Oderwehre aufgeben.

Währenddessen dröhnte an den Kampffronten – vor allem im Westen und Süden – ununterbrochen die sowjetische Artillerie, schossen die russischen Ferngeschütze in die Stadt und flogen die russischen Tiefflieger bei Tag und Nacht über den Straßen. Sie hatten gepanzerte Rümpfe und feuerten mit ihren Maschinengewehren auf einzelne Fußgänger in den Straßen. Fast Nacht für Nacht er-

schienen jetzt schwere russische Bomber, und nach jedem Nachtbombardement sah man in der trüben Morgenfrühe Scharen übernächtiger, ausgebombter Menschen durch die Straßen ziehen, um eine neue Unterkunft zu suchen.
Die Wasserleitungen versagten. Im Morgengrauen versorgte sich die Bevölkerung an Hydranten mit Wasser, um dann wieder in den Kellern zu verschwinden. Die Straßenkämpfe im Süden Breslaus dauerten an. Ein Haus nach dem andern und ein Straßenzug nach dem andern sank in Schutt und Asche. Oft wurde von Stockwerk zu Stockwerk gekämpft. Um ein Niemandsland zwischen den Verteidigern und den Angreifern zu schaffen, befahl Hanke die Einebnung ganzer Straßenzüge und Viertel. So wurden die Häuser an der Götzen- und Sadowastraße in die Luft gesprengt. Dadurch entstand ein Gebiet, in dem kein Mensch mehr lebte und die Ratten sich von den zurückgebliebenen unbeerdigten Toten nährten.
Auch von Westen her schoben sich die Russen näher an die Stadt heran. Im Osten wurde um den St.-Bernhardin-Friedhof gekämpft. Vom Südpark her drängte sowjetische Infanterie gegen den Hindenburgplatz. Aus dem aufgerissenen Straßenpflaster quoll der Gestank der zerstörten Kanalisation. Aus den Kanälen huschten nachts unübersehbare Scharen von Ratten und drangen in die Wohnungen und Keller ein.
Plünderer waren Nacht für Nacht unterwegs. Auch die großzügige Verteilung von Lebens- und Genußmitteln, mit der Hanke die Moral zu heben suchte, war nicht geeignet, die wilden Plünderungen zu beenden. Im Gegenteil. Sie zeigte, wie viele Vorräte die Stadt in ihren Lagern barg, und regte nur dazu an, nachts Keller und Lager zu durchsuchen. Es störte die Plünderer nicht, wenn sie dabei über Tote stolperten. Auch Soldaten und Parteifunktionäre Hankes suchten schließlich von den Genüssen des Lebens zu erhaschen, was sich ihnen bot.
Trotz alledem blieb bis in den April hinein in der Masse der Breslauer die irrationale Hoffnung wach, daß Entsatz kommen werde und Hitler Überraschungen bereithalte, um damit im letzten Augenblick die Wende des Krieges zu erzwingen. »Nie – Hoffnung auf Entsatz«, höhnten zwar die sowjetischen Propagandalautsprecher in den Feuerpausen der Artillerie, und insgeheim verbreitete sich unter den Breslauern auch das Wort: »Hoff nie auf Niehoff, bevor der Hanke hängt!« Aber die Stunde völliger Verzweiflung und Resignation war noch nicht gekommen.

STURM ÜBER OSTPREUSSEN

Die Katastrophe brach über Ostpreußen mit der gleichen Wucht und Schnelligkeit herein, mit der sie sich auf das Warthegebiet und Schlesien gestürzt hatte. Der 13. Januar war ein frostig klarer Tag. Der Boden war hart und für Panzer leicht befahrbar. Als die sowjetischen Panzerarmeen nach dem vernichtenden Trommelfeuer gewaltiger Artilleriemengen gegen die dünn besetzten deutschen Stellungen anstürmten, gab es keinerlei natürliche Hindernisse für sie. Die Russen griffen mit mehr als zehnfacher Übermacht die 3. und 2. Armee an, um – im Norden nach Königsberg und ins Samland durchbrechend, im Süden auf den Raum Elbing-Danzig zielend – die 4. Armee und damit den größten Teil Ostpreußens in die Zange zu nehmen. Ihre scheinbar unerschöpfliche Masse an Menschen und Material sicherte ihnen den Erfolg. Die Russen brachen im Bereich der 3. Panzerarmee schon in den ersten Tagen bis zum Ostrand des Eichwalder Forstes durch und stießen entlang der Reichsstraße Eydtkuhnen–Gumbinnen vor. In schweren, beispiellos verlustreichen Kämpfen wichen die nicht sofort zerschlagenen Teile der 3. Panzerarmee gegen die Deime zurück. Der Nordabschnitt der 4. Armee sah sich zusehends überflügelt. Die Divisionen des Panzerkorps »Hermann Göring« behaupteten sich jedoch gegen die nach Westen und Südwesten drängende sowjetische Übermacht.

Die Bevölkerung ergriff erst in dem Augenblick die Flucht, in dem die Front zerschlagen war und die Etappenkolonnen durch die Ortschaften jagten. Jetzt mischten sich auf den Straßen und Wegen die in panischer Angst flüchtenden Trecks mit den zurückgehenden Resten der Korps und Divisionen. In der sumpfigen Elchniederung waren die Straßen dammartig angeschüttet und verliefen auf den Dämmen der Kanäle. Meist siegte der Stärkere, und die Wagenzüge ganzer Trecks glitten an den Böschungen hinab und versanken hoffnungslos in Eis und Schlamm. Vor Labiau und an anderen Deimeübergängen vollzogen sich nun gleiche Katastrophen wie im Warthegebiet und in Schlesien. Die durchbrechenden sowjetischen Panzerkolonnen walzten aufgestaute Trecks auf den Straßen einfach mit ihren Riesenfahrzeugen nieder. Es war gekommen, wie es kommen mußte. Die Bevölkerung geriet in die erbarmungslose Mühle der Durchbruchsschlacht hinein und wurde so zerrieben, daß aus dem Gebiet östlich der Deime nur Reste nach Königsberg oder ins Samland entkamen.

Gleichzeitig vollzog sich im Bereich der 2. Armee eine noch größere Tragödie, die innerhalb weniger Tage fast die gesamte Bevölkerung und die Evakuierten im südlichen und westlichen Ostpreußen in eine Katastrophe hineinriß, die wenigstens 500000 Menschen völlig verschlang. Auch die Front der 2. Armee am Narew wurde schon am 14. Januar durch die sowjetischen Angriffsarmeen aufgespalten. Die Armee versuchte, mit dem Westflügel ostwärts Thorn ausweichend, sich nach Ostpreußen beiderseits Deutsch-Eylau abzusetzen und im weiteren Zurückgehen über Rosenberg-Riesenburg neuen Widerstand zu organisieren. Aber die Masse ihrer Einheiten wurde auf das Westufer der Weichsel gedrängt. Innerhalb von acht bis zehn Tagen brachen die russischen Panzerkolonnen, gefolgt von motorisierter Infanterie, von Ostrolenka bis Mlawa und, von dort nach Norden eindrehend, nach Allenstein durch. Sie drangen über die Eisenbahnlinie Allenstein–Thorn auf Elbing vor und trieben die Spitzen ihres Angriffskeils, der aus der Tiefe mit immer neuen Massen gespeist wurde, bis an das Frische Haff im Raume Tolkemit–Haffkampen.

Ostpreußen war von der Landverbindung nach Westen abgeschnitten. Nur jenseits des zugefrorenen Frischen Haffs führte noch ein schmaler Weg über die Nehrung nach Westen.

Die über Nacht mitten ins Kampfgebiet versetzte Bevölkerung des südlichen und westlichen Ostpreußen floh mit ihren Hals über Kopf gepackten Wagen und Schlitten – auch hier mit Etappenformationen und Truppen in einen Kampf um die verschneiten Straßen verstrickt – nach Norden und Nordwesten. Sie war durch die wahllosen Einberufungen zum Volkssturm der meisten Männer beraubt, und Greise oder französische Kriegsgefangene, Frauen und halbwüchsige Jungen führten die Wagen. Ganze Dörfer wurden von den Russen überrannt, bevor ihre Einwohner, denen häufig kurz zuvor noch von Parteistellen gesagt worden war, es bestünde keine Gefahr, zum Aufbruch kamen. Trecks, die bis zu 30000 Menschen umfaßten, ballten sich zusammen. Viele von ihnen verschwanden spurlos im Mahlstrom des Zusammenbruchs, in den Schneestürmen, die sich in der zweiten Januarhälfte erhoben, oder im Feuer zwischen aufgelöst kämpfenden Fronten, die niemand mehr zu übersehen vermochte.

Es war am 18. Januar.

Es schneite, und die Temperatur lag weiter unter Null.

Sie waren – laut späteren Aussagen und Berichten – aufgebrochen, als die zurückgehende deutsche Artillerie bereits hinter den Gutsscheunen von Bowien auffuhr und der Batteriechef, der noch zehn Schuß Munition besaß, sie fragte, ob sie wahnsinnig seien. Die Russen seien fünf Kilometer entfernt, und Erich Koch werde sie nicht aufhalten.

Ihr Vater war mit dem Volkssturm verschwunden. Drei Brüder standen irgendwo in Kurland. Sie hatten nur drei männliche Kutscher. Darunter einen Franzosen und einen Polen. Auf den anderen Wagen saßen sie selbst oder die Arbeiterfrauen. Die Mutter – seit Jahren völlig gelähmt – lag unter einer Plane im Stroh. Zwei Arbeiterfrauen waren hochschwanger zwischen ihre in Decken und Bettzeug gehüllten Kinder gebettet. Der Schnee fiel zunächst in dünnen Flocken. Die Pferde waren nicht scharf beschlagen und glitten aus. Aber Männer und Frauen gebrauchten die Peitsche und trieben die Tiere an. Als sie ins Dorf kamen, war die Straße mit Wagen verstopft, die ebenfalls in fliegender Hast für die Flucht nach Norden beladen wurden. Das Schießen wurde zeitweise lauter. Dann schien es wieder zu verstummen.

Die Wagen vom Gut Bowien versuchten, sich durch die Dorfstraße zu drängen. Aber sie mußten warten, bis das Dorf mit seinen Wagen aufgebrochen war, oder quer über die Äcker fahren. Während sie noch überlegten, näherte sich der Lärm schwerer Automotoren. Sie schraken zusammen. Aber es war nur eine Lastwagenkolonne der Luftwaffe, die sich von irgendwoher nach hinten durchschlug. Die Fahrer schrien, man solle sehen, daß man weiterkomme. Sie konnten auch die Dorfstraße nicht passieren und fuhren – lange Schneewolken hinter sich herziehend – durch die Felder. Aber ihr Erscheinen beschleunigte die Abfahrt. Nach zehn Minuten war das Dorf verlassen.

Die Wagen des Gutes Bowien hatten sich zwischen die Wagen des Dorfes geschoben. Pferde und Wagen glitten immer öfter aus. Räder zerbrachen. Es wurde umgeladen und umgespannt. Viele Wagen hatten keine schützenden Planen, und Mütter und Kinder saßen zwischen ihren Bündeln, und der Schnee stäubte sie ein, bis sie nicht mehr zu erkennen waren. Die Pferde stürzten immer häufiger. Ähnlich ging es den Rindern. Trotzdem gelangte der Zug eine weitere halbe Wegstunde nach Norden.

Sie erreichten das nächste Dorf. Auch dort hatte der Aufbruch begonnen. Die Bauern packten ihre Wagen. Sie luden auch ihren Orts-

gruppenleiter, einen alten Lehrer, auf. Er war im Widerstreit der Befehle und Versprechungen, die er aus der Kreisstadt erhielt, und der Wirklichkeit, die er nun erlebte, zusammengebrochen und wurde, auf einer Seite gelähmt, zwischen Strohschütten auf einen Wagen gepackt. Sein Vertreter, der die meisten Reden über den Widerstand bis zum letzten Mann gehalten hatte, war seit dem Morgen, angeblich um zum Volkssturm zu stoßen, verschwunden. Als der Treck mit den Wagen der Bowiens anhielt und ein paar Männer ins Dorf liefen, um zu sehen, ob man durchfahren könne, klang von links her durch das dichte Schneetreiben das Stampfen und Rollen eines Gespanns, das in wilder Fahrt quer über die Äcker jagte. Der Fahrer hielt noch im letzten Augenblick die dampfenden Pferde an, bevor er bei dem Versuch, über die Straße zu fahren, in den Treck hineinraste. Es war der alte Kutscher des Gutes Juditten.
»Macht zu!« schrie er. »Sie sind schon bei uns und haben den Herrn erschossen und das Haus angesteckt.« Er wendete, ohne sich aufzuhalten, und verschwand in wilder Fahrt im weißen Dunst. Auf den Wagen des Trecks schrien die Wöchnerinnen und die Kinder. Eine Panik brach aus. Die halbbepackten Wagen fuhren an, gerieten ineinander und versperrten hoffnungslos die Straße. Die Männer, die ins Dorf gelaufen waren, hasteten zurück. Sie zerrten die Pferde der ersten Wagen über die niedrigen Gräben ins Feld hinaus, um das Dorf zu umfahren. Der ganze Treck folgte mit wiehernden Pferden, brüllenden Kühen und schwer rollenden Wagen. Es schoß immer heftiger. Als die letzten Wagen eben ins Feld abbiegen wollten, näherte sich auf der Straße ein schweres Rasseln. Maschinengewehrgarben pfiffen durch die Luft. Und wie ein riesiges Ungeheuer rollte urplötzlich ein Panzer mit hin und her schwenkender Kanone aus dem Schneegestöber hervor. Ein Haufe braungrauer, vermummter Gestalten mit fremden, roten Gesichtern unter Pelzkappen war aufgesessen. Der Koloß hielt für einen Augenblick an. Dann feuerte er mißtrauisch ein paar Kanonenschüsse in Richtung auf das Dorf und rollte mit knirschenden Ketten wieder an.
Die Frauen auf den letzten Wagen des Trecks, die noch auf der Straße standen, kamen gar nicht mehr dazu, zu schreien. Der Schrei erstarrte in ihren Kehlen. In Sekundenschnelle hing das Rohr des Geschützes über ihnen. Der Koloß zerquetschte die zum letzten Male aufbrüllenden Kühe und riß die linken Seiten der Wagen, die linken Pferde und die nicht mehr abspringenden Frauen, Männer und Kinder unter die Raupen. Einer der Franzosen schrie. Er war

mit den Beinen unter den Panzer geraten. Er schrie so entsetzlich, daß einer der Rotarmisten ihm den Gnadenschuß gab. Dann rollte das Ungetüm gegen die ersten Häuser des Dorfes.
Hinter ihm aber lösten sich noch vier, dann fünf Panzer aus dem Dunst. Auf jedem von ihnen hingen die gleichen Bündel braungrauer, eingeschneiter Gestalten mit Maschinenpistolen, Handgranaten und Gewehren. Gleichzeitig knallte es in der Mitte und am Ausgang des Dorfes. Sie griffen offenbar das Dorf von allen Seiten an. Schüsse und der klagende und kreischende Schrei von Frauen tönte durch das Gestöber. Dann leuchteten die Flammen brennender Häuser.
Die Wagen des Gutes Bowien rasten polternd über die gefrorenen Ackerflächen. Der Treck hatte sich in wenigen Augenblicken aufgelöst. Die jüngere Schwester Bowien war mit zwei Gutswagen im Schneetreiben verschwunden. Jeder Wagen suchte so schnell wie möglich aus dem Bereich des Dorfes zu entkommen. Die Kutscher und Frauen schlugen, in Angstschweiß gebadet, auf die Pferde ein. Die Kinder wimmerten und preßten ihre Gesichter an die Frauen und Mädchen, die Mühe hatten, nicht von den Wagen zu stürzen. Die Stricke, an denen die Rinder den Wagen folgten, waren zerschnitten oder zerrissen, nachdem sie die Tiere umgerissen und würgend mit sich geschleift hatten. »Herrgott«, beteten die Frauen, »Mon Dieu«, betete laut ein französischer Fahrer.
Da sah die Gruppe, bei der sich die ältere Schwester Bowien befand, plötzlich wieder die Straße vor sich. Das wurde ihr Verhängnis. Denn mitten auf der Straße erhob sich ein anderer Panzerkoloß. Er war nicht mit Rotarmisten behangen. Nur aus der Turmluke spähte ein Soldat hervor. Sein schneefeuchtes Gesicht trug eine große Narbe. Er wog in seiner Hand Uhren mit goldenen Ketten. »Nix gutt«, sagte er in gutturalem, rollendem Deutsch, das viele der Braungrauen sprachen. »Fahren Wald. Hier viel Schnaps für Soldat ...«
Die Fahrer und Frauen rissen die Pferde herum und versuchten zu entkommen. Aber es war zu spät. Ringsum tauchten schwankende Gestalten auf, jede eine Maschinenpistole oder Pistole in der Hand. Sie griffen in die Zügel. Und der Russe im Turm des Panzers zuckte die Achseln und grinste: »Nix gutt!«
Die Pferde bäumten sich auf. Aber die Rotarmisten zogen sie auf die Straße. »Komm«, schrien sie den Männern auf den Wagen zu, »du Partisan, komm ...« Die Franzosen riefen, daß sie Franzosen seien.

»Partisan. Nix gutt«, kam es in grölendem Lachen zurück. Die vorhandenen Maschinenpistolen zwangen die Männer ohne Unterschied, von den Wagen zu steigen. Auch die vierzehn- und fünfzehnjährigen Buben stolperten auf die Straße und wurden wie die Männer mit Kolbenstößen dem Dorf zugetrieben, nachdem man ihre Taschen durchsucht, den älteren Uhren und Ringe abgenommen und einzelnen die Stiefel ausgezogen hatte. Einer der Jungen, der mit einem Sprung zu fliehen versuchte, knickte, von Maschinenpistolenkugeln getroffen, in der Hüfte zusammen und blieb neben einem Wagenrad liegen – ein graues, blutiges, schnell zugeschneites Bündel.
Die Frauen preßten ihre Gesichter ins Stroh ihrer Wagen. Sie duckten sich in wilder Angst unter die Planen und zogen die Kinder an sich. Die ältere der Schwestern Bowien hielt den Kopf ihrer Mutter. Sie hörte die anderen Frauen um Hilfe rufen und fühlte gleich darauf eine Faust, die unter die Plane ihres Wagens und plump nach dem Kopf ihrer Mutter griff. »Laß meine Mutter!« rief sie und fühlte, daß sie fror und daß ihre Zähne klapperten. »Sie ist gelähmt – krank – gelähmt ...«
»Krank – Frrau gutt – – gutt«, klang es hinter ihr. Sie fühlte den tappenden Griff der Faust an ihrem eigenen Arm. »Komm, Frau – komm!«
Sie versuchte sich festzuklammern. Aber die Faust war hart und zerrte sie mit unwiderstehlicher Kraft unter der Plane hervor. Sie wehrte sich, aber sie mußte in das breite Gesicht dessen sehen, dem die Faust gehörte. Sie sah mit einem schnellen verzweifelten Seitenblick, wie andere Frauen in den Schnee hingeworfen waren und die plumpen Gestalten über ihnen lagen, Maschinenpistolen oder Messer vor sich, auf die Brüste der noch Schreienden oder schon Verstummten gepreßt. Sie sah eine der Schwangeren mit zuckenden Gliedern auf einem Wagen mit einem der Graubraunen ringen. Dann riß das »Breitgesicht« den Pelz auseinander. Er zerrte eine Strohschütte vom Wagen und drängte sie darauf. Sie schrie, hoffnungslos und halb erstickt – und wußte dann, warum sie in den Händen der Soldaten an den Brüsten der Frauen die Messer sah. Sie fühlte, wie das »Breitgesicht« ihre Kleider zerschnitt, und dann gab es nur noch den stoßenden Atem über sich. Es schien wie eine Ewigkeit. Aber die Ewigkeit nahm mit dem »Gutt, Frrau, gutt« und einem neuen Griff der Faust des »Breitgesichts« ein Ende. Die Faust riß sie hoch und drängte sie auf den Wagen neben die bewegungs-

lose Mutter zurück. Sie riß dabei die Plane herab, so daß es der Mutter ins Gesicht schneite. »Kalt, Frrau«, sagte er, »warrm!«, ohne daß sie verstand, was er wollte.

Er sprang selbst auf den Wagen, nahm die Zügel und trieb die Tiere an. Er fuhr an dem immer noch wartenden Panzer vorbei und durch die Glut der ersten Häuser und Scheunen, in denen die Ernte in prasselnden Flammen verbrannte. Die Wagen des Dorfes, die gerade hatten aufbrechen wollen, als die Rotarmisten kamen, standen an der Straßenseite, zerschlagen und zusammengefahren, die Pferde ausgespannt oder abgeschossen – weiß bestäubte Kadaver.

In der Mitte des Dorfes knallten Schüsse. Dort waren die Männer zu einem Haufen zusammengedrängt. Hinter ihnen standen Schlitten, die neue Rotarmisten gebracht hatten. Der Reihe nach wurden die Männer zu einem Offizier hinübergeschoben, der schnell entschied, ob sie als gefangen in eins der verschonten Häuser gebracht oder aber, wenn er »Partisan« oder »Faschist« sagte, zu einer Mauer hinübergeführt wurden, vor der die kleine Gestalt des Ortsgruppenleiters mit verschlungenen Gliedern am Boden lag, so wie sie dorthin geworfen und erschossen worden war.

Hier hielt der Wagen, und das »Breitgesicht« griff wieder nach der zitternden Frau. Sie klammerte sich an die Mutter, in deren unbeweglichem Gesicht nur noch die Augen sprachen. Sie rang mit ihm. Aber er blieb der Stärkere und zerrte sie in ein Haus hinein.

»Warrm, Frrau!« rief er. Sie klammerte sich an die Tür. Sie sah zerschlagene Möbel und zu Boden geschleudertes Geschirr. Sie hörte Geschrei. Sie wies zurück auf ihre Mutter. Und sie wies auf den fallenden Schnee. Das schien das »Breitgesicht« zu begreifen. Sie wurde an den Wagen zurückgezerrt, dann zu einem anderen herumstehenden Wagen gezogen, der noch eine Plane hatte. Das Breitgesicht riß die Plane herab und warf sie über den Wagen mit der Mutter. »Gutt«, sagte er, und »komm«. Dann stieß er sie wieder vor sich her in das Haus.

Er trat mit den Füßen eine Tür auf. Aber das Zimmer wimmelte von graubraunen, pelzmützigen Gestalten, die aus Flaschen tranken und vor den hochgehobenen Läufen ihrer Maschinenpistolen zwei nackte Mädchen auf dem Tisch tanzen ließen. Sie grölten und richteten ihre Pistolen auf den Störenfried an der Tür. Da stieß das »Breitgesicht« die Frau fluchend weiter. Er stieß sie eine Treppe hinauf. Sie fühlte, während sie sich mit zitternden Beinen hinauftastete, seine groben Hände. Und plötzlich entlud sich ihre ganze

Hilflosigkeit in einem Schrei. Er war so gellend laut, daß oberhalb der Treppe eine schlanke Gestalt erschien, ein Offizier mit schmalem Gesicht, das sie im Halbdämmern ihres Bewußtseins fast an das Gesicht ihres Bruders erinnerte. Sie sprang plötzlich die letzten Stufen hinauf, als ob sie dort oben Hilfe finden könne, und brach in die Knie.

Der Offizier rief dem »Breitgesicht« etwas zu, und der Soldat polterte wild fluchend die Stufen hinab.

Der Offizier hob die Kniende hoch und schob sie in ein Zimmer, in dem noch ein anderer Soldat, wahrscheinlich sein Bursche, war.

»Warum schreist du?« fragte er in klarem, weichem, fast akzentfreiem Deutsch. Sie sah ihn an. Die Hoffnung auf Hilfe und Rettung, die in ihr emporgestiegen war, verstärkte sich. Sie verstärkte sich angesichts seiner Stimme, angesichts seiner Sprache.

Doch da sah sie ihn wieder an und sah ein lüsternes Flackern in seinen Augen. Sie schlug in erstem neuem Erschrecken den auseinanderklaffenden Pelz zusammen. Aber er griff schon wortlos, mit schmalen Lippen nach ihr und zerrte sie auf das zerwühlte Bett. Sie verstand, daß es keine Hilfe und keine Gnade gab.

Zwischen diesem Wüten entfesselten Rachegeistes und dem allgemeinen Rückzug und Zusammenbruch im Norden und Südwesten Ostpreußens stand um den 21. Januar die 4. Armee, selbst nur an den Flügeln angegriffen, aber von tödlicher Umfassung bedroht, immer noch in ihren weit nach Osten ausholenden Stellungen zwischen Nowogrod–Lomza und dem Raum um Gumbinnen.

In langen telefonischen Auseinandersetzungen mit Hitler suchte Reinhardt die Erlaubnis zu erwirken, die 4. Armee wenigstens auf die Linie Ortelsburg–Lötzen–Masurischer Kanal zurücknehmen zu dürfen. Der Generalstabschef Reinhardts, Generalleutnant Heidkämper, führte Tagebuch über die Ereignisse im Hauptquartier der Heeresgruppe in Groß-Wartenburg seit Beginn der russischen Offensive. Er schrieb unter anderem:

»*14. Januar:* Der Sturm gegen Ostpreußen hat begonnen. Bei unserer rechten 2. Armee, wo der Feind heute morgen mit starken Panzerkräften aus seinen Narewbrückenköpfen heraus angegriffen hat, werden erhebliche Einbrüche gemeldet. Als ich gegen 20 Uhr beim OB zum Vortrag bin, wird ein Führergespräch angekündigt. Der Führer läßt sich eingehend über die Lage unterrichten. Das

Gespräch endet ohne Gruß seitens des Führers. Ich teile dem OB meine Befürchtungen mit, daß dieses Gespräch die Abgabe von Kräften bedeuten könne. Der OB hält das für ausgeschlossen. Er selbst werde Kräfte beantragen müssen.
15. Januar: Um 3 Uhr früh gibt mir Generalleutnant Wenck aus Zossen den Befehl durch, das Panzerkorps Großdeutschland für die Heeresgruppe A abzugeben. Ich mache Wenck darauf aufmerksam, daß diese Abgabe unserer letzten Reserven sich katastrophal auswirken werde. Sie werde einen Durchbruch bei der 2. Armee zur Folge haben. Wenck antwortet, südlich der Weichsel sei der Durchbruch bereits vollzogen und schnelle Hilfe sei dort am nötigsten. Als ich erwidere, dann müsse man wenigstens versuchen, bei uns zu halten, der Feind werde sich dann weiter südlich bald festlaufen, wird Wenck ungeduldig. Er sagt, Beschwerden seien überflüssig, der Führer habe die Abgabe befohlen...
17. Januar: Die 2. Armee ist aus ihren rückwärtigen Stellungen herausgedrückt. Wegen des Fehlens jeglicher Reserven und der Unmöglichkeit, ohne Erlaubnis durch Hitler Frontveränderungen durchzuführen, müssen wir tatenlos zusehen. Große Sorgen auch bezüglich der 3. Panzerarmee. Abends... Ferngespräch zwischen dem Führer und dem OB: ›Ich muß um Entschuldigung meines Nichtverstehens bitten‹, beginnt der Führer, ›Sie wissen, Herr Generaloberst, daß ich seit dem 20. Juli schlecht hören kann. Ich werde deshalb den Hörer General Burgdorf übergeben.‹ Der OB schildert die Lage. Er fährt fort, die Heeresgruppe stünde vor der unausweichlichen Notwendigkeit, die (zurückflutende) 2. Armee zum Stehen zu bringen. Er stellt den Antrag auf Erlaubnis, den vorspringenden Balkon bei der 4. Armee in die Linie Nowgorod–Gehlenburg herauf nach Goldap zurückzunehmen, um drei Divisionen als Reserve für die 2. Armee freizubekommen. Er habe keine anderen Mittel, um die Armee zu stützen... Der Führer ist ›auf Grund fünfjähriger Erfahrung‹ überzeugt, daß jede Rücknahme keine Einsparung von Kräften herbeiführt. Derartige Rückzüge hätten stets Katastrophen zur Folge gehabt. Der OB beharrt bei seinem Antrag. Aber General Burgdorf antwortet, der Führer gehe von seiner Entscheidung nicht ab... Als der Führer schließlich rät, Volkssturm in die Front der 2. Armee zu schieben, antwortet der OB, ohne auf dieses unmögliche Ansinnen näher einzugehen: ›Mein Führer, dann muß eben alles so bleiben. Ich hielt es für meine Pflicht, auf den Ernst der Lage hinzuweisen und auf die Möglichkeit einer Abhilfe.‹

19. Januar: Südlich der Weichsel im Abschnitt der 9. Armee sind wir vom Feind weit überflügelt. Am Abend erhalten wir die alarmierende Nachricht, daß der Feind bereits Leslau erreicht hat.
20. Januar: Das Halten der 4. Armee in ihrer Balkonstellung mutet nunmehr grotesk an. Am Abend um 20.30 Uhr legt der OB dem Führer nochmals die Gründe dar, die eine sofortige Zurücknahme der 4. Armee erforderlich machen. ›Mein Führer‹, beginnt der OB, ›darf ich mich in meiner großen Sorge um Ostpreußen noch einmal an Sie persönlich wenden. Ich beurteile die Lage so, daß wir morgen vor einem umfassenden Angriff auf ganz Ostpreußen stehen. Nach einer Beutekarte zeigt die Stoßrichtung der 5. russischen Garde-Panzerarmee mit vier Panzerkorps auf Danzig. Gegenüber stehen nur noch so schwache Kräfte der 2. Armee, daß sie ... nicht halten können. Die zweite operative Gefahr liegt jetzt bei der 3. Panzerarmee, die der Gegner ebenfalls durchbrochen hat. Wenn die Garde-Panzerarmee des Feindes durchstößt, sind wir im Rücken umfaßt, wo sich keinerlei Kräfte befinden.‹
Es folgt eine lange Auseinandersetzung, in der es sich immer wieder darum dreht, ob die Zurücknahme einer Front zum Freiwerden von Kräften führt oder nicht. Hitlers Antworten sind schnell, aber selten sachlich ... Den immer wiederkehrenden Hinweis des OB, daß er Divisionen einsparen müsse, beantwortet er mit den Worten: ›Dann verlieren Sie Territorium.‹ Einer Antwort auf die Erwiderung des OB: ›Wenn die russische Panzerarmee einschwenkt, verlieren wir im Westen weit mehr wertvolles Land‹, weicht er aus. Er schlägt schließlich nochmals vor, den Volkssturm einzuschieben ...
Die Zurücknahme der 4. Armee bleibt abgelehnt.
In einem Nachtgespräch zwischen dem OB und Guderian verspricht Guderian, beim Nachtvortrag dem Führer nochmals die Notwendigkeit einer Zurücknahme der 4. Armee darzulegen. Er gibt aber gleich zu verstehen, daß er nicht an eine Genehmigung seitens des Führers glaube. Er sei in diesem Punkt stur ...
21. Januar: Weiteres Vorstoßen der Sowjets sowohl bei der 2. Armee als auch bei der 3. Panzerarmee. Guderian teilt fernmündlich mit, daß der Führer beim nächtlichen Lagevortrag erneut jede Zurücknahme der 4. Armee abgelehnt habe. Der OB erklärt: ›Das ist aber doch ganz unmöglich, damit bricht ja alles zusammen.‹ Nach einer kurzen Pause kommen von der anderen Seite gequält Guderians Worte: ›Ja, mein lieber Reinhardt ...‹ Der OB meldet daraufhin ein Gespräch ins Führerhauptquartier an. Er berät mit

mir, ob er Hitler bei einer erneuten Ablehnung erklären solle, dann werde er, Reinhardt, die Zurücknahme der 4. Armee auf eigene Verantwortung durchführen, oder ob wir diese Zurücknahme ohne weitere Erklärung durchführen sollten. Ich rate zu letzterem, weil das erstere seine unverzügliche Absetzung zur Folge haben werde sowie seinen Ersatz durch einen anderen Offizier. Damit sei nicht geholfen.
Um 11.45 Uhr kommt das Führergespräch zustande. Der OB beginnt: ›Auf Grund der außerordentlichen Verschärfung der Lage muß ich noch einmal um dieselbe Entscheidung bitten wie gestern. Bei der 2. Armee ist der Feindangriff nach Nordwesten im Gange. Dazu ist die 3. Panzerarmee im Zusammenbruch. Nichts ist mehr da, was die Lage auffangen kann. Wenn Sie, mein Führer, mir sagten, gegen den Durchbruch der 2. Armee könne durch neue Kräfte geholfen werden, so ist bei der 3. Panzerarmee ausschließlich eine Hilfe durch mich möglich. Ich glaube, daß die Front überhaupt nur noch an der Masuren-Kanal-Deime-Stellung aufgefangen werden kann. Ich werde von allen Führern um Hilfe bestürmt und muß aussprechen, daß die Vertrauensfrage ›von unten‹ jetzt bereits sehr ernst mitspricht. Ich muß um die Freiheit zur Zurücknahme der 4. Armee bitten, um Kräfte herauszubekommen. Eine andere Lösung sehe ich nicht mehr, sonst gleitet mir die Führung aus der Hand.‹ Der Führer erwidert: ›Die Entwicklung bei der 3. Panzerarmee ist mir ganz ungeheuerlich.‹ Der OB: ›Ich habe seit Tagen die Lage, die eine Zurücknahme der 4. Armee notwendig macht, so geschildert, wie sie wirklich ist.‹ Es folgt wiederum eine längere Auseinandersetzung. Schließlich beendet der Führer kurz das Gespräch: ›Also gut, dann gebe ich Ihnen jetzt die Genehmigung.‹ «

Als der Befehl zur Zurücknahme der Front im Gefechtsstand der 4. Armee in Borken eintraf, war er durch die Ereignisse und eine selbständige Entscheidung ihres Oberbefehlshabers Hoßbach bereits überholt. Hoßbach war in der Schule des Generals Beck groß geworden, der als Chef des Generalstabes des Heeres vor dem Kriege wegen seiner ablehnenden Haltung gegenüber Hitlers Kriegsvorbereitungen zurückgetreten war und am 20. Juli nach dem Scheitern der Empörung gegen Hitler seinem Leben ein Ende gemacht hatte. Hoßbach war weniger durchgeistigt, als es Beck gewesen war. Er war mehr der Typ des harten preußischen Offiziers, schwierig wegen seines Eigenwillens, der nicht immer Rücksicht auf

andere nahm. Im Jahre 1937 hatte er als Adjutant der Wehrmacht bei Hitler eine »Ansprache des Führers« an die Oberbefehlshaber der Wehrmachtsteile niedergeschrieben, in der Hitler seine weit ausgreifenden Eroberungspläne enthüllte, und damit ein Dokument verfaßt, dem in der Geschichtsschreibung der Zukunft eine besondere Rolle zukam. 1938 war er unter Umständen, die seinen Ehrbegriffen widersprachen, aus seinem Amt als Adjutant entfernt worden, weil er sich für die Rehabilitierung des Generalobersten v. Fritsch eingesetzt hatte, der zu Unrecht homosexueller Beziehungen angeklagt worden war. Er hatte Fritsch gegen ausdrückliches Verbot vor den gegen ihn erhobenen Anklagen gewarnt.
Am 22. Januar nun entschloß er sich, vom Zwang der Lage ebenso getrieben wie von der Not der Ostpreußen, zu einem anderen Ungehorsam.
Nach seiner Überzeugung, die auch die Überzeugung seines Stabschefs Dethleffsen war, gab es für die Erhaltung der 4. Armee nur noch eine Möglichkeit. Für ihn war es mehr als zweifelhaft, ob die von Hitler genehmigte Zurücknahme der Armee an Frisching-Alle-Deime überhaupt noch möglich war, weil die Deimelinie selbst sich bereits auflöste. Ein entscheidendes Hindernis für diese Operation erwuchs daraus, daß die gesamte 350000 Mann starke Armee, die Reste der 3. Panzerarmee und die fliehende Bevölkerung von dem Zu- bzw. Abfluß durch einen einzigen Hafen, Pillau, abhängig sein würden. Dieser Hafen war niemals in der Lage, die gestellten Aufgaben zu bewältigen. Fragwürdig blieb außerdem das Schicksal eines großen Teils der Zivilbevölkerung, der sich zwischen dem russischen Durchbruchskeil und dem rückwärtigen Gebiet der 4. Armee zusammendrängte.
So sah Hoßbach nur eine Lösung, um seine Armee vor einem »Stalingrad« zu bewahren und zugleich der Masse der in Mittel-Ostpreußen fliehenden Bevölkerung einen Weg zu ihrer Rettung zu eröffnen.
Diese Lösung lautete: Die Armee mußte sofort kehrtmachen und ihre Angriffsspitzen nach Westen richten. Sie mußte den sowjetischen Durchbruchskeil, der täglich stärker wurde, so schnell wie möglich durchstoßen und sich an der Weichsel wieder mit dem abgedrängten größeren Teil der 2. Armee vereinigen. Sie mußte hinter ihren Durchbruchsspitzen einen Kessel bilden, der – nach allen Seiten fechtend – die Durchschleusung der Zivilbevölkerung nach Westen und das Gros der Armee selbst bis zum Abschluß der Ope-

ration deckte. Es mußte dabei auch in Kauf genommen werden, daß die Verbindung mit Königsberg und dem Samland, sofern die 3. Armee sich nicht dem Durchbruch nach Westen anschloß, verlorenging. Ostpreußen war so oder so verloren. Ein Kampf um Königsberg und das Samland konnte nur noch der Sicherung der dortigen Flüchtlinge und der Verwundeten bis zum Abtransport über Pillau dienen. Diese Aufgabe muß die 3. Panzerarmee auch nach ihren schweren Rückschlägen noch erfüllen können.

Hoßbach rief die Kommandierenden Generale seiner Armeekorps am 22. Januar nach Borken. Er erklärte offen, daß die Zustimmung Hitlers zu seinem Ausbruchsplan niemals zu erreichen sein werde, so daß er entschlossen sei, auf eigene Verantwortung zu handeln. Er sei sicher, daß Generaloberst Reinhardt seinem Handeln zustimmen werde. Er bat alle, sich zu äußern und im Falle ihrer Zustimmung jeden Mann der Armee über die einzuleitenden Operationen, ihre Bedeutung und ihre Schwierigkeiten zu unterrichten. Nur volles Wissen um den Sinn der Sache werde den Durchbruch gelingen lassen.

Er meldete am 23. Januar Reinhardt seinen Entschluß und die begonnene Durchführung. Er erhielt, wie erwartet, Reinhardts persönliche Zustimmung, und es kam zunächst nur in einem Punkte zu Differenzen. Reinhardt hielt den Raum, den Hoßbach für den Durchbruchsangriff nach Westen wählte, für zu weit nach Süden gelegen. Aber Hoßbach setzte sich durch, zum Teil, indem er Reinhardt über die endgültige Richtung seines Angriffs im unklaren ließ.

Es war höchste Zeit, als die Befehle zur Ausführung des Hoßbach-Planes von Borken hinausjagten. Noch waren die Russen damit beschäftigt, immer neue Verbände in ihren Durchbruchskeil hineinzuschieben.

Der Stab des VI. Armeekorps unter General Großmann wurde in größter Eile aus der zurückgehenden Ostfront der 4. Armee herausgelöst und in den Raum Wormditt–Guttstadt geschickt, um den Durchbruch nach Westen zu führen. Die Verbände, mit denen Großmann antreten sollte, die 131. und 170. Infanteriedivision sowie die 547. und 558. Volksgrenadierdivision, mußten in Gewaltmärschen über verschneite und von Trecks verstopfte Straßen in die Aufmarschräume gelangen. Der Stab des XXVI. Armeekorps des Generals Matzky, das zur 3. Panzerarmee gehört hatte und über den Pregel nach Süden in den Bereich der 4. Armee abgedrängt worden war, wurde in den Raum von Mehlsack geschickt, um die dort zurückflutenden Trümmer der 2. Armee aufzufangen. Ferner sollte Matzky die Nordflanke des Durchbruchskorps Großmann sichern, zugleich aber selbst zum Angriff in Richtung auf Preußisch-Holland bzw. Elbing antreten. »Ich schicke Ihnen die nötigen Verbände«, erklärte Hoßbach, bevor er Matzky in der Nacht vom 22. auf den 23. Januar verabschiedete, »sofern sie mir nicht von höherer Stelle im letzten Augenblick weggenommen werden.«

Die Flanken der Masse der Armee, die – mit der Zivilbevölkerung in der Mitte – den Angriffsspitzen folgen sollte, mußten durch das XX. Armeekorps im Raum Bischofsburg und das Panzerkorps »Hermann Göring« zwischen Schippenbeil und dem Pregel gesichert werden. Die verfügbaren Polizeieinheiten wurden auf die Straßen geschickt, um Ordnung in die Fluchtbewegung der Bevölkerung zu bringen und sie auf den Marsch nach Westen vorzubereiten.

So begann der Wettlauf mit dem Gegner – und mit Hitler. In den Tagen vom 22. bis zum 26. Januar sammelten die Schneestürme, die über ganz Ostpreußen hinwegbrausten, neue Kraft. Sie häuften Schneeberge auf die Straßen, wie sie das Land seit langem nicht mehr erlebt hatte. Es herrschte eine schneidende Kälte, die zu anderen Zeiten jede Kreatur in den Schutz irgendeines Hauses getrieben hätte. Jetzt waren alle Straßen und Wege bedeckt von den Schlangen der Wagen, Menschen und Tiere, die sich langsam weiterschoben. Sobald sich die Schneewolken einmal lichteten, waren sie sowjetischen Schlachtfliegern ausgesetzt. Die unterwegs gestorbenen Alten, Kranken, Kinder und die Opfer der Luftangriffe blieben an den Straßen oder in provisorischen Nachtquartieren zurück.

An diesen trostlosen Bildern vorbei hasteten die Truppen nach Westen. Zum großen Teil zu Fuß. Zum anderen Teil aus Benzinmangel auf bespannten Fahrzeugen. Aber alle Soldaten wurden von dem Bewußtsein getrieben, daß etwas geschah, dessen Sinn auch der einfachste Verstand begriff. Sie marschierten Seite an Seite mit dem Elend. Sie mußten um ihrer Aufgabe willen oftmals hart sein und die Elendszüge von den Hauptstraßen auf Nebenwege umlenken und dabei die Not und Angst der vielen noch vermehren. Aber weil sie erklären konnten, weshalb das geschehen müsse, vollzog sich alles ohne Haß und Bitterkeit.

Der Durchbruch sollte am Abend des 26. Januar beginnen. Es gelang nicht überall, den Russen zuvorzukommen und die vorgesehenen Aufmarschräume zu erreichen. Schon vor Beginn des Durchbruchangriffs kam es zu erbitterten Zusammenstößen. Als die Deutschen Sommerfeld im Nachtangriff eroberten, fingen sie noch 80 Russen in den Betten der von ihnen vergewaltigten Frauen.

Auch die Absetzbewegungen der Armee in Osten und Süden konnten nicht ganz planmäßig durchgeführt werden. Am 24. Januar drangen sowjetische Stoßverbände überraschend schnell in den Festungsbereich von Lötzen ein. Am Masuren-Kanal brachen die Russen durch. Die Absetzbewegung verwandelte sich in einen hart bedrängten Rückzug.

Auf überraschenden Befehl der Heeresgruppe mußten die 547. und 558. Volksgrenadierdivision nach Norden, d.h. in das Samland, abgegeben werden, so daß dem VI. Armeekorps für den Angriff nach Westen nur noch zwei Divisionen zur Verfügung standen. Schlimmer war jedoch, daß Hoßbachs Worte »sofern sie« (die zum Durchbruch nötigen Verbände) »mir nicht von höherer Stelle im letzten Augenblick weggenommen werden« erste tragische Bedeutung gewannen.

Am Abend des 26. Januar, um 19 Uhr, traten die 131. und 170. Infanteriedivision, nachdem sie einen erschöpfenden Anmarsch über 200 Kilometer Entfernung hinter sich gebracht hatten, zum Durchbruch nach Westen an. Es herrschte Vollmond, und die weite Schneelandschaft lag im hellen Glanze da. Der Angriff stieß sehr schnell auf überlegene sowjetische Kräfte. Scharnigk wechselte in blutigen Kämpfen mehrfach den Besitzer. Aber mit wütender Verbissenheit kämpfte sich die 131. Division bis an den Stadtrand von Liebstadt heran, das von Massen sowjetischer Infanterie und vielen Stalinpanzern besetzt war. Die 170. Division drang unterdessen auf tiefverschneiten Wegen gegen die Passarge vor. Jedes Dorf, in das die Deutschen eindrangen, bot Bilder des Schrekkens. Hier erschlagene Jungen, dort mit Benzin übergossene und verbrannte Volkssturmleute. Liebstadt wurde genommen, aber es gelang nicht, den Gegner weit genug nach Süden abzudrängen. Auf der Straße von Mohrungen führte er immer neuen Entsatz heran. Das VII. Panzerkorps, das Liebstadt übernahm, konnte sich nicht lange behaupten.

Die 170. Division erzwang währenddessen bei Sportehnen einen Übergang über die Passarge. Tief eingeschnitten, zwischen steilen, völlig vereisten Hängen schlängelte sich der Fluß dahin. Nur unter schweren Opfern konnten die Deutschen übersetzen. Bis zum Abend des 28. Januar gelang es, bis Gut Rosenau sowie bis zur Linie Rogehnen–Pergusen vorzustoßen. Neue Schneestürme warfen sich mit alles erstarrender Gewalt auf die deutschen Soldaten. Aber sie gaben nicht auf. Die Pioniere bei Sportehnen arbeiteten im eisigen Wasser. Am 29. Januar schob sich die 170. Division bis in einen Raum acht Kilometer südlich Preußisch-Holland vor und stieß in völlig ahnungslose sowjetische Kolonnen hinein.

Unterdessen wuchs der Druck des Gegners aus dem Süden ständig. Großmann mußte Verbände nach dort eindrehen. Ihm fehlten die beiden Divisionen, die er hatte abgeben müssen. Aber keiner der Deutschen war bereit, den Kampf aufzugeben. General Matzky war ebenfalls am 26. Januar zum Angriff angetreten. Zwei Bataillone seiner schlesischen 28. Jägerdivision stießen bis in den Raum von Elbing vor.

Hoßbach, der seinen Gefechtsstand inzwischen nach Glandau südwestlich Landsberg verlegt hatte, verfolgte die Operationen mit der ihm eigenen Beherrschtheit, aber innerlich mit der Spannung eines Menschen, der ein Spiel um Stunden spielt. Am 27. Januar erfuhr er, daß Reinhardt durch ein offenes Fernschreiben des Führerhauptquartiers seines Postens enthoben und über Nacht durch den aus Kurland herbeigeholten Generaloberst Rendulic ersetzt worden war. Hoßbach kannte die Zusammenhänge nicht. Aber er ahnte Unheil, das sich über der Operation seiner Armee zusammenballte. So handelte er mit der Eile dessen, der keinen Augenblick mehr zu verlieren hat. Er befahl die Fortsetzung des Durchbruchs für den 30. Januar. Er schob alles, was von der 24. Panzerdivision und der 18. Panzergrenadierdivision kampffähig war, nach Westen, um den endgültigen Durchbruch zu erzwingen. Aber das Verhängnis war schneller.

In der Nacht zum 30. Januar 1945 ließ Reinhardts Nachfolger Rendulic aus dem Gefechtsstand der Heeresgruppe in Zinten Hoßbach ans Telefon rufen, um ihm einen Führerbefehl mitzuteilen. Dieser lautete: »Der Angriff nach Westen ist sofort einzustellen. Die Panzer- und Panzergrenadierdivisionen sind nach Königsberg zur 3. Panzerarmee in Marsch zu setzen. Die 4. Armee verteidigt sich, wo sie ist. Den Oberbefehl über die 4. Armee wird noch heute nacht der aus dem Führerhauptquartier mit Flugzeug eintreffende General der Infanterie Müller (Friedrich Wilhelm) übernehmen.« Das bedeutete Hoßbachs Absetzung.

Hoßbach nahm mit versteinertem Gesicht den Befehl entgegen. Die Frage, die vor ihm stand, lautete, ob er den Führerbefehl mißachten und den Durchbruch nach Westen bis zum Erfolg fortsetzen sollte. Seine Armee stand hinter ihm, und alle Ostpreußen, die auf die Öffnung des Weges nach Westen warteten, standen ebenfalls hinter ihm. Daran brauchte er nicht zu zweifeln. Hoßbach war ein ebenso entschlossener wie verschlossener Mann. Trotzdem war er ein Gefangener der neuen Situation. Später beschrieb er sie im Rückblick so:

»Um nach diesen Ereignissen die Aussicht auf Erfolg der operativen Handlung sicherzustellen, hätte ich nicht nur den General Müller, sondern auch den Generalobersten Rendulic, seinen Chef des Stabes, den Gauleiter Koch und den Befehlshaber der 3. Armee, Generaloberst Rauß, festnehmen lassen müssen, um Einheit auf dem ostpreußischen Kriegstheater zu erreichen ... Die gesamte Versorgung der 4. Armee erfolgte durch die Heeresgruppe, also nach Rendulics Willen. Er hätte jederzeit die Operationen der Armee zum Erliegen bringen können und ... zweifellos auch infolge seiner völlig anderen Auffassung der Lage getan. Zudem hatte er jederzeit die Möglichkeit, durch unmittelbare Befehle an die mir unterstellten Korps in das Gefüge meiner Armee einzugreifen. Rauß mußte beseitigt werden, weil er sich freiwillig meiner Handlungsweise nicht angeschlossen hätte und mehrere, gerade in den entscheidenden Tagen aus dem Bereich der 4. Armee in den der 3. Panzerarmee übergetretene alte Stammdivisionen der 4. Armee, darunter die des Fallschirmjägerkorps ›Hermann Göring‹, unter seinem Befehl standen, die für die Fortsetzung der Operation unentbehrlich waren ... Der von Hitler stammende Befehl zur Einstellung des Angriffs hätte nicht die endgültige Aufgabe des Durchbruchs bedeuten müssen. Er hätte nach Umgruppierung der Kräfte und bei entschlossenem Mithandeln des Oberkommandos der Heeresgruppe, bei dessen stillschweigender Duldung, fortgesetzt und, woran ich bis zum letzten Augenblick nicht zweifelte, zum Erfolg geführt werden können. Aber Rendulic bezeichnete meinen Vorschlag als ›todeswürdigen Gedanken‹. Einen wichtigen Erfolg hatte der von mir geführte Durchbruch doch gezeitigt: der Anschluß an das Frische Haff war gewonnen. Bei verständnisvoller und verantwortungsbewußter Haltung von OKH und Heeresgruppe Mitte (Nord) hätte die Evakuierung und militärische Preisgabe Ostpreußens sofort eingeleitet

werden können. Der Eisübergang über das Frische Haff war auf meinen Befehl durch den Armeepionierführer frühzeitig vorbereitet worden. Noch nach meiner Absetzung habe ich mich von den Übergangsverhältnissen über das Frische Haff bei Heiligenbeil persönlich überzeugt... Der letzte Funken einer Hoffnung, meiner Armee zu helfen, blieb eine mir in Aussicht gestellte persönliche Aussprache mit Hitler und Guderian. Beide lehnten meinen Empfang in Berlin... im letzten Augenblick ab.«
Hoßbach übergab am 30. Januar gegen 11 Uhr vormittags dem im Kraftwagen eintreffenden General Müller den Oberbefehl über die 4. Armee.

Am 27. Januar gegen 13 Uhr hatte Generaloberst Reinhardt dem Generalobersten Rendulic, der vom Flugplatz Heiligenbeil durch die starken Schneeverwehungen heranfuhr, sein Kommando mit den müden Worten übergeben: »Wir wollen nicht weiter darüber reden.« Rendulic kam in dem Glauben, in einen Haufen von Aufrührern hineinzufahren, denn Hitler hatte ihm empfehlen lassen, eine Leibwache mitzunehmen.
Zwei Tage später meldete sich Reinhardt in Zossen bei Guderian. Er fand den Generalstabschef in einer der Phasen tiefer Depression, die ihn immer häufiger überfielen. Guderian teilte ihm mit, daß Hitler durch Fernschreiben und Telegramme des ostpreußischen Gauleiters Koch, der offenbar um jeden Preis habe verhindern wollen, daß er Ostpreußen als letzten Rest seiner Hausmacht verlor, entscheidend beeinflußt worden wäre. Er habe im Falle Hoßbach ein Telegramm des Inhalts gesandt: »4. Armee auf Flucht ins Reich. Versucht feige, sich nach Westen durchzuschlagen. Ich verteidige Ostpreußen mit dem Volkssturm weiter.« Hitlers Mißtrauen war so uferlos geworden, daß er alle Befehlshaber in Ostpreußen, vor allem Hoßbach, verdächtigt hatte, mit Offizieren des »Nationalkomitees Freies Deutschland« in Verbindung zu stehen. Guderian verabschiedete sich mit den Worten: »Ich weiß auch nicht mehr, wie alles werden soll.«
Reinhardt begab sich daraufhin nach Berlin zur Verabschiedung bei Hitler. Als er zurückkam, bemerkte er zu seinem Stabschef: »Nach dieser halben Stunde ist mir klar, daß alles so kommen mußte. Die Leute hier haben keine Ahnung. Sie wollen auch gar nicht wissen, wie es wirklich draußen steht. Nun ist mir bange um Deutschland...«

Die Geschichte würde vielleicht diesen Satz verzeichnen und fragen: Warum so spät und warum erst jetzt?

Generaloberst Rendulic war erst am 25. Januar in Kurland eingetroffen, um Schörner abzulösen und die einstige Heeresgruppe Nord zu übernehmen, die am selben Tage in »Heeresgruppe Kurland« umbenannt wurde, während die Heeresgruppe Mitte in Ostpreußen den Namen »Heeresgruppe Nord« und die Heeresgruppe A den Namen »Heeresgruppe Mitte« erhielt.
Rendulic war nächst Schörner der General, dem Hitler am meisten vertraute, ein professoraler Österreicher, einst österreichischer Militärattaché in Paris, wegen nationalsozialistischer Betätigung aus dem Bundesheer ausgeschlossen, kein Frontsoldat, sondern eher Theoretiker ohne tiefere Verbindung zur Wirklichkeit, aber ein Mann mit großen persönlichen Ansprüchen und aus Ehrgeiz ein Vollstrecker der Befehle Hitlers. Bei seinem Eintreffen in Kurland hatte er seine Antrittsrede mit den Worten eröffnet: »Meine Herren ... wenn Sie nicht mehr ein noch aus wissen, und wenn es ganz schlecht steht, dann schlagen Sie sich an Ihre Brust und sagen Sie sich: Ich bin Nationalsozialist, und das versetzt Berge!« Mehr bedurfte es zur Charakterisierung des Mannes nicht, der jetzt in Ostpreußen kommandierte.
Der neue Oberbefehlshaber der 4. Armee, General Friedrich Wilhelm Müller, erklärte dem Stabschef Rendulics bei seiner Meldung offenherzig: »Ich bin ein guter Unteroffizier und kann Befehle ausführen. Aber ich verstehe von Strategie und Taktik nichts. Sagen Sie, was ich tun soll ...«
Rendulic und Müller taten, was ihnen aufgegeben war. Der Gegner griff schon am 31. Januar wütend die vom Durchbruchsangriff zur Verteidigung übergehende Westfront der 4. Armee an. Von Kreuzburg aus stießen sowjetische Panzer auf Koppelbude durch und durchschnitten die Verbindung zwischen der 4. Armee und Königsberg. Wenige Tage später bildete die Front der 4. Armee einen Bogen, der sich mit beiden Flügeln an das zugefrorene Frische Haff anlehnte, abgeschnitten, isoliert, zu einem langsamen, aber sicheren Tode verurteilt.
In diesem Bogen wälzten sich die Züge der fliehenden Ostpreußen nach Norden und Nordwesten. Plötzlich um die Hoffnung betrogen, ihnen werde ein freier Weg zur Weichsel gebahnt, hatten sie zuerst versucht, in Richtung Königsberg zu ziehen. Dann war die

Nachricht gekommen, daß nur noch der Weg nach dem Frischen Haff offen sei und daß sie dort über das Eis auf die Nehrung und von dort nach Danzig und Pommern ziehen müßten. Niemals wurde festgestellt, wie viele Flüchtlinge während der Tage, in denen die 4. Armee aus dem Angriff in die Verteidigung überging, in die Hand des Gegners fielen. Die anderen hasteten nun durch den Kessel der 4. Armee zum Ufer des Haffs.

Es kümmerte die oberste Führung in Ostpreußen wenig, wie viele Flüchtlinge untergingen. Rendulic war eingesponnen in seine zum großen Teil schöngeistigen Gedanken. Müller gehorchte, und Koch war nur noch von dem Gedanken an sich und die Bewahrung seiner Macht beherrscht. Er hatte Königsberg Mitte Januar, als die Front heranrückte, insgeheim verlassen und nur eine Anzahl von Bevollmächtigten zurückgelassen. Seinen Schritt begründete er damit, daß er Reichsverteidigungskommissar für Ostpreußen und nicht für Königsberg sei und daher seinen Sitz dort aufschlagen müsse, wo er den Ablauf der Ereignisse in allen noch umkämpften Gebieten Ostpreußens lenken könne. Er hielt Einzug in das beste Hotel am Pillauer Hafen. Mit ihm kam ein umfangreicher Stab. Als das Hotel am 6. Februar von Bomben getroffen wurde, siedelte Koch nach Neutief in ein Haus über, das nach der Landseite zu mit Drahtzäunen abgesperrt und von SD-Posten bewacht war. Von Pillau aus konnte man ihn in seinem Garten sehen. Trotzdem setzte er alle Propagandamittel ein, um zu vertuschen, daß er nicht in Königsberg, sondern in Neutief lebte. Auch im Führerhauptquartier erweckte er den Eindruck, als sei er persönlich bereit, Königsberg zu verteidigen oder in der Stadt unterzugehen. In Wirklichkeit sicherte er sich bereits im Februar zwei Eisbrecher, die im Notfall zur Flucht dienen sollten. In Neutief stand für ihn ein »Fieseler Storch« bereit, mit dem er zweimal in den Kessel der 4. Armee flog, ohne auch nur einen Blick an das Elend der Flüchtlinge zu verschwenden.

Ihn bewegten andere Dinge. Er bedrohte den General Matzky, weil dieser von sich aus eine Lenkung der Trecks und das Abstecken von befahrbaren Eisbrücken über das Haff eingeleitet hatte und damit in den Aufgabenbereich des Gauleiters und Reichsverteidigungskommissars eingebrochen war.

Später erschien er im Gefechtsstand des Generals Müller und teilte ihm mit, wie er Reinhardt und Hoßbach gestürzt habe. Er werde jeden vernichten, der ostpreußischen Boden aufgeben wolle. Er werde jeden zur Verteidigung Ostpreußens zwingen, bis die neuen Waffen des Führers einsatzbereit seien und den bolschewistischen Spuk hinwegfegen würden. Als Koch bemerkte, daß Müller ein fügsamer Mann war, wie er ihn sich wünschte, wurde er offenherzig und bemerkte, er sei der Herr des Ostens gewesen und er werde wieder Herr des Ostens werden. Wenn er an dem Tage, an dem die neuen Waffen des Führers eingesetzt würden, nur noch auf einem Quadratkilometer ostpreußischen Bodens stehe, genüge das, um seinen Anspruch auf die Herrschaft im Osten zu begründen. Vom Schicksal der Bevölkerung war nicht die Rede.

Als Koch abflog, zogen Trecks über sämtliche Straßen, und Müller war vielleicht nicht klug genug, um zu begreifen, daß Koch ihm in wenigen Worten seine geheimsten Gedanken verraten hatte, denen er ohne Rücksicht auf andere menschliche Wesen folgte.

Die Flüchtlinge warteten nun die zweite Nacht vor dem Eis des Frischen Haffs. Es waren wenigstens dreitausend Wagen, die sich in zwei endlos scheinenden Reihen neben- und hintereinander drängten. Die Räder standen in einem weißbraunen Teig aus Erde, die gefroren und wieder getaut war, und Schnee, der darauffiel und taute und wieder gefror und sich in schmutziges Wasser verwandelte. Vom Frischen Haff wehte ein kalter Wind herüber, der Tiere und Menschen erschauern ließ. Die hungrigen Rinder, welche zum größten Teil von früheren Trecks, die schon den Weg über das Eis zur Nehrung hinter sich gebracht hatten, zurückgeblieben waren, brüllten klagend durch die Nacht. Die Flüchtlinge drängten sich im Stroh unter den Planen ihrer Wagen zusammen oder hatten in den wenigen, meist schon verlassenen Häusern in drangvoller Enge Schutz gesucht. Nur ihre Wachen standen bei den Pferden und Wagen: vermummte Frauen, ein paar deutsche Männer und Franzosen und Polen. Die Flucht der Millionen durch den ostpreußischen Hexenkessel hatte sie hart gemacht, und die Verzweiflung tötete manchmal das Gewissen. Manche von denen, deren Pferde am Weg zusammenbrachen, versuchten, anderen die Pferde auszuspannen. Aber die Wachen waren auch deshalb aufgestellt, um bereit zu sein, wenn es endlich doch weitergehen sollte, und nicht zurückzubleiben an diesem schrecklichen Ufer, das man unter so vielen Opfern erreicht hatte.

Weiter rückwärts knarrten die Räder und Leiterwagen. Sie schoben sich durch die Nacht heran und verlängerten die Schlangen der Wagen. Noch weiter rückwärts grollte und flammte die Front der Armeetrümmer, welche noch die Bezeichnung 4. Armee trugen.

Die jüngere Schwester Bowien wachte an dem einzigen Wagen, den sie durch die Hölle der letzten Wochen seit dem jähen Aufbruch, dem Überfall der russischen Panzer und der Trennung von Mutter und Schwester und den anderen Wagen des Gutes gerettet hatte. Bei ihr waren nur noch Frauen. Sie hatte drei Arbeiterfrauen, sechs Kinder und ein Neugeborenes bei sich. Die beiden anderen Wagen, die damals mit dem ihren entkommen waren, existierten nicht mehr oder lagen als Trümmerhaufen irgendwo an einer Straße bei Tannenberg. Zwei Frauen waren an den Erfrierungen, die sie sich in den ersten Tagen der Flucht zugezogen hatten, unter Qualen gestorben. Als die junge Bowien der einen, zwei Tage nach der Flucht, die Stiefel ausgezogen hatte, löste sich das Fleisch mit den Stiefeln von den Knochen. Vielen Hunderten war es so ergangen, und nur wenige hatten einen Arzt gefunden, der sie für ein paar Nächte aufnahm, sie amputierte oder ihnen wenigstens für einige Stunden die Schmerzen linderte.

Die junge Bowien und die Arbeiterfrauen waren nur noch Schatten ihrer selbst. Aber die junge Bowien hatte die Energie und die Härte ihres Vaters. Wenn sie schon alles verloren hatte und das ungewisse Schicksal ihrer Mutter und ihrer Schwester sie Tag und Nacht verfolgte, so wollte sie wenigstens das Leben der übriggebliebenen Frauen und Kinder retten. Sie klammerte sich an diese Aufgabe, um nicht selbst in der Hölle zu zerbrechen.

Sie hörte aus dem Wagen die schwache Stimme der Wöchnerin, die keine Milch hatte und deren Kind dahinsiechte. Sie ging an das hintere Ende der Wagenplane. »Es ist tot, gnädiges Fräulein«, sagte die Stimme, ohne noch die Kraft für die Andeutung einer Erregung oder eines Schmerzes zu haben. Die junge Bowien nahm das Bündel, das auf der Brust der Frau lag, schüttelte es und horchte. Aber das Leben war erloschen. »Legen Sie es bitte zu den anderen«, sagte die schwache Stimme, »bitte, damit es nicht einfach am Weg bleibt.«

Die junge Bowien trug das Bündel zu den schaufelnden Männern hinüber. »Noch einer mehr«, sagte eine Stimme aus einem dunklen, bärtigen Gesicht. »Kommt nicht drauf an. Immer her damit, auf daß die deutsche Brut verrecke.«

Zwei Tage zuvor war die junge Bowien im langen Zug des Trecks an der Kaserne von Zinten vorübergefahren. Sie wußte nicht, daß dort Rendulic mit seinem Stabe lebte, allabendlich einen Film zu sehen wünschte und Kaffee trinkend geistreiche Gespräche führte. Sie wußte nicht, daß er mitschuldig war an dem plötzlichen Ende der

Bewegung nach Westen, an der Isolierung der 4. Armee und ihrem jetzigen hoffnungslosen Kampf in diesem Brückenkopf um Heiligenbeil – mit dem Rücken gegen das vereiste Haff. Sie kannte nur den Ruf, der sie alle, die schließlich im Kessel der 4. Armee geendet waren – von Treck zu Treck weiterlaufend –, erreicht hatte: Zieht über das zugefrorene Haff auf die Nehrung! Über die Nehrung kann man noch nach Pillau kommen und nach Danzig! Beeilt euch, bevor das Eis schmilzt!

In der Luft surrte es. Irgendwo in der Schlange der Wagen hatten frierende Jungen Feuer angezündet, obwohl erst in der vorletzten Nacht ein paar flackernde Pechfackeln genügt hatten, um die Nachtflieger anzulocken und eine ganze Wagenreihe ihren Bomben und ihrem Feuer auszuliefern. Maschinengewehre knatterten, und die Feuer verlöschten.

Morgens gegen 5 Uhr kam endlich Bewegung in den vordersten Teil der Wagenschlange. Ein paar Offiziere ritten an den Wagen entlang. Sie sagten, die Eisbrücke sei wieder frei, und es werde bald weitergehen. Fischer und Pioniere hatten die Eisbrücke, die von den Russen durch Bomben schwer beschädigt worden war, wiederhergestellt oder eine neue Marschroute über das Haffeis abgesteckt. Die Flüchtlinge drängten sich um die Offiziere, um zu erfahren, ob der Weg über die Nehrung nach Danzig noch offen sei und wie lange die Front der 4. Armee noch halten werde.

Einer der Offiziere kam an der jungen Bowien vorbeigeritten. Ob das Eis noch halten werde, fragte sie besorgt.

Ja, sagte er, es habe bis jetzt Hunderttausende Menschen getragen. Es werde auch die anderen noch tragen. Nur Abstand halten, nicht vordrängen, auf Spalten und Risse aufpassen. Ob sie noch Platz auf dem Wagen habe?

Sie verneinte, und er sagte, er brauche Platz für rund hundert Leute, die sich fünfzehn Tage lang zu Fuß bis hierher geschleppt hatten und jetzt nicht weiterkonnten. Er ritt langsam von Wagen zu Wagen. Unterdessen kamen die Trecks weiter in Bewegung. Die Pferde wieherten, und die Räder knarrten. Die Pferde an der Spitze schnaubten. Sie fürchteten das Eis. Aber wenn sie nicht weiter wollten, griffen Soldaten in die Zügel und zogen Pferde und Wagen über schwankende Bretter und durch aufgischtendes Wasser auf die Eisfläche. Einer sagte dem andern, daß man nur mit fünfzehn Meter Abstand fahren dürfe, da sonst Einbruchsgefahr bestünde, und daß acht Kilometer über das Eis zurückzulegen seien.

Als der Morgen graute, war der Wagen der jungen Bowien ans Ufer herangekommen. Sie selbst ging auf der einen, eine der Arbeiterfrauen auf der anderen Seite des Wagens. Die Pferde folgten ihnen willig. So begann der Zug über das Eis. Voraus sahen sie den Vordermann, dessen Räder das Schmelzwasser aufwirbelten. Es knirschte unter Rädern und Pferdehufen. Rechts und links lagen die Opfer der letzten Tage, eingesunkene Leiterwagen, Pferdekadaver, die erfroren waren oder den Gnadenschuß bekommen hatten – und Tote, verkrümmt in grotesken Stellungen. Die junge Bowien bemühte sich, nicht rechts noch links zu sehen.
Morsche Stellen im Eis waren mit Brettern bedeckt. Aber das bedeutete wenig. Die junge Bowien fuhr an Wagen vorbei, die erst vor kurzem eingebrochen sein konnten. Es gab Aufenthalte. Neue Wagen waren eingebrochen, wurden entladen und, sofern dies noch möglich war, aus dem Eis gezogen. Auch der Vordermann der jungen Bowien brach nach einer halben Stunde ein. Eine der neben dem Wagen hergehenden Frauen war in eine Eisspalte gestürzt, und man fischte mit einer Stange nach ihr.
Mit Angst im Herzen fuhr die junge Bowien vorüber. Sie merkte plötzlich, wie auch unter ihr der Boden wankte. Aber sie war nur auf eine Scholle geraten, die wie ein großes Dreieck in der Eisdecke hing und schwankte.
Die Pferde scheuten, und die Kinder im Wagen schrien vor Angst. Aber sie gewannen wieder festen Boden.
Gegen 7 Uhr waren plötzlich die russischen Flieger da. Man hörte das Tacken der Maschinengewehre und das Pom-Pom ihrer kleinen Bomben. Pferde gingen durch. Die Abstände wurden nicht mehr eingehalten, und eine ganze Wagengruppe brach durch das zu stark belastete Eis. Pferde gingen unter, Frauen schrien mit schrillen Stimmen um Hilfe. Sie umkreisten in einer unbeschreiblichen Art von stummer Verzweiflung Einbruchstellen, in denen ein Kind, eine Mutter oder ein Mann verschwunden waren. Sie liefen zu den nachfolgenden Wagen und flehten auf den Knien um Hilfe. »Laßt uns doch nicht im Stich«, klagten sie, »helft uns doch! Laßt uns doch nicht im Stich!« Aber wer unter all jenen, die genug zu tun hatten, um ihre eigenen Wagen durchzubringen, konnte helfen?
Gegen 8 Uhr kam der Streifen der Nehrung, von grauem Dunst umgeben, in Sicht. Aber der Weg war noch weit, und welchen Zoll er gerade hier in seinem letzten Teil forderte, zeigten wieder die Opfer der letzten Tage. An einer Stelle lagen so viele tote Menschen und

Tiere, daß man fast den Eindruck gewinnen konnte, als habe der Anblick des nahen Landes die Menschen unvorsichtig gemacht.
Aber es gab keinen Halt. Der Himmel verdüsterte sich, und seine gelbe Färbung kündigte neuen Schnee an. Er begann zu fallen, als das Ufer der Nehrung fast schon greifbar nahe war und man die niederen Waldstreifen auf der Landzunge erkennen konnte. Er verwischte schnell die Sicht zum Vordermann, und kurz darauf hörte man wieder das Krachen brechenden Eises. Aber die junge Bowien fuhr weiter. Sie trieb die Pferde an. Die Räder rollten über klebrige, weiche Mehlsäcke, durch Stoffballen und geräucherte Schweineseiten, die ein anderer Wagen in der Not abgeworfen hatte. Im Schneetreiben tauchte rechts die steil aufragende Deichsel eines Wagens auf, von dem selbst nichts mehr zu sehen war. Die junge Bowien bog nach links, und dann zogen die Pferde plötzlich von selbst an. Sie hatten das Ufer der Nehrung erreicht und zogen den Wagen in einer letzten Anstrengung auf die Böschung hinauf. Dort blieb er zwischen mageren Büschen stehen, und die Frauen schlugen plötzlich die Arme um die Hälse der Pferde und preßten ihre Gesichter in die nassen Mähnen, als wollten sie den Tieren danken.
Die Völkerwanderung reichte von Königsberg und dem Samland und von den Fähren zwischen Pillau und Neutief über die Frische Nehrung, durch die Weichselniederung und Westpreußen und Pommern bis zur Oder. Es war ein einziger Zug. Gespann hinter Gespann. Oft drei Reihen nebeneinander. Und an der Seite diejenigen, die sich zu Fuß weiterschleppten.
Auf der Frischen Nehrung, wo der Zug seinen Anfang nahm und unentwegt aus Königsberg und dem Samland – über Pillau und aus dem Ermland – über das Eis des Haffs – gespeist wurde, quälten sich im Laufe der Wochen zwei Millionen von aller Welt verlassene Menschen dahin. Sie fuhren Meter um Meter auf der grundlosen Nehrung-Straße, die einmal für kleine Fischerwagen gebaut worden war und jetzt auch noch den Militärtransporten, die von Danzig nach Osten und von Pillau nach Westen fuhren, Raum geben mußte. Sie fuhren und marschierten unter unendlicher Mühsal am Strand der Ostsee entlang.
Der Wagen der jungen Bowien erreichte östlich von Kahlberg den großen Zug. Es geschah am späten Nachmittag. Noch immer fiel Schnee, und russische Artillerie schoß sich vom Ermland her auf die Nehrung-Straße ein. Die Fußgänger flüchteten auf die Seeseite und warfen sich in den Schnee.

Von Neutief her schaukelten Lastwagen nach Westen und drängten die Gespanne zur Seite. Es waren offene Wagen mit Anhängern. Auf ihnen lagen Schwerverwundete, über die nur einige Decken gebreitet waren. Sie zogen stoßend und polternd vorbei, und die junge Bowien fühlte jeden Stoß, der durch die Körper der Verwundeten ging.

Immer wieder gab es Aufenthalte. Dann sammelten Frauen, Kinder und Männer Holz, um Feuer zu machen und etwas Warmes zu kochen. Wenn der Zug weiterging, nahmen sie die Kessel in die Hand und setzten sie beim nächsten Halt über neue qualmende Flammen. Unter Bäumen und Sträuchern am Wege saßen Familien auf ihren nassen Bündeln, um auszuruhen und weiterzumarschieren, wenn die Kälte sie durchschauerte. Auch sie unterhielten Feuer, soweit sie noch Zündhölzer hatten. Die Feuer brannten bis zur Dunkelheit. Dann verlöschten sie, um keine Flieger anzulocken.

Eine Stunde vor Kahlberg fuhr die junge Bowien an Anhängern vorüber, die der Verwundetentransport zurückgelassen hatte, weil er mit ihnen nicht mehr weiterkam. Auf den Verwundeten lag der Schnee zehn Zentimeter hoch, und sie rührten sich nicht. Nur einer war herausgekrochen. Er war amputiert und hatte sich mit dem gesunden Bein und den Händen an die Straße herangeschoben, als die junge Bowien vorüberfuhr. Er hob das auf eine unbeschreibliche Weise klagende, schmerzverzerrte Gesicht. Da hielt sie an und half ihm zusammen mit einer der Frauen auf den Wagen, obwohl die Pferde kaum das ziehen konnten, was der Wagen schon trug.

Kahlberg war eine Oase ohne Labung. In der Nacht schon standen lange Schlangen vor den Läden. Es gab kein Brot und kein Futter für die Tiere. Die junge Bowien lief durch den ganzen Ort, aber sie kam mit leeren Händen zurück. Sie fand nur einen Sanitäter, der den Verwundeten auf einem Schlitten holte, nachdem sie viele andere vergebens darum gebeten hatte. Sie gab den Pferden Tannenzweige und Strandgras zu fressen. Es gab kein Wasser, weil die Nehrung keine Quellen besaß. Man konnte nur den Schnee schmelzen. Jeden Morgen flammten die Feuer unter den Kesseln auf, in denen Schnee zu Wasser zerschmolz. Aber auch dies Wasser war gefährlich. Man sah die Kranken am Wege sitzen, von schweren Darmkrämpfen zerkrümmt, unbekümmert um alles, was ringsum geschah.

Am nächsten Tag hörte es auf zu schneien. Statt dessen schien die Sonne, und der Schnee zerrann. Jeder versuchte noch einen Eimer Schnee zu retten. Man sah jetzt auch tote Pferde, denen Fleischstücke aus dem Leib geschnitten waren. Das hatten hungrige Fußgänger getan, die ohne Proviant geflohen waren.

In der Nacht rastete die junge Bowien zwischen den Dünen. Sie hielt, wie immer, abwechselnd Wache mit den Frauen. Die Wöchnerin im Wagen klagte über Fieber und Schmerzen, und am Morgen waren die Schmerzen so groß, daß sie nicht weiterfahren konnten. Sie blieben zwischen den Dünen stehen. Sie horchten auf das Artilleriefeuer und bangten darum, die Russen könnten zwischen Stettin und Danzig endgültig an die Danziger Bucht durchbrechen und den Weg nach Westen abschneiden.

Die Wöchnerin weinte vor Schmerz. Da stellte sich die junge Bowien an die Nehrung-Straße und rief nach einem Arzt. Sie rief immer wieder, während der Wind durch ihre Kleider fegte. Unten am Ostseeufer schlugen die Wellen bis zu den Rädern und Böden der Wagen hinauf, die dort fuhren. Auch auf dem Haff sah man jetzt Wagen daherrollen. Weil sie auf der Nehrung-Straße keinen Platz gefunden hatten, fuhren sie über das Eis an der Nehrung entlang.

Nach zwei Stunden hielten die heiseren Rufe der jungen Bowien einen alten Mann an, der seine Frau am Arm führte und Schritt für Schritt gegen den Wind kämpfte. Es war ein Arzt aus Tilsit, der nun schon seit drei Wochen wanderte. Er setzte seine Frau auf ein Bündel und kam schweigend mit zu den Wagen. Er sah die Wöchnerin an und sagte, sie habe Kindbettfieber. Dann zuckte er mit einem Blick voll unbeschreiblicher Traurigkeit die Achseln, ging zu seiner Frau zurück, nahm ihren Arm und schritt langsam weiter.

Am Nachmittag war die Wöchnerin tot. Die Frauen begruben sie in einer flachen Mulde im Sand. Dann zogen sie weiter. Sie kamen an einer Stelle vorbei, an der fast fünfzig Wagen lagen, umgeworfen, zerstört, verbrannt. Dazwischen tote Pferde und viele Flüchtlinge, die ihre Wagen zu flicken suchten oder die Reste ihrer Habe auf zusammengebundene Äste verluden, die sie hinter sich her schleiften. Hier hatte den Zug am Abend vorher ein Fliegerangriff getroffen.

Am Abend litt auch die junge Bowien unter Fieber. Sie hielt sich aber noch zwei Tage aufrecht und ging neben den Pferden her, die immer schwächer wurden. Sie wurde durch einen Zug englischer und amerikanischer Kriegsgefangener überholt, die fast ohne Bewachung nach Westen zogen. Sie waren noch gut genährt, sie trugen Rote-Kreuz-Pakete umgehängt und hatten es eilig, denn sie wollten nicht auf dem Weg über Rußland in die Freiheit gelangen. Hinter ihnen her zog mit schleppenden, klappernden Schritten eine russische

Gefangenenkolonne. Aber Engländer und Amerikaner wollten mit den Russen nichts zu schaffen haben. Die Posten erzählten, daß sie sich weigerten, nachts gemeinsam mit den Russen in einer Scheune zu schlafen.

Diese Erzählungen wanderten von Wagen zu Wagen weiter, und schließlich sprang in dem langen Zug das Gerücht auf, Engländer und Amerikaner würden dem Treiben der Russen nicht zusehen, sie würden den Deutschen helfen und gegen die Russen kämpfen. Aber die Zahl der nachdrängenden Wagen wurde immer noch größer, und es hieß, mit der 4. Armee jenseits des Haffs gehe es zu Ende, und die Russen würden über das Eis kommen und sie alle doch noch fangen. Da begann wieder eine neue Hast.

Die junge Bowien versuchte mit letzter Kraft weiterzugehen. Ein Amerikaner, der neben ihrem Wagen marschierte und den Pferden Zucker gab, schenkte ihr eine Flasche Branntwein und Medizin. Der Weg verschwamm vor ihren Augen. Da trank sie die Flasche aus und legte sich auf das stinkende Stroh zwischen die Kinder, die vor Hunger weinten. Als sie nach zwei Tagen aufwachte und sich freier fühlte, schien die Sonne. Der Amerikaner hatte den Wagen weitergeführt und den Kindern zu essen gegeben. Jetzt war er mit seiner Kolonne weitermarschiert.

Als sich der Wagen der jungen Bowien am zwölften Tag dem Ende der Nehrung näherte, hörte man wieder lautes Artilleriefeuer, und die Flüchtlinge drängten vorwärts, weil sich das Gerücht verbreitete, die Russen versuchten Danzig zu erobern. Wohin sollte man ziehen, wenn das geschah? Noch einmal zurück über die Nehrung, noch einmal diesen schrecklichen Marsch? Und wohin und zu welchem Ziel?

Am vierzehnten Tag erreichte die junge Bowien die Weichselfähren. Sie fuhren in ein Meer von Wagen, die dort warteten und auf denen jeder ängstlich nach Fliegern ausspähte und nach Kampfgeräuschen aus dem Süden lauschte. Auch hier starben noch viele. Aber sie selbst entkam mit ihren Kindern und Frauen. Sie gelangte glücklich über die Weichsel und erreichte Danzig-Oliva, wo sich zum ersten Male eine Organisation fand, welche den Flüchtlingen Unterkunft und Futter für die Pferde gab und ihnen den Weg durch Pommern wies.

Die Erkenntnis von der Größe der heranstürmenden Gefahr erwachte in Königsberg erst zu dem Zeitpunkt, als die Parteiführer, die Koch zurückgelassen hatte, ihre Angehörigen in einem Sonderzug nach Westen schickten. Die Teilnehmer dieser Fahrt wurden zwar erst einige Stunden vor der Abreise des Zuges unter Schweigeverpflichtung benachrichtigt und auf den Güterbahnhof Nord bestellt, aber die Eisenbahner trugen das Geheimnis in die Öffentlichkeit. Am Morgen des 22. Januar eilte die Nachricht durch Königsberg und führte zu einem wilden Sturm auf die Bahnhöfe. Aber jetzt war es zu spät.

Nur dem Morgenschnellzug nach Berlin gelang es noch, die Station Güldenboden vor Elbing zu passieren. Alle späteren Züge wurden in Braunsberg, Heiligenbeil oder Ludwigsort angehalten. Sie kehrten am 24. und 25. Januar nach Königsberg zurück. Das Tor nach Westen war zugeschlagen. Die Rückkehrer aber fanden eine Stadt vor, die sich in wenigen Tagen verändert hatte.

Jetzt fluteten die Fliehenden aus dem offenen Land in Massen durch die Straßen, vermischt mit aufgelösten Haufen der Luftwaffe und des Heeres. Die Bauernwagen stauten sich an den Rinnsteinen. Dazwischen rollten Kinderwagen und Fahrräder, Schlitten und Kraftwagen, Geschütze und Motorräder und schritten Menschen, Menschen, Menschen...

Panikstimmung erfaßte die Amtsstellen der Partei. Es gab nichts, das der Panik Einhalt gebot – außer gewissen Kräften im Leben des einzelnen selbst: Schwäche, Krankheit, Furcht vor dem Marsch ins Ungewisse, Zweifel an den Berichten über die Rachegeister der Russen oder die Unmöglichkeit, sich irgendwo in den Strom der Flucht hineinzuschieben. Der Strom suchte einen Ausfluß durch Ponarth und den Nassen Garten in Richtung auf das Eis des Haffs und die Frische Nehrung.

Ein anderer Ausfluß öffnete sich den Fliehenden am Seekanal. Er lockte Zehntausende in den Hafen. Aber nur wenige Tausend gelangten auf ein Torpedoboot, ein Minenschiff oder auf eine der Kohlenschuten, die sich mit vorgespannten Schleppern und Eisbrechern durch den zugefrorenen Kanal schoben. Riesige Summen wurden für einen Schiffsplatz gezahlt, und einzelne Dampferkapitäne und Schutenschiffer benutzten die Not, um Vermögen an Geld, Schmuck und anderen Besitztümern zu erpressen. Von sowjetischen Fliegern beschossen, fuhren die Schleppzüge nach Pillau, um ihre Menschenfracht dort einer neuen Ungewißheit auszuliefern. Die vielen, die keinen Platz auf Schiffen fanden, zogen nach Tagen und Nächten des Wartens hungernd und frierend in die Stadt zurück.

Die einen resignierten – von Müdigkeit und enttäuschter Hoffnung zermürbt. Die anderen schlossen sich einem dritten großen Strom an, der über die vereiste Landstraße nach Pillau zog, um dort ein Schiff zu erreichen oder nach der Nehrung überzusetzen, von der es hieß, über sie könne man noch bis Danzig marschieren.
Auf der Straße, die durch Juditten und Metgethen hinausführte, konnten sich die Flüchtlinge nur mit Mühe behaupten. Teile der 3. Panzerarmee, die durch Königsberg oder an Königsberg vorbei ebenfalls nach Pillau oder ins westliche Samland hasteten, bewegten sich mit ihren Fahrzeugen auf der Straße und drängten die Flüchtlinge in die Gräben. Sie nahmen wohl, wo die eigene Panik nicht jedes menschliche Fühlen erstickte, Greise, Frauen und Kinder auf ihren Fahrzeugen mit. Aber das bedeutete wenig. Kranke, Schwache und Kinder gingen im Schnee zugrunde, und niemand kümmerte sich um sie.
Der Sturm peitschte zeitweise so hemmungslos über das Land, daß die Fliehenden sich auf dem Boden niederkauern mußten. Viele erlahmten auf halbem Wege und kehrten um – innerlich zerbrochen und bereit, sich lieber der Roten Armee zu ergeben, als weiter gegen den Sturm zu kämpfen. Sie verbreiteten die Nachricht von den Schrecken der Flucht in Königsberg. Da gleichzeitig die Flucht von Truppen durch die Stadt nachließ, die Russen aber nicht sofort erschienen, kam es in der letzten Januarwoche zu einer vorübergehenden Stockung in dem wilden Aufbruch.
Niemand unterrichtete die Bevölkerung über die wirkliche Lage. Der Ausfall des elektrischen Stromes ließ die Radiogeräte verstummen. Es gab keine Zeitungen, nur ein Meer von Gerüchten. So erfuhr niemand, daß nur Unkenntnis über das wirkliche Ausmaß des Zusammenbruchs und der Schwäche der Festung Königsberg die Russen davon abhielt, die Stadt im Handstreich zu nehmen. Man begann in Königsberg zu hoffen, die deutsche Front sei vor der Stadt zum Stehen gekommen und habe die Russen aufgehalten. Viele wollten jetzt abwarten, bis sich der stärkste Strom der Flüchtlinge verlaufen hatte, besseres Wetter herrschte oder wieder Züge nach Pillau verkehrten. Auch in den Soldaten wurde der Wunsch nach einer Unterbrechung ihrer Flucht, nach Ruhe und Wärme übermächtig, sobald sie nicht mehr das unmittelbare Drängen der Russen im Rücken fühlten, und sie versuchten, in den Kellern der noch stehenden Häuser unterzutauchen. Währenddessen legten die Russen einen Ring um die Stadt – um die Vorstadt Ponarth herum, um

den Lauther Mühlenteich, um Quednau und um den Raum zwischen Tannenwalde und Maraunenhof.

Die kurze Phase der Illusionen ging zu Ende, als sowjetische Verbände gegen die Straße Königsberg–Pillau vordrangen.
Die Einschließung Königsbergs drohte, und eine neue Welle der Panik erfaßte die Stadt. Die Dienststellen der Partei waren mit wenigen Ausnahmen leer, die Telefone unbesetzt. In hochbeladenen Wagen flohen Amtsleiter aller Grade, um der Einschließung zu entrinnen. Hohe Beamte und Offiziere verließen fluchtartig die Stadt. Es lagen zwar Befehle vor, daß der größte Teil des stellvertretenden Generalkommandos des 1. Armeekorps Königsberg verlassen und sich nach Fischhausen begeben und nur ein kleiner Stab in Fort Quednau zurückgelassen werden sollte, aber der Auszug des größten Teiles des Generalkommandos und vor allen Dingen vieler hoher Offiziere vollzog sich unter chaotischen Umständen. Der Leiter des Heereszeugamtes hinterließ völlige Unklarheit über die Aufbewahrung der Munition. Verhängnisvoll waren die Auswirkungen dieses Auszugs auch auf dem Gebiet des Lazarettwesens, wo durch das überstürzte Abrücken von Ärzten und Personal die Versorgung der Verwundeten häufig abriß und erst wiederaufgenommen wurde, als noch intakte Fronteinheiten nach Königsberg einrückten. Ärzte der 1. Ostpreußischen Division, welche die Standortlazarette von Maraunenhof, das Reservelazarett Kanonenweg und andere übernahmen, fanden auf einem Operationstisch noch einen Verwundeten, der inzwischen verstorben war, und in einem Krankensaal nur noch die Hälfte der Verwundeten, die hilflos zurückgelassen worden waren. Der Befehlshaber des stellvertretenden Königsberger Generalkommandos, General Lasch, kehrte zwar nach wenigen Tagen zusammen mit einem großen Teil seines Stabes wieder nach Königsberg zurück, um bei Juditten eine neue Unterkunft zu beziehen. Aber der jähe Auszug hatte auf Soldaten und Bevölkerung demoralisierend gewirkt.
Als am 30. Januar Gerüchte auftauchten, wonach noch einmal Züge von einem Vorortbahnhof nach Pillau fahren sollten, eilten Tausende in dichtem Schneetreiben über die Lawsker Allee zum Bahnhof. Sie fanden tatsächlich Güterwagen vor und rollten schließlich in der Nacht zum 31. Januar hinaus. Aber als sie Metgethen erreichten, lagen dort bereits andere Züge mit Flüchtlingen. Die Strecke war durch eine entgleiste Lokomotive blockiert. Nur

noch schwache deutsche Einheiten kämpften gegen sowjetische Panzer, welche die Bahnlinie Königsberg–Cranz überschritten, den Flugplatz Prowehren nahmen und noch in der Nacht den letzten Widerstand in Metgethen brachen. Die Russen töteten die Menschenfracht der blockierten Züge und besetzten den schmalen Streifen Land, der sie noch vom Frischen Haff getrennt hatte.
Am Morgen des 31. Januar waren alle Verbindungen nach Pillau und zum Samland durchschnitten.

In Königsberg befanden sich im Augenblick der Einschließung außer den Soldaten, die in der Stadt untergetaucht waren, nur die abgekämpften Reste einiger Divisionen und Volkssturmverbände, die zum großen Teil nicht einmal Uniformen besaßen. Dazu noch etwa 130000 Zivilisten sowie russische und französische Kriegsgefangene und Zwangsarbeiter in großer Zahl. General Lasch erwartete jeden Augenblick das Ende, das niemand hätte aufhalten können. Aber die Russen setzten alles daran, zunächst das Samland und Pillau zu erobern, dadurch den einzigen Nachschubhafen zu nehmen und Königsberg und die Reste der 4. Armee zu einem sicheren Ende zu verdammen. Auch sie benötigten Auffrischung und Neuausrüstung. Sie eroberten zwar das beherrschende Gelände um den Galtgraben. Sie drangen an dieser und jener Stelle bis zur Küste vor, aber es gelang ihnen noch nicht, Pillau und Cranz zu nehmen und damit die Kurische Nehrung abzuschneiden, über welche noch eine schmale Landverbindung zu den fast schon vergessenen deutschen Truppen in Memel lief.
Sowohl Guderian als auch Reinhardt hatten im Dezember mehrfach darauf gedrängt, den Brückenkopf Memel aufzugeben und wenigstens die dort stehenden Verbände, vor allem eine Niederschlesische 58. Division an die Front in Ostpreußen zu überführen. Sie hatten keinen Erfolg gehabt. Erst als Tscherniakowskys Panzer bis an die Westküste des Samlandes vorstießen und nur noch zwei schwache deutsche Kompanien den Ausgang der Kurischen Nehrung bei Cranz offenhielten, erlaubte Hitler die Räumung Memels und die Überführung der dort befindlichen Verbände in das Samland. In höchster Eile, innerhalb von fünf Tagen, gelang es, die 58. Division über das Memeler Tief auf die Kurische Nehrung überzusetzen. Schnelle Vorauseinheiten wurden in den Raum von Cranz gebracht, um den Zusammenbruch der dortigen Verteidigung zu verhindern. Mit allen Mitteln versuchten die Russen, das Eingreifen der Meme-

ler Verbände im Samland zu verhindern. Den Memeler Truppen gelang es, den Austritt aus der Nehrung freizuhalten, aber es erwies sich als unmöglich, nach Königsberg durchzubrechen. So schlugen sie sich nach Rauschen durch und nahmen aus Cranz so viele Flüchtlinge wie möglich mit. Aber 20000 Menschen fielen in sowjetische Hand. Die 58. Division kämpfte sich bis Fischhausen durch und ermöglichte den Aufbau einer halbwegs klaren Frontlinie im Samland. Sie verlief ostwärts Rantau–Thierenberg–Zimmerbude von Norden nach Süden. Hinter ihr drängte sich alles, was den Russen entronnen war, zusammen, einschließlich einiger Zehntausend Verwundeter und der Flüchtlingsscharen, die im Hafen von Pillau Tag und Nacht auf und ab wogten, um an Bord eines rettenden Schiffes zu gelangen oder auf die Frische Nehrung übergesetzt zu werden.

Nach der Einschließung lag auf Königsberg die Angst vor dem Ende. Aber die Zurückhaltung der Russen gegenüber der Stadt dauerte an, und die Panik machte einer zwielichtigen Atmosphäre Platz, die von nun an die verlorene Stadt kennzeichnete. Als in den ersten Februartagen General Lasch als rangältester Offizier den Befehl in der Stadt erhielt, kehrten wenigstens die Grundlagen eines halbwegs geordneten Lebens zurück.

Lasch hatte sich im Jahre 1941 bei der Eroberung Rigas einen Namen gemacht und als zeitgenössische militärische Auszeichnung das Ritterkreuz erhalten. Er war ein großer, kräftiger Mann, der ein Anhänger Hitlers gewesen war und sich jetzt noch trotz aller Rückschläge und Enttäuschungen ein Stück Glauben an Hitler bewahrte. Er war kein ungewöhnlicher Stratege und auch kein ungewöhnlicher Organisator. Aber er war auch nicht so schwung- und energielos, wie es nach einem Sprichwort hätte scheinen können, das bald unter Parteifunktionären Königsbergs, aber auch unter jungen Soldaten, die sich ihren fanatischen Glauben bewahrt hatten, umging. Es hieß: »Ein schlechtes Omen für Königsberg, der Kommandant lasch ...« Aber er besaß zuviel militärische Vernunft und auch zuviel menschliches Mitgefühl, um nicht in dem Bereich, den er persönlich übersah, Sinn von Unsinn unterscheiden zu können.

In dem höheren, ihm selbst nicht verschlossenen Bereich der Politik und der Gesamtführung vertraute er darauf, daß Hitler einen Ausweg finden und einen Sieg erringen werde. Aber aus seiner Einsicht in die Entwicklung in Ostpreußen und Königsberg heraus war er

nicht imstande, den Widerstandsideen Erich Kochs und seiner Umgebung zu folgen. Er war von der Aussichtslosigkeit einer längeren Verteidigung der umschlossenen Stadt überzeugt, sofern er nicht wesentliche Verstärkungen erhielt. Er brachte nicht die Rücksichtslosigkeit auf, den Gedanken an das Schicksal der Zivilbevölkerung der Idee des Widerstandes blindlings zu opfern.
Diese Eigenschaften hemmten ihn. Sie hinderten ihn sogar hier und da daran, das Äußerstmögliche an Schanzarbeiten zu befehlen, das ein naiverer Mann getan hätte – ohne deshalb die Möglichkeit, die Stadt zu behaupten, um mehr als einige blutige Stunden oder Tage zu verlängern. Die Kritik der Partei und junger Soldaten war eher gegenüber einigen Stabsoffizieren berechtigt, die, wie es häufig bei bisherigen Etappenstäben der Fall war, ernsthaften Belastungen nicht gewachsen waren. Sie gingen dazu über, in den Kasinos ein halbwegs friedensmäßiges Leben mit bestimmtem Kleiderzwang zu führen, das viele Soldaten ebenso verbitterte wie der hemmungslose Tanz auf dem Vulkan, dem sich Funktionäre Kochs in ihren Quartieren hingaben.
Der General selbst tat alles, was ihm sinnvoll erschien, um der Zivilbevölkerung wieder die wichtigsten Lebensgrundlagen zu sichern, die in der Stadt befindlichen militärischen Kräfte zu sammeln und so zu organisieren, daß vielleicht ein Ausbruch möglich wurde, wenn ihm ein Entsatzangriff entgegen kam. Er tat dies in der Hoffnung, damit den Weg für einen weiteren Abfluß der Zivilbevölkerung und für Verstärkungen zu öffnen, ohne welche Königsberg nicht ernsthaft zu verteidigen war. Darin sah er den Sinn seines Wirkens.
Die Versorgungsbetriebe der Stadt wurden wieder in Gang gesetzt. Die Geschäfte mußten wieder geöffnet werden. Das Militär selbst gab, soweit nötig, Verpflegung aus. Das Vieh, das mit den Trecks in die Stadt gekommen war, wurde gesammelt. Es gab Fleisch und Milch für Kranke und Kinder. Sonderkommandos rotteten mit einer Härte, die fast nur noch die Todesstrafe kannte, die Plünderer aus, die sich nicht nur aus den Reihen der Fremdarbeiter, sondern auch aus Deutschen, Männern wie Frauen, rekrutierten.
Niemand wußte besser als Lasch, daß der Name einer Festung für Königsberg blutige Ironie war. Die Forts, die an der Ringchaussee etwa 7,5 Kilometer vom Stadtkern entfernt lagen, waren in den 70er Jahren des 19. Jahrhunderts gebaut worden. Sie bildeten, da sie oft nur über einen Eingang mit einer Zugbrücke verfügten, Mausefallen

für ihre Besatzungen. Außer ihnen gab es nur die Erdgräben und Erdbunker, die im Herbst 1944 in fliegender Hast entstanden waren.

Von der Stadt aus konnte man ohne große Mühe die sowjetische Infanterie in ihren Gräben sehen und den langsamen Aufmarsch stärkerer sowjetischer Artillerie verfolgen, der infolge Mangels an eigenen Flugzeugen und eigenen Geschützen nicht gestört werden konnte.

Lasch drängte um so mehr darauf, Kräfte zum Ausbruch zu gewinnen und die Reste der in der Stadt befindlichen 5. Panzerdivision wieder kampffähig zu machen. Offizierspatrouillen durchzogen Straßen, Häuser und Keller, um Soldaten, die bei zurückgebliebenen Familien untergeschlupft waren oder sich mit vielen, von wilder unbezähmbarer Lebensgier erfüllten Frauen verbunden hatten, zu sammeln.

Die meisten folgten den Anordnungen der Offiziere. Andere wehrten sich mit der Waffe in der Hand. Vielen gelang es, in den Ruinen der Stadt unterzutauchen. Lasch handelte auch hier nach der Ansicht von Parteiführern nicht rücksichtslos genug. Sie fanden willige Kriegsrichter und ließen Fahnenflüchtige zur Abschreckung in den Straßen hängen. Aber Lasch konnte nicht über seinen eigenen Schatten springen.

Wenn man die schließlich vorhandenen Kräfte übersah, so reichten sie auch nach der ersten Neuorganisation nicht aus, um einen Ausbruch zu wagen. Es fehlte an Munition, an Artillerie, an Treibstoff. Viele Bestände ließen sich nicht finden, weil die Persönlichkeiten, die über die Lagerung informiert waren, in der Panik verschwunden waren.

Nur neue und gemeinsame Anstrengungen hätten die Ausbruchsvorbereitungen fördern können. Als Lasch mit seinen Vorbereitungen begann, stützte er sich auf das alte Gesetz, nach dem in einer belagerten Festung der militärische Befehlshaber über absolute militärische wie zivile Befehlsgewalt verfügte.

Als aber die Panik verklang und auch an der Front im Samland vorübergehend Ruhe einkehrte, erschien Erich Koch von Neutief aus mit einem »Fieseler Storch« in der Stadt, um sich mit seinen Bevollmächtigten zu beraten und Lasch selbst einige kurze, mißtrauische und feindselige Besuche abzustatten. Seine Vertreter und Bevollmächtigten, die, sofern sie geflohen waren, wieder nach Königsberg eingeflogen wurden, hatten die Weisung, Kochs Macht über

Königsberg um jeden Preis zu behaupten. Die Männer, die er in Königsberg stationierte, waren, wie seine gesamte Umgebung, willenlose Vollstrecker seiner Befehle. Sie waren zum Teil persönlich tapfer, aber in ihrer Urteilsfähigkeit beschränkt und militärisch dilettantisch, zum anderen Teil brutale, engstirnige Vabanquespieler und Gewaltmenschen.

Kochs Bevollmächtigte richteten sich eigene Gefechtsstände in einem modernen Bürohaus an der Adolf-Hitler-Straße und im Haus des Reichssenders Königsberg ein und eröffneten von hier einen Rivalenkampf gegen Lasch, der mit seinem Stab in der Oberpostdirektion Quartier bezogen hatte. Nirgendwo – es sei denn in Breslau – ballte sich das Mißtrauen zwischen Partei und Wehrmacht zu noch düsteren und erdrückenderen Wolken zusammen als in Königsberg. Wie Koch witterten seine Vertreter überall Schwäche, mangelnden Willen und Verrat. Koch hatte ihnen Weisung erteilt, den Volkssturm nicht aus der Hand zu geben, und jede Handlung der Militärs zu überwachen, eigene Waffen- und Verpflegungslager für Parteifunktionäre und Volkssturmverbände zu sichern und auch eigene Stützpunkte auszubauen.

Der Stützpunktbau durch den Kreisleiter Wagner führte zu einer neuen Befestigungskampagne. Es wiederholten sich die Bilder des letzten Herbstes und Winters. Noch immer fand man Bereitwilligkeit zur Arbeit und Hingabe an eine in Wirklichkeit aussichtslose Sache. Es wiederholten sich aber auch die Bilder des fanatischen Aufwandes ohne Sachkenntnis, ununterbrochener Auseinandersetzungen zwischen Parteistellen und Pionierstäben, deren militärische Einwände als Feigheit, Unwillen oder Defätismus ausgelegt wurden. Nur durch eine Teilung der Gewalt: durch die Übernahme der Befestigungen der äußeren Bezirke durch die militärischen Stäbe, der Befestigungen der Innenstadt dagegen durch die Parteistäbe ließen sich die schlimmsten Spannungen beseitigen.

In solcher Atmosphäre wurden die Ausbruchsvorbereitungen aus Königsberg fortgesetzt. Aber erst am 19. Februar kam es zu einem operativen Zusammenspiel mit Verbänden im Samland.

Am frühen Morgen dieses Tages – es war gegen fünf Uhr – traten an der Samlandfront die 58. und 93. Infanteriedivision unter der Führung des Generals Wuthmann zum Angriff nach Osten an. Das gesteckte Ziel war: die Zurückeroberung der Straße Königsberg–Cranz. Gleichzeitig griff aus Königsberg heraus die verstärkte 5. Panzerdivision mit allen Kräften und aller Artillerie an, die Lasch

hatte aufbieten können. An der Einschließungsfront um Königsberg blieben an diesem Morgen fast nur Volkssturmverbände mit wenig Artillerie zurück. Wieder wäre es den Russen ein leichtes gewesen, Königsberg im Handstreich zu nehmen.
Aber sie ahnten offenbar immer noch nicht die Schwäche der Deutschen und konzentrierten sich darauf, den Ausbruch aus Königsberg zu verhindern.
Die 5. Panzerdivision traf daher nach anfänglichen Erfolgen auf weit überlegene Kräfte. Trotzdem schaffte sich der deutsche Angriff Raum. Schon in den ersten Ortschaften und auf den ersten Gütern, welche die Deutschen erreichten, sahen sie Bilder, deren Grausamkeit das überstieg, was die Teilnehmer der vorangegangenen Kämpfe im Samland erlebt hatten.
Die zum Teil aus der Hitlerjugend rekrutierten Einheiten, die am ersten Tage Metgethen erstürmten, fanden die Leichen völlig ausgeplünderter Greise, Frauen und Kinder, teils zu gräßlichen Klumpen zusammengefroren, auf den Straßen. Auf dem Bahnhof standen noch Wagen jener Züge, die vor Wochen in Metgethen überrascht worden waren. Auf ihren Böden lagen Leichname von Frauen jeden Alters mit aufgeschlitzten Kleidern. Es gab kein Haus, das nicht geplündert war. Zerschlagene Möbel lagen auf den Treppen. Hausrat war zertreten und über die Straßen und Plätze verstreut. Langsam krochen Überlebende aus Kellern und Schuppen hervor. Im Walde wurden Mädchen gefunden, die sich versteckt hatten und auch von den Spürhunden der Russen nicht entdeckt worden waren. Hände und Beine waren schwarz von Erfrierungen.
Der Kampf wurde nach diesen Erlebnissen gnadenlos. In der Nacht auf den 21. Februar trafen die Spitzen der 5. Panzerdivision und der 58. Infanteriedivision unter dem Leuchten von Sternbündelpatronen zusammen. Am folgenden Morgen waren Straße und Eisenbahnwege Königsberg–Pillau nach dreiwöchiger Unterbrechung wieder frei. Aber die Kraft der Deutschen war erschöpft. Der Versuch, den Galtgarben zu nehmen und eine gerade Linie zwischen Königsberg und Cranz aufzubauen, scheiterte. Tagelang wurde um den Galtgarben schwer gekämpft.
Einer Kompanie, die nur noch zwölf Mann zählte, gelang es, den Bismarckturm auf der Höhe zu erreichen. Sie fiel aber einer sowjetischen Sprengladung zum Opfer, die den Turm zusammen mit den deutschen Eroberern vernichtete. Der Galtgarben blieb in sowjetischer Hand. Damit wurde der Versuch, einen größeren Teil des

Samlandes zurückzugewinnen, vereitelt. Immerhin erhielt Königsberg eine letzte Galgenfrist.

In den Tagen vom 25. bis zum 29. März setzten die letzten Reste der 4. Armee, die um diese Zeit auf einen Zipfel der Halbinsel Balga zusammengedrängt waren, auf Flößen und Booten auf die Nehrung über. Es waren Divisionen, die nur noch 400 Mann zählten, »verheizt« im wahrsten Sinne des grausamen Wortes. 2530 deutsche Soldaten und 2830 Verwundete erreichten die Nehrung. Sie waren seit Wochen ohne Schutz gegen Kälte und Frost, durchnäßt, fast ohne Munition, ausgelaugt vom Trommelfeuer der sowjetischen Artillerie, dem »Urrä« der sowjetischen Massenangriffe, dem Elend von Deutschen, die nicht entkommen waren und von der russischen Infanterie gegen die deutschen Stellungen getrieben wurden. Ihren Rückzug deckte eine kleine Gruppe unter Führung des Generals Hufenbach, eines ostpreußischen Bauernsohnes. Er fiel im Nahkampf mit dem größten Teil seiner Leute.
Wenige Tage nachdem Zeugen dieses letzten verzweifelten Kampfes der 4. Armee auf der Halbinsel Balga – angeklammert an Balken, Bretter und Scheunentore – über das Wasser des aufgetauten Haffs an der Möweninsel des Königsberger Seekanals angetrieben wurden, vollzog sich in dem Verhalten der Russen vor Königsberg eine fühlbare Wandlung. Abend für Abend flogen russische Flugzeuge über die deutschen Stellungen. Im Gleitflug mit abgestellten Motoren sendeten sie Schlagermusik und Propagandatexte. »Volkssturmmänner«, rief eine Stimme, »geht nach Hause. Euch alten Opas tun wir nichts. Legt die Waffen fort.« Nach einer Weile rief dann dieselbe Stimme durch das nächtliche Dunkel: »Achtung, wir werfen Bomben.« Die russischen Flugzeuge, die über der Stadt erschienen, vermehrten sich von Tag zu Tag. Es kam zu heftigen Luftangriffen mit Bomben und Maschinengewehren und gleichzeitig zu einer ständigen Zunahme des Artilleriebeschusses. Im Stab des Generals Lasch konnte man verfolgen, wie sich die Zahl der Batterien rings um die Stadt täglich vermehrte und wie sie sich auf einzelne Ziele und Sperrfeuerräume einschossen. Schwere Artillerie tauchte auf, Stalinorgeln begannen zu schießen.
Die Schanzarbeiten mußten zeitweise eingestellt werden. Auch die Willigsten suchten Schutz in den Kellern. Neue Wellen der Ungewißheit und der Angst griffen um sich. Einige Tausend entwichen noch in den ersten Apriltagen ins westliche Samland. Die meisten

aber, die jetzt gern die Stadt verlassen hätten, schreckten vor den sowjetischen Flugzeugen zurück, die dauernd über der Straße nach Westen hingen und auch bei Nacht auf jedes Licht schossen, das sich zeigte.

Dazu überschrie sich die deutsche Propaganda. Sie scheute keine Lüge mehr. Man wußte nur nicht, ob es sich um Lügen handelte, die in Berlin erfunden wurden oder ob sie ihren Ursprung bei Koch und in seiner Umgebung hatten. Man wußte nicht, inwieweit die Nachrichtenredakteure im Königsberger Rundfunkhaus selbst Betrüger oder betrogene Betrüger waren. Daß sie selbst nicht mehr an ihre Verheißung einer nahen Wende des Kriegsglücks glaubten, zeigten die Orgien der Trunkenheit, denen sich die meisten hingaben.

Als ein Stabsoffizier Laschs im Funkhaus telefonisch um ein Notstromaggregat für seinen Gefechtsstand unter dem Paradeplatz bitten ließ, antwortete eine unbekannte, von völliger Betrunkenheit zeugende Stimme: »Hauptmännchen, sage deinem General, daß er das Ding nicht mehr braucht. Den Abschiedsbrief an die Frau Gemahlin – den wird er auch bei Kerzenschein schreiben können.« Um die gleiche Zeit aber versicherten Aufrufe im Rundfunk, daß eine große Wende dicht bevorstehe.

Während der Osterfeiertage schwieg plötzlich das russische Feuer. Menschen, die sich an jeden Strohhalm klammerten, nährten sich noch einmal von Illusionen. War irgendwo eine große deutsche Gegenoffensive im Gange? Zogen sich die Russen vielleicht von Königsberg zurück?

Das Wetter war für diese Jahreszeit und für ostpreußische Verhältnisse ungewöhnlich milde. Schneeglöckchen und Veilchen blühten. Der noch lebende Teil der Königsberger strömte über die großen Ausfallstraßen in die Außenbezirke. Frauen schoben ihre Kinderwagen durch die Parks. Man hätte vergessen können, daß sie in der Endphase eines längst verlorenen Krieges lebten. Aber es war die letzte Ruhe vor dem Sturm.

Am frühen Morgen des 6. April war urplötzlich die Luft über Königsberg von einem furchtbaren Heulen erfüllt, das die ganze Stadt erbeben ließ.

Hunderte sowjetischer Batterien und eine unübersehbare Zahl von Raketenwerfern leiteten einen Feuerorkan ein, der sich mit geringen Unterbrechungen durch fast 30 Stunden fortsetzte. Dazwischen barsten die Bomben großer Fliegergeschwader. Gleichzeitig führte der sowjetische Marschall Wassilewski einen neuen Vorstoß von Nordwesten her über Juditten, Metgethen bis zum Haff. Er überrannte die schwachen deutschen Verbände und trennte die Stadt endgültig von der Verbindung zum westlichen Samland.

Schon am Abend des 6. April waren die meisten Stellungen um Königsberg zerschlagen. Die Illusionen im Rundfunkhaus zerbrachen unter der Gewalt einer Wirklichkeit, an die ihre Träger nicht hatten glauben wollen. In umgepflügten Gräben und eingeebneten Erdlöchern wurden in wenigen Stunden ganze Kompanien und Volkssturmeinheiten begraben. Die Reste des Volkssturms mußten aus den Außenbezirken in den alten Wallring zurückgezogen werden und erlitten dabei schwerste Verluste. Nachrichtenverbindungen waren zerrissen, Munitionslager zerstört. Der Paradeplatz bildete ein wüstes Trümmerfeld. Zerschossene Fahrzeuge lagen in den Straßen, dazwischen Pferdekadaver und Tote, die niemand mehr beiseite schaffte. Verängstigte Zivilisten, welche ihre eigenen Illusionen verfluchten, flohen aus vernichteten oder in Brand geschossenen Häusern, um irgendwo Schutz zu suchen. Andere warteten stumpfsinnig auf das Schicksal.

Am 7. April traten russische Infanterieverbände und Panzer zum Angriff an. Wassilewski hatte die Wartezeit benutzt, um dreißig Divisionen zum Angriff zu versammeln, darunter erprobte Häuserkämpfer von Stalingrad. Eine erdrückende Übermacht der Russen griff von Süden her über Ponarth an und trieb einen Keil bis zum Hauptbahnhof vor. Rote Sturmtrupps kamen bis zum Haberberg und an den Hafen. Andere erreichten den Tiergarten und die Friedhöfe am Veilchenberg. Auf deutscher Seite schossen nur noch einzelne Rohre; kein deutscher Flieger war über der Stadt zu sehen. Mit Massen von Flammenwerfern räucherten die Russen die deutschen Widerstandsnester aus. Schon gegen Mittag war sich General Lasch klar darüber, daß die weitere Verteidigung Königsbergs nur eine Frage weniger Tage sein konnte. Der Volkssturm brach mit Ausnahme weniger Einheiten zusammen. Gegen Mittag hatte Lasch noch Verbindung mit General Müller. Er meldete ihm die Lage der Stadt und schlug als einzigen Ausweg vor, mit der gesamten Besatzung einen letzten Ausbruchsversuch nach Westen zu machen. Die Zivilbevölkerung sollte dabei zwischen den Truppen mit ins Samland ausbrechen.

Am Spätnachmittag erhielt Lasch jedoch die Nachricht, daß Hitler einen Ausbruch aus Königsberg abgelehnt habe. Er wünsche einen heroischen Untergang.

Auch die Unentwegtesten in den Führungsstäben der Partei in Königsberg waren sich am 7. April klar darüber, daß es keine Rettung gab und daß sie verloren waren, wenn es ihnen nicht gelang, Königsberg im letzten Augenblick zu verlassen. Mit wenigen Ausnahmen – zu denen der Kreisleiter Wagner gehörte – beschlossen sie, mit Truppeneinheiten, die Laschs Befehlen nicht gehorchten, in der Nacht auf den 8. April nach Westen auszubrechen. Sie waren von panischer Angst erfüllt, der jede Haltung – und sei sie auch nur eine Pose – zum Opfer fiel.

Die vorgesehenen Teilnehmer wurden wie seinerzeit, als die Familien der Parteiführerschaft aus Königsberg in Sicherheit gebracht worden waren, insgeheim verständigt. Aber auch diesmal blieb das Geheimnis nicht gewahrt. Auf dem Trommelplatz, dem Ausgangspunkt des Unternehmens, sammelten sich während einer Feuerpause in den späten Abendstunden des 7. April neben der zum Angriff bestimmten Truppe und den Funktionären, die ihre Parteiuniformen abgelegt hatten, eine ungeheure Zahl von Zivilisten, die die Gelegenheit wahrnehmen wollten, in letzter Stunde zu entkommen.

Der Durchbruchstoß wurde über die Alte Pillauer Landstraße nach Westen geführt. Er begann gegen Mitternacht und lief sich nach kurzer Zeit fest. Mit Infanteriewaffen aller Art, Granatwerfern, Artillerie und Stalinorgeln feuerte der Gegner in das schlecht geführte Durcheinander von Soldaten, Parteileuten und Zivilisten hinein und richtete ein Blutbad an. Herzzerreißende Szenen spielten sich unter den Zivilisten ab. Viele versuchten, schwerverwundete Angehörige mit in die Stadt zurückzuschleppen, und gingen dabei selbst zugrunde. Nur einem Rest gelang es, zurück in das brennende Königsberg zu fliehen.

Neues schweres Artilleriefeuer und rollende Bombenangriffe leiteten den 8. April ein. Die von Süden her vordringenden Russen nahmen den Kneiphof, und andere Verbände schoben sich an den nördlichen Pregelarm heran. Im Osten wurde in Herzogs-Acker gekämpft, im Norden in Maraunenhof und in der Schleiermacher-Kaserne. Im Westen stand der Gegner bereits in den Höfen an den Zwillingsteichen. Die deutschen Verteidiger kämpften meist ohne Verbindung zueinander und vielfach ohne Kontakt zu Lasch. Nur noch Melder hielten vereinzelte Verbindungen aufrecht. Die Meldungen über die Verluste in der Truppe und in der Bevölkerung häuften sich. Es war unmöglich, noch Brände zu löschen oder Tote zu bergen. Verwundete verbluteten dort, wo sie getroffen wurden, weil niemand da war, der ihnen helfen konnte. Munitionslager flogen unter dem schweren sowjetischen Feuer in die Luft. Russische Lautsprecher, die jetzt schon überall bis tief in die Stadt vorgeschoben waren, erhoben in den kurzen Feuerpausen ihre Stimme, kündigten das nächste Trommelfeuer an, meldeten die Ziele ihrer Bombenangriffe, versprachen im Fall der Übergabe schonende und gute Behandlung der Bevölkerung oder forderten die Soldaten auf, mit Kochgeschirren zu ihnen herüberzukommen und Essen zu empfangen.

Einzelne deutsche Einheiten schlugen sich immer noch verzweifelt, fest entschlossen, lieber zu sterben, als sich kampflos in die Hand des Gegners zu begeben. Aber die Masse der Soldaten war müde und ohne Hoffnung. Und die Bevölkerung war am Ende ihrer Kraft. So zog der 9. April herauf.

Der Oberstleutnant Kerwin, der im »Stützpunkt« Trommelplatz-Kaserne einen verlorenen Haufen von älteren Offizieren, Soldaten der Wehrbezirkskommandos und Volkssturmleuten befehligte, hätte niemals vorausgesehen, daß er in den letzten Tagen Königsbergs noch zu einer Schlüsselfigur des Dramas werden sollte. Aber das Schicksal hatte ihn für diese Rolle auf der blutigen Bühne der Stadt bestimmt.

Als der Morgen des 9. April mit dem Heulen der Stalinorgeln heraufzog, hatte die russische Infanterie den Pregel bei der Reichsbahnbrücke überschritten und kämpfte auf der Laak und dem Sackheim. Von den Universitätskliniken, wo Tausende hilfloser Verwundeter lagen, sandten die Ärzte Leichtverwundete aus, um alle erreichbaren Befehlshaber zu bitten, den Kampf einzustellen, weil sie hofften, unter diesen Umständen Schonung für die Verwundeten zu erhalten. Sie sahen die graubraunen Gestalten der Russen bereits über den Erich-Koch-Platz vorspringen. Die Leichtverwundeten stiegen in die Gräben und Keller des Trommelplatzbereiches und überbrachten ihre Botschaft dem Oberstleutnant Kerwin. Um die gleiche Zeit kamen Frauen wie graue Schatten mit weißen Fetzen in der Hand und bettelten um ein Ende.

Auch Kerwin wußte, daß jeder weitere Widerstand sinnlos war, und schickte einen seiner Hauptleute zum Paradeplatz zu Lasch, um dort eine Entscheidung zu erwirken. Der Hauptmann entrann Granaten, stürzenden Mauern und Maschinengewehrkugeln. Er kehrte nach Mittag zurück und brachte einen »sehr vertraulichen« Brief, der diesen Inhalt hatte: »Mein lieber Kerwin, ich habe mich entschlossen zu kapitulieren, weil ich keinerlei Verbindung mehr mit der Truppe habe. Die Artillerie ist ohne Munition, und ich kann ein weiteres Blutvergießen und die schreckliche Belastung der Zivilbevölkerung nicht weiter verantworten. Versuchen Sie, mit den Russen Verbindung aufzunehmen. Ich lasse die Russen bitten, sofort das Feuer einzustellen und einen Parlamentär zu mir zu schicken, da ich Königsberg übergeben will.«

Kerwin konnte nicht anders, als seinem Befehlshaber zuzustimmen. Er gab einigen Offizieren seines Stabes das Schreiben, nahm sie zu Zeugen und vernichtete es. Dann warf er einige Zeilen auf ein Papier, die da besagten: »Der Kommandant von Königsberg, General Lasch, bittet, das Feuer auf Königsberg einzustellen und einen Parlamentär zu entsenden. Er will Königsberg übergeben. Kerwin. Oberstleutnant.« Mit dieser Mitteilung machten sich drei Parlamentäre, zwei Offiziere und ein Unteroffizier, der die weiße Fahne trug, auf den Weg ins Ungewisse. Die weiße Fahne half ihnen gegen die Russen. Sie half ihnen nicht gegen einige deutsche Fanatiker, die aus dem Postscheckamt auf die Soldaten mit der weißen Fahne schossen. Sie verwundeten einen von ihnen schwer. Die anderen beiden schlugen sich jedoch bis zu den sowjetischen Spitzen durch, die am Landesfinanzamt fochten. Sie wurden schweigend in Empfang genommen und durch Keller und Stollen von Stab zu Stab gereicht. Sie wurden mit Grobheiten und Drohungen, Mißtrauen, aber auch neugieriger Zuvorkommenheit verhört. Sie sahen in europäische und asiatische Gesichter. Aber man schien ihnen nicht zu glauben. Man schob sie auf eine Gefangenen-Sammelstelle ab. Man reihte sie dort in eine Kolonne grauer, abgerissener deutscher Soldaten, überlebender todmüder Kameraden der letzten Tage. Bevor man sie nach Osten in Marsch setzte, erschoß man vor ihren Augen die nicht marschfähigen Verwundeten.

Kerwin, der vergebens auf die Rückkehr seiner Parlamentäre wartete, entsandte erneut einen Offizier und einen Unteroffizier. Der Offizier wurde nach einer halben Stunde mit zerschossenem Oberschenkel zurückgebracht – ein Opfer der Fanatiker, die jedem den Tod angedroht hatten, der nicht bereit war, sein Leben dem heroischen Untergang oder aber der Verlängerung ihres eigenen Lebens zu opfern. Die Russen aber hatten das Angebot, das ihnen die ersten Parlamentäre überbrachten, sehr wohl ernst genommen. Nur bedurften sie der Überbringer nicht. Sie besaßen eigene Leute, die Königsberg kannten und den Weg zu Kerwin zu finden wußten. Dieses wurde letzterem klar, während er noch auf ein Zeichen von der anderen Seite der tobenden Straßenfronten wartete und sich einiger Männer aus den eigenen Reihen zu erwehren hatte, die vor seinem Gefechtsstand erschienen und mit Erschießung drohten, weil er Verrat übe und Parlamentäre entsende. Inmitten dieses letzten Kampfes zwischen Vernunft und Irrsinn erschien ein Melder vom Ersatzverpflegungsmagazin und meldete Kerwin, daß dort ein Mann auf ihn warte, der ihn zu den Russen hinüberführen solle. Der sowjetische Abschnittsbefehlshaber erwarte ihn zu Verhandlungen über die Kapitulation. Kerwin fand einen Deutsch-Balten mit weißer Fahne vor, der im Verpflegungsmagazin beschäftigt war, aber auf merkwürdige Weise den Weg zu den Russen kannte und nicht verriet, wie er zu seinem Auftrag gekommen war. Der Oberstleutnant sagte sich, daß seine ersten Parlamentäre ihr Ziel erreicht haben mußten, und folgte zusammen mit dem Oberstleutnant Cranz, der den Brief des Generals Lasch gelesen hatte, dem Deutsch-Balten mit dem weißen Tuch – quer durch zerstörte Häuser, zerfallene Höfe, durch das Pfeifen von Kugeln und das Heulen der Granaten. In einem Hofe wurde er plötzlich von Rotarmisten umringt. Kurz darauf stand er dem Befehlshaber des 11. sowjetischen Garde-Panzerregiments, einem Oberstleutnant, einigen russischen Stabsoffizieren und einem Kommissar gegenüber. Dies geschah am Abend des 9. April gegen 19 Uhr in einem schlecht erleuchteten Keller mit vier deutschen Militärbetten, einigen Fernsprechern und einem weißgedeckten, aber unordentlichen langen Tisch.

»Wo ist Oberstleutnant Kerwin?« übersetzte der Dolmetscher, und: »Wo ist Brief?« Das Gesicht der Russen verdunkelte sich, als Kerwin erklärte, er habe den Brief verbrannt. Aber Oberstleutnant Cranz bezeugte die Inhaltsangabe des Briefes, die Kerwin vortrug, und die Russen beruhigten sich.

Die Verhandlungen quälten sich durch mehrere Stunden hin. Sie wurden durch Ferngespräche mit dem Hauptquartier des Marschalls Wassilewski unterbrochen, der Instruktionen gab. Sie bewegten sich von der Forderung nach einer Kapitulation der Besatzung der Trommelplatzkaserne über das Versprechen, alle gefangenen Offiziere mit Burschen und Gepäck in Lagern mit weißbezogenen Betten unterzubringen, zu dem Verlangen, General Lasch müsse selbst erscheinen.

Tiefes Mißtrauen der Russen lag in der Luft. Die schräg geschlitzten Augen des schweigend zuhörenden Kommissars blieben dunkel auf Kerwin gerichtet. Kerwin erklärte, Lasch könne nicht selbst kommen. Es gäbe sonst in der Stadt, in der jetzt bereits SS und Parteitrupps auf eigene Faust handelten, eine völlige Verwirrung. Endlich, gegen 22 Uhr, teilte der sowjetische Oberstleutnant nach einem neuen Ferngespräch mit, er selbst werde sich auf Befehl des Marschalls Wassilewski, begleitet von zwei Hauptleuten und zwei Soldaten, zu dem Gefechtsstand des Generals Lasch begeben. Danach übersetzte der Dolmetscher: »Sowjetische Parlamentäre wurden vor Budapest von Deutschen erschossen. Ist dasselbe hier möglich?« Kerwin dachte an das Schicksal seiner eigenen Parlamentäre. Aber er dachte auch an die Stadt und die Frauen mit den weißen Tüchern. Er sagte wider bessere Überzeugung: »Nein.« Der Dolmetscher zeigte auf Oberstleutnant Cranz und übersetzte: »Dieser bleibt hier zurück. Er wird erschossen, wenn sowjetischen Parlamentären etwas geschieht. Auch andere gefangene Offiziere werden erschossen. Verstanden?« Kerwin bejahte die Frage, verließ den Keller und ging in die Dunkelheit hinaus.

Brände leuchteten über der Stadt, und die sowjetische Artillerie schoß so heftig, daß die kleine Gruppe umkehren mußte. Die Russen telefonierten. Das Geschützfeuer im Kampfbereich der Trommelplatzkaserne und des Paradeplatzes schwieg. Dann marschierte der kleine Zug über den Wallring und die Kniprodestraße. Tote lagen vor den Ruinen. Überall lauerten bereits sowjetische Soldaten. Der sowjetische Oberstleutnant trieb sie zurück, wenn sie ihre Pistolen auf Kerwin richten wollten. Der Trupp zog durch die Tragheimer Kirchenstraße und am Haus der SA vorbei. Hier stürzte ihm ein Volkssturmmann mit vorgehaltenem Gewehr, aus dem Portal kommend, entgegen. »Ich muß schießen«, rief er, von Angst getrieben, »ich muß jeden erschießen, der eine weiße Fahne zeigt, sonst werde ich selbst erschossen.« Kerwin rief ihm zu, er solle nicht ins Haus der SA zurückkehren, sondern zur Trommelplatzkaserne laufen und sich dort auf ihn berufen. Niemand werde ihm dort etwas tun. Darauf warf der Mann sein Gewehr in einen Granattrichter und verschwand.

Kerwin marschierte weiter mit den Russen. Er marschierte am Gefechtsstand der Gauleitung vorüber und fürchtete jeden Augenblick Schüsse, welche die russischen Parlamentäre und ihn niederstrecken konnten. Aber entweder waren die Leute in der Gauleitung schon zu sehr betrunken, oder die Dunkelheit schützte ihn und die Russen. Gleich darauf erreichte er den Paradeplatz. Er schritt über ein wüstes Trümmerfeld und stieg an den Posten vorüber in den Keller des Generals Lasch hinab.

Der General wartete, krampfhaft aufgerichtet, mit aschgrauem Gesicht. »Herr General«, meldete Kerwin, »ich habe den traurigen Auftrag befehlsgemäß durchgeführt. Hier ist der russische Parlamentär.«

Laschs Chef des Stabes, Oberst von Süßkind-Schwendi, unterbreitete den Sowjets die Kapitulationsvorschläge. Auch sein Gesicht war grau und ohne Farbe. Lasch sagte, daß er die Verantwortung für das hilflose Sterben, den Jammer der Zivilisten und der nicht mehr zu zählenden Verwundeten in der Stadt nicht länger tragen könne. Er bat um Schonung und Pflege der Verwundeten sowie Schonung und Versorgung der Zivilbevölkerung. Die Russen nickten, und Lasch verpflichtete sich, seinen Truppen, soweit sie für ihn erreichbar waren, den Befehl zur Einstellung des Kampfes zu geben. Er machte darauf aufmerksam, daß er sich nicht dafür verbürgen könne, daß Gruppen von SS, SD und Parteileuten seinem Befehl gehorchten. Es sei anzunehmen, daß in dem 200 Meter entfernten Schloß, wo sich der größte Teil der in der Stadt verbliebenen Parteistellen verschanzt hatte, weiter Widerstand geleistet werde. Von dort sei ihm erst vor einer Stunde mitgeteilt worden, daß er und sein Stab in die Luft gesprengt würden, falls er eine Kapitulation vollziehe. Er müsse zur Bedingung machen, daß eine derartige Fortsetzung des Kampfes durch einzelne nicht zu Repressalien gegen die Bevölkerung ausgenutzt werde. Die Russen nickten abermals und warteten ungeduldig auf die Fertigstellung des Kapitulationsprotokolls. Süßkind-Schwendi gab den letzten Befehl weiter, den Lasch in Königsberg erließ: den Befehl zur Einstellung des Kampfes.

Es war gegen 1 Uhr nachts. Noch immer grollte die Artillerie. Noch immer fielen Bomben, und Posten meldeten, daß die sowjetischen Kampfspitzen bis zum Hotel Kreuz – nur noch hundert Meter entfernt – vorgedrungen seien. Der sowjetische Oberstleutnant forderte Lasch und seinen engsten Stab auf, ihm zu seinem Divisionskommandeur zu folgen. Er vermied das Wort Gefangenschaft. Aber

jeder wußte, wohin der Weg führte. Oberstleutnant Kerwin erhielt den Auftrag, den Zug zurückzuführen und den Weg so zu wählen, daß sich nicht noch im letzten Augenblick ein Zwischenfall ereignete und die getroffenen Vereinbarungen wieder zunichte machte. Sie zogen über den Paradeplatz und an düsteren Ruinen vorüber zu den russischen Kampfspitzen. Dort wurden sie von sowjetischen Soldaten umringt, die zum großen Teil betrunken waren und mit ihren Maschinenpistolen in die Luft schossen. Als sie die Trommelplatzkaserne passierten, erlebten sie zum ersten Male etwas von der Wildheit, die sich zur gleichen Zeit schon in Hunderten von Kellern der Stadt, in denen sich die Bevölkerung zusammendrängte, austobte. Oberst Süßkind-Schwendi und dem Burschen Kerwins wurden von sowjetischen Soldaten Gepäckstücke entrissen, und die sowjetischen Hauptleute, die bei ihnen waren, waren machtlos gegenüber den Dieben, die im Dunkel der Nacht verschwanden.
Die Gruppe gelangte schließlich zum Gefechtsstand der sowjetischen Division; deren Kommandeur, eine große, militärisch straffe Erscheinung, reichte allen Deutschen die Hand. Der weitere Weg führte zu einem sowjetischen Korps. Dessen Kommandeur – ein breiter, ungepflegter Mann mit groben Zügen – empfing die Deutschen in einem Keller der Schleusenstraße. Ihn interessierte nur die Frage, warum Lasch so schnell kapituliert habe. Nicht ohne Hohn wies er auf seine Beteiligung an der Schlacht von Stalingrad. Er habe dort ausgehalten, sagte er, und gesiegt. Er teilte gleichzeitig mit, daß die Sowjetarmee gegen Königsberg dreißig Divisionen, zwei Panzerkorps und eine ganze Luftflotte aufgeboten habe. Die Deutschen schwiegen.
Der Morgen graute, ein Morgen, der, ohne daß Lasch es ahnte, Königsberg und alle Menschen, die noch in seinen Kellern lebten, einem Sturm der Schändung, Tötung, Plünderung und Mißhandlung unterwarf. Im Laufe des Vormittags erschienen bei Lasch zwei Männer der sowjetischen Wochenschau, und vor dem Hintergrund des Ostbahnhofs wurde die Kapitulation wiederholt. Dann erschienen Lastwagen und Jeeps, um Lasch und seinen Stab in das Hauptquartier des Marschalls Wassilewski im Samland zu fahren. Die Lastwagen mit den unteren Offiziersgraden und dem Gepäck verschwanden unterwegs und kehrten niemals mehr zurück. Die Jeeps mit Lasch, den Obersten Süßkind-Schwendi, Berwig und Häfker sowie einigen anderen Offizieren hielten schließlich vor einigen Siedlungshäusern unweit des Gutes Karmitten. Hier verging der

10. April, und es vergingen der 11. und 12. April. Dann folgten die Vorführung der Deutschen bei Wassilewski und langdauernde Vernehmungen durch Kommissare des NKWD. Lasch unterzeichnete den Text eines Flugblattes, das an den General der Infanterie Müller gerichtet war, und ein zweites Flugblatt, das sich an die Offiziere und Soldaten im Samland wendete. Der Text des einen Flugblattes lautete in seinen wichtigsten Abschnitten:

»General der Infanterie Otto Lasch.
An den Oberbefehlshaber der 4. Armee
Herrn General der Infanterie Müller!
Durch den Befehlshaber der 3. Bjelorussischen Front, Marschall der Sowjetunion, Wassilewski, ist mir Gelegenheit gegeben, eine Meldung über die Schlußkämpfe von Königsberg zu erstatten. Der Beschuß durch die russische Artillerie und Werfer und die Fliegerangriffe hatten zur Folge, daß große Brände, starke Zerstörungen, Zuschüttungen und Ausbrennen der Unterstände, der ausgebauten Keller, eine starke Lähmung des Versorgungs- und Meldeverkehrs, Vernichtung aller Fernsprech- oder der meisten Funkverbindungen neben den erheblichen Verlusten der Truppe besonders an Offizieren und Unterführern entstanden. Dazu kam, daß die Zivilbevölkerung ebenfalls hohe Verluste hatte, die in die Unterstände der Wehrmacht strömte und diese moralisch stark beeindruckte. Die seelische Belastung der Truppe wurde gesteigert durch die Unmöglichkeit, die zahlreichen Schwerverwundeten abzutransportieren ...
Der Kampf um Königsberg war nach unser aller Ansicht völlig aussichtslos, nachdem die 4. Armee vernichtet war und die übrige russische Front bereits an der Oder steht ...
Aus diesen Gründen habe ich mich nach Verschuß der letzten Munition entschlossen, die Reste der Königsberger Besatzung und die Zivilbevölkerung vor dem sicheren Untergang zu retten.
Sie wissen, Herr General, daß die Verhältnisse im Samland ähnlich gelagert sind wie in Königsberg und daß die noch zahlreichere Zivilbevölkerung keine Möglichkeit hat, aus der Kampfzone herauszukommen. Bei dem zu erwartenden Großangriff tragen Sie die Verantwortung für das in Anbetracht der Gesamtlage sinnlos gewordene Blutvergießen.
Nach Rücksprache mit allen erreichbaren Kommandanten, die der gleichen Ansicht sind, fühle ich mich verpflichtet, Sie auf das Ultimatum des Marschalls Wassilewski aufmerksam zu machen und

seine Annahme zu empfehlen. Sie werden dadurch dem deutschen Volk einen großen Dienst erweisen.

gez. Lasch,
General der Infanterie,
ehem. Kommandant der Festung Königsberg«

Der Text des zweiten Flugblattes, das an die Offiziere und Soldaten im Samland gerichtet wurde, war kürzer, aber dem Sinne nach ähnlich. Er schloß mit den Sätzen:

»Es muß verhindert werden, daß, so wie Königsberg, das übrige Deutschland durch das verbrecherische Treiben seiner Regierung zerstört wird. Der Krieg ist verloren. Nur die Kapitulation wird weitere unnütze Opfer verhindern können. Hitler und sein Regime, die das deutsche Volk so lange gequält haben, sollen zugrunde gehen, aber das deutsche Volk soll am Leben bleiben.«

Diese Texte waren eine Mischung aus sachlichen Aussagen des Generals und seiner Offiziere und propagandistischen Empfehlungen, welche die Russen hinzufügten. Die Vorstellungswelt und die Erziehung seines Standes machten es für Lasch zur Qual, wie ein Überläufer und Propagandist andere zur gleichen Handlung aufzufordern und sich zum Fürsprecher des Feindes zu machen. Aber das Bedürfnis, seinem Vorgesetzten und seinen Kameraden zu erklären, weshalb er sich zur Kapitulation und zu einer Handlung entschlossen hatte, die für ihn im Grunde seines Herzens schimpflich blieb, trieb ihn dazu, seine Unterschrift zu leisten. Sollte er in der Weite Rußlands einem unbekannten Schicksal erliegen, ohne ein Wort über die Gründe der Kapitulation gesprochen zu haben, die für immer mit seinem Namen verbunden sein würde? Trotzdem vollzog er wohl erst die Unterschrift, als die Offiziere Wassilewskis ihm die Nachricht überbrachten, daß Hitler ihn in Abwesenheit zum Tode verurteilt und seine Familie zur Rechenschaft gezogen hatte. Die Nachricht zerbrach seinen letzten inneren Widerstand.

General Müller in Lochstedt erfuhr erst auf dem Umwege über das Oberkommando der Wehrmacht in Berlin vom Ende der Festung Königsberg. Dort hatte man sowjetische Meldungen aufgefangen, und Generalfeldmarschall Keitel fragte in Lochstedt an, ob es wirklich möglich sei, daß ein deutscher General dem Befehl des Führers entgegen kapitulierte.

Erich Koch in Neutief erfuhr etwas früher von der Kapitulation seiner Gauhauptstadt und sandte – skrupellos und der Wahrheit entgegen seinen persönlichen Heroismus hervorkehrend – einen Funkspruch in das Führerhauptquartier: »Der Befehlshaber von Königsberg, Lasch, hat einen Augenblick meiner Abwesenheit aus der Festung benützt, um feige zu kapitulieren. Ich kämpfe im Samland und auf der Nehrung weiter.«

So wie ein ähnlicher Funkspruch wenige Wochen zuvor zum Sturz General Hoßbachs geführt hatte, so war auch jetzt Hitlers Vertrauen in Koch groß genug, um Lasch zum Tode zu verurteilen und seine Familie in Sippenhaft zu nehmen. General Müller wurde nach Berlin befohlen, um sich für Geschehnisse, die sich außerhalb seiner Einflußmöglichkeiten vollzogen hatten, zu verantworten. Er kehrte nicht mehr zurück. Generaloberst Weiß wurde unter Auflösung des Heeresgruppenkommandos Nord abberufen. Dies war ein endliches Zugeständnis an die Tatsache, daß von einer Heeresgruppe Nord nicht mehr die Rede sein konnte, sondern nur noch von Trümmern ehemaliger Armeen, die auf verlorenem Posten, auf schmalen Küstenstreifen und Halbinseln, verbluteten. An Stelle des Generalobersten Weiß traf der General der Panzertruppen v. Saukken ein, um den Oberbefehl zu übernehmen. Er führte jetzt das Armeeoberkommando »Ostpreußen« – ein hohler Begriff, der eine trostlose Wirklichkeit verdeckte.

Als er sein Kommando übernahm, waren die Tage der deutschen Truppen, welche die dünne Front im Samland hielten, gezählt. Am 14. April schon griffen stärkere sowjetische Verbände an und drangen im Norden in Rauschen ein. Die wenigen deutschen Flieger, die noch auf dem Flugplatz Pillau-Neutief aushielten und infolge Treibstoffmangels und der sowjetischen Luftüberlegenheit kaum noch einen Einsatz wagen konnten, meldeten so starke Massierungen auf sowjetischer Seite, daß schon am nächsten oder übernächsten Tage mit einem Großangriff gerechnet werden mußte. Marschall Wassilewski war offenbar entschlossen, ein Ende zu machen.

Die Menschen, die am 5. April in letzter Stunde noch aus Königsberg entkommen waren, befanden sich zu dieser Zeit noch auf dem Marsch nach Pillau. Dörfer, Badeorte und Güter des Samlandes waren überfüllt. Zu lange hatte die Front gehalten, als daß nicht,

gefördert durch die unentwegten Aufrufe Kochs, neue Hoffnungen geweckt worden wären.
Königsberger, die sich vor den Zuständen in Pillau, dem Marsch über die Nehrung oder der Flucht über See gefürchtet hatten, aber nicht mehr nach Königsberg zurückgekehrt waren, hatten sich im Laufe der Wochen in die Ortschaften im Samland verkrochen. Als die Anzeichen des sowjetischen Großangriffs gegen das Samland sich mehrten, begann über Nacht eine neue Welle der Flucht. Ihre Trecks gerieten zwischen die Haufen des IX. und XXVI. Armeekorps, die beide am Morgen des 15. April unter der plötzlichen Wucht des sowjetischen Angriffs auseinanderbrachen und in Richtung Pillau zurückfluteten. Es wiederholten sich die Bilder vom Januar und Februar, nur daß die Kälte gewichen war und keine eigenen Opfer mehr forderte. Es wiederholte sich das Überraschtwerden in den Dörfern. Es wiederholte sich das Überrollen fliehender Trecks. Es wiederholten sich Tod und Schändung.
Als die Front zerbrach, gab es nur noch eine Hoffnung für einen Aufenthalt, eine Riegelstellung nördlich und östlich von Fischhausen. Was sich an Zivilisten, Soldaten und Verwundeten nach dorthin durchschlug, hatte noch Aussicht, dem allgemeinen Unheil zu entrinnen. Während ein Generalleutnant Chill von Pillau aus versuchte, an der Riegelstellung eine neue Front aufzubauen, schoben sich fliehende Menschenmengen in den südwestlichen Zipfel des Samlandes hinein. Auf den Straßen Fischhausen–Pillau und dem Waldweg Tenkitten–Neuhäuser–Pillau ballten sich Flüchtlinge und Fahrzeuge so dicht zusammen, daß jede Bewegung für die noch kampffähigen Truppen unmöglich wurde.
Flüchtlinge und Fahrzeuge wurden immer mehr in den Lochstedter Wald, in dem Stapel von Munition lagerten, hineingedrängt. Hier warteten nun Menschen und Wagen, und die sowjetischen Flieger, die dicht über den Bäumen kreisten, hatten leichtes Spiel. Nicht nur ihre Bomben explodierten, sondern auch viele der Munitionslager. Neuhäuser litt unter Bombenangriffen. Die Keller und die noch stehenden Häuser von Pillau vermochten Soldaten, Verwundete und Zivilisten nicht zu fassen.
Zum Glück gelang es, die Riegelstellung fast zehn Tage lang zu behaupten. Reste von Divisionen, Marinesoldaten, Polizei und Volkssturm setzten sich hier zur Wehr. Am 24. April nahte das Ende. Die Russen erreichten den letzten Panzergraben dicht nördlich von Pillau. Aber die Frist hatte ausgereicht, um Zivilisten und zahlreiche

Verwundete auf die Frische Nehrung hinüberzubringen, wo v. Saucken seinen Gefechtsstand aufgeschlagen hatte. Am 24. April wurden auch die Truppen bis auf die Nachhuten auf die Frische Nehrung hinübergebracht. Als am 25. April auch die Nachhuten übersetzten, lag Pillau unter schwerstem Feuer. Die letzten Einheiten fuhren am brennenden Kurfürsten-Bollwerk von der Post bis zu den Lotsenhäusern entlang. Die Stadt lag in Trümmern. Was noch brennbar war, lohte wie eine große Fackel zum Himmel.
Von neuem quoll ein Strom von Flüchtlingen über die Nehrungstraße. Der Strom war seit Januar und Februar nie abgerissen. Aber jetzt ballte er sich noch einmal zusammen und wälzte sich in Richtung auf Kahlberg über Knüppeldämme oder am sandigen Ufer der Ostsee entlang. Die Truppen, die seit dem Ende der 4. Armee in Ermland auf der Nehrung lagen, waren machtlos. Sie selbst verfügten nicht über genügend Unterkünfte, Decken und Zeltbahnen. Die Verbände, die von Pillau herüberkamen, brachten nur das Notdürftigste mit und dazu Scharen von Verwundeten, die häufig an der Straße starben, weil es selbst an Verbandmaterial fehlte. In diese Verwirrung stießen in der Nacht vom 25. auf den 26. April sowjetische Landungen auf der Nehrung hinein. Die Russen kamen über das Haff bei Kaddickhaken und mit Schnellbooten über die offene See bei Möwenhaken. Sie trieben einen Sperriegel quer über die Nehrung. Die ostwärts davon stehenden, zum großen Teil von Pillau gekommenen Verbände setzten noch einmal zum Durchbruch an. Ziviltrecks und Flüchtlinge zu Fuß schlugen sich mit ihnen nach Westen durch. Es bildete sich noch einmal eine gegen Osten gerichtete Front quer durch die Nehrung, die in den folgenden Wochen langsam nach Westen wich – eine Front der Verlorenen, ohne Hoffnung, im Osten den Feind, im Süden jenseits des Haffs den Feind, im Westen in dem Danziger Werder den Feind, im Norden die See. Wenn man in dem Widerstand des verlorenen Haufens, der am 9. Mai in die Gefangenschaft ging, überhaupt noch einen Sinn fand, so lag er darin, daß er noch Menschen, Frauen, Kranken, Kindern und Verwundeten, die zu Schiff über die Ostsee entkamen, das Leben rettete.

Bis zum 26. April hatte Koch noch auf das Wunder gehofft, das Hitler verheißen hatte. Aber als aus den Funkmeldungen, die ihn erreichten, die Einschließung Berlins und eine zunehmende Verwirrung im Führerhauptquartier hervorzugehen schien, begrub er diese

Hoffnungen und stellte sich auf einen Plan ein, den er schon lange im Hintergrunde hielt: den Plan der Rettung seiner selbst.

In der Nacht vom 22. auf den 23. April brachten Meldungen aus Pillau die Gewißheit, daß der Hafen spätestens am 24. oder 25. April verlorengehen würde. Koch entschloß sich daraufhin, an Bord des Eisbrechers »Ostpreußen«, den er für sich gechartert und ausgerüstet hatte, zu gehen und Neutief zu verlassen. Er tat dies, nachdem er sich vergewissert hatte, daß die Funker auf dem Schiff in der Lage waren, den Funkverkehr mit dem Führerhauptquartier fortzusetzen und eine Fortsetzung seines »heroischen Kampfes« auf ostpreußischem Boden vorzuspiegeln.

Die »Ostpreußen« lag schon seit Anfang April 1945 im Pillauer Hafen unter Dampf. Der Eisbrecher war mit Flakartillerie bestückt. Er war nicht der Kriegsmarine unterstellt und hatte keine Flüchtlinge an Bord genommen, obwohl er Hunderten von Menschen Platz geboten hätte. In der Nähe der »Ostpreußen« lag ein zweiter Eisbrecher, »Pregel«, der ebenfalls von Koch beschlagnahmt war.

Kochs Funkstelle in Neutief erteilte am Nachmittag des 26. April beiden Schiffen, »Ostpreußen« und »Pregel«, den Befehl, aus Pillau auszulaufen und in der Nähe der Nehrung-Küste bei Neutief Koch und seinen Stab an Bord zu nehmen. Die Schiffe funkten zurück, daß sowjetische U-Boote gemeldet seien und sie die befohlene Stelle an der Küste der Nehrung nicht anlaufen könnten. Sie erhielten daraufhin die Weisung, Hela anzusteuern und Koch dort an Bord zu nehmen.

Koch begab sich in Begleitung seines Stabes und unter SS-Bewachung auf der Nehrung-Straße nach der Weichselmündung bei Schievenhorst. Er versuchte, sich im Kraftwagen rücksichtslos durch die Flüchtlingsströme durchzuarbeiten, wurde aber unterwegs durch ein sowjetisches Landungsunternehmen an der Küste der Nehrung überrascht. Er geriet in eine wilde Panik hinein und floh mit seiner SS-Bewachung mehrere Stunden zu Fuß, inmitten von Flüchtlingen und Soldaten. Gegen 1 Uhr nachts kam er in Schievenhorst an. Dort lag das Flugsicherungsboot 545, das seit dem 31. Januar Flüchtlinge und Verwundete von Pillau nach Danzig und von Neufähr nach Hela übergesetzt hatte. Seit dem 2. April fuhr das Boot Tag und Nacht zwischen Schievenhorst und Hela hin und her, mußte dann aber seine Fahrten immer mehr auf die Nächte beschränken, weil infolge der russischen Luftangriffe die Tagfahrten niemals ohne Tote und Verwundete ausgingen. Am frühen

Morgen des 27. April hatte das Boot drei Nachtfahrten hinter sich, und die übermüdete Besatzung wollte gerade für ein paar Stunden ausruhen, als SS-Leute mit vorgehaltenen Maschinenpistolen den Wachtposten auf Deck zwangen, sie zum Kommandanten zu führen. Sie teilten dem Kommandanten, Oberfeldwebel Heinemann, mit, er habe noch in dieser Nacht den Gauleiter Koch und seinen Stab nach Hela zu bringen, da ein Führerbefehl Koch dringend nach Berlin beordere. Heinemann ahnte, daß der Führerbefehl nur ein Vorwand war, um dem Debakel in letzter Stunde zu entrinnen. Er veranlaßte den Maschinisten, die Maschine unklar zu melden, wurde aber verhaftet, mit Erschießen bedroht und nach Nickolswalde gebracht. Kurz vor 3 Uhr in der folgenden Nacht kamen Koch, vier Leute seines Stabes, drei SS-Offiziere und eine größere Zahl von SS-Leuten an Bord. Alle waren schwer bewaffnet. Ein zweites Boot brachte große Mengen von Gepäck. Koch begab sich mit dem größten Teil seiner Umgebung sofort unter Deck. Aber einer seiner Amtsleiter blieb zur Überwachung im Ruderhaus zurück. Auch die SS-Leute blieben im Oberdeck. Das Boot legte um 3.15 Uhr ab. Der Amtsleiter im Ruderhaus beobachtete ständig den Rudergänger, suchte mit seinem Glas die See ab und erkundigte sich wiederholt mit nervöser Stimme, ob in diesem Seegebiet mit keinen sowjetischen Schnellbooten zu rechnen sei. Ein Rudel von Marinefährprahmen, die mit Flüchtlingen und Soldaten geradezu behangen waren, ließ er zur Deckung gegenüber der russisch besetzten Küste benutzen. Erst als Hela in der Dämmerung in Sicht kam, setzte sich das Flugsicherungsboot von den langsam fahrenden Prahmen ab und nahm hohe Fahrt auf. Um 5.10 Uhr machte es im Fischereihafen von Hela fest. Sowjetische Flieger waren noch nicht in der Luft. Auf den Gesichtern Kochs und seiner ganzen Begleitung malte sich Erleichterung, als sie den Boden Helas betraten und nicht weit entfernt an der Mole die »Ostpreußen« und die »Pregel« liegen sahen. Kochs weitere Flucht nahm nach den vorliegenden Quellen folgenden Verlauf:

Die »Ostpreußen« verließ Hela bei sinkender Nacht. Die »Pregel« blieb zurück, nachdem ihr Kohlenvorrat an die Bunker der »Ostpreußen« abgegeben worden war. Während der Fahrt nördlich der pommerschen Küste ließ Koch noch Meldungen über den Widerstand in Pillau und auf der Nehrung nach Berlin funken. Aber von dort kamen kaum noch Nachrichten, außer einigen propagandistischen Aufrufen Bormanns. Koch begann, im dunkeln zu tappen.

Aus einzelnen Nachrichten ging immerhin hervor, daß Hitler in Berlin geblieben war, daß keine Aussicht mehr bestand, dorthin zu gelangen, und daß der Kampf in Berlin in Kürze zu Ende gehen müsse. Daraufhin ließ Koch die letzten Hoffnungen fallen und dachte nur noch an die eigene Rettung. Die »Ostpreußen« lief Rügen an. Aber Rügen war inzwischen zur Festung erklärt worden, und der Festungskommandant untersagte dem Schiff den Aufenthalt im Hafen. Der Eisbrecher ging auf der Reede zwischen anderen Schiffen, die in minenfrei gehaltenem Wasser auf Sperrbrecher und Geleit warteten, vor Anker. Koch umkreiste in nicht mehr zu bändigender Nervosität das Oberdeck. Die meisten in seiner Umgebung ergaben sich dem Alkohol. Erste Verkleidungen tauchten auf. Die braunen Uniformen wurden durch Wehrmachtsuniformen ersetzt. Zivilanzüge wurden getragen. Die Hybris des Heroismus, des Glaubens an den Sieg, brach über Nacht zusammen. Angesichts der Bedrohung Rügens durch die Russen versuchte Koch, nach Dänemark zu gelangen. Er hegte noch keinen endgültigen Plan für sein eigenes Untertauchen. Er schwankte.
Hier scheiden sich die Quellen. Den einen zufolge nahm die Flucht folgenden weiteren Verlauf: Der Eisbrecher nahm Kurs auf Bornholm, um – ohne Geleit – durch die verhältnismäßig minenfreien Gewässer vor der schwedischen Küste Kopenhagen zu erreichen. Am 30. April kamen bei Nacht die hellerleuchteten Uferstraßen der dänischen Hauptstadt in Sicht. Einen Tag später nahmen die Funker die Meldung über Hitlers Tod und gleich darauf einen langen Spruch einer neuen Regierung des Großadmirals Dönitz auf. In diesem Spruch gab Dönitz seine Absicht bekannt, den Krieg im Westen zu beenden, im Osten aber weiterzukämpfen. Als der Tod Hitlers in Kochs betrunkenem Stab bekanntgegeben wurde, erhob sich kein einziger der Anwesenden von seinem Platz. Koch erhielt dagegen durch den Funkspruch Dönitz' einen letzten inneren Auftrieb. Er beschloß, von Dänemark nach Flensburg weiterzufahren und sich Dönitz für den Kampf um den Osten zur Verfügung zu stellen. Diese Aussicht bewog ihn am 2. Mai, den Gedanken des Untertauchens noch einmal zurückzustellen. Er setzte sich telefonisch mit dem Hauptquartier des Wehrmachtsbefehlshabers in Dänemark, Generaloberst Lindemann, in Silkeborg in Verbindung. Er erfuhr jedoch von einem Offizier des Stabes, daß man ihn nicht zu sehen und nicht zu empfangen wünsche und ihm empfehle, dänischen Boden nicht zu betreten.

Am 5. Mai wurde der »Ostpreußen« ein weiterer Aufenthalt im Hafen von Kopenhagen untersagt. Der Seekommandant verweigerte jeden Geleitschutz. So passierte der Eisbrecher allein den Kleinen Belt. In Aarhus schossen Dänen auf das Schiff. Am Morgen des 7. Mai erreichte die »Ostpreußen« endlich Flensburg, und Koch erfuhr hier von der dicht bevorstehenden Kapitulation. Diese Nachricht zerstörte den allerletzten Halt. Man war bemüht, sich der Besatzung des Eisbrechers und ihrer Zeugenschaft so schnell wie möglich zu entledigen. Noch während deren Entlassungspapiere unterzeichnet wurden, warf man Waffen, Parteiuniformen und belastende Dokumente über Bord. Koffer und Kisten wurden an Land gebracht, und Kochs Umgebung zerstreute sich in den verschiedensten Verkleidungen. Koch selbst hinterließ das Gerücht, er begebe sich zum Großadmiral Dönitz, um dort weiter seine Pflicht zu tun.
Nach anderen Quellen ließ Koch während der Liegezeit vor Rügen folgenden Funkspruch senden: »An Flottenkommando Kiel – liege mit Eisbrecher ›Ostpreußen‹ seit vierundzwanzig Stunden auf Position... ohne Sicherungsfahrzeuge und Sperrbrecher. Dringender Auftrag des Führers nach Husum. Ersuche sofort Abhilfe. Gauleiter Erich Koch.« Diesen Funkspruch nahm das deutsche Torpedoboot »T 34« auf, das, von Hela kommend, mit dem Verwundetentransportschiff »Lützow« nach Westen unterwegs war. Sein Kommandant funkte zurück: »An Eisbrecher ›Ostpreußen‹. ›T 34‹ trifft um Mittagsstunde dort ein. Abwarten und meinem Geleit nach Kopenhagen anschließen.«
Am 29. April, kurz vor Mittag, sichtete »T 34« die »Ostpreußen« inmitten anderer Schiffe. Kurz darauf umkreiste der Eisbrecher das Torpedoboot, und von Brücke zu Brücke wurden die Einzelheiten der Weiterfahrt festgelegt. Koch trat im Ledermantel aus der Tür der Deckskabine, hinter ihm ein Teil seines Stabes, der einen betrunkenen Eindruck machte. Er grüßte mit einem lauten »Heil Hitler, Kommandant« und war ungehalten darüber, daß er nicht sofort weiterfahren konnte, sondern auf einen Sperrbrecher zu warten hatte.
Dieser traf am Nachmittag ein. Daraufhin formierte sich der Geleitzug. Die »Ostpreußen« folgte »T 34«, scherte aber mehrfach aus der Kiellinie aus und hätte einmal das Torpedoboot fast gerammt. Wahrscheinlich war auch die Brückenbesatzung der »Ostpreußen« betrunken. Am 30. April traf das Geleit vor Kopenhagen ein. Es war Abend. Und es bestand keine Aussicht, vor dem nächsten Morgen

in den mit Schiffen überfüllten Hafen einzulaufen. Die Schiffe des Geleits gingen daraufhin vor Anker.
Nur die »Ostpreußen« erschien längsseits des Torpedobootes. Koch berief sich auf einen »dringenden Befehl des Führers« und forderte, sofort in den Hafen geleitet zu werden. Der Kommandant der »T 34« lehnte ab. Daraufhin lief die »Ostpreußen« allein ein, und Koch verließ mit Gefolge das Schiff, ohne sich über seine weiteren Absichten zu äußern.
Es erscheint unbedeutend, welche der Quellen im Endergebnis recht behält. Die Unterschiede im einzelnen ändern nichts am Gesamtbild der Flucht. Sie ändern auch nichts daran, daß Koch das Chaos der letzten Tage in Norddeutschland nutzte, um als »Rolf Berger« in falscher Uniform und mit falschen Papieren unterzutauchen und ein verborgenes, unbedeutendes Leben zu beginnen, bis er sich nach Jahren mehr oder weniger selbst verriet.

FLUCHT ÜBER DIE OSTSEE

Am 26. Januar war Gotenhafen in weiße Wolken dicht fallenden Schnees gehüllt. Ein scharfer, eiskalter Nordwest fegte ungehindert über das kahle, flache Gelände, auf dem die Polen einmal diese unfreundliche, immer noch unfertig scheinende Würfelstadt gebaut und Gdingen genannt hatten.
Ein paar Tage zuvor hatten Wind und Sturm den Schnee zu meterhohen Dünen in den Straßen zusammengeweht. Und die weit auseinandergezogenen Züge der Leiterwagen, auf denen an jedem Tag neue Flüchtlinge in die Stadt hineinrollten, hatten eher Bergen von Schnee geglichen als Fahrzeugen, die unter ihren Planen Menschen bargen. Die Flüchtlinge, die mit der Bahn ankamen, wühlten sich vom Bahnhof aus in trostlosen Haufen durch die schneeverwehten Straßen, um irgendwo in Schulen, Baracken oder in Hafenschuppen unterzukriechen und wenigstens Schutz vor dem Sturm zu finden. Man sah viele von ihnen in Schlangen vor neueingerichteten Auffangstellen der Marine oder vor Küchen, die in Hafenschuppen und unter offenen Holzdächern Brot und Suppe verteilten.
Man sah vermummte Frauen mit Kindern von Haustür zu Haustür gehen. Sie stemmten sich gegen den Wind und bettelten um ein Bett

oder um warme Milch. Man sah auch Kinder, die ihre kranke Mutter auf einem Schlitten oder einem Koffer hinter sich her durch den Schnee zogen, um nach einem Arzt, einem Bett, einem warmen Winkel zu suchen. Vom Hafen her wanderten andere vermummte Gestalten in dicht aufeinander folgenden Schüben in die Stadt – es waren Flüchtlinge aus dem Samland, aus dem östlichen Ostpreußen und aus Königsberg, die in Pillau an Bord eines Schiffes gekommen waren und die man zunächst einmal in Gotenhafen an Land setzte, um sie aus der vorerst größten Gefahrenzone herauszubringen. An ihnen vorüber rollten – Schneefontänen hinter sich aufwirbelnd – die langen Ketten der Sanitätsfahrzeuge und offene Lastwagen, die Schwerverwundete der Kurlandfront von behelfsmäßigen Lazarettschiffen übernahmen. Noch war Gotenhafen einer der Hauptversorgungs- und Umschlagplätze für Kurland.

Die Wagen mit ihrer hilflosen, notdürftig versorgten Last schaukelten zu den Abstellgleisen hinüber, auf denen geschlossene Güterwagen mit qualmenden Öfen warteten. Andere rollten zu den überfüllten Lazaretten der Stadt. Hinter ihnen gingen die Leichtverwundeten, mit Verbänden, Schienen und Stöcken, oft ohne Mäntel, die Pelzkappen tief über die Köpfe gezogen – so wie sie aus Kurland kamen, einem Kessel entronnen und schon wieder in Gefahr, in einen neuen hineinzugeraten.

Am Vormittag dieses Tages sah der I A des Admirals Burchardi – des »Admirals der östlichen Ostsee«, wie er sich nannte – durch eines der Fenster des Strandhotels in das Schneetreiben hinaus. Der Korvettenkapitän gehörte eigentlich überhaupt nicht hierher. Der Sitz seines Admirals war Libau in Kurland. Der I A war ein energischer Mann. Er hatte den Krieg im Finnenbusen hinter sich, dazu das Ende der Front bei Leningrad, die Kapitulation der Finnen, die Räumung der deutschen Stützpunkte in den finnischen Schären, den Rückzug aus Lettland und Estland, die Aufgabe von Reval und Riga, den Kampf um die Halbinsel Sworbe. Er war Spezialist in Räumungs- und Nachschubtransporten über See geworden und leitete den gesamten Seeverkehr für die Kurlandarmee. Nur der Zufall hatte ihn nach Gotenhafen verschlagen.

Am 11. Januar war er nach stürmischer Nachtfahrt mit einem Kurlandgeleit von Libau nach Pillau und Berlin gereist, um das Geleitwesen für Kurland neu zu ordnen. Als er am 11. Januar beim Meldekopf in Pillau zum ersten Male die deutsche Heereskarte der Ostfront einsah, hatte ihn lähmender Schrecken befallen.

Auf der Rückreise von Berlin hörte er von den ersten katastrophalen Durchbrüchen an der Ostfront. Als er am 15. Januar in Gotenhafen eintraf, stieß er schon auf Scharen von Verzweifelten und die Anfänge eines Chaos. Mit der Erfahrung des alten »Ostmanns« sah er voraus, was sich ereignen würde, wenn die Bevölkerung Ost- und Westpreußens weiter ihr Heil in den Häfen der Danziger Bucht suchte und ihr Ansturm die alten Reserveoffiziere, die in den bis dahin als Etappe geltenden Häfen das Kommando führten, hoffnungslos überrannte.

Der Seekommandant von Gotenhafen hatte bereits den Kopf verloren. Er hielt von morgens bis nachts erregte Sitzungen ab, während draußen die Wogen der Flucht höher und höher stiegen und nach Taten verlangten. Der I A entschloß sich daraufhin, in Gotenhafen zu bleiben und die Dinge in die Hand zu nehmen. Er verständigte seinen Admiral in Libau und erhielt dessen Zustimmung. Wenige Tage später erreichte ihn auch der Befehl des Großadmirals Dönitz, in der Danziger Bucht zu bleiben und, wenn nötig, eine Evakuierung Ost- und Westpreußens über die Ostsee zu leiten.

Dieses »wenn nötig« hätte Dönitz sich sparen können. Wenn man einen Blick auf die Meldungen von den Landfronten und aus den Häfen Pillau, Danzig und Gotenhafen warf, sprang einen die Not mit Riesentatzen an. Dabei waren die Kräfte der Kriegsmarine seit Anfang Januar schon bis zum Bersten angespannt. Die deutsche Überwasserflotte war als Torso in den Krieg hineingeraten. Sie hatte mit deutschen und erbeuteten ausländischen Handelsschiffen, Fischerei- und Küstenfahrzeugen – lauter Behelfsfahrzeugen – versucht, die ungeheure Aufgabe des Transport-, Geleit- und Sicherungsdienstes von Kirkenes bis zur spanischen Grenze, in der Ostsee, im Schwarzen Meer und schließlich im Mittelmeer zu erfüllen und hatte außerdem noch Schiffe im Atlantischen und Indischen Ozean und in den japanischen Gewässern eingesetzt. Die U-Boot-Waffe hatte immer mehr die besten Kräfte und Mittel verschlungen. Der größte Teil des im Schwarzen Meer, im Mittelmeer und in der Biskaya eingesetzten Materials war 1944 verlorengegangen. Aus verlorenen Kanalhäfen hatte sich eine Anzahl von Einheiten in die Nord- und Ostsee gerettet. Ende 1944 hatten die verbliebenen Sicherungs- und Transportschiffe den Verkehr im Kattegatt, vor der holländischen und norwegischen Küste und in der Ostsee nur mit Mühe aufrechterhalten. Seit die Sperrstellungen vor dem Finnenbusen zusammengebrochen waren, war der Weg für russische U-Boote in die Ostsee frei. Im Spätherbst 1944 hatten die Russen zunächst nur wenige Boote eingesetzt, weil sie während der Blockade viele ihrer in Kronstadt eingesperrten Boote auseinandergenommen und nach Murmansk transportiert hatten. Aber seit Ende Dezember erschien eine wachsende Zahl russischer U-Boote in der Ostsee, und während bis zum Spätherbst 1944 der Seeverkehr in die Ostsee relativ ungestört geblieben war, waren jetzt neue Sicherungsaufgaben an die Kriegsmarine herangetreten. Aber es fehlte auch an Flugzeugen, U-Jägern, an Tonnage, an Werften, an Arbeitern und Treibstoff.

Längst fuhren Schiffe, die eigentlich hätten verschrottet werden müssen. Sie fuhren mit so schwachem Geleit, daß man vor einigen Jahren noch von »nacktem Wahnsinn« gesprochen hätte. Das war die Kulisse, vor der der Kampf in der Danziger Bucht begann.

An jenem Morgen des 26. Januar, an dem der I A im Strandhotel durchs Telefon um Schiffe kämpfte, die er brauchte, und dabei über das weißgraue Feld des Hafens sah, war er soeben von einer persönlichen Räumbootfahrt nach Pillau und Neutief zurückgekommen. Er hatte das Drängen der Massen an der Pier von Pillau und die völlig vereisten Minensucher gesehen, auf deren offenen Decks Frau neben Frau und Mann neben Mann standen und zahlreiche Frauen die Bündel mit ihren erfrorenen Kindern in vor Kälte erstarrten Armen hielten. Der Korvettenkapitän gab sich keinen Illusionen hin. Seine Kräfte würden weder reichen, um alle zu retten, noch würden sie Transportbedingungen verhindern können, die mit Menschenwürde nichts mehr zu tun hatten. Aber wer ein oder zwei Millionen Menschen vor dem Tod oder einem ungewissen bis barbarischen Schicksal bewahren wollte, durfte nicht nach denen fragen, die seine rettende Hand nicht erreichte. Der Korvettenkapitän ließ alle Offiziere ablösen, deren Erfahrung, Gesundheit und Entschlossenheit den kommenden Aufgaben nicht gewachsen waren, und setzte andere, an halsbrecherische Improvisationen gewöhnte Seeleute an ihren Platz. Er geriet darüber in heftige Auseinandersetzungen mit dem Marineoberkommando Ost. Aber die Gewalt der Ereignisse verlieh dem kleinen unbekannten Mann Macht. Schon der 30. Januar brachte eine Katastrophe, die sich als die größte Schiffskatastrophe erwies, welche die Geschichte der Seefahrt bis dahin kannte.

Außerhalb des Bereiches, in dem der Korvettenkapitän im Strandhotel von Gotenhafen um diese Zeit entscheidenden Einfluß gewann, befanden sich in Danzig und Gotenhafen Einheiten der U-Boot-Waffe, die bis zum Beginn des sowjetischen Angriffs in der verhältnismäßigen Sicherheit der Danziger Bucht an der Ausbildung neuer U-Boot-Besatzungen für den Einsatz im Atlantik gearbeitet hatten. Es handelte sich um zwei Lehrdivisionen bzw. -flottillen in Gotenhafen und zwei weitere in Danzig, die außer den U-Booten über die großen grau getarnten Wohnschiffe »Wilhelm Gustloff«, »Hansa«, »Hamburg« und »Deutschland« – ehemalige Passagierdampfer – verfügten.

Am 21. Januar erteilte Dönitz den Lehrdivisionen den Befehl, die Häfen in der Danziger Bucht aufzugeben und in die Lübecker Bucht zu verlegen. Schiffe, Besatzungen, Landeinheiten (einschließlich der Marinehelferinnen), Werftpersonal und so viel Material wie möglich sollte auf die großen Schiffe verladen und nach Lübeck übergeführt werden. Aller Laderaum, der nicht für die U-Boot-Waffe gebraucht wurde, war für Flüchtlinge freigegeben, so daß die Schiffe »Hansa«, »Hamburg« und »Deutschland« bis zum 30. Januar jeweils rund 7000 Menschen an Bord nahmen, während sich auf dem früheren Kraft-durch-Freude-Dampfer »Wilhelm Gustloff«, der am besten eingerichtet und für die Aufnahme von Zivilisten geeignet war, am Nachmittag desselben 30. Januar außer den Marineangehörigen rund 5000 Flüchtlinge befanden. Angehörige der Danziger Gesellschaft und andere, die über Verbindungen verfügten, drängten sich häufig vor den abgehetzten, von weit her kommenden Flüchtlingen an Bord. Unglaubliche Preise wurden für Schiffskarten und Evakuierungsscheine bezahlt. Korruption und Geschäftemacherei mit der Angst, die sich schon im Königsberger Hafen gezeigt hatten, traten auch hier auf. Während Frauen versuchten, ihre Männer oder Söhne in Kisten, in Bündeln oder in Verkleidung an Bord zu bringen, suchten SS-Streifen des eben neu ernannten Oberbefehlshabers der Heeresgruppe Weichsel, Heinrich Himmler, die Häfen und Schiffe nach Männern ab, die noch für den Volkssturm geeignet schienen.

Am 30. Januar gegen Mittag erhielten alle vier Schiffe gleichzeitig den Auslaufbefehl. Da die U-Boot-Flottillen außer Torpedo-Fangbooten, die für den Einsatz in der winterlichen Ostsee kaum geeignet waren, über keine Geleitschiffe verfügten, war mit dem Korvettenkapitän im Strandhotel verabredet, daß sich die Schiffe gegen Abend unter Hela-Landschutz sammeln und von dort durch Minensucher nach Westen geleitet werden sollten.

Dies geschah auch im Falle der Schiffe »Hamburg«, »Deutschland« und »Hansa«. Da die »Hansa« jedoch vor Hela Maschinenschaden erlitt, der fast zu einer Kollision mit dem Linienschiff »Schleswig-Holstein« führte, verzögerte sich die Ausfahrt des Geleitzuges. Da er außerdem in verhältnismäßig flachem Wasser unter der pommerschen Küste fahren sollte und die »Gustloff« dieses Fahrwasser wegen ihres größeren Tiefganges nicht hätte benutzen können, gab der Flottillenchef den Befehl, daß das Schiff den Geleitzug nicht abwarten, sondern mit hoher Fahrt allein nach Westen laufen sollte. Der Korvettenkapitän erhob Einspruch und drängte darauf, die Fahrt der »Gustloff« zu verschieben, bis für sie ein Geleit vorhanden sei. Der Flottillenchef, der unbedingt den erhaltenen Auslaufbefehl einhalten wollte, bestand jedoch auf seiner Anordnung. Gegen 18 Uhr verließ die »Wilhelm Gustloff« die Danziger Bucht. Das Schiff wurde nur durch ein Minensuchboot geleitet, das ziemlich weit vorausfuhr.
Der Wind blies aus Westnordwest mit Windstärke 5. Es herrschte mittlerer Seegang, aber hohe Dünung, und es war so kalt, daß die Decks sehr schnell vereisten. Und zunehmender Schneefall trieb die Menschen ins Innere des Schiffes.
Auf der Brücke hatte man sich entschlossen, den Schutz des unsichtigen Wetters auszunutzen und mit größtmöglicher Geschwindigkeit, unter Vermeidung zeitraubenden Zickzackfahrens, die von U-Booten gefährdeten Gebiete hinter sich zu bringen. Das Schiff, das seit seiner letzten Werftliegezeit unbeweglich im Hafen gelegen hatte und durch einen Bombentreffer in die Steuerbordseite beschädigt war, erreichte jedoch nur noch zwölf Seemeilen Fahrt.
Langsam verstrichen die Stunden. Auf den Flakständen brauste der Wind so heftig, daß etwaige Flugzeuggeräusche überhaupt nicht wahrzunehmen waren. Die Flüchtlinge saßen und lagen gedrängt in den Kabinen, Räumen und Hallen.
Die meisten waren am Tag der Anbordnahme notdürftig auf einen möglichen Schiffsuntergang vorbereitet und auch davor gewarnt worden, sich nachts zu entkleiden. Trotzdem lagen viele – durch die Wärme im Schiffsinnern verführt – ausgekleidet auf ihren Matratzen, als um 21.06 Uhr plötzlich ein harter Schlag das Schiff erschütterte. Zehn Sekunden später traf die »Wilhelm Gustloff« ein zweiter, abermals fünfzehn Sekunden danach ein dritter Stoß. Luftdruckwellen preßten sich durch die Gänge, und das Licht erlosch.

Als das erste Erschrecken sich legte, versuchten alle Flüchtlinge an Oberdeck zu gelangen. Verhaltensmaßregeln wurden vergessen. Man ließ die Schwimmwesten liegen und stürzte zu den Niedergängen. Wer sich nicht in dem allgemeinen Strom mit vorwärtswälzte, wurde niedergetrampelt. Die Stärkeren erkämpften sich mit Faustschlägen und Pistolenschüssen ihren Weg. Die Schiffsführung war gegenüber der ausbrechenden Panik machtlos. Während auf der Brücke rote Notsignale in die Höhe stiegen und die Funker den Versuch unternahmen, Verbindung mit anderen Schiffen zu bekommen, stemmten sich vor den Rettungsbooten Offiziere und Unteroffiziere mit vorgehaltenen Pistolen der Masse entgegen, die aus den Niedergängen quoll. Aber sie wagten nicht, auf die eigenen Landsleute zu schießen, und wurden von der Überzahl erdrückt.

Die »Wilhelm Gustloff« lag in diesem Augenblick auf der Höhe von Stolp, 25 Seemeilen von der pommerschen Küste entfernt. Das vorausgelaufene Minensuchboot hatte von der Katastrophe nichts bemerkt und war außer Sicht geraten. Auf der Brücke des Schiffes war man sich darüber klar, daß drei U-Boot-Torpedos die »Wilhelm Gustloff« getroffen hatten und daß größere Schiffe sich hüten würden, das gefährdete Gebiet aufzusuchen. Man hoffte aber, daß mit Wasserbomben ausgerüstete kleinere Einheiten zu Hilfe kommen würden.

Das Schiff, das an Backbord getroffen war, hatte sich nach dieser Seite übergelegt. Die Schotten der von den Torpedos getroffenen Abteilungen waren geschlossen, und das Maschinenpersonal versuchte, die Lenzpumpen in Gang zu bringen. Gelbe Detonationsgase durchzogen die unteren Decks. Hier lagen zahlreiche Verwundete, aber auch Frauen und Kinder apathisch herum. Nur ein Teil von ihnen war dazu zu bewegen, die oberen Decks aufzusuchen. Währenddessen mischten sich auf den Bootsdecks das Pfeifen des Windes und das Rauschen der See mit dem Geschrei derer, die um die Boote kämpften.

Infolge der Schlagseite des Schiffes waren die Rettungsboote auf Backbordseite nicht zu benutzen. Die Davits auf Steuerbordseite waren vereist und ließen sich nur schwer bedienen. Die Menge drängte die Matrosen beiseite und versuchte, das Zuwasserlassen der Boote zu beschleunigen. Dabei wurden Taue zu früh ausgeklinkt, und vollbeladene Boote stürzten, sich überschlagend, ins Wasser. So gelang es, nur wenige Boote zu Wasser zu bringen. Unterdessen tobte ein anderer Kampf um die Rettungsflöße auf

Oberdeck. Wieder krachten Schüsse. Mit verrenkten Gliedern lagen Menschenknäuel auf den vereisten Stahlplatten oder rutschten über Bord.
Erst nach einer halben Stunde, als man erkannte, daß das Schiff nicht weitersank, klang die wildeste Panik ab. Die Todesfurcht schlug in die Hoffnung um, daß doch noch Rettung kommen könnte. Kälte und Sturm trieben die Menge vom Oberdeck in den Schutz des Promenadendecks zurück. Die Anstrengung der vorangegangenen halben Stunde ließ die meisten erschöpft zusammensinken. Schwerverwundete, die sich in wilder Aufbäumung ihres Lebenswillens auf ihren Matratzen aufgerichtet hatten oder zu den Fenstern gekrochen waren, sanken auf ihre Lager zurück. Um die gleiche Zeit trieben die zu Wasser gelassenen Boote überladen zwischen Hunderten von Menschen, die, schnell erstarrend, im Wasser schwammen. Ganze Menschentrauben hatten sich an Bootsleinen und Riemen geklammert. Einzelne wurden in die Boote gezogen. Die anderen ertranken, sobald die Kräfte sie verließen.
So wurde es 22 Uhr. Um diese Zeit tauchte ein Marinefährprahm auf, der den Versuch unternahm, an das Schiff heranzukommen. Da sich zu diesem Zeitpunkt kaum noch Flüchtlinge auf Oberdeck befanden, wurde der Prahm nur von wenigen bemerkt. Bevor sich das Gerücht über sein Eintreffen im Promenadendeck verbreiten konnte, durchlief plötzlich ein starkes Zittern die »Wilhelm Gustloff«. Die Schotten der getroffenen Abteilungen brachen, und das Wasser rauschte durch die unteren Decks. Das Maschinenpersonal wurde vom Wasser überrascht, und nur zwei Maschinisten gelang es, durch einen Schornstein zu entkommen, bevor dieser ins Wasser eintauchte.
Innerhalb von 60 Sekunden wälzte sich die »Wilhelm Gustloff« ganz auf die Seite. Nahezu 2000 Menschen im unteren Promenadendeck fanden nicht mehr Zeit, durch die Niedergänge nach oben zu gelangen. Der Boden hob sich unter ihren Füßen, und sie stürzten durch die gläsernen Zwischenwände der großen Hallen in die Tiefe. Als die Schornsteine schon eintauchten, hasteten noch Männer und Frauen über die Steuerbordfläche des Rumpfes und glitten taumelnd ins eisige Wasser.
Der Kommandant des 600 Tonnen großen Torpedobootes »T 36«, Kapitänleutnant Hering, hatte sich am Nachmittag des 30. Januar vor Gotenhafen dem ebenfalls mit Flüchtlingen überladenen 10 000-Tonnen-Kreuzer »Admiral Hipper« angeschlossen und war

mit hoher Fahrt und nördlichem Kurs dem Kreuzer gefolgt. »T 36« hatte im Danziger Hafen 250 Flüchtlinge an Bord genommen. Am Abend passierten beide Schiffe unter Hela-Landschutz das Geleit, dem »Wilhelm Gustloff« sich angeschlossen hatte. Es herrschte vier Grad Kälte, und das Boot war bald mit einer dicken Eisschicht überzogen, die alles Tauwerk erstarren ließ.

»Admiral Hipper« und »T 36« passierten zwischen 20 und 21 Uhr den Nordostzipfel Pommerns und nahmen Kurs nach Westen. Gegen 21.45 Uhr brachte ein Funkgast dem Kommandanten einen Funkspruch der »Wilhelm Gustloff« über die Torpedotreffer. Der Kommandant der »Admiral Hipper« entließ »T 36« mit dem Befehl, sich an die Untergangsstelle zu begeben und zu retten, was zu retten sei. Das Torpedoboot lief mit höchster Geschwindigkeit auf das sinkende Schiff zu. Die bereits an Bord befindlichen Flüchtlinge mußten noch enger zusammenrücken, um Platz zu schaffen. Nach einer halben Stunde Fahrt kam die »Wilhelm Gustloff« in Sicht. Sie schien einige Meter gesunken und zeigte Schlagseite.

Hering fuhr dicht an das sinkende Schiff heran, um eine Stelle zum Längsseitsgehen zu entdecken. Er fand jedoch den Marinefährprahm vor, der den gleichen Versuch machte. Die See warf ihn auf und ab wie ein Spielzeug und schleuderte ihn gegen die Bordwand des untergehenden Schiffes. Die Besatzung versuchte, mit ausgebrachten Stangen Abstand zu halten. Aber dies war ein vergebliches Bemühen. Viele der von Bord der »Wilhelm Gustloff« ins Wasser Gesprungenen gerieten zwischen Schiff und Prahm. Sie wurden zermalmt, und ihre armseligen blutigen Körper wusch die See von der Bordwand und riß sie mit sich fort. Hering mußte den Gedanken aufgeben, längsseits zu gehen und hörte schließlich das fürchterliche Heulen der Schiffssirene, welche das Kentern des Schiffes begleitete.

Ohne Maschinenkraft glitt das Torpedoboot in die schwimmende Masse der über Bord Gesprungenen hinein. Das Meer war mit rufenden Menschen bedeckt, deren Glieder in der Kälte schnell erstarrten. Hering hatte rings um sein Boot Seefallreeps angebracht. Die Seeleute stiegen auf die untersten Sprossen hinab, um die hilflos Treibenden an Leinen festzubinden und an Bord ziehen zu lassen. Wenige Minuten nach Beginn der Rettungsaktion erfaßten die Unterwasserhorchgeräte der »T 36« das sowjetische U-Boot, das die »Gustloff« versenkt hatte und offenbar immer noch auf der Lauer lag. Hering war aber nicht in der Lage, einen Wasserbomben-

angriff auf den Gegner zu fahren, weil seine Besatzung noch nicht voll ausgebildet war. Außerdem hätte er die Rettungsaktion so lange unterbrechen müssen, daß bei der herrschenden Kälte später niemand mehr lebend geborgen worden wäre. Er unternahm daher das einzig Mögliche. Er wandte dem in 3 Kilometer Entfernung langsam herumholenden Unterseeboot beharrlich Bug oder Heck zu, um ihm nur die geringstmögliche Zielfläche zu bieten.
Nachdem »T 36« 564 Menschen an Bord genommen hatte, wurde das Boot jedoch gezwungen abzulaufen, weil die Ortungs- und Funkmeßgeräte ein zweites U-Boot feststellten. »T 36« entrann nur durch harten Kurswechsel nach Steuerbord zwei Torpedos, die ihm gegolten hatten.
Das Torpedoboot holte um 4.30 Uhr den Kreuzer »Admiral Hipper« wieder ein, geleitete ihn nach Kap Arkona und übergab um 14 Uhr die Geretteten der »Wilhelm Gustloff« einem Lazarettschiff. Ein Torpedoboot »Möwe« rettete weitere 230 Menschen. Räumboote und der Prahm nahmen außerdem noch einige hundert Gerettete an Bord, so daß insgesamt rund 950 Flüchtlinge, Soldaten und Seeleute den Untergang der »Wilhelm Gustloff« überlebten.

Das Schrecklichste, das dem Divisionspfarrer Dorfmüller, den das Schicksal am 16. Januar nach Pillau geführt hatte, vor Augen kam, war die Sache mit den Kindern gewesen, mit den hilflosen, in Bündel verpackten Kindern, die sozusagen zu Schiffskarten für Flüchtlinge wurden. Da irgend jemand in der ersten Woche die Bestimmung erlassen hatte, daß Mütter mit Kindern oder Väter mit Kindern oder Großmütter mit Kindern bevorzugt an Bord von Schiffen aufgenommen werden dürften, warfen Frauen, die mit einem Kleinkind schon das Deck eines Schiffes erreicht hatten, ihren Müttern, Schwestern oder Verwandten, die noch im Gedränge auf dem Pier warteten, das Kinderbündel zu, damit auch sie an Bord gelangen könnten. Häufig stürzten die Kinder zwischen Bordwand und Pier ins Wasser oder fielen in die erregte Menge und gerieten unter die Füße der Drängenden. Andere fielen in die Hände von Fremden, die sich mit ihrer Hilfe einen Weg an Bord erschlichen.
Andere Kinder wurden schlafenden oder unachtsamen Müttern geraubt. Unter den marodierenden Truppen- und Etappeneinheiten, die in den Tagen der ersten großen Auflösung und Flucht Ende Januar nach Pillau flohen, gab es auch Soldaten, die sich in den Besitz von Kindern setzten. Diese Kinder – manchmal allerdings

auch leere Bündel – im Arm haltend, drängten sie sich an den Hafen- oder Fallreepposten vorüber und behaupteten, ihre Familie in Sicherheit bringen zu müssen. Sie erschienen auch in Frauenkleidern, die sie gestohlen oder von ihren Geliebten bekommen hatten. Diejenigen, die dabei der Feldpolizei oder SS-Streifen in die Hände fielen, baumelten am nächsten Tage wie verschneite, im Sturm hin und her schaukelnde Puppen über den Köpfen der Menge an Lichtmasten und Gerüsten im Hafen.

Pastor Dorfmüller selbst war am 8. Februar 1945 am Ende seiner Kräfte, denn zwei Wochen im Pillau-Hafen waren für einen Menschen, der Tag und Nacht immer die gleichen Bilder gesehen hatte, zuviel. Mitte Januar hatte Pillau noch wie auf einem anderen Stern gelebt, um dann am 17. oder 18. Januar in die rauhe Wirklichkeit herabgerissen zu werden. Als die ersten Flüchtlinge aus dem Samland mit Schreckensberichten kamen, glaubten die Pillauer noch, sie selbst seien in Sicherheit. Das war nun längst vorbei. Pillau lag zum größten Teil in Trümmern, und zwischen der Nordermole hinter den Dünen und der Strandhalle von Zöllner steckten Landesschützen eben einen neuen Friedhof ab, weil der alte keine Toten mehr aufnehmen konnte.

Am 26. Januar war wahrscheinlich durch Sabotage ausländischer Zivilarbeiter das Munitionslager des Forts Stiehle in die Luft geflogen. Diese Explosion hatte die Altstadt fürchterlich zugerichtet. 28 000 Flüchtlinge waren am Abend vor der Katastrophe in Pillau eingetroffen. Jeder Hof, jede Straße war vollgepfropft mit Wagen. In jedem Hafengebäude und an jeder halbwegs geschützten Stelle warteten Menschen. Zwischen ihnen standen schnaubend, brüllend und blökend die Tiere, die sie mitgeführt hatten. Und dann kam die Explosion. Der Pastor konnte nicht die völlig entstellten menschlichen Wesen vergessen, die bis in die Bäume hineingeschleudert worden waren.

Unterdessen war die Menschenwoge unentwegt weiter angeschwollen. Die Straßen nach Pillau waren gekennzeichnet durch zurückgelassenes Gut: Koffer und Bündel, Kisten und Säcke, Kinderwagen und Spielzeug, Betten und Nähmaschinen. Die Einschließung Königsbergs hatte keine Erleichterung gebracht. Die Menschenwoge aus dem Samland flutete weiter, und da niemand mehr wußte, wo die Russen bereits standen, hetzte jeden die Angst, die Russen könnten am nächsten Tage in Pillau sein.

Wahrscheinlich würde das Pillau dieser Tage niemals zutreffend beschrieben werden. Das wußte der Pastor genau. In seiner eigenen Vorstellung prägte sich alles nur in verworrenen Einzeleindrücken aus. Da waren die Schwangeren, die in irgendeinem Winkel, einem Flur, einer Baracke gebaren, zum Teil – trotz ihres Zustandes – auf der Flucht geschändet, aber dann noch einmal entronnen und nun vor Angst bebend, sie würden Teufelsfratzen gebären. Da waren die merkwürdig fahlen Gesichter der irgendwo an den Straßen vergewaltigten Mädchen, die auch noch einmal entkommen waren und nun nach Ärzten fragten. Da waren die Schwerverwundeten und Kranken, die fürchteten, zurückgelassen zu werden, und häufig eine Waffe unter ihrer Decke verbargen, um die Sanitäter zu zwingen, sie mitzunehmen, oder ihrem eigenen Leben ein Ende zu machen, bevor sie in die Hände der Russen fielen. Da waren die russischen Kriegsgefangenen, die auf höchsten Befehl nach Westen transportiert werden mußten, ein jammervoller Zug, auf hölzernen Sohlen, mit tief herabgezogenen Mützen, Papierkordeln um die auseinanderfallenden Mäntel gebunden. Da waren die Lebensdurstigen, die sich, getrieben von der Angst vor dem nahen Tod, am hellen Tage in den Ruinen, an Bäumen, in Gräben zusammenfanden und begatteten – zuckende, kämpfende, stöhnende, vor Lust schreiende, trotz der Kälte halbnackte Menschenleiber. Da waren die Wahnsinnigen, die mit irren Augen von Haus zu Haus und von Wagen zu Wagen eilten und nach ihren Müttern und Kindern riefen. Da war Ergebenheit von Alten, die noch tragischer wirkte als alle von Angst und Schrecken aufgewühlte Panik. Und darüber der graue Himmel, Schnee und Frost und Tau und Tau und Frost und Schnee und kalte, mordende Nässe.

Am Montag, dem 5. Februar, erschienen zum ersten Male russische Bombengeschwader über der Stadt. Deutsche Flieger, die noch auf dem Flugplatz in Neutief lagen, waren durch Benzinmangel an den Boden gefesselt, und die Russen verwandelten den größten Teil der Häuser, welche die Explosionskatastrophe überdauert hatten, in Ruinen, Dreck und Schutt.

Marine und Pioniere hatten in den ersten Tagen daran gedacht, über schwimmende Pfeiler (kleine Dampfer und ähnliches) eine Brücke zur Nehrung hinüberzuschlagen, aber das hätte viel zuviel Zeit gefordert. So schwammen nur drei Fähren und eine Anzahl Dampfer zwischen Pillau und der Nehrung hin und her und brachten Wagen, Tiere und Menschen nach Neutief. Aber niemand wußte, wie lange sie noch fahren konnten, ohne daß aus der Luft alles zusammenge-

schossen wurde, was sich an Bord befand. Die wartenden Wagen auf der Pillauer Seite waren ebenso wie das Wagenmeer, das sich täglich drüben zwischen Neutief und Kaddickhaken auf den Wiesen staute, schon jetzt Ziele russischer Flieger. Wie oft hatte der Pastor schon an schnell aufgeworfenen flachen Löchern gestanden, in welche die Opfer der Splitterbomben gelegt wurden, und er ahnte Schlimmes für die Zukunft.
Die Nachricht, daß Schiffe eingelaufen seien, verbreitete sich jedesmal schnell von Straße zu Straße. Aus den noch stehenden Häusern, aus den beschädigten Hallen und Schuppen drängten Tausende zum Hafen. Wie die Ameisen krochen sie hervor. Und keine Feldpolizei, keine Sonderkommandos konnten den Strom kontrollieren. Man hörte das Keuchen der abgehetzten Frauen, die zum vierten oder fünften oder achten Male, ihre Kinder auf dem Arm oder an der Hand, Koffer und Rucksäcke auf dem Rücken, zum Hafen hasteten. Man hörte immer wieder das gleiche tappende, unsagbar traurige Geräusch der ungezählten Füße. Wenn die aufragenden Rümpfe der Schiffe sichtbar wurden, beschleunigte sich der Schritt, suchte jeder als erster bei irgendeinem Schiff zu sein, und noch einmal trennte man sich vom Gepäck, um vorwärtszukommen, und immer wieder sanken Frauen und Kinder dicht vor dem Ziel erschöpft über ihren Bündeln zusammen. Die Schiffe waren Frachter, Seebäderdampfer, Segler, Logger, Torpedoboote, alles, was auf einem Kiel fahren konnte. Die meisten hatten nichts anderes zu bieten als ihre leeren, feuchten Laderäume und die offenen Decks. Die nur schnell überwaschenen Zeichen der Dysenterie, die auf den kalten Schiffsböden Hunderte überfiel, haftete noch an den Stahlplatten. Aber alle drängten sich in die Räume, und Furcht ließ sie auf Eisenböden hokken oder Leib an Leib gepreßt stehen, bis niemand mehr – auch der Ohnmächtige nicht – umsinken konnte.

Unter anderen Schiffen nahm am 9. Februar 1945 der frühere Luxusdampfer des Norddeutschen Lloyd »General Steuben« in Pillau so viele Verwundete und Flüchtlinge an Bord, wie das Schiff fassen konnte. Das 17500 Tonnen große Schiff hatte bis vor wenigen Wochen in Danzig-Neufahrwasser als U-Boot-Wohnschiff gedient, in den ersten Februartagen mit schwachem Geleitschutz seine erste Evakuierungsfahrt von Pillau nach Swinemünde unternommen und war mit tausend Verwundeten an Bord glücklich in seinem Bestimmungshafen angelangt. Nach der Übergabe der Verwundeten an ein

Lazarettkommando war das Schiff am 6. Februar wieder aus Swinemünde ausgelaufen, hatte wegen Nebels einen ganzen Tag wenige Meilen von Swinemünde vor Anker gelegen und war schließlich am 8. Februar wieder in Pillau eingetroffen. Seit den frühen Morgenstunden des 9. Februar bestürmten Flüchtlinge das Schiff.
Das Schiff füllte sich schnell weit über seine Soll-Belegung hinaus. Die großen Promenadendecks wurden zu Massenlagern. Kopf an Kopf lagen die Verwundeten. In den tiefer gelegenen Decks drängten sich die leichter Verletzten. Unter sie mischten sich die Flüchtlinge. In den Gängen fanden die Schwestern und Sanitäter nur noch mühsam einen Weg zwischen den Matratzen und den darauf liegenden Menschen, die seit Wochen zum ersten Male wieder etwas wie Sicherheit oder Hoffnung fühlten. Am Nachmittag waren mehr als zweitausend Verwundete und über tausend Flüchtlinge an Bord, dazu die Besatzung mit vierhundert Köpfen. Listen wurden nicht mehr geführt, so daß die genaue Zahl der Belegung nicht bekannt war.
Gegen 15.30 Uhr zogen Schlepper das Schiff in die Mitte des Hafenbeckens. Gleichzeitig legten als Geleitschutz das alte Torpedoboot »T 196« und das noch ältere Minensuchboot »FT 100« ab. »T 196« hatte im letzten Augenblick selbst noch zweihundert Flüchtlinge aus Königsberg an Bord genommen. Am Nachmittag beobachteten zwei sowjetische Jäger das Auslaufen des kleinen Geleits und griffen »T 196« im Tiefflug an. Sie drehten ab, als die Schiffe das offene Fahrwasser erreichten und bei ruhiger See, unter schneegrauem Himmel, Kurs nach Nordnordwesten nahmen.
Die »Steuben« war in Tarnfarben gemalt, fuhr unter der Kriegsflagge und hatte leichte Flak an Bord. Sie war nicht als Lazarettschiff gekennzeichnet. Dies war eine Folge der Turbulenz dieser Wochen, in denen jeder Verwundete auch einen Kohlendampfer begrüßte, wenn er ihn nur mitnahm, und es war ohnedies bedeutungslos auf einem Kriegsschauplatz, der dem Roten Kreuz keinen Wert beimaß. Wenn man hier nach einer Schuld suchen wollte, so mußte man sie weit zurück bei jenen suchen, die von vornherein dem Kampf im Osten jede menschliche Note genommen hatten.
Mit zehn bis zwölf Meilen Fahrt glitt das Geleit durch die Nacht. Eine Zeitlang grollte noch das Artilleriefeuer von den Kämpfen im Samland herüber. Dann wurde es still. Zwischen 22 und 23 Uhr erreichte die »General Steuben« das Seegebiet zwischen der Stolpebank und der pommerschen Küste auf der Höhe von Stolp. Einge-

denk der Katastrophe, welche hier die »Wilhelm Gustloff« ereilt hatte, begann die »General Steuben« Höchstfahrt zu laufen. Das alte Minensuchboot »FT 100« vermochte nur mühsam die Fahrt zu halten. Aus seinem Schornstein sprühten Funken, die zeitweise die Nacht erhellten und den Kurs der Schiffe verrieten. Mitternacht ging vorbei. Die Ausguckposten sahen angespannt in die Nacht hinaus. So begann der 10. Februar 1945.

Fast zeigten die Uhren auf der Brücke die erste Stunde an, als plötzlich eine dumpfe Detonation das Schiff erschütterte. Gleichzeitig schrillten die Alarmklingeln: »Feuer im Schiff.« Für ganz kurze Zeit glitt die »Steuben« noch weiter, als sei nichts geschehen. Auf Oberdeck stürzten die Bedienungsmannschaften an ihre Geschütze. Dann blieb das Schiff plötzlich bewegungslos liegen. Alles Folgende vollzog sich in wenigen Minuten. Im grellen Licht der Scheinwerfer, die von dem Minensuchboot herüberstrahlten, sank der Dampfer mit dem Vorschiff voraus. Es war klar, daß die »Steuben« auf Steuerbordseite von einem U-Boot-Torpedo getroffen war. Man versuchte in fliegender Hast die Rettungsboote der Backbordseite zu Wasser zu lassen. Aber jede geordnete Rettungsarbeit war von vornherein unmöglich.

Gellendes Schreien folgte auf die lähmende Stille des ersten Entsetzens. Aus dem Vorschiff gelang es nur wenigen Menschen, an Deck zu kommen. Hier glitten sie zusammen mit Kästen und Rettungsflößen ins eisige Wasser. Innerhalb weniger Minuten tauchte das Vorschiff der »Steuben« bis zum vorderen Schornstein ein. Dann legte sich das ganze Schiff nach Backbordseite über. Viele der Verwundeten und Flüchtlinge in den unteren Decks wurden im Schlaf von dem schnell eindringenden Wasser überrascht. Einige wenige schlugen die Bullaugen ein und fanden hier einen Weg nach außen. Durch das Schreien der Eingeschlossenen, das meilenweit über See zu hören war, hallten die Schüsse derer, die sich töteten oder an den verstopften Niedergängen einen Weg nach außen freizuschießen suchten. Diejenigen, die sich aus den oberen Decks zu retten vermochten, flohen auf das Achterdeck, das sich immer höher über die See erhob. Statt sofort ins Wasser zu springen und Rettung auf umhertreibenden Flößen zu suchen, drängten sie sich hier zu schwarzen hilflosen Menschentrauben zusammen.

Während das Torpedoboot »T 196«, Wasserbomben werfend, auf und ab fuhr, um das sowjetische U-Boot zu vertreiben, hielt sich »FT 100« möglichst nahe bei dem sinkenden Schiff. Der Kommandant versuchte, mit glücklich zu Wasser gekommenen Rettungsbooten der »Steuben« sowie mit den eigenen Booten einen Pendelverkehr in Gang zu bringen. Er ließ Jakobsleitern ausbringen. An ihnen hingen Matrosen und fischten treibende Menschen aus dem Wasser, die vor Kälte erstarrt waren.

Für wenige Minuten hatte es den Anschein, als werde sich das Achterschiff der »General Steuben« über Wasser halten. Das entsetzliche Schreien am Oberdeck ließ etwas nach. Aber kurz nach 1 Uhr begann das Schiff endgültig zu sinken. Das Achterschiff erhob sich steil aus dem Wasser, so daß man die langsam mahlenden Schrauben sah, die schwarzen Menschentrauben auf dem Achterdeck begannen, über Bord zu springen. Einzelne Trauben fielen in die Flügel der Schrauben. Das Schreien im Innern des Schiffes schwoll gleichzeitig von neuem an, unvergeßlich für alle, welche die Katastrophe überlebten. Dann glitt das Schiff fast senkrecht in die Tiefe, und sein Sog riß Ungezählte mit, die ringsum im Wasser trieben.

In der lähmenden Stille, die sich plötzlich über die nachtdunkle See legte, und im huschenden Licht der Scheinwerfer begann ein stundenlanger Kampf um das Leben derer, die dem Todesschiff entronnen waren. Die Geleitschiffe nahmen rund 300 Männer, Frauen und Kinder an Bord. Schwerverwundete, die im Wasser trieben, ertranken oft noch angesichts der ihnen zugeworfenen Bojen. Sie waren so erschöpft, daß sie nicht mehr auf Zurufe reagierten. Mit gelben, starren Gesichtern trieben die Toten vorbei.

Als der Morgen des 10. Februar zu grauen begann, mußten die Geleitschiffe ihre Suche nach Überlebenden abbrechen. Sie nahmen Fahrt auf und setzten einige Stunden später das Häuflein der Geretteten in Kolberg an Land. Die Zahl der Ertrunkenen wußte niemand zu sagen. Man konnte sie nur schätzen. Die Schätzungen aber meinten, es seien dreitausend Menschen gewesen.

Der IA des Admirals Östliche Ostsee fuhr in der Nacht zum 20. März selbst mit einem Räumboot zwischen den rund dreißig Fischkuttern auf und ab, die auf den Sandstrand der Frischen Nehrung aufgefahren waren, um Flüchtlinge nach Hela herüberzuholen. Dies geschah jetzt Nacht für Nacht, um möglichst vielen von den Unglücklichen – vor allem den Fußgängern – den endlosen Landmarsch durch Pommern zu ersparen und sie von Hela aus zu Schiff nach Westen zu bringen.

Die kaltschillernde See klatschte auf den Strand. Der Wind pfiff durch das Tauwerk. Die Fliehenden auf der Nehrung kannten jetzt schon die Stelle, an der die Fischkutterflottille bei Einbruch der Dunkelheit erschien und bis zum Morgengrauen Schub um Schub nach Hela brachte. Sie warteten in dichten dunklen Klumpen neben ihren Bündeln. Teile der Kutterbesatzungen standen am Strand, immer wieder bis zu den Hüften von den anrollenden Wellen umspült, und hoben die Frauen in die Boote. Das Ganze vollzog sich in einem drückenden traurigen Schweigen. Wenn ein Kutter fünfzig, siebzig, hundert oder mehr Menschen an Bord genommen hatte, glitt er vom Strand und tauchte mit tackendem Motor in der Dunkelheit unter.

Der Korvettenkapitän hatte an der pommerschen Küste noch eine Anzahl Fischkutter mobil gemacht und hierherdirigiert. Er selbst nahm noch hundert Menschen auf sein Räumboot und lief nach Hela zurück. Über Gotenhafen glühte der Himmel, und hinter Danzig leuchteten Brände.

In Hela entluden Fährprahme Verwundete aus dem Erm- und Samland. Wenn die Sanitäter und Seeleute sie anhoben, hörte man ihr leises Stöhnen. An der Ausladestelle stand ein Marinepfarrer und versuchte zu trösten, wo meist nur noch wenig Trost zu spenden war. Der Pfarrer war zu einem Begräbnisspezialisten geworden. Seine hohe schmale Gestalt beugte sich immer wieder über die Vorübergetragenen. Oft hatten 30 Prozent derer, die Hela erreichten, schon ausgelitten.

Am Strand sammelten sich diejenigen, die von den Fischkuttern herübergebracht wurden. Es gab keine Unterkünfte für sie, und sie hofften, auf einem Geleit weiterfahren zu können. Jetzt lagerten ständig zwischen hundert- und hundertfünfzigtausend Menschen auf der Halbinsel und warteten mit dem gleichen Ziel.

Der Korvettenkapitän ging in den Bunker hinüber, in dem 1939 der polnische Admiral v. Unruh kapituliert hatte. Rund vierzehn Tage hatte der I A allein in Gotenhafen gewirkt. Dann hatte es sich als vorteilhafter erwiesen, daß ein Mann mit mehr Ärmelstreifen zu ihm stieß und seine Pläne und Absichten vor allem gegenüber den Generalen vertrat. Seit Mitte Februar befand sich der Admiral Burchardi in der Danziger Bucht. Etwas später waren beide von Gotenhafen nach Hela übergesiedelt, das sich immer mehr zum Mittelpunkt der Abtransporte aus der Danziger Bucht, aber auch des Umschlags nach Kurland entwickelte.

Die Halbinsel, die einmal wenige hundert Fischer mit ihren Familien beherbergt hatte, war ein totes Stück Erde geworden. Russische

Fliegerbomben und Langrohrgeschütze hatten die Häuser zerstört. Da dem Admiral und seinem I A keine andere Wahl blieb, als aus den bedrohten oder schon dicht vor dem Fall stehenden Häfen mit kleinen Fahrzeugen so viele Flüchtlinge wie möglich auf die noch nicht direkt bedrohte Halbinsel zu bringen, dort zu sammeln und umzuladen, bedurfte es weder für Artillerie noch für Flugzeuge großer Zielgenauigkeit, um mit jeder geschossenen Granate Opfer zu finden. Aber das Gewimmel der Landenden, Abfahrenden und Wartenden wogte ununterbrochen, so als stünde nicht der Tod dauernd mitten zwischen ihnen und wartete auf seine nächsten Opfer. Es gab überhaupt nur eine Gunst, die das Schicksal den Menschen auf Hela gewährte – das war das heraufziehende frühlingswarme Wetter. In den von Schneestürmen heimgesuchten Januartagen und den ersten Februartagen, als Gotenhafen noch das Zentrum der Flucht über das Meer war, waren sie auf Hela Nacht für Nacht zu Tausenden erfroren.
Der Korvettenkapitän ging weiter. Draußen brüllten die Sirenen der Lazarettschiffe aus Kurland, die neues Geleit für die Fahrt in die westliche Ostsee brauchten. Der Korvettenkapitän versuchte, nicht an den Brodem zu denken, der einem aus diesen Schiffen entgegenschlug, an dieses Gemisch von Kotgeruch, Fieberdunst, Karbol, Eitergestank und Ungewaschenheit.
Als ihn der Bunker aufnahm, wurde es still. Nur die Ventilation summte. Der Admiral litt seit Tagen unter den Vorboten irgendeiner Krankheit. Der I A war allein. Er zog die Seestiefel aus und warf Mantel und Mütze ab. Dann stand er vor seinen Karten und Tabellen. Er kontrollierte die Geleite, die in dieser Nacht nach Westen gingen, und die Transporte, die leer oder mit Munition von dort zurückkehrten. Wenn alles gut ging, verließen in den nächsten Stunden 25 000 Menschen die Danziger Bucht. 25 000 zu den rund 1 200 000, die schon den Weg über See angetreten hatten.
Swinemünde, die Lübecker und die Kieler Bucht konnten kaum noch Flüchtlingsschiffe aufnehmen. Die Luftangriffe und die Luftverminung durch die Engländer nahmen dort solche Ausmaße an, daß das Ein- und Auslaufen immer schwerer wurde. Es blieben nur einige kleinere deutsche Häfen und vor allem Dänemark. Der Korvettenkapitän begann, neue Kurse festzulegen. Darüber kam ein Maat und brachte ihm die Meldung, daß zwei mit Flüchtlingen beladene Torpedoboote torpediert und versenkt worden seien. Auf die Frage, wieviel Menschen gerettet worden seien, gab es noch keine

Antwort. Der I A senkte die Schultern. Aber dann arbeitete er weiter, denn in den folgenden Nächten mußten Zehntausende aus Gotenhafen abgefahren werden. Sie warteten in auswegloser Verzweiflung. Und niemand konnte ihnen helfen, außer ihm.

Als der Oberleutnant Brinkmann am 16. April gegen 10 Uhr morgens vom Hela-Hafen zusammen mit den übriggebliebenen Soldaten seiner bei Pillau und Danzig ausgebrannten Division zu einem draußen ankernden Geleit hinausfuhr, ahnte er nicht, daß er Zeuge der dritten und furchtbarsten Katastrophe innerhalb der großen Flucht über die Ostsee sein würde. Seit ihn ein Fährprahm zusammen mit Frauen und Kindern aus dem Raum von Schievenhorst nach Hela hinübergerettet hatte, waren alle drei Stunden mit tödlicher Regelmäßigkeit russische Flugzeuge über der Halbinsel erschienen. Sie kreisten über dem Hafen und den Schiffen draußen und warfen bis dahin unbekannte, hochexplosive Bomben.

Ihr letzter Angriff war eben vorüber. Er hatte auf Hela, wie immer, seine Opfer gefunden, und der Blick, mit dem Brinkmann von der Halbinsel Abschied nahm, hatte einem getöteten Mädchen gegolten, das nicht weit von dem Pier auf dem Rücken lag und mit seinen gläsernen Augen zum Himmel starrte.

Der überfüllte Prahm lief zu dem Dampfer »Goya« hinaus und machte längsseits fest. Überall an den Bordwänden der tarnfarbenen Frachter hoben und senkten sich die Marineprahme und gaben ihre Menschenfrachten ab.

Der Himmel war klar, und die Leute auf den behelfsmäßig ausgerüsteten Flakständen der Schiffe spähten zur Küste hinüber, von wo die russischen Flieger zu kommen pflegten. Unterdessen kletterten Flüchtlinge und Soldaten an den Fallreeps hinauf.

Um 12 Uhr tauchten die »Schlächter«, wie man die Flieger auf Hela jetzt nannte, wieder über der Küste auf. Kurze Zeit später waren sie da. Ihre roten Sterne blitzten. Das dünne Feuer der leichten Flak ballerte, ohne sie vertreiben zu können. Die Maschinen stießen steil herab, fegten über Masten und Aufbauten oder gingen gleich auf die Prahme los, die nicht mehr von den Schiffen ablegen konnten. Dort, wo ihre Bomben auf die Decks aufschlugen, hinterließen sie Tote und Verwundete.

Brinkmann hatte den Rückzug der 2. Armee von Ziechenau bis Danzig und damit eine Odyssee der Schrecken erlebt. Aber er würde niemals den Anblick eines Fährprahms vergessen, der an der Bordwand des Nachbarschiffes lag und vielleicht dreißig alte Männer und Frauen aus irgendeinem Altersheim, Siebzig- bis Achtzigjährige, an Bord hatte, die ebenfalls in den letzten Tagen aus Erdhöhlen bei Schievenhorst herausgeholt worden waren. Sie lagen in erschütternder Geduld auf ihren Bündeln oder Bahren und warteten darauf, daß auch sie an Bord geholt werden würden. In diesem Augenblick trafen zwei Bomben ihren Prahm. Als dieser kurz darauf hastig von seinem Schiff ablegte, rührte sich unter den alten Leuten niemand mehr, und man sah schmale rote Streifen an der Bordwand herablaufen. Brinkmann würde auch eine zweite Szene niemals vergessen, die sich wenige Stunden später ereignete, als die Schiffe schon beladen waren, immer aber noch Prahm auf Prahm von Hela herüberkam mit Leuten, die darum bettelten, mitgenommen zu werden. Die »Goya« nahm noch zwanzig Menschen an Bord. Siebentausend drängten sich bereits in den Laderäumen. Achtzehn von jenen zwanzig waren bereits auf Deck angelangt. Die noch fehlenden zwei, ein junger Mann, dem ein Arm fehlte, sowie seine Frau, standen noch auf dem Prahm, ihnen gegenüber zwei alte Leute in verstaubtem, schwarzem Zeug. Offenbar waren es die Eltern des Mannes. Aber der Mann stritt mit seinen Eltern darum, wer zurückbleiben sollte. Seine Frau unterstützte ihn. Man hörte ihn erregt sprechen, und der Sinn seiner Worte war der, die Alten müßten zurückbleiben. Sie hätten ihr Leben gelebt. Er und seine Frau hätten noch das Leben vor sich. Die Alten sahen den Jungen aus hilflosen Augen an. Er schrie jetzt so laut, daß man fühlte, wie die eigene Lebensgier ganz von ihm Besitz ergriffen hatte und ihn jede Hemmung vergessen ließ. Als die Sirene auf der »Goya« blies, wandte er sich brüsk um. Er trug einen riesigen Sack auf dem Rücken. Er stieß seine Frau mit der gesunden Schulter vor sich her zum Fallreep und zerrte sich selbst mit einer unnachahmbaren schnellen und geschickten Bewegung des heilen Armes und des Armstumpfes am Fallreep hinauf. Als er an Deck stand und die Frau – ebenfalls mit einem großen Bündel – über die Reling geklettert war, blickte er sich nicht noch einmal um, während der Prahm mit den stumm dastehenden Eltern nach Hela zurückglitt.

Gegen 19 Uhr gingen die acht Schiffe des Geleits Anker auf. Ein Minensuchboot setzte sich an die Spitze. Die Frachter folgten gestaffelt hintereinander. Als das Geleit nördlich der Danziger Bucht Kurs nach Westen aufnahm, lief die »Goya« als äußerstes Schiff an Steuerbordseite. Flüchtlinge und Soldaten befanden sich sämtlich

unter Deck. Auf Oberdeck hielten sich außer der Besatzung nur einige Streifen auf. Brinkmann tat von 22 bis 24 Uhr Streifendienst.
Es war stockdunkle Nacht. Um vier Minuten vor zwölf wollte Brinkmann sich auf die Brücke begeben, wo die Ablösung stattfand. Das Geleit lief auf der Höhe von Stolp, 60 Seemeilen seewärts, mit neun bis zehn Knoten, als das Schiff zwei kurz aufeinanderfolgende Schläge erhielt und sofort zu sinken begann. Es hatte zwei Torpedotreffer mittschiffs und achtern bekommen und verschwand innerhalb von drei bis vier Minuten unter der Wasseroberfläche.
Diese wenigen Minuten aber lehrten Brinkmann das Grauen. Das Signal »Rette sich, wer kann« hallte noch über Deck, als die Luken aufgestoßen wurden und Soldaten, Flüchtlinge, Frauen – miteinander kämpfend – aus den Niedergängen herausquollen. Ihre schwarzen, um sich schlagenden Schatten hasteten über Deck. Schüsse knallten. Brinkmann versuchte, dem Todesreigen der Schatten zu entkommen und die höchste Stelle des Schiffes, die Brücke, zu erreichen. Am Fuß der Brückenaufbauten angelangt, erfaßte ihn jedoch eine Riesenwoge, die über das achtern wegsackende Schiff dahinraste. Eine zweite Woge warf ihn durch Zufall in ein umhertreibendes Rettungsfloß. Als er aus seiner Benommenheit erwachte, sah er eine Stichflamme aus dem Wasser schießen und hörte unter der Wasseroberfläche das dumpfe Grollen explodierender Kessel. Dann war es still.
Aber aus der Stille erhoben sich die geisterhaften, gurgelnden Stimmen derer, die über Bord gesprungen oder gespült worden waren. Es waren wahrscheinlich einige Hundert. Sie klammerten sich an Tonnen und Trümmer. Dazwischen ertönten die gurgelnden letzten Schreie derer, die ertranken. Zu Brinkmann gesellten sich noch vier Soldaten, die zufällig vorübertrieben und sich an sein Floß klammerten. Alle fünf hingen, bis zur Brust im Wasser, an den Halteseilen.
Von den anderen Schiffen des Geleits war nichts mehr zu sehen. Um nicht selbst versenkt zu werden, waren sie mit äußerster Kraft auf Zickzackkurs weitergelaufen. Vorübergehend trat eine merkwürdige Ruhe ein. Dann entlud sich ein Schrei, der schrille, durchdringende hohe Schrei einer Frau. Und dann nahm das Rufen und Schreien kein Ende. Es steigerte sich für Brinkmann bis zur Unerträglichkeit. Flüche und Verwünschungen des Krieges, Hitlers und Erich Kochs mischten sich mit Hilferufen an Gott und die Heiligen,

so wie sie nur die letzte Todesnot erzwingen konnte. Langsam versiegte der Chor der Stimmen, dafür mehrte sich das gurgelnde Geräusch, das im letzten Augenblick aus den Mündern der Ertrinkenden hervordrang. Im Halbdämmer des nahenden Endes sah Brinkmann Bilder aus seiner eigenen Vergangenheit. Er dachte an die Fehler, die er begangen hatte und die wiedergutgemacht werden mußten, wenn er noch einmal dem Leben zurückgegeben würde. Der Angriff einiger Verzweifelter, die – an dünne Latten angeklammert – gegen das Floß vorstießen, riß ihn aus seiner halben Betäubung. Der Kampf um das nackte Leben zwang ihm und den anderen umhertreibende Hölzer gleich Keulen in die Hände. Erst nach einer Stunde kam eine plötzliche Rettung. Der Schatten eines größeren Geleitschiffes, das wegen der U-Boot-Gefahr dauernd Kreise schlug, glitt vorüber. Brinkmann und seine Kameraden schrien, von der Angst gepackt, man würde sie nicht sehen. Sie brachten nur noch krächzende Laute hervor. Aber man sah sie und zog sie an Bord. Das Geleitschiff rettete insgesamt 98 Überlebende, davon 94 Soldaten und 4 Zivilisten. Die Frauen waren fast alle der Kälte erlegen, bevor Hilfe kam. Das Geleitschiff brachte Brinkmann und die anderen Geretteten am 23. April nach Kopenhagen. Unterwegs starben noch zehn von ihnen. In Kopenhagen erfuhr Brinkmann, daß Schnellboote 82 weitere Soldaten und Flüchtlinge der »Goya« gerettet hatten. Was aber bedeuteten 170 von 7000? Gott, was bedeutete das?

ZWISCHEN WEICHSEL UND ODER

Noch während in Ostpreußen der Kampf um den Durchbruch nach Westen im Gange war, entwickelte sich weiter südwestlich aus dem von Shukow überrannten Raum im großen Weichselbogen ein weiterer sowjetischer Angriff, der gegen Westpreußen, Pommern und die Neumark brandete.

Im Mittelpunkt der Kämpfe stand die 2. deutsche Armee des Generalobersten Weiß. Während Rokossowskis Angriffsstoß in Richtung auf Elbing ihren linken Flügel teils durchstoßen, teils in blutigen und ungewöhnlich verlustreichen Kämpfen bis in den Raum von Elbing zurückgeworfen hatte, verlor ihr rechter Flügel in wenigen Tagen den Anschluß nach Süden. Als die 9. deutsche Armee südlich der Weichsel zerschlagen war und Shukows Panzerarmeen in schnellem Vormarsch auf dem linken Weichselufer nicht nur in Richtung Posen, sondern auch nach Nordwesten in Richtung Leslau und Bromberg marschierten, hing der rechte Flügel der 2. Armee in der Luft.

Die Reste der 9. Armee wurden, vermischt mit den überall aufbrechenden Zügen der Flüchtlinge sowie Volkssturmeinheiten, über die weite winterliche Landschaft, durch Frost und Schneestürme nach Westen und Nordwesten geschwemmt.

Dem Generalobersten Weiß war nichts anderes übriggeblieben, als seinen rechten Flügel bis in den Raum der »Festung« Thorn zurückzunehmen. Dieser Rückzug hatte sich unter dem Druck von etwa 60 russischen Divisionen so schnell vollzogen, daß nur geringe Teile der deutschen Bevölkerung aus dem zu Ostpreußen geschlagenen Raum westlich des Narew entkommen konnten. Evakuierungsbefehle hatte es – selbst in letzter Stunde – kaum noch gegeben. Den letzten Siegesparolen war unmittelbar die Flucht der Parteistellen und Behörden gefolgt.

Die Bewohner, denen die Flucht im letzten Augenblick gelungen war, kämpften sich zusammen mit den dezimierten Truppen der 2. Armee gegen das große Weichselknie zwischen Thorn und Graudenz zurück. Dort zogen die Flüchtlinge über das Eis des Stromes. Auch hier verwandelten sich in wenigen Tagen alle Straßen, die von Osten nach Westen und Nordwesten führten, in rollende Züge von Menschen, Tieren und Wagen. Es gab nur selten Straßenkommandanten, die Ordnung schafften, und die hohe Schneedecke über der Tucheler Heide wurde zum Leichentuch.

Als der rechte Flügel der 2. Armee um den 22. bis 23. Januar den Raum von Thorn erreichte, rückte südlich der Weichsel auch schon Shukow an die Festung heran. Zwei Tage später standen seine Panzer vor Bromberg. Da Shukow aus dem Raum von Bromberg der 2. Armee direkt in den Rücken stoßen konnte, mußte diese bis nach Kulm zurückweichen.

Am 24. Januar ging die Verbindung mit Thorn endgültig verloren. Hitler persönlich befahl jedoch, daß die Festung Thorn genauso wie Posen zu verteidigen sei.

Am 22. Januar war der Pioniergeneral Lüdecke aus Danzig nach Thorn entsandt worden. Er hatte nach einer quälenden Fahrt über die verstopften Straßen links und rechts der Weichsel Thorn kurz vor der Einschließung erreicht und dort nur eine Volksgrenadierdivision ohne Artillerie, ein paar aus Kranken bestehende Festungsverbände und die Männer einer Fahnenjunker- und Unteroffiziersschule vorgefunden. Außer der polnischen Bevölkerung befanden sich noch 600 Deutsche in der Stadt.

Die übrigen, die in Richtung auf Fordon und Bromberg geflohen waren, blieben verschollen. Der Kreisleiter und der Oberbürgermeister waren zurückgeblieben.

Auch Thorn war nur dem Namen nach eine Festung. Die Munitionsversorgung reichte höchstens für drei Großkampftage. Lüdecke wies, da die Festung nicht dem Generalobersten Weiß, sondern dem Oberkommando des Heeres unmittelbar unterstellt war, bei diesem durch Funk auf die Aussichtslosigkeit der Verteidigung hin. Guderians Vertreter, Wenck, verwies ihn jedoch nur auf den Führerbefehl »Thorn wird gehalten«.

Am 25. Januar war die Stadt eingeschlossen, und die Verbände Shukows und Rokossowskis strömten im Süden und Norden, ohne sich um die »Festung« zu kümmern, an ihr vorbei. Es war wiederum ein Zeichen für Verwirrung, die in den Tagen der großen Katastrophe rings um Hitler herrschte, daß Lüdecke sechs Tage später, am 1. Februar, durch Funk den Befehl erhielt, aus Thorn auszubrechen und die Linie der 2. Armee zu erreichen. Die Verwundeten und die zurückgebliebene Zivilbevölkerung sollten bei diesem Durchbruch mitgeführt werden.

Durch das Vordringen Shukows im Raum von Bromberg immer stärker bedroht, war der rechte Flügel der 2. Armee inzwischen über die Weichsel zurückgegangen. Die Armeefront verlief jetzt aus dem Raum um Elbing hinter Nogat und Weichsel bis nach Schwetz, um von da entlang den Südrändern der Tucheler Heide nach Westen abzubiegen und irgendwo Verbindung zu deutschen Truppen in Pommern zu suchen. Die Marienburg und die Stadt Graudenz bildeten noch Brückenköpfe auf dem Ostufer der Nogat bzw. der Weichsel.

Am 2. Februar trat General Lüdecke aus Thorn heraus zum Durchbruch nach Westen an. Er hatte drei Angriffsgruppen formiert. Bei der mittleren Angriffsgruppe befanden sich Zivilbevölkerung und Verwundete. Es lag hoher Schnee. Verwundete und Kranke wurden auf Schlitten mitgeführt, die wenige Tage später bei einem vorübergehenden Tauwettereinbruch steckenblieben. Der erste Durchbruch bei Tagesanbruch gelang, und Lüdeckes Kolonnen kämpften sich bis zum Abend bis zum Raum zehn Kilometer östlich Fordon vor. Hier erhielt Lüdecke einen neuen Funkspruch, der den vorangegangenen Befehl umstürzte.

Jetzt sollte Lüdecke nach Norden abdrehen, die Weichsel südlich Kulm überschreiten und die Linien der 2. Armee bei Schwetz erreichen. Am 5. Februar gelang es einzelnen Teilen, das Eis der Weichsel südlich von Kulm zu überqueren. Am 7. Februar erreichten etwa 19000 von den 32000 Soldaten und Zivilisten, die aus Thorn ausgebrochen waren, die nur noch mit Mühe gehaltene Front der 2. Armee bei Schwetz. Das Schicksal der übrigen blieb ungewiß. Der größte Teil der Zivilbevölkerung war bei den Kämpfen zugrunde gegangen oder in die Hand der Russen gefallen.

Wenn so die 2. Armee trotz der Abtrennung von Ostpreußen und trotz der erdrückenden Übermacht, der sie sich gegenübersah, ihren Zusammenhalt gewahrt hatte, so standen in der Zeit, in der ihr rechter Flügel über die Weichsel zurückging, von Bromberg bis an die Oder keine anderen deutschen Kräfte mehr außer schnell zusammengerafften Ersatztruppenteilen, Alarmbataillone, Ausbildungsschulen, Volkssturm und Polizei. Darunter traurige Haufen mit italienischen und norwegischen Waffen und fünf Schuß Munition pro Gewehr. Nur im Raum von Nakel stand noch ein Verband, der den Namen Division verdiente. Es war die gutausgerüstete 15. SS-Freiwilligen-Division, die sich aus Letten zusammensetzte. Es gab in der Tat nichts, was Shukow ernsthaft daran hätte hindern können, am rechten Flügel der 2. Armee, der sich nicht noch weiter nach Westen dehnen ließ, vorüber ganz Pommern zu überrennen – es sei denn sein eigener Wille, zunächst geradewegs bis zur Oder bei Küstrin und Frankfurt durchzustoßen.

Der Gauleiter und Reichsverteidigungskommissar des Gaues Danzig-Westpreußen, wo seit dem 16. Januar der ununterbrochene Flüchtlingsstrom aus Ostpreußen und dem Gebiet nördlich und östlich des Unterlaufes der Weichsel in Richtung auf Pommern hindurchzog, hatte seinen Amtssitz unweit der Danziger Marienkirche in einer Reihe alter Patrizierhäuser.

Albert Forster galt unter den Gauleitern im Osten, obwohl äußerlich keineswegs so verbindlich wie Greiser, wenigstens in seinen letzten Jahren als eine Figur, die stärker als andere rationalen Gedanken zugänglich war. Er war gläubiger Katholik. Sein Adju-

tant Langmann besuchte täglich die Messe. Forster hatte sich auch nicht die parvenühaften Gewohnheiten Greisers oder Kochs zu eigen gemacht. Der erst in der zweiten Hälfte der Dreißigerjahre stehende Mann hatte sich – wie auch unabhängige Beobachter später behaupteten – mit seiner Aufgabe entwickelt.
Als Franke und erst spät in den Osten gekommen, hatte er, im Gegensatz zu Greisers, Himmlers und Bormanns »volkspolitischen« Absichten, gegenüber der polnischen Bevölkerung seines Gaugebietes eine Politik der Versöhnung versucht. Zweifellos hatte er sich dabei leichter getan als Greiser, weil sein Gau nach dem schnellen Sieg über Polen auf einem Boden entstanden war, der zum überwiegenden Teil bis 1918 zu Deutschland gehört hatte. Mag sein, daß seine süddeutsche Abstammung – sie galt auch für zahlreiche seiner Mitarbeiter – ihn von im Osten gewachsenen historischen Ressentiments mehr oder weniger freihielt. Mag sein, daß es der Rat älterer, erfahrener Männer war, denen er sich im Laufe der Jahre anschloß und der ihn Mäßigung lehrte.
Er überwarf sich deshalb mit Himmler und Bormann. Letzterer verwehrte ihm schließlich den Weg zu Hitler, dem er in Verkennung der wirklichen Verhältnisse fast bis zuletzt Vertrauen bewahrte, und alle Übel auf Hitlers Umgebung zurückführte.
Forster war überzeugt, daß Deutschland und der Nationalsozialismus im Osten eine Kulturmission erfüllen und einen riesigen unterentwickelten Raum zur Blüte bringen und damit zugleich Siedlungsboden für den deutschen Volksüberschuß gewinnen müsse. Die kulturelle, wirtschaftliche und geistige Überlegenheit des deutschen Volkes über die slawischen Völker war auch für ihn eine Selbstverständlichkeit. »Abends ist mein liebstes Studium die Geschichte. Welche Lebenswurzeln des deutschen Volkes im Osten ruhen, ist mir Süddeutschem von Jahr zu Jahr klarer geworden.« Aber er wollte das sogenannte Volkstumsproblem nicht mehr durch Ausrottung, Vertreibung und geplante geistige »Verdummung« lösen, sondern durch »Emporziehen« wenigstens eines großen Teiles der östlichen Bevölkerung auf die deutsche Kulturebene. Nicht ohne einige Naivität bemerkte er: »Die große Kulturaufgabe im Osten können wir nur schaffen, wenn wir auch die polnische Bevölkerung für uns gewinnen.« Er hatte auch noch nicht die unmittelbare Verbindung zu den Westpreußen verloren und konnte sich nicht wie Koch und Greiser über die Gefahr, die ihnen drohte, innerlich hinwegsetzen.

Zweifellos schwankte dabei auch er. Und es war vor allem der mahnende Rat der älteren Beamten wie des Regierungspräsidenten von Marienwerder, v. Keudell, der ihn rechtzeitig Vorbereitungen für die Rettung der Bevölkerung treffen ließ. Forster bestimmte im Spätherbst 1944, daß v. Keudell sofort nach Beginn des russischen Angriffs als sein persönlicher Verbindungsmann zum Führungsstab der 2. Armee gelangte, um von dort unmittelbar über die Entwicklung an der Front zu berichten. Evakuierungsmaßnahmen selbst wurden bis in alle Einzelheiten vorbereitet, wobei die Vorbereitungen allerdings in den einzelnen Regierungsbezirken verschieden gediehen. Es kam auf die Haltung der dortigen Unterorgane an, die zum Teil direkte Beziehungen zu Himmler und Bormann hatten und Forsters Anweisungen mißachteten. Am weitesten gediehen die Vorbereitungen im Regierungsbezirk Marienwerder.

In der Erkenntnis, daß bei einem Zusammenbruch der Ostfront aus Ostpreußen Millionen von Menschen in Bewegung geraten mußten, hatte Forster Verbindung mit Erich Koch aufgenommen. Koch hatte jedoch eine Aussprache mit dem Bemerken »Kein Russe wird ostpreußischen Boden betreten« abgelehnt.

Forsters zerrissen-zwiespältige, von religiösen Glaubenselementen mitgeformte Haltung in den Tagen dicht vor der Katastrophe beleuchtete ein Gespräch mit dem schon genannten General Lüdecke.

»In mir regen sich immer öfter Zweifel an der Richtigkeit der Führerentschlüsse«, sagte er in jenem Gespräch. »Warum läßt man in Kurland die starken Kräfte stehen, anstatt sie heranzuziehen zur Verteidigung des Heimatbodens? ... Sie nehmen wahrscheinlich an, ich sei bestens über die Entschlüsse des Führers unterrichtet. Aber seit Monaten bekomme ich den Führer nicht zu Gesicht ... Ich höre Gerüchte ... über die neuen Waffen. Können Sie meine Lage verstehen? ... Jeder kleine Ortsgruppenleiter sieht auf mich und nimmt ernst, was ich sage. Sie alle mache ich mit mir zu betrogenen Betrügern, wenn die Nachrichten, die ich von oben empfange, nicht zutreffen ... Aber kennen Sie einen Ausweg?

Meine Zweifel werden nur immer wieder beseitigt durch den Glauben, daß in dem ganzen Geschehen doch ein Sinn sein muß. Aus reinem Zufall wird das deutsche Volk doch nicht aus der Tiefe herausgeführt ... Ich glaube an unseren Herrgott, der uns doch den Führer gegeben hat, damit er Deutschland frei und ... zum Bollwerk westlicher Kultur gegen den Ansturm des Ostens machte. Warum hat

Gott ihn dann am 20. Juli bewahrt? Es kommt nur darauf an, daß der Westen erkennt, wo der eigentliche Feind steht. Die führenden Politiker sind mit Blindheit geschlagen, daß sie dies nicht sehen wollen. Es kommt darauf an, jetzt die letzten Kraftreserven zu mobilisieren ... Es ist ein Kampf um Zeitgewinn. Vielleicht findet sich im Westen doch die Lösung.«

Die Gewalt der Ereignisse war größer, als Forster ahnte. Die ersten Fluchtwellen aus dem westlichen Ostpreußen schwemmten nach Danzig-Westpreußen hinein. Der Regierungspräsident v. Keudell, der sich, wie vorgesehen, zum Führungsstab der 2. Armee nach Ziechenau begeben hatte, meldete schon nach einigen Tagen, daß der Rückzug der 2. Armee nicht aufzuhalten sei. Er forderte den Beginn der Evakuierung in Westpreußen. Forster handelte dementsprechend. Zuerst geriet die Bevölkerung des Regierungsbezirks Marienwerder in Bewegung. Diese Tatsache wurde durch Forsters Gegner im eigenen Gau, die sich in diesen Sturmtagen noch zur Jagd begaben, um ihre Selbstsicherheit zu beweisen, an Bormann weitergemeldet. Dieser ließ Forster durch Reichsleiter Bouhler den Befehl übermitteln, die Evakuierungsmaßnahmen unverzüglich einzustellen. Westpreußen sei nicht gefährdet, und von einem Einrücken der Russen werde niemals die Rede sein. Dieser Befehl traf Forster mitten in seinem inneren Zwiespalt zwischen Zweifel und Glauben.
»Herr Präsident«, so klang es ratlos durch das Telefon, als er sich mit v. Keudell in Verbindung setzte, »wo jagen S' mi nei'? Die Russen kommen ja gar net.« Als er jedoch die Antwort erhielt: »Ich kann Sie nicht zwingen, zu räumen. Aber wenn Sie es nicht tun, kommt das Blut, das deswegen fließt, über Ihren Kopf«, hielt er die Evakuierungsbefehle aufrecht. Einen Tag später erreichte ihn die Nachricht, daß der pommersche Gauleiter Schwede-Coburg die pommersche Ostgrenze gegen die ost- und westpreußischen Trecks sperren wollte. Es blieb unklar, ob Schwede-Coburg aus Eigensucht handelte, um Pommern vor den Belastungen, welche die Trecks mit sich brachten, zu bewahren, oder ob er einer Anweisung Bormanns folgte, der auf diese Weise Forster zwingen wollte, die Evakuierung seines Gaues einzustellen.
Forster erreichte auf dem Umweg über Goebbels, daß Schwede-Coburgs Widerstand gebrochen wurde. Die Evakuierung einer Million Menschen aus dem Regierungsbezirk Marienwerder gelang – trotz des Chaos, das durch die Flucht aus Ostpreußen in West-

preußen hervorgerufen wurde – ohne wesentliche Verluste. Siebzig- bis achtzigtausend Menschen strömten Ende Januar täglich durch den Raum von Danzig, und ihre Elendsschar wuchs täglich weiter an.

Der deutsche Oberstabsarzt Rudolf Jänecke fuhr am 20. Januar von Danzig über Dirschau–Marienburg nach Graudenz, um die erste Staffel des Führungsstabes der 2. Armee zu erreichen. Es lag tiefer Schnee, und am Morgen herrschten 23 Grad unter Null. Zeitweise wehte ein Wind, der so schneidend kalt war, daß der Arzt den Schal ums Gesicht wickelte und der Fahrer anhalten mußte, um die völlig gefühllos gewordenen Beine warm zu trampeln. Er berichtete von dieser Fahrt:

»In der Weichselniederung und auf Elbing und Marienburg zu stand förmlich Wagen an Wagen aus Ostpreußen. Die Kolonnen schoben sich nur schrittweise vor. Gesichter waren kaum zu erkennen. Viele hatten sich Säcke mit kleinen Einschnitten über die Köpfe gezogen. Es gab keine Straßenordnung. Nur Auffangkommandos, die bei Dirschau versprengte Soldaten ... auffingen.
Nur ein Teil der Wagen war mit Planen verdeckt. Bei Marienwerder sah ich einen Wagen, der ganz für die Flucht gebaut war. Er enthielt fünf kleine Kojen, in denen die Kinder eines ostpreußischen Gutes lagen. Aber die meisten Wagen waren offen und Hals über Kopf bepackt ... Die Züge waren merkwürdig stumm und wirkten gerade dadurch unsagbar traurig. Die Pferdehufe tappten über den Schnee, und hier und da hörte man das Kreischen schlechtgeschmierter Räder ...
Die Einwohner der Dörfer im Weichselland standen starr vor Schreck vor ihren Häusern und sahen den breit quellenden Zügen zu. Aber die meisten begriffen sicherlich noch nicht, daß das gleiche Schicksal auf sie wartete. In einem Ort sah ich einen Bauern, der sich darüber erregte, daß ein Treckwagen beim Ausweichen seinen Zaun beschädigt hatte. Der ostpreußische Fahrer sah ihn nur schweigend an und trieb seine Tiere weiter. Viele Häuser waren aus Furcht, Flüchtlinge aufnehmen zu müssen, versperrt ... Ich habe in den letzten Jahren in zahlreichen Völkern menschliche Herzenshärte gesehen. Weshalb sollten wir Deutschen eine Ausnahme machen? Die menschliche Natur ist offenbar zu allen Zeiten mehr fordernd als gebend. Um so wohler tat es, hier und da einen Mann oder eine Frau

zu sehen, die mit einer Kanne heißer Milch an der Straße standen und nach Kindern riefen, denen sie zu trinken gaben...

Es war eine merkwürdige Erscheinung dieser Tage, mit welcher Treue französische Kriegsgefangene, oft aber auch Ukrainer ›ihre‹ Familien, deren Männer beim Militär oder beim Volkssturm waren, in Sicherheit brachten. Dies scheint mir ein Zeichen dafür zu sein, daß es unter Völkern von Mensch zu Mensch keine natürliche Feindschaft gibt und wie leicht Freundschaft und Verständnis unter Völkern entstehen, wenn nicht höhere Mächte, mögen diese nun Nationalismus oder Chauvinismus, Weltanschauung oder einfach ›Politik‹ heißen, im Spiele sind...

Hinter Marienburg waren die Straßen so verstopft, daß wir einmal lange Zeit versuchten, über Äcker und Nebenwege vorwärtszukommen. Aber selbst hier lagen Treckkolonnen fest. Dazu Fußgänger mit allen möglichen und unmöglichen Gefährten und versprengte Soldaten – ein unbeschreiblicher Gespensterzug, verhüllt, fast ohne Gesichter, nur mit Augen, von denen man nicht sagen konnte, was alles an Not und Jammer, stiller Ergebung und hilfloser Klage in ihnen lag...

Wenig später hielt uns auf der Straße ein verzweifelt winkender Mann an... Er hatte das rote Kreuz an unserem Wagen gesehen... Er war bleich wie der Tod und hob beschwörend die rechte Hand. Dazwischen wies er auf einen Wagen, der auf das freie Feld hinausgefahren war. Der linke Arm hing leblos, wie gebrochen, von seiner Schulter herab.

Seine Frau verblute, rief er, wenn ich nicht sofort helfen könne. Ein Panzertrupp der Russen hätte sie vor zwei Tagen in der Nacht erwischt, als sie in einem Dorf rasteten...

Ich habe im Felde unter den unmöglichsten Umständen Operationen durchgeführt. Aber eine Uterustamponade auf einer freien verschneiten Ebene, über die ein eisiger Wind fegte, und auf einem verschmutzten Wagen, auf dem die Frau mit durchbluteten Kleidern lag, versuchte ich zum erstenmal in meinem Leben, und ich werde wahrscheinlich nie erfahren, ob ich noch hatte helfen können... Am Kopfende der Kranken hockte ein Vierzehnjähriger mit verstörtem Gesicht, der immer dem Weinen nahe war. ›Er hat zusehen müssen‹, sagte der Bauer, während ich der Frau zwei Injektionen, die ich zufällig mit mir führte, gab. ›Mich haben sie zusammengeschlagen, als der fünfzehnte über ihr war und ich das Licht fallen ließ. Dann hat Albert das Licht halten müssen, bis sie alle fertig waren.‹...

Die Berichte, die ich in den letzten Tagen gehört habe, sind so unglaublich, daß eine friedliche Zukunft sie wahrscheinlich nicht glauben wird. Es sind trotzdem Menschen und keine Tiere, die dies tun ... Ich war in Polen, als die russischen Armeen 1939 dort einzogen. Und ich habe damals keine Belästigung einer Frau erlebt. Zeigt das nicht um so mehr die furchtbare Gewalt, welche der verfluchten Menschenbildnerin unserer Zeit innewohnt: der Propaganda. Sie kann Gutes säen, aber auch Haß und Hemmungslosigkeit bis zur Bestialität. Daß die Slawen für die Propaganda ein noch dankbareres Objekt sind, als wir es waren, beweist sich in diesen Tagen. Der Masse unserer Soldaten, von der ... niemand sagen kann, daß sie von Natur grausam seien, hatte Goebbels einmal die These vom bolschewistischen und russischen Untermenschen eingeimpft, so lange, bis viele angesichts der fremden und für ihre Augen düsteren Bilder, die sie im Osten erlebten, selber daran glaubten. Hätten unter anderen Umständen deutsche Soldaten zusehen können, wie 1941 die russischen Kriegsgefangenen zu Zehntausenden im wahrsten Sinne des Wortes verreckten? Welches Bild aber haben die Gegenspieler von Goebbels in Moskau von uns Deutschen gezeichnet? Welche Instinkte haben sie in den Rotarmisten geweckt, und welche inneren Fesseln haben sie ... zerstört, um diese Flut von Mord und Schändung zu erzeugen? Wird je die Welt Ruhe finden, bevor nicht alle politischen Propagandisten hängen?«

Es gab genug alarmierende Nachrichten, die am 22. Januar die Atmosphäre in Guderians Arbeitszimmer in Zossen bestimmten. Aber am alarmierendsten blieben die Meldungen über die Frontlücke zwischen Bromberg und der Oder.

So groß die Entfernung zwischen dem Betonhaus Nummer 5 im sogenannten Lager Maibach I bei Zossen, in dem der Chef des Generalstabes arbeitete, und den umkämpften ostdeutschen Gebieten war und so schroff der Gegensatz zwischen der äußeren Ruhe dieses Lagers und dem Sturm der entfesselten Gewalten zwischen Weichsel und Oder erscheinen mochte, so strömten hier doch die Lagemeldungen der ganzen Ostfront zusammen. Sie zeichneten für jeden, der noch bereit war, zu sehen, die Bilder des Zusammenbruchs, der Flucht und ihrer Schrecken auf die Generalstabskarten, deren Einzelheiten sich von Tag zu Tag mit überstürztem Tempo änderten. Die Teilnehmer der Lagebesprechung hatten gegen 11.30 Uhr das Zimmer mit den schönen getäfelten Wänden, dem großen eingelegten Schreibtisch, den mit Rupfen bezogenen Sesseln sowie dem großen Kartentisch mit den drei Jupiterlampen verlassen – unter ihnen General Gehlen, der Generalquartiermeister Toppe, der Chef des Transportwesens Gehrke, der Chef der Generalstabspersonalabteilung. Nur Guderians Vertreter, General Wenck, war zurückgeblieben.

Guderian war ans Fenster getreten, durch das man auf den Rasenplatz inmitten der zwölf unterirdisch miteinander verbundenen Betonhäuser sah.

»Heute gehe ich noch einmal ran ...«, sagte er mit dem trotzigen Elan, der ihn zwischen Anwandlungen von Resignation befiel und mit Hitler ringen ließ. »Ostpreußen geht verloren, die 2. Armee geht samt Westpreußen und Pommern zum Teufel. Und die ganze Kurlandarmee steht da oben für nichts und wieder nichts. Die Kurlandarmee muß jetzt herangefahren werden. Und die Divisionen der Ardennenoffensive müssen her. Es kann ja nicht so viel ... Blindheit geben, daß so etwas nicht einzusehen ist ... Wir müssen noch einmal rangehen, auch wenn das Wort ›Kurland‹ allein ihn schon wütend macht ...«

Wenck schwieg. Wenn man sich durch die Vorstellung der aufgerissenen riesenhaften Frontlücke nicht entmutigen ließ, sondern die Lage nüchtern betrachtete, konnte man gewisse Chancen erkennen, Shukows auf die Oder zustürmenden Armeen einen Schlag zu versetzen, der Zeitgewinn verhieß. Er würde es vielleicht möglich machen, die Verbindung mit Ostpreußen wiederherzustellen, gegen dessen Verlust Guderian sich als Sohn des Ostens sträubte. Wenn man die 6. Panzerarmee des Generalobersten Sepp Dietrich aus dem Westen nach Pommern werfen und durch Kurlanddivisionen verstärken konnte, bestand durchaus die Möglichkeit, in die Flanke Shukows zu stoßen, der offenbar mit seiner Hauptmacht der Oder zustrebte. Man konnte sogar noch weiterplanen, ohne den Boden der Wirklichkeit unter den Füßen zu verlieren. Wenn man weitere Divisionen aus Kurland und Norwegen sowie andere Panzerdivisionen, die im Westen standen, heranzog, war daran zu denken, Shukow auch von Südwesten her, aus dem Raum von Glogau, in die Flanke zu fallen. Damit würde nach Guderians und Wencks Vorstellungen Zeit gewonnen, in der Amerikaner und Engländer weiter nach Osten marschieren und Hitler von selbst zur Preisgabe des Westens zugunsten der Erhaltung des noch nicht überrannten Ostens zwingen würden.

Aber diese Pläne mußten sich im leeren Raum bewegen, solange Hitler sich wehrte, Kurland aufzugeben und die letzten noch vorhandenen starken Panzerverbände im Osten einzusetzen. Und wenn es doch noch gelang, ihn umzustimmen, so würden noch wenigstens drei Wochen vergehen, bis die Verbände aus Kurland eintrafen.
Aber auch das hatte Guderian in der letzten Nacht und an diesem Morgen lange bedacht. Er wußte, daß es zunächst darauf ankam, Pommern und die Oderlinie bei Glogau zu behaupten. In Schlesien kommandierte seit zwei Tagen Schörner. In Pommern aber gab es keine geschlossene Führung mehr.
Guderian hatte sich daher entschlossen, in der nachmittäglichen Lagebesprechung bei Hitler noch ein zweites Problem vorzutragen. Es betraf die Einsetzung eines neuen Heeresgruppenstabes in Pommern, der den Versuch machen sollte, alle noch zwischen Oder und Weichsel stehenden Kräfte zusammenzufassen, mit einigen in Marsch gesetzten Reserven zu vereinigen und Pommern als Fluchtkorridor so lange zu verteidigen, bis die Panzerdivisionen und die Kurlanddivisionen dieser neuen Heeresgruppe zugeführt waren. Nur wuchsen Heeresgruppenstäbe nicht auf der flachen Hand.
Daher beabsichtigte Guderian, Hitler den Generalfeldmarschall v. Weichs als Oberbefehlshaber der neuen Heeresgruppe vorzuschlagen. v. Weichs hatte eine der beiden Heeresgruppen auf dem Balkan geführt, die infolge der deutschen Niederlagen auch im Südosten zu einer Gruppe zusammengeschmolzen waren. Sein Stab war frei geworden und stand zur Verwendung in Pommern zur Verfügung. Da der Balkan ein Kriegsschauplatz des Oberkommandos der Wehrmacht war, hatte Guderian bereits mit Jodl über die Neuverwendung des Generalfeldmarschalls v. Weichs gesprochen. Er glaubte diesmal Jodls Unterstützung sicher zu sein.
Guderians erneuter Vorstoß in der Frage der Räumung Kurlands führte am Nachmittag des 22. Januar zu einem neuen heftigen Zusammenstoß mit Hitler.
Letzterer erklärte sich zwar bereit, seine Zustimmung zum Abtransport weiterer einzelner Divisionen aus Kurland zu geben, lehnte aber die Räumung Kurlands und die Überführung der gesamten Kurlandarmee in den Raum von Pommern und Schlesien ab. Diesmal erklärte er, daß es infolge des Mangels an Schiffsraum völlig unmöglich sei, die Kurlandarmee und vor allem deren schwere Waffen nach Deutschland zu überführen. Dönitz wies darauf hin, daß die Abtransporte der fliehenden Bevölkerung aus der Danziger

Bucht und die wahrscheinlich notwendige Versorgung der Truppen in Ostpreußen über See den letzten noch verfügbaren Schiffsraum verbrauchten. Das änderte jedoch nichts an der Tatsache, daß der notwendige Schiffsraum während der früheren Auseinandersetzung um die Kurlandarmee noch vorhanden gewesen war, ja, daß die Kurlandarmee bis in den Herbst 1944 hinein auf dem Landwege auf deutschen Boden hätte übergeführt werden können.

Guderian enthielt sich in seinem Zorn nicht entsprechender Hinweise. Es kam zu heftigen Gegenäußerungen Hitlers, welche die Besprechung der Überführung der Panzerdivision aus dem Westen für diesen Tag einfach erstickten. Guderians Vorschlag, den Generalfeldmarschall v. Weichs in Pommern einzusetzen, endete ebenso unglücklich. Der Name v. Weichs rief bei Hitler sofort Ablehnung hervor. v. Weichs sei nicht der Mann, um in einer solchen Krisenlage in Pommern und Westpreußen die Truppen wieder mit dem Glauben an den Sieg zu erfüllen. Wenn zwischen Weichsel und Oder eine neue Heeresgruppe aufgestellt werden müsse, dann komme nur ein Mann für ihre Führung in Frage. Dies sei Himmler. Himmler habe an der Oberrheinfront in kurzer Zeit schwierige Lagen gemeistert und diese Front wieder gestärkt. Jodl ergriff sofort Hitlers Partei. Guderian gab zurück, daß zwischen der Front am Oberrhein und in Pommern kein Vergleich möglich sei. Am Oberrhein seien keinerlei Anforderungen an Führungskunst und militärische Erfahrung gestellt worden. Dort habe es sich um eine Polizeiaktion gehandelt, um die Massen der aus Frankreich zurückströmenden Truppen aufzufangen. Außerdem habe Himmler nichts weiter getan, als aus den Reserven, die ihm als Führer der SS und Befehlshaber der Polizei und des Ersatzheeres unmittelbar zugänglich gewesen waren, neue Verbände heranzuführen. Jodl wies seine Argumente mit der Erklärung zurück, daß eine ähnliche Aufgabe ja in Pommern zu leisten sei und daß Himmler der einzige sei, der auch für die Pommernfront auf dem schnellsten Wege Reserveverbände verfügbar machen könne.

Himmler wurde am 23. Januar zum Oberbefehlshaber der neuen Heeresgruppe ernannt, die den Namen »Heeresgruppe Weichsel« erhielt.

Himmler begab sich am 24. Januar mit seinem Sonderzug »Steiermark«, den er als »Feldkommandostelle« benutzte, nach Deutsch-Krone. Von hier aus wollte er die Führung der zunächst nur dem

Namen nach existierenden neuen Heeresgruppe Weichsel übernehmen. Außer Himmler selbst und seinem Adjutanten waren in seinem Zug die Verbindungsleute zu den zahlreichen Ämtern untergebracht, denen Himmler zu dieser Zeit vorstand: der SS selbst, des Innenministeriums, des Reichssicherheitsamtes, der Polizei, des Ersatzheeres. Den Bedürfnissen Himmlers als Reichsführer SS oder Chef der Polizei genügte dieser Sonderzug, der über eine kleine Funkstelle und eine Fernsprecheinrichtung verfügte, völlig. Aber für den Stab einer Heeresgruppe fehlte, selbst wenn diese auf den kleinsten Rahmen zugeschnitten wurde, jede technische Arbeitsmöglichkeit.

Als am Abend des 26. Januar der neu ernannte I. Generalstabsoffizier der Heeresgruppe, Oberst Eismann, in Deutsch-Krone eintraf, pries er sich glücklich, eine Karte 1:300000 von Pommern und dem Warthegau mitgebracht zu haben. Denn eine Karte fand er nicht vor. Erst als er sich in Himmlers Salonwagen meldete, tauchte eine Lagekarte auf, die Himmler aus Berlin mitbekommen hatte und deren Eintragungen der Lage überhaupt nicht mehr entsprachen. Eismann sah Himmler zum ersten Male aus der Nähe und fand einen nervösen, aber interessierten Mann, der sich gewollt energisch gab. Er entsprach nicht den Vorstellungen, die er sich bis dahin von Himmler gemacht hatte. Himmler zeigte nichts Dämonisches, aber auch nichts Bedeutendes. Er war ein mittelgroßer, etwas fülliger Mann mit leichten O-Beinen, der in eine einfache graue Uniform gekleidet war. Sein Gesicht glich von vorn einem spitzen Dreieck, das durch einen schmalen Mund geteilt wurde. Im Profil fiel das fliehende Kinn auf.

Eismann war ein noch junger Offizier. Mitte Dreißig. Aber er gehörte nicht zu denen, die nur in engen militärischen Begriffen denken konnten. Er war bereit, ohne Voreingenommenheit zu urteilen und zu handeln. Er urteilte ohne Voreingenommenheit auch über die Waffen-SS und ihre unbestreitbaren militärischen Leistungen. Aber was ihm bei Himmler an militärischem und politischem Laientum entgegentrat, machte ihn fassungslos.

Himmler sprach von der 9. Armee und der 2. Armee, mit denen er operieren wolle, als wüßte er nicht, daß die 2. Armee nur mit knapper Not ihren Zusammenhalt wahrte und die 9. Armee in alle Winde zerstreut war. Er sprach von Defätismus und Glauben und zeigte sich als Sprachrohr Hitlers und der Schicht, die durch die Parole vom »Sieg des Glaubens« die Wirklichkeit vernebelte.

Am 27. Januar traf auch der neue Chef des Stabes in Deutsch-Krone ein. Himmler hatte ihn in der Absicht, nur die notwendigsten Offiziere des Heeres in seiner Umgebung zu dulden, aus der Waffen-SS ausgewählt. Es handelte sich um den SS-Brigadeführer Lammerding. Lammerding war zweifellos ein tapferer Soldat gewesen und verhältnismäßig schnell Stabschef eines Korps der Waffen-SS geworden. Ihm fehlte jedoch Erfahrung in der Führung so großer Verbände, und er zeigte daher bald dieselbe Erscheinung, die auch für Himmler bezeichnend war: an Stelle der propagierten Entschlossenheit und eisernen Willenskraft Unsicherheit bei allen großen Entscheidungen. Himmler kam nicht auf den Gedanken, sich in einen Kraftwagen zu setzen und persönlich zur 2. Armee zu fahren oder Reste der 9. Armee und andere Truppensplitter aufzusuchen. Statt dessen erließ er einen Heeresgruppenbefehl, der in der wirklichkeitsfremden Überheblichkeit seiner Ankündigungen bei den Soldaten, die in ununterbrochenen schwersten Kämpfen von der Weichsel und vom Narew bis nach Pommern gelangt waren, das Gegenteil dessen erreichen mußte, was er erreichen sollte.
SS- und Polizeieinheiten, welche die Etappen säuberten, um der Front Soldaten zuzuführen, handelten ohne die Zielstrebigkeit, die bei Schörner hinter allem Terror und aller Unberechenbarkeit sichtbar war. Sie verschonten selbst die Verlademannschaften in Gotenhafen nicht, welche dort die Munitionsschiffe entluden, und richteten an zahllosen anderen Stellen durch ihre hektische Tätigkeit nur noch mehr Verwirrung an.

Himmler ließ die ersten Verbände, die er aus seinen Beständen der Waffen-SS für die Oderfront aufbot, ein buntscheckiges SS-Korps, in den Raum des befestigten Oder-Warthe-Bogens transportieren, um dort die Panzerarmeen Shukows aufzuhalten.
Aber seine Verbände kamen bereits zu spät. Nur noch schwache, völlig erschöpfte, zum Teil waffenlose Splittergruppen der einstigen 9. Armee vor sich hertreibend, erschienen Shukows Truppen schon am 29. Januar vor den Befestigungen. Die starken, nach 1934 errichteten Beton- und Panzerwerke waren 1942 ihrer schweren Waffen zugunsten der Befestigung der Atlantikküste beraubt worden. In den Werken befanden sich nur Bataillone, welche sich aus Kranken zusammensetzten, ohne Festungserfahrung, ohne Artillerie.
Das Erscheinen eines ersten SS-Verbandes, einer SS-Gebirgsdivision, unter Führung des SS-Brigadeführers Ballauf, wirkte sich in-

sofern verhängnisvoll aus, als Ballauf sich die Festungspläne aushändigen ließ, bei einer Frontfahrt im Gebiet von Zielenzig von den überall vordringenden russischen Panzern überrascht wurde und bei der Flucht aus seinem Wagen die Pläne zurückließ. Am nächsten Tage drangen russische Pioniere durch Hohlgänge ins Innere der Werke ein und erschienen im Rücken der Besatzungen.

Die Oder-Warthe-Stellung fiel, und Shukows Panzer rollten bis Küstrin und Frankfurt. Zwischen ihnen und vor ihnen quälten sich zusammen mit den stumpfen, aufgelösten deutschen Truppen Trecks von Flüchtlingen aus der Neumark durch den teils 50 Zentimeter tiefen, knirschenden, hartgefrorenen Schnee, bis sie überholt und zusammengeschossen wurden.

Verzweifelt versuchten Luftschutzbataillone bei 25 bis 30 Grad Kälte, das Eis der Oder, das allen Sprengungsversuchen trotzte, mit Motorsägen aufzuschneiden, um den sowjetischen Panzern wenigstens ein Wasserhindernis entgegenzustellen. Aber die ausgesägten Blöcke froren wieder fest, bevor sie aus der Eisdecke herausgehoben werden konnten. Die einzigen gegen Panzer wirksamen Einheiten, die in diesem Augenblick noch herangebracht werden konnten, waren Flakbatterien aus Berlin. Behelfsmäßig motorisiert erschienen sie an der Oder. Himmler befahl die Aufstellung von SS-Posten und SS-Streifen am linken Oderufer, die jeden kampffähigen Mann mit Erschießen bedrohten, der die Oder nach Westen überschreiten wollte. Aber auch sie konnten den Strom der Erschöpften und Waffenlosen östlich der Oder nicht zwingen, mit ihren wehrlosen Leibern Shukows Panzerkolosse aufzuhalten. Sie waren machtlos gegenüber der furchtbaren Gewalt der Wirklichkeit, die aller Phrasen und aller Illusion spottete. Küstrin wurde von Osten her umschlossen, und auf dem Westufer bildete sich ein russischer Brückenkopf, der nur eine schmale Verbindung nach Küstrin freiließ.

Sowjetische Panzer stießen auch an anderen Stellen über das Eis der Oder vor und riefen die ersten Alarme in Berlin hervor. Die Bilder der Verwirrung, der Ratlosigkeit, der Flucht und des Elends, welche die Ufer des zugefrorenen Stromes in den ersten Februartagen zeigten, waren unbeschreiblich. Nur zwei Umstände bewirkten, daß Shukow zunächst an der Oder haltmachte: die natürliche Abnutzung der angreifenden Panzerverbände, bedingt durch die große Entfernung, die sie im ersten Angriffsschwung zurückgelegt hatten, und der im Norden liegende pommersche Raum, an dem Shukow nach Westen vorbeigestoßen war und gegen den er zuerst seine Flanke sichern, beziehungsweise den er ausräumen wollte. Er wußte nicht, wie schwach die Kräfte waren, die ihm dort noch gegenüberstanden.

Der gescheiterte Einsatz des SS-Korps in der Warthestellung alarmierte Himmler, und er drängte darauf, einen anderen sichtbaren Erfolg zu erzielen, obwohl die ihm unterstellten Kräfte zu keiner nennenswerten Aktion in der Lage waren.

Im Jahre 1944, während seiner Tätigkeit am Oberrhein, hatte das ihm unterstellte Ersatzheer und hatten die SS-Verbände noch über Kräfte verfügt, die er auskämmen und an die Front werfen konnte. Jetzt versiegten auch diese Quellen. Einige mitgenommene volksdeutsche SS-Verbände, die vom Balkan eintrafen und deren Angehörige bereits in Rumänien ihre Heimat verloren hatten, reichten nicht aus. Er war außerstande, der Pommernfront aus seinen Beständen schlagkräftige Kampfeinheiten zuzuführen, und sah sich wie jeder andere Heeresgruppenführer vor die Notwendigkeit gestellt, um Verstärkungen und Reserven bei Hitler, beim Oberkommando des Heeres oder beim Oberkommando der Wehrmacht nachzusuchen.

Trotzdem trieb ihn die Furcht, er werde sein Prestige einbüßen, zu dem Plan eines Flankenstoßes gegen Shukow, dicht westlich des rechten Flügels der 2. Armee. Aus seiner tiefen Aversion gegen Heeresgenerale legte Himmler die Leitung des Angriffs in die Hand der Waffen-SS. Aber er verlangte in seiner Unkenntnis der wirklichen Lage Unmögliches von seinen eigenen Verbänden. Der Auftrag, auf einer 60 Kilometer breiten Front gegen hoffnungslose Überlegenheit anzugreifen, war von vornherein zum Fehlschlag verurteilt und scheiterte auf der ganzen Linie.

Shukows Truppen traten zum Gegenangriff an. Himmler war gezwungen, Deutsch-Krone zu verlassen und mit seinem Stab nach der Ordensburg Crössinsee bei Falkenburg auszuweichen. Trotz der drohenden Katastrophe vollzog sein Leben sich hier in den seit Jahren gewohnten Formen. Er stand morgens zwischen 8 und 9 Uhr auf und überließ sich dann seinem Masseur, von dessen Geschicklichkeit sein Wohlbefinden und seine Arbeitskraft in erheblichem Maße abhingen. Sein Leibarzt Dr. Gebhardt kam häufig vom Sanatorium Hohenlychen herüber. Erst zwischen 10 und 11 Uhr stand Himmler zu Lagevorträgen seitens der Heeresgruppe zur Verfügung. Er schlief nach dem Mittagessen bis 15 Uhr. Dann fand die Fortsetzung der Vorträge vom Vormittag statt, die bis etwa 18.30 Uhr dauerten. Später zog sich Himmler zurück und begab sich früh zu Bett. Es war unmöglich, ihn während der Nacht zu stören und um dringende Entscheidungen nachzusuchen.

Diese Eigenschaften beleuchteten den tiefen, nach außen hin verborgenen Gegensatz zwischen der Wirklichkeit und dem heroischen Wortgetöse, dessen sich Himmler bediente.
Die parteiamtliche Zeitung für den Gau Pommern, die »Pommersche Zeitung«, veröffentlichte am 8. Februar 1945 neben einem fettgedruckten Ausspruch Friedrichs des Großen aus dem Jahre 1757 – »wie gewaltig auch die Zahl meiner Feinde sein mag, ich vertraue auf die Tüchtigkeit meiner Truppen« – die Ausführungen eines »Beauftragten Himmlers«. Darin hieß es: »Die Auswertung der vorhandenen Vorräte an Soldaten und Waffen und der Einsatz der gesamten Kraft des rückwärtigen Gebietes wirkten geradezu Wunder. Die Bevölkerung Südpommerns hat die Aufgabe der Stunde erkannt, die Front steht und wird ständig stärker.«
Eismann las solche Ausführungen mit den Gewissenszweifeln, die Himmler hätte empfinden müssen. Die 2. Armee behauptete zwar ihre Stellungen, und die 9. Armee gewann unter der Führung ihres neu ernannten Oberbefehlshabers, General Busse, an der Oder wieder einige Form und Gestalt. Die buntscheckigen Einheiten, die zwischen der 2. und 9. Armee die dünnen Sicherungslinien in Südpommern besetzt hielten, wurden Anfang Februar unter einem neuen Armeestab – Oberbefehlshaber SS-Gruppenführer Steiner – zusammengefaßt. Steiner gehörte zweifellos zu den Besten unter den Führern der Waffen-SS. Jedoch blieb seine neue 11. Panzerarmee, die über keine Panzer verfügte, weitgehend ein Phantom.
Schon begannen stärkere russische Angriffstruppen über Landsberg an der Warthe und Kreuz in Richtung auf Stargard und Stettin vorzurücken. Steiner war nicht in der Lage, dem Druck des Gegners längere Zeit standzuhalten. Er mußte auf die Linie Berlinchen – Gegend ostwärts Arnswalde – Deutsch-Krone – Flatow zurückgehen. Weiter ostwärts drangen die Russen nördlich der Netze durch die Tucheler Heide vor und verstrickten den rechten Flügel des Generalobersten Weiß in neue, verzehrende Kämpfe. Schneidemühl ging verloren. Die getäuschten Einwohner der Orte flohen meist erst im letzten Augenblick oder gerieten zwischen die Fronten. Wenn sie

entkamen, zogen sie nur bis zur nächsten Ortschaft, weil sie ernsthaft glaubten, bald zurückkehren zu können.
Aber das alles waren nur Vorboten des Sturms, der in Kürze kommen mußte, wenn Shukow seine Kräfte konsolidiert hatte. Wenn die Pommernfront nicht sogleich entscheidend verstärkt wurde, mußte sie diesem Sturm erliegen. Dies war aber nur möglich, wenn Himmler Hitler die wirkliche Lage ohne Schonung schilderte. Wie sehr Himmler selbst jetzt die Gefahren sah, ging daraus hervor, daß er Crössinsee verließ und sich in ein gut getarntes Waldlager bei Prenzlau zurückzog. Der heroisch auftretende Verteidiger Pommerns, der in zahlreichen Aufrufen nicht nur von seinen Soldaten, sondern von der gesamten pommerschen Bevölkerung Ausharren und Widerstand bis zum Letzten verlangte, setzte sich selbst über die Oder nach Westen ab, um von hier aus eine Heeresgruppe zu »führen«, deren linker Flügel noch an der Nogat stand.
Himmler sträubte sich, Hitler seine Machtlosigkeit einzugestehen. Er warf Eismann Pessimismus und Defätismus vor, konnte sich aber schließlich den Erfordernissen der Wirklichkeit nicht entziehen. Für den weiteren Widerstand in Pommern gab es nur zwei Möglichkeiten: Entweder wurden der Heeresgruppe kampffähige Verbände zugeführt, oder aber die 2. Armee mußte ihre Stellungen an der Weichsel und an der Danziger Bucht aufgeben und nach Westen gezogen werden, um der Front in Pommern auf diese Weise größere Festigkeit zu geben. Voller Furcht vor Hitlers Reaktion fuhr Himmler mit entsprechenden Vorschlägen nach Berlin. Aber auf überraschende Weise wurde er seiner Befürchtungen enthoben. Am Tage seines Vortrages hatte Hitler plötzlich befohlen, eine Panzerarmee nach Westpommern zu transportieren, um die russischen Panzerkräfte im Raum von Küstrin in der Flanke anzugreifen.

Guderian war in der Frage der Kurlandarmee endgültig gescheitert. Aber der Gedanke, Shukows weit vorspringender Front einen Schlag zu versetzen, hatte den trotzigen Mann nicht ruhen lassen. Er hatte zusammen mit Wenck den Plan zu einem doppelten Angriff mit begrenztem Ziel aus dem Raum südostwärts von Stettin sowie aus dem Raum von Krossen erdacht, um auf diese Weise mit einem schnellen, überraschenden Schlag die an der Oder zwischen Frankfurt und Küstrin versammelten und laufend verstärkten Panzer und Infanteriekräfte Shukows wenigstens so sehr anzuschlagen, daß Shukows Angriffspläne verzögert wurden.

Zur Verwirklichung dieses Planes benötigte er die 6. SS-Panzerarmee, um deren Transport nach dem Osten er am 22. Januar vergebens gekämpft hatte.

Der Kampf, den er mit Hitler um die Durchführung seiner Gegenoffensive im Osten führte, war die letzte und heftigste Auseinandersetzung zwischen den beiden Männern. An ihr zerrieben sich noch einmal Guderians Kräfte. Fast hatte er Hitlers Zusicherung errungen, die 6. SS-Panzerarmee zur Verfügung zu stellen, da erfuhr er ohne vorherige Benachrichtigung, daß Hitler dieselbe 6. Panzerarmee nach Ungarn an den Plattensee in Marsch gesetzt hatte.

Hitler und Jodl führten an, daß es in Ungarn darum gehe, die letzten größeren Ölquellen, die Deutschland noch ausbeuten könne, zu behaupten oder zurückzugewinnen.

Zweifellos waren dies Argumente für Männer, die nicht, wie Guderian es jetzt innerlich tat, den Kampf an allen anderen Fronten abgeschrieben hatten und allein daran dachten, die Besetzung ganz Ostdeutschlands durch die sowjetischen Armeen zu verhindern. Aber jedem Ortskenner war geläufig, daß am Plattensee um diese Jahreszeit der Schnee schmolz, die Erde schlammig wurde und große Panzeroperationen unmöglich waren.

Guderian lief mit dem ganzen Zorn, zu dem er in solchen Situationen fähig war, gegen die Entscheidung Sturm. Er forderte, er bat, aber alles, was er erreichte, war schließlich, daß Hitler die Kräfte teilte und Pommern den kleineren Teil zuwies.

Es handelte sich um das III. Germanische SS-Panzerkorps, die 10. SS-Panzerdivision »Frundsberg«, die 4. SS-Polizei-Panzergrenadier-Division, die 8. Panzerdivision »Holstein«, die Führer-, Begleit- und Grenadierdivision sowie um einige provisorisch aufgestellte »Panzer-Jagdbrigaden«. Alle Divisionen hatten bestenfalls noch die Stärke einer Brigade. Zum Teil mußten die Panzer erst aus den Fabriken herangeführt werden. Die Panzer-Jagdbrigaden bestanden aus Radfahrern, die mit Panzerfäusten ausgerüstet waren. Mit diesen Verbänden ließ sich, wenn überhaupt, nur ein begrenzter Gegenangriff aus Pommern führen. Der Angriff aus dem Raum von Krossen entfiel von vornherein. Trotzdem entschloß sich Guderian, den einmal gefaßten Plan in die Wirklichkeit umzusetzen. Aber dazu bedurfte es noch einer weiteren Auseinandersetzung um die Durchführung und den Termin des Angriffs.

Die Formationen kamen zwar nacheinander bei Stettin an. Aber es fehlte an allem. Treibstoff traf nicht ein. Die Geschütze der Panzer waren nicht justiert. Himmler trat, von Eismann gedrängt, bei Hitler dafür ein, den Angriffstermin hinauszuschieben und Zeit zu gewinnen, um die Verbände voll auszurüsten. Guderian auf der anderen Seite war sich als Panzerführer darüber klar, daß der ganze Angriff sinnlos wurde, wenn das Überraschungsmoment verlorenging. Er konnte nicht vor den Augen des Gegners viel Zeit darauf verwenden, die Verbände aufzurüsten. Während unter den Flüchtlingen und Einwohnern Pommerns schon unsinnige Gerüchte über eine gewaltige Offensive umgingen, die Shukow vernichten und die Front wieder bis an die Weichsel zurückdrängen würde, kam es zu laufenden Auseinandersetzungen zwischen Zossen, Berlin und Prenzlau, bis sich Guderian entschloß, den Knoten zu durchhauen. Er faßte den Plan, seinen Stellvertreter Wenck als Generalstabschef mit besonderen Vollmachten zur Heeresgruppe Weichsel zu entsenden und ihn dort die geplante Operation, wenn nicht selbst führen, so doch überwachen zu lassen.

Am 13. Februar unterbreitete Guderian Hitler in Gegenwart von Himmler den Vorschlag, Wenck zu Himmler zu kommandieren, ihn mit der Leitung der geplanten Operation zu beauftragen und den Angriff am 15. Februar beginnen zu lassen, obwohl noch nicht alles Material eingetroffen sei. Hitler sprang zornbebend auf und rief: »Das ist ausgeschlossen! Himmler ist Manns genug, das kommt gar nicht in Frage!«

Guderian hatte sich vorgenommen, sich diesmal nicht hinreißen zu lassen, eiskalt und beherrscht zu bleiben und seinen Vorschlag immerfort zu wiederholen, bis Hitler nachgab. Es kam zu einer zweieinhalbstündigen Auseinandersetzung, der Himmler mehr oder weniger verlegen und hilflos zuhörte. Hitler stand verschiedentlich mit geballten Fäusten vor Guderian. Aber dieser wiederholte, sobald Hitler Atem schöpfte, seinen Vorschlag.

Nach Ablauf jener zweieinhalb Stunden gab Hitler plötzlich nach, indem er sich zu Himmler wandte, und mit der überraschenden schauspielerischen Fähigkeit, sich ebenso jäh zu beruhigen wie zu erregen, erklärte: »Also, Himmler, heute abend kommt Wenck zu Ihnen. Der Angriff beginnt am 15. Februar.«

Dann wandte er sich wieder Guderian zu und sagte: »Herr Generaloberst, soeben hat der Generalstab eine Schlacht gewonnen.«

Guderian verließ schweigend den Raum. Als er draußen stand, faßte er sich ans Herz, dessen rasenden Schlag er fühlte.

Am nächsten Tage fuhr Wenck durch die Flüchtlingszüge, die nun auch schon auf den Straßen Mecklenburgs dahinkrochen, nach Prenzlau. Sein Empfang durch Himmler war kalt. Die Kälte wuchs, als Wenck ihm deutlich zu verstehen gab, daß der Stab der Heeresgruppe »Weichsel« richtigerweise östlich der Oder liegen müsse. Als Himmler ihm sagte, er wolle erst nach dem Essen die ausstehenden Fragen mit ihm besprechen, dankte Wenck und sagte, er werde sofort abfahren. Himmler stellte noch die Gegenfrage: »Wohin?«, worauf Wenck ihm antwortete, dorthin, wo jetzt sein Platz sei, nämlich östlich der Oder.

Am Nachmittag des 14. Februar erschien Guderian selbst noch einmal im Aufmarschraum und beschwor alle Beteiligten, den Angriff pünktlich am 15. Februar beginnen zu lassen und dem Gegner zuvorzukommen, die Kräfte seien ohnedies schwach genug, und ihre einzige Unterstützung sei die Überraschung. Er hinterließ einen erschöpften Eindruck.

Der Angriff begann am 15. Februar. In zweitägigen Angriffskämpfen tastete Wenck die Front Shukows ab, um am 17. die vorhandenen Kräfte zum endgültigen Stoß zusammenzufassen. Dieser sollte am 18. Februar beginnen. Am 17. Februar wurde Wenck noch einmal zu Hitler in die Reichskanzlei beordert, um dort seine letzten Pläne zu unterbreiten. Der Vortrag bei Hitler fand in der Nacht vom 17. auf den 18. Februar statt und dauerte bis 4 Uhr morgens.

Während der Rückfahrt Wencks nach Stettin drohte sein Fahrer, der seit 48 Stunden mit ihm unterwegs war, einzuschlafen. Wenck übernahm selbst das Steuer. Er schlief nach einiger Zeit selbst ein. Der Wagen fuhr gegen einen Baum, und Wenck erlitt einen Schädelbruch, der ihn aus den weiteren Geschehnissen ausschaltete.

Der vorhergesehene Angriff begann zwar am nächsten Morgen. Aber er war der eigentlichen treibenden Kraft beraubt. Dazu setzte plötzlich Tauwetter ein und weichte das ganze Gelände auf. Die deutschen Panzer gewannen noch etwa 8 Kilometer Boden, dann lagen sie fest. Shukow hatte inzwischen erhebliche Reserven herangeführt und warf die deutschen Verbände unter schweren Verlusten in ihre Angriffsstellungen zurück. Shukow drängte nach und drückte die deutsche Front bis auf die Linie Greifenhagen–Arnswalde zurück. Der Versuch, Shukows Aufmarsch zu stören, war gescheitert.

Die Linien der 2. Armee dehnten sich in diesen Tagen bis in den Raum zwischen Jastrow und Neustettin. Dafür zerriß die Verbindung nach Graudenz, und diese Stadt blieb als neue belagerte

Festung im russisch besetzten Raum zurück. Auch die Ostfront der 2. Armee war an der Nogat aufs schwerste bedrängt. Nördlich Marienburg im Raum von Neuteich brachen die Russen überraschend in mehrere Dörfer ein. Sie wurden noch einmal zurückgeworfen, und die deutschen Soldaten erlebten auch hier, was an anderen Stellen mit fürchterlicher Regelmäßigkeit geschah.
Nur wenige Stunden waren die Russen Herren der Dörfer gewesen. Sie hatten dort noch einen größeren Teil der Bevölkerung überrascht und nur Tote zurückgelassen; Männer, die als »Partisanen« oder weil sie sich der Schändung ihrer Frauen widersetzt hatten, mit Kopfschüssen oder Messerstichen in den Häusern lagen, erstochene Frauen, die man nackt auf den Dielen, vor den Häusern oder auf den Dunghaufen fand. Alle Überlebenden bis auf einige halbwüchsige Jungen, die sich versteckt gehalten hatten, waren von den Russen bei ihrem Rückzug mitgenommen worden.

Einige Tage nach der Rückeroberung von Neuteich stieg der Gefreite Paul Scholtis in Danzig-Oliva die steinerne Treppe hinauf, die zum Hause des Professors Schubert führte.
Scholtis' noch jungenhaftes Gesicht war bleich. Er hatte neun Wochen fast ununterbrochener Kämpfe hinter sich, von Ziechenau bis Tannenberg und von Tannenberg bis zur Nogat. Und dazu das ganze Meer der Not und der Greuel. Die Uniform hing verdreckt an seinem mageren Körper herab. Sein zerschossener linker Arm hing in einer schmutzigen Binde.
Als er die Tür zu Schuberts Zimmer öffnete und der Professor, den Kopf zur Seite wendend, ihn erkannte, wußte Schubert sofort, daß eine tiefe Veränderung mit dem Jungen vorgegangen war. Und er wußte mit einem Stich im Herzen auch, um was es sich handelte. Denn die Nachrichten vom Sturm der letzten Wochen waren nicht an seinem Hause vorbeigegangen.
Schubert richtete sich langsam auf und streckte seine gesunde Hand aus: »Guten Tag, Scholtis«, sagte er, »ich freue mich, daß Sie leben und wenigstens bis jetzt alles überstanden haben.«
Seine Hand war mager geworden, seit Scholtis sie zuletzt gedrückt hatte, an jenem Januartag, an dem er Abschied genommen hatte, um zu seiner Einheit am Narew zu fahren. Die Folgen eines Schlaganfalls, der den alten Völkerkundler beim Abzug aus der Ukraine getroffen hatte, hielten ihn an sein Bett gefesselt. Aber Schubert hatte sich in sein Schicksal gefügt. Er streckte nochmals seine Hand

Scholtis entgegen, der viele Jahre sein Schüler gewesen war und dann zwei Jahre lang mit ihm zusammen in der erstickenden Atmosphäre des Ostministeriums einen zermürbenden Kampf gegen das Reichskommissariat Ukraine und den Reichskommissar Koch geführt hatte. Aber Scholtis ergriff die ausgestreckte Hand nicht.

»Ich bin nur gekommen, um Ihnen etwas zu sagen«, sagte er. »Ich bin ein verfluchter Narr gewesen, und Sie haben mich dazu gemacht«, fuhr er fort, »ich will Ihnen sagen, daß ich jeden noch so geringen Schritt bedaure, den ich gegen Koch und zugunsten dieses bolschewistischen Mordviehs da draußen an der Nogat getan habe... Wir haben alle unrecht gehabt. Recht hatte Hitler, recht hatte Koch, recht hatten alle, die vernichten und ausrotten wollten.« Er begann plötzlich zu schreien: »Hätten wir keinen am Leben gelassen, wären sie nicht hier und könnten nicht schänden, morden und verschleppen!«

Schubert sah den Jungen entsetzt an. Er fühlte, daß es sinnlos war, ihm in diesem Augenblick irgend etwas zu erwidern. Alles würde abprallen an dem Strom der Erschütterung, des Schmerzes und der machtlosen Wut. Trotzdem sagte er: »Scholtis, ich verstehe Sie. Ich verstehe Sie so gut, und trotzdem haben Sie unrecht und behält Hitler unrecht...«

»Unrecht«, höhnte der Junge, »Unrecht! Sie liegen hier und philosophieren noch immer über Recht und Unrecht und über Menschlichkeit, so als sei in den letzten Wochen nichts geschehen. Sie und Ihresgleichen haben eine hübsche Theorie gepflogen... und jetzt, wo ein paar Millionen um ihr Leben laufen und von diesem Vieh vernichtet werden, da wagen Sie es immer noch, Ihre Theorie von der Menschlichkeit aufrechtzuerhalten, und halten wohl immer noch diese Tiere für Menschen, die eine menschenwürdige Behandlung verdient hätten. Nein, ihr habt auf eine Weise unrecht behalten, die euch die Schamröte ins Gesicht treiben sollte. Es ist so: Gegenüber den Bolschewisten... macht man keine Politik der Menschlichkeit. Es geht um eine Frage von Leben und Tod für die zivilisierten Völker, und derjenige bleibt Sieger, der zuerst und am besten ausrottet. Hitler hat es gewußt. Und wir alle, die wir Gewissensskrupel hatten..., haben den Ruf der Zeit nicht verstanden. Wir gehören vor ein Gericht derjenigen, die jetzt dem asiatischen Gesindel zum Opfer fallen.«

»Wir gehören höchstens insofern vor ein Gericht«, beharrte Schubert, »als wir es nicht fertiggebracht haben, zu verhindern, daß der

Einmarsch nach Rußland geschah und daß er so wahnsinnige Formen annahm. Vor das Gericht gehören nach wie vor niemand anderer als diejenigen, welche die Rache und den hemmungslosen Haß geweckt und den schlechten Instinkten den Boden bereitet haben.«

Der Junge ballte die Faust. »Sie sind so blind, wie nur Humanitätsapostel blind sein können. Sie sind so blind, weil Sie keine Familie und nichts mehr zu verlieren haben. Haben Sie die toten Säuglinge bei Neuteich gesehen? Haben Sie die Frauen gesehen, die sich kaum noch vorwärtsschleppen konnten, weil sie in einer Nacht vierzigmal geschändet worden sind? ... Nichts haben Sie gesehen, nichts, nichts, nichts! Und Sie könnten es gar nicht sehen, weil Ihnen Ihre mörderische Dummheit zu Bewußtsein kommen würde. Und Ihre Dummheit ist die Dummheit derer, die uns vom Westen her weiter angreifen und sich so erhaben vorkommen, weil sie gegen das menschenunwürdige Hitlerregime zu Feld ziehen.« Er lachte fast vor wütendem Hohn. »Oh, sie kommen sich so schrecklich erhaben vor, diese Pharisäer. Sie kämpfen für die Menschlichkeit und für das Recht, und verbinden sich mit einem Kontinent von Bestien und werden ihre Zuhälter. Sie fühlen sich erhaben über Hitlers Politik im Osten, über den Kampf gegen den Bolschewismus, über Hitlers Politik der Vernichtung der Sowjetunion. In wenigen Jahren werden sie einmal ihre Borniertheit begreifen ...«

Er wandte sich vom Fenster weg und Schubert entgegen. Während er ihn so gelähmt daliegen sah, überkam ihn aus seiner hemmungslosen Empörung heraus der Gedanke, was wohl der Alte in dem Augenblick denken und empfinden würde, in dem die ersten Rotarmisten in sein Zimmer stürzten, nach Gold und Uhren suchten und ihm die Pistole vor die Stirn hielten. Ob er dann auch noch starrsinnig bei seinen Thesen blieb? Aber im gleichen Augenblick überfiel ihn so etwas wie Beschämung über diesen Gedanken. Und als Folge dieser Beschämung begann das Hemmungslose seiner Erregung von ihm abzufallen.

Schubert schwieg. Er schwieg betroffen von dem Strom der Anklagen und betroffen von den innersten Zweifeln, die er in sich selbst fühlte, die aus seinem Gefühl erwuchsen und die im Widerstreit mit seinem Verstande lagen.

Aber er sagte: »Scholtis, ist denn all das, was wir zusammen erlebt und an Erfahrungen gesammelt haben, in wenigen Wochen und durch ein schreckliches Erlebnis wie das in Neuteich einfach auszulöschen? Genügen ein paar Wochen, um Sie in das Fahrwasser der Lehre von den Untermenschen zurückzuzerren, die von Hitler und Rosenberg und Koch und Goebbels gepredigt worden ist und nun weitergepredigt wird, als hätten sie selbst nicht Schuld daran, daß nun wirklich Untermenschen über uns gekommen sind? Kommen Sie, Scholtis«, sagte er, »kommen Sie«, wiederholte er, »setzen Sie sich zu mir und seien Sie wieder der vernünftige, klar denkende Mensch, der Sie immer waren!«

Der Junge sah unschlüssig zu ihm hinüber, noch hin und her gerissen zwischen dem Haß und seiner Zuneigung zu dem gelähmten Mann. Aber dann folgte er und setzte sich an das Bett.

»Lassen wir die Pharisäer einmal aus dem Spiel«, sagte Schubert langsam, »lassen wir Churchill und Roosevelt aus dem Spiel. Der eine ist ein Gefangener der überholten Idee vom europäischen Gleichgewicht. Sie können sicher sein, daß Churchill ein Antibolschewist ist. Aber wahrscheinlich haben Charakter und Gewissen bei allen Menschen – auch bei Churchill – ihre Grenzen. Sie haben Grenzen, die durch äußeren Zwang bestimmt werden. Mancher hat sich schon mit dem Teufel verbündet, um einen Teufel zu besiegen, und sich dann selbst in das Teuflische verstrickt. Aber es ist nicht unsere Sache, darüber zu rechten. Roosevelt ist auch ein Gefangener der Unkenntnis deutscher, europäischer und bolschewistischer Verhältnisse. Er und Stalin leben auf verschiedenen Sternen, nur daß Stalin dies genau weiß, während Roosevelt es noch nicht weiß oder voller Illusionen daran glaubt, die beiden Sterne ließen sich vereinen. Wir haben kein Recht, deswegen anzuklagen.«

»Dann nehme ich mir das Recht«, sagte Scholtis mit hartem Gesicht, »denn ich habe sogar wie Sie den Russen zu helfen versucht und niemandem etwas zuleide getan. Wenn Politiker sich mit einer Macht verbünden, deren Heer eine einzige Masse von Plünderern und Mördern und Schändern ist, und wenn Politiker diesem Schänden und Morden nicht nur zusehen, sondern es durch die Forderung nach bedingungsloser Kapitulation und freiwilliger Unterwerfung unter jene Mörder und Schänder noch unterstützen, dann bleiben sie in meinen Augen Verräter an der zivilisierten Welt.«

Schubert sah den Jungen schweigend an. Er konnte nicht verhindern, daß er in diesem Augenblick an die Nachrichten dachte, welche er durch neutrale Freunde über die Konferenz erhalten hatte, die am 13. Februar in Jalta zwischen Stalin, Roosevelt und Churchill abgehalten worden war und in der davon gesprochen worden war, die seit 1918 zu Polen gehörenden Gebiete östlich der sogenannten Curzon-Linie der Sowjetunion zu überantworten und dafür die gesamten deutschen Gebiete östlich von Oder und Neiße polnischer Verwaltung zu unterstellen und damit praktisch von Deutschland abzutrennen. Und er dachte an die Nachrichten, nach denen Rußland Königsberg und einen Teil Ostpreußens verlangte. Und wonach die in Moskau gebildete polnische Regierung mit Stalins Unterstützung alle Deutschen aus dem Raum östlich von Oder und Neiße vertreiben wollte. Schubert fühlte dabei wieder innere Zweifel an dem Wert all dessen, was er an Menschlichkeit und Vernunft und Maßhalten vertreten hatte und mit seinem ganzen Herzen weiter vertrat. Er fühlte den Zweifel am Vorhandensein und an der Macht dieser Kräfte, deren Einwirkung er aus alter Neigung heraus gerade von seiten der Angelsachsen erhofft hatte. War das, wozu die Amerikaner hier die Hand reichten, vernünftig, menschlich und maßvoll? Und erklärte sich ihr Tun hier wirklich nur aus Illusionen und Unkenntnis? Bedeutete es nicht auch eine Absage an das bessere Wissen zugunsten politischer Kompromisse? Wenn man die Bolschewisten und die polnischen Nationalisten und die polnischen Kommunisten und alle Russen und alle Polen, die unter Hitlers Gewaltpolitik gelitten hatten, verstehen konnte, sofern sie die Ausrottung der Deutschen im Osten verlangten, so blieb doch die Frage offen, ob es Sache der westlichen Völker war, diese Maßlosigkeit zu fördern.

Schubert war niemals näher daran gewesen, an Vernunft, Gerechtigkeit und Menschlichkeit zu verzweifeln als an diesem Tage, an dem Scholtis zu ihm kam und ihm seine Anklagen ins Gesicht schleuderte. Und doch wußte er, daß diejenigen, die jünger waren als er und nach ihm kamen, nicht verzagen durften. Er wußte, daß es falsch war, sich aus Enttäuschung über Unzulänglichkeiten oder Irrtümer der westlichen Welt auf einen wilden Trotz zurückzuziehen und die verbohrten Einseitigkeiten von Hitler und Goebbels nachzubeten.

»Uns ist doch nicht mehr zu helfen«, hörte er den Jungen sagen. »Die Bolschewisten werden uns weiter überrennen, ohne daß wir es ändern können. Wofür sollen wir dann aber noch kämpfen? Für Europa und für die anderen, die – in Gottes Namen – unsere Sünden mit Riesenbuchstaben aufschreiben und die Sünden der Russen nur mit winzigen Buchstaben, die man kaum lesen kann? O nein, dann wollen wir eben zugrunde gehen. Dann wollen wir uns der

Hölle, die aus dem Osten kommt, einfach in die Arme werfen und sagen, macht mit uns, was ihr wollt! Aber laßt uns mit euch gegen den Westen marschieren. Und dann wollen wir Rache an denen nehmen, die jetzt nicht verstehen wollen, daß wir nicht nur für uns kämpfen, sondern auch für sie.«

In Scholtis' Worten wütete der Haß des Enttäuschten. »Scholtis«, sagte Schubert, »ich bitte Sie noch einmal, lassen wir die Westmächte aus dem Spiel... Auch bei ihnen gibt es einen Zwiespalt zwischen menschlichen Worten und der wirklichen Tat, und es gibt neben einer Abneigung gegen uns, die ihre Berechtigung hat, auch eine Deutschfeindlichkeit, die gar nichts mit Hitler zu tun hat, die aber ihre Stunde gekommen sieht. Aber es bleibt dabei: Wir haben kein Recht, darüber zu urteilen. Die Geschichte ist trotz all ihrer Grausamkeiten und scheinbarer Sinnlosigkeiten ein guter Richter. Sie wird es dort sein... Aber sie ist es zunächst einmal über uns, auch wenn sechzig Millionen ganz oder halb Unschuldige mit zwanzig- oder dreißigtausend wirklich Schuldigen büßen müssen.«

Schubert wußte selbst nicht, ob er sich in diesem Augenblick in Gemeinplätze flüchtete, um der Verwirrung von Recht und Unrecht einfach zu entfliehen. Die gegnerische Welt löste die Verwirrung im Augenblick sehr einfach, indem sie den Deutschen zu dem Bösen, das geschehen war, alles Böse, das es in der Welt gab, auflud und alle anderen in das helle Licht der Unschuld tauchte. So ging es nicht. Und es ging auch nicht so, wie Scholtis es sah. Die Propaganda liebte Schwarz und Weiß. Die Wirklichkeit war anders.

»Begreifen Sie nicht, was Sie tun, Scholtis?« fragte Schubert. »Auch Sie sind jetzt bereit, alle deutschen Sünden im Osten, die Sie selbst einmal so klar gesehen haben, zu vergessen und diese Sünden unter dem Schatten verschwinden zu lassen, den die russischen und nun auch die polnischen Untaten werfen. Dieser Schatten ist vielleicht so groß, daß die deutschen Sünden darunter verschwinden könnten. Aber... Hitler hat in unserem Namen mit Kolonisations- und Vernichtungs- und Umsiedlungsideen die Saat ausgeworfen, die in den anderen aufgeht. Aber dürfen wir heute erwarten, daß die westliche Welt, nachdem wir vor ihr als Eroberer aufgetreten sind und nachdem Goebbels selbst oft und laut genug gesagt hat, daß es Hitler um Eroberung im Osten ging und erst in zweiter Linie um Beseitigung des Bolschewismus – dürfen wir erwarten, daß die westliche Welt uns heute als Behüter und Beschützer ihrer selbst anerkennt? Heute, wo die Welle der Eroberung zurückschlägt und zuerst einmal uns zu erwürgen droht? ... Die Masse derer, die da draußen auf der Flucht ist, weiß nicht und kann nicht wissen, was in ihrem Namen alles geschehen ist, sie steht einfach dem nackten Schrecken gegenüber. Aber Sie wissen es ...«

»Gut, ich weiß es. Aber dann weiß ich auch, wieviel kleiner unsere Sünden waren. Wo sind die Russinnen, die wir geschändet haben? Wo sind sie? Und wo sind die Kinder, die wir geschändet haben? Wo sind sie?«

»Das gegenseitige Aufrechnen führt zu nichts«, sagte Schubert. »Ich sehe immer noch die wahllos zusammengeschossenen kommunistischen Parteimitglieder oder Kommissare, die einfach auf Vermutung umgelegt worden sind. Ich sehe die verhungerten Kriegsgefangenen. Der größte Teil von ihnen mag verhungert sein, weil ihre Masse uns über den Kopf wuchs und ihre Unterbringung und Verpflegung nicht zu meistern war. Aber sahen hier nicht sogar Landesschützen gleichgültig zu – wie dem Sterben von Gewürm –, weil Goebbels' Propaganda und das fremde Äußere der Gefangenen sie wirklich glauben machten, daß es sich um Gewürm handelte? Und geschah wirklich alles, was möglich war, um das große Sterben zu verhindern? Ich sehe die versperrten Güterwagen mit ihren Stacheldrahtfenstern, in denen Koch und die anderen die Leute zur Arbeit nach Deutschland transportieren ließen, die sie wahllos zusammenfingen. Wir kommen darum nicht herum, daß die Saat, die wir in den slawischen Boden geworfen haben, aufgeht – in slawischer Form. Wer allein kraft seiner Macht herrschen und handeln will, wird vernichtet, sobald er seine Macht verliert ... Wer so wenig Weisheit gezeigt hat wie wir, darf sich nicht über die mangelnde Weisheit der anderen beklagen. Sollten Engländer und Amerikaner nun plötzlich Hitlers Kampf an der Ostfront sanktionieren? ... Glauben Sie nicht, daß Hitler, wenn ihm heute ein Strohhalm gereicht würde, wieder das Ziel der Eroberung und Kolonisierung im Osten vor Augen stände? Männer wie Hitler oder Himmler oder Koch lernen nicht mehr um!«

»Es geht nicht um Hitler!« trotzte Scholtis. »Glauben Sie, daß die da im Westen mit uns Frieden schließen und uns gestatten würden, uns unserer Haut im Osten zu wehren und dazu noch dem alten Europa zu dienen – wenn wir eine andere Regierung bekämen, der man die Selbstbescheidung glauben könnte? Sie würden es nicht tun. Genausowenig, wie sie den Männern vom 20. Juli nach einem Erfolg entgegengekommen wären. – Gut, wir haben den Krieg gegen Polen angefangen. Gut, wir haben das alte Europa zerstört. Gut, wir haben durch die Aufteilung Polens und dadurch, daß wir damals mit dem Teufel paktierten, die natürliche Barriere zwischen uns und dem Bolschewismus zerstört. Aber was hindert die westliche Welt, uns den Rücken freizugeben und uns gegen die Russen kämpfen zu lassen und damit doch zugleich für die Wiederherstellung des alten Europa zu kämpfen? Man soll dies in Gottes Namen als Sühne oder Strafe auffassen. Wir wollen es gern als Strafe auf uns nehmen, daß wir diesen grausamen Kampf weiter ausfechten müssen. Aber selbst das erlaubt man uns nicht, weil auch Engländer und Amerikaner uns vernichten wollen. Ich hänge nicht an Hitler. Ich würfe ihn heute über Bord, wenn ich damit die Freiheit erkaufen könnte, gegen die Bestien da draußen zu kämpfen.«

Schubert zeigte zum erstenmal den Anflug eines müden Lächelns. »Sagten Sie nicht, als Sie kamen, daß Hitler recht hätte, recht und tausendmal recht, und daß es ein Verbrechen sei, ihm auch nur einen Augenblick lang nicht gefolgt zu sein?«

Scholtis senkte erschöpft den Kopf. »Ich weiß nicht mehr«, sagte er plötzlich. »Ich weiß nicht mehr, was recht ist und wer recht hat. Ich weiß es nicht.«

Schubert griff nach Scholtis' Hand. »Wir wissen es beide nicht, und es gibt im Augenblick wahrscheinlich niemanden auf dieser Welt, der es weiß. Und wenn einer glaubt, er wüßte es, so ist er befangen, oder er ist wirklich ein Pharisäer. Und ich glaube, Scholtis, hier gibt es in der Tat nur einen Trost, daß schließlich doch einer Recht und Unrecht auseinanderhalten kann, auch wenn er es uns nicht sagt: Gott! Und es bleibt uns vielleicht nichts anderes übrig, als uns auf sein Tun und seine Gerechtigkeit und seine Entscheidungen zu verlassen.«

Scholtis fuhr sich mit der Hand über die Augen. »Und er straft die Kinder und die Frauen und die Kinder im Mutterleib und die Kranken und die Hilflosen. Er straft die Greise und die Verwundeten. Und er läßt die Schuldigen auf unserer Seite entkommen und leer ausgehen. Und er wird die Schuldigen auf der russischen und polnischen Seite zu Richtern nicht nur über die Schuldigen, sondern auch vor allem über die Unschuldigen machen. Ich glaube an nichts, Herr Professor, und Sie flüchten auch nur zu Gott, weil Sie keine andere Antwort haben und keinen Ausweg... Damit weckt man die Toten nicht auf? Und Ihr Trost hat nach allem, was heute geschieht, nur eines für sich: die Unwahrscheinlichkeit. Man wird weiter ausrotten. Und die Bolschewisten werden mit ihren Massen Europa überrennen und Europa beherrschen. Und England und Amerika werden zu spät erkennen, was das heißt.« Er wandte sich plötzlich zur Tür. Er ging ohne Gruß und ließ den Kranken mit seinen eigenen Zweifeln zurück.

Wußte er, ob der Junge recht behalten würde? Niemand wußte es. Aber in seinem eigenen Herzen war so viel Zuneigung zu den Angelsachsen, daß er nicht glauben konnte, daß ihre Illusionen von heute auch die Illusionen von morgen sein würden.

In den Monaten und Jahren, in denen er, im Dienste des Rosenbergschen Ostministeriums, ganz Osteuropa und alle besetzten Gebiete Rußlands bereist hatte, hatte er die ganze Größe und den ganzen Reichtum dieses Raumes noch einmal erkannt. Gleichzeitig war ihm so klargeworden wie selten zuvor, wie die Entwicklung dieses Raumes gehemmt blieb durch nationalistische Ressentiments und ideologische Unduldsamkeit.

Vielleicht hatte Hitler die gewaltige Chance gehabt, diesen Raum zu befrieden, zu fruchtbarer Zusammenarbeit und zu wirtschaftlicher Blüte zu bringen, denn dieser Raum verlangte nach einer Macht, die groß genug war, die inneren Gegensätze zu zerbrechen. Aber es müßte eine gerechte, erhabene Macht sein.

Diese Macht hätte nicht nur groß sein dürfen. Sie hätte auch versöhnend und fördernd sein müssen, nicht aber erobernd, ausrottend, ausbeutend und erniedrigend. Sie hätte nicht den Versuch machen dürfen, die einzelnen Nationalismen durch einen germanischen Hypernationalismus und die einzelnen Rassengegensätze durch eigene Rassenüberheblichkeit zu übertrumpfen. Hitler hatte die Chance gehabt, dem Osten eine friedliche Ordnung und wirtschaftliche Blüte zu bringen – selbst dann noch, als der unglückselige Angriff gegen Rußland rollte und als in Polen schon viel Unrecht geschehen war.

Vor wenigen Tagen hatte Schubert noch einmal, zum letzten Male, den Besuch eines russischen Obersten aus dem Stabe eines Generals Wlassow gehabt, dessen Name für die meisten Deutschen unbekannt geblieben war, weil Hitler es so wünschte. Der Oberst hatte ihn beim Abschied gefragt: Wo stünden wir heute und wo stündet ihr, wenn Hitler Wlassow verstanden hätte?

Der Russe Wlassow, der sich in der Schlacht um Moskau 1941/42 Orden und Ehren verdient hatte und bei seiner Gefangennahme durch die Deutschen Armeeoberbefehlshaber gewesen war, war ein

Bauernjunge, ein Kommunist von Jugend auf gewesen, der später den Zwiespalt zwischen der kommunistischen Lehre und der sowjetischen Wirklichkeit sah. Er hatte schließlich geglaubt, mit Hitlers Hilfe Stalin beseitigen zu können. Er hatte gehofft, ein neues, menschlicheres sozialistisches Rußland aufbauen zu können, das auf der Ebene der Gleichberechtigung mit Deutschland verbunden war.

Wlassow wäre ohne Zweifel in der Lage gewesen, aus Russen und Russisch sprechenden Völkern, die wohl ihre Heimat, nicht aber Stalin liebten, eine russische Millionenarmee aufzustellen und den Krieg im Osten nicht nur militärisch, sondern auch menschlich zu gewinnen. Er konnte dies allerdings nicht, um damit für Hitler ein russisches Kolonialreich aufzubauen. Wahrscheinlich hatten Hitler und Rosenberg bis in diese fürchterlichen Tage hinein nicht begriffen, welche Chance ihnen hier geboten worden war, eine verlorene Eroberer-Sache in einen politisch-menschlichen Triumph zu verwandeln, der Deutschland überleben und zugleich eine große Rolle als Verbündeter und Entwickler Osteuropas ließ. Sie hatten geduldet, daß sich russische und andere Freiwilligenverbände bildeten, die, weit verstreut, gegen Stalin kämpfen wollten und sollten. Aber diese waren als Landsknechtsverbände im Dienst deutscher Herren gedacht.

Wlassow und seine deutschen Helfer hatten vergebens darum gekämpft, Anerkennung zu finden. Erst als alles verloren war, im Spätherbst 1944, hatte man schließlich Wlassow erlaubt, öffentlich hervorzutreten – mit einem Manifest, mit dem Aufruf zur Bildung einer russischen Armee und mit einem Komitee als Gegenregierung gegen Stalin. Aber auch das war nur ein Schauspiel geblieben. Himmler, der unentwegteste Vertreter eines germanischen Kolonialreiches im Osten, hatte es auf Drängen einiger Berater veranstaltet, die ihn darauf hinwiesen, daß selbst zu diesem späten Zeitpunkt noch russische Soldaten in größerer Zahl zum Überlaufen zu bewegen waren, wenn man ihnen Freiheit und Einsatz im Kampf gegen Stalin und für einen freieren russischen Staat versprach. Sie hatten Himmler bewogen, Wlassow die Erlaubnis zu geben, in Prag ein Manifest zu verlesen und ein »Komitee zur Befreiung der Völker Rußlands« zu gründen. Aber alles war nur eine Täuschung gewesen.

Es gab in der Geschichte auch eine Form der Gewalt, die friedbringend und fruchtbar sein konnte, weil sie den unlösbaren Knoten aus nationalistischen und rassischen Gegensätzen zerschlug und statt dessen eine große Einheit schuf, die allen, die in ihr lebten, gleicherweise diente. Das aber hatte Hitler nicht gewollt, weil er nur deutsche Herrschaft kannte. Und nun war die Verwirrung der Gegensätze und des Hasses heilloser als je zuvor. An Stelle Hitlers beugte Stalin nun Osteuropa unter seine Macht und unter die Gewalt seiner Ideologie und seines Nationalismus. Auch er würde keine echte Zusammenarbeit schaffen, sondern einen unechten Frieden.

Aber vielleicht hatte Stalin in Europa schon in dem Augenblick verspielt, in dem seine Hand nach dem Siege griff. Er würde den Krieg gewinnen. Er würde den letzten Ansturm auf Deutschland siegreich führen, um zumindest gleichzeitig mit den westlichen Alliierten in Berlin zu sein. Wer konnte in dem Chaos dieser Tage noch daran zweifeln. Aber er würde sich zugleich damit seine Grenzen für die Zukunft stecken. Das Toben der Instinkte, die er zu voller Glut entfacht hatte, würde sein Regime und alles, was in sowjetischem Namen auftrat, nicht nur in den Augen der Deutschen, sondern auch bei den anderen Völkern Europas auf lange Zeit hinaus zu einem neuen Sinnbild der Barbarei machen – zu roh, zu ungeschlacht, um von Europäern ohne Zwang geachtet zu werden.

Schon wenige Tage nach dieser Begegnung endete die verhältnismäßige Ruhe, die vor der dünnen Perlenkette der pommerschen Front herrschte. Das Unwetter, das Pommern überfallen sollte, braute sich im Raum von Neustettin zusammen. Es war klar, daß Shukow hier, wo der Weg zur Ostsee am kürzesten war, angreifen würde. Auch Himmler, der in Prenzlau saß und sich nach der gescheiterten Pommernoffensive bemühte, alle vorhandene und nicht vorhandene Schuld auf den Generalstab abzuwälzen, wußte es. Er und Lammerding wurden von Eismann bedrängt, sich noch einmal zu Hitler zu begeben, um dort zu erreichen, daß die 2. Armee aus dem westpreußischen Raum nach Westen gezogen werde, um unter gleichzeitiger Evakuierung der noch vorhandenen westpreußischen und pommerschen Bevölkerung über die Oder Zug um Zug auf diesen Strom zurückgenommen zu werden.

Es war eine offene Frage, ob der Plan zu diesem Zeitpunkt überhaupt noch durchführbar war und ob der Auszug der pommerschen Bevölkerung noch hätte verwirklicht werden können. Aber Himmler war in keinem Fall bereit, Hitler einen solchen Vorschlag zu machen. Er unternahm nichts. Er dachte nicht an die Bevölkerung. Er dachte nicht an den Riesenzug der Flüchtlinge, der sich noch immer von Danzig bis zur Oder bewegte. Er dachte nur an Hitlers Ungnade, deren Ausbruch er nicht durch irgendeine Auseinandersetzung beschleunigen wollte.

Der Oberbefehlshaber der 2. Armee sah voraus, daß er in Kürze durch einen Stoß Shukows nach Norden vom übrigen Deutschland abgeschnitten sein würde, und versuchte, unterstützt durch Forster, dem Gauleiter Schwede-Coburg die Erntevorräte in Ostpommern abzuringen, um sie sicherheitshalber im engeren Gebiet um Danzig einzulagern. Der Versuch stieß auf Schwede-Coburgs Ablehnung. So wurde der Kampf um Kompetenzen und Machtbefugnisse bis zuletzt geführt. Und bis zur letzten Stunde arbeitete die Maschinerie der Propaganda, welche die Pommern und die Flüchtlinge, die von Danzig und Gotenhafen bis nach Stettin und Wollin nach Westen zogen, über die tatsächliche Lage täuschte. Am 26. Februar trat Shukow zum Angriff gegen Pommern an. Und das Unheil brach auch über Pommern herein.

Der Angriff Shukows durchstieß in wenigen Tagen die Front der 2. Armee und der 3. Panzerarmee. In einer Breite von 40 Kilometern wälzten sich seine Panzerkorps auf Neustettin und Kolberg. Und sie walzten über Flüchtlinge und Bevölkerung hinweg.

Bereits am zweiten Angriffstage war die 3. Panzerarmee von der 2. Armee getrennt. Hitler befahl der 2. Armee, nach Westen vorzustoßen und die Verbindung zur 3. Panzerarmee wiederherzustellen. Die deutschen Panzerverbände mußten jeden vierten Panzer sprengen, damit die übrigen Panzer mit dem Treibstoff der gesprengten fahren konnten. Jeder Panzer besaß noch zehn Granaten pro Rohr. Der Gegenangriff scheiterte nach kurzen Anfangserfolgen. Immer rascher drangen darauf Shukows bewegliche Verbände nach Norden, Westen und Osten vor. Am 28. Februar erreichten ihre vordersten Teile Köslin–Schlawe. Nur Volkssturm und schwache Abteilungen des Arbeitsdienstes traten ihnen hier und da mit der Panzerfaust entgegen. In der Nacht vom 28. Februar auf den 1. März gelang es einer Kampfgruppe der 2. Armee noch, einen Betriebsstoffzug, der westlich der russischen Durchbruchsstelle stand, nach Osten zu fahren. Dann war die letzte Landverbindung nach Westen unterbrochen. Wenige Tage darauf standen Shukows Spitzen vor Kolberg. Nur ein unterirdisches Fernkabel ermöglichte

noch einige Tage eine direkte Verständigung mit der 3. Armee. Dann wurde das Kabel unterbrochen.
Fast gleichzeitig griff General Rokossowski an der Weichsel und in der Nogatniederung mit massierten Kräften die deutschen Stellungen an. Er schwenkte mit erheblichen Teilen seiner Verbände nach Osten ein. Es war klar, worum es ging. Das Gebiet rings um die Danziger Bucht sollte konzentrisch angegriffen und erobert werden. Die teils bis auf Bataillonsstärke zusammengeschlagenen Divisionen der 2. deutschen Armee sahen sich der 19., 70., 49., 65. sowjetischen Armee, der 1. Gardepanzerarmee und im Süden zwischen dem Frischen Haff und der Tucheler Heide der 48. sowjetischen Armee sowie der 2. Stoßarmee gegenüber – ein Kräfteverhältnis von erschütternder Hoffnungslosigkeit. In den Rückzug der deutschen Truppen und in die jähe, chaotische Flucht der Zivilisten stießen die sowjetischen Panzerverbände fächerförmig hinein. Sie drangen bis zur Küste vor, nach Rügenwalde, Stolpmünde, Leba und Rixhöft.
Eine pommersche Division, die erst Anfang Februar, ohne schwere Waffen und Fahrzeuge, aus Kurland nach Pommern gekommen war, schlug sich durch Chaos und Panik, von angreifenden Russen umgeben, bis in den Raum von Gotenhafen durch. In ihrer Mitte führte sie, wie in alten Zeiten, die Treckwagen mit ihren Angehörigen, mit Eltern, Frauen und Kindern und brachte sie unter verhältnismäßig geringen Verlusten an die Küste.
Die übrige Bevölkerung aber traf ein Schicksal, das sich in nichts von dem Schicksal jener Ostdeutschen unterschied, die in den ersten Kampfwochen zwischen Narew und Weichsel und Warthe vom Vormarsch der Russen überrascht worden waren.

»Es war der 6. März 1945«, notierte später der damals sechzehnjährige Ramon Gliewe, der an diesem Tage mit seiner Mutter und seinem kleinen Bruder aus Stolp in Pommern zur Flucht aufbrach. »Mein Bruder turnte auf meinem Bett, in dem ich krank lag, und erzählte harmlos von all dem fremden Leben, das er in der Stadt gesehen hatte. Er war mit meiner Mutter aus der Stadt gekommen. Meine Mutter trug noch Schneeflocken auf ihrem Mantel. Sie fror und zitterte und setzte sich auf meinen Bettrand nieder.
›Niemand weiß, wo die Russen sind‹, sagte sie. ›Niemand kann mir Auskunft geben. Aber es kommen überall schon Soldaten zurück, und in der Friedrichstraße stehen Bauern, die den Russen gerade

noch entkommen sind ... Auf der NSV sind alle weg. Ich weiß nicht mehr, was wir tun sollen. Ich weiß es nicht mehr.‹
Kurz nach dem Mittagessen ging meine Mutter ein zweites Mal in die Stadt. Wenn ich einmal aus dem Bett aufstand und ans Fenster ging, sah ich die lange Straße hinunter einen Treck hinter dem anderen. Die ganze Schlawer Straße hinauf ging der Zug, der nun schon seit Wochen unter unseren Fenstern vorbeirüttelte und -polterte. Aber er hatte jetzt eine andere Richtung. Die Menschen flohen nach Osten zurück ... Immer wieder kamen Menschen in unser Haus, damit sie einen kleinen Schutz vor der Winterkälte hatten. Sie lagen und saßen im Treppenflur auf Decken und Strohbündeln. Am Nachmittag kam unser Doktor. Er erzählte, daß mindestens hunderttausend Flüchtlinge in unserer Stadt und die Russen ganz nahe seien. Dazu noch die Soldaten. Er erzählte, daß auf dem Kirchhof große Massengräber geschaufelt waren, um all die vielen Menschen aufzunehmen, die gestorben oder erfroren waren.
Später gab es Fliegeralarm, und mein Bruder kam zu mir aufs Bett gekrochen ... Um 8 Uhr kam endlich meine Mutter zurück. Sie sah mich mit großen müden Augen an. Aber sie hatte einen Oberstabsarzt, einen Freund meines Vaters getroffen. Und wir durften in vier Stunden in einem Lazarettzug mitkommen, der noch nach Danzig fahren sollte. ›Das ist die allerletzte Möglichkeit‹, sagte meine Mutter. ›Morgen können die Russen schon hier sein. Niemand hält sie auf. Alles flieht. Ob der Zug noch bis Danzig kommt, das weiß niemand.‹
Ich schleppte mich aus dem Bett ... Wir zogen alles an, was auf den Leib ging ... Mein Bruder konnte noch nicht glauben, daß es endgültig losgehen sollte, und er weinte um seine Spielsachen. Nur einen kleinen silberbronzierten Rennwagen, den er erst zu Weihnachten bekommen hatte, durfte er mitnehmen ... Aber all die anderen Menschen in unserem Haus beneideten uns, daß wir fortkonnten ... Wir packten unsere Sachen auf meinen Schlitten. Meine Mutter trug zwei Koffer und einen großen Rucksack. Auch mein Bruder hatte einen kleinen Rucksack aufgeschnallt. Ich war so schwach, daß ich nur eine kleine Tasche tragen konnte.
Draußen fror es wieder ... Es war zehn Uhr. Aber die Bahnhofstraße und die Geerstraße waren voller Menschen und Tiere und Wagen wie am Tag. Dazwischen fuhren Motorräder und graue Lastwagen. Abgedunkelte Scheinwerfer geisterten über alles hin ... Alle dachten nur daran, weiterzukommen und nicht liegenzubleiben. Viele

drängten wie wir zum Bahnhof. Aber der war abgesperrt. Wir kamen aber mit unserem Schein durch und stolperten über die verschneiten Schienen zum Güterbahnhof. Da stand der Lazarettzug. Es waren lauter Viehwagen. Aus ihren Dächern ragten eiserne Rohre. Sie qualmten ... Wir standen bei unseren Sachen und froren. In der Ferne knallten Schüsse, und irgendwelche Brände flammten auf. Endlich stolperte ein Santitätsunteroffizier über die Schwellen. Der nahm sich unserer an und führte uns zu einem Wagen, in dem eine Pritsche frei war ...

Im Wagen herrschte ein furchtbarer Gestank. Ein paar Petroleumlampen erhellten notdürftig den Raum. In einer Ecke stand ein kleiner eiserner Ofen, dessen Rohr fast glühte. Und auf Pritschen und einfachen schmutzigen Strohschütten lagen fünfzehn Soldaten. Es waren alles Schwerverwundete. Neben den Pritschen standen Eimer, die mit einer stinkenden Brühe gefüllt waren. Einige Verwundete stöhnten und wimmerten in ihre dünnen Wolldecken hinein. Meiner Mutter wurde übel, und sie mußte sich draußen erbrechen ... An den Uniformstücken und dem herumhängenden Koppelzeug sah ich, daß es Waffen-SS war. Der Unteroffizier erzählte uns, daß in diesem Zug der Rest von zwei aus Griechenland herangeführten Divisionen sei.

›Die armen Hunde‹, sagte er, ›sind fast alle malariakrank hergekommen. Alles schwere Fälle. Und wir haben keinen einzigen Arzt mehr in dem Zug. Wir kommen direkt von der Front und sollten hier erste ärztliche Hilfe haben.‹

Aber kein Arzt kam. Es war auch kein Verbandstoff da und keine Tabletten. All die schrecklichen Wunden waren nur mit Toilettenpapier versorgt ... Nach drei Uhr in der Nacht fuhren wir vom Stolper Bahnhof in Richtung Danzig ab. Es kam jetzt etwas Fahrtwind in den Zug, und der Gestank von Blut, Eiter, Petroleum und Kot wurde erträglicher.

Das gleichmäßige Rucken der Achsen machte mich müde. Als ich wieder erwachte, dämmerte bereits der Morgen, und der Docht der Petroleumlampen war ganz heruntergeschraubt. Etwas später hielt der Zug, und ein Infanterist kam zu uns herein. Er trug den linken Arm in einer Binde. An der rechten Hand fehlte ihm der Mittelfinger. Er setzte sich zu meiner Mutter und den Frauen.

›Seien Sie froh‹, sagte er, ›daß Sie herausgekommen sind. Wir sind bei Rummelsburg wieder in Orten gewesen, wo der Iwan schon einmal drinnen war ... Das ist alles nur noch Wahnsinn, aber was sollten wir dagegen tun?! Wir hatten keine Munition mehr und keinen Sprit. In Treten sollten wir mit zwei Panzerfäusten pro Mann den Iwan aufhalten, und von den Dingern ging nur jede fünfte los. Wir sind wie die Karnickel gejagt worden. Und wie die Karnickel haben sie uns abgeschossen. Die Verwundeten. Da unten liegen sie noch zu Tausenden. Wie sollten wir sie wegschaffen? Die SS kommt noch weg, weil Himmler Oberbefehlshaber ist. Uns hat man nur so aus Gnade mitgenommen. Aber die von der SS sind ja auch arme Schweine, die sich überall herumschlagen dürfen und langsam nicht mehr wissen, wofür. Und wenn sie nicht mehr wollen und können, dann hängen sie die Kassierkommandos genauso an die Chausseebäume wie uns. Die Bäume an der Straße nach Rummelsburg hängen voll. Es sind halbe Kinder dabei.‹ Er sprach ganz leise und saß noch eine Weile bei uns, dann ging er hinaus, als der Zug einmal hielt.

Um 12 Uhr mittags am 7. März waren wir in Lauenburg. Hier sollten die Verwundeten verpflegt werden. Es war aber nur ein Kübel mit kaltem Tee da. Meine Mutter lief mit einem Kochgeschirr, um für die Soldaten etwas zu holen. Sie kam aber schon zu spät ... Vom Bahnhof aus konnten wir über die Stadt sehen. Vor dem Bahnhof drängte sich eine große Menge mit Bündeln und Koffern und Pappschachteln, und ununterbrochen fiel Schnee. Als wir weiterfuhren, stieg ein ganz junger SS-Mann zu uns herein. Vom linken Arm war ihm nur ein schlecht verbundener Stumpf übriggeblieben. Er hatte einen löcherigen Wollsocken über den blutigen Verband geschoben. Seine Schulter war schon blauschwarz. Aber er fragte mich ruhig nach meinem Alter.

›Ich war ein Jahr älter‹, sagte er, ›als ich Soldat geworden bin. Wir sind fast alle aus Siebenbürgen. Das war einmal. Meine Eltern haben die Russen mit Kolben erschlagen, weil ich zur Waffen-SS eingezogen worden bin. Jetzt ist der Arm hin. Aber der rechte reicht noch für eine MP.‹ Er lächelte düster. ›Hoffentlich dauert der Krieg noch so lange, daß ich meine Rechnung fertigmachen kann.‹

Kurz vor Neustadt blieb der Zug wieder liegen. Die hügelige Landschaft lag unter einer dichten weißen Decke. Ein paarmal hörten wir es hart und trocken knallen. Der Sanitätsunteroffizier kam wieder zu uns und erzählte, daß ein paar Volksstürmer am Bahndamm mit Panzerfäusten übten. Dann fuhren wir durch bis Gotenhafen. Auch hier stauten sich die Zivilisten und Soldaten ... Es war zwischen vier und fünf nachmittags, und wir mußten den Lazarettzug verlassen.

Wir standen mit unserem Gepäck im knietiefen Schnee ... Wir waren sehr verzweifelt. Meine Mutter ließ mich mit meinem Bruder zurück, um Ausschau zu halten. Es begann schon dunkel zu werden, als sie zurückkam. Aber sie hatte ein paar mitleidige Eisenbahner gefunden, die ihre Familien in einem Zug nach Danzig untergebracht hatten. Ihre Lokomotive war ihnen von einem Sonderkommando ausgespannt worden, und sie warteten auf eine neue.
So krochen wir wieder in einen Viehwagen und fanden auf einer Strohschütte Platz. Wir warteten den ganzen Abend. Schließlich kamen russische Flugzeuge. Wir hörten das Rasseln der Motoren, und Bomben fielen. Das Rattern war immer über unseren Köpfen. Wir sprangen schließlich aus dem Wagen und krochen zwischen den Schienen unter die Wagenböden. Es dauerte fast eine Stunde. Dann konnten wir, zitternd vor Kälte, wieder in den Wagen kriechen.«

Als Generaloberst Weiß in Oliva die ersten Meldungen über das Debakel in Pommern erhielt, warf er alles, was er noch an schnellbeweglichen Kräften besaß, an die Westfront des Kessels, der sich rings um seine Armee bildete. Er versuchte, im Raum von Neustadt und Karthaus eine Aufnahmefront zu bilden, in der die zurückgehenden Verbände aus Pommern sich sammeln konnten, um über See gerettet zu werden.
Um dieses Ziel zu erreichen, entschloß er sich zu einer sofortigen Absetzbewegung im Süden des Kessels, mit Drehpunkt bei Dirschau an der Weichsel in Richtung auf das Höhengebiet südlich Karthaus. Es gelang wirklich, noch einmal eine dünne Abwehrfront aufzubauen, die zunächst noch an der Küste westlich des Fußes der Halbinsel Hela einsetzte, außerhalb des äußeren Verteidigungsringes der sogenannten Festung Gotenhafen–Danzig verlief und mit ihrem linken Flügel das Frische Haff südlich Stutthof erreichte. Die Absetzbewegung, die sich unter dauernden Angriffen Rokossowskis vollzog, kostete erhebliche Opfer, vor allem an schweren Waffen, die wegen Benzinmangels zurückgelassen werden mußten. Zahlreiche Verbände verloren ihren inneren Halt. Es gab Versprengte und Deserteure – gehetzt zwischen der Angst vor den Russen und Himmlers Sonderkommandos, die nach ihnen fahndeten. Aber nur im Norden, im Gebiet nördlich von Neustadt, gelang es den Russen, bis zur Danziger Bucht durchzubrechen und den rechten Flügel der 2. Armee hinter die Niederung der Rheda zurückzudrängen. Hela wurde noch behauptet.

Um diese Zeit, am 6. März, stemmte sich der kleine Eisbrecher »Wolf« oberhalb Schievenhorst bei Danzig gegen das polternde Treibeis der wenige Tage zuvor aufgebrochenen Weichsel. Er hatte Befehl, sowjetische Boote, die mit dem Eis von der bei Dirschau verlaufenden Front her stromabwärts trieben, aufzufangen und auf Sprengladungen und andere Heimtücken zu untersuchen.
Gegen Mittag entdeckte der Kapitän einen kleinen schneebedeckten Fleck, der ihm auf den Schollen entgegentrieb. Wenig später erkannte er, daß es sich um ein Schlauchboot handelte und daß sich Menschen darauf befanden. Als er endlich eine Leine hinüberwerfen konnte, nahm er fünf junge Soldaten an Bord. Es handelte sich um den siebzehnjährigen Gefreiten Schwenkhagen und vier Pioniere. Sie waren die einzigen, die dem Kampf um Graudenz entronnen waren, dessen letzte Widerstandsnester am Morgen desselben Tages in die Hände der Russen fielen.
Die fünf konnten nur mit Mühe gehen. Schwenkhagen konnte sich überhaupt nur am Stock bewegen. Sie hatten noch ihre Maschinenpistolen umgehängt. Sie trugen Handgranaten am Koppel und in allen Taschen, als lauere immer noch hinter der nächsten Hauswand der Feind.
Schwenkhagen hatte zusammen mit anderen Pionieren am Abend des 5. März, als nur noch das eigentliche Festungswerk Courbière im Norden von Graudenz in deutscher Hand war, einen größeren Ausbruch weichselabwärts vorbereiten sollen. Aber zu diesem Ausbruch war es nicht mehr gekommen. Die Russen hatten die Verbindung zwischen der Festung und dem Weichselufer durchschnitten, und die Gruppe war allein zu der verzweifelten Fahrt weichselabwärts aufgebrochen. Schwenkhagen kam als einziger mit seinen Leuten glücklich an den sowjetischen Uferposten nördlich Graudenz vorbei. Bei Marienwerder passierte er ungesehen die sowjetischen Lagerfeuer. Als der 6. März anbrach und die Helligkeit die hilflos im Eis Treibenden hätte verraten können, kam ihnen ein starker Schneefall zu Hilfe. Schwenkhagen legte sich mit seinen Kameraden lang ins Boot. Sie ließen sich einschneien, so daß sie auch bei Tage unentdeckt blieben. 180 Kilometer waren sie weichselabwärts getrieben, als die Leute der »Wolf« sie aus dem Eiswasser fischten. Man ließ Schwenkhagen berichten, soweit er in seiner tödlichen Erschöpfung dazu in der Lage war.
Er erzählte über eine drei Wochen währende Hölle, vom Tage der Einschließung am 17. Februar an bis zu der sternklaren, mondhellen

Nacht, in der er sich dem Eis anvertraut hatte. 45 000 Zivilisten, meist Volksdeutsche, ehemalige Polen, die zu Volksdeutschen geworden waren, sowie andere Polen waren am Tage der Einschließung noch in der Stadt – wie überall zwischen die Angst vor der Flucht und die Angst vor der Zukunft, oder, wie die Polen, zwischen zwei Feuer, von denen sie das schwächere wählen mußten, gestellt. Dazu 10 000 Soldaten und Volkssturmmänner. An schweren Waffen verfügten sie über ein Flak- und ein Feldgeschütz. Ein einziges Junkers-Flugzeug warf gelegentlich Infanteriemunition, einzelne Granaten und Verbandstoff ab. Festungskommandant war der Generalmajor Fricke, der am 19. Februar den üblichen Tagesbefehl von Durchhalten, Treue und Verbissenheit erließ und davon sprach, daß der Gegner weder zahlenmäßig noch materiell überlegen sei und daß Graudenz Entsatz und Verstärkung erhalten werde. Das eine war eine bewußte Lüge gewesen, die nicht lange unwiderlegt bleiben sollte. Das andere wahrscheinlich guter Glaube.

Kaum jemand hatte den Generalmajor gekannt. Er saß in einer Kasematte unter dem schweren Ziegelgemäuer der Festung Courbière und operierte auf der Karte mit Bataillonen, die höchstens noch Zugstärke hatten. Bei ihm befand sich der Kreisleiter Lamperle, ein Bayer, der mit Forster in den Gau verschlagen worden war, tapfer, selbst von den begangenen Irrungen überzeugt, aber durch Irrtum und Schicksal auch zum betrogenen Betrüger bestimmt, dem kein propagandistisches Hakenschlagen mehr vor den anderen und vor sich selbst weiterhalf.

Auf der anderen Seite stand eine wenigstens achtfache Überlegenheit mit fast ununterbrochen feuernder Artillerie, die auf den Höhen rings um die Stadt aufgefahren war. Ferner so viele Flugzeuge, daß ständig wenigstens fünf Maschinen über der Stadt kreisten. Sie warfen nicht nur Bomben, sondern auch Beutegranaten und zusammengebundene Eisenteile, Pflugscharen und Spaten auf jedes Ziel, das sich ihnen in den Straßen bot. Die Stadt lag in einem Feuersturm, in dem es nur abends eine kurze Unterbrechung gab, wenn sich auch hier die Propagandastimmen der sowjetischen Lautsprecher erhoben und ihre Parolen schrien: »Kameraden, kommt zu uns, heute gibt es Gulasch mit Nudeln!« – »In Leningrad warten tausend schöne Mädchenbeine auf euch.« – »Unsere schnellen Einheiten, die gerade an Graudenz vorbei nach Danzig marschieren, senden schöne Grüße.« Und dann: »Wir senden noch ein Orgelkonzert.« Dann löste das Geheul der Stalinorgeln die kurze Stille ab.

Schon in den ersten Tagen war es den Russen gelungen, in den Stadtteil Klein-Tarpen einzubrechen. Ein Bataillon warf sie im Gegenstoß wieder hinaus, aber es fand in den zurückeroberten Straßen nur Tote und in den Kellern der Häuser die verstörten Überlebenden, deren Erzählungen bald durch die Stadt eilten. Von da an wurde der Kampf um die Stadt ein erbarmungsloses Ringen auf Leben und Tod, in dem Urinstinkte wach wurden und kleine Gruppen sich mit Handgranaten und Messern bis in die stockdunklen Ringöfen der Ziegelei hinein verteidigten. Die Zivilbevölkerung ging mit den Soldaten von Keller zu Keller zurück, bis die Überfüllung im nördlichen Teil der Stadt so unerträglich wurde, daß die Soldaten sich absetzen mußten, um überhaupt noch kampffähig zu bleiben.

Die Russen drangen von Süden nach Norden in Richtung Courbière vor. Sie überschritten auch die Weichsel und setzten sich in der Mitte der Stadt fest. Stickige Dunkelheit und Wassermangel herrschten in den Kellern. Aber der Durst trieb sie immer wieder hinaus. An allen Wasserstellen lagen Tote, Männer und Frauen, so wie sie Granatsplitter und Maschinengewehrgarben hingeworfen hatten.

Seit dem 21. Februar erschien täglich in einer Feuerpause ein sowjetischer Parlamentär, um die Übergabe der Stadt zu fordern. Aber alle Deutschen kämpften so lange um ihr Leben oder unterstützten so lange den Kampf der Soldaten, bis ihre innere Widerstandskraft vor Übermüdung erlosch oder die Hoffnung auf Entsatz, die bis in die letzten Tage hinein anhielt, zerbrach. Die Hoffnung auf Ausbruch nährte sich an immer neuen Gerüchten. Wenn sie umliefen, weigerten sich die Verwundeten, den Verbandplatz in der Festung aufzusuchen, weil sie fürchteten, dort oben, wo schon mehrere Tausend Verwundete lagen, zurückzubleiben. In den ersten Märztagen waren nur noch wenige Hundert Quadratmeter Boden in deutscher Hand. Aber das »Urräh« der Angreifer nahm kein Ende. Von Courbière aus, dessen tiefere Kasematten dem Artilleriefeuer trotzten, konnte man Züge der in Feindeshand geratenen Zivilisten sehen, die aus der Stadt hinausgetrieben wurden. Südlich der Stadt sah man bis zum 3. März, als das Eis der Weichsel aufbrach und in Bewegung geriet, fast ununterbrochen riesige Panzer- und Motorkolonnen der Russen auf einer Eisbrücke über die Weichsel nach Westen und Norden rollen.

Langsam erlosch der Glaube an den eigenen Entsatz. Lebenswille und Lebensenergie zerbrachen bei den bis zur Schlacke ausgebrannten Einheiten. Sie ergaben sich. Andere schlugen sich in der Nacht vom 5. auf den 6. März, in der Schwenkhagen die Stadt verließ, bis vor den Eingang von Courbière durch. Mit ihnen der Kreisleiter, der dabei spurlos verschwand. Der Generalmajor Fricke kapitulierte am nächsten Tage mit dem Rest der Besatzung. Einschließlich der Verwundeten waren es noch viertausend Mann.

Der Ring um Danzig und Gotenhafen wurde in diesen Tagen geschlossen. Der Strom von Flüchtlingen, der in wenigen Tagen von Norden, Westen und Süden in den Raum dieser Städte geschwemmt wurde, ließ sich nicht mehr übersehen. Und der Strom, der in wechselnder Stärke immer noch aus Ostpreußen über die Frische Nehrung kam, riß nicht ab. In dem engumschlossenen Gebiet hielten sich, abgesehen von Kampfverbänden und Versprengten, wenigstens eineinhalb Millionen Menschen auf. Dazu kamen rund 100000 Verwundete aus Kurland, Ostpreußen und dem eigenen Frontbereich.

Die engen Straßen und Gassen Danzigs waren durch Trecks an manchen Tagen völlig verstopft. Die Pferde blieben angeschirrt, bis sie umfielen. Die Flüchtlinge selbst hatten sich in die nächstgelegenen Häuser gedrängt, irrten auf der Suche nach Schiffen umher oder verbrachten Tag und Nacht auf ihren Wagen. Die Vorräte an Lebensmitteln waren groß genug, daß niemand hätte zu hungern brauchen, wenn die Verteilung noch funktioniert hätte.

Am 12. März wurde Generaloberst Weiß Oberbefehlshaber der Heeresgruppe Nord und Leiter des Abwehrkampfes im gesamten Bereich der Danziger Bucht von Königsberg bis Hela. An seine Stelle trat General v. Saucken, der bisherige Befehlshaber des Panzerkorps Großdeutschland, der sich mit Schörner an der Schlesienfront überworfen hatte. Am 15. März fielen die ersten sowjetischen Granaten in das Stadtgebiet von Gotenhafen. Die 65. und 70. Sowjetische Armee kündigten ihr Kommen an. Es grollte am Horizont, und von Norden, Westen und Süden zogen die Nachzügler der überstürzten Flucht aus Pommern in die überfüllten Lager und Häuser der Hafenstadt und drängten zu den Hafenbecken hinaus, wo die Schiffe des Admirals Östliche Ostsee an Bord nahmen, was an Bord ging.

Einige Tage vollzog sich die Verladung noch ungestört. Einige Tage noch fuhr auch die Bahn zwischen Gotenhafen und Danzig. Aber schon seit dem 14. März lag die Straße zwischen beiden Städten unter sowjetischem Artilleriefeuer. Zunächst hielten deutsche Verbände noch die ringsum gelagerten Höhen, und von See her dröhnte die Artillerie des schweren Kreuzers »Prinz Eugen«. Aber am 21. März gelang russischen Panzern ein Durchbruch zur Küste nördlich Zoppot, und am Abend des 22. März fiel Zoppot in russische Hand.

Die Verbindung zwischen Gotenhafen und Danzig war unterbrochen. Am 19. März war Gotenhafen so eng umschlossen, daß Artillerie und Werferbatterien aller Art in Stadt und Hafen hineinfeuerten.

Der Weg aus der Stadt zum Hafen begann sich mit Toten zu säumen, und es waren nicht mehr Erfrorene und nicht mehr vor Erschöpfung Umgesunkene, sondern Gefallene. Da sah man Wagen, deren Pferde im Geschirr Flugzeugmaschinengewehren zum Opfer gefallen waren, und hier und da saß noch ein Mann, eine Frau und ein Kind in sich zusammengesunken auf den Fahrzeugen, so wie sie ein Geschoß oder ein Granatsplitter getroffen hatte.

In der Nacht auf den 25. März gelang es noch in einer Gewaltanstrengung der Kriegsmarine, im Hafenbecken IV einige Zehntausend Flüchtlinge und Verwundete auf mehrere Schiffe zu verladen.

Am nächsten Tage bebte die ganze Stadt unter dem Feuer der Russen, die von den umliegenden Höhen aus Stadt und Hafen übersehen konnten. In der Nacht auf den 26. März liefen zum letztenmal einige Munitionsdampfer ein, entluden ihre Fracht und nahmen die von Angst gehetzten Menschen mit, die sich zum Hafen durchgekämpft hatten. Wer krank war oder aus irgendwelchen anderen Gründen den Weg zum Hafen nicht zurücklegen konnte, blieb unwiderruflich zurück. Am 27. März erreichten sowjetische Panzer den Südrand der Stadt. Gelbbrauner, dicker, beißender Dunst lag über Straßen und Häusern. Durch Stunden hindurch war tagsüber ein Vorwärtskommen nur durch Springen von Haus zu Haus möglich. In den Feuerpausen zogen Soldaten aller Waffengattungen erschöpft, todmüde und ohne Hoffnung durch die Straßen.

Überall gab es Verwüstungen und Trümmer, Schutt, glimmende Balken, zerstörte Wagen, verlassene Geschütze, Kadaver von Pferden und Rindern, verwundete Tiere, die hilflos ihren Kopf hoben, als flehten sie die Vorüberhastenden um Hilfe an, stöhnende Verwundete, Sterbende und die stummen Körper derjenigen, die schon jenseits allen Jammers waren.

Der Hafen war leer. Die Flammen spiegelten sich auf der glatten Wasserfläche. Aufgelöste Kolonnen von Soldaten zogen die Oxhöfter Straße hinauf. An dem Steilhang zwischen Oxhöft und dem Hexengrund wimmelte es von Soldaten und Zivilisten, die hier Schutz vor dem sowjetischen Feuer suchten. Sie hockten in Erdlöchern und Mulden und warteten. Vom Hexengrund holten Fähren und Fischdampfer Verwundete auf die Halbinsel Hela herüber.
Noch am 28. März wurde der Raum um Oxhöft durch persönliche Anordnungen Hitlers zum Festungsgebiet erklärt. Achttausend Soldaten und ein Mehrfaches an Zivilisten lagen noch auf der Höhe, fast ohne schwere Waffen und ohne jeglichen Nachschub an Munition. Ihnen gegenüber zwanzigfach überlegene Einheiten sowjetischer Infanterie und Panzer, schweres Artilleriefeuer und ununterbrochen angreifende Flieger. Die Verteidigung von Oxhöft war nur noch Mord.
Der Kommandierende General entschloß sich, ohne Hitlers Befehl zu beachten, den Kampf einzustellen und in stillschweigender Übereinkunft mit dem Admiral Östliche Ostsee Soldaten, Verwundete und Zivilisten nach Hela zu überführen.
General v. Saucken gab ebenso stillschweigend sein Einverständnis und ließ Durchhaltebefehle, die noch am 30. und 31. März aus der Reichskanzlei übermittelt wurden, nicht weitergeben. In der Nacht vom 31. März auf den 1. April überführte die Kriegsmarine unter Aufgebot aller Fahrzeuge, die ihr in der Danziger Bucht zur Verfügung standen, dreißigtausend Menschen von Oxhöft nach Hela und rettete sie vor dem Zugriff des Gegners, der erst am folgenden Morgen zögernd über die verlassenen Stellungen vorfühlte.
Unterdessen war auch Danzig verloren.

»Ich glaube«, fuhr Ramon Gliewe, der am 8. März mit seiner Mutter und seinem Bruder auf der Flucht in Danzig angekommen war, in seinem Bericht fort, »ich werde den 9. März in Danzig mein ganzes Leben lang nicht mehr vergessen. Wir hatten bei einer Frau Schranck Unterkunft gefunden. Da heulten um 19 Uhr die Sirenen. Gleich darauf fing es an zu krachen ...
Wir liefen in den nächsten Luftschutzkeller. Er war überfüllt. Einige hundert Flüchtlinge hatten hier schon seit Tagen Unterkunft gefunden. Als wir uns wieder hinauswagten, leuchtete der Himmel blutrot. Wir sahen, daß auch unser Haus brannte. So verloren wir nun auch noch unser letztes Gepäck.

Die Brände zischten und prasselten. Pferde aus Trecks hatten sich losgerissen und jagten wild über die Bürgersteige. Schließlich flohen wir in den Luftschutzkeller zurück. Am nächsten Morgen gingen wir schwach und müde durch die zerstörten Straßen und zwischen verbrannten Wagen und im Geschirr getöteten Pferden hindurch auf die Suche nach einer neuen Unterkunft. Eine andere Bekannte nahm uns noch einmal auf. Wir schliefen auf der Erde. Und meine Mutter war fast den ganzen Tag unterwegs, um etwas zu essen zu besorgen. Ganz spät klingelte noch eine Frau mit einem kleinen Kind auf dem Arm. Das Kind sah sehr bleich aus und hatte eine dünne faltige Haut. Ihm war der rechte Unterschenkel abgerissen worden, und das Beinchen war mit blutigen Fetzen umwickelt. Die Frau mußte noch jung sein. Sie trug aber alte zerrissene Kleider und sah aus wie eine Fünfzigjährige. Sie war sehr verschüchtert. Ich mußte an ein Tier denken. Sie hatte nichts bei sich, nur das Kind. Sie saß lange Zeit auf einem Stuhl und schwieg. Dann sagte sie: ›Mein Gott, ich hätte nie gedacht, daß ich bis hierher kommen würde.‹ Sie sagte: ›Wir waren immer zwischen den Russen. Wir kommen aus der Gegend von Marienburg. Die ersten Russen kamen in unser Dorf. Sie erschossen meinen Vater. Sie nahmen uns die Uhren weg, und sie taten mit uns, was sie so tun.‹

Sie schwieg und sah zu Boden. Danach sprach sie weiter und sagte: ›Die ersten Russen fuhren weiter vor. Es waren viele dabei, die ein bißchen Deutsch konnten, und sie sagten uns, wir sollten verschwinden, denn die Russen, die nach ihnen kämen, wären schlimmer als sie. Dann bin ich mit meinem Kind hinter den Russen hergezogen. Ich dachte, diese sind nun durch, und die nächste Welle kommt erst später. Ich wollte nur immer zwischen den beiden Wellen bleiben. Ich bin immer gelaufen, immer gelaufen. Aber dann kamen wieder Panzer, und darauf saßen Mongolen. Und dann ging es wieder los.‹ Sie schwieg und sah vor sich hin. Dann sagte sie: ‹Mein Joachim hatte die ganze Zeit neben mir gelegen und geweint. Als es vorbei war, liefen wir weiter. Gegen Abend holten uns ein paar Lastwagen ein. Ich wollte mich gerade im Schnee im Straßengraben verstecken, da sah ich, daß Deutsche darauf waren. Ich lief auf die Straße und bat, sie sollten mich mitnehmen. Ich erzählte den Soldaten von den Panzern. Da fluchten sie.

Auf dem Wagen waren noch andere Frauen mit Kindern. Wir kamen an einen Wald. Da wurden wir beschossen. Als es zu schießen aufhörte, fuhren die Soldaten noch ein Stück weiter und in ein anderes Waldstück und stiegen aus. Sie wollten einfach nicht mehr und wollten sich den Russen ergeben. Wir waren ganz verzweifelt und weinten und bettelten. Aber sie sagten: ›Denkt ihr, wenn wir dem Iwan noch entwischen, dann wollen wir uns von den ›Kettenhunden‹ aufhängen lassen?‹ Da trat ein Gefreiter mit einer Maschinenpistole auf sie zu. ›Ihr feigen Hunde‹, sagte er, ›wenn ihr nicht gleich mit den Frauen weiterfahrt, dann schieße ich euch über den Haufen. Wenn ihr die dem Iwan ausliefern wollt, dann seid ihr auch nicht wert, daß ihr weiterlebt!‹ Aber die anderen grinsten. ›Mensch, schieß doch‹, sagte einer, ›kannst du den Wagen fahren? Dann kommst du überhaupt nicht weg!‹ Aber schließlich sind dann doch ein paar mit uns weitergefahren. Es wurde dunkel. Und dann krachte es plötzlich. Das Auto stand, und wir wurden durcheinandergeworfen. Ein paar Frauen lagen auf dem Boden und bluteten. Und dann krachte es wieder. Joachim war verschwunden. Da habe ich dies Kind genommen und bin fortgelaufen. Später habe ich einen Soldaten getroffen, der hat das Kind verbunden. Ich weiß nicht, wie es heißt. Aber ich nenne es Joachim. Ich bin dann die ganze Nacht gelaufen und noch mal auf einem Wagen gefahren und wieder gelaufen. So sind wir nach Danzig gekommen.‹

Am nächsten Morgen kam ein SS-Kommando und beschlagnahmte die Wohnung. Und am Mittag standen wir ganz auf der Straße. Auch im Luftschutzkeller durften wir nicht bleiben.... Sobald man hörte, daß wir aus dem Reich waren, schlug man uns die Tür vor der Nase zu. Man beschimpfte uns als Nazis und machte uns für alles Unglück Danzigs verantwortlich. Ein Mann schrie uns an: ›Warum habt ihr uns in euer Reich geholt? Uns ging es ja vorher viel besser. Ohne euch lebten wir jetzt noch in Frieden. Die dem Hitler zugeschrien haben, waren ja alle bezahlt. Wenn nur die Polen bald wieder hier wären!‹

Am Abend gingen wir in einen Hausflur und krochen eng zusammen, um hier die Nacht zu verbringen. Die Kälte der Steine drang durch die Decke und unsere Kleider hindurch... Spät in der Nacht kam noch ein Soldat zu uns und schenkte uns eine Decke. Er sagte: ›Bleiben Sie nicht in der Stadt... Der Iwan ist sicher in einer Woche hier. Gehen Sie... nach Neufahrwasser. Es gehen noch Schiffe mit Ostpreußen aus Pillau, die hier Zwischenstation machen.‹

Den nächsten Tag verbrachten wir mit vielen anderen Flüchtlingen in beschädigten Straßenbahnwagen, die in der Nähe des Stockturms standen. Die meisten von uns hatten schon seit Tagen nichts

Ordentliches mehr gegessen. Als eine Frau kalte Pellkartoffeln aus der Tasche holte, sahen viele Flüchtlinge gierig hinüber. Den Bauern, die mit ihren Trecks gekommen waren, ging es besser. Sie hatten viele Lebensmittel mitgebracht. Aber wir kamen aus einem anderen Gau, und die Geschäfte wollten nichts mehr verkaufen...
Am Abend gelang es uns, auf den Bahnhof zu kommen und einen Platz in einem Zug nach Oliva zu ergattern. Dort krochen wir schließlich in einem Haus, das verlassen war, unter. Aber schon in der Nacht wurden wir geweckt, denn die russische Artillerie schoß, und draußen auf der Straße hörte man die Schritte von Soldaten, die aus Oliva nach Danzig zogen. Am nächsten Tag sah ich die vielen Soldaten und dachte, da könnten die Russen noch nicht durchkommen. Aber sie lachten böse und fragten, womit sie die russischen Panzer wohl aufhalten sollten. Mit Hosenknöpfen könnten sie nicht schießen, und die russischen Panzer drehten nicht um, weil sie Respekt vor den Befehlen von Festungskommandanten hätten. Sie sagten, die Russen wären nur noch zwei Kilometer entfernt...

Waren wir darum aus der Heimat geflohen, um hier vielleicht in einem fremden Land zu sterben? Oder doch den Russen in die Hände zu fallen?... Aber da kam ein Soldat zu uns heran und sagte, daß er mit einem Lastkraftwagen nach Neufahrwasser fahre und daß er uns mitnehmen könne. Das Wetter war etwas milder geworden, und die Wege waren grundlos. Die ganze Strecke war von Trecks verstopft... An vielen Stellen sah man Jagdkommandos der Feldgendarmerie und der SS, die gefangene Soldaten abführten...
Niemals kann ich all diese Bilder vergessen, und manchmal taucht in meinen Träumen irgendein Gesicht aus den traurigen Menschenzügen auf.

Wir fuhren über den großen Flugplatz von Langfuhr, auf dem nur ein paar zusammengeschossene Maschinen standen. Ein paarmal kreisten über uns russische Flugzeuge. Aber sie schossen nicht. Da kamen wir im Hafen an. Der Hafen war aber wie leergefegt. Es hieß, daß alle Schiffe der Kriegsmarine die Menschen aus Gotenhafen abtransportieren müßten. Das Wasser sah grau und feindlich und kalt aus. Es lagen nur ein paar Privatkutter da, deren Besitzer es verstanden hatten, sie dem Zugriff der Kriegsmarine zu entziehen. Der Hafenkapitän sah uns mitleidig an und sagte: ›Ich habe keine Schiffe mehr. Dort drüben im Lager warten schon Tausende von Flüchtlingen. Ein paar Hochseekutter fahren noch.‹ Er lächelte bitter. ›Ich vermute aber, die können Sie nicht bezahlen. Die nehmen für eine Person tausend Mark.‹

Meine Mutter hatte noch achthundert Mark für uns alle bei sich. ›Ich kann Ihnen nur den einen Rat geben‹, fuhr der Hafenkapitän fort, ›warten Sie im Lager, vielleicht haben Sie doch noch Glück, vielleicht...‹

So zogen wir in das Lager. Als wir die Tür zu einer der Holzbaracken öffneten, schlug uns stinkender Dunst entgegen. Auf faulem Stroh saßen und lagen eng zusammengepfercht Hunderte von Menschen. Quer durch den Raum waren Bindfäden gezogen, an denen Wäschestücke hingen... Wir waren froh, daß wir neben einem alten, einarmigen Ostpreußen, der über die Nehrung hierhergewandert war, auf einer Strohschütte Platz bekamen.

Dicht neben mir lag eine sehr junge Frau, die nur noch kurze Haarstoppeln auf ihrem Kopf hatte und deren Gesicht mit bösen Geschwüren bedeckt war. Sie sah unheimlich aus. Wenn sie einmal aufstand, stützte sie sich schwer auf einen Stock. Der Ostpreuße erzählte meiner Mutter, es wäre eine Wehrmachtshelferin, die den Russen in Rumänien im Herbst 1944 in die Hände gefallen und in ein Arbeitslager verschleppt worden war. Es war ihr dann gelungen, zu fliehen, und sie hatte sich bis hierher durchgeschlagen...

Nach ein paar Stunden flohen wir aus der Baracke. Wir wollten lieber frieren. Wir gingen zum Hafen. Und meine Mutter wollte mit einem Schiffer verhandeln. Aber unter achthundert Mark pro Person nahm er niemand an Bord. Lieber fuhr er leer zurück. Meine Mutter hätte den Menschen erwürgen können. Und wir fragten uns, warum niemand von der Partei da war, der die Schiffer zwang, Menschen ohne Geld an Bord zu nehmen. Aber ein Mann sagte uns, die Parteileute wären nicht mehr zu sehen. Sie hätten nur so lange laut geschrien, bis die Russen herangekommen wären. Sie bezahlten jede Summe für die Kutter.

Am Abend froren wir so sehr, daß wir doch in die Baracke zurückgingen. Wir fanden nur so viel Platz, daß wir Rücken an Rücken sitzen konnten. Wir saßen neben einer Frau, deren Kind plötzlich von der Ruhr befallen wurde. Es lag am anderen Morgen wie ein kleines, bleiches, lebloses Bündel da. An diesem Morgen erzählten uns italienische Kriegsgefangene, die im Hafen arbeiteten, daß ein kleines Schiff aus Königsberg an der Westerplatte liege. Unsere Nachbarin fuhr mit der Fähre hinüber. Sie ließ das Kind zurück und versprach, uns nachzuholen. Sie hielt auch Wort. Sie sagte, sie hätte einen

Bekannten aus Königsberg vor dem Schiff getroffen, der sie und das Kind für fünfhundert Mark und einen Ring auf das Schiff einschmuggeln wolle. Für uns könne er nichts tun. Aber sie werde uns nicht vergessen. Und sie vergaß uns wirklich nicht. Wir flohen zum zweitenmal aus der Baracke und gaben einem Italiener Geld, der uns in einem kleinen Boot zu dem Schiff hinüberruderte. Er sah uns traurig an und sagte in seinem schlechten Deutsch: er möchte auch so gern nach Hause fahren. Auf dem Kai warteten wir in der Nähe des Schiffs, und schließlich überredete die ›Nachbarin‹ ihren Bekannten, auch uns an Bord zu schmuggeln...

So verging eine neue Nacht. Von Danzig her hörte man jetzt ganz laut das Donnern der Geschütze. Und ein Mann, der auf Oberdeck gewesen war, sagte, der ganze Himmel sei rot von Bränden. Wir waren sehr dankbar und glücklich, in dem zugigen und kalten Laderaum liegen zu dürfen. Aber bis die Maschinen anliefen, zitterten wir vor Angst, daß man uns entdecken und wieder aussetzen könne. Erst als das Schiff fuhr, atmeten wir auf.«

Auch Danzig war zur Festung erklärt worden. Aber die Stadt war landeinwärts von einem Kranz von Höhen umgeben, die nach Süden und Westen mit dichtem Wald bewachsen waren. So bestand gute Annäherungsmöglichkeit für den Feind. Wenn dieser aber einmal die Randhöhen nur an einer Stelle erreicht hatte, so lag das gesamte »Festungsgebiet« vor seinen Beobachtungsstellen. Danzig konnte nur draußen auf den Höhen verteidigt werden, und das verlangte mehr Truppen und mehr Munition, als in den letzten Wochen noch vorhanden waren.

Auch in Danzig gab es genügend Lebensmittelvorräte. Aber es fehlte an Munition. Es gab nur einige wenige Flak, die unbeweglich war, weil die Zugmittel fehlten, und es gab einige wenige tschechische und französische Geschütze, die vierzig oder fünfzig Schuß aus ihren Rohren jagen konnten. Dann war es aus. An dem Tage, an dem die Russen die Verbindung zwischen Gotenhafen und Danzig unterbrachen, erkämpften sie sich auch die Höhen südlich von Danzig.

Am nächsten Tage begann die Beschießung der Stadt. Und am 24. März flogen die Russen nach mehreren vorangegangenen heftigen Luftangriffen einen Großangriff auf Danzig, der große Teile der Stadt zerstörte. Die Auflösung war vollkommen. Die »Kettenhunde« der Feldgendarmerie, die Sonderkommandos der SS und Stand- und Schnellgerichte hielten noch einmal eine fürchterliche

Ernte. Sie waren dem Einfluß Forsters als auch des Oberbefehlshabers der 2. Armee entzogen. Beide unternahmen aber auch nichts, um ihnen in den Arm zu fallen, obwohl alle jene Kommandos und Gerichte keine Verbindung mehr zu der Zentrale in Berlin hatten, der sie ihren Auftrag verdankten.

Die Behauptung, Feigheit vor dem Feinde bestrafen zu müssen und dem Vaterland und dem Sieg zu dienen, war für ihre Angehörigen bis auf wenige unbelehrbare Narren nur noch ein Vorwand. Sie waren sich bewußt, daß sie selbst dem Tode verfallen waren, wenn der Krieg verloren war, und wüteten wie wilde Tiere, die sich in die Enge getrieben sahen. Sie fällten erbarmungslose Urteile. Man sah die Gehängten an den Bäumen mit Schildern vor der Brust: »Ich hänge hier, weil ich dem Befehl meines Transportführers nicht Folge leistete.« – »Ich bin ein Deserteur.« – »Ich war zu feige, zu kämpfen.« Es wurden Luftwaffenhelfer erhängt, halbe Kinder noch, weil sie einen kurzen Besuch bei ihren noch in Danzig lebenden Eltern machen wollten.

Aber all das half nichts mehr. Es half auch nichts, daß blutrünstige Jagdkommandos durch die Keller Danzigs zogen, um die Soldaten herauszuholen, die sich, wie in Königsberg, mit der zurückgebliebenen Zivilbevölkerung vermischt hatten. An den Bäumen der Hindenburgallee hingen ganze Reihen deutscher Soldaten. Aber die Ermattung, die furchtbare Sinnlosigkeit des Ganzen, der Aberwitz aller Aufrufe und die Ausweglosigkeit, der sich die Masse gegenübersah, waren stärker als alle Drohungen.

In der Nacht vom 26. auf den 27. März verließen die noch kämpfenden deutschen Truppen zusammen mit einem kleineren Teil der Zivilbevölkerung das brennende Danzig in Richtung auf das Weichseltief. In derselben Nacht verstummte das Artilleriefeuer, und durch die Stille ertönte aus sowjetischen Lautsprechern plötzlich »Lützows wilde verwegene Jagd«. Und dann rief eine Stimme laut durch die Nacht: »Ihr Bürger Danzigs, kommt heraus aus euren Kellern, Freiheit und Eigentum bleiben euch bewahrt. Der Krieg ist für euch zu Ende.« Die Stimme rief diese Worte immer wieder durch das Dunkel. Und sie hatte in einem recht – der Krieg war für die Menschen, die in Danzig geblieben waren, zu Ende. Sonst aber hatte die Stimme unrecht.

Die Zurückgebliebenen erfuhren es, als die russischen Truppen sich in den folgenden Tagen über die Stadt ergossen, Angehörige des Volkssturms als Partisanen erschossen, die meisten anderen Männer und Kinder und Frauen verschleppten, die Stadt ausplünderten und schließlich die Menschen straßenweise austrieben, um die ganze Stadt, von der zwei Drittel noch unbeschädigt waren, niederzubrennen und zu sprengen.

Wenig sagen die Quellen über die letzten Wochen des Gauleiters Forster bis zu seinem verborgenen Aufbruch aus der Stadt, in der er noch am 13. März erklärt hatte: »Danzig bleibt deutsch« und in der er am 15. März hatte verkünden lassen, er selbst werde in Danzig siegen oder fallen.
Auch er hatte sich am Ende nicht dem System entziehen können, in dem er groß geworden war. Am 25. Februar hatte er einen letzten Besuch in Berlin gemacht und bei seiner Rückkehr den Ausspruch getan: »Nirgends wird so viel gelogen und verheimlicht wie in der Umgebung des Führers. Gott sei Dank, daß hier nur Soldaten sind.« Er hatte einen Blick hinter die Kulissen getan. Aber es war zu spät für ihn, und er hatte nicht mehr die Kraft, die Fäden, die ihn noch banden, zu zerreißen.
Die Geschichte wird untersuchen, ob seine Worte vom »Widerstand bis zuletzt« mehr waren als ein Ergebnis völliger Resignation, die ihn ein paar befohlene Phrasen sprechen ließ, weil er doch wußte, daß sie den Ablauf des Geschehens nicht im mindesten beeinflussen würden. Auf jeden Fall fiel auch er nicht an der Stätte seines Wirkens. Er floh mit einem Schiff nach Bornholm. Von dort trieb ihn immerhin die Stimme seines Gewissens nach Hela zurück. Und hier werden wir ihm zum letzten Male begegnen.
Die bunt durcheinandergewürfelten Truppenverbände, die in der Nacht vom 26. auf den 27. März Danzig verlassen hatten, bildeten noch einmal eine Front, die ostwärts des alten Forts Weichselmünde begann, sich im Bogen um Schönborn herumschwang und südostwärts Stutthof das Frische Haff erreichte. Am 27. März zerrissen Sprengungen die Weichseldämme, und das Wasser der Weichsel ergoß sich über weite Strecken des Weichseltiefs und legte sich als Hindernis zwischen die Russen und den schmalen Küstenstreifen, auf dem sich die Deutschen noch hielten.
In den Wäldern und Dünen dieses schmalen Streifens lagen dicht gedrängt die Flüchtlinge, oft zwischen den Schützenlöchern der Infanteristen und den Geschützen der Batterien. Am 27. März, am selben Tage, an dem die Weichseldämme zerstört wurden, fegte ein massierter russischer Luftangriff über Heubude hinweg, wo Frauen

und Kinder in Sandlöchern lagen. Stumme Hoffnungslosigkeit oder wilder Haß erfüllte die Überlebenden und ließ sie in sinnloser Freude aufjubeln, als eine der wenigen noch feuernden deutschen Flakbatterien ein russisches Flugzeug abschoß.

In den Nächten bewegten sich die Züge der Verwundeten und der noch marschfähigen Flüchtlinge nach Osten. Der eine sagte dem andern, daß der Weg über die Nehrung noch offen sei und daß man nach Pillau marschieren könne, um dort ein Schiff zu finden. Viele, die, vom Samland herkommend, in das Elend des Weichseltiefs hineinzogen, machten sich auf den Weg zurück. Dazwischen schoben sich nächtliche Wagenschlangen mit geretteten Schwerverwundeten aus Danziger Lazaretten, die den Weichselfähren bei Neufähr entgegenzogen. Selbst das Glühen einer Zigarette rief russische Flieger herbei. Kraftfahrer, die sich selbst nicht in Gefahr bringen wollten, luden ihre Verwundeten einfach an der Fähre ab und fuhren davon. Dann lagen die Unglücklichen da, Bahre an Bahre, unbeweglich und hilflos.

Am 28. März begann die Kriegsmarine Fischkutter in die Weichselmündung bei Schievenhorst zu schicken und dort Flüchtlinge und Verwundete an Bord zu nehmen, um sie nach Hela hinüberzubringen. Auf der Herfahrt brachten die Schiffe Verpflegung und Munition für die Verbände, die den Kampf in der Niederung fortsetzten. Pioniere bauten an der Küste zwischen Schievenhorst und Kahlberg auf der Nehrung Landungsbrücken in die See hinein, an denen auch bei niedrigem Wasserstand die rettenden Schiffe anlegen konnten. Viele derer, welche die Schiffe nach Hela hinüberbrachten, dämmerten in Erdlöchern dahin und mußten mit Gewalt auf die Schiffe gebracht werden.

Am 4. April erschien noch einmal die Gestalt Forsters auf der Bühne. Innerlich und äußerlich gebrochen, kam er mit einem Fährprahm von Hela herübergefahren, halb freiwillig und halb von Marineoffizieren gedrängt. Er sprach kein Wort; er sah nur das Elend, und der Anblick zerbrach seine letzte Kraft. Er begleitete zwei Fahrten des Prahms. Dann brach er zusammen und wurde auf einem unbekannten Schiff nach Westen gebracht. Wie Greiser wurde er später von den Westmächten an Polen ausgeliefert. Er wurde in Danzig vor ein polnisches Gericht gestellt. Er verteidigte sich klar und gefaßt. Aber die Aussagen eines Volksdeutschen, der sein eigener Untergebener gewesen war, brachten ihm das Todesurteil.

Während er zerbrochen und ohne Hoffnung nach Westen fuhr, dröhnte in der Weichselniederung weiter die sowjetische Artillerie. Die schwachen deutschen Kräfte wurden schließlich bis an die Enge bei Bohnsack zurückgetrieben. Von dort reichte ihre Front dann über die Frische Nehrung bis nach Neutief hinüber und fand Anschluß an die Samlandfront bis zu deren Zusammenbruch und der letzten Fluchtbewegung aus dem Raum um Pillau auf die Nehrung. Rund 40000 Soldaten der 2. Armee und die Truppen im Samland sowie eine nicht übersehbare Zahl von Zivilisten sahen sich Ende April auf der Nehrung zusammengedrängt. Als Anfang Mai die Zivilisten schließlich nach Hela übergeführt waren, entschloß sich General v. Saucken, die Nehrung aufzugeben und seine Truppen ebenfalls nach Hela zu überführen. Während die Übersetzbewegung im Gange war, traf am 7. Mai in der Funkstelle des Generals der Kapitulationsbefehl ein. Am 9. Mai vollzog v. Saucken die Kapitulation, von der an früherer Stelle die Rede war.

Unterdessen aber brauste der Sturm über Ostpommern hinweg. Die Front der 3. Panzerarmee zerriß bereits in den ersten Tagen des März. Der größte Teil der Bevölkerung – aus ihren verhängnisvollen Träumen herausgerissen oder erst im letzten Augenblick von den Fesseln der Evakuierungsverbote befreit – wurde überrascht oder auf der Flucht eingeholt.

Es herrschten wieder winterliche Stürme und bittere Kälte. Die Verwirrung war heillos. Nachts schlossen sich den noch geordneten Verbänden in großer Zahl deutsche Soldaten an, die ihre Einheiten verlassen und ihre Waffen weggeworfen hatten. Aus dem Dunkel einzelner Gehöfte tauchten ihre traurigen Gestalten mit dicken Rucksäcken und Stöcken auf, hängten sich der Truppe an und verschwanden am Morgen wieder, um sich für die Dauer des Tages versteckt zu halten. Am Horizont aber leuchteten Nacht für Nacht die Flammen der Dörfer, die von den Russen in einem Ausmaß, wie es vorher noch nirgendwo geschehen war, in Brand gesetzt wurden. An der Oder selbst kam es zu Szenen, die keine Feder zu beschreiben vermag. Vor allem im Raum um Kammin und Dievenow drängten sich rund 30000 versprengte Soldaten und etwa 40000 Flüchtlinge um einige wenige noch kampffähige Verbände zusammen. Man versuchte, über See zu entkommen. Dies gelang jedoch nur wenigen. Die anderen schlossen sich den Resten der Kampftruppen an, unter denen sich auch die Überbleibsel der Fahnenjunkerschule Großborn

befanden, die sich aus dem Raum um Neustettin bis hierher zurückgekämpft hatten. Russische Verbände waren westlich der Ansammlungen schon bis nach Dievenow vorgedrungen. Aber den Fahnenjunkern gelang der Durchbruch. Kompanien, die bei Beginn des Angriffs noch 140 oder 150 Mann zählten, bestanden jenseits der Wolliner Brücken noch aus 35 oder 50 Mann. Aber hinter ihnen hatte sich hart am Strande der See entlang ein riesiger Zug nach Westen gewälzt, waffenlose Soldaten und Zivilisten. Dieser Zug stolperte über die Gefallenen und häufig auch über die Verwundeten, um die sich niemand mehr kümmern konnte.
Weiter südlich versuchte Generaloberst Rauß, noch einen Brückenkopf östlich der Oder um Altdamm und Gollnow zu halten, in den noch viele Flüchtlinge hineinströmten. Aber Shukow griff mit solcher Übermacht an, daß dieser Brückenkopf schnell bis auf die engste Umgebung von Altdamm zusammenschmolz und dann geräumt werden mußte.
An der pommerschen Küste versteckten sich ganze Familien noch wochenlang in irgendwelchen Gebüschen. Bald hatten jedoch die Russen die ganzen Küstenstriche besetzt und jagten alle, die sich hierhergeflüchtet hatten, in ihre Heimatorte zurück. Auch Pommern war in ihre Hand gegeben.

»In den letzten Februartagen«, so berichtete die Frau des Arztes Doktor Mackow, der es mit Hunderttausenden nicht mehr gelungen war, über die Oder zu fliehen, »kamen Flüchtlinge auf allen Landstraßen, die davon berichteten, daß die Pommernfront zusammengebrochen sei und nichts die Russen mehr aufhalten könne. Unsere Behörden aber betonten immer noch, die Front werde gehalten... Alle unsere Häuser waren überfüllt von erschöpften Menschen, vor allem von Frauen und Kindern. In unser Dorf kamen am 1. März die russischen Truppen... Alle Häuser wurden geplündert und die Frauen von der ältesten Greisin bis zum zwölfjährigen Mädchen geschändet. Wir alle ohne Unterschied litten die gleiche Not. Am nächsten Tage fanden wir einige junge Frauen, die sich mit ihren Kindern erhängt hatten, da sie diese Qualen nicht länger dulden wollten. Aber wir waren alle so erstarrt von den erlittenen Schrecken, daß wir nicht mehr weinen konnten, sondern nur den Gedanken hatten: sie haben es hinter sich.
Nun fluteten immer neue Truppen durch unsere Dörfer auf die Oder zu... Eine junge Lehrerin des Dorfes Kriescht, die sich im Walde

versteckt hatte, wurde gefunden. Splitternackt wurde sie auf die Landstraße zurückgejagt, wo viele Soldaten sie nacheinander mißbrauchten. Im Straßengraben, durch Schnee und Morast, auf Händen und Füßen kriechend, kaum noch zu erkennen, erreichte sie ihr Dorf. Mitleidige Menschen erbarmten sich ihrer. Der Pfarrer von Langenfeld mit seiner Familie wurde erschlagen.
Sieben Tage nach dem Einmarsch mußten wir innerhalb von zehn Minuten das Dorf räumen ... Wir drehten uns alle noch einmal um und sahen die Kirche auf dem Berg. Neunhundert Menschen mußten wandern. Alles mußte nach Osten zurück. Es begann die furchtbare Zeit, in der wir umherirrten ... Wir lagen in verwüsteten Bauernstuben, dreißig Menschen auf dem Fußboden, in Scheunen, in Strohmieten, im Wald. Schnee und Regen durchnäßten uns. Wer krank wurde, war verloren ... Ab und zu tauchte ein Russe auf, der uns freundlich behandelte und uns insgeheim ein Stück Brot schenkte. Vielleicht gab es sehr viele mehr von ihnen, als ich weiß. Aber nie ist mir so klargeworden, wie sehr das Böse ansteckt und das Düstere über das Helle siegt, wie damals.
Am 9. März wurde ich mit vielen Frauen auf Lastautos geladen. Wir mußten Flugzeugrollbahnen bauen und Steine klopfen. Im strömenden Regen und stiebenden Schnee hockten wir von morgens 6 Uhr bis abends 9 Uhr an den Landstraßen. Wenn es einem Russen gefiel, nahm er uns beiseite. Morgens und abends gab es kaltes Wasser und ein Stück trockenes Brot, mittags eine Suppe aus ungeschälten, zerstampften Kartoffeln ohne Salz. Nachts lagen wir in Bauernhäusern und Schuppen, zusammengepfercht, todmüde, auf den Fußböden. Aber immer wieder schraken wir auf, wenn Stöhnen, Jammern, Keuchen und Lustschreie in dem stockdunklen Raum die Anwesenheit der wachhabenden Soldaten zeigte. Völlig erschöpft brach ich schließlich zusammen. Man schickte mich in ein Dorf zurück. Aber es dauerte viele Tage, bis ich mein Ziel erreichte, weil ich immer wieder irgendwo liegenblieb. Als ich endlich in das Dorf kam, in dem ich zuletzt mit meinem Mann zusammen gewesen war, erzählten mir die anderen Frauen, daß inzwischen alle Männer von 15 bis 60 Jahren abgeholt worden waren. Wir haben keinen von diesen zweitausend Männern wiedergesehen oder irgend etwas Genaueres über ihr Schicksal gehört.
In der folgenden Zeit wurden wir immer wieder aus den Dörfern zusammengetrieben, mußten Erdarbeiten machen, Löcher in den Straßen ausbessern, Getreide dreschen ... Oft wurden große Trans-

porte von gesunden Frauen und Mädchen plötzlich in Viehwagen gepfercht und nach Rußland geschickt...
Dazu kam der Hunger. Wir scharrten die Kartoffeln aus den Mieten. In einsamen, verlassenen Gehöften fanden wir manchmal auch noch Korn in den Scheunen. Wir schnitten es ab und zerkleinerten die Körner. Alte Leute und Kinder starben schnell...
Später durften wir in unsere Dörfer zurück. Wir waren krank, zermürbt und elend, aber es ging heim. Viele Häuser waren vom Militär besetzt, aber wir fanden reichlich Platz, denn es fehlten ja so viele, viele Menschen. Wir hatten uns an die Schrecken gewöhnt. Wir waren hart geworden. Und doch wurden wir stumm, wenn wir die Verschmutzungen, zerschlagenes Geschirr, zertrümmerten Hausrat, verwesende Menschen und Tiere, Wäsche und Kleidung in Jauchegruben fanden.
Die schlimmsten Verschleppungen hatten jetzt aufgehört. Wir mußten unentwegt weiter schwer arbeiten und bekamen nichts zu essen. Aber der Sturm der Vergewaltigungen ließ langsam nach. Dafür sahen wir täglich die Lastautos voller Menschen, hauptsächlich Männer, aus den eroberten Gebieten durch unser Dorf auf der Hauptstraße nach Posen jagen, wo die Verladungen nach Rußland begannen. Auf den Wagen stehend, eng aneinandergepreßt, riefen sie uns Abschiedsworte zu.
Dann ritt eines Morgens polnisches Militär ein.
Schon vorher waren überall in den Dörfern polnische Milizeinheiten erschienen... Jetzt wurden plötzlich alle deutschen Dorfbewohner auf den Dorfplatz befohlen... Wir wurden in einen engen Kordon eingepfercht und mußten in der glühenden Julihitze bis in den sinkenden Abend stehen. Da begriffen wir, daß es Wahrheit war, was uns viele der polnischen Milizleute höhnisch zugerufen hatten, daß Pommern polnisches Land geworden sei.«

Kolberg war die einzige pommersche Stadt, die sich noch einige Wochen behauptete und zur Rettung für die in der Nähe wohnenden Pommern und für Teile der Trecks wurde, welche zur Zeit des russischen Durchbruchs zwischen Köslin und Kolberg nach Westen zogen. Kolberg wurde zur Festung erklärt, und Hitler wünschte, daß Kolberg sich bis zum letzten Mann verteidige und des Kampfes seines historischen Stadthelden Nettelbeck würdig erweise.
Himmler hatte noch am 1. März den Oberst Fullriede, einen schon bejahrten Soldaten, der lange Zeit in Südwestafrika gelebt hatte,

nach Kolberg entsandt. Er hatte die Vorbereitungen für die Verteidigung der Stadt überprüfen sollen und wurde in dem Augenblick, in dem sich die Russen der Stadt näherten, wie von selbst ihr Kommandant. An Fullriede war sicher nichts Ungewöhnliches. Aber er besaß das, was der Führerkaste des untergehenden Regimes schon so lange fehlte: gesunden Verstand und ein Herz für Menschen.
Fullriede fand Kolberg schon angefüllt mit Flüchtlingen vor. Die Einwohnerzahl war von 35 000 auf 85 000 angestiegen. Der Bahnhof war mit Flüchtlingen und mit Zügen überfüllt. 22 weitere Züge mit Flüchtlingen und Verwundeten warteten noch vor der Stadt. Stündlich trafen aus der näheren Umgebung neue Scharen von Menschen und Tieren ein. Berichte über Grausamkeiten der Russen und Polen gingen von Mund zu Mund. Fullriede drängte darauf, die Kolberger Bevölkerung in Marsch zu setzen, solange der Weg zur Oder noch offen schien. Aber der Kreisleiter von Kolberg fürchtete die Brutalität des pommerschen Gauleiters Schwede-Coburg und noch mehr die verschlagene Roheit seines Vertreters Simon. Er weigerte sich, einen Evakuierungsbefehl zu geben. Da handelte Fullriede auf eigene Verantwortung und ordnete die Räumung von Kolberg an. Sie gelang nur noch zum Teil.
Am 7. März stießen die Russen beiderseits Kolberg zur Ostsee durch und schlossen Kolberg ein. So begann der Kampf, der für Fullriede nur einen Sinn haben konnte, nämlich auszuhalten, bis die in der Stadt eingeschlossenen Flüchtlinge und die Bevölkerung über See gerettet werden konnten. Schiffe waren zunächst nicht vorhanden. Aber durch die Funksprüche eines in Kolberg anwesenden Fregattenkapitäns Kolbe gelang es in den nächsten Tagen, kleine Einheiten, vor allem Fährprahme, heranzuholen, die aus der Persanthemündung heraus mit dem Abtransport der Flüchtlinge und der Bevölkerung begannen.
Schon am 9. März eröffneten die Russen den Angriff auf die Stadt. Sie hatten schwere Batterien aufgefahren und begannen, mit Stalinorgeln und Granatwerfern zu feuern. Fullriede verfügte insgesamt über 3300 Soldaten aus Ersatz- und Volkssturmeinheiten. An schweren Waffen hatte er acht ältere Panzer, die in Kolberger Reparaturwerkstätten standen. Seine Artillerie bestand aus acht leichteren Geschützen, anfänglich ohne Bedienung und ohne Bespannung, und 15 Flakgeschützen. Das sowjetische Artilleriefeuer traf in überfüllte Häuser und von Wagen und Pferden verstopfte Straßen. Luftschutzräume waren für die große Menge von Menschen nicht vor-

handen, neue ließen sich kaum bauen. Der Grundwasserstand war zu hoch. Die Trinkwasserversorgung fiel sehr bald aus, und ruhrartige Erkrankungen verbreiteten sich. Die Säuglinge starben fast alle. Es gab Selbstmordwellen, denen ganze Familien zum Opfer fielen. Die sowjetischen Truppen drangen unterdessen in der Lauenburger Vorstadt, am Georgenhof und bei der Gasanstalt vor. Ihre Panzer schossen Haus für Haus in Brand und vertrieben so die Verteidiger, die sich nirgends eingraben konnten. So ging Straße für Straße verloren. Aber bis zum 17. März gelang es, 70 000 Menschen über See abzutransportieren, obwohl die Russen zum gegenüberliegenden Ufer der Persanthe vordrangen und mit Maschinengewehren zu den Verladeplätzen schossen.
Als die letzten Zivilisten und die Verwundeten verladen waren, befand sich die kleine Besatzung am Ende ihrer Kraft. Der letzte Rest des Stadtgebietes ging verloren. Zusammengedrängt auf einen 1800 Meter langen und 400 Meter breiten Sandstreifen, schutzlos schwerstem Feuer ausgesetzt, sahen die rund 2200 Männer, welche die Kämpfe überlebt hatten, dem sicheren Untergang entgegen. Da faßte Fullriede entgegen dem Befehl, auch den letzten Mann zu opfern und damit einen Kolberg-Mythos zu schaffen, den Entschluß, den sinnlos gewordenen Kampf zu beenden und die Reste seiner Männer über See zu retten. So erreichten 2000 überlebende Soldaten das offene Meer. Zurück blieb eine Ruinenstadt, brennend und voller Trümmer.

Viele Wochen lang war die Oder nun Millionen von Flüchtlingen aus Ostpreußen, Westpreußen, Pommern und dem nördlichen Warthegebiet als große rettende Wasserscheide erschienen.
Um die Mitte des Monats März wichen die letzten versprengten Reste deutscher Truppen aus Pommern über die Oder zurück. Mit ihnen kamen noch einzelne Zivilisten über den Strom. Dann war es zu Ende. Alles, was östlich der Oder und außerhalb der eng eingeschlossenen letzten Brückenköpfe an der Danziger Bucht zurückgeblieben war, ging entweder für immer in den verwüsteten Landstrichen und in den Arbeitslagern Rußlands unter oder wurde vogelfrei – oft auf Jahre hinaus, die erst mit der Vertreibung der Überlebenden nach Westen ein Ende fanden.
Unbeschreiblich war die Wirrnis von Angst und Hoffnung, Zweifel und Glauben, Sorgen und wunschbestimmter Zuversicht, die im März die zusammengedrängten Menschen – Flüchtlinge und Ein-

heimische – in dem Gebiet westlich von Oder und Neiße erfüllte. Im Grunde hatten die meisten von ihnen immer noch nicht den tiefen Umsturz begriffen, den das Ende dieses zweiten Weltkrieges für Deutschland bedeutete. Sie waren von weither geflohen. Oder sie hatten stets hier, mitten in deutschem Land, gewohnt. Sie konnten sich noch nicht vorstellen, daß der Krieg einfach über das ganze Deutschland hinwegrollen würde. Sie dachten zum großen Teil noch in alten traditionellen Grenz- und Raumbegriffen. Sie konnten oder wollten nicht sehen, daß keine alten Grenzen, kein sogenannter Volksboden, kein traditioneller deutscher Raum mehr von Bedeutung war, sondern daß nun die eigene Mißachtung fremder Grenzen und fremder »Lebensräume« auf Deutschland zurückschlug.

Das Volk, dessen Führung gerade im Osten damit begonnen hatte, alte, von überlieferten Rechts- und Menschlichkeitsbegriffen halbwegs gebändigte Formen des Krieges und der Politik über Bord zu werfen, stand dem vollen Ausmaß der Katastrophe immer noch fassungslos gegenüber.

Das Ende an der Elbe

HEINRICI ODER LETZTE HOFFNUNG AN DER ODER

Am 20. März 1945 erhielt der Oberbefehlshaber der 1. deutschen Panzerarmee, Generaloberst Heinrici, völlig überraschend die telefonische Nachricht, daß er zum Oberbefehlshaber der Heeresgruppe Weichsel ernannt worden sei. Heinricis Armee – die südlichste Armee der Heeresgruppe Schörner – stand an diesem Tage in schweren Abwehrkämpfen gegen die sowjetischen Armeen, die aus der Gegend von Cosel den Versuch machten, die letzten Reste Oberschlesiens, die sich noch in deutscher Hand befanden, zu erobern.

Heinrici war ein körperlich unscheinbarer, ergrauter Mann in den Fünfzigern. Er war ein Pfarrerssohn, der in der Reichswehr, im neuen Heere und dann im Krieg im Osten bis zum Armeeführer emporgestiegen war. Er hatte lange die 4. Armee im Osten befehligt und häufig an den schwersten Brennpunkten der Ostfront gekämpft.

Heinrici war niemals besonders hervorgetreten. Er war zweifellos keine ungewöhnliche Erscheinung, sondern ein Mann, der sich durch Erfahrung und Tüchtigkeit emporgearbeitet hatte. Aber er war energisch und zäh. Er war ein Mann, der in der Wirklichkeit lebte, der sich an militärische Tatsachen hielt und sehr klar das Unmögliche vom Möglichen unterschied. Darüber hinaus war er ein Offizier, der in der preußischen Schule groß geworden und von spezifisch preußischen Ehrbegriffen erfüllt war. Vor allem und über allem aber war er ein Mann, dem Gewissen und menschliche Vernunft von Hause aus eigen waren.

Er hatte bisher das Glück gehabt, niemals mit Hitler in Berührung zu kommen. Er hatte nur am Rande die Auswirkung des latenten Gegensatzes zwischen Hitlers uferlos gewordenen Wunschbildern und Forderungen sowie der militärischen Wirklichkeit erlebt. Erst unter Schörner als Oberbefehlshaber seiner Heeresgruppe war er dieser Diskrepanz näher gerückt. Es war bezeichnend für seine Art, das Unerreichbare nicht um jeden Preis erzwingen zu wollen, daß ihm Schörner ein Greuel war und umgekehrt auch Schörner Heinrici nicht schätzte. Die plötzliche Ernennung bedeutete daher für Heinrici eine Überraschung, die er sich nur schwer erklären konnte. Am 22. März flog er nach Bautzen. Von dort setzte er seine Reise wegen dauernder Luftangriffe im Wagen fort, um sich zunächst in Zossen bei Guderian zu melden. Er vermutete richtig, daß Guderian, mit dem ihn in vergangenen Jahren häufig eine gemeinsame Arbeit verbunden hatte, die treibende Kraft bei seiner Ernennung gewesen war.

Heinrici hatte bis dahin die Ereignisse, die mit der gewaltigen sowjetischen Januaroffensive über Ostdeutschland hereingebrochen waren, nur in ihren südlichsten Ausläufern, in Oberschlesien und der Slowakei, erlebt. Allerdings waren ihm in Oberschlesien die entsetzlichsten Bilder der Flucht und der Vernichtung nicht vorenthalten geblieben. Als er jetzt nach Zossen fuhr, begegnete er auf den Straßen immer noch Trecks von Ostpreußen, Schlesiern und Westpreußen, Pommern und Neumärkern, die sich zwar über die Oder gerettet hatten, aber in dem überfüllten Land westlich der Oder keine Unterkunft finden konnten.

Sie rollten nach Westen, manchmal aber auch planlos nach Norden und Süden. Sie lagerten in Waldstücken und auf freiem Feld. Entweder weil ihnen irgendwelche Musterungskommissionen des Ersatzheeres, welche die letzten Kräfte zusammensuchten, die Pferde weggenommen hatten, oder weil sie der ewigen Suche und Bitte um Unterkunft müde waren. Oder weil sie sich in der unbeschreiblichen Wirrnis von Angst und Hoffnung, Zweifel und Glauben, Sorgen und wunschbestimmter Zuversicht, die in diesen Tagen Flüchtlinge und Einheimische westlich von Oder und Neiße erfüllte, an die Verkündigungen der Zeitungen klammerten, wonach sich der Ansturm der sowjetischen Armeen nun endgültig an Oder und Neiße gebrochen habe und beide Flüsse niemals überwinden werde. Die Pelzmützen und Kopftücher der Galizier und Bessarabiendeutschen verrieten etwas von der Tragödie derer, die seit 1939 und 1940 von Station zu Station auf der Flucht waren und nun überhaupt nicht mehr wußten, wohin sie sich wenden sollten. Aber es schien, als ob sie alle, gleich ob aus Verzweiflung, gutem Glauben

oder Unkenntnis, zu der Front an Oder und Neiße hinüberblickten, wo die Reste der Heeresgruppen Weichsel und Schörner noch einmal Stellung bezogen hatten, seit die sowjetische Offensive an den Ufern dieser Flüsse ausgelaufen war.
Als Heinricis Wagen in einer kleinen Ortschaft hinter einer größeren Wagenkolonne halten mußte, erkannten eine Anzahl müder Frauen, die mit ihren Kindern am Straßenrand rasteten, den General. Vielleicht ermunterte sie der Blick aus seinen blauen Augen. Sie drängten sich an seinen Wagen heran und fragten den Adjutanten, ob die Front halten würde und ob sie jetzt bleiben könnten. Der Adjutant beruhigte sie. Aber Heinrici schwieg. Wußte er eine Antwort? Aus der Einsamkeit, aus den täglich verzehrenden Nöten seines letzten Einsatzgebietes herausgerissen – wie alle anderen Armeeführer seit Jahr und Tag über nichts mehr unterrichtet, was außerhalb seines eigenen Armeebereiches oder seines Heeresgruppenbereiches lag –, wußte er so gut wie nichts. Die Lage an der Oder, die Lage an der Neiße und die Lage der Heeresgruppe, deren Führung er am nächsten Tag, wahrscheinlich aus den Händen ihres bisherigen Oberbefehlshabers, Himmler, übernehmen sollte, waren ihm gänzlich unbekannt.
Gegen Mittag, nach stundenlanger weiterer Fahrt durch das von innerer Spannung erfüllte Land, häufig von feindlichen Flugzeugen überflogen, traf Heinrici im Lager Maybach I bei Zossen, dem Sitz des Generalstabes, ein. Er wurde durch den Chef der Operationsabteilung, General Krebs, begrüßt. Das Lager wies noch alle Zeichen eines schweren Luftangriffs auf, der mehrere seiner Betonhäuser schwer getroffen hatte. Krebs hatte den Luftangriff nicht beachtet und war durch Splitter verwundet. Er meldete Heinrici bei Guderian.

Heinrici hatte noch das alte Bild Guderians vor Augen. Er war durch die Veränderung betroffen, die mit dem Generalobersten vor sich gegangen war. Guderian wirkte überreizt und erschöpft. Sein Gesicht zeigte eine Röte, die seine Kreislauferkrankung verriet.
Guderian beschäftigte sich nicht lange mit den Präliminarien der Begrüßung. Er empfing Heinrici mit den schnell gesprochenen Worten: »Ich habe Ihre Ernennung zum Oberbefehlshaber der Heeresgruppe Weichsel durchgesetzt. Wir brauchen an der Oder einen Mann, der über Erfahrungen im Kampf mit den Russen verfügt. Eine weitere Zusammenarbeit mit Himmler ist unmöglich...

Wir müssen in Kürze mit der Fortsetzung der russischen Offensive rechnen... Wann sie beginnen wird, läßt sich nicht mit Sicherheit sagen. Aber wir müssen nach dem, was in Ostdeutschland bis jetzt an Abscheulichem geschehen ist, alles und auch das Letzte versuchen, um zu verhindern, daß die Russen auch noch die Oder überschreiten und Berlin erobern. Die Front der Heeresgruppe Weichsel reicht jetzt von der Odermündung bis zum Mündungsgebiet der Neiße. Aus den Kämpfen in Pommern und in der Neumark sind doch noch beträchtliche Kräfte über den Fluß gekommen. Andere sind inzwischen neu aufgestellt worden. Es sind auch 850 zum Teil neue Panzer vorhanden. Aber alle diese Kräfte sind unter Himmler völlig ungeordnet, ohne klare Ausbildung und Führung. Himmler hat zwar inzwischen in General Kinzel neben seinem unerfahrenen und auch unentschlossenen SS-Chef Lammerding einen zweiten, wirklich fähigen Chef bekommen. Aber das allein kann uns nicht helfen, solange nicht die Spitze geändert wird.«

Er fuhr fort: »Ihre erste Aufgabe wird es jetzt sein, aus den vorhandenen Kräften eine Front aufzubauen, die einen Schlag aushalten kann. Vielleicht haben Sie drei bis vier Wochen Zeit dazu. Aber es gibt noch dringendere Aufgaben, die sofort in Angriff genommen werden müssen. Die Russen haben zwei Brückenköpfe am Westufer der Oder in ihre Hand gebracht. Diese liegen beiderseits um Küstrin. Wir selbst haben noch vier kleinere Brückenköpfe am anderen Ufer der Oder, außer Küstrin bei Frankfurt, bei Dreesen und bei dem Treibstoffwerk Pölitz... Infolge der russischen Brückenköpfe sind wir nur noch durch einen schmalen Gebietsschlauch mit Küstrin verbunden. Allein in dem südlich von Küstrin gelegenen Brückenkopf sind im Augenblick bereits zwischen 600 bis 800 russische Batterien aufgefahren. Wenn diese Geschützmasse einmal anfängt zu feuern, zerschlägt sie unsere Stellungen, und die ganze Oderfront kann im Nu aufgerollt werden. Wir verfügen praktisch über keine Luftwaffe mehr. Und wir haben auch nicht genug Artillerie, um die russischen Batterien zu vernichten.

Ihre erste Aufgabe muß es daher sein, den wichtigsten, südlichen russischen Brückenkopf überraschend zu nehmen. Dies kann nur dadurch geschehen, daß wir an unserem Brückenkopf bei Frankfurt stärkere Verbände versammeln und von dort aus den Russen bei Küstrin in den Rücken fallen. Die Vorbereitungen der 9. Armee unter General Busse sind bereits im Gange. Der Angriffstermin ist, wenn ich mich nicht irre, auf übermorgen angesetzt. Das ist sehr

kurzfristig für Sie. Ich wäre aber froh, wenn ich wüßte, daß Sie selbst sich um die Durchführung des Angriffs kümmern.«
Guderian hatte im Stehen gesprochen. Er begann jetzt, mit gesenktem Kopf hin und her zu gehen. Die Adern an seinen Schläfen traten sichtbar hervor. Er war im Augenblick offenbar nicht in der Lage, längere Zeit still zu stehen. Heinrici beobachtete Guderian eine Weile und wartete auf weitere Erklärungen. Als Guderian jedoch schwieg und sein Hinundhergehen fortsetzte, beugte Heinrici sich über den Kartentisch unter den großen Jupiterlampen.
Er betrachtete zum ersten Male die Einzeichnungen der Front, deren Führung er übernehmen sollte. Die Karte vermittelte sicherlich keinen Einblick in die Wirklichkeit. Was dort an Korps und Divisionen eingezeichnet war, bedeutete schwerlich mehr als Reste einstiger Verbände. Er erschrak, während er die Linien der Front dicht östlich von Berlin betrachtete.
Dann hörte er wieder Guderians Stimme.
Guderian berichtete über die Vorgeschichte der Ernennung Heinricis. Guderian hatte bei einem Frontbesuch am 18. März Heinrich Himmler nicht mehr in dessen Hauptquartier in Prenzlau angetroffen. Lammerding hatte Guderian mitgeteilt, daß Himmler seit einigen Tagen an Grippe leide und sich in das Sanatorium seines Freundes Dr. Gebhardt, Hohenlychen, zurückgezogen habe. Guderian hatte sich niemals mit der zwiespältigen Natur Himmlers beschäftigt. Er kannte auch nicht die wirklichen Gründe, die zu den militärischen Ernennungen Himmlers, zuerst an der Oberrheinfront und dann in Pommern, geführt hatten. Er hatte nur gehört, Bormann habe Himmler auf militärische Befehlsstellen abgeschoben, um den Rivalen aus dem Umkreis Hitlers zu entfernen. Guderian ahnte aber, daß Himmlers Krankheit eine politische Krankheit sein könnte und daß er der Führung der Heeresgruppe, die ihm nur Niederlagen eingebracht und seinen Kredit bei Hitler erschüttert hatte, müde geworden war. Als selbst Himmlers Stabschef Lammerding vorsichtig anfragte, ob Guderian die Heeresgruppe nicht von der konfusen Führung Himmlers befreien könnte, hatte Guderian sich entschlossen, zumindest einen entsprechenden Versuch zu machen.
Er war nach Hohenlychen gefahren. Er fand Himmler in leidlichem Gesundheitszustand, aber voll innerer Unsicherheit vor. Und er nutzte die Situation, indem er sein sonst so leicht polterndes Temperament beherrschte und diplomatischere Züge hervorkehrte. Er be-

dauerte, daß Himmler sich nicht wohl fühle, und erklärte, daß dies natürlich nur auf Himmlers Überlastung durch fünf wichtige Ämter zurückzuführen sei. Diese Last könne ein Mann auf die Dauer nicht tragen, ohne zusammenzubrechen, auch wenn er über die Fähigkeiten und Energien Himmlers verfüge. Er fragte vorsichtig, ob Himmler nicht einfach das Kommando an der Oder niederlegen wolle, anstatt weiter seine Gesundheit zu belasten. Seine ursprüngliche Aufgabe, eine neue Heeresgruppe aus dem Boden zu stampfen, sei letzten Endes erfüllt.

Guderian hatte sofort bemerkt, daß seine Worte auf günstigen Boden fielen. Himmler erklärte zwar, einen derartigen Rücktritt könne er Hitler gegenüber niemals aussprechen. Aber als Guderian einwarf, ob er, Guderian, denn Hitler gegenüber in vorsichtiger Form von einem solchen Rücktritt sprechen solle, stimmte Himmler mit überraschender Schnelligkeit zu. Guderian verabschiedete sich daraufhin, fuhr nach Berlin zurück und erreichte bei Hitler, der nach den vorangegangenen Mißerfolgen Himmlers offenbar auf dessen Rücktrittserklärung gewartet hatte, die Zustimmung zur Ernennung Heinricis.

Heinrici vernahm die Vorgeschichte seiner Ernennung, während er fortfuhr, die Einzeichnungen auf der Karte zu betrachten, und sich überlegte, daß schon die erste Aufgabe, die ihn bei Küstrin erwartete, kaum lösbar war. Als er aufblickte, fühlte er noch stärker als zuvor die erregende Spannung, die sich von Guderian auf das ganze Zimmer übertrug.

»Ich fahre«, erklärte Guderian, »in einer halben Stunde nach Berlin zur Führerlage. Eigentlich könnten Sie mich begleiten und sich bei dieser Gelegenheit bei ihm melden.« Er sagte weder Hitler noch »Führer«. In dem Wort »ihm« prägte sich die Aversion aus, die er gegen Hitler hegte.

Heinrici erwiderte, daß es ihm lieber sei, wenn er vorerst auf die Meldung bei Hitler verzichten könnte. Angesichts des bevorstehenden Angriffs bei Küstrin ziehe er es vor, unmittelbar zum Heeresgruppenstab zu fahren und sich über die dortigen Verhältnisse zu orientieren.

Er dachte an die Millionen westlich der Oder und in Berlin, und er dachte daran, daß nach den dürftigen Informationen, die er in der Slowakei erhalten hatte, die englischen und amerikanischen Armeen am Rhein standen. Zweifellos würden sie über kurz oder lang gegen Mitteldeutschland vorstoßen. Er bat Guderian, ihm

seine Ansicht zur militärischen Lage mitzuteilen. Er habe seit Monaten keinerlei Überblick über die Lage erhalten. Aber für ihn als Oberbefehlshaber an der Oder sei es wichtig, zu erfahren, wie man schließlich über die weitere Entwicklung des Krieges denke. Guderian wandte Heinrici sein hochrotes Gesicht zu. Das Oberkommando der Wehrmacht unter Hitlers und Jodls tatsächlicher Führung, erwiderte er, gestatte auch ihm keinen wirklichen Einblick in die Ereignisse und Pläne außerhalb der Ostfront. Das habe sich schon bei der Ardennenoffensive und bei der Plattenseeoffensive in Ungarn zum allgemeinen Schaden gezeigt und habe sich in keiner Weise geändert. Heinrici möge sich daher keinen Illusionen hingeben. Aber als Soldat, als Deutschem und vor allem als Ostdeutschem sei ihm klar, daß es für ihn eine Aufgabe gebe, an der nicht zu rütteln sei, gleich, was an den anderen Fronten geschehe. Diese Aufgabe heiße: Behauptung der Ostfront, um zu verhindern, daß noch mehr Land und noch mehr Menschen in die Hand der Russen fielen.
Seine neue Ostfront, die sich überhaupt nur hatte bilden können, weil die Russen nach ihrem Vormarsch über Hunderte von Kilometern ihre Kräfte reorganisieren mußten, kämpfte um jeden Mann und jedes Gewehr. Die oberschlesische Industrie war verloren. Die übrige Rüstungsindustrie lag in den letzten Zügen. Eisenhower stand am Rhein und rüstete mit weit überlegenen Kräften zum Rheinübergang. Bei Remagen befand sich bereits ein großer Brükkenkopf in seiner Hand. Die Südostfront auf dem Balkan fiel Stück für Stück zusammen. Die Italienfront hielt mit Mühe ihren Zusammenhang. Aber ihr Ende war abzusehen. Die Verbindungen nach Norwegen und nach Kurland waren so dünn, daß von dort, selbst wenn Hitler nach so vielen vergeblichen Kämpfen zugestimmt hätte, keine nennenswerten Kräfte mit schwerem Material mehr heranzuholen waren. Sinnlos verzettelt kämpften noch deutsche Soldaten in eingeschlossenen französischen Häfen. Andere warteten in der Ägäis auf das Ende.
Es gab Männer, die in der klaren Erkenntnis des Vorranges der Ostfront dafür eintraten, die Fronten im Westen und in Italien einfach zu entblößen und alle noch vorhandenen Kräfte an die Ostfront zu schaffen. Das bedeutete die Öffnung Deutschlands für die Armeen der westlichen Alliierten. Es bedeutete die Anerkennung der Niederlage gegenüber dem Westen und die Unterwerfung unter den Willen Englands und Amerikas zugunsten der Konzentration aller noch vorhandenen Kräfte gegen den Sturm aus dem Osten.

Doch diese Männer waren ohne Einfluß auf Hitler, und auch Guderian stimmte ihnen nicht zu. Ihm waren Verwegenheit und gewagte Improvisation niemals fremd gewesen. Aber er war doch zu sehr an feste strategische und taktische Vorstellungen gewöhnt, als daß er für ein Vabanquespiel plädiert hätte, bei dem es ihm zweifelhaft war, ob die erdrückende westliche Luftüberlegenheit überhaupt noch einen halbwegs geregelten Abtransport der deutschen Truppen im Westen gestatten würde und ob nicht eine solche Bewegung auf halbem Wege und ohne ihren Zweck zu erreichen scheitern mußte. Sie mußte scheitern, wenn die westlichen Alliierten sich nicht mit ihr einverstanden erklärten und sich im allerletzten Augenblick bereit fanden, die Notwendigkeit einer deutschen »Ostfront gegen den Bolschewismus« zu bejahen.
Guderian berichtete Heinrici nicht, daß er, der im Juli 1944 noch aus Überzeugung für den kompromißlosen Lebenskampf um jeden Preis eingetreten war, verschiedene Persönlichkeiten, von denen er glaubte, daß sie Einfluß besäßen, mit dem Vorschlag des Abschlusses eines Sonderfriedens im Westen bedrängt hatte. Er hatte einen heimlichen Vorstoß bei Ribbentrop gemacht und auf die Notwendigkeit, mit dem Westen Frieden zu schließen, um im Osten ein weiteres sowjetisches Vordringen zu verhüten, hingewiesen. Ribbentrop hatte nur ausweichend geantwortet. Guderian verschwieg auch, daß er erst am vorangegangenen Tage, am 21. März, einen weiteren Vorstoß, diesmal bei Himmler, unternommen hatte. Himmler hatte sich in Berlin aufgehalten, um sich von dort nach Prenzlau zu begeben und sein Kommando an Heinrici abzutreten. Guderian hatte Himmler im Hofe der Reichskanzlei gestellt, obwohl Hitler in der Nähe war und er mit Sicherheit annehmen mußte, daß Hitler Himmler nach Guderians Absichten und Wünschen befragen würde. Er hatte Himmler erklärt, daß im Westen sofort Frieden geschlossen werden müsse, daß lediglich der Kampf gegen das weitere Vordringen der sowjetischen Armeen noch Sinn habe, daß dessen Zeitdauer ohne die jetzt noch im Westen stehenden Kräfte aber sehr befristet sei. Himmler hatte ihm verwirrt zugehört und dann ausweichend und vorsichtig erklärt, zu einem solchen Schritt sei es noch viel zu früh. Guderian hatte ihm geantwortet, daß es nicht zu früh, sondern eher zu spät sei und daß der ganze Osten zusammenbrechen und Berlin verlorengehen würde, wenn nicht sofort etwas geschähe.
Guderian verschwieg Heinrici auch, daß er schon am vorangegan-

genen Abend die Quittung für diesen Vorstoß bekommen hatte. Hitler hatte ihm nach der Lagebesprechung plötzlich erklärt: »Ich habe den Eindruck, als ob Ihr Herz Ihnen viel zu schaffen macht. Sie sollten sich für sechs Wochen zur Kur begeben und dann frisch gestärkt zurückkommen.«

Guderian hatte begriffen, daß Himmler geplaudert hatte und daß wahrscheinlich sein Ende bevorstand, das seit vielen Wochen immer deutlicher im Raume lauerte, wenn er in den Lagebesprechungen bei Hitler sein Temperament und seine Verzweiflung über so viele Fehlentscheidungen gegenüber der Ostfront entlud. Er hatte kurz erwidert, er könne diesem Rat leider noch nicht folgen, da sein Stab nur zum Teil arbeitsfähig sei. Die meisten seiner alten Mitarbeiter seien ausgefallen, entlassen oder verhaftet. Er schlage daher vor, mit seiner Ablösung zu warten, bis Krebs sich von seiner Verwundung durch den Luftangriff auf Zossen erholt habe.

Dies alles erzählte Guderian Heinrici nicht. Aber es schwang irgendwie in seinen heftigen Worten mit, als er dem Generalobersten seine Ansicht über die Lage auseinandersetzte und dabei die fruchtlosen Auseinandersetzungen mit Hitler und Jodl während der vorangegangenen Monate über das Schicksal des deutschen Ostens nicht vergaß. Es war bezeichnend für ihn und zugleich bezeichnend für das Verhältnis der Masse der deutschen Generale zum Politischen, daß er in diesen Wochen überhaupt noch an die Möglichkeit eines Sonderfriedens mit den Vereinigten Staaten und Großbritannien glaubte. In seiner militärischen Selbstbegrenzung war ihm, wie Millionen anderen Soldaten, noch nicht klargeworden, daß so etwas wie eine deutsche Politik schon lange nicht mehr existierte.

Guderian ahnte, daß auch Heinrici außer einer Verpflichtung zum militärischen Widerstand eine Hoffnung brauchte. Er ließ daher etwas von seinen eigenen Hoffnungen durchblicken, indem er Heinrici auf den Gedanken eines Sonderfriedens im Westen hinwies.

Die These des Weiterkämpfens im Osten und eines Sonderfriedens im Westen war klar und bestechend einfach. Daß sie angesichts der Haltung der westlichen Welt nicht zu verwirklichen war, sah der Soldat Heinrici an diesem 22. März noch weniger als der Soldat Guderian. So nahm Heinrici eine bestimmte politische Hoffnung und Vorstellung mit in sein neues Amt.

Er blieb trotzdem nicht ohne Sorge und Zweifel. Sie betrafen vor allem Guderians Person. Guderians Kritik an Hitlers und Jodls Maßnahmen der letzten Monate war von solch tiefer Erbitterung erfüllt, daß Heinrici sich mit dem Gefühl verabschiedete, daß das Verhältnis zwischen Guderian und Hitler bis in seine Grundfesten erschüttert war und daß das Ende des Generalstabschefs in Kürze kommen konnte.

Noch am Abend des 22. März traf Heinrici in dem gutgetarnten Barackenlager des Hauptquartiers der Heeresgruppe Weichsel bei Prenzlau ein. Wieder war er durch das Land westlich der Oder gefahren. Noch einmal hatte er nicht ohne Bedrückung die Zusammenballung von Ängsten, Sorgen und Illusionen gefühlt, die sozusagen im Untergrunde dieses Landes lebendig war. Noch einmal hatte er Trecks gesehen, die hilflos und verloren wirkten. Noch einmal in die Gesichter von Einheimischen gesehen, die sich verändert hatten und ihre innere Verwirrung nicht verbergen konnten.
Himmler wartete bereits auf Heinrici. Er hatte noch am 20. März der Führungsabteilung der Heeresgruppe den Befehl gegeben, in höchster Eile sämtliche Kartenunterlagen und alle wichtigen Befehle, die seit dem Bestehen der Heeresgruppe erlassen worden waren, bereitzuhalten. Er beabsichtigte, der Befehlsübergabe an seinen Nachfolger eine gewisse großartige Note zu verleihen.
Himmler stand hinter seinem riesigen Schreibtisch. Hinter ihm an der hölzernen Wand hing ein Porträt Friedrichs des Großen. Himmlers Gesicht schien aufgeschwemmt und weichlich.
Seine Augen wirkten unruhig und gehetzt. Er begrüßte Heinrici mit der schnell gesprochenen Bemerkung, daß es ihm außerordentlich schwerfalle, von seinem Posten zu scheiden, während große, neue Entscheidungen vor der Tür ständen. Er sei aber leider dazu gezwungen, da ihm der Führer neue, noch größere Aufgaben von entscheidender Wichtigkeit übertragen habe. Er glaube, daß er Heinrici am schnellsten in die Verhältnisse seiner Heeresgruppe einführe, wenn er ihm die Entwicklung von dem Augenblick an schildere, in dem er, Himmler, das Kommando übernommen habe.
Damit wandte er sich zum Telefon. Er beorderte General Kinzel und den I. Generalstabsoffizier, Oberst Eismann, zu sich und ließ die Karten und Aktenunterlagen bringen. Heinrici hatte immer Abneigung gegen die schattenhafte Figur Himmlers empfunden. Zweifellos ging sie zum Teil auf eine Abwehrreaktion des Generals gegen einen Emporkömmling zurück, der sich plötzlich in seinen Stand hineingedrängt hatte. Es war aber auch eine rein menschliche und in diesem Augenblick sogar körperliche Abneigung.

Heinrici hatte gehofft, die Befehlsübergabe werde in wenigen Minuten beendet sein. Ihn interessierte die Vergangenheit wenig. Wenn überhaupt, dann kam es ihm darauf an, über die augenblicklichen Verhältnisse und über das bevorstehende Angriffsunternehmen bei Frankfurt unterrichtet zu werden. Statt dessen ging Himmler mit großer Weitschweifigkeit auf seine Erlebnisse in Pommern von Januar bis März ein. Seine Unkenntnis der höheren militärischen Führung verführte ihn dazu, sich in unbedeutende Einzelheiten zu verlieren.

Nach einer Stunde legte der Stenograph, den Himmler ebenfalls zu sich befohlen hatte, seinen Bleistift nieder, weil Himmlers Bericht ohne Zusammenhang war. General Kinzel entschuldigte sich mit dringenden Geschäften, und etwas später verließ auch Oberst Eismann, an dessen übermüdetem Gesicht man die Anspannung der letzten Wochen ablesen konnte, mit einer Entschuldigung den Raum.

Himmler versuchte, Heinrici zu erklären, weshalb die Heeresgruppe Weichsel in Pommern gescheitert sei. Er wollte an Beispielen beweisen, daß nicht er, sondern der Generalstab des Heeres die Schuld an diesen Mißerfolgen trage. Dieser habe immer wieder von Berlin aus in die Operationen der Heeresgruppe eingegriffen und ihn an der Durchführung seiner besseren und richtigeren Absicht gehindert.

Himmler sprach fast zwei Stunden. Heinrici war mehrfach versucht, die Höflichkeit zu vergessen, ihn zu unterbrechen und um Aufklärung über die Dinge zu bitten, die ihn wirklich interessierten. Aber durch ein plötzliches Klingeln des Telefons wurde er dieses Schrittes enthoben. Es handelte sich um einen dringenden Anruf des Generals Busse, des Führers der 9. Armee, die den Oberabschnitt bei Küstrin und Frankfurt besetzt hielt.

Busse teilte Himmler mit, daß die Russen aus ihrem Brückenkopf im Süden von Küstrin überraschend zum Angriff geschritten seien. Sie hatten die Verbindung zu ihrem nördlich von Küstrin gelegenen Brückenkopf hergestellt und damit den letzten noch bestehenden Zugang nach Küstrin durchschnitten. In Himmlers Gesicht mischten sich Überraschung und Hilflosigkeit. Er überreichte Heinrici den Hörer.

»Sie führen ja jetzt die Heeresgruppe«, sagte er mit einem Ausdruck der Erleichterung, »bitte, geben Sie die entsprechenden Befehle.«

Heinrici erwiderte, daß er bisher noch nicht einmal erfahren habe, wo die eigenen Stellungen verliefen und über wie viele Truppen er im einzelnen verfügen würde. Aber er übernahm den Hörer und nahm Busses Meldung entgegen.

Im Zuge der Vorbereitungen für den beabsichtigten Angriff von Frankfurt aus waren die besten der deutschen Verbände, die sich bis dahin in dem Verbindungsschlauch nach Küstrin befunden hatten, aus diesem Schlauch herausgezogen worden. So war es den Russen leichtgefallen, den Schlauch einzudrücken. General Busse meldete, daß er die notwendigen Vorbereitungen treffen werde, um die Verbindung nach Küstrin wiederherzustellen, und Heinrici erklärte ihm, daß er auf dem schnellsten Wege zur 9. Armee fahren und sich persönlich ein Bild von der Lage machen werde.

Als Heinrici den Hörer niederlegte, schickte sich Himmler an, seinen Vortrag fortzusetzen. Aber Heinrici wies darauf hin, daß die Entwicklung bei Küstrin ihn leider zwinge, die Befehlsübergabe zu verkürzen, daß er aber, nachdem Himmler ihm so ausführlich über die militärische Entwicklung berichtet habe, sehr daran interessiert sei, aus maßgeblichem Munde etwas über die allgemeine Lage zu hören.

Himmlers Gesicht wirkte für einen Augenblick abweisend, als wolle es sagen, daß Heinrici sich über das Militärische hinaus auf ein Gebiet vorgewagt habe, das nicht seine Angelegenheit war. Aber dann sagte er plötzlich – vielleicht um eingehendere Diskussionen abzuschneiden –: »Es ist jetzt der Zeitpunkt gekommen, an dem wir mit unseren westlichen Gegnern in Verhandlung eintreten werden.«

Heinrici dachte an sein Gespräch mit Guderian und erkundigte sich, ob in dieser Richtung bereits praktische Maßnahmen ergriffen seien. Himmler blickte immer noch an Heinrici vorbei.

»Ich habe Schritte dazu eingeleitet«, sagte er flüchtig, »meine Unterhändler haben Verbindung aufgenommen.«

Heinrici sah in Himmler noch zu sehr die Verkörperung großer, gefährlicher Macht und zu wenig den tönernen Riesen, dessen Schwäche die kommenden Wochen deutlich machen sollten. Er spürte in Himmlers letzten Worten nicht das Bestreben, auszuweichen und die wirklichen Tatsachen mit ein paar selbsttäuscherischen Worten zu verbrämen. Er schloß aus Himmlers Worten mit einem Gefühl der Erleichterung, daß tatsächlich im Westen entscheidende Dinge im Gange seien.

Am folgenden Morgen hielt Heinricis Wagen vor dem Hauptquartier des Oberbefehlshabers der 9. Armee. Noch am selben Tage fuhr

Heinrici an die Front am Oderstrom. Von da an war er mehrere Tage unterwegs.
Es geschah, was bis dahin kaum geschehen war: der Oberbefehlshaber der Heeresgruppe Weichsel erschien selbst in den vordersten Stellungen und den Stäben von Divisionen, Korps und Armeen, um sich ein Bild der Lage zu machen. Der kleine Mann stand auf den Höhen am Rande des Oderbruchs und beobachtete die dürftigen Stellungen und Linien, die nur zum Teil den Namen einer Front verdienten und tatsächlich nur überlebten, weil die sowjetischen Angriffsarmeen Zeit zu ihrem neuen Aufmarsch brauchten.
Dahinter aber lebte, vielfach dicht zusammengedrängt, die Bevölkerung des Oderbruchs, mit Flüchtlingen vermischt. Man sah sie auf den Feldern arbeiten, wie in einem verzweifelten Bemühen, in der Arbeit, die sie immer getan hatten, Halt und Vergessen vor der Gefahr zu suchen, die auf der anderen Seite des Stromes haltgemacht hatte, aber weiter lauerte.
An ihren Häusern klebten Plakate, auf denen mitgeteilt wurde, was auch den Ostpreußen und Deutschen im Wartheland vor dem sowjetischen Sturm über die Weichsel verkündet worden war: daß die deutschen Armeen nur aus strategischen Erwägungen so weit zurückgewichen waren, daß aber jetzt ein endgültiges Halt geboten sei. Zweifellos glaubten und vertrauten noch einmal Hunderttausende den Mitteilungen mit der Glaubenskraft, die sich in den vorangegangenen Monaten millionenfach gezeigt hatte.
Auch Heinrici las die Plakate, und noch wußte er nicht zu entscheiden, ob er sie als bewußte Täuschung bezeichnen sollte. Noch kannte er nicht die wirkliche Atmosphäre der Reichskanzlei; noch dachte er an einen Sonderfrieden im Westen. Was jedoch die Oder selbst anbetraf, so war er sich nach wenigen Tagen klar über den bitteren Ernst der Situation, in die er hineingestellt worden war.

Die »Front« der Heeresgruppe Weichsel stand, seit dem Zusammenbruch in Pommern, mit dem linken Flügel an der Ostsee auf den Inseln Wollin und Usedom. Sie folgte dann dem linken Ufer der Oder über Schwedt, Küstrin, Frankfurt, Fürstenberg bis an die Einmündung der westlichen Neiße. Dort grenzte sie an die Heeresgruppe Schörner, deren Front nun durch die Lausitz und an den böhmisch-mährischen Gebirgen entlang bis an die Slowakei verlief.
Im Nordabschnitt der Heeresgruppe Weichsel stand die 3. Panzerarmee. Sie war seit einigen Wochen der Führung des Generals

v. Manteuffel, eines verhältnismäßig jungen, energischen und klar blickenden Mannes, unterstellt, der während der Ardennenoffensive die 5. Panzerarmee geführt hatte. Sie hielt den Oderabschnitt von der Ostsee bis in die Höhe von Eberswalde besetzt. Besser: sie versuchte, ihn besetzt zu halten, denn der Name einer Panzerarmee war eine Fiktion. Nur im Norden bei Stettin befanden sich Verbände, die man als kampffähig hätte bezeichnen können. Den südlicheren Abschnitt der Heeresgruppe hielt die 9. Armee unter der Führung des Generals Busse, der lange Zeit Chef des Stabes des Generalfeldmarschalls v. Manstein gewesen war. Der schroffe, kurz angebundene Mann, der, ohne viel nach rechts und links zu sehen, seine ganze Persönlichkeit eingesetzt hatte, um aus den versprengten Haufen und ausgebluteten Divisionen, die ihm zur Verfügung standen, eine halbwegs festgefügte Armee zu machen, sah sich noch größeren Problemen als General v. Manteuffel gegenüber.
Sein Armeeabschnitt war am stärksten gefährdet. Es gab hier nur kleine Frühjahrsüberschwemmungen, während das ganze nördliche Bett der Oder in rund drei Kilometer Breite unter Wasser stand. Ihm fehlte damit ein natürliches Hindernis gegen einen sowjetischen Stromübergang. Außerdem schienen sich im Abschnitt Küstrin–Frankfurt die stärksten sowjetischen Kräfte zu versammeln. Die Feindbeurteiler rechneten damit, daß gegenüber der 9. Armee etwa acht bis zehn russische Infanteriearmeen und zwei bis drei Panzerarmeen aufmarschierten, während der 3. Panzerarmee, vor allem bei Stettin, etwa vier bis fünf sowjetische Infanteriearmeen und eine Panzerarmee gegenüberstanden.
Guderian hatte Heinrici kein rosiges Bild der Lage gezeichnet. Aber Heinrici erfuhr auch hier wieder, daß selbst eine sachliche Bewertung einer Frontlage in einem hohen Stab kaum der Wirklichkeit gerecht werden konnte. Er fand Korps, die keine Korps, und Divisionen, die keine Divisionen waren. Es handelte sich mit wenigen Ausnahmen um schnell zusammengewürfelte Verbände, die teils im März in chaotischem Durcheinander mit den zivilen Flüchtlingen über die Oder zurückgeflutet waren. Es gab nur noch einzelne kampferprobte Divisionen. Die Mehrzahl bestand aus Resten der im Januar an der Weichsel versprengten deutschen Armeen, die wahllos mit Wiedergenesenen, Verwundeten und Kranken, mit blutjungen Rekruten und überalterten Volkssturmangehörigen aufgefüllt waren. Neben Volkssturmkompanien standen Zollschutzeinheiten, Alarmbataillone und lettische SS-Einheiten.

Die Offiziersbesetzung vieler Einheiten war mehr als mangelhaft. In den niederen und mittleren Stellen befanden sich zahlreiche Offiziere und Unteroffiziere, die den Krieg bisher nur an Schreibtischen in der Etappe erlebt hatten. Darüber hinaus gab es Luftwaffen- und Marinesoldaten, die über keine Erfahrung im Landkrieg verfügten. War so das Bild des Zustandes der Truppen, welche der Heeresgruppe unterstanden, sehr uneinheitlich, so stand es nicht besser mit ihrer Bewaffnung. Während alte, wiederaufgestellte Divisionen meist das Notwendige besaßen, fehlte es in den Volkssturmabschnitten an allem, ganz besonders an Erdartillerie. Zur Ausfüllung dieser Lücken war Flakartillerie verwendet worden, die jedoch die normalen Geschütze nicht vollwertig ersetzen konnte. Es herrschte Mangel an Maschinengewehren. Die Munitionslage war schlecht. Hinter der Front existierten noch Menschenreserven. Aber es handelte sich um Reststäbe und ausgebrannte Restverbände, die aus Kurland, Ostpreußen und Westpreußen über See nach Swinemünde gebracht worden waren und in Mecklenburg und Brandenburg aufgefrischt werden sollten, sowie um Ersatzeinheiten des Heeres, der Waffen-SS, Luftwaffe und Marine. Sie waren meist ohne schwere Waffen, teilweise sogar ohne Handwaffen. Unter ihnen befanden sich auch norwegische und holländische SS-Verbände.
Es war für Heinrici zunächst unmöglich, einen Überblick über diese Reserven zu gewinnen. Soweit sie dem »Heimatheer« angehörten, unterstanden sie dem SS-Obergruppenführer Jüttner und damit Himmler. Die Bodeneinheiten der Luftwaffe waren Göring unterstellt, die Waffen-SS-Verbände gehorchten Himmler und die Volkssturmeinheiten den Gauleitern Schwede-Coburg in Stettin und Stürtz in Potsdam.
Waffen- und Ausrüstungslager existierten kaum noch. Dagegen besaßen die Gauleiter, die Luftwaffe und die SS Geheimlager. Heinrici stellte schon in den ersten Tagen seines neuen Kommandos fest, daß Göring eine Fallschirmjägerdivision, die er in der Nähe von Karinhall auffrischen ließ, aus eigenen Beständen mit dem doppelten Soll an Maschinengewehren ausrüstete, während es an der Oderfront Divisionen gab, die gerade die Hälfte dieses Solls besaßen.
Es war auch unmöglich, einen Überblick über die noch in Gang befindliche Waffenproduktion zu erhalten, obwohl Heinrici infolge einer kurzen, aber guten Zusammenarbeit in Oberschlesien ein direktes Verhältnis zu dem Reichsminister für die Rüstung, Speer, besaß. Teils herrschte in der Produktion selbst infolge der täglichen

Zerstörungen aus der Luft und der Verluste von Werken und Rohstoffbasen durch das Vordringen der Engländer und Amerikaner in Westdeutschland Verwirrung. Teils wiederholte sich in vervielfachtem Ausmaß das düstere Spiel, das schon die Abwehrvorbereitungen im Januar durchzogen und vor allem in Ostpreußen gelähmt hatte. Das tiefe Mißtrauen der Gauleiter gegen das Heer ließ sie als Reichsverteidigungskommissare Waffen für den Volkssturm horten, damit diese Waffen nicht durch »verräterische« Heereseinheiten verlorengingen.

Von der Luftwaffe war nur beschränkte Unterstützung zu erwarten. Die Luftflotte des Generalobersten Ritter v. Greim, welche Heinrici unterstützen sollte, verfügte zwar noch über eine größere Anzahl von Flugzeugen. Ihr Bestand an Treibstoff war jedoch so gering, daß sie nur die dringendsten Aufklärungsflüge durchführen konnte.

Der einzige Trumpf waren die Panzerdivisionen mit ihren 850 Panzern. Aber auch sie waren nur noch ein Abglanz der einstigen Panzerverbände und bedurften erst der Ausbildung.

Bevor Heinrici aber den Versuch unternehmen konnte, Ordnung in dieses Provisorium an der Oder zu bringen, schlug ihn der Kampf um Küstrin in seinen Bann. Küstrin hatte – wie Heinrici sich überzeugte – nicht nur die zweifelhafte Bedeutung einer der Festungen, an die Hitlers Behauptungswille sich klammerte. Der Besitz von Küstrin hinderte die Russen tatsächlich daran, den dortigen Oderübergang zu benutzen bzw. wiederherzustellen. Sie waren jetzt gezwungen, außerhalb von Küstrin und Frankfurt Notbrücken über den hochflutenden Strom bis zu einer Länge von drei Kilometern zu bauen.

Am 23. März machten Verbände des Generals Busse den ersten Versuch, die Verbindung nach Küstrin wiederherzustellen. Er scheiterte an der Übermacht der gegnerischen Artillerie. Bereits nach dem Verlassen der Stellungen blieben die deutschen Soldaten im russischen Abwehrfeuer liegen.

Daraufhin verlangte Hitler eine Wiederholung des Angriffes. Guderian gab die entsprechenden Anweisungen an Heinrici weiter. Die Angriffsstelle wurde gewechselt, ebenso die Angriffsrichtung. Artillerie und Panzer wurden herangezogen. Die Luftwaffe konnte auch diesmal kaum mitwirken, während die russischen Flieger in Schwärmen über Küstrin hingen. Die Zeit drängte, denn die Nachrichten, die aus Küstrin kamen, klangen beunruhigend.

Wenige Tage bevor Heinrici in Prenzlau erschien, hatte Hitler einen SS-Gruppenführer als Festungskommandanten in Küstrin eingesetzt. Es handelte sich um den Gruppenführer Rheinefarth, der als besonders harte Persönlichkeit galt und die unbedingte Behauptung der Festung sichern sollte. Aber die Besatzung hatte sich auch unter seiner Führung aus Küstrin-Neustadt zurückziehen müssen. In der von der Bevölkerung verlassenen, gespenstisch leeren Altstadt litt sie unter pausenloser Beschießung. Das Frühjahrshochwasser hatte die meisten Keller unter Wasser gesetzt und raubte den Truppen jede Deckungsmöglichkeit. Die alten friderizianischen Festungsbauten waren Artillerietreffern nicht gewachsen. Noch weniger hielten sie Bomben stand.

Am 27. März traten Busses Panzer und Infanterie zu einem zweiten Entsatzversuch an. Nach anfänglichen Erfolgen kam aber die deutsche Infanterie in dem flachen und deckungslosen Gelände nicht weiter. Auch der zweite Angriff scheiterte.

Heinrici war sich klar darüber, daß ein dritter Angriff bei den vorhandenen Kräften und der dauernden weiteren Verstärkung des russischen Brückenkopfes Selbstmord gewesen wäre. Er meldete daher den Mißerfolg an das OKH und stellte gleichzeitig den Antrag, der Besatzung Küstrins den Ausbruch und den Rückzug nach Westen zu genehmigen.

Guderian gab diese Meldung am Nachmittag des 27. März an Hitler weiter. Sie versetzte Hitler in so stürmische Erregung, daß er den zuständigen Armeebefehlshaber, General Busse, mit haltlosen Beschimpfungen bedachte und Guderian aufforderte, zusammen mit Busse am 28. März um 14 Uhr zu einer Sonderbesprechung über Küstrin in der Reichskanzlei zu erscheinen.

Guderian übersandte Hitler noch am 27. März einen Brief, in dem er kurz über das Unternehmen bei Küstrin berichtete, das wirkliche Kräfteverhältnis und die Höhe der deutschen Verluste darlegte und mit den Worten schloß: »Ich muß daher die heute nachmittag erhobenen Vorwürfe gegen den Führer der Armee und gegen die Truppe entschieden zurückweisen.«

In seinen Zeilen grollte bereits das letzte Ungewitter, das am Nachmittag des nächsten Tages losbrechen sollte.

Guderian erschien mit General Busse zur festgesetzten Zeit. Hitler forderte Busse mit erregten, unfreundlichen Worten auf, Bericht zu erstatten, unterbrach ihn jedoch schon nach dem dritten Satz und stieß heftige Vorwürfe gegen ihn und seine Truppen hervor. Guderian stand an der Seite des Kartentisches. Die schweigend zuhörende Umgebung blickte mehr zu ihm als zu Hitler hinüber, denn sie hatte seit Wochen die Verschärfung der Gegensätze zwischen beiden erlebt. Sie sah die Röte des Jähzornes, die sie so oft bei Guderian bemerkt hatte, in sein Gesicht steigen.

Guderians Stimme hallte laut durch das Zimmer. Sie übertönte Hitlers Worte, und sie wiederholte noch einmal trotz der Erregung klar und exakt den Bericht über die tatsächliche Lage und die Zurückweisung der Vorwürfe und Beschimpfungen.

Hitler sprang plötzlich auf. Sein Gesicht wurde noch bleicher, als es sonst schon war. Für Sekunden schien es, als wolle er sich auf Guderian stürzen. Dann vergaß er Küstrin und General Busse und entlud plötzlich all das, was sich in den letzten Wochen in ihm an neuem Mißtrauen, an Haß und Ressentiments aufgespeichert hatte. Er sah nicht nur Guderian vor sich. Er sah alle Generale, alle Generalstäbler, alle Offiziere und alle Soldaten, die nicht das erfüllt hatten, was nicht mehr erfüllbar war, was er jedoch erfüllt haben wollte. Zwischen Guderian und Hitler flammten alle Probleme auf, die monatelang umkämpft, aber ungelöst geblieben waren: die Vernachlässigung und Schwächung der Ostfront, die Preisgabe der ostdeutschen Bevölkerung, die Verweigerung der Freigabe der Kurlanddivisionen, der Abtransport der 6. Panzerarmee nach Ungarn statt an die Ostfront, die Vergeudung von Menschen durch die falsche Auswertung der Volkssturmidee.

Guderian griff noch einmal auf die Frage der verlorenen und sinnlos vertanen Kurlanddivisionen zurück, um die er so oft gekämpft hatte. Und Hitler schrie ihn an, davon verstehe er nichts, davon verstehe der ganze Generalstab nichts. Er habe mit seiner Idee der Festungen und der Behauptung von Stützpunkten im Rücken des Feindes immer allein gestanden. Sie bänden Kräfte, sie hätten bei Stalingrad Kräfte gebunden und verhindert, daß der Südteil der deutschen Ostfront zusammengebrochen sei. Sie hätten die Lage im Winter 1941/42 gerettet, und sie machten es jetzt in Kurland, Ostpreußen und Westpreußen möglich, daß man an der Oder überhaupt noch Widerstand leisten könne. Guderian habe ihn zusammen mit seinem irrsinnigen General Gehlen falsch beraten. Auch die Offensive aus Pommern nach Süden, Guderians Werk, sei eine Katastrophe gewesen.

Aber Guderian überschrie Hitler noch. Es gab keine Hemmungen mehr zwischen beiden Männern. Die Entladung des Hasses, der tief in Hitler kochte und aus der Ahnung seines nahenden Unterganges gespeist wurde, war so heftig, daß sein zitternder Arm in krampfhaften Zuckungen auf und ab schlug. Er brauche keinen Generalstab mehr, rief er. Der Generalstab sei der Hort des Defätismus. Im Generalstab sitze der ganze 20. Juli. Er begann vor Erregung zu schwanken.

Da erwachte Burgdorf aus seiner Erstarrung. Er trat hinter ihn und versuchte, ihn in den Stuhl zurückzuziehen. »Mein Führer«, rief er, »beruhigen Sie sich doch! Setzen Sie sich doch wieder hin!« Und Hitler war so erschöpft, daß er plötzlich in den Stuhl fiel und wie abwesend dasaß. Es war, als sei das jähe Ende eines Sturmes gekommen.

Auch Jodl und Winter hatten ihre Erstarrung überwunden. Sie nahmen Guderian beim Arm und zogen ihn mit Gewalt zurück. Winter führte Guderian zum Fenster. Guderians Adjutant v. Freytag-Loringhoven unterstützte ihn dabei. Aber ihr Bemühen, Guderian zu beruhigen, war zwecklos. Er entlud weiter die Sorgen, den Zorn und die Qual vieler Monate.

Er sprach auch hier nicht mehr vom Führer, sondern gebrauchte das Wort »er«. Man führte ihn an den Außenwänden des Raumes herum. Aber seine laute, polternde Stimme fuhr fort, es sei alles Unfug, was »er« gesagt habe, es bleibe dabei, Kurland sei ein Verhängnis, die ganzen Ausführungen über Pommern stimmten nicht. Der Adjutant v. Freytag-Loringhoven fürchtete, daß Hitler Guderian verhaften lassen werde. Auf der Suche nach einem Ausweg verfiel er auf den Gedanken, General Krebs in Zossen anzurufen. Er eilte in das Vorzimmer, setzte sich mit Krebs in Verbindung, schilderte ihm in wenigen Worten die Lage und sagte ihm, er werde jetzt Guderian mitteilen, Krebs wünsche ihn dringend zu sprechen. Krebs müsse Guderian dann möglichst wichtig erscheinende Dinge erzählen, bis er sich beruhigt habe. Krebs verstand, und v. Freytag-Loringhoven stürzte in den Besprechungsraum zurück.

Aber Guderians Erregung war nach wie vor so stark, daß er seinen Adjutanten nur anfuhr: »Interessiert mich nicht.« Es dauerte noch Minuten, bis v. Freytag-Loringhoven und Winter ihn überzeugen konnten, daß er mit Krebs sprechen müsse.

Das Gespräch dauerte nahezu zwanzig Minuten. Währenddessen hatte auch Hitler sich beruhigt. Er richtete noch einige Fragen an General Busse. Er tat es in einer fast erschreckend ruhigen Form. Als Guderian zurückkam, hatte auch er wenigstens äußerlich seine

Selbstbeherrschung zurückgefunden, auch wenn man seinem Gesicht ansah, daß er innerlich nicht bereit war, um einen Zoll zurückzuweichen. Die Lagebesprechung ging noch eine Weile weiter. Aber die Ruhe, in der sie sich vollzog, blieb unnatürlich und gewitterschwer.

Guderian stand schweigend und wartete, bis das Ende kam. Dann bat Hitler Keitel und ihn, zurückzubleiben, während die anderen den Raum verließen. Hitler erklärte ruhig, aber verletzend: »Guderian, Ihre Gesundheit erfordert jetzt Ihre sofortige Beurlaubung. Ich glaube, Ihr Herz macht Ihnen wieder zu schaffen. In sechs Wochen können Sie wiederhergestellt sein.«

»Ich melde mich beurlaubt«, gab Guderian kalt zurück.

»Wohin werden Sie sich begeben?« fragte Hitler. Man fühlte, wieviel Mißtrauen in den Worten lag.

Guderian erwiderte, das wisse er noch nicht. Keitel schlug vor, er möge sich nach Bad Liebenstein begeben. Guderian antwortete, das sei unmöglich, weil sich dort bereits die Amerikaner befänden. Darauf schlug Keitel Walkenried vor. Guderian entgegnete ihm, dort würden die Amerikaner morgen sein. Man möge sich nicht bemühen, er werde selbst ein Quartier finden. Dann verließ er, von Keitel begleitet, den Raum und fuhr nach Zossen zurück. Dort erfuhr er, daß General Krebs zu seinem Nachfolger ernannt worden war. Er hielt sich noch zwei Tage in Zossen auf, um seinem Nachfolger die Geschäfte zu übergeben. Dann verließ er das Lager.

Sein Abschied bedeutete bei allen menschlichen und sachlichen Schwächen, die er gehabt hatte, das Ende des zähesten und härtesten Kämpfers für das Schicksal Ostdeutschlands und den Beginn der letzten Phase, in welcher der Generalstab des Heeres widerspruchslos nur noch ausführte, was Hitlers Willen entsprach.

General Krebs, der lange Zeit Gehilfe des deutschen Militärattachés in Moskau, Koestring, gewesen war, war ein den Genüssen des Lebens zugeneigter Mann mit vielseitiger Begabung und Intelligenz. Es hatte nie in seiner Art gelegen, scharf aufzutreten und seine Ansichten zu verfechten. Er hatte es immer geliebt, nur die günstigen Seiten des Lebens zu sehen. Er hatte zusammen mit dem beschränkten und ebenfalls den Genüssen des Lebens zugetanen Chef des Heerespersonalamtes, Burgdorf, die Kriegsakademie besucht und schloß sich jetzt dem engen, Hitler verschworenen Kreis um Burgdorf und Bormann an.

Als ihn Guderians bisheriger Adjutant darum bat, als Generalstabs-

offizier zu einer Division versetzt zu werden, erwiderte er ihm: »Freytag, das hat doch gar keinen Sinn. Es ist sowieso bald alles zu Ende. Ich habe keine Lust, noch ein neues Gesicht zu sehen.«
Aber es war nicht nur Müdigkeit und Resignation, die ihn so sprechen ließ, sondern die allgemeine Oberflächlichkeit, die ihn auszeichnete und die ihn zum Vollstrecker aller Anordnungen Hitlers werden ließ. Er war sich klar über das Ende. Aber er spielte das Spiel des Siegesglaubens und des Kampfes bis zum letzten mit, vielleicht wie ein Spieler, der mit einem Gefühl von Nihilismus alles hinnahm und alles tat, was von ihm verlangt wurde, und für den Fall einer Katastrophe vorsah, seinem Leben selbst ein Ende zu machen.

Neun Tage nach Guderians Sturz, am Nachmittag des 6. April, stand Heinrici im Garten der Reichskanzlei in Berlin. Er wartete auf den Beginn der Lagebesprechung, in der er Hitler Bericht über die nunmehrige Lage der Oderfront ablegen sollte. Hitler hielt seine Lagebesprechungen nicht mehr in dem über der Erde gelegenen großen Besprechungsraum ab, sondern hatte sich wegen der zunehmenden Luftangriffe auf Berlin in den großen Bunker unter der Reichskanzlei, an dem noch gearbeitet wurde, zurückgezogen.
Heinricis Gesicht hatte sich in den vierzehn Tagen, die seit seiner Kommandoübernahme vergangen waren, verändert, so wie das Gesicht eines Menschen, der begonnen hatte, die letzte grausame Wirklichkeit eines Mannes und eines Staates zu erkennen, dem er mehr als ein Jahrzehnt gedient hatte. Er stand zwischen aufgeworfener Erde, Trümmern und Baumaschinen und überlegte sich noch einmal, was er vorzutragen hatte. Er hatte in den letzten Wochen alles in Bewegung gesetzt, um seiner Front soviel Abwehrkraft wie möglich zu geben. Aber der Erfolg seiner Mühe bedeutete wenig. Er täuschte sich nicht darüber hinweg, weil er in Realitäten lebte.
Wenige Tage nach dem Sturz Guderians hatte SS-Gruppenführer Rheinefarth die Stadt Küstrin gegen den persönlichen Befehl Hitlers und gegen alle Erwartungen, die Hitler in ihn gesetzt hatte, aufgegeben und war mit achthundert Mann nach Westen durchgebrochen. Der ganze Aufruhr um Küstrin, über den Guderian mit gestürzt war, schien in das Licht absoluter Sinnlosigkeit gerückt, denn Hitler beugte sich plötzlich wortlos den Ereignissen.
Nur wenig später hatten die Russen auch die deutschen Brückenköpfe bei Dreesen und Pölitz eingedrückt. Seither bauten sie fast ungehindert an ihren Brücken über den Strom. Sie bauten zum Teil

dicht unter der Wasseroberfläche, so daß die Brücken aus der Luft nicht zu erkennen waren. Heinrici hatte alles, was er an weittragender Artillerie heranholen konnte, aufgeboten, um die Bauwerke zu beschießen. Aber die Beschießung hatte wenig Erfolg gehabt. Es fehlte an Munition. Die Flieger des Generalobersten von Greim verfügten nur noch über eine Sturzkampfstaffel, und die russische Abwehr war zu stark. Minen, die bei Frankfurt in die Oder geworden wurden, um auf diese Weise die Brücken zu zerstören, fingen sich in sowjetischen Netzsperren. Schließlich hatte Heinrici von der Kriegsmarine Kampfschwimmer angefordert. Diese befanden sich jedoch in Holland, und es war zweifelhaft, ob und wann sie eintreffen würden.

Vorläufig mußte man hilflos zusehen, wie die russischen Brücken Tag für Tag weiter gediehen und in dem großen russischen Brükkenkopf bei Küstrin weitere Angriffsartillerie auffuhr.

Der ursprüngliche Plan Guderians, diesen Brückenkopf von Frankfurt aus zu beseitigen, war durch den Fall von Küstrin zunichte geworden. Man mußte für den Fall des sowjetischen Angriffs ein gewaltiges Trommelfeuer erwarten, und Heinrici sah für diesen Fall nur einen Ausweg. Er bestand darin, seine Verbände kurz vor Beginn dieses Feuers zurückzunehmen, um so der vernichtenden Wirkung des Feuers auszuweichen. Aber er wußte nur zu gut, wie gefährlich dieses Manöver war. Es konnte allzu leicht in einen uferlosen Rückzug übergehen. Man bedurfte dazu hochwertiger Divisionen.

Heinrici hatte in den vorangegangenen vierzehn Tagen Umgruppierungen im Bereich der ganzen Heeresgruppe vorgenommen und das ganze Hinterland durchstreifen lassen, um in dauerndem Kampf mit anderen Befehlsgewaltigen an Waffen und Ausrüstungen heranzuholen, was heranzuholen war. Die Lage war so, daß er nicht nur um einzelne Gewehre, sondern auch um Spaten und Picken für die Schanzarbeiten hatte kämpfen müssen. Es gab keinen Stacheldraht und keine Drahtscheren, und selbst nach Nägeln mußte gesucht werden. Er hatte auch noch einmal mit Gauleitern und Reichsverteidigungskommissaren um deren geheime Waffenlager gerungen. Aber auch ihm war es nicht gelungen, den Einfluß der Reichsverteidigungskommissare auf alles, was zehn Kilometer hinter seiner Front geschah, zu beseitigen.

Sein an Ordnung gewöhnter einfacher Geist sah sich einer Verwirrung von Organisationen, Machtbereichen und Rivalitäten gegenüber. Er mußte zusehen, wie der pommersche Gauleiter Schwede-Coburg die sogenannte Festung Stettin mit unvorstellbaren Mengen von Lebensmitteln und anderen Vorräten ausrüstete, weil der Mann, der noch nie einen sowjetischen Soldaten vor Augen gesehen hatte, sich der Illusion hingab, daß er sich in seiner Gauhauptstadt behaupten könne, wenn die übrige Front wegen der Schwäche und Verräterei der Generale zusammenbräche. Nicht zuletzt aber, weil er hoffte, daß er in Stettin aushalten könne, bis das Wunder einer militärischen Wende begann.

Nicht viel anders verhielt es sich mit dem Gauleiter von Mecklenburg, Hildebrandt, oder dem Gauleiter von Brandenburg, Stürtz. Sie alle klammerten sich noch an ihre alte Macht als Statthalter Hitlers und versuchten mit jeder Faser ihres vielleicht organisationstüchtigen, aber in jeder höheren politischen oder militärischen Sphäre unwissenden und hilflosen Wesens den Eindruck absoluter Siegeszuversicht zu erwecken.

Hinter den Kulissen ihrer Siegeszuversicht, die sie durch ihre Propagandaorgane überall hinter der Oderfront an die Zivilbevölkerung weitergaben, schwankten sie zwischen Furcht und Illusionen. Sie fürchteten, daß Heinrici und sein Stab mit ihren ernsten Lageberichten recht haben könnten, und klammerten sich doch wenige Stunden später wieder an Gerüchte und Berichte aus der Reichskanzlei, wonach Hitler gesagt habe, daß am Sieg kein Zweifel sei. Sie hatten so lange an Hitler geglaubt, daß sie ihren Glauben nicht aufgeben konnten, ohne sich selbst aufzugeben. Das Ergebnis waren nach außen hin Wellen übersteigerter Sieges- und Hoffnungspropaganda und der Gedanke an die eigene Sicherung – und sei es nur durch sinnlose Aufstellung von Leibgarden und das Verbergen von Waffen.

Heinrici hatte sich darum bemüht, die Front zwischen Küstrin und Frankfurt, an der er einen Angriff auf Berlin erwartete, dadurch zu verstärken, daß er Frankfurt, das schon vor seiner Zeit zur Festung erklärt worden war, dieses Charakters beraubte, um die beiden in Frankfurt stehenden Divisionen in die viel zu dünne Oderfront einzureihen. Die Auseinandersetzungen über diese Divisionen in Frankfurt hatten ihn in den letzten Märztagen zum ersten Male zum persönlichen Vortrag in die Reichskanzlei geführt.

Er hatte zum ersten Male Hitler gegenübergestanden, zum ersten Male eine Leibesvisitation erlebt. Ihm war zum ersten Male ahnungsvoll klargeworden, wie weit sich Hitler und der Kreis, den er

um sich versammelt hatte, von der Wirklichkeit des Geschehens entfernt hatten und daß Hitler zu einem Mann geworden war, der zwischen Niedergeschlagenheit, Anfällen, vernünftiger Erkenntnis und wilder Auflehnung gegen die Wirklichkeit hin und her schwankte und in den Augenblicken der Auflehnung voller Unberechenbarkeit, Wut und mörderischer Grausamkeit um sich schlug.
Er hatte die Ereignisse aus den letzten Märztagen noch in voller Deutlichkeit vor Augen: seinen letzten Besuch bei General Busse, seine Fahrt nach Berlin, seine Fahrt durch die Trümmerzeilen der Stadt und das Erlebnis von Menschen und Gesichtern, die nach Osten blickten, von Aufschriften an den Häusern, die nicht aus den Triumphjahren 1940 oder 41 stammten, sondern eben angebracht worden waren und versprachen, daß die kommunistische Riesenwalze keinen Schritt weiterkommen werde.
Heinrici hatte mit dem hilflosen Erschrecken des Soldaten, dem die Propaganda an sich eine fremde Welt war, den Gegensatz zwischen diesen Behauptungen und der Wirklichkeit empfunden, aus der er gerade kam – um so mehr, als gleichzeitig der Rundfunk zugeben mußte, daß die amerikanischen und englischen Armeen im Westen auf breiter Front im Angriff über den Rhein standen, daß sie in zügigem Vorgehen waren und daß die Heeresgruppe Model im Ruhrgebiet sich von Umfassung bedroht sah.
Während Heinrici die Reichskanzlei betrat, hatte er gehofft, nicht nur in der Frage der Festung Frankfurt Klarheit zu erhalten, sondern auch zu hören, was denn nun im Rücken seiner Heeresgruppe geschehe, wenn die Amerikaner bis zur Elbe marschierten oder darüber hinaus. Schon vor der Begegnung mit Hitler hatte er Krebs gefragt. Aber Krebs war sofort ausgewichen und hatte ihm erklärt, das sei nicht Sache des Generalstabes des Heeres. Heinrici habe die Oderfront zu halten, und sonst nichts.
Die Teilnehmer der Lagebesprechung hatten sich versammelt, Göring, Keitel, Burgdorf, Jodl, Winter und Himmler, der sich seit seinem Rücktritt vom militärischen Kommando offenbar darum bemühte, im Umkreis Hitlers wieder festen Fuß zu fassen. Aber sie alle wirkten merkwürdig unwirklich, wie Schauspieler auf einer Bühne, in deren Mittelpunkt Hitler stand. Auch Hitler mit seiner gebeugten Gestalt, seinen zitternden Händen, seinem kalkweißen Gesicht war eine lähmende Enttäuschung für Heinrici, der Hitler seit Jahren nur auf Bildern gesehen hatte.
Heinrici hatte die Schwierigkeit der Lage beschrieben und auf die

Notwendigkeit hingewiesen, den Gedanken der Verteidigung Frankfurts als Festung aufzugeben und die in Frankfurt gebundenen Truppen in die Lücken an der viel zu lang ausgedehnten Oderfront hineinzuschieben. Hitler hatte Krebs aufgefordert, ihm einige Unterlagen zu reichen, und gleich darauf war der Sturm losgebrochen, jäh, anscheinend unmotiviert. Es war der gleiche Sturm, der zwei Tage zuvor gegen Guderian getobt hatte. Hitler hatte sich ruckartig aufgerichtet und begonnen, die Flut seines Zornes und seines Hasses über den Generalstab und die Generalität auszugießen. Er hatte mit bebender Stimme gerufen, er wisse sehr wohl, warum er die Verteidigung von Festungen fordere. Er verlange, daß Frankfurt Festung bleibe. Dann war er plötzlich in sich zusammengesunken. Einige Zeichenstifte in seinen Händen klapperten auf dem Holze der Armlehnen seines Sessels.

Heinrici hatte, seiner Fassung beraubt, in die Gesichter ringsum geblickt. Aber in ihnen lag weder Überraschung noch Erstaunen, noch Auflehnung. Dann hatte er mit der Zähigkeit des Unerfahrenen noch einmal angefangen, seine Sache zu verfechten. Hitler hatte ihn nach Einzelheiten über Frankfurt gefragt, die Heinrici schon im ersten Teil seines Vortrags erwähnt hatte. Vielleicht hatte Hitler gar nicht aufmerksam zugehört. Vielleicht waren seine Gedanken im Westen gewesen oder im Norden oder im Süden oder irgendwo, wo das unaufhaltsame Schicksal, das er nicht anerkennen wollte, weiter gegen ihn und Deutschland vorrückte. Plötzlich hatte er sich nach dem Festungskommandanten von Frankfurt erkundigt. Heinrici hatte erwidert, es handle sich um Oberst Bieler, der sich aus dem Lazarett heraus zur Verfügung gestellt und bis an die Grenzen seiner Kräfte gearbeitet habe, um die Kampfkraft seiner Truppen zu erhöhen. Daraufhin hatte Hitler mit mißtrauischem Seitenblick gefragt: »Ist er ein Gneisenau?«

Heinrici hatte darauf keine Antwort geben können. Durch einen Besucher in Prenzlau hatte er einige Tage zuvor gehört, daß Hitler unter dem intellektuellen Einfluß von Goebbels die Geschichte der Befreiungskriege und des Siebenjährigen Krieges studierte und sich an das Wunder der schließlichen Siege Friedrichs des Großen klammerte. Hitlers Frage hatte fast so geklungen, als imitiere er die Sprechweise, die von dem Preußenkönig berichtet wurde, und es war Heinrici nicht mehr gelungen, noch einmal das Thema Frankfurt zur Sprache zu bringen. Hitler hatte – von neuem erregt – entschieden, daß Oberst Bieler sich am nächsten Tage bei ihm melden

solle. Er werde dann über die Festung Frankfurt entscheiden. Heinrici hatte vergebens darauf gewartet, daß Krebs oder Jodl ein Wort der Unterstützung für seinen Plan finden würden.
Heinrici war nach Prenzlau zurückgekehrt, aber da Oberst Bieler seit vielen Tagen ununterbrochen auf den Beinen gewesen war, hatte er sich noch einmal mit Krebs verbinden lassen und vorgeschlagen, die Meldung Bielers um einen Tag hinauszuschieben, um dem übermüdeten Mann eine Frist zur Vorbereitung zu geben. Krebs aber hatte sich ungerührt an Hitlers Befehl gehalten.
So war Bieler nach Berlin gefahren. Wenige Stunden später hatte Burgdorf Heinrici mitgeteilt, Bieler habe auf Hitler einen schlechten Eindruck gemacht. Er habe seine sofortige Ablösung befohlen. Zwei Stunden später hatte sich Bieler bei Heinrici gemeldet und erklärt, daß Hitler ihn nur angesehen und einige belanglose Worte gesprochen hatte. Von Frankfurt war nicht die Rede gewesen. Es hatte genügt, daß Bieler äußerlich keinen straffen, soldatischen Eindruck machte, um ihn ohne Rücksicht auf seine Leistungen abzusetzen. Heinricis noch ahnungsloses Rechtsempfinden hatte sich empört. Er hatte sowohl von Krebs als auch von Burgdorf die Widerrufung der Absetzung Bielers verlangt und im anderen Falle sein Amt als Heeresgruppen-Befehlshaber zur Verfügung gestellt. Stundenlang hatten Krebs und Burgdorf sich gesträubt, nicht willens und nicht fähig, Hitler zu widersprechen. Doch dann hatte Heinrici sich durchgesetzt.
Frankfurt aber war Festung geblieben. Und zu der Ungewißheit über die Gesamtlage, die sich durch das Vordringen der Engländer und Amerikaner in Westdeutschland von Tag zu Tag vergrößerte, hatte sich für Heinrici die persönliche Erkenntnis der lähmenden Unberechenbarkeit des Führerhauptquartiers gesellt. Wenn er daran dachte, mit welcher Ahnungslosigkeit er noch wenige Wochen zuvor in der Slowakei gekämpft hatte, befiel ihn nachträglich ein Gefühl des Unbehagens und des Schreckens.

Es war jetzt 14.45 Uhr. Heinrici wartete immer noch im Garten der Reichskanzlei. Die Frühjahrssonne leuchtete so strahlend, als ob sich im Osten nicht neue Stürme vorbereiteten.
Er dachte wieder an die Oder. Er war durch Dutzende von Abwehrschlachten im Osten hindurchgegangen. Er wußte, daß die Russen in Wellen immer wieder angriffen. Wenn es sein mußte, wochenlang. So dicht vor Berlin würden sie ihre Kräfte weniger schonen als

je zuvor. Selbst wenn es seinen eigenen Frontverbänden gelingen würde, sich dem sowjetischen Trommelfeuer zu entziehen und gegen die ersten sowjetischen Sturmwellen zu behaupten, über kurz oder lang würden sie durchbrochen werden, und dann fehlten Reserven, welche den Gegner noch einmal auffangen könnten.

Bis zum Morgen des 6. April hatte Heinrici mit den verhältnismäßig starken Panzerdivisionen gerechnet, die er angriffsbereit hinter seiner Front aufgebaut hatte. Sie hatten einen gewissen Rückhalt bedeutet, auch wenn sie keineswegs mit den Panzerdivisionen verglichen werden konnten, die noch im Jahre 1944 zur Verfügung gestanden hatten. Aber seit dem Vormittag rollte nahezu die Hälfte dieser Verbände auf Grund eines überraschenden Befehls Hitlers nach Süden zur Heeresgruppe Schörner, weil, wie Heinrici telefonisch gesagt worden war, Hitler zu der Überzeugung gelangt sei, daß das Schwergewicht des sowjetischen Angriffs sich in der Lausitz, im Raume von Görlitz zusammenballe, um sich durch den Raum von Dresden gegen Prag zu wenden. Seit Heinrici diese Auskunft bekommen hatte, belastete ihn noch mehr die absolute Unberechenbarkeit, die von Hitler und seiner engsten Umgebung in diesen entscheidenden Stunden ausging. Seit acht Tagen meldeten die wenigen Aufklärungsflugzeuge, die Ritter v. Greim aufsteigen lassen konnte, große sowjetische Marschkolonnen, die im Raum von Frankfurt und Küstrin in Richtung Oder zogen. Es konnte überhaupt keinen Zweifel daran geben, daß es zu einem Sturm gegen Berlin kommen würde. Mochte es auch in der Lausitz zu einem zweiten Angriff kommen, der sich vielleicht tatsächlich gegen Prag richtete oder die Elbe zu erreichen suchte – an dem bevorstehenden Angriff gegen Berlin war nicht mehr zu zweifeln. Wollte Hitler der Wirklichkeit und der Drohung, die sich direkt gegen Berlin richtete, nicht ins Auge sehen? Ließ ihn seine Flucht vor den Tatsachen Selbstsuggestionen erzeugen?

So wie Heinrici die Dinge sah, würde die Oderfront in ihrem jetzigen Zustand vielleicht fünf, vielleicht auch sechs oder sieben Tage halten. Aber das war das höchste, was man erhoffen durfte. Und man durfte es auch nur dann erhoffen, wenn das entscheidende Wagnis gelang: die rechtzeitige Ausweichbewegung vor dem russischen Trommelfeuer. Dazu jedoch war es notwendig, das ungefähre Angriffsdatum des Gegners zu kennen. Aus den sowjetischen Truppenbewegungen war zwar ersichtlich, daß die Offensive nicht mehr lange auf sich warten lassen würde. Aber auf russischer Seite wurde völlige Funkstille gehalten. Auch war es nicht gelungen, Gefangene einzubringen, die Aussagen über den voraussichtlichen Angriffsbeginn auf sowjetischer Seite hätten machen können.

Gegen 15 Uhr stieg Heinrici über die steile Treppe in den Bunker hinab. Im Bunkergang herrschte ein derartiges Gedränge, daß man sich kaum bewegen konnte. Der Vortragsraum war kaum größer als drei mal drei Meter im Geviert. Linker Hand stand der Kartentisch, an dem bereits die Stenographen saßen.

Himmler war Heinrici gefolgt. Dahinter drängten sich Keitel, Jodl, Göring, Krebs, Burgdorf und die Adjutanten in den Raum.

Dann kam Hitler. Man hörte seinen schlurfenden Schritt schon im Gang. Er warf einen kurzen Blick auf Heinrici. Offenbar hatte er die Auseinandersetzung um Bieler nicht vergessen. Er nahm schweigend am Kartentisch Platz und setzte seine grüne Brille auf.

Heinrici begann mit seinem Vortrag. Er schilderte die Maßnahmen, die er in den letzten acht Tagen getroffen hatte. Dann erklärte er, daß er trotz aller Bemühungen bezweifeln müsse, daß die Oderfront den Belastungen des zu erwartenden sowjetischen Großangriffs standhalten werde.

Hitlers zitternde Hand raschelte auf der Karte. »Ich höre immer Zahlen«, sagte er: »Ich höre nichts von der inneren Festigung der Truppe. Es kommt alles darauf an, einen fanatischen Glauben zu erwecken. Unsere Bewegung hat bewiesen«, schrie er unvermittelt, »daß der Glaube es ist, der Berge versetzt! Wenn Ihre Soldaten von diesem fanatischen Glauben erfüllt sind, werden sie von selbst ihren Mann stehen und diese Schlacht, die über Deutschland entscheiden wird, siegreich beenden. Ich weiß ganz genau, daß auch die Sowjets jetzt am Ende sind. Sie kämpfen mit allen möglichen Beutesoldaten. Aber sie erfüllen dieses zusammengelesene Pack mit einem fanatischen Willen. Sie sollen Berlin erobern, bevor sie endgültig erschöpft sind.«

Hitler hatte die gleichen Argumente Monate zuvor in Ziegenberg benutzt, als die sowjetische Offensive an der Weichsel bevorstand. Sie blieben in seiner wunschbestimmten Welt die Rettungsanker, wenn mit realistischen Argumenten nicht mehr zu operieren war.

»Jetzt kommt es nur noch darauf an«, schrie er weiter, »wer stärker glaubt, wer in diesem Kampf der letzten Kräfte einige Minuten länger aushält! Das aber werden wir sein, und das hat jeder Soldat an der Oder zu wissen, und daran hat er fanatisch zu glauben!«

Hitlers Gesicht hatte sich gerötet. Er drückte mit der gesunden Hand die kranke auf die Kartenblätter nieder und rang nach Atem. Heinrici blickte zu Keitel und Jodl und dann zu Krebs hinüber. Aber wie an dem Tag, an dem er eine Entscheidung über Frankfurt hatte herbeiführen wollen, las er aus diesen Gesichtern weder Erschrekken noch Erstaunen, noch Auflehnung heraus. Glaubten sie an den Sinn der Worte, die Hitler eben gesprochen hatte? Glaubten sie wirklich daran?

Heinrici brauchte einige Minuten, um sich zu fassen. Aber dann setzte er mit der Zähigkeit, die ihm eigen war, seinen Vortrag fort. Er sagte, daß er Hitlers Einschätzung des Gegners auf Grund seiner persönlichen Erfahrungen nicht teilen könne. Er nannte als Beispiel die sowjetischen Artilleriemassierungen, denen er nichts entgegenstellen könne. Er bewies, daß die eigene Front gegen die feindliche Übermacht wohl eine Reihe von Tagen halten könne, daß es dann aber unmöglich sein würde, die eintretenden Verluste zu ersetzen, daß es daraufhin zu Durchbrüchen kommen müsse, daß er diese Durchbrüche aber wiederum nicht auffangen könne, weil er über keinerlei infanteristische Eingreifreserven verfüge. Die Abwehrschlacht könne nach den unerschütterlichen Gesetzen, die die zahllosen Abwehrschlachten des Ostens herauskristallisiert hätten, zu keinem guten Ausgang kommen, weil die begrenzte Kraft der deutschen Truppen nach einigen Tagen zu Ende sei. Jeder Soldat an der Oderfront wisse, gegen wen und wofür er zu kämpfen habe. Aber das Kräfteverhältnis sei derart, daß bester Wille und größter Fanatismus damit nicht fertigwerden könnten. Es bedürfe neuer deutscher Kräfte und Waffen.

Aus rotgeränderten Augen blickte Hitler um sich. Aber bevor es zu einer Erwiderung seinerseits oder zu einem Ausbruch kam, hörte man die Stimme Görings, dessen auseinanderquellende Gestalt an der Schmalseite des Kartentisches stand und der sich immer wieder den Schweiß von der Stirne wischte.

Göring hatte in den letzten Wochen ungewöhnlich häufig die Oderfront besucht. Die Anwesenheit einiger schwacher, schlecht ausgebildeter Fallschirmdivisionen an der Oder war der äußere Anlaß dazu gewesen. Vielleicht war es auch die Sorge um sein Jagdschloß Karinhall, die ihn immer wieder an die Oder trieb. Oder es war das Gefühl absoluter Überflüssigkeit, das den Mann, unter dessen ebenso großspuriger wie dilettantischer Führung die Luftwaffe zerbrochen war, nach irgendeiner militärischen Tätigkeit suchen ließ.

»Mein Führer«, erklärte er in dem großartigen Ton, der zu seiner Natur gehörte, »ich stelle Ihnen aus der Luftwaffe hunderttausend Mann für die Oderfront zur Verfügung. In wenigen Tagen werden sie an der Oder sein.«

Seine Augen hatten einen merkwürdigen Glanz. Es war der Glanz nicht nur des Rauschgiftsüchtigen. Es war auch der Glanz dessen, der von seiner Phantasie mitgerissen wurde und der glaubte, daß die Wirklichkeit seiner Phantasie folgen würde. Seine Worte aber hatten irgendwelche Schleusen geöffnet. Die stete Rivalität mit Göring ließ Himmler nicht schweigen.

»Mein Führer«, erklärte Himmler, »die SS stellt fünfundzwanzigtausend Kämpfer für die Oderfront.«

Es war bedrückend zu erleben, wie in diesem Augenblick aus den Kanälen der verschiedensten Machtbereiche, die jahrelang miteinander rivalisiert hatten, Soldaten freigegeben wurden, von denen keine zentrale Stelle etwas wußte.

Heinrici fragte sich, ob es zumindest bei einem Mann wie Göring wirklich soviel Dilettantismus in militärischen Fragen geben konnte. Was sollten hunderttausend Luftwaffensoldaten, in erster Linie Flieger, Bodenpersonal und Flakartilleristen, die niemals für den Erdkampf ausgebildet worden waren und über keinerlei geeignete Bewaffnung verfügten, einem Gegner gegenüber ausrichten, dessen Truppen in vier Kampfjahren und ungezählten Schlachten die Technik des Panzer- und Infanteriekampfes zu beherrschen gelernt hatten? Was bedeuteten diesem Gegner gegenüber Marineartilleristen und ehemalige Schiffsbesatzungen ohne Ausbildung, ohne Erfahrung, wahrscheinlich ohne Waffen und vor allem ohne genügend Zeit, sie auszubilden?

Hitler wandte sein maskenhaftes Gesicht Heinrici zu. »Das sind hundertfünfundzwanzigtausend Mann«, erklärte er mit einer Stimme, die neue Kraft geschöpft hatte. »Das sind zehn Divisionen. Da haben Sie die Reserven, nach denen Sie verlangen.«

Nochmals wunderte sich Heinrici über die Art, aus imaginären Zahlen Divisionen zusammenzustellen, bei einem Mann, der vier Jahre lang in immer stärkerem Maße die Führung der Wehrmacht an sich gerissen hatte. »Zahlenmäßig vielleicht«, beharrte Heinrici, »aber es handelt sich leider nicht um Divisionen, sondern nur um Menschen, die keinerlei Schulung und Erfahrung im Erdkampf haben und noch niemals dem Russen gegenüberstanden.«

Schon während seiner letzten Worte hörte er Görings erregtes

Atmen. »Die von mir gestellten Männer«, rief er, »werden zum großen Teil aus Kampffliegern bestehen, aus den Tapfersten der Tapferen... Sie haben Kampferfahrung genug und vor allem den Glauben an den Sieg!«

Heinrici fühlte, daß seine eigene beherrschte Ruhe ihn zu verlassen begann. »Mein Führer«, fiel er ein, »ich habe nicht die Absicht, den Persönlichkeitswert der Flieger anzugreifen. Aber das ändert nichts an der Tatsache, daß der Kampf in der Luft in keiner Weise mit dem Kampf zu Lande zu vergleichen ist. Alle diese Kräfte haben noch niemals im Divisionsverband gestanden. Sie kennen keinen Panzerkampf. Sie kennen kein sowjetisches Artilleriefeuer. Ihnen fehlen erfahrene Führer, und es wird die Zeit fehlen, halbwegs geschlossene Einheiten aus ihnen zusammenzustellen. Einige wenige im Ostkrieg erfahrene Divisionen sind wertvoller als eine Masse unerfahrener, schnell zusammengeworfener Menschen, die mehr oder weniger hilflos den Ereignissen gegenüberstehen und ihnen zum Opfer fallen werden.«

Hitler hatte den Kopf gesenkt. Es schien, als schwanke er abermals zwischen der Einsicht in die Wahrheit dessen, was Heinrici sagte, und einem Ausbruch, mit dem er den Skeptiker und Rechner, wie zahllose andere vorher, hinwegfegte und nach einem Mann rief, der – gleich aus welchen Motiven – bereit war, ihm auf dem Weg in die letzten Illusionen zu folgen. Er ballte plötzlich die gesunde Faust zusammen. »Dann setzen Sie diese Reserven in zweiter Linie ein«, sagte er rauh, »acht Kilometer hinter der ersten Linie. Dann sind die neuen Verbände der ersten Schockwirkung des Vorbereitungsfeuers entzogen. Sie können sich an den Kampf gewöhnen. Falls der Russe durchbricht, fangen sie ihn in ihrer Stellung auf. Zurückwerfen werden ihn dann die Panzerdivisionen.«

Heinrici nutzte den Augenblick: »Ich habe heute die Hälfte dieser Panzerdivisionen verloren. Sie sind mir genommen worden. Sie werden der Heeresgruppe Schörner zugeführt! Ich muß dringend den Antrag auf ihre Rückgabe stellen.«

Aber Hitler schien nicht mehr gesonnen, sich noch einmal von Bedenken beeinflussen zu lassen. »Ich habe die Verlegung der Panzerdivision nach Süden nur ungern vorgenommen«, sagte er, »aber sie sind bei dem südlichen Nachbarn wesentlich nötiger als bei Ihnen.«

Heinrici legte mit gerötetem Gesicht die Fliegermeldung über das ununterbrochene Anrollen neuer russischer Verbände an die Oderfront vor. Er erlebte mit ratloser Verwunderung, daß sich, noch bevor Hitler antworten konnte, General Krebs einschaltete und seine Meldung in Zweifel zog. Er kam nicht einmal dazu, Krebs zu widerlegen, denn Hitler fiel bereits Krebs ins Wort. »Ja«, sagte er, »der Hauptangriff der Russen zielt wahrscheinlich gar nicht auf Berlin. Sie können das nicht wissen. Aber die Ansammlung von Feindkräften ist weiter südlich vor unserer Front in Sachsen um ein Vielfaches stärker.« Seine zitternde Hand ließ die Karten rascheln. Sie wischte hastig über den Raum von Küstrin und Frankfurt. »Alles an der Oder ist nur ein Nebenangriff, um unsere Kräfte abzulenken. Der Hauptstoß des Gegners wird nicht auf Berlin gehen, sondern wahrscheinlich über Dresden auf Prag. Infolgedessen kann die Heeresgruppe die Abwehr an der Oder auch durchstehen ...«

Krebs schien nur darauf zu warten, Hitlers Ansicht zu bestätigen. »Nach den vorliegenden Meldungen«, sagte er schnell, »ist die Möglichkeit, die der Führer soeben ausgeführt hat, nicht auszuschließen.«

Heinrici sah in Krebs' faunhaftes bebrilltes Gesicht. War die Intelligenz, die aus diesen Augen zu sprechen schien, nur eine Täuschung? Entsprangen Krebs' Worte dem Hohn eines Zynikers, der nur noch mit den Dingen spielte und vergaß, daß draußen das Schicksal von Millionen auf dem Spiele stand, oder hatte er sich tatsächlich innerhalb von wenigen Tagen in diesem Hauptquartier, in dem sich eine Auslese der Beschränktheit, des Ehrgeizes und der sklavischen Hörigkeit versammelt zu haben schien, dieser sklavischen Hörigkeit hingegeben?

Hitler verschob die zuoberst liegende Karte. Es war ein Zeichen dafür, daß er müde war, sich noch länger mit der Oderfront zu beschäftigen und sich den Anfechtungen der Wirklichkeit auszusetzen, die von dort an ihn herantraten.

Bormann hatte sich in den Raum geschoben und auf einem kleinen Tisch Platz genommen. Er blätterte in seinen Akten. Hinter Heinrici raunte die Stimme eines derjenigen, die schon längst die Laune und das Befinden Hitlers über das Schicksal gestellt hatten, das sich draußen vollzog: »Nun machen Sie endlich Schluß!«

Heinrici empfand die ungeheure Entfernung, die zwischen den Männern in diesem Raum und dem Schicksal der Deutschen lag, deren Masse immer noch an diese Männer glaubte. Aber Heinrici war zäh. Er wollte nicht gehen, bevor er nicht noch einmal klar seine

Einstellung zum Ausdruck gebracht hatte. Er dachte plötzlich an Guderian und an Himmlers Worte über einen Sonderfrieden im Westen. Und aus seinen folgenden Worten klang das Drängen heraus, daß im Westen etwas geschehen müsse, bevor es an der Oder und damit für Mecklenburg und Berlin und alle Menschen, die hier zusammengedrängt waren, zu spät war. »Mein Führer!« sagte er, unbekümmert um den mißbilligenden Ausdruck in Keitels fülligem, leerem Gesicht. »Sie müssen, damit Sie Ihre Schlüsse im großen fassen können, völlig klarsehen, wie es um die Oderfront steht ... Ich halte es für meine Pflicht, Sie im Hinblick auf Ihre sonstigen Entscheidungen auf den drohenden Ernst hinzuweisen.«

Aber Hitler ging nicht mehr auf seine Worte ein. »Um so mehr«, sagte er abwesend und mit einem Ton des Überdrusses, »kommt es darauf an, daß alle Führer voller Zuversicht sind und ihren Glauben an den Erfolg auf ihre Männer ausstrahlen.«

Heinrici schien Überdruß oder Drohung nicht zu hören. »Ich halte es für meine Pflicht«, beharrte er noch einmal, »zu wiederholen, daß es mit Imponderabilien nicht getan sein kann.« Hinter sich hörte er noch einmal die Stimme: »Nun machen Sie doch Schluß.« Vor sich sah er Keitels abweisendes, zornig warnendes Gesicht. Neben sich hörte er zum letztenmal Hitlers ärgerliche Stimme: »Sie werden sehen«, sagte er, »wenn die Männer stark im Glauben sind, dann wird und muß dieser Kampf zum Erfolg führen. Das aber hängt von Ihrer eigenen Haltung ab.«

Damit war sein Vortrag zu Ende. Heinrici hatte ein quälendes Gefühl der Unwirklichkeit, als er den Bunker verließ. Als er neben seinem I A zum Wagen ging, sagte er: »Es hat alles keinen Zweck.« Für einen Augenblick empfand er den Wunsch, sich bei Krebs zu melden und ihm zu erklären, daß er unter den gegebenen Umständen nicht weiter die Verantwortung tragen könne. Aber während er weiterging, dachte er: Was bedeutete das? Änderte er irgend etwas damit? Zu diesem Zeitpunkt bedeutete die Rücktrittserklärung ein Im-Stich-Lassen der Soldaten an der Oder, von denen auch keiner zurücktreten konnte, ohne erschossen zu werden. Vielleicht empfand er zum ersten Male etwas von der absoluten Ausweglosigkeit, in welche er – mit seinem ganzen Stand – durch eigene Schuld und eigene Kurzsichtigkeit hineingeraten war. Er zog daraus seine eigene Konsequenz, nämlich mit seinen Soldaten zusammen das anscheinend Unvermeidliche zu tragen und für sie noch zu tun, was in seinen Kräften stand.

Als er durch die Straßen Berlins fuhr, standen Schlangen von Frauen vor den halbzerstörten Geschäften. Es saßen aber auch Menschen vor den dürftigen Cafés und genossen die Sonne, als wollten sie sich von der permanenten Drohung ablenken, die nur wenige Kilometer entfernt an der Oder stand. Neue Aufschriften waren auf Häusertrümmer gemalt. »Der Bolschewismus steht vor der entscheidenden Niederlage seiner Geschichte.« – »An der Oder wird sich das Schicksal Europas entscheiden.«
An den Ausfallstraßen Berlins waren Kolonnen von Frauen, Männern, Kriegsgefangenen und Zivilarbeitern damit beschäftigt, Panzersperren zu bauen, von denen jeder Soldat der Ostfront wußte, daß sie sinnlos waren. Hier klebten Plakate: »Wer an den Führer glaubt, glaubt an den Sieg.«

Drei Tage nachdem Heinrici, von Berlin kommend, wieder in Prenzlau eingetroffen war, meldete das Oberkommando des Heeres, daß die Reserven, die Göring und Himmler versprochen hatten, bereitstünden. Als sie jedoch im rückwärtigen Gebiet der 9. Armee und der 3. Panzerarmee versammelt waren, stellte sich heraus, daß es sich um nicht mehr als dreißigtausend Mann handelte. Der größte Teil war weder ausgebildet noch feldmäßig bekleidet oder bewaffnet. Durch Auskämmung der letzten Bestände gelang es der Heeresgruppe, tausend Gewehre aufzubieten. Damit waren aber auch alle Möglichkeiten erschöpft.
Heinrici hatte dieses Ergebnis kommen sehen. Er befahl, die Göring- und Himmler-Reserven in rückwärtigen Lagern zu belassen und dort, so gut es ohne Waffen ging, auszubilden. Aber er gab sich einer Illusion hin, wenn er glaubte, damit dieses Kapitel erledigt zu haben. Hitler verlangte genaue Meldung darüber, wo die Reserven eingesetzt seien. Er schien an den Wert der Reserven zu glauben.
Als Heinricis Stabschef meldete, daß sie wegen Waffenmangels nicht verwendet werden könnten, erhielt er ein scharfes Fernschreiben des Generals Krebs. Heinrici, Tag und Nacht damit beschäftigt, irgendwo noch Möglichkeiten zu finden, um seine Front zu stärken, verlor seine Beherrschung. Es gab eine scharfe Auseinandersetzung, in der Heinrici alle Höflichkeit fallenließ. Am nächsten Tag lag bereits ein Befehl Hitlers vor, in dem er anordnete, die Reserveverbände sofort in einer zweiten Linie einzusetzen. Krebs befahl, die Reserven in Ermangelung anderer Waffen pro Mann mit einer Panzerfaust auszurüsten. Heinrici legte nur soviel Leute, wie notdürftig

bewaffnet oder mit Schanzgerät versehen werden konnten, in eine zweite Linie. Die übrigen blieben in ihren Lagern. In den Augen Hitlers und seiner Umgebung und in den Augen zahlreicher Fanatiker beging er damit Verrat. Aber er war kein Führer nach der Art Schörners und konnte nicht über seinen Schatten springen. Vielleicht versäumte er tatsächlich manches, was ein anderer ohne Skrupel getan und damit den sowjetischen Durchbruch um eine Stunde länger aufgehalten hätte. Aber organisierten Mord vorzubereiten, lehnte er ab.

Der Vorfall zerstörte seine letzte Hoffnung, daß bei Hitler, im Oberkommando der Wehrmacht und im Oberkommando des Heeres Vernunft und Hilfe oder wenigstens eines von beiden zu erwarten sei. Da er sich keinen Illusionen über die Aussichten seiner Truppen hingab, begann er sein Augenmerk darauf zu richten, was geschehen könnte, nachdem ein sowjetischer Durchbruch Wirklichkeit geworden war.

Er tat, was schon andere Oberbefehlshaber um die Jahreswende 1944/45 getan hatten, bevor die sowjetische Offensive an der Weichsel und in Ostpreußen losbrach. Er wandte sich an die Gauleiter und schlug ihnen vor, wenigstens das Gebiet dicht hinter der Front von der Zivilbevölkerung, vor allem von den Flüchtlingen, zu räumen. Aber die Gauleiter weigerten sich. Teils wiesen sie – in diesem Fall mit Berechtigung – darauf hin, daß sie nicht wüßten, wohin sie noch Hunderttausende von Menschen bringen sollten, seitdem die Amerikaner und Engländer nach West- und Mitteldeutschland vorstießen. Die englisch-amerikanische Luftwaffe zerschlug täglich neue Eisenbahnstrecken und zerstörte Hunderte, wenn nicht Tausende von Eisenbahnwagen. Aber waren diese Argumente wirklich entscheidend? Entschieden nicht auch jetzt, wie in den vorangegangenen Monaten, die Furcht vor dem Eingeständnis auch nur der Möglichkeit eines neuen Zusammenbruchs der Ostfront und die Furcht, irgend etwas zu unternehmen, das Hitlers Flucht in die Illusionen widersprach?

Die Zeitungen boten das gleiche Bild wie im Januar. Es wirkte nur noch hektischer. Die Oderfront wurde in den Schlagzeilen zu einer unüberschreitbaren Barriere, und Offiziere mit Gewissen, die wußten, wie zerbrechlich sie in Wirklichkeit war, konnten auf ihren Frontfahrten den Flüchtlingen und Bauern, denen sie auf den Straßen begegneten, nicht mehr in die Augen sehen.

Mehrmals versuchte Heinrici in der zweiten Aprilwoche durch das

Oberkommando des Heeres Informationen über die Ereignisse im Westen zu bekommen. Die Heeresgruppe Model war im Ruhrgebiet eingeschlossen. Amerikanische Truppen stießen auf den Raum von Chemnitz und Dessau vor. Aber es war unmöglich, Klarheit darüber zu erhalten, was im Rücken der Oderfront geschehen sollte, wenn die westlichen Alliierten immer weiter vordrangen. Krebs versteifte sich auf die alte Formel, dies sei Sache des OKW. Heinrici wollte aber mehr hören. Er wollte hören, ob es im Westen irgendeinen politischen Plan gab und ob man einen solchen Plan auch verfolgte. Vielleicht würden die Amerikaner und Engländer bei der Fortsetzung ihres Vormarsches Berlin erreichen, bevor der sowjetische Angriff überhaupt begann. Aber das alles waren Annahmen ins Blaue hinein.

Für den Fall eines sowjetischen Durchbruchs zwischen Frankfurt und Küstrin entschloß Heinrici sich, seine beiden Armeen östlich und südwestlich an Berlin vorbei nach Mecklenburg zu ziehen und dort eine Front nach Süden aufzubauen. Zwangsläufig trat dabei das Schicksal Berlins in den Mittelpunkt. Berlin war Heinrici nicht unterstellt. Die Stadt unterstand dem Oberkommando des Heeres und war zur Festung erklärt. Mehr war über Berlin nicht zu erfahren.

Heinrici dachte darüber nach, welche Entschlüsse er für Berlin treffen müßte, wenn die Stadt nach einem Durchbruch durch die Oderfront in das Kampfgebiet seiner Heeresgruppe rücken und ihm unterstellt werden würde. Er geriet in den gleichen Zwiespalt, in den jeder Verantwortliche im deutschen Osten hineingeraten war, sobald er vor der Wahl stand, eine dichtbevölkerte Stadt kampflos zu übergeben, ihre Bevölkerung vor den Leiden der Straßenkämpfe zu bewahren, sie dafür aber hilflos den Siegern zu überlassen oder die Stadt und ihre Bevölkerung mit völlig unzureichenden Mitteln zu verteidigen, sie einige Tage oder einige Wochen später doch den Siegern überlassen zu müssen, ihrer Bevölkerung aber über die sowjetischen Racheausbrüche hinaus ein Unmaß von Verlusten und Leiden durch die Kämpfe aufzubürden.

Heinrici entschied sich, was Berlin anbetraf, für den ersteren Weg, der in einer aussichtslosen Situation auf jeden Fall das Maß der Leiden verringern mußte.

Durch einen seiner Stabsoffiziere gelang es ihm, Verbindung zu dem Stadtkommandanten von Berlin, General Reimann, aufzunehmen.

Reimann war ein grauhaariger, bis dahin unbekannter General, den der Zufall zum Stadtkommandanten von Berlin gemacht hatte.
Die Stadt war in Verteidigungszonen eingeteilt. Die äußerste Zone mit einer Ausdehnung von mehr als einhundert Kilometern verlief entlang dem sogenannten »Berliner Ring«. Die nächste Verteidigungszone zog sich über achtzig Kilometer am äußeren Stadtrand entlang. Schließlich gab es noch eine Verteidigungslinie entlang dem Stadtbahnring. Sie war etwa fünfzig Kilometer lang.
In diesen Zonen wurde von der Bevölkerung Berlins geschanzt. Dies geschah mit ähnlich gutem Willen wie in den Herbst- und Wintertagen 1944 in Ostpreußen, Westpreußen, im Warthegau und in Schlesien, aber auch mit ebenso unzureichenden Mitteln und naiven Vorstellungen von der harten Wirklichkeit des Krieges. Es gab nicht genug erfahrene Soldaten, um die Parteistellen, welche die Schanzarbeiten leiteten, zu beraten. Oft genug wurde auch kein Rat gewünscht. Vor allem aber fehlten Kräfte, um die Verteidigungslinien auch nur lückenhaft zu besetzen. Für den Berliner Ring hätte man rund zehn Divisionen gebraucht, für die Verteidigung des äußeren Stadtrandes wenigstens acht. Reimann aber verfügte an regulären Truppen nur über zwei Wachbataillone und einige Pioniereinheiten. Im übrigen standen ihm dreißig Volkssturmbataillone zur Verfügung, die kaum über Gewehre, geschweige denn Maschinengewehre verfügten. Außer der ortsfesten eingebauten Flakartillerie gab es nur einige wenige, veraltete Geschütze.
Auch Reimann hatte immer wieder versucht, sich beim Oberkommando des Heeres und bei Krebs Klarheit über die Entwicklung zu verschaffen und weitere Truppen zu erhalten. Statt Klarheit und Truppen hatte er einen persönlichen Befehl Hitlers erhalten, wonach er sich um die Kräfte zur Verteidigung Berlins nicht zu kümmern habe. Wenn es jemals zu einem Kampf in Berlin kommen sollte, würden ihm genügend Kräfte aus der Heeresgruppe Weichsel zufließen.
Am 11. April erhielt Heinrici nach der Rückkehr von einer Frontfahrt einen neuen Führerbefehl. Letzterer war zugleich an alle militärischen Befehlshaber und Gauleiter gerichtet. Er trug den Decknamen »Verbrannte Erde« und ordnete die rücksichtslose Zerstörung aller lebenswichtigen Anlagen in Gebieten an, die noch in russische Hand fallen würden.
Heinrici wußte nicht, welch verbissenem Willen, das Schicksal der Deutschen mit dem eigenen Schicksal zu verbinden und die Deut-

schen mit in den eigenen Untergang hineinzureißen, dieser Befehl entsprungen war. Er untersagte die Weitergabe des Befehls in seinem Heeresgruppenbereich, und da der Befehl Sonderanweisungen für Berlin enthielt und für den Fall der Eroberung Berliner Bezirke durch die Russen die Vernichtung aller Brücken, aller Verkehrsmittel, aller Wasser-, Gas- und Elektrizitätswerke sowie des entsprechenden Leitungsnetzes vorsah, bat er den Kommandanten von Berlin zu sich.

Reimann erschien am 15. April in Prenzlau. General Busse meldete gerade von der Front, daß Gefechte im Gange seien, die darauf schließen ließen, daß die neue große Offensive der Sowjetarmee dicht bevorstünde. Die Zeitungen waren am gleichen Tag gefüllt mit Meldungen und Kommentaren über den plötzlichen Tod des amerikanischen Präsidenten Roosevelt. Offiziere aus dem Stabe Busse berichteten, daß Goebbels am Abend des 12. April persönlich bei ihnen gewesen sei. Er habe darüber gesprochen, daß auch Friedrich der Große als Preis für sein unerschütterliches Aushalten in anscheinend aussichtsloser Lage den Sieg errungen habe, als das höhere Walten des Schicksals die Kaiserin Elisabeth von Rußland, seine Feindin, sterben ließ. Einer der Offiziere hatte gewagt, die Frage zu stellen, welche Kaiserin denn jetzt sterben werde. Als Goebbels von der Oder nach Berlin zurückgekehrt war, hatte ihn dort die Nachricht von Roosevelts Tod erreicht. Er hatte sofort in Busses Stab angerufen und, wie von einem Schicksalswunder berührt, mitgeteilt, daß »die Kaiserin« soeben gestorben sei.
Nirgendwo gab es einen Anhaltspunkt dafür, daß der Tod Roosevelts eine Änderung in der Haltung der westlichen Alliierten gegenüber Hitler und Deutschland zur Folge haben würde. Aber Gerüchte schufen eine merkwürdig hoffnungsvolle Atmosphäre, während ein wachsender Geschützdonner an der Oder grollte. Und es geschahen noch andere Dinge. Kurz bevor Reimann sich bei Heinrici meldete, hielt ein unbekannter Wagen vor der Baracke des Generalobersten. Darin saß der Rüstungsminister Albert Speer im Trenchcoat, den Filzhut tief im Gesicht.
Nach kurzem tastendem Gespräch ergab sich, daß ihn sein Gewissen dazu trieb, zu allen maßgebenden Persönlichkeiten, denen er vertraute, zu fahren und sie zu bitten, den Zerstörungsbefehl Hitlers nicht durchzuführen. Er wirkte rastlos und von seinem eigenen Gewissen gehetzt. Der Mann, der als junger Architekt, begeistert

von den Möglichkeiten der Ausführung gigantischer Pläne, die ihm geboten wurden, zu Hitler gestoßen war, als junger und phantasiebegabter Mann eine besondere Zuneigung Hitlers genossen und schließlich die gesamte Rüstungsindustrie zumindest dem Namen nach geleitet hatte, gab sich keinen Illusionen mehr über das Ende hin. Was ihn von Hitler unterschied, war die Erkenntnis, daß die achtzig Millionen Deutschen trotz des Schicksals, das ein großer Teil erst noch erleiden würde, nicht mit Hitler untergehen konnten und daß man nicht ihre letzten Lebensgrundlagen zerstören – und damit Vernichtungsplänen auf der gegnerischen Seite in die Hand arbeiten durfte.

Heinrici empfand Speers Besuch als eine Erleichterung in seinen eigenen Gewissenskonflikten. Er versprach gern, alles zu tun, was in seiner Macht lag, um sinnlose Zerstörungen zu verhindern. Als eine Stunde später Reimann aus Berlin eintraf, meldete Busse weiter zunehmende Gefechtstätigkeit. Vielleicht trennten die Heeresgruppe nur noch vierundzwanzig Stunden von dem sowjetischen Angriff.

Heinrici besprach sich mit Reimann in Gegenwart von General Kinzel, Oberst Eismann und Albert Speer. Er sagte ihm, daß er, sofern seine Absichten nicht zunichte gemacht würden, im Falle eines sowjetischen Durchbruchs mit seinen Truppen an Berlin vorbei nach Mecklenburg ausweichen werde, um Berlin einen aussichtslosen Kampf zu ersparen. Er erklärte, Reimann dürfe nicht damit rechnen, daß ihm Verbände der Heeresgruppe zur Verteidigung Berlins zur Verfügung stehen würden. Er sagte, daß er gerade deswegen Zerstörungen in Berlin für besonders sinnlos halte und daß er persönlich für den Fall, daß Berlin seiner Heeresgruppe unterstellt würde, jede Sprengung im Stadtbereich verbiete.

Reimann erwiderte einigermaßen ratlos, die Sprengungen der gesamten Spree-, Havel- und sonstigen Brücken sowie der S-Bahn- und U-Bahn-Anlagen müßten auf direkten Führerbefehl erfolgen. Er könne ihm nicht ausweichen.

Speer hielt ihm vor, welche Auswirkungen allein die Zerstörung der Brücken für Berlin haben müsse. Die gesamten Strom-, Wasser- und Gasleitungen führten über die Brücken in die Stadt. Als Folge der Zerstörung seien Hunger, Durst und Seuchen unvermeidlich, und Reimann trüge die Verantwortung für alles Unglück, wenn er den Zerstörungsbefehl Hitlers befolge.

Reimann blickte in sichtbarer Verzweiflung von Heinrici zu Speer.

Auch er war zu sehr in festen Gehorsams- und Treuebegriffen aufgewachsen, um sich gegen einen höheren Befehl empören zu können – selbst jetzt, wo für jeden klar denkenden Menschen erkennbar war, daß das Ende des Mannes, der diesen Befehl erteilt hatte, bevorstand. Er konnte nicht begreifen, daß ein Punkt erreicht war, in dem er seine Ehre und sein Gewissen nicht gegenüber Hitler, sondern den leidenden Deutschen zu beweisen hatte. Er war kein gewissenloser Mann. Die innere Qual war an seinem Gesicht abzulesen. Aber er antwortete, bisher habe er seine Ehre als deutscher Offizier bewahrt. Wenn er Hitlers Befehl nicht befolge, werde er, wie die Offiziere, welche die Rheinbrücke bei Remagen nicht gesprengt hatten, wie ein ehrloser Verbrecher erhängt werden.
Heinrici wußte, was Reimann bewegte. Er verstand ihn, denn er hatte sich in den letzten Wochen selbst nur mühsam zu verstecktem Ungehorsam durchgerungen. Aber da er den Weg einmal betreten hatte, kam es nicht mehr darauf an, die Verantwortung für einen weiteren Ungehorsam zu tragen.
Er befahl Reimann, keinerlei Sprengungen von sich selbst aus anzuordnen, sondern stets bei ihm persönlich nachzufragen, falls seiner Ansicht nach im Raum von Berlin eine größere Sprengung notwendig werden sollte. Er wußte, daß er keine Befehlsgewalt über Reimann hatte, hoffte aber, daß sein Befehl trotzdem ein Rettungsanker war, an den Reimann sich klammern konnte, wenn er vor Entscheidungen gestellt wurde.
Reimann fuhr nach Berlin zurück, als der Abend sank.
Speer folgte ihm kurz darauf. Aber er kehrte in der Nacht um ein Uhr noch einmal zurück, so als hätte er zu Heinrici besonderes Vertrauen gewonnen. Er besprach mit ihm einen Aufruf, der ihm am Herzen lag und in dem er die deutsche Bevölkerung auffordern wollte, Zerstörungen zu verhindern. Auch ihm fehlte die Entschlossenheit zum Letzten. Auch ihn band noch etwas an Hitler, das wahrscheinlich weniger Gehorsam oder Todesfurcht war, sondern eher ein Komplex der Treue und Dankbarkeit für den Aufstieg, den er durch Hitlers Hilfe erlebt hatte. Er fuhr wieder in die Nacht hinaus, ohne zu einem endgültigen Entschluß gekommen zu sein.

Aber Speer hinterließ wenigstens in Umrissen eine Antwort auf die Frage, ob und was im Westen geschehe, um zu einem Sonderfrieden und zu einer Entlastung der Oderfront zu kommen. Die Antwort kam aus einem gespenstischen Bereich, über den kaum jemand etwas wußte, außer den wenigen, die sich darin bewegten, außer Bormann, außer Goebbels und seinem Staatssekretär Naumann, außer Hewel, einem von Hitler geschätzten Verbindungsmann zwischen ihm und Ribbentrop, vielleicht noch außer Göring und – mit Grenzen – Himmler. Speer stand schon am Rande des Kreises. Aber er hatte genügend gehört und gesehen, um Heinrici zu erklären, weshalb hier und dort von geheimnisvollen Verhandlungen mit dem Westen gesprochen wurde, während in Wirklichkeit nichts Greifbares geschehen war.

Es handelte sich um Gerüchte, und wenn sie von Sonderfriedenschancen berichteten, so waren sie nicht das Spiegelbild tatsächlicher Verhandlungen. Sie waren vielmehr das täuschende Spiegelbild von immer wiederkehrenden Diskussionen jenes engsten Kreises, in denen die Möglichkeiten eines Zerwürfnisses zwischen der Sowjetunion und den westlichen Alliierten und die Möglichkeit eines Sonderfriedens mit dem Westen erwogen wurden. Jede Äußerung eines alliierten Staatsmannes, jede Notiz einer alliierten Zeitung, jedes geringste Anzeichen einer Spannung zwischen den Anglo-Amerikanern und der Sowjetunion wurde mit unnatürlich erhitztem Eifer gewogen und ausgedeutet. Hoffnungen des einen entzündeten sich an der Hoffnung des anderen, und die Illusion des einen nährte neue Illusionen des nächsten.

Es waren merkwürdige Gespräche, die zwar manchmal in Gegenwart Hitlers stattfanden, aber mit mehr oder weniger vorsichtigen und versteckten Redewendungen um ihn herumkreisten. Niemand im engsten Kreise wagte auszusprechen, wie aussichtslos die militärische Lage und wie zwingend wenigstens der Versuch einer sofortigen Beendigung des Krieges im Westen tatsächlich war. Da ihrer aller Schicksal mit dem Schicksal des Regimes verknüpft war, erreichten ihre Erkenntnisse über den Ernst der Lage und die zwingenden Konsequenzen nur eine bestimmte Grenze. Aber auch innerhalb dieser Grenze waren ihre Gespräche voller Vorsicht und Unverbindlichkeit.

Goebbels, Naumann und Hewel waren die treibenden Kräfte von Gesprächen langer schlafloser Nächte im März und April gewesen. Naumann war ein Mann, dessen ideologisch eingleisige, aber rege Intelligenz ihn hinter den großen Durchhaltereden, die er in den ersten Monaten des Jahres 1945 im Osten gehalten hatte, den tatsächlichen Ernst der militärischen Lage ahnend erkennen ließ. Er verschloß sich den Tatsachen nicht bis zu einer psychologischen

Grenze, jenseits deren auch seine Verstrickung in das Regime und die nationalsozialistische Ideologie seinen Blick gegenüber dem vollen Ausmaß der Konsequenzen trübte. Immerhin schien er insgeheim so weit zu gehen, daß er die Notwendigkeit eines Rücktritts Hitlers oder gar eine Veränderung des Regimes erwog, um dafür eine Vereinbarung mit den Westmächten zu erkaufen. In einer seiner letzten Reden, die sonst eine Rede des fanatischen Durchhaltens und des Siegesglaubens gewesen war wie seine verhängnisvollen Reden in Posen und Breslau im Januar 1945, hatte er versteckt von notwendigen »ideologischen und persönlichen Opfern« gesprochen.

Er hatte versucht, Hitler Berichte zu unterbreiten, in denen der Realismus der Lage geschildert wurde, soweit Naumann ihn selbst sehen konnte; Berichte, in denen vorsichtig versucht wurde, Hitler durch Zitate aus seinem Buch »Mein Kampf« über die Pflicht einer politischen Führung, einen Krieg rechtzeitig abzubrechen, wenn er militärisch nicht zu gewinnen sei, zu beeinflussen.

So, wie Naumanns eigener Realismus begrenzt war, so war auch Goebbels' Realismus ein Scheinrealismus, getrübt durch die unlösbare persönliche Identifizierung mit dem Regime, durch seine Gleichsetzung des Lebens des Regimes mit dem Leben Deutschlands und durch die Rastlosigkeit seines spitzfindigen Geistes, der jede Augenblickserkenntnis der militärischen Aussichtslosigkeit mit Scheinargumenten umwob, die doch noch irgendwelche Erfolgschancen erhoffen ließen. Goebbels hatte sich in den makabren nächtlichen Unterredungen einige Male weit vorgewagt. So, als handle es sich nur um unverbindliche theoretische Auseinandersetzungen, hatte er gefragt, was die Westmächte als Preis für einen Sonderfrieden fordern würden: Eine Änderung des totalen Staatssystems? Freie Wahlen? Die Genehmigung einer Opposition? Ein einziges Mal hatte er sich bis zu der Erwägung der Möglichkeit, daß man den Rücktritt der nationalsozialistischen Führerschicht verlangen könne, vorgewagt und dazu innerlich überzeugt gesagt, daß dies kein Grund zu sein brauche, diese Bedingungen der Alliierten abzulehnen, da das deutsche Volk die nationalsozialistische Führung doch nach spätestens fünf oder sechs Jahren zurückrufen würde.

Das war das einzige Mal gewesen, daß Worte fielen, die der Wirklichkeit so nahe kamen, daß sie vom Ende des nationalsozialistischen Regimes sprachen.

Aber alle Formulierungen standen im leeren Raum. Sie verstummten, sobald Goebbels' reger, Hitler gegenüber aber sklavisch ergebener Geist bei Hitler, der in schweigender Verdüsterung den nächtlichen Gesprächen folgte, eine Spur des Unmuts bemerkte. Speer wußte von Vorschlägen Hewels zu berichten, der, klüger und begabter als Ribbentrop, schon seit Jahren auf einen Sonderfrieden mit dem Westen drängte oder von nichtssagenderem, oberflächlicherem Geschwätz Görings oder tatsächlichen, aber dilettantischen Versuchen Ribbentrops, Fühler zu Verhandlungen in Schweden, in der Schweiz und in Portugal auszustrecken – ohne direkten Auftrag, aber mit schweigendem Einverständnis Hitlers.

Darin aber lag die Gespenstigkeit der Ereignisse. Goebbels, Naumann, Hewel, Göring umkreisten mit ihren vorsichtigen Aufforderungen und Ratschlägen einen Mann, dessen Hybris längst so groß geworden war, daß er sich in seinem Innersten nicht mehr beugen konnte und wollte, weder vor dem Westen noch vor dem Osten. Es gab in den vergangenen Jahren merkwürdige Augenblicke, in denen Hitler einige Male einer tiefen verborgenen Erkenntnis, daß der Krieg militärisch nicht mehr zu gewinnen sei, Ausdruck verliehen hatte. Für einen flüchtigen Augenblick hatte er die Notwendigkeit einer politischen Lösung erkannt. Aber gleich darauf hatte er behauptet, er müsse erst einen neuen Sieg erringen, um, gestützt auf diesen Sieg, verhandeln zu können.

Zum letzten Male hatte er vor der Ardennenoffensive geäußert, er kämpfe um einen Erfolg nur, um dann einen Frieden im Westen anzubieten. Aber Speer war der Meinung, daß jeder Erfolg Hitler nicht zum Frieden, sondern erst recht zum Weiterkämpfen und zur Jagd nach neuen illusionistischen Erfolgen veranlassen würde. Alles, was er über die gespenstischen Geheimberatungen um Hitler berichtete, spiegelte den Trotz des vermeintlichen Titanen, der insoweit klarsah, daß ihn nur ein Sonderfriede mit einer der beiden gegnerischen Mächtegruppen und das Bündnis mit dieser Gruppe gegen die andere retten konnte. Aber er hoffte darauf, daß die Koalition zwischen Ost und West von selbst auseinanderbrach und daß er dann nicht als Besiegter, sondern als Mann, der sich behauptet und recht behalten hatte, auf die ihm genehme Seite treten wollte. Wenn Verhandlungen Ribbentrops dazu beitragen konnten, diese Situation herbeizuführen, ohne daß er sich persönlich bloßstellte, so stimmte Hitler ihnen insgeheim zu. Aber er wollte nicht mehr. Laut Speer hatte Hitler Anfang April von Bestrebungen deutscher Stellen in

Norditalien gehört, insgeheim Kapitulationsverhandlungen mit den Westmächten zu eröffnen. Er hatte den SS- und Polizeiführer in Norditalien, SS-Obergruppenführer Wolff, nach Berlin bestellt und ihm erklärt: »Es ist jetzt nicht nötig, die Verteidigung aufzugeben. Wir müssen einfach durchhalten. Im Osten können wir noch zwei Monate gegen die Russen Widerstand leisten. In dieser Zeit muß es zu einem Bruch der Allianz zwischen den Russen und den Angelsachsen kommen. Wer von den beiden sich zuerst an mich wendet, mit dem werde ich mich gegen die anderen verbünden.«

Er hatte jeden Plan, die Westfront einfach abzubauen und ihre Kräfte an die Ostfront zu werfen, abgelehnt. Er hatte einen vorsichtigen Vorschlag Hewels, auf diese Weise die Westmächte zu einer Entscheidung über ihre Haltung gegenüber der Sowjetunion herauszufordern und einen Bruch zu provozieren, zurückgewiesen und Ende März den Befehl erteilt, im Bereich der Elbe um Dessau und Wittenberg eine nur für den Kampf im Westen bestimmte neue Armee aufzustellen. Es war die 12. Armee unter dem Oberbefehl des Generals Wenck, der bei der Februaroffensive in Pommern verunglückt war und Ende März das Lazarett wieder verlassen hatte.

Zur Aufstellung dieser Armee waren das letzte noch vorhandene hochwertige Personal der Offiziersschulen in Mitteldeutschland sowie Nachwuchs aus dem Arbeitsdienst herangezogen worden. Aus dem Personal der deutschen Panzertruppenschule sollte eine Panzerdivision »Clausewitz«, aus dem letzten Personal von Offiziersschulen und Reichsarbeitsdienst die Panzergrenadierdivision »Schlageter« sowie die Infanteriedivisionen »Potsdam«, »Scharnhorst«, »Ulrich von Hutten«, »Friedrich Ludwig Jahn«, »Theodor Körner« aufgestellt werden. Alle diese Kräfte, von denen Heinrici durch Speer zum ersten Male erfuhr, hatte Hitler nicht einmal dafür bestimmt, der Ostfront an der Elbe den Rücken zu decken. Vielmehr hatte er Wenck, als dieser sich Anfang April zur Übernahme des Kommandos der erst auf dem Papier vorhandenen Armee meldete, den Befehl erteilt, so schnell wie möglich nach Westen vorzustoßen und die Heeresgruppe Model, die von den Amerikanern im Ruhrgebiet eingeschlossen worden war, über eine Entfernung von einigen hundert Kilometern hinweg zu befreien. Als die Heeresgruppe Model kapitulierte, noch bevor eine einzige Division aufgestellt war, hatte Hitler der 12. Armee den Befehl erteilt, westlich der Elbe in den Harz vorzustoßen und die dort von den Amerikanern eingeschlossene 11. Armee zu befreien.

Sein Wille, blindlings um sich zu schlagen und einen Bruch in der feindlichen Koalition abzuwarten, prägte den anderen sein Gesetz auf und zwang sie dazu, sich in ihren Diskussionen nur mit der unfruchtbaren Theorie dieses Bruches und seines Termins zu beschäftigen.
Die Tatsache, daß es in Alexandrien zu einem Aufstand kommunistischer Matrosen der griechischen Flotte gekommen war, oder der Umstand, daß die Engländer tatenlos dem Abzug der deutschen Truppen aus der Ägäis und aus Griechenland zusahen, so als wollten sie deren Kampfkraft für den weiteren Kampf gegen die Russen und gegen die roten Partisanen nicht schwächen, hatten eine hypertroph-unsinnige Bedeutung erhalten. Genauso hatte man aus der ersten Ansprache des Nachfolgers von Roosevelt, Präsident Trumans, und aus dem dort gesprochenen Satz, daß Truman den Krieg in Europa zu einem baldigen Ende führen werde, phantastische Schlüsse auf einen fortschreitenden Zerfall zwischen Ost und West gezogen.
Aber echte Bestrebungen für einen Sonderfrieden im Westen gab es nicht.

In derselben Nacht, in der Speer Heinrici verließ, blitzte überall im Osten das Feuer der Artillerie auf. Wenige Stunden später verdichtete es sich zu einem gewaltigen roten Feuerschein und einem Grollen, das die Erde bis weit ins Hinterland erschütterte.

DIE SCHLACHT UM BERLIN

Es herrschte noch völlige Dunkelheit, als in der Frühe des 16. April 22000 sowjetische Feuerschlünde das Trommelfeuer an der Oder eröffneten und nochmals die gleiche Zahl von Geschützen an der Neißefront bei Guben und Forst in den Morgen hineinbrüllte. Das Feuer an der Oder, vor allem bei Frankfurt und Küstrin, dauerte bis gegen 4 Uhr morgens. Dann traten die sowjetischen Sturmtruppen, von zahlreichen Panzern begleitet, aus den Oderbrückenköpfen zum Angriff an.
Die Dörfer, Güter und Gehöfte in der Oderniederung standen in hellen Flammen. Die aufgehende Sonne konnte den Qualm der

Brände, der das weite Gebiet zudeckte, kaum noch durchdringen. Bis weit ins Hinterland hinein zitterten die Häuser vom Luftdruck der berstenden Granaten. Russische Jäger und Schlachtflieger hingen in der Luft, ohne auf ernsthaften Widerstand zu stoßen. Urplötzlich aus dem trügerischen Frieden der letzten Wochen herausgerissen, brachen die Einwohner der Oderniederung und mit ihnen die zurückgebliebenen Flüchtlinge im Artilleriefeuer und unter den Bombenwürfen der Flieger auf.

Mit ihren hochbepackten Wagen, Handkarren, Fahrrädern, Kinderwagen und Schubkarren quälten sie sich auf engen Straßen und Wegen nach Westen. Diejenigen, die das Höhengelände erreichten und von dort noch einmal auf die Flußniederung zurückblickten, sahen überall die hellen Flammen, in denen ihre Häuser oder ihre letzten Zufluchtsstätten niederbrannten. Auf der Höhe gerieten die Fliehenden in den Bereich der Tiefflieger. Ihre Maschinengewehre und Sprengbomben trafen, obwohl hauptsächlich gegen die rückwärtigen Verbindungen der deutschen Oderfront gerichtet, die Zivilbevölkerung gleich schwer. So begann von neuem die große Flucht – ein Schicksal, das von Januar bis März die Millionen zwischen Weichsel, Oder und Neiße in Bewegung gesetzt hatte.

Heinrici hatte sich sofort nach der ersten Meldung über den Beginn des Angriffs mit einem Teil seines Stabes auf einen vorgeschobenen Gefechtsstand in Dammühle westlich von Straußberg begeben, während der Hauptteil des Stabes bei Prenzlau zurückblieb. Die Korps der 9. Armee, gegen die sich die Hauptwucht des sowjetischen Angriffs an der Oder richtete, setzten sich trotz ihrer grotesken Unterlegenheit an Zahl und Material mit wenigen Ausnahmen tapfer zur Wehr. Sie verhinderten den ersten sowjetischen Versuch, die Oder südostwärts Eberswalde zu überschreiten, und behaupteten sich im Gebiet von Frankfurt. Aber in der Gegend westlich von Küstrin, im Raum um Wriezen, drangen die weit überlegenen sowjetischen Angriffskolonnen schon am Nachmittag des 16. April fast bis auf die Höhen am Westrande der Oderniederung vor.

Während an der Oder aber zunächst noch von keinem schnellen Durchbruch gesprochen werden konnte, kündigten Berichte von der Neißefront eine Katastrophe an. Hier zerriß schon am 16. April die viel zu schwache Front der 4. Panzerarmee. Die 2. und 4. sowjetische Panzerarmee, frisch aufgefüllt mit mehreren Tausend schweren Panzern und von Infanteriearmeen gefolgt, unterstützt durch einige Luftflotten, durchstießen die Front. In atemberaubender

Schnelligkeit entwickelte sich ein tiefer Durchbruch, durch den die motorisierten russischen Armeen nach Westen und Nordwesten rollten. Sie überrannten eine Bevölkerung, die zum größten Teil gar nicht mehr zur Flucht kam, und rissen sie in den Taumel jener siegestrunkenen Grausamkeit, der die Ereignisse des Januar, Februar und März östlich von Oder und Neiße bestimmt hatte.
Die Illusionen, die Roosevelts Tod auf eine so gespenstische Art und Weise erweckt hatte, geisterten noch durch die Reichskanzlei, als die Meldungen über den sowjetischen Großangriff an Oder und Neiße eintrafen. Sie bildeten den gespenstischen Hintergrund zu dem noch gespenstischeren Tagesbefehl, den Hitler am Nachmittag des 16. April zusammen mit Goebbels verfaßte.
Er lautete:

»Soldaten der deutschen Ostfront!
Zum letzten Male ist der jüdisch-bolschewistische Todfeind mit seinen Massen zum Angriff angetreten. Er versucht, Deutschland zu zertrümmern und unser Volk auszurotten. Ihr Soldaten aus dem Osten wißt zu einem hohen Teil heute bereits selbst, welches Schicksal vor allem den deutschen Frauen und Kindern droht. Während die Alten, Männer und Kinder ermordet werden, werden Frauen und Mädchen zu Kasernenhuren erniedrigt. Der Rest marschiert nach Sibirien.
Wir haben diesen Stoß vorausgesehen, und seit dem Januar dieses Jahres ist alles geschehen, um eine starke Front aufzubauen. Eine gewaltige Artillerie empfängt den Feind. Die Ausfälle unserer Infanterie sind durch zahllose neue Einheiten ergänzt. Alarmeinheiten, Neuaufstellungen und Volkssturm verstärken unsere Front.
Der Bolschewist wird dieses Mal das alte Schicksal Asiens erleben, das heißt, er wird und muß vor der Hauptstadt des Deutschen Reiches verbluten.
Wer in diesem Augenblick seine Pflicht nicht erfüllt, handelt als Verräter an unserem Volk. Das Regiment oder die Divisionen, die ihren Platz verlassen, benehmen sich so schimpflich, daß sie sich vor den Frauen und Kindern, die in unseren Städten dem Bombenterror standhalten, werden schämen müssen.
Achtet vor allem auf die verräterischen wenigen Offiziere und Soldaten, die, um ihr eigenes erbärmliches Leben zu sichern, im russischen Solde, vielleicht sogar in deutscher Uniform, gegen uns kämpfen werden. Wer Euch Befehle zum Rückzug gibt, ohne daß

Ihr ihn genau kennt, ist sofort festzunehmen und nötigenfalls augenblicklich umzulegen, ganz gleich, welchen Rang er besitzt.
Wenn in diesen kommenden Tagen und Wochen jeder Soldat an der Ostfront seine Pflicht erfüllt, wird der letzte Ansturm Asiens zerbrechen, genauso wie am Ende auch der Einbruch unserer Gegner im Westen trotz allem scheitern wird.
Berlin bleibt deutsch, Wien wird wieder deutsch, und Europa wird niemals russisch.
Bildet eine verschworene Gemeinschaft zur Verteidigung nicht des leeren Begriffes eines Vaterlandes, sondern zur Verteidigung Eurer Heimat, Eurer Frauen, Eurer Kinder und damit unserer Zukunft!
In dieser Stunde blickt das ganze deutsche Volk auf Euch, meine Ostkämpfer, und hofft nur darauf, daß durch Eure Standhaftigkeit, Euren Fanatismus, Eure Waffen und unter Eurer Führung der bolschewistische Ansturm in einem Blutbade erstickt.
In dem Augenblick, in dem das Schicksal den größten Kriegsverbrecher aller Zeiten (Roosevelt) von dieser Erde weggenommen hat, wird sich die Wende des Krieges entscheiden.

gez. Adolf Hitler«

Am 17. April, an dem dieser Befehl die deutschen Verbände an der Oder erreichte, konnte sich die deutsche Front noch behaupten. Aber am 18. April drangen die Russen westlich Küstrin vor.
Im Nordflügel der 9. Armee entstand eine tiefe Einbuchtung. Es trat ein, was Heinrici vorausgesehen hatte. Die Abwehrkraft der zum großen Teil improvisierten deutschen Einheiten erlahmte, und die vorhandenen Reserven waren zu schwach. Um die gleiche Zeit zeigte es sich, daß Hitlers wunschbestimmte Annahme, der sowjetische Angriff werde sich über Dresden auf Prag richten, ein Irrtum gewesen war. Die Masse der sowjetischen Angriffskolonnen, die bei Guben und Forst die 4. deutsche Panzerarmee durchbrochen hatten, schwenkte nach Norden und Nordwesten ein. Niemand konnte länger leugnen, daß sich ihr Angriff gegen Berlin richtete und daß sie in den Rücken der Oderfront vorstießen.
Nachdem die 4. Panzerarmee auseinandergerissen und nach Südwesten abgedrängt war, vollzog sich der sowjetische Vormarsch am 17., 18. und 19. April mit solcher Geschwindigkeit, daß das Oberkommando des Heeres das Lager Maybach bei Zossen räumen mußte, ohne es vorher zerstören zu können. Das gleiche galt für den Wehrmachtführungsstab, der ebenso hastig in die Reichsluft-

schutzschule Wannsee verlegt wurde, während die sowjetischen Panzerkanonen bereits zu hören waren.

Zwischen zersprengten Resten deutscher Einheiten und ebenso versprengten Flüchtlingskolonnen erschienen sowjetische Panzer an der Autobahn südlich von Berlin und bedrohten schon am 19. April den Rücken der 9. Armee, deren südlicher Flügel sich noch an der Oder behauptete, während der Nordflügel im Gebiet von Müncheberg, weit zurückgeworfen, noch verzweifelt kämpfte, aber schon erkennen ließ, daß sein Zusammenbruch dicht bevorstand und daß danach Shukows Panzerkolonnen ungehindert nach Berlin rollen würden.

Am Abend des 19. April kehrte Heinrici von seinem vorgeschobenen Gefechtsstand nach Prenzlau zurück. Es geschah vor allem, weil Heinrici die Überzeugung gewonnen hatte, daß die 9. Armee sofort von der Oder zurückgenommen und südwestlich an Berlin vorbei nach Norden geführt werden müsse. Es gehörte kein großer Weitblick dazu, vorauszusehen, daß die Armee innerhalb weniger Tage eingeschlossen und der sicheren Vernichtung überantwortet sein würde, wenn ihr Südteil an die Oder gebunden blieb.

Wenn Shukows Panzermassen bei Müncheberg die Verbindung zwischen der 9. Armee und der 3. Panzerarmee im Norden endgültig durchbrachen und nach Berlin strömten, stießen sie zwangsläufig auch in den Rücken der 9. Armee. Binnen weniger Tage mußten sie sich mit den von Süden gegen Berlin vordringenden Panzern des Marschalls Konjew, denen praktisch keine deutschen Kräfte mehr entgegenstanden, vereinigen und die 9. Armee in einem Kessel fangen, aus dem es kein Entrinnen gab. Heinrici setzte sich persönlich mit Krebs in Verbindung, schilderte ihm die Lage und stellte die dringende Forderung, die 9. Armee zurückzunehmen. Er irrte jedoch, wenn er annahm, Krebs werde diesmal seiner Beurteilung der Lage zustimmen.

Hitler hatte soeben den Befehl erteilt, daß die 9. Armee nicht nur an der Oder halten, sondern zum Angriff nach Süden antreten müsse, um die Durchbruchslücke an der Neiße wieder zu schließen und sich mit einem gleichzeitig angreifenden Nordflügel der Heeresgruppe Schörner wieder zu einer Front zu vereinen. Es war wieder ein Befehl, der alle Kräfteverhältnisse mißachtete und von einigen wenigen abgekämpften Divisionen, die sich auf seinen Karten als Armeen darstellten, Erfolge gegen zehn- und zwanzigfache Überlegenheit erwartete.

Krebs war genausowenig wie in den Wochen vorher bereit, zu widersprechen. Er wies Heinricis Lagebeurteilung zurück und gab statt dessen Hitlers Befehl, nach Süden in die Flanke von Konjews Durchbruchskeil hinein anzugreifen, weiter. Er fügte hinzu, Schörner habe bereits den Angriff nach Norden zugesagt und sei fest von dessen schnellem Erfolg überzeugt. Unausgesprochen klang aus seinen Worten die Aufforderung heraus, Heinrici möge sich an Schörner ein Beispiel nehmen.

Heinrici kannte Schörner gut genug, um nicht daran zu zweifeln, daß dessen skrupelloser Geist Befehle entgegennahm und ihre Ausführung versprach, auch wenn er wußte, daß ihre Ausführung unmöglich war. Erbittert über Krebs' Erwiderung versuchte er, Funkverbindung mit dem Hauptquartier Schörners aufzunehmen. Aber es war unmöglich, eine klare Auskunft darüber zu bekommen, ob Schörner wirklich einen Angriff nach Norden plante oder ob Krebs nur versuchte, einen Heeresgruppenbefehlshaber gegen den anderen auszuspielen. Erst durch die Entsendung eines Ordonnanzoffiziers zur 4. Panzerarmee gelang es, einige Klarheit über die Verhältnisse im Süden zu erhalten. Dabei erfuhr Heinrici, daß die 4. Panzerarmee so schwer getroffen war, daß von einem Gegenangriff nach Norden keine Rede sein konnte, daß Schörner sich vielmehr glücklich preisen konnte, wenn es ihm überhaupt noch einmal gelang, seinen Nordflügel gegen die Angriffsmassen Konjews abzuschirmen und mit den Resten der 4. Panzerarmee eine dünne Abwehrfront zwischen Neiße und Elbe aufzubauen.

Ostwärts von Berlin, in der tiefen Einbuchtung seiner Front, am Nordflügel der 9. Armee, hatte Heinrici in der Nacht zum 20. April noch einmal alles zusammengerafft, was er an Reserven besaß. Es war ein hoffnungsloses Unterfangen gegen eine Übermacht gewesen, von deren erdrückendem Ausmaß alle Soldaten zu berichten wußten, die, immer wieder eingeschlossen, immer wieder von unerschöpflich nachströmenden feindlichen Kolonnen umflutet, von Fliegerangriffen und dem Feuer unvorstellbarer Artilleriemassierungen eingedeckt, sich zur Wehr gesetzt hatten.

Die noch kampffähigen, dezimierten Teile wichen, vermischt mit Flüchtlingen und aufgelösten Kolonnen, auf Berlin zurück. Andere zogen sich kämpfend nach Süden und Südwesten zurück oder wichen nach Nordnordwesten gegen den Hohenzollernkanal hin aus. Am Südflügel der schwachen 3. Panzerarmee, die bis zum Morgen des 20. April noch nicht angegriffen worden war, begann in den ersten Stunden dieses 20. April das Vorbereitungsfeuer für einen Angriff der Heeresgruppe Rokossowski über den Unterlauf der Oder.

Heinrici entschloß sich, die 9. Armee – wenn sich ihm keine andere Möglichkeit bot – auch gegen den Willen Hitlers von der Oder zurückzuführen, bevor sie endgültig eingeschlossen war. Er wollte sie südlich und südwestlich an Berlin vorbeiführen, um unter Vermeidung einer Schlacht bei Berlin eine letzte Abwehrfront zwischen Oder und Elbe aufzubauen.

Heinrici und sein Stabschef Kinzel setzten sich mit General Busse in Verbindung, um die notwendigen Maßnahmen zu besprechen. Von einem Angriff gegen Süden war gar nicht erst die Rede. Aber General Busse glaubte sich durch den Befehl Hitlers, an der Oder stehen zu bleiben, gebunden.

Heinrici setzte sich noch einmal mit Krebs in Verbindung, erhob erbitterte Vorwürfe über die offensichtliche Täuschung durch den angeblichen Angriff Schörners nach Norden und forderte die Rücknahme von Hitlers Befehl.

Krebs ging auf die Vorwürfe nicht ein. Er wurde verletzend kalt, wies jede weitere Diskussion zurück und erklärte: »Der Führer hat befohlen, daß die 9. Armee dort kämpft, wo sie jetzt steht. Der Führer vertraut auf die 9. Armee.«

Die inzwischen einlaufenden Meldungen deuteten darauf hin, daß sich der Ring um die 9. Armee nahezu geschlossen hatte. Vielleicht war er bereits ganz geschlossen. Verbände der 9. Armee kämpften jetzt in der allgemeinen Linie südlich Fürstenberg–Fürstenwalde–Scharmützelsee–Schwielowsee. Konjews Panzer und Motorkolonnen waren dabei, die Durchgänge durch die Seenkette zwischen dem großen Mittelsee und Teupitz zu schließen. In jedem Fall war die sowjetische Front im Rücken der 9. Armee noch schwach. Es war höchste Zeit, nach Westen auszubrechen. Heinrici entschloß sich auf eigene Verantwortung, der 9. Armee den Befehl zum Ausbruch nach Westen zu erteilen. Er beauftragte seinen Stabschef, General Busse den Befehl zu übermitteln. Es erwies sich jedoch, daß es nicht mehr mit der notwendigen Geschwindigkeit möglich war, die in schwere Kämpfe im Osten und Nordosten verstrickten Verbände aus dem Kampf zu lösen und nach Westen zu überführen. Busse befürchtete, daß eine überstürzte Umgruppierung seiner Verbände die Gefahr der Panik und der Auflösung in sich barg, die den Marsch nach Westen illusorisch machen würde.

Am 21. April schon war die Armee im Raume Guben–Müllrose–Fürstenwalde–Königswusterhausen–Lübben eingeschlossen. Außer den Truppen befanden sich im Einschließungsring Zehntausende von Flüchtlingen, die im Februar und März in den Orten südostwärts Berlins eine Zuflucht gefunden oder in den Wäldern südlich Fürstenwalde provisorische Lager aufgeschlagen hatten. Ihre Zahl wurde durch die Bevölkerung des Kampfgebietes vermehrt, die in wilder Flucht in die Wälder hineinströmte. Luftangriffe häuften sich. Es gab wohl Verpflegung und Wasser. Aber es fehlte an Treibstoff und Munition. Mehr und mehr motorisierte Fahrzeuge fielen aus. Nachrichtenverbindungen hörten auf zu funktionieren. Truppen, Flüchtlinge und Bevölkerung vermischten sich miteinander. So begann der letzte Kampf der 9. Armee, der bis in die ersten Maitage hinein dauern würde.

Während sich die Einschließung der 9. Armee vollendete, griff seit dem Morgen des 20. April die sowjetische Heeresgruppe Rokossowski über den Unterlauf der Oder an. Trotz erheblicher Verluste gelang es ihren Verbänden, südlich von Stettin einen Brückenkopf am linken Ufer des Überschwemmungsgebiets der Oder zu erobern. In schweren Kämpfen dehnten sie diesen Brückenkopf bis in den Raum nördlich Schwedt aus.
Rokossowski begann sofort, mit Ponton- und Sturmbooten größere Truppenmengen und Panzer überzusetzen. So geriet die 3. Panzerarmee in eine doppelt bedrohliche Lage. Am Nordflügel drückte Rokossowski mit Übermacht. Im Süden riß Shukows Vordringen auf Berlin und nördlich an Berlin vorbei die Flanke der Armee von Eberswalde nach Oranienburg und darüber hinaus bis nach Kremmen auf. Um diese Flanke wenigstens halbwegs zu sichern, erteilte Heinrici dem SS-Obergruppenführer Steiner, der unter Himmler in Pommern die sogenannte 11. SS-Panzerarmee geführt hatte und in Mecklenburg damit beschäftigt war, Versprengte aufzulesen und neue Einheiten zu bilden, den Auftrag, im Gebiet des Finow- und Hohenzollernkanals einen provisorischen Flankenschutz aufzubauen. Dazu standen ihm jedoch außer nach Norden abgedrängten Restverbänden nur noch einige behelfsmäßige Einheiten, darunter Marinetruppen ohne schwere Waffen und Kampferfahrung, zur Verfügung.
Wenn ihm der vergebliche Kampf um die 9. Armee zeigte, daß Hitlers trotziger Wille und Hitlers Selbsttäuschungen über die wirk-

liche Lage so bestimmend waren wie nur je zuvor, so lehrten ihn die nun folgenden Erfahrungen mit der »Kampfgruppe Steiner«, daß alle Hoffnungen, wenigstens in dieser letzten Phase nach vernünftigen Prinzipien zu handeln, vergeblich waren.

Goebbels' Staatssekretär, Dr. Naumann, war angesichts der Katastrophenmeldung an der Oder von Berlin nach Osten gefahren. Er hatte geschlagene, in Unordnung zurückgehende Einheiten, vermischt mit fliehender Bevölkerung, gesehen. Er war zu sehr in das Schicksal des Regimes und in seine Illusionen über eine Wende im Westen verstrickt, als daß er wenigstens jetzt hätte erkennen können, daß sich in den Bildern des Chaos kein mangelnder Wille ausdrückte, sondern totale Erschöpfung. Durchdrungen von den selbstkonstruierten Fiktionen über die noch möglichen politischen Lösungen, zu denen die Behauptung der Oder eine Voraussetzung war, sah er überall Schwäche, Feigheit und Verrat. Er fuhr in die Reichskanzlei. Er berichtete Hitler über seine Eindrücke, über Chaos und offenbare Schwäche.

So gerieten alle Meldungen Heinricis in eine Atmosphäre, in der sich Hitlers abgrundtiefes Mißtrauen gegen Offiziere und gegen jede Rückzugsabsicht von neuem erhitzte und seine Wunschbilder ihn noch einmal dazu verführten, auf die Stimmen derer zu horchen, deren Berichte diesen Wunschbildern schmeichelten, nicht aber auf die Wirklichkeit. Weder Keitel noch Jodl, noch Krebs widersprachen ihm.

Hitler klammerte sich mit einem Trotz, der nichts Menschliches mehr an sich hatte, an die Oderlinie. Aus diesem Grunde verbannte er die 9. Armee an die Oder und damit zu Einschließung und Untergang. Aus gleichem Grunde befahl er der 9. Armee und der 4. Panzerarmee die undurchführbaren Flankenangriffe gegen den riesigen Durchbruchskeil Konjews. Er wollte die Oderfront wieder schließen und weigerte sich anzuerkennen, daß sie hoffnungslos aufgerissen war.

Auch als der Durchbruch Shukows auf Berlin am 20. April nicht länger zu verkennen war, gab Hitler den Willen, an der Oder auszuhalten, nicht auf.

Es war der Tag seines 57. Geburtstages. Während schon das Grollen der Artillerie in der Ferne zu hören war und die Hiobsbotschaften sich häuften, während jedem Vernünftigen klar wurde, daß Berlin in wenigen Tagen eingeschlossen sein würde und daß ein Zusammentreffen von Panzerspitzen Konjews und Panzerspitzen der Amerikaner an der Elbe den Weg nach Süddeutschland versperren konnten, versammelten sich die Angehörigen seiner Umgebung und zahlreicher Regierungs- und Dienststellen im Bunker der Reichskanzlei, um ihre Glückwünsche zu überbringen. Himmler kam aus Mecklenburg. Auch Speer erschien.

Es war ein graues Geburtstagsfest. Zum ersten Male erwähnten Krebs, Jodl und Keitel in vorsichtigen Worten, daß Berlin in Kürze eingeschlossen sein könne. Alle, Keitel, Himmler, Bormann, Krebs, Burgdorf und Göring, bedrängten Hitler, Berlin zu verlassen, bevor es zu spät sei, sich nach Süddeutschland zu begeben, im Schutze der Berge den Kampf fortzusetzen und dort den Bruch zwischen Russen und westlichen Alliierten abzuwarten.

Nur Goebbels widersprach. Er trat dafür ein, in Berlin zu bleiben. Er war der Gauleiter von Berlin. Er wollte Hitler in seinem Bereich behalten. In seinem rastlosen Geist, dem es immer mehr auf die Wirkung als auf den Gehalt angekommen war, bereiteten sich, auch wenn er sich noch so sehr gegen das Eingeständnis einer möglichen Katastrophe stemmte, Pläne für einen dramatischen Untergang vor. Er plante einen Tod in den Trümmern Berlins und im Kampf gegen den Bolschewismus, der später einmal, wenn die mit Blindheit geschlagene westliche Welt die furchtbare Drohung der Sowjetunion erkennen würde, zum Ausgangspunkt für eine reumütige Heroisierung des Nationalsozialismus, Hitlers und seiner selbst führen sollte.

Aber Hitler verschloß sich allen Einwirkungen. Sein Blick war auf die Oder gerichtet. Er klammerte sich an den Glauben, daß, wenn er in Berlin blieb und seinen Willen ausstrahlte, die Oderfront wieder geschlossen werden könne. Er ernannte zwar Dönitz für den Fall einer Zweiteilung Deutschlands zum Oberbefehlshaber Nord. Für den Süden ließ er die Ernennung des Feldmarschalls Kesselring zum Oberbefehlshaber Süd noch offen.

Er stimmte auch zu, daß die Minister der Reichsregierung Berlin verließen, um sich entweder nach Berchtesgaden oder aber nach Mecklenburg zu begeben und dort die Verwaltungstätigkeit für alle Fälle fortzusetzen. Er stimmte zu, daß Himmler sich nach dem Norden begab und daß auch Ribbentrop nach Norddeutschland übersiedelte. Er gestattete, daß Göring sich nach Berchtesgaden begab und nur seinen Generalstabschef Koller und seinen Verbindungsoffizier zu Hitler, General Christian, in einem Ausweichquartier des Luftwaffenführungsstabes bei Berlin zurückließ. Sein Abschied von

Göring war kalt – voller Verbitterung über das Versagen der Luftwaffe. Er erlaubte die Aufstellung eines Ausweich-Führungsstabes des Oberkommandos der Wehrmacht in Süddeutschland unter der Führung des Generals Winter.

Der letzte, der sich verabschiedete, war Speer. Die Qual seiner gespaltenen Seele, die ihn zwischen dem Gefühl seiner Verpflichtung an die Deutschen und seiner Dankbarkeit für Hitler hin und her trieb, hatte ihn noch einmal nach Berlin geführt, obwohl er inzwischen seine Versuche fortgesetzt hatte, unsinnige Zerstörungsmaßnahmen zu verhindern und im Schutz des ihm befreundeten, der Wirklichkeit aufgeschlossenen Hamburger Gauleiters Kaufmann im Hamburger Sender eine Rede auf Schallplatten gesprochen hatte, die sofort nach Hitlers Tod gesendet werden sollte. In dieser Rede wandte er sich nicht gegen Hitler selbst, wohl aber gegen alle, die dessen Befehlen getreu über Hitlers Tod hinaus Vernichtungs- und Zerstörungsmaßnahmen durchführen mochten.

Als er den Bunker unter der Reichskanzlei verließ, war die Nacht auf den 21. April hereingebrochen. Weit im Osten sah er ein rotes Leuchten am Himmel, und über Berlin flogen Flugzeuge, deren Motoren andere Geräusche verursachten als die gewohnten Motoren der amerikanischen und englischen Maschinen. Unter der Betondecke des Bunkers versammelten sich unterdessen Keitel, Jodl und Krebs um Hitler.

Der Geburtstag war vergessen. Hitler lebte wieder ganz in der Welt des Kampfes um die Oder. Er hörte Krebs' und Jodls vorsichtig um die Wirklichkeit kreisende Berichte. Er hörte, daß Shukow zwar in breiter Front gegen Berlin vordringe, daß er auch nördlich von Berlin vorstoße und daß bei Stettin ein sowjetischer Brückenkopf entstanden sei, daß sich im übrigen aber sowohl die 9. Armee als auch die 3. Panzerarmee an der Oder behaupteten und sich am Südflügel der 3. Panzerarmee eine Kampfgruppe unter SS-Obergruppenführer Steiner versammle, welche die 3. Panzerarmee gegen eine Umfassung sichere.

Hitler saß über die Karte gebeugt. Als der Name Steiner fiel, bewegte sich seine zitternde Hand über das raschelnde Papier. Zumindest Jodl wußte, daß sich in Hitler mit dem Namen Steiner der Begriff besonderer Tüchtigkeit oder Zuverlässigkeit und besonderen Angriffsgeistes verband. Aber weder er noch Krebs erklärte, daß die Kampfgruppe Steiner noch gar nicht existiere, daß sie erst im Aufbau aus hastig zusammengelesenen Kräften war, daß sie selbst nicht einmal wußten, wo Steiner seinen Gefechtsstand aufgeschlagen hatte. Hitler blickte plötzlich auf und erklärte erregt, alle hätten recht, die darüber berichteten, daß in der Führung an der Oder kein wirklicher Kampfgeist mehr lebe. Aus welch anderem Grunde werde die Kampfgruppe Steiner nur zu einer Sicherungsaufgabe verwendet.

Er befahl, daß die Kampfgruppe innerhalb von 24 Stunden zum Angriff aus dem Raum Oranienburg–Eberswalde nach Süden anzusetzen sei. Steiner werde dem Vordringen Shukows im Norden Berlins ein Ende machen. Er werde Shukows Angriffsspitzen abschneiden und eine Verbindung zwischen der 3. Panzerarmee und Berlin herstellen. Er befahl, daß ein südwestlich von Berlin zurückgehendes LVII. Panzerkorps des Generals Weidling sofort nach Berlin dirigiert werde, um eine Verteidigungsfront um die Hauptstadt aufzubauen und die Verbindung mit Steiner aufzunehmen. Der Nordteil der 9. Armee sollte Verbindung mit der Berliner Verteidigungsfront herstellen und die Front im Osten wieder schließen. Der Rausch seiner Phantasien erfaßte ihn. Seit 24 Stunden war nicht mehr von seinem Befehl die Rede gewesen, wonach durch einen Angriff der 9. Armee nach Süden sowie durch einen Angriff der 4. Panzerarmee nach Norden der Durchbruchskeil Konjews zerschlagen und die Front an Oder und Neiße wiederhergestellt werden sollte. Jodl und Krebs hatten dieses Problem vorsichtig umgangen. Jetzt griff Hitler auch diesen Befehl wieder auf.

Er erklärte, wenn Busse nach Süden und Schörner nach Norden angriffen, dann sei auch dort die Front wieder geschlossen. Aber so, als ahnte er hier eine Wirklichkeit, die seine Wunschbilder zerstören konnte, kehrte er schnell zu Steiner zurück. Steiner, betonte er, sei mit allen Kräften, die in Mecklenburg erreichbar seien, zu verstärken. Steiner erhalte jede Vollmacht, seinen Angriff mit den drakonischsten Maßnahmen vorwärtszutreiben.

Seit dem 18./19. April, als die ersten Meldungen von den sowjetischen Erfolgen an der Oderfront die Stadt erreichten, lebte Berlin im Schatten des nahenden Endes. Wenn sich seit den Februar- und Märztagen fast jeder Berliner über die Drohung klar gewesen war, die ganz nahe hinter der Oder lauerte, wenn Ungezählte sich trotzdem bemüht hatten, sich abzulenken und an Wunder zu glauben, so wuchs dieser Schatten jetzt ins Riesenhafte. Berlins Einwohnerzahl hatte einmal vier Millionen betragen. Sie war unter der Einwir-

kung der immer schwereren Luftangriffe auf weniger als zweieinhalb Millionen gesunken. Der große Mahlstrom der Flucht aus dem Osten hatte die Zahl der Einwohner seit Januar wieder auf rund dreieinhalb Millionen hinaufgetrieben.
Während am 19. April zum erstenmal Panzeralarm geblasen wurde, begann das Leben der Millionen sich endgültig in die Keller, die Bunker, die U- und S-Bahn-Schächte zu verlagern, nachdem die Luftangriffe die Berliner schon vorher mehr und mehr dazu gezwungen hatten, Schutz unter der Erde zu suchen. Die Verkehrsmittel füllten sich mit Menschen, die unter dem Heulen der Sirenen aus der Stadt zu entkommen suchten. Frauen standen vor den noch geöffneten Geschäften Schlange, um Lebensmittel zu ergattern. Volkssturmabteilungen übten. Millionen horchten auf alles, was ihnen Rundfunk und Zeitungen mitzuteilen hatten. Das Wissen um die Härte des Gegners und eine Lebensangst, die auch nach dem Strohhalm greift, trieben die Massen, sofern sie nicht die Möglichkeit der Flucht aus Berlin hatten, stärker als je zuvor in die Arme der Propaganda. All ihr Denken, ihr Fühlen und auch innere Zweifel an der nationalsozialistischen Regierung schrumpften auf ein Problem zusammen: den Widerstand gegen das aus dem Osten heranrollende und nach allen vorliegenden Berichten brutale Schicksal.
Am Abend des 19. April, am Vorabend zu Hitlers Geburtstag, hörten sie zum letzten Male die Stimme Dr. Goebbels' über den Berliner Rundfunk:

»In dem Augenblicke des Kriegsgeschehens, in dem, so möchte man glauben, noch einmal, vielleicht zum letzten Male, alle Mächte des Hasses und der Zerstörung von Westen, Osten, Südosten und Süden gegen unsere Front anrennen, trete ich, wie immer noch seit 1933, am Vorabend des 20. April vor das deutsche Volk hin, um zu ihm vom Führer zu sprechen.
Ich kann nur sagen, daß die Zeit in all ihrer dunklen und schmerzenden Größe im Führer den einzigen würdigen Repräsentanten gefunden hat. Wenn Deutschland heute noch lebt, wenn Europa und mit ihm das gesittete Abendland mit seiner Kultur und Zivilisation noch nicht ganz im Strudel des finsteren Abgrundes, der sich gähnend vor uns auftut, versunken sind, sie haben es ihm allein zu verdanken. Denn er wird der Mann dieses Jahrhunderts sein.
Wenn es aber männlich und deutsch ist, als Führer eines großen und tapferen Volkes ganz auf sich allein gestellt diesen Kampf zu beste-

hen, im Vertrauen auf die eigene Kraft und Sicherheit sowie auf die Hilfe Gottes, den übermächtig drohenden Feinden die Stirn zu bieten, mit ihnen zu kämpfen, anstatt vor ihnen zu kapitulieren, dann ist es ebenso männlich und deutsch, als Volk einem solchen Führer zu folgen, bedingungslos und treu, ohne Ausflüchte und Einschränkungen, jedes Gefühl der Schwäche und Wankelmütigkeit von sich abzuschütteln, auf den guten Stern zu vertrauen, der über ihm und über uns allen steht, auch und gerade, wenn er zeitweise von dunklen Wolken verdüstert ist, im Unglück nicht feige, sondern trotzig zu werden, anstatt der vom Feind erwarteten weißen Fahne der Unterwerfung das alte Hakenkreuzbanner eines fanatischen und wilden Widerstandes zu hissen, Gott zu danken, immer wieder und wieder, daß er uns für diese schrecklich große Zeit einen wahren Führer schenkte.

Der Krieg neigt sich seinem Ende zu. Der Wahnsinn, den die Feindmächte über die Menschheit gebracht haben, hat seinen Höhepunkt bereits überschritten. Das Haupt der feindlichen Verschwörung ist vom Schicksal zerschmettert worden. Es war dasselbe Schicksal, das den Führer am 20. Juli 1944 mitten unter Toten, Schwerverwundeten und Trümmern aufrecht und unverletzt stehen ließ, damit er sein Werk vollende, unter Schmerzen und Prüfungen zwar, aber doch so, wie es im Sinne der Vorsehung liegt. Das deutsche Volk hat ihn geboren, es hat ihn auf den Schild gehoben, es hat sich ihn in freier Wahl zum Führer erkoren, es kennt seine Werke des Friedens, und es ist nun gewillt, seine ihm aufgezwungenen Werke des Krieges bis zum erfolgreichen Ende zu tragen.

Wer anders könnte die Richtung aus der Weltkrise weisen als der Führer! Sein Werk ist ein Werk der Ordnung! Seine Feinde können ihm nur ein Teufelswerk der Anarchie und der Verwüstung der Menschen und Völker entgegenstellen. Wenn also die Welt noch lebt, nicht nur die unsere, sondern auch die übrige, wem anders hat sie es zu verdanken als dem Führer! Sie mag ihn heute schmähen und verunglimpfen und mit ihrem niedrigen Haß verfolgen, sie wird diesen Standpunkt revidieren oder bitter bereuen müssen. Er ist der Kern des Widerstandes gegen den Weltzerfall. Er ist Deutschlands tapferstes Herz und unseres Volkes glühendster Wille. Ich darf mir ein Urteil darüber erlauben, und es muß heute gerade gesagt werden: Wenn die Nation noch atmet, wenn vor ihr noch die Chance des Sieges liegt, wenn es noch einen Ausweg aus der tödlich ernsten Gefahr gibt, wir haben es ihm zu verdanken.

Wir schauen voll Hoffnung und in einer tiefen, unerschütterlichen Gläubigkeit auf ihn. Trotzig und kampfesmutig stehen wir hinter ihm, Soldat und Zivilist, Mann und Frau und Kind, ein Volk, zum Letzten entschlossen, da es um Leben und Ehre geht.
Wir stehen zu ihm, wie er zu uns, in germanischer Gefolgschaftstreue, wie wir es geschworen haben und wie wir es halten wollen. Wir rufen es ihm nicht zu, weil er es auch so weiß und wissen muß: Führer, befiehl, wir folgen! Wir fühlen ihn in uns und um uns. Gott gebe ihm Kraft und Gesundheit und schütze ihn vor jeder Gefahr. Das übrige wollen wir schon tun.
Deutschland ist noch immer das Land der Treue. Sie soll in der Gefahr ihren schönsten Triumph feiern. Niemals wird die Geschichte über diese Zeit berichten können, daß ein Volk seinen Führer oder daß ein Führer sein Volk verließ. Das aber ist der Sieg! Worum wir so oft im Glück an diesem Abend den Führer baten, das ist heute im Leid und in der Gefahr für uns alle eine viel tiefere und innigere Bitte an ihn geworden: Er soll uns bleiben, was er uns ist und immer war: *unser Hitler!*«

Darin lebte Goebbels' alte, erregend-skrupellose Meisterschaft des gesprochenen Wortes. Aber noch so viele Worte konnten nicht verbergen, daß sie nur einem Verzweiflungsschrei des Mannes Ausdruck verliehen, dessen geschultes Hirn Tag und Nacht auf den verschlungensten Pfaden nach Auswegen suchte und doch keinen anderen Ausweg mehr fand als verschwommen-absurde Appelle an ein Schicksal, das nicht eintreten lassen durfte, was nicht eintreten sollte.
Dennoch brachte er es an diesem Abend nochmals fertig, die Berliner, deren Denken von der alles überschattenden Welle der Grausamkeit aus dem Osten ausgefüllt war, von der Gerechtigkeit des deutschen Kampfes zu überzeugen. Ungezählte glaubten trotz all der falschen Voraussagen, die Goebbels in den letzten Jahren gemacht hatte, immer noch nicht, daß ein Mann mit solcher Schicksalsgewißheit sprechen könne, wenn er nicht um günstige Tatsachen wüßte, die er nur noch nicht aussprechen wollte. Sie vermuteten mehr hinter Goebels' Worten, als in Wirklichkeit dahinterstand. Sie vermuteten und erhofften Wunder und Wunderwaffen. Die Masse wußte nicht, daß Goebbels an diesem Abend, an dem schon die Panzersperren in den Straßen Berlins geschlossen wurden, mit leeren Händen dastand. Sie wußte nicht, daß er selbst in der Verbor-

genheit seines Innern von einer Spannung zwischen Lebenswillen und Resignation, Schicksalshoffnung und Selbstaufgabe erfüllt war, die drohte, das schwache, seit Jahren überanstrengte körperliche Gefäß, in dem sie lebte, zu zersprengen.

Am Morgen des 20. April hatte Goebbels noch – beeinflußt durch Hitlers neue Befehle – seinen Mitarbeitern bei der seit Jahren üblichen morgendlichen Konferenz berichtet, daß die Front im Osten durch Gegenangriffe wieder geschlossen werde. Er hatte frei aus dem Gedächtnis eine Stelle aus der Geschichte Friedrichs des Großen von Carlyle zitiert, an der Carlyle aus der Rolle des Geschichtsschreibers heraustrat und Friedrich in der verzweifeltsten Stunde des Siebenjährigen Krieges Mut zusprach, indem er ihm sagte, er solle nur noch eine kleine Weile ausharren, dann werde sich das Schicksal wenden.

24 Stunden später, am Vormittag des 21. April, als der Durchbruch des Marschalls Shukow auf Berlin unwiderruflich war und von Panik erfüllte Flüchtlinge aus dem Osten in den Straßen Berlins erschienen, als außer dem schwer angeschlagenen LVII. Panzerkorps kaum noch etwas da war, das sich zwischen Shukow und die Reichshauptstadt mit ihren kläglichen Verteidigungsanlagen hätte werfen lassen, zerbrach zum ersten Male Goebbels' äußere Beherrschung.

Die Sirenen gaben wieder Panzeralarm, als sich Goebbels' Mitarbeiter zur 11-Uhr-Konferenz in dem durch die Luftangriffe stark mitgenommenen Filmsaal der Villa Goebbels' versammelten. Die Fenster waren mit Holz vernagelt. Einige Kerzen ersetzten das elektrische Licht.

Als Goebbels verspätet den zwei Dutzend Männern gegenübertrat, die übernächtigt auf ihn warteten, war sein Gesicht totenbleich. Seine Augen flackerten. Noch während er sich niedersetzte, begann er mit hastigen Worten zu sprechen. Er gestand zum ersten Male, daß das Ende gekommen sei. Aber er tat dies nicht mit einem einzigen Wort der Selbsterkenntnis oder der Erkenntnis der furchtbaren Irrwege Hitlers und des Regimes. Vielmehr entlud sich seine Erkenntnis, daß alles verloren sei, in einem leidenschaftlichen Haßausbruch.

Er hatte die Meisterleistung fertiggebracht, die Masse der Deutschen immer wieder über ungezählte Rückschläge und Niederlagen hinweg an das Regime und seine totalitäre und zugleich vielgesichtig-diffuse Ideologie zu binden, von der, wie er glaubte, die Größe und die Zukunft Deutschlands abhing. Jetzt stand nicht nur die Niederlage bevor, sondern auch seine Argumente hatten sich erschöpft. Sein Haß war der Haß des Gescheiterten, der seine ideologischen Irrtümer nicht einsehen konnte, ohne den Sinn seines ganzen Lebens zu zerstören. Es war der ungewöhnliche Haß eines gescheiterten Intellekts gegenüber einer Zukunft, die vielleicht bewies, daß das Ende des Nationalsozialismus nicht das Ende des deutschen Volkes war. Es war die hassende Furcht, daß die Deutschen nach dem Ende des Nationalsozialismus eine Zukunft haben könnten, wenn sie nicht mit dem Nationalsozialismus zugleich untergingen.

Goebbels' Rede wurde eine einzige Rechtfertigung Hitlers und eine bebende Anklage gegen die Umwelt. Wenn er sonst die Beweglichkeit seines Geistes darauf verwendet hatte, Chancen des Erfolges oder des Überlebens zu konstruieren, so verwendete er sie jetzt darauf, die Schuld an dem bevorstehenden Ende den alten Offizieren, der Reaktion und dem Verrat allüberall aufzubürden.

Als er ein einziges Mal Atem schöpfen mußte, fand der Leiter der Rundfunkabteilung, Dr. Hans Fritzsche, den Mut zu einem Wort. Er erklärte, es möge hier und da vielleicht Verrat am Werke gewesen sein, aber diese Spuren von Verrat würden auf jeden Fall aufgewogen durch den Glauben, die Treue und die Opferbereitschaft des deutschen Volkes, das seiner Regierung mehr guten Willen zur Verfügung gestellt habe als je ein Volk zuvor.

Aber Goebbels war nur noch lodernde Wut. Das deutsche Volk? rief er, was könne man mit einem Volk anfangen, dessen Männer nicht einmal mehr kämpften, wenn ihre Frauen vergewaltigt würden. Alle Pläne des Nationalsozialismus, alle Gedanken und Ziele seien zu groß und zu edel für dieses Volk gewesen. Das deutsche Volk sei zu feige gewesen, sie zu verwirklichen. Im Osten laufe es davon. Im Westen hindere es die Soldaten am Kampf und empfange den Feind mit weißen Fahnen. Das deutsche Volk habe das Schicksal verdient, das es jetzt erwarte. Es habe sich bei der Volksabstimmung über Deutschlands Austritt aus dem Völkerbund in freier Wahl gegen eine weitere Politik der Unterwerfung und für eine Politik des kühnen Wagnisses entschieden. Der Weg dieses Wagnisses sei begangen worden. Man sei dabei dank der Unvollkommenheit der Deutschen gescheitert.

Er strahlte Hohn aus, als er gegen die eigenen Mitarbeiter wütete: »Geben Sie sich keinen Illusionen hin. Ich habe niemanden gezwungen, mein Mitarbeiter zu sein, so wie wir auch das deutsche Volk nicht gezwungen haben. Es hat uns ja selbst beauftragt. Warum haben Sie mit mir gearbeitet? Jetzt wird Ihnen das Hälschen durchgeschnitten.«

Während er diese Worte aus sich herausstieß, schritt er zur Tür. Als er sie öffnete, wandte er sich noch einmal um und schrie: »Wenn wir abtreten, dann soll der Erdkreis erzittern.« Dann warf er die Tür ins Schloß. Während seine Mitarbeiter, noch gelähmt von seinem Ausbruch, zurückblieben, eilte Fritzsche ihm nach. Aber er kam zu spät. Goebbels war bereits in seinen eigenen Räumen verschwunden. Vergebens bat Fritzsche den Leiter des Ministeramtes, ihm eine Unterredung mit Goebbels zu verschaffen. Vergebens fuhr er am Nachmittag noch einmal zur Villa Goebbels' hinüber, gepeinigt von der zynischen Selbstenthüllung eines Spielers, die tausend Zweifel an seiner eigenen Haltung in den letzten Jahren emporgeschleudert hatte. Goebbels war nicht mehr zu sprechen.

Als Fritzsche das Haus wieder verließ, hörte er ein Krachen zwischen den Bäumen des Tiergartens. Es rührte vom Einschlag einer Granate. Sie kam aus dem Osten.

Es war die erste Granate, die die sowjetische Artillerie nach Berlin hineinschoß.

Nichts kennzeichnet besser die Art, mit der sich Hitler am 21./22. April an das Phantom der Kampfgruppe Steiner klammerte, als einige Auszüge aus dem Tagebuch des Chefs des Generalstabs der Luftwaffe, Koller, der sich bis zum 22. April noch in dem Ausweichgefechtsstand des Luftwaffenführungsstabes bei Berlin aufhielt:

»*21. April:* Abends zwischen 20.30 und 21 Uhr ist er (Hitler) wieder am Telefon: ›Der Reichsmarschall unterhält in Karinhall eine Privatarmee. Diese sofort auflösen und einsetzen. Er braucht keine Privatarmee.‹ Ich antworte, daß in Karinhall keine Privatarmee, sondern lediglich die Division Hermann Göring gelegen habe ... und daß die meisten Kräfte der Division bereits eingesetzt seien. Hitler bestreitet das ... Meine Nachforschung ergibt, daß sich bis auf ein einziges Bataillon bereits alle Teile der Division im Kampf befinden. Ich melde das Hitler, er befiehlt: ›Das Bataillon unverzüglich SS-Obergruppenführer Steiner unterstellen!‹ und bricht das Gespräch ab.

Während ich noch überlege, was das nun wieder bedeuten soll, ruft Hitler neuerdings an. ›Jeder verfügbare Mann der Luftwaffe im Raum zwischen Berlin und der Küste bis nach Stettin und Hamburg ist zu dem von mir befohlenen Angriff im Nordosten von Berlin heranzuziehen.‹ Auf meine Einwände, daß wir keine kampfgewohnten Truppen stellen könnten, und auf meine Frage, wo der Angriff denn sein soll, folgt keine Antwort. Er hatte bereits eingehängt.
In eine telefonische Unterredung mit dem Führerbunker, wo ich General Krebs erst 22.30 Uhr erreiche und um genauere Angaben über den geplanten Angriff, zu dem Hitler mich angerufen hatte, bitte, schaltet sich Hitler ein. Plötzlich tönt am Apparat seine erregte Stimme. ›Haben Sie noch Zweifel an meinem Befehl? Ich glaube, ich habe mich klar genug ausgedrückt. Alle Kräfte der Luftwaffe im Nordraum, die für den Einsatz auf der Erde verfügbar gemacht werden können, müssen sofort Steiner zugeführt werden. Jeder Kommandeur, der Kräfte zurückhält, hat binnen fünf Stunden sein Leben verwirkt. Das müssen die Kommandeure auch erfahren. Sie selbst haften mir mit Ihrem Kopf, daß der letzte Mann eingesetzt wird.‹
Dann spricht Krebs: ›Alles zum Angriff von Eberswalde nach Süden‹, und das Gespräch ist zu Ende.
Ich lasse mich mit dem Chef der Operationsabteilung des Heeres verbinden. Der ist auch ohne Kenntnis des Näheren, vermutet Steiner in Oranienburg. Steiner soll ein Armee-Oberkommando formieren... Wenn Verbindung mit Steiner hergestellt und dessen Absichten bekannt sind, soll ich Näheres mitgeteilt erhalten.
Das Telefon kommt keinen Moment zur Ruhe.
Gespräche nach allen Richtungen. Dabei immer wieder Abänderungen der Anordnungen aus dem Führerbunker.
Endlich Nachricht vom Chef der Operationsabteilung des Heeres (23.05 Uhr): ›Gefechtsstand Steiner, der jetzt AOK II heißt, Liebenwerda. Zuzuführende Truppen in den Raum Eberswalde und nördlich, solche von Westen in den Raum von Liebenwerda.‹ Südwestlich Berlin sollen russische Panzer durchgebrochen sein!
Major Dickel meldete die Schußzahlen der russischen Artillerie auf Stadtmitte Berlin... Der Flakturm hat fünfhundert Schuß der Russen gezählt...
Um 23.50 Uhr wieder Anruf Hitlers. Er fragt nach den Maßnahmen der Luftwaffe für den Angriff Steiner. Ich berichte darüber. Dabei betone ich, daß es ganz kampfungewohnte Truppen sind, weder für

Erdkämpfe ausgebildet noch entsprechend ausgerüstet, dazu ohne schwere Waffen. Er hält mir einen kleinen Vortrag über die Lage und schließt wörtlich: ›Sie werden sehen, der Russe erleidet die größte Niederlage, die blutigste Niederlage seiner Geschichte vor den Toren Berlins.‹

Ist so etwas möglich? Glaubt er wirklich noch daran?

22. *April:* Um 1 Uhr morgens Meldung über Brennstoffmangel bei fliegenden Verbänden. Brennstoffzüge wurden beim Anrollen auf die Flugplätze wieder einmal von motorisierten SS-Verbänden angehalten und ausgetankt.

8 Uhr: Meldung von Generaloberst Stumpff, daß etwa 12000 bis 15000 Mann für den Angriff Steiner an Luftwaffentruppen aufgebracht und auf Kraftwagen zugeführt sind. Bewaffnung mit Handwaffen und MG. Schwere Waffen fehlen. Ich zweifle, ob Zahlenangaben stimmen und rechtzeitiges Eintreffen der Verbände überhaupt möglich.

Anfrage aus dem Führerbunker, ob ich nicht weiß, was mit dem Angriff Steiner sei. Ich verneine. Sofortige Nachforschungen ergeben, daß Steiner mit seinen Vorbereitungen noch nicht fertig ist. Christian am Apparat. Hitler lasse fragen, ob ich Nachricht vom Angriff Steiner hätte. Ich teile den Inhalt der eben erteilten Auskunft mit. Kurz danach erneut Christian, Heer habe gemeldet, daß Truppen Steiners angetreten seien. Meine Meldung müsse falsch sein, Hitler verlange Aufklärung.

Wiederum Anruf aus Führerbunker... Ich erwische einen Hauptmann der Division Hermann Göring, der soeben bei einem Bataillon war, das am Angriff teilnehmen soll. Er sagt mir, der Angriff habe noch nicht begonnen, wann er beginnen soll, das weiß er nicht. Neuerdings Christian. Auch Heer meldet jetzt, daß Steiner nicht angetreten sei. Im Führerbunker große Aufregung. Hitler habe Angriff am Morgen, spätestens am Vormittag erwartet, er wolle Klarheit. Ich sage: ›Nach allen Nachrichten, die ich von der Division Göring habe, ist Steiner nicht angetreten.‹

Nach kurzer Frist wieder Christian. Himmler habe Hitler jetzt gemeldet, daß Steiner ganz sicher angetreten sei. Die Luftwaffe solle durch Luftaufklärung sofort feststellen, ob das wirklich der Fall sei. Welche Idee! Erreichte Ziele kann man ausmachen, aber kaum so ein Antreten in Rauch und Dunst und ohne genaue Kenntnis der Bereitstellungsräume.

Major Freigang, soeben von Steiner zurückgekommen, meldet mir:

›Angriff Steiner nicht angetreten, weil Steiner seine Truppen nicht rechtzeitig bereitstellen konnte ...‹
Dann rufe ich Christian an, unterrichte ihn von diesem Ergebnis zur Meldung an Hitler und füge hinzu: ›Die Meldung von Freigang ist bestimmt zutreffend, er hat bisher nur einwandfreie Meldungen abgegeben.‹
Ich weiß, Hitler wird rasen ...
Um 18.15 Uhr rufe ich Christian wieder im Führerbunker an. Er sagt: ›Historische Ereignisse gehen vor, die entscheidenden des Krieges überhaupt. Ich muß Ihnen eine sehr wichtige Meldung machen.‹
20.45 Uhr. Christian ist bei mir eingetroffen: ›Der Führer ist zusammengebrochen, er sieht den Kampf nun als aussichtslos an. Er will aber aus Berlin nicht heraus, sondern im Bunker bleiben und Berlin verteidigen. Wenn die Russen kommen, will er die Konsequenz ziehen und sich erschießen.‹ «

Es schien, als seien plötzlich die Mauern zusammengebrochen, die Hitler rings um sich aufgerichtet hatte, um sich gegen die Wirklichkeit abzuschirmen. Er hatte an diesem 22. April während des ganzen Vormittages mit einer Rastlosigkeit, die weiter an seinen körperlichen Kräften zehrte, auf eine einzige Meldung gewartet: auf die Meldung, daß Obergruppenführer Steiner sich auf dem Marsch nach Berlin befinde. Statt dessen hatten ihn nur sich widersprechende Nachrichten erreicht.
Er verfiel nicht für einen Augenblick auf den Gedanken, daß die Kampfgruppe Steiner, auf die er so unbeschreibliche Hoffnungen setzte, infolge Kräftemangels gar nicht in der Lage sein könnte, anzugreifen. Sein von Mißtrauen gesättigtes Wesen ließ ihn nur vermuten, daß neue Verräter und neue Schwächlinge am Werke seien und daß man ihn zu täuschen versuche.
In dieser Stimmung fand um 3 Uhr nachmittags die Lagebesprechung statt, an der außer Bormann, Burgdorf, Keitel, Jodl und Krebs die verschiedenen Adjutanten und der Botschafter Hewel teilnahmen.
Die Konferenz begann mit dem Vortrag von Jodl und Krebs. Beide hatten zuverlässige Nachrichten darüber bekommen, daß Steiner gar nicht zum Angriff gekommen war, sondern Mühe hatte, sich gegen zunehmende sowjetische Angriffe zu verteidigen. Beide, vor allem aber Jodl, ahnten das kommende Gewitter. Er bemühte sich,

die Methode der Ablenkung zur Geltung zu bringen, mit der er sich und dem Kreis um Hitler viele Stürme erspart, aber zugleich dazu beigetragen hatte, daß Hitler auf verhängnisvolle Weise in einer irrealen Welt lebte und operierte.

Er berichtete zuerst über örtliche Erfolge in Sachsen, in Italien und im Bereich der 9. Armee an der Oder. Erst dann lenkte er mit kalter Geschicklichkeit auf die Ereignisse am Südflügel der 3. Panzerarmee hin. Er teilte mit, daß sowjetische Angriffsspitzen südlich von Berlin die Linie Treuenbrietzen–Zossen überschritten hätten und daß sie im Norden vor der äußeren Verteidigungslinie Berlins angelangt seien.

Hitler hatte ein leichtes Zögern Jodls bemerkt. Er hatte seine flakkernden, umschatteten Augen nacheinander auf Jodl, auf Krebs, auf Keitel und Burgdorf gerichtet. »Verschonen Sie mich mit Kleinigkeiten!« stieß er plötzlich hervor. »Verschonen Sie mich mit Lappalien. Ich wünsche zu wissen, wo Steiner steht.«

Dann erfuhr er die Wahrheit.

Er schwieg einen Augenblick. Sein Gesicht rötete sich. Er bat plötzlich mit heiserer Stimme alle Anwesenden, mit Ausnahme von Bormann, Burgdorf, Keitel, Jodl und Krebs sowie zwei Stenographen, den Raum zu verlassen. Erfüllt von der Vorahnung ungewöhnlicher Ereignisse, gingen die Aufgeforderten in den Teil des Mittelgangs hinüber, der als Wohnzimmer benutzt wurde. Dort warteten sie, Hewel, Voß, Fegelein, Christian, die Adjutanten und Sekretärinnen. Während sie noch aufgeregt darüber nachdachten, was sich jetzt ereignen könnte, hörten sie plötzlich Hitlers Stimme: laut, entfesselt schreiend, zugleich aber mit einem schmerzlich-weinerlichen Unterton.

Es war im einzelnen nicht zu verstehen, was Hitler in einem offenbaren Anfall wilder Raserei aus sich herausstieß. Das hörten nur die fünf, die um Hitlers Tisch herumstanden, und nur einer von ihnen bewahrte angesichts dieses unbeschreiblichen Ausbruchs eine Fassung, die nichts Natürliches mehr an sich hatte. Das war Jodl. Vielleicht war er der einzige, der begriff, weshalb das Ausbleiben des Steiner-Angriffes, der selbst, wenn er ins Rollen gekommen wäre, gar nichts am Lauf der Ereignisse geändert hätte, das Gebäude der Täuschungen und Selbsttäuschungen in und um Hitler endgültig zerriß.

Hitlers Vertrauen in das Heer war seit dem Durchbruch an Oder und Neiße noch weiter erschüttert worden. Sein Glaube an die Luftwaffe konnte nicht noch weiter sinken. Himmler und die SS hatten ihn schon in Pommern, Sepp Dietrich hatte ihn durch den Fehlschlag seines Märzangriffes in Ungarn enttäuscht. Steiner, dem er unter allen SS-Führern am meisten vertraute, gab ihm in einer Phase, in der er alle seine Hoffnungen und Gedanken auf ihn konzentriert hatte, den Rest.

Die Tatsache, daß ihm niemand während 24 Stunden eine klare Meldung hatte geben können, die Tatsache, daß er erst jetzt plötzlich nach einer Flut von erregenden Widersprüchen die Wirklichkeit erfuhr, trug dazu bei, eine Schleuse zu öffnen. Vieles, was er aus sich herausschleuderte, blieb auch dem engen Kreis um ihn herum unverständlich. Er schrie, was er denn überhaupt noch sei, da man ihn täuschen, betrügen und hintergehen könne. Er schrie, daß alle ihn verrieten, daß es keinen Offizier mehr gebe, der nicht lüge, daß niemand ihn verstehe, daß Offiziere, SS-Führer, Soldaten und das deutsche Volk seine Ziele nicht verstünden; daß sie zu klein seien, um seinen Ideen, die ihnen eine gewaltige Zukunft hätten schaffen können, zu folgen. Wie bei Goebbels fiel kein einziges Wort über das Verhängnis seiner Ideen, seine Irrtümer und seine fürchterlichen Fehler. Er raste nur gegen Schuld und Verrat und Feigheit ringsum, die nun in dem Verrat Steiners ihren Endpunkt gefunden hätten.

So jäh wie der Sturm, der Hitlers todkranken Körper erschütterte, gekommen war, so jäh brach er ab. Er sank plötzlich in sich zusammen. Sein Gesicht erschlaffte. Es nahm wieder eine kalkweiße Färbung an, und ein ungehemmter Weinkrampf schüttelte den erschlafften Körper.

Niemand bewegte sich, bis Hitler wieder den Kopf hob und mit zitternder, immer wieder vom Weinen unterbrochener Stimme, apathisch, müde und hoffnungslos erklärte, es habe alles keinen Zweck mehr. Es sei aus. Der Krieg sei verloren, der Nationalsozialismus sei ein Fehlschlag. Seine Idee sei verkauft. Es habe gar keinen Sinn, sich erst noch nach Süddeutschland zu begeben. Er werde nicht nach dem Süden gehen. Wer zu gehen wünsche, könne gehen. Er werde in Berlin bleiben und sterben, sobald das Ende da sei. Er könne aus körperlichen Gründen nicht kämpfen. Er werde seinem Leben selbst ein Ende machen.

Sein zerstörtes Gesicht war in Tränen gebadet. Sein zusammengesunkener Körper veränderte seine Stellung nicht, nur seine Hand und sein Kopf begannen wieder zu zittern. So vergingen fünf quälende Minuten, bis sich Jodl, Keitel, Krebs, Burgdorf und Bormann aufrafften. Dann aber geschah das Unverständlichste und Unbegreiflichste, zugleich allerdings auch Bezeichnendste für Charakter, Wesen und Haltung der Männer, die, gleich, ob aus Ehrgeiz, Zufall oder Überzeugung, in den Bannkreis Hitlers geraten waren und sich, sei es wiederum aus Ehrgeiz, aus Beschränktheit, aus Schwäche oder mißverstandenen Gehorsams- und Treuekomplexen, an ihn verloren hatten. Hitler hatte in seinem plötzlichen Zusammenbruch einen Tatbestand anerkannt, für dessen Erwähnung oder auch nur Andeutung, vor allem in den schrecklichen letzten Monaten, ungezählte Deutsche, Männer und Frauen, Soldaten und Zivilisten, in seinem Namen verurteilt oder ohne Urteil verhaftet, erschossen oder erhängt worden waren. Er hatte einen Tatbestand anerkannt, um dessen Anerkennung viele Generale mit mehr oder weniger offenen Worten gerungen hatten oder auf dessen Anerkennung sie gewartet hatten oder jetzt noch draußen an den zusammenbrechenden Fronten warteten. Aber in diesem Augenblick dachte keiner derjenigen, die um Hitler versammelt waren, daran, die Konsequenzen aus Hitlers Anerkennung des sicheren Endes zu ziehen. Sie alle zeigten noch einmal, daß sie sich mehr in den Bann Hitlers begeben hatten als in den Bann ihres Gewissens gegenüber den ungezählten Millionen der Leidenden draußen. Sie stimmten Hitler nicht zu. Sie versuchten mit keinem Wort ihn zu bewegen, sofort zurückzutreten und den Weg wenigstens zu dem Versuch eines durch ihn unbelasteten Friedensschlusses, eines Endes der sinnlosen Kämpfe zu öffnen. Vielmehr versuchten sie einer nach dem andern, Hitler wiederaufzurichten und ihm wie auf einem absurden Theater klarzumachen, daß keineswegs alles verloren sei, daß es noch viele Chancen gebe und daß er, der immer an den Sieg geglaubt habe, jetzt in dieser entscheidenden Phase nicht plötzlich seinen Glauben aufgeben dürfe. Sie versuchten, ihn zu bewegen, sofort Berlin zu verlassen, solange noch ein Weg nach dem Süden offen sei. Während Keitel, Bormann und Burgdorf auf Hitler einredeten und ihn darauf hinwiesen, daß drei Viertel der deutschen Wehrmacht im Süden stünden und daß diese Truppen unter seinem Befehl in den Bergen Österreichs und der Tschechoslowakei kämpfen würden, bis der Zusammenbruch der Koalition zwischen Ost und West, von dem er selbst immer gesprochen habe, eingetreten sei, verließ Krebs den engen, erstickend heißen Raum. Durch Krebs erfuhren die draußen Wartenden, was geschehen war.

Fegelein ließ sofort eine telefonische Verbindung zu Himmler herstellen. Voß sprach fernmündlich mit Dönitz. Hewel versuchte, Ribbentrop zu erreichen. Es dauerte nicht lange, bis Himmler und Ribbentrop sich telefonisch bei Hitler meldeten und ihn beschworen, Berlin zu verlassen und im Süden weiterzukämpfen.

Ribbentrop behauptete, er habe soeben von Unterhändlern in Schweden und Portugal günstige Nachrichten über die Möglichkeit eines Friedens mit dem Westen und eines Umschwenkens der Westmächte gegen den Bolschewismus erhalten. Beweise dafür hatte er keine. Aber er beschwor Hitler, die historische Chance nicht zu versäumen, nicht aufzugeben, sondern mit allen Mitteln um einen politisch wichtigen Zeitgewinn zu kämpfen.

Aber während die Umgebung und vor allem Hewel Ribbentrops Behauptungen mit Spannung und Aufmerksamkeit zur Kenntnis nahm, hörte Hitler ihnen nur ebenso flüchtig und abwesend zu wie den Beschwörungen von Dönitz und Himmler. Er hatte sich zu plötzlich in eine Welt hineinfallen lassen, die jenseits allen Kampfes und aller zermürbenden Hoffnungen lag. Der theatralische Absturz in eine Stimmung absoluter Götterdämmerung war zu kraß und zu tief. Vielleicht empfand er das absolute Gehenlassen und die Todesstimmung als eine Erleichterung gegenüber der unnatürlichen Anspannung und der Selbstbeherrschung von Monaten und Jahren.

Abwesend wiederholte er, er werde Berlin nicht mehr verlassen. Er befahl, den Berlinern, denen bis dahin nicht bekannt war, daß er sich schon seit dem Januar in der Reichskanzlei aufhielt, mitzuteilen, daß er sich in Berlin befinde, daß er Berlin nicht verlassen und »bis zum letzten Atemzug für die Verteidigung Berlins kämpfen« würde. Er gab Anweisung, daß Dr. Goebbels mit seiner Familie zu ihm in den Bunker zog. Dann ließ er seine persönlichen Akten bringen. Er suchte, immer noch apathisch und zusammengesunken, mit zitternder Hand und hin und her schüttelndem Kopf alle Dokumente heraus, die er vernichtet sehen wollte. Sein Adjutant Schaub trug die Papiere durch die verstörte Schar der draußen Wartenden in den Garten der Reichskanzlei hinaus, um sie zu verbrennen.

Wenig später erschien Goebbels mit seiner Frau und seinen Kindern. Goebbels begab sich, von seiner Frau gefolgt, zu Hitler. Sein Gesicht wirkte leer, seine Augen waren ohne ihren berühmten Glanz. Als Hitler ihm jedoch erklärte, daß er Berlin nicht verlassen werde, glomm wieder ein Licht in seinen dunklen Augen auf. Er hatte erreicht, was er sich gewünscht hatte: Hitler blieb in Berlin, in dem

Bereich, in dem er selbst das Schicksal bis zum letzten Augenblick versuchen wollte, um dann, wenn kein anderer Ausweg mehr blieb, aus dem Leben zu fliehen. Er erklärte, daß sowohl er als auch seine Frau sich ebenfalls in der Stunde der Niederlage auf den Trümmern Berlins selbst entleiben würden. Seine Frau fügte hinzu, daß sie ihre Kinder mit in den Tod nehmen würde, da es nach dem Ende des Nationalsozialismus für Deutsche kein lebenswertes Leben mehr geben könne. Sie glaubte an den Sinn ihrer Worte – mit einer besonderen Art weiblichen Fanatismus, der sich auf merkwürdige Art und Weise mit großer Fraulichkeit und Mütterlichkeit verbunden hatte.

Hitler hörte wie abwesend ihren Worten zu. Dann erteilte er Goebbels den Auftrag, dafür zu sorgen, daß seine Bekanntmachung, wonach er in Berlin bleiben und das Schicksal der Berliner teilen werde, unverzüglich verbreitet werde. Dann befahl er Keitel und Jodl, Berlin am Abend zu verlassen und sich nach Süddeutschland zu begeben, um dort ein Oberkommando der Wehrmacht aufzubauen und die Operationen im Süden bis zum Ende weiterzuführen.

Beide weigerten sich. Keitel erklärte, er würde nur in Begleitung Hitlers nach Süddeutschland aufbrechen, und Jodl fügte hinzu, Hitler habe bisher alle Befehle erteilt. Er müsse sie auch bis zum Ende erteilen. Wenn sich aber das Oberkommando der Wehrmacht nach Süddeutschland begebe, während Hitler in Berlin bleibe, könne Hitler die Führung nicht weiter in Händen behalten. Falls Verhandlungen mit dem Feinde notwendig werden würden, so könne sie Hitler ebenfalls nicht aus einem eingeschlossenen Berlin führen. Aber Hitler beharrte auf seinem Standpunkt. »Ich habe mich entschlossen hierzubleiben. Ich habe noch nie einen Entschluß umgestoßen.« Keitel und Jodl benötigten seine Anweisungen nicht mehr. Falls sie unbedingt einen Obersten Kriegsherrn wünschten, könnten sie sich an Göring wenden. Als Jodl versicherte, daß kein deutscher Soldat mehr Vertrauen in den Reichsmarschall habe und niemand unter der Führung des Reichsmarschalls kämpfen wolle, erwiderte Hitler, von großen Kämpfen sei keine Rede mehr, und wenn man verhandeln wolle, dann verstünde das Göring besser als er.

Aber weder Keitel noch Jodl gaben den Kampf um Hitler auf. Keitel handelte dabei aus der absoluten Ergebenheit des schwachen und unselbständigen Geistes, Jodl aus einer Mischung von Motiven, die sich aus Treue- und Ergebenheitskomplexen ebenso zusammen-

setzten wie aus Unselbständigkeit und dem formalistischen Bestreben, die Institution des Obersten Kriegsherrn bis zum Ende zu erhalten. Jodl hatte als Fachmann häufig nicht mit den Anordnungen und Plänen Hitlers übereingestimmt, sich aber als geborenes ausführendes Organ immer gebeugt. Wie sehr den führenden Männern des Oberkommandos der Wehrmacht jeder eigene schöpferische Gedanke und jeder Mut zum eigenen Handeln fehlten, zeigte dieser Spätnachmittag des 22. April, an dem ihnen von dem Manne, vor dem sie sich immer wieder gebeugt hatten, ein eigenes Handeln nach ihrer eigenen Entscheidung förmlich aufgedrängt wurde.
Nachdem es nicht gelungen war, Hitler zum Verlassen Berlins zu bewegen, trug Jodl Pläne vor, die ihm geeignet schienen, die Einschließung Berlins doch noch abzuwenden, Berlin noch eine Weile zu behaupten und vielleicht Anschluß an eine politische Wendung auf der westlichen Gegenseite zu erreichen. Er schlug vor, daß Keitel und er selbst, anstatt nach Süddeutschland zu fliegen, sich nach Norden begeben und in möglichster Nähe von Berlin persönlich dafür sorgen sollten, daß erstens der von Steiner nicht unternommene Angriff von Norden doch noch in Gang käme und daß zweitens die 9. Armee nun doch die Oderfront aufgeben und zum Angriff im Rücken der sowjetischen Angriffstruppen vor der Reichshauptstadt antreten sollte. Schließlich schlug Jodl vor, die Elbefront westlich von Berlin aufzugeben, sich ausschließlich für den Kampf gegen den Bolschewismus zu entscheiden und in diesem Sinne die 12. Armee des Generals Wenck von der Elbe zu lösen und auf Berlin marschieren zu lassen.
Keitel erklärte sich – Jodl ins Wort fallend – eilfertig bereit, zu Wenck zu fahren und dafür Sorge zu tragen, daß alle Maßnahmen für den Marsch der Armee auf Berlin getroffen würden. Er versicherte, daß Wenck Berlin entsetzen würde, auch wenn es den Russen inzwischen gelungen sei, die Stadt ganz einzuschließen. Man würde den Russen den Zutritt nach Berlin verwehren und so von Berlin, von der Hauptstadt des Deutschen Reiches aus, erleben, wie Engländer, Amerikaner und Russen in dem Augenblick, in dem sie sich südlich von Berlin, irgendwo an der Elbe, von Front zu Front und Angesicht in Angesicht kennenlernten, in Konflikt miteinander gerieten. Weder Keitel noch Jodl dachten offenbar daran, daß der Gedanke der Entblößung der Westfront im Laufe der letzten Wochen oft an sie herangetragen worden war und daß sie ihn zusammen mit Hitler abgelehnt hatten.

Es war ein makabres Spiel des Schicksals, daß in diesem Augenblick Goebbels wieder den Raum betrat. Er hatte sich draußen mit Botschafter Hewel unterhalten, und Hewel hatte ihm berichtet, daß Ribbentrop erst vor wenigen Stunden zuversichtliche Meldungen über die Bereitschaft der Westmächte, sich mit der deutschen Regierung in Verhandlungen einzulassen, durchgegeben und darauf gedrängt hatte, nur noch kurze Zeit auszuhalten. Seiner Verachtung für Ribbentrop zum Trotz hatte Goebbels' Spielernatur noch einmal begonnen, Möglichkeiten für ein Überleben des Regimes zu konstruieren.

Als er nach seinem Eintritt in den Besprechungsraum die Vorschläge Keitels und Jodls hörte, schlug er mit intellektueller Schnelligkeit die Verbindungsfäden zwischen politischen und militärischen Möglichkeiten, den Kampf zu verlängern.

Noch einmal wurde auch für ihn, der sich so häufig für einen Realisten gehalten hatte, die Unwirklichkeit zur Wirklichkeit, weil sein eigener Lebenswille sich wieder aufbäumte. Er begann mit der ganzen Beredsamkeit, deren er fähig war, auf Hitler einzureden und brachte zuwege, was der steifen, farblosen Redeweise Jodls und der leeren Geschwätzigkeit Keitels nicht gelungen war: nämlich, Hitler aus dem Abgrund seiner Resignation und seiner Selbstaufgabe herauszureißen und einen Funken der Anteilnahme in ihm zu erwekken.

Hitler ließ sich Karten reichen. Goebbels rief Botschafter Hewel und ließ Hitler nochmals die Botschaft Ribbentrops vortragen, die Hitler in der Stimmung des Zusammenbruchs nur mit halbem Ohr vernommen hatte. Auch Krebs wurde gerufen, und er wies, durch Goebbels' kühne Gedankenkonstruktionen inspiriert, darauf hin, daß die amerikanische Lufttätigkeit an der Westfront in auffälliger Weise nachgelassen habe, so als wolle man die deutsche Abwehr gegen die Russen nicht unnötig behindern. Hierzu wußte auch Jodl zu sagen, daß Verbände, die sich an der Westfront von den Amerikanern abgesetzt hatten, dabei nicht behindert würden – möglicherweise ein Anzeichen dafür, daß die Amerikaner insgeheim eine Stärkung der deutschen Ostfront förderten und kein weiteres Vordringen der Russen wünschten.

Es war ein makabres Spiel, wie plötzlich die Hoffnung des einen die Hoffnung des anderen entzündete und wie jeder plötzlich wieder Ereignisse oder Seltsamkeiten entdeckte, die zu beweisen schienen, daß Ribbentrop recht haben könne, daß im Westen tatsächlich eine

Besinnung im Gange sei, daß man vielleicht wirklich nur noch die letzten fünf Minuten vor zwölf aushalten müsse.

Zwei Stunden lang sprachen sie alle auf Hitler ein. Zögernd begann er, sich wieder an der Diskussion zu beteiligen. Seine Stimme klang hohl, unwillig, gehemmt. Aber er fragte nach Wenck. Er fragte nach Busse. Er schien selbst seine wilden Verdächtigungen gegen Steiner zu begraben. Seine zitternde Hand begann wieder über die Karte zu fahren. Sie suchte nach den Einzeichnungen von Armeen, Divisionen und Kampfgruppen.

Gegen halb acht Uhr abends verließ Botschafter Hewel Hitlers Bunkerraum. Er teilte jenen, die immer noch draußen warteten, um sich nach dem Stand der Dinge zu erkundigen, mit, daß Hitler seinen Zusammenbruch und seine große Krisis überwunden habe. Hitler werde zwar in Berlin bleiben, habe sich aber entschlossen, noch einmal den Kampf mit dem Schicksal aufzunehmen, um Berlin den Russen streitig zu machen, bis Ribbentrops Verhandlungen mit den Westmächten zu einem Abschluß führten. Die lähmende Stimmung in den Bunkergängen begann sich zu wandeln. Auch hier wucherten neue Illusionen. Als eine Viertelstunde später auch Goebbels herauskam, leuchteten seine Augen. Als er auf seinen Staatssekretär Naumann stieß, der aus der Stadt gekommen war, erzählte er mit fliegenden Worten, welch politische Möglichkeiten sich plötzlich eröffnet hätten. Keitel und Jodl würden außerhalb von Berlin persönlich die Leitung der Operationen übernehmen, um Berlin zu entsetzen. Er befahl, daß in Berlin alle Kräfte bis zum letzten Hitlerjungen aufzubieten seien, um die Stadt zu behaupten, bis die Entsatzarmeen einträfen.

Eine Stunde später ging eine Flut von Befehlen und Anordnungen Goebbels' als Reichsverteidigungskommissar von Berlin zu allen Berliner Kommandostellen hinaus. Die Druckereien begannen noch einmal zu arbeiten. Sie druckten Befehle und Flugblätter, auf denen alle Berliner zu den Waffen gerufen und versprochen wurde, daß es nur darum gehe, Berlin einige Tage zu halten, bis die große Wende da sei. Die Fiktion der »letzten Chance«, in den unbeschreiblichen Nachmittagsstunden des 22. April aus anderen Fiktionen geboren, wurde in den folgenden Tagen auf das gelähmt daliegende Berlin und auf die zwischen Ratlosigkeit, Verzweiflung und letzter Hoffnung eingespannte Masse der Berliner ausgestrahlt und riß sie durch Täuschung wie durch Drohung und Gewalt in die blutige, grausame Schlacht um Berlin hinein.

Am Nachmittag desselben 22. April hatte Dr. Fritzsche seine Versuche fortgesetzt, Goebbels zu sprechen und Klarheit über die weitere Entwicklung zu erhalten.
Alle Versuche, Goebbels zu sehen, waren jedoch vergeblich gewesen. Alles schien sich in Auflösung zu befinden. Zahlreiche Persönlichkeiten, mit denen er sprechen wollte, hatten die Stadt verlassen oder waren eben dabei, nach Norden oder Süden zu fliehen.
Überall empfing Fritzsche den Eindruck, als ließe die oberste Führung, die bis dahin so besorgt jede einzelne Maßnahme überwacht hatte, die Zügel schleifen. Fritzsche wußte noch nichts von den Ereignissen, die sich inzwischen im Bunker der Reichskanzlei vollzogen hatten. Er wußte daher auch nicht, wie richtig sein Eindruck von den schleifenden Zügeln war. Dies wurde ihm erst klar, als er gegen 16 Uhr, nach vielen vergeblichen Gängen in die leeren Zimmer des Auswärtigen Amtes, zur Wohnung von Dr. Goebbels hinausfuhr, um dort kurzerhand zu warten.
Während er zum Brandenburger Tor hinüberfuhr, sah er im Osten und Südosten Qualmwolken emporsteigen; das Grollen der Artillerie erschütterte die Luft. Unterwegs erfuhr er, daß die Russen schon an Oranienburg vorbei in Richtung auf Velten vorgestoßen seien und daß sie den Alexanderplatz erreicht hätten. Die von Ruinen umsäumten Straßen im Zentrum Berlins wirkten tot und verlassen. Die Menschen schienen in den Kellern untergetaucht. Sie waren aus ihren Wohnbezirken nicht mehr zu den Büros und Arbeitsstätten im Stadtinnern gefahren, befanden sich im Kampfgebiet oder auf der Flucht.
Als Fritzsche in die Einfahrt des Goebbelsschen Hauses einbog, verließen eben zwei Wagen den Hof. Sie waren dicht besetzt. Erst im letzten Augenblick erkannte Fritzsche, daß sich im zweiten Wagen Frau Goebbels mit ihren Kindern befand. Beide Wagen bogen in die Voßstraße ein und fuhren in Richtung Reichskanzlei davon. Es waren die Wagen, in denen Goebbels und seine Familie zum Bunker der Reichskanzlei hinüberfuhren.
Fritzsche war zu spät gekommen.
Er fand das Haus in völliger Auflösung vor. Telefonistinnen, Stenotypistinnen und einige SS-Wachen umringten ihn. Die Frauen weinten. Hier und da hörte er Flüche. Es war ihm unmöglich, in der allgemeinen Verwirrung eine Auskunft darüber zu erhalten, was sich eigentlich ereignet hatte. Das Haus war in großer Hast verlassen worden. Die Zimmertüren standen offen, ebenso Schreibtische und

Schränke. Endlich entdeckte Fritzsche in einem Zimmer den Leiter des Ministeramtes, Hamel, der bereit zum Aufbruch war. Als er Hamel fragte, was eigentlich geschehen sei, erwiderte Hamel, Goebbels habe das Haus für immer verlassen. Goebbels habe ihn, Hamel, zu sich bestellt und ihm kurz und bündig erklärt: »Es ist aus. Ich habe keine Befehle mehr für Sie. Die Russen stehen am Alexanderplatz. Ich fahre in den Führerbunker und nehme meine Familie mit.« Goebbels hatte sich gar nicht erst die Mühe genommen, seine äußere Haltung zu wahren.
Hamel erklärte, die Straße nach Hamburg sei noch frei. Er werde jetzt mit seinem Personal nach Hamburg fahren, bevor Berlin ganz umzingelt sei. Er war nach seinem Erlebnis mit Goebbels der festen Überzeugung, daß es zu keinem Kampf um Berlin mehr kommen werde und bot Fritzsche einen Platz in seinem Wagen an. Fritzsche lehnte jedoch mit dem Bemerken ab, daß er seine Mitarbeiter, die sich noch im Keller des Propagandaministeriums aufhielten, nicht einfach im Stich lassen könne.
Wieder rollte sein Wagen durch die leeren Straßen. Sowjetische Granaten jaulten heran und schlugen im Stadtinnern ein. Im Ministerium entließ Fritzsche seine Mitarbeiter. Dann fuhr er nach einem vergeblichen Versuch, wenigstens Goebbels' Vertreter, Naumann, zu erreichen, ins Funkhaus. Die Angestellten waren noch vollzählig versammelt, und Fritzsche entließ die meisten. Noch einmal rief er in zahllosen Dienststellen an. Aber überall schien man führerlos. Nichts deutete darauf hin, daß auf den Trümmern Berlins bis zuletzt gekämpft werden sollte. Zu kämpfen schienen nur jene Truppen, die von außen her auf Berlin zurückgewichen waren und sich überall dort, wo sie gerade standen, zur Wehr setzten.
Die sowjetische Artillerie streute jetzt das ganze Stadtzentrum ab. Auf der Straße Unter den Linden gab es zahlreiche Einschläge. Je weiter Fritzsche nach Osten kam, desto lauter wurde der Gefechtslärm. In den Straßen lagen frische Trümmer. Nur ab und zu huschten einige Frauen geduckt von Haus zu Haus, und hier und da liefen kleine Gruppen, notdürftiges Gepäck tragend, an den Häuserwänden entlang, so als hätte ihnen das Schweigen der Führung den Mut zur Flucht gegeben.
Als Fritzsche bis zur Danziger Straße vordrang, stieß er unvermittelt auf ein paar deutsche Soldaten, die mit Panzerfäusten russische Panzer bekämpften. In den Straßen lagen zerschossene Fahrzeuge, tote Soldaten und Zivilisten.

Mit dem Gefühl im Herzen, daß es keine Rettung für Berlin geben würde, fuhr Fritzsche wieder durch die Stadt. Er betrat noch einmal das Funkhaus. Dort fand er auf seinem Schreibtisch eine Anweisung von Dr. Goebbels vor, sich sofort nach Hamburg zu begeben und dort die Leitung des Rundfunks zu übernehmen. Er konnte nicht ahnen, daß diese Anweisung noch unter dem Eindruck des ersten Gesprächs zwischen Goebbels und Hitler am Nachmittag dieses Tages entstanden war und daß sie in dem Augenblick, in dem er sie in der Hand hielt, bereits die letzte Auflehnung des Kreises um Hitler gegen den sicheren Untergang vorbereitete.

Fritzsche rief die Leiter der Reichsrundfunk-Gesellschaft zusammen. Während sich die Auflösung im Rundfunkhaus vollzog, fuhr er selbst zur Heerstraße hinaus. Als er die nordwestlichen Außenbezirke Berlins erreichte, füllten sich die Straßen plötzlich mit Leben. Zehntausende von Menschen schienen aus dem Nichts, aus tausend Kanälen der leidenden Stadt heraufzusteigen. Sie fanden sich auf den Straßen, die nach Nordosten führten und noch nicht von sowjetischen Panzern gesperrt waren, in dichten, von Angst gehetzten Scharen zusammen. Glücklich schienen die, die noch einen Wagen oder anderes Gefährt besaßen. Die übrigen hasteten zu Fuß dahin, wie wenige Wochen zuvor die Flüchtlinge aus Königsberg, aus Posen, aus Breslau dahingezogen waren – nur daß den Berlinern Kälte, Schnee und Eis erspart blieben.

Fritzsche sah das Flackern der Hilflosigkeit, der Verzweiflung, der Verlassenheit in ihren Augen, aber auch den Haß, mit dem Frauen, die ihre Kinder auf dem Arm hielten, den Wagen nachsahen, in denen Bevorrechtete an ihnen vorüberfuhren. Er fühlte in diesem Augenblick, daß er nicht fliehen durfte.

Er fuhr noch einige Kilometer weiter durch die wogenden Scharen der Flucht. Dann kehrte er um. Während die Nacht endgültig hereinbrach, fuhr er dem gespenstischen Strom entgegen nach Berlin zurück. Die fliehenden Massen versanken im Dunkel. Nur das abgeblendete Scheinwerferlicht riß Szenen aus dieser Dunkelheit heraus. Da leuchtete dann das Bild einer Familie oder einer allein marschierenden Frau auf oder das Bild eines Alten oder Verwundeten, der, auf Stöcke gestützt, dahinkroch. In der Luft summten Flugzeuge. Über Berlin leuchteten helle Flammen.

Erst in der Nähe des Funkhauses wirkten die Straßen wieder tot und leer. Fritzsche kehrte in sein Kellerzimmer zurück.

In diesem Augenblick erreichte ihn die zweite Botschaft dieses

Tages. Der Mann, den er so lange gesucht hatte, Dr. Naumann, meldete sich am Telefon. Er teilte mit vor Erregung kaum verständlicher Stimme mit, er befinde sich im Führerbunker, und es seien soeben Entschlüsse von entscheidender Tragweite gefaßt worden. Er wies Fritzsche an, ihn sofort im Keller des Propagandaministeriums aufzusuchen. Fritzsche begab sich dorthin. Er vermochte nicht zu ahnen, um welche Entschlüsse es sich handeln konnte. Aber wenn er sich in diesem Augenblick eine Vorstellung davon machen konnte, so war es diejenige einer Kapitulation, eines Endes der sinnlosen Kämpfe. Als er jedoch Naumanns Gesicht sah, begriff er, daß er sich geirrt hatte. Naumann war damit beschäftigt, Aufrufe an die Berliner zu entwerfen. Seine Umgebung war von einer hektischen Betriebsamkeit erfüllt, die in krassem Gegensatz zu der lähmenden Tatenlosigkeit des vergangenen Tages stand. Bevor Fritzsche zu Worte kommen konnte, erklärte Naumann mit seiner großzügigen Auffassung von Wahrheit, Hitler habe befohlen, den Kampf im Westen vollständig einzustellen. Dadurch seien Verhandlungen mit den Westmächten entscheidend gefördert worden. Ribbentrop sei zu ihrem formellen Abschluß abgereist. Das Ziel sei, die Oder zur Grenze zwischen der Besatzung durch Ost und West zu machen. Die Russen seien nur in einem schmalen Abschnitt vor Berlin durchgebrochen. Im Norden wie im Süden halte die Oderfront. Vom Westen her seien kampfkräftige Armeen im Anmarsch. In einigen Tagen könne auch eine Panzergruppe von Generalfeldmarschall Schörner erwartet werden, der sich besonders hoffnungsvoll über die Möglichkeit einer Wiedergewinnung der Oderlinie ausgesprochen habe. Unter diesen Umständen komme es darauf an, nur kurze Zeit in Berlin auszuhalten. Maßnahmen zur Abwehr würden in aller Eile getroffen. Am nächsten Tage würden deutsche Jagdflugzeuge über Berlin erscheinen und den Luftraum freikämpfen. Wieweit der Westen den Kampf gegen den Osten fördere oder gar unterstütze, sei eine Frage der Verhandlungen Ribbentrops. Gegenstand der Verhandlungen und Unterredungen sei schließlich die Frage gewesen, ob Hitler unter diesen Umständen in Berlin, der einzigen gefährdeten Stelle zwischen Elbe und Oder, bleiben solle. Hitler habe sich entschieden, in Berlin zu bleiben. Aber führende Militärs seien hinausgeschickt worden, um die verschiedenen Entsatzarmeen zur höchsten Eile anzutreiben. Naumann wies schließlich Fritzsche an, im Ministerium zu bleiben. Es käme jetzt alles darauf an, Berlin zum Widerstand aufzurufen.

Die Berliner, die voll quälender Ungewißheit warteten, nach Westen und Nordwesten zu fliehen versuchten oder draußen in den Straßen schon den Kampflärm hörten, ahnten an diesem Abend noch nichts von den grotesken Entscheidungen, die im Bunker Hitlers getroffen worden waren. Sie hatten auch Naumanns Erklärung im Keller des Propagandaministeriums nicht gehört und konnten am Beispiel Naumanns nicht erkennen, wie hier die Wunschträume der führenden Männer innerhalb weniger Stunden immer neue illusionäre Blüten entwickelten.
Die Nacht zum 23. April verlief für die Berliner noch in Ungewißheit, deren Qual die Nachwelt nicht mehr ermessen kann. In der gleichen Nacht aber liefen schon die Rotationsmaschinen und eilten die Befehle in die Stadt hinaus, die am nächsten Tage in Hunderttausenden, ja Millionen von Unterführern, Soldaten und Zivilisten noch einmal den selbstzerstörerischen Glauben an Rettung und Sieg erwecken sollten.
Der Reigen der Aufrufe und Anordnungen begann mit einem »Befehl des Reichsverteidigungskommissars Dr. Goebbels«:

»Die Stadt Berlin wird bis zum letzten verteidigt.
Kämpft mit fanatischer Verbissenheit um Eure
Frauen, Kinder und Mütter!
Wir werden bestehen.
Die große Offensive der Bolschewisten auf die Reichshauptstadt ist im vollen Gange. Trotz schwerster Verluste, die ihnen unsere heldenhaften Divisionen und Volkssturmbataillone an der Oder zugefügt hatten, trotz des aufopferungsvollen Einsatzes aller Kämpfenden konnte nicht verhindert werden, daß der Feind weiter vordrang und an verschiedenen Punkten den Verteidigungsring der Reichshauptstadt erreichte. Unsere Heimatstadt Berlin ist Frontstadt geworden. Alle zur Verteidigung der Reichshauptstadt eingesetzten Soldaten und Volkssturmmänner haben die ihnen befohlenen Plätze zu besetzen und nehmen, sobald sowjetische Truppen oder Panzer sich zeigen, sofort den Kampf auf. Rüstungsbetriebe, Versorgungsbetriebe und die für die Führung der Reichshauptstadt verantwortlichen Dienststellen arbeiten weiter.
Der Werkschutz sorgt für die innere und äußere Sicherheit der Betriebe. Provokateure oder aufsässige Ausländer sind sofort festzunehmen oder noch besser unschädlich zu machen. Sollten Provokateure oder verbrecherische Elemente versuchen, durch das Hissen

von weißen Fahnen oder sonstiges feiges Verhalten in die zur Verteidigung der Stadt entschlossene Bevölkerung Unruhe zu tragen und ihren Widerstand zu lähmen, so ist dagegen mit allen Mitteln einzugreifen. Jeder Berliner ist für sein Haus und seine Wohnung selbst verantwortlich. Häuser und Wohnungen, die weiße Flaggen hissen, haben kein Recht mehr auf Schutz der Gemeinschaftshilfe und werden entsprechend behandelt werden.
Die Bewohner solcher Häuser sind verantwortlich zu machen. Der örtliche Hoheitsträger der Partei hat eisern darüber zu wachen und demgemäß zu handeln. Solche Häuser wären Krankheitsbazillen am Körper unserer Stadt, ihre rücksichtslose Bekämpfung ist daher ein Gebot der Stunde. Berlin hat sich auf den Ansturm der Bolschewisten vorbereitet. Wir sind bereit, unter allen Umständen fanatisch, hart und rücksichtslos zuzuschlagen, zu kämpfen und uns mit der letzten Hingabe zu wehren...
Jetzt gilt es, eiserne Disziplin zu bewahren, höchstes Selbstvertrauen zu zeigen und sich den Befehlen der mit der Stadtverteidigung beauftragten Männer ohne Zögern unterzuordnen. Verräter sind sofort niederzuschießen oder aufzuhängen. Es gilt allein die Parole: härtester und fanatischster Widerstand an allen Punkten. Seid wachsam! Hört nicht auf Verlockungen oder Drohungen der Feinde! Verteidigt mit der letzten Hingabe das Leben Eurer Frauen, Mütter und Kinder und damit den Bestand des Reiches... Jede Weichheit muß jetzt abgetan werden. Die Bolschewisten führen einen Krieg ohne Gnade. Wer wollte, daß seine Frau und seine Kinder geschändet werden? Welcher Mann wollte durch Genickschuß liquidiert werden? Sollen die Männer der Stadt für immer in die Zwangsarbeitslager nach Sibirien verschleppt werden? Jeder kennt in dieser Stunde seine Aufgabe. Auf Euch, Verteidiger von Berlin, blicken Eure Mütter, Eure Kinder und Eure Frauen. Sie haben Euch nun ihr Leben anvertraut. Die Stunde der Bewährung hat geschlagen. Die Männer von Breslau seien Euch Vorbild. Sie haben keinen Augenblick gezögert, ihren ganzen Mut und ihre Tapferkeit und ihren Glauben an das Reich und an den Führer einzusetzen.
Bildet eine verschworene Gemeinschaft! Tretet Gerüchte aus! Die ganze Nation blickt auf Euch, Ihr Verteidiger von Berlin, und vertraut auf Euch und Eure unbedingte Pflichterfüllung. Mit Massen und Material stürmen die Bolschewisten gegen die Vorstädte an. Wenn wir die Bomben der Anglo-Amerikaner ertragen haben, dann werden wir auch vor Granateinschlägen nicht zurückweichen...

So kämpft um Eure Stadt. Kämpft mit letzter Verbissenheit um Eure Frauen und Eure Kinder, um Eure Mütter und Eure Eltern. Ihr setzt das Leben für eine gute Sache ein. Alles, was vor uns lebenswert erschien, und all die Generationen, die nach uns kommen werden, all dies verteidigt Ihr mit Euren Waffen. Seid trotzig und kühn. Seid wendig und listenreich. Euer Gauleiter ist bei Euch. Er erklärt, daß er mit seinen Mitarbeitern selbstverständlich in Eurer Mitte bleiben wird. Auch seine Frau und seine Kinder sind hier. Er, der mit 200 Mann einst diese Stadt erobert hat, wird nun die Verteidigung der Reichshauptstadt mit allen Mitteln aktivieren. Der Kampf um Berlin muß für Deutschland das Fanal zum entschlossenen Einsatz der Nation werden. Die Hauptstadt darf nicht in die Hände der Bolschewisten fallen. Die Freiheit des Volkes und ein Reich sozialer Gerechtigkeit werden der Lohn für Euren Kampf sein.«

Der Befehl verriet durch seine zahllosen Wiederholungen die Hast, mit der er entworfen worden war. Dem ersten Befehl folgte gleich darauf ein zweiter:

»In dieser schicksalhaften Stunde des Kampfes um die Reichshauptstadt wende ich mich an alle nichteingesetzten Soldaten und Männer Berlins, sich umgehend in die Verteidigungsfront der Reichshauptstadt einzureihen ... Den gleichen Appell richte ich an alle Berliner Männer, die nicht im Volkssturm erfaßt und für die Verteidigung eingesetzt sind ... Ehrenhaft und männlich wollen wir unsere Pflicht tun, dem ganzen Volk ein Vorbild der tapferen Gegenwehr sein. Ein Hundsfott, wer in dieser Stunde die schimpfliche Feigheit dem männlichen Kampfe vorzieht. Soldaten, Verwundete, Männer Berlins! Auf zu den Waffen!«

Neben den Plakaten, die diese Befehle verkündeten, erschienen andere Plakate mit einem Führerbefehl:

»Merkt Euch: Jeder, der Maßnahmen, die unsere Widerstandskraft schwächen, propagiert oder gar billigt, ist ein Verräter! Er ist augenblicklich zu erschießen oder zu erhängen.«

Dazwischen flatterten Flugblätter auf die Straßen.
»Führerbefehl vom 23. April 1945« war auf den Flugblättern zu lesen, »Soldaten der Armee Wenck! Ein Befehl von größter Tragweite

hat Euch aus Euren Aufmarschräumen gegen unsere westlichen Feinde herausgerufen und in Richtung nach Osten in Marsch gesetzt. Euer Auftrag ist klar: Berlin bleibt deutsch. Die Euch befohlenen Ziele müssen unter allen Umständen erreicht werden, denn auch von anderer Seite sind Operationen mit dem Ziel im Gange, im Kampf um die Reichshauptstadt den Bolschewisten die entscheidende Niederlage beizubringen und damit die Lage Deutschlands grundlegendst zu ändern. Berlin kapituliert nie vor dem Bolschewismus. Die Verteidiger der Reichshauptstadt haben bei der Nachricht von Eurem schnellen Aufmarsch frischen Mut gefaßt und kämpfen mit Trotz und Verbissenheit in dem Glauben, bald das Donnern Eurer Geschütze zu hören. Der Führer hat Euch gerufen. Ihr seid, wie in alten Zeiten des Sieges, zum Sturm angetreten. Berlin wartet auf Euch, Berlin sehnt Euch mit heißem Herzen herbei.«

Die Flugblätter verrieten ebenso die Hand Goebbels' wie eine Flüsterpropaganda, die sich über die erwachende Stadt ausbreitete und in der von all den geheimnisvollen Armeen die Rede war, die angeblich von allen Seiten auf Berlin vorstießen und die Stadt in wenigen Tagen erreichen würden. Aber auch alle anderen Illusionen tauchten darin auf: Sonderfrieden mit den Westmächten, ja amerikanische Armeen, die unterwegs nach Berlin waren, um die Russen zu vertreiben. Die Gerüchte eilten von Mund zu Mund, von Keller zu Keller. Sie genügten, um die Massen der einfacheren Herzen anzurühren und noch einmal alle Lebensinstinkte, allen Behauptungswillen gequälter, von Furcht geschüttelter Menschen zu wecken.
Für die Anspruchsvolleren aber, für diejenigen, die wenigstens in Grenzen realistisch dachten, eilten Boten mit Sonderausgaben der wenigen noch gedruckten Zeitungen durch die Stadt. Sie enthielten Leitartikel, welche die politischen Hintergründe der Verteidigung Berlins, so wie sie am Abend des 22. April entwickelt worden waren, darstellten.
Sie deuteten nur an und entsprachen damit der Schleierhaftigkeit der Hintergründe selbst. Aber die Menschen lasen sie genau. Selbst die unklarste und verschwommenste Andeutung wucherte auf dem Boden ihrer Hoffnungsbereitschaft.
An der Spitze standen Artikel des alten Scherl-Journalisten Dr. Otto Kriegk, der – mit der Fähigkeit begabt, sich in wechselnde Vorstellungswelten zu begeben und sie zu seinen eigenen zu machen – Goebbels' Propagandalinie seit Jahren verfallen war. Er hatte durch

Naumann von den Ergebnissen gehört. Auch er hatte sich in seinen Artikeln seit Monaten immer mehr auf die Illusion zurückgezogen, daß es zwischen Ost und West zu einem Bruch kommen müsse und daß man im Westen die Bedeutung Deutschlands und des Nationalsozialismus als Verteidiger Europas gegen den Bolschewismus erkennen werde. Jetzt schrieb er:

»Die Verteidigung der Reichshauptstadt leitet der Führer, der sich entschlossen hat, inmitten der Bevölkerung Berlins die Aufgabe der Rettung der Reichshauptstadt zu bewältigen. Von allen Seiten werden zur Stunde Verbände an Berlin herangeführt. Es ergibt sich aus einem Gesamtüberblick über die augenblickliche Lage an allen Brennpunkten der Kämpfe in der Stadt und in der Umgebung, daß eine Aufrechterhaltung ... des Widerstandes ohne weiteres möglich ist und daß darüber hinaus auch die Möglichkeit für Angriffsoperationen gegeben ist. Der Kampf um die Reichshauptstadt hat eine militärische und politische Chance, die ohne weiteres zugunsten Deutschlands gewonnen werden könnte, wenn die Truppe und die Bevölkerung der Reichshauptstadt einige Tage lang durchstehen. Auch vom strengen militärischen Gesichtspunkt aus ist der Kampf um Berlin zu gewinnen ... Die deutsche Widerstandskraft, von der in diesen Tagen nicht nur unser eigenes Schicksal, sondern die Zukunft des Erdteils Europa einschließlich der zu ihm gehörenden Inseln und aller benachbarten Landschaften abhängt, hat sich nicht etwa unter dem schweren Druck der Angriffe an allen Fronten gemindert. Die deutsche Widerstandskraft ist in den letzten Stunden konzentriert und dadurch zu einem noch stärkeren Faktor der europäischen Zukunft geworden.
Die Bevölkerung der Reichshauptstadt, die fast unmittelbar hinter den Kampflinien arbeitet und alle nur denkbare Hilfe leistet, ist fest davon überzeugt, daß die Abwehr nicht etwa an den augenblicklichen Kampflinien, sondern mit dem Zurückschlagen der Bolschewisten aus dem Gebiet der Reichshauptstadt gelingt ... Jeder Berliner wird sich heute – wenn auch nur durch einen Blick aus seinem Fenster auf seine Straße oder seinen Platz – davon überzeugen können, daß Verteidiger und Waffen in großer Zahl zur Verfügung stehen. Die Berliner wissen, daß die Verteidigung ihrer Stadt nicht nur von innen, sondern auch von außen her geführt wird und daß dafür Verbände zur Verfügung gestellt werden, welche der Befehl ursprünglich in eine andere Richtung führte. Jedermann weiß jetzt,

daß der Führer inmitten der Bevölkerung der Reichshauptstadt steht und daß die von ihm geführte Verteidigung über Kräfte verfügt, die der Feind in seine Berechnungen nicht einschließen konnte.
Deutschlands Aufgabe ist es, den Boden Europas soweit wie möglich vom Bolschewismus freizuhalten oder aber die Voraussetzung für eine Wiederbefreiung zu schaffen. Das deutsche Volk kann dabei nicht fragen, ob in letzter Minute noch jemand dieser eigentlich jedes europäische Volk um seiner selbst willen angehenden Aufgabe beitreten will. Wir haben alles getan und nichts versäumt, um den europäischen Völkern klarzumachen, daß die uns vom Schicksal gestellte Aufgabe sie genauso umfaßt wie uns. Wir haben darauf die Antwort des Achselzuckens oder der Feigheit von Millionen von Europäern, wir haben vom britischen, vom französischen Volk und von den USA die Antwort der Mobilisierung des Bolschewismus gegen Deutschland und der Kapitulation unserer westlichen Feinde vor dem Bolschewismus erhalten. Wir können nicht mehr fragen, wir können nur noch kämpfen und für die Abwehr des Bolschewismus von Berlin so viel einsetzen, wie nur irgend möglich ist. Wir können auch nicht mehr warten, bis über unsere Feinde im Westen der Schrecken des Grauens vor ihrer eigenen politischen Dummheit kommt.
Wir legen keinen Wert darauf, die Entscheidungen, die jetzt in London und Washington getroffen werden müssen, mit unserer aufs äußerste zugespitzten schicksalhaften Aufgabe in unmittelbare Verbindung zu bringen. Wir stellen nur fest, daß die politische Krise in Washington zeigt, daß unsere Linie der politischen Kriegführung bisher richtig war und daß deshalb auch die Entscheidung, alles für den von größter Zuversicht getragenen Abwehrkampf in Berlin einzusetzen, richtig sein muß.«

So hastig und illusorisch Kriegks Worte auch konzipiert waren, sie trugen entscheidend dazu bei, die Woge der Hoffnung zu entzünden, die am Vormittag des 23. April Berlin zu erfassen begann. Es hätte kaum noch des Wortschwalls bedurft, den auch Dr. Naumann über die Berliner herabregnen ließ:

»An der Spitze der Verteidigung Berlins steht der Führer. Diese Tatsache allein schon gibt dem Kampf um Berlin sein einmaliges und entscheidendes Gesicht. Der zum 20. April vorgesehene Sieg der

Bolschewisten ist verhindert worden. Das Wort des Führers wird bestehen: Berlin bleibt deutsch, und Europa wird nicht russisch. Schon sind in verschiedenen Räumen die Kräfte aufmarschiert und bereitgestellt, die Berlin dabei unterstützen werden, den Bolschewisten eine entscheidende Niederlage beizubringen und damit die Lage Deutschlands grundlegend zu ändern. Die Verteidiger der Reichshauptstadt haben bei der Nachricht von dem schnellen Aufmarsch bewährter Verbände neuen Mut gefaßt und kämpfen mit Trotz und Verbissenheit in der festen Hoffnung, bald das Donnern der Geschütze der angreifenden Reserven zu hören.«

Am Vormittag des 23. April drängten von Osten, Norden und Süden die auf Berlin zurückgeworfenen Truppen in die Außenbezirke der Stadt.
Von Tegel über Reinickendorf, Weißensee, Lichtenberg, Köpenick, den Teltowkanal, Stahnsdorf bis zu den Havelseen saß ihnen die hoffnungslose Übermacht der sowjetischen Armeen auf den Fersen. Sie setzten sich in den Außenbezirken Berlins hinhaltend zur Wehr. Manche waren von Erinnerungen an Stalingrad gezeichnet. Sie waren besorgt, in den Ruinen Berlins in Straßenkämpfe verstrickt zu werden. Versprengte Einheiten, Reste völlig aufgeriebener Batterien ohne Geschütze und Munition lagerten an den Straßenrändern oder suchten Schutz in Ruinen und Kellern. Im Norden und Süden hatten sich die Truppen mit Strömen von Flüchtlingen vermischt, die durch die dortigen Außenbezirke der Stadt nach Westen zu entkommen suchten – ein Gewirr von Lastkraftwagen, Lafetten, Feldküchen, Sanitätswagen, Tankwagen, Leiterwagen, Schubkarren, Kinderwagen, Fahrrädern, eine graue, stumpfe, erschöpfte Masse, ausgepumpt, zweifelnd und verzweifelnd, Soldaten in allen erdenklichen Uniformen oder halbem Zivil, erschöpfte, ratlose Frauen, wimmernde Kinder.
Geschütze und Panzer gingen an Straßenecken in Stellung. Pionierkommandos legten Sprengladungen an. Flakartillerie fuhr auf. Kabel und Telefonschnüre zogen sich über aufgerissenes Pflaster. Aber die bleichen Gesichter der Berliner, die unschlüssig in den Außenbezirken geblieben waren und durch die noch heilgebliebenen Fenster ihrer Wohnungen oder durch ihre Kellerluken auf die Truppen in den Straßen hinausblickten, hatten bis dahin nur Paraden oder exakte, saubere deutsche Soldaten gesehen. Jetzt sahen sie die Wirklichkeit des Frühjahrs 1945: verdreckte, ermüdete, dezi-

mierte Haufen, aus Luftwaffe, Heer und Arbeitsdienst vermischt. Sie sahen Fahrzeuge, die in den Straßen liegenblieben, weil ihnen der Treibstoff fehlte oder weil die Pferde zusammenbrachen. Sie begriffen, daß dieses übermüdete, seit Jahren zehn- und mehrfacher Überlegenheit gegenüberstehende Heer die Oderfront nicht hatte halten können; daß alle Berichte der Berliner Zeitungen, der Rundfunksprecher über dieses Heer und diese Front nicht der Wirklichkeit entsprachen. Sie begannen, ihre Hoffnungen, daß die Front am Rande Berlins noch einmal zum Stehen kommen werde, zu begraben.

Neue Scharen von Zivilisten brachen auf. Sie drängten sich vor den S- und U-Bahnhöfen, um mit den wenigen noch fahrenden Zügen wenigstens ein Stück nach Westen zu kommen. Währenddessen schoß in immer neuen Intervallen die sowjetische Artillerie und jagten sowjetische Tiefflieger über die Häuser oder Ruinen.

In den Morgenstunden enthob Hitler, von Goebbels gedrängt, den bisherigen Kampfkommandanten von Berlin seines Amtes. Der von Zweifeln gequälte General Reimann schien nicht geeignet, unter Aufgebot jedes, auch des brutalsten Mittels ein letztes großes Spiel zu spielen. An seine Stelle sollte ein Oberstleutnant namens Kaether – dem Vernehmen nach ein Angehöriger des NS-Führungsstabes – treten. Er fiel jedoch wegen Verwundung oder Erkrankung aus, noch bevor er sein Amt übernehmen konnte. Dafür wurde ein anderer Oberstleutnant namens Bärenfänger zum Kampfkommandanten ernannt. Der Siebenundzwanzigjährige war Träger des Eichenlaubs mit Schwertern zum Ritterkreuz des Eisernen Kreuzes. Er hatte den ganzen Krieg als Infanterist in vorderster Front mitgemacht. Er war ohne Zweifel ein tapferer und von seinen Untergebenen geachteter Soldat. Aber er war auch, wie Millionen andere, ohne Kenntnis der wirklichen Umwelt, ohne tieferes politisches Wissen, ohne Weitblick und noch erfüllt vom Glauben an die Weisheit Hitlers. Er schien Hitler und seiner Umgebung geeignet, bis zum letzten Atemzug für sie zu kämpfen. Innerhalb weniger Tage wurde er zum Generalmajor ernannt.

Er wurde einer der tragischen jungen Idealisten jener Tage und mit oder ohne seinen Willen zum Mittelpunkt aller Gläubigen, die, ohne nach rechts oder links sehen zu können, fünf Jahre lang als Soldaten gekämpft hatten. Die Greueltaten der sowjetischen Armee hatten sie jeden Zweifels darüber enthoben, daß rücksichtslos bis zur letzten Möglichkeit gekämpft werden müsse. Ihre Tragik bestand darin, daß sie zu den Werkzeugen wurden, die Hitler und Goebbels brauchten, um das letzte Spiel um die Illusionen einer Schicksalswende zu spielen.

Aus den SS- und SD-Ämtern, aus SS- und Polizeischulen, aus SS-Verbänden und Feldgendarmerie, SA und politischen Leitern rekrutierten sich zahlreiche Kommandos, die bis zum Mittag des 23. April überall in Berlin auftauchten. Sie begannen die Außenbezirke abzuriegeln, durch welche die auf Berlin zurückgedrängten deutschen Truppen in die Stadt zurückwichen. Ihnen folgten hastig zusammengestellte Standgerichte. Sie kannten keine Gnade. Unzutreffende Vergleiche mit den Helden der Befreiungskriege oder des Siebenjährigen Krieges standen vor ihren Augen. Einem Wahn folgend, von einer Atmosphäre überhitzten Heroismus vergiftet, gingen sie erbarmungslos gegen jeden vor, der nicht für das Phantom, an das sie sich klammerten, kämpfen wollte. Die ersten Erhängten baumelten an den Straßenlaternen genauso, wie sie in Danzig oder Königsberg und in zahllosen anderen Städten des Ostens erhängt worden waren. An ihren Leibern waren hastig geschriebene Schilder befestigt: »Ich hänge hier, weil ich zu feige bin, die Reichshauptstadt zu verteidigen.« – »Ich hänge hier, weil ich ein Defätist bin.« – »Wer zu feige ist, für das Vaterland zu kämpfen, stirbt den Tod der Schande.« – »Ich hänge hier, weil ich nicht an den Führer glaubte.« – »Ich bin ein Deserteur, deswegen werde ich die Schicksalswende nicht mehr erleben.« – »Alle Verräter werden sterben, so wie dieser starb.«

Gegen Mittag wurde die Aufteilung der Stadt in mehrere Verteidigungsbereiche bekannt. Die Innenstadt wurde zerniert. Niemand konnte sie mehr ohne besonderen Ausweis betreten oder verlassen. Hier übernahm der SS-Brigadeführer Mohnke mit einigen Tausend SS-Leuten die Vorbereitung der Verteidigung. In den Außenbezirken aber sorgten die Auffangkommandos dafür, daß jeder Soldat und jeder halbwegs kampffähige Mann, ohne Rücksicht auf Verwundung oder Krankheit, aufgerafft und in Alarmeinheiten gestopft wurde.

Transportzüge mit Waffen und Munition, die auf den Berliner Bahnhöfen zusammengedrängt waren, wurden von Frauen entladen. Den Soldaten und Volkssturmleuten drückte man die Waffen in die Hand. Die neuen, wahllos zusammengewürfelten Einheiten wurden in die Verteidigungsbezirke hinausgeschickt.

Der allerletzte Ersatz aus den Berliner Kasernen erschien notdürftig bewaffnet auf den Straßen, die zu den Außenbezirken führten. Es handelte sich entweder um Kranke, Genesende oder aber um Sechzehn- und Siebzehnjährige, die kaum oder überhaupt noch nicht ausgebildet waren. Sie wurden von Westen her durch verschiedene Bezirke der Stadt geführt, um der Bevölkerung den Anmarsch von Verstärkungen vorzutäuschen.

Den Fünfzehn-, ja manchmal nur Zwölfjährigen der Berliner Hitlerjugend wurden flüchtig Gewehre, Maschinengewehre und Panzerfäuste erklärt. Dann zogen auch sie nach Norden, Osten oder Süden in die Außenbezirke hinaus. Niemand weiß, was in ihrem Führer Axmann vorging, während er in die mageren Gesichter der Berliner Jungen unter den zu großen Stahlhelmen sah. Er war kein Mann ohne menschliches Empfinden. Aber auch ihn beherrschte der noch einmal geweckte Glaube, daß es um die Entscheidung für ungezählte zukünftige Generationen gehe und daß für die Größe dieser Entscheidung jedes augenblickliche Opfer, auch das Opfer der Kinder, die von den Tagen ihrer frühesten Kindheit an nichts anderes gehört hatten, als daß Hitler Deutschland und Deutschland Hitler sei, einmal vor der Geschichte gerechtfertigt sein werde.

Es war ein düsteres Schauspiel, wie innerhalb weniger Stunden Gläubigkeit und Fanatismus die Stadt, die schon dabei war, sich aufzugeben, in einen gnadenlosen Kampf hineinzwangen.

Als die Nacht zum 24. April über Berlin herabsank, hatte sich die Stadt noch einmal verwandelt. Die sowjetischen Kolonnen, die an den verschiedensten Stellen weiter in das Straßengewirr einzudringen versuchten, bemerkten, daß sich eine Veränderung vollzogen hatte. Aus dem hinhaltenden Widerstand einzelner deutscher Gruppen wurde ein zäherer Kampf. Sie wußten nichts von den Illusionen, die über Berlin lagen und in fünf Hoffnungen gipfelten: der Armee Wenck, der 9. Armee, der Kampfgruppe Steiner, der Heeresgruppe Schörner und einem Sinneswandel der westlichen Alliierten. Sie hätten auch keine dieser Hoffnungen begriffen, weil sie nicht in einer versinkenden Welt der Selbsttäuschungen zu kämpfen brauchten, sondern als sichere Sieger in der Welt der Wirklichkeit.

Unterdessen hatten sich Keitel und Jodl am Abend des 22. April auf den Weg gemacht, um den Entsatz Berlins, den sie Hitler verheißen hatten, in die Wege zu leiten.

Vor allem wollten sie die bedrängte Heeresgruppe Weichsel, die um das nackte Leben kämpfende 9. Armee, die vom Norden her abge-

schnittene Heeresgruppe Schörner und den Torso der Armee Wenck mit dem Gedanken an ein einziges Ziel erfüllen: Entsatz für Hitler in Berlin!
Keitel selbst fuhr durch den sinkenden Abend nach Südwesten, um Wenck zu suchen. Zum ersten Male begab er sich aus dem wirklichkeitsfremden, ganz von Hitler überschatteten Umkreis des Oberkommandos der Wehrmacht und des Führerhauptquartiers in ein Frontgebiet.
Sein Weg führte westlich und südwestlich von Berlin über Straßen, die immer wieder von Flüchtlingskolonnen verstopft waren. Er sah die Elendszüge sowjetischer Kriegsgefangener, die aus bedrohten Lagern nach Westen getrieben wurden. Er mußte, sofern er seine Augen nicht verschloß, die Verzweiflung, die Pein und das Gehetztsein aus den Gesichtern der Menschen lesen, die sich häufig in den Straßengräben duckten, um dem Feuer der Tiefflieger zu entgehen.
Wahrscheinlich aber hatte er schon zu lange in seiner illusorischen Welt gelebt, um noch den Mut zur Wirklichkeit aufzubringen. Wahrscheinlich betrachtete er es sogar als Zeichen eigenen Heroismus, wenn er sich mit Härte wappnete und die Bilder der Flucht und des vieltausendfachen Jammers nicht an sich herankommen ließ, um seiner vermeintlich historischen Aufgabe zu dienen.
Keitel traf bei Einbruch der Nacht in Wiesenburg südwestlich von Belzig in der Mark ein. Hier hatte sich am 22. April der Stab des XX. Armeekorps unter General Köhler eingerichtet, dessen Divisionen die einzigen kampffähigen Verbände der Armee Wenck bildeten. Einige Stunden später, um 1 Uhr nachts, traf Keitel in der Oberförsterei »Alte Hölle« bei Wiesenburg ein, wo sich Wenck aufhielt.
Die Situation der 12. Armee war in dieser Nacht anders, als man sie sich in Berlin vorstellte.
Ihr Operationsgebiet reichte jetzt von der Linie Wittstock, Altruppin, Herzberg, Kremmen-Ruppiner Kanal im Norden bis in den Raum südlich Magdeburg, Dessau, Wittenberg. Im Westen hatten die Amerikaner fast überall Elbe oder Mulde erreicht. Westlich der Elbe standen noch kleine Gruppen der Armee zwischen Dessau und Bitterfeld im Kampf. Wenck hatte sich außerstande gesehen, an dem seinerzeit für den 16. April befohlenen Angriff zur Befreiung der eingeschlossenen 11. Armee im Harz teilzunehmen. Zu diesem Zeitpunkt war nur die Infanteriedivision Scharnhorst westlich der

Elbe in ihrem Aufstellungsraum um Dessau–Roßlau einsatzbereit gewesen. Die Division Ulrich von Hutten wurde gerade erst verfügbar. Mit der Division Theodor Körner hatte Wenck nicht vor dem 19. April rechnen können; von der Division Friedrich Ludwig Jahn, die in ihrer Aufstellung noch am weitesten zurück war, ganz zu schweigen.

Wencks nördlichstes Korps, das XLI. Panzerkorps unter General Holste, hatte seinen Abschnitt am Elbufer nordwestlich und westlich Berlin um Havelberg, Fehrbellin, Rathenow, Genthin und Brandenburg erst am 17. April übernehmen können. Es verfügte über keine geschlossenen Divisionen. Ihm fehlten die notwendigen Kraftfahrzeuge und Nachrichtenmittel.

Das südliche Korps, das XX. Armeekorps unter General Köhler im Gebiet um Zerbst, Dessau, Wittenberg, Belzig, hatte seinen Abschnitt auch erst zwei Tage vorher, am 15. April, übernehmen können. Die Armee hatte keine Panzer. Die Zahl der vorhandenen Sturmgeschütze aus der Sturmgeschützschule in Burg war unzureichend. Außer einigen ortsfesten oder an die Schienenwege gebundenen Flakgruppen, vor allem im Raum von Zerbst, gab es keine Fliegerabwehr. Von einer Hilfe in der Luft konnte nicht die Rede sein.

Wenck hatte daher nicht an dem Befreiungsangriff für die 11. Armee, der am selben Tage begonnen hatte, an dem die sowjetische Offensive an Oder und Neiße losgebrochen war, teilgenommen. Das Schicksal des XXXIX. Panzerkorps, das am 16. April befehlsgemäß aus dem Raum um Uelzen über Braunschweig nach Süden angegriffen hatte, hatte Wenck von der Richtigkeit seines Handelns überzeugt. Im Gebiet von Fallersleben waren die unfertigen Teile der Panzerdivision Clausewitz und der Division Schlageter, die gar nicht mehr der 12. Armee unterstellt worden waren, nach einem erbitterten Kampf ihrer jungen Soldaten zersprengt worden. Die letzten Reste waren am 21. April vernichtet worden.

Wencks Realismus hatte ihn ohne Rücksicht auf die Befehle des Oberkommandos der Wehrmacht davon abgehalten, Unmögliches zu versuchen. Und nur der Tatsache, daß Wenck sich gleich nach der Übernahme seines Kommandos entschlossen hatte, nur noch das für die Bevölkerung wie für die Soldaten Vertretbare zu tun, hatte es Keitel zu verdanken, daß es überhaupt so etwas wie eine 12. Armee gab, deren Führer er die Befehle Hitlers übermitteln konnte.

Doch seit Konjew und Shukow in seinem Rücken über Oder und Neiße vorgestoßen waren, seit Konjews Panzerkolonnen sich in den Raum südlich von Berlin hineinfraßen und seit schließlich Scharen abgehetzter Flüchtlinge die Straßen im rückwärtigen Armeegebiet belagerten, hatte Wenck seine eigenen Vorstellungen über das, was ihm zu tun blieb und zu tun möglich war, nämlich eine Verteidigungsfront nach Osten aufzubauen und alles, was sich an Zivilisten und Verwundeten in seinem Armeebereich befand, so lange wie möglich vor einem sowjetischen Überrollen zu bewahren. Er wußte, daß sein XLI. Panzerkorps aus Kräftemangel ungeeignet für größere Operationen war und daß auch die Operationsmöglichkeiten seines XX. Armeekorps große Bewegungen völlig ausschlossen. Die stärkste Kampfkraft, über die er noch verfügte, bestand aus der von Zweifeln noch nicht getrübten Glaubenskraft von Offiziersanwärtern und Jungen des Reichsarbeitsdienstes. Mit diesen Kräften ließ sich vorbehaltlich der Duldung durch die Amerikaner westlich der Elbe ein Abmarsch der Zivilbevölkerung über den Strom nach Westen decken. Es setzte allerdings voraus, daß er mit seinen Kräften haushielt und sie vor sinnlosen Eskapaden bewahrte. Er war entschlossen, dies und nichts anderes zu tun.

Er hatte schon den Frontwechsel nach Osten vorbereitet, stärkere Teile seiner Armee bereits in Marsch gesetzt und andere Teile an der Elbe und der Mulde nur noch eingesetzt, um den Abzug der Verbände gegenüber den Amerikanern zu verschleiern. Sonderkommandos waren damit betraut, sich der im Freien lagernden Flüchtlinge anzunehmen. Er selbst war Tag und Nacht unterwegs gewesen, um dafür zu sorgen, daß die Heimatlosen aus den Verpflegungskähnen, die wegen der Unterbrechungen der mitteldeutschen Kanäle in den Havelseen vor Anker lagen, versorgt wurden. Im übrigen hatte er angeordnet, den Zerstörungsbefehl Hitlers nicht zu befolgen und alle industriellen Anlagen gegen »politische« Sprengkommandos, die nicht seiner Armee unterstanden, zu sichern. Schließlich hatte er Anweisung gegeben, daß kein Kampfkommandant in seinem Armeebereich noch irgendeine Stadt als »Festung« verteidigte, sofern dies nicht für die Bewegungen der Armee notwendig war.

So geriet Keitel am Abend des 22. April aus der künstlich erhitzten Sphäre der Bunker-Illusionen der Reichskanzlei in eine Sphäre kühler Betrachtung der Wirklichkeit hinein. Aber er war auch hier nicht in der Lage, sich aus der Scheinwelt, in der er so lange gelebt hatte,

herauszubegeben, und Wenck hatte zuviel Erfahrungen im Umgang mit dieser Scheinwelt erworben, um den sinnlosen Versuch zu unternehmen, Keitel noch von der Wirklichkeit zu überzeugen.
Keitel entwickelte den Plan, der in Hitlers Bunker in fliegender Hast aufgestellt worden war, und Wenck stellte fest, daß es wieder ein Plan war, der sich auf eine Lagekarte stützte, auf der immer noch Divisionen angezeigt wurden, die längst zusammengeschmolzen und ausgeblutet waren.
Keitel erteilte Wenck den Befehl, über die Linie Wittenberg und Niemegk nach Osten in Richtung Jüterbog anzugreifen. Dort solle er sich mit der 9. Armee vereinigen, die sich von der Oder zurückkämpfen werde. Dann solle er zusammen mit der 9. Armee nach Norden vorbrechen und Berlin entsetzen. Er sprach von dem »Willen des Führers«, demzufolge dieser Angriff erfolgen müsse. Er hatte die Phraseologie des Hauptquartiers und seine krampfhafte Aufrechterhaltung der Siegesidee so in sich aufgenommen, daß er auch hier draußen, wo er die mangelhafte Ausrüstung der jungen Soldaten Wencks hätte sehen müssen, unfähig war, mit anderen Worten zu sprechen.
Wenck war sich von vornherein darüber klar, daß ein Entsatz Berlins mit seinen schwachen Divisionen ohne Panzer und ohne Artillerie ein aussichtsloses Unternehmen war. Er wußte, daß er niemals mehr den Ring gewaltiger Übermacht, der sich um Berlin schloß, würde durchbrechen können und daß der Versuch nur mit der Opferung der jungen Menschen erkauft werden könne, die seinem Befehl unterstellt waren. Einen Entsatz für Berlin gab es nicht mehr. Hatte aber ein Angriff nach Nordwesten, wie Keitel ihn befahl, mehr Sinn?
Wenck war sich aus Funkmeldungen ungefähr im klaren über die verzweifelte Lage der 9. Armee, über die Hunderttausende von Soldaten und Zivilisten, die dort eingekesselt um ihr Leben kämpften. Bis in den Raum von Jüterbog vorzustoßen und der 9. Armee den Weg nach Westen öffnen zu helfen, schien ihm möglich, ohne daß dabei seine Armee ausbluten und er alles, was sich jetzt unter ihrem Schutz an Menschen zusammendrängte, hilflos zurücklassen mußte. Es schien möglich, die Aufgabe der Befreiung der 9. Armee mit der Aufgabe zu verbinden, die Massen in seinem Armeebereich so lange wie möglich vor den sowjetischen Armeen zu schützen und ihnen einen Weg nach Westen offenzuhalten.
Diese Gedanken bewegten Wenck, während Keitel ihm mit einer

Flut von Worten klarzumachen suchte, daß ein Zerfall der gegnerischen Koalition dicht bevorstehe. Da Hitler sich weigerte, Berlin zu verlassen, käme nun alles darauf an, den Führer in Berlin selbst zu entsetzen und sein Leben zu erhalten. Als Keitel sich gegen drei Uhr morgens von Wenck verabschiedete, nahm er Wencks doppelsinnige Versicherung mit, daß dieser alles tun werde, um die kampffähigen Divisionen seiner Armee weiter auf dem schnellstmöglichen Wege nach dem Osten zu verlegen und nach Nordwesten anzugreifen. Aber Keitel sprach von der Befreiung des Führers und von einem Entsatz Berlins als der Stadt, die Hitler nicht mehr verlassen wollte. Wenck sprach von einem Angriff nach Nordwesten und der Befreiung der 9. Armee. Und nur ein ungeheueres Wunder, eine unerwartete Gunst des Augenblicks hätte ihn veranlassen können, seine sinnvollen Absichten durch einen Vorstoß nach Berlin in sinnlose Opfer zu verwandeln.

Als Keitels Wagen in der Nacht verschwand, um nach Kranepuhl zum Gefechtsstand der Division Scharnhorst zu fahren und damit zum ersten Male, seit der zweite Weltkrieg ausgebrochen war, eine Frontdivision aufzusuchen, sah Wenck ihm schweigend nach. Vielleicht empfand er eine Spur unzeitgemäßen Mitleids für den Mann, dessen Geist immer zu beschränkt und dessen Wille immer zu schwach gewesen war, um ihn zu etwas anderem zu befähigen als zu einem Sprachrohr des Stärkeren, der jetzt in Berlin seinem Untergang entgegenging.

In denselben Nachtstunden, in denen Keitel im Bereich der Armee Wenck unterwegs war, verließen noch immer Gruppen der Berliner Ministerien und Amtsstellen die Reichshauptstadt. Parteiämter siedelten nach dem Süden über, Ministerien nach Norden. Aus Hitlers engstem Umkreis verabschiedeten sich noch in der Nacht der Admiral v. Puttkamer, der Adjutant Schaub, der Leibarzt Professor Morell, Stenographen und Sekretärinnen.

Mit diesen Gruppen verließ auch der Generalstabschef der Luftwaffe, General Koller, Berlin, um sich nach Süden zu begeben und von dort den aussichtslosen Versuch zu unternehmen, die Überreste der Luftwaffe bis zum unvermeidlichen Ende halbwegs zusammenzuhalten.

Bevor Koller nach Süden flog, hatte er nicht nur General Christians Bericht über die Ereignisse während Hitlers erstem Zusammenbruch am 22. April gehört. Er hatte sich auch vergewissert, daß Hit-

lers erstaunliche Worte über die Rolle, die Göring spielen könne, wirklich zutrafen.
Koller hatte sich nach Krampnitz begeben und hatte sich von Jodl noch einmal den Satz wiederholen lassen, in dem Hitler Görings Nachfolgerschaft anzuerkennen und Göring Vollmachten für Verhandlungen mit dem Westen zu erteilen schien. Koller wurde sich nicht klar darüber, daß sich inzwischen noch einmal eine Wandlung vollzogen hatte.
Er flog in der Frühe des 23. April – um 2.30 Uhr – von Gatow nach München und meldete sich am Mittag um 12 Uhr bei Göring, der inzwischen in Berchtesgaden eingetroffen war.
Er glaubte, eine Mission zu erfüllen, indem er Göring über Christians Bericht und dessen Bestätigung durch Jodl informierte. Die Wirkung auf Göring war zwiespältig. Nach dem eisigen Abschied von Hitler mußte ihm dessen Entscheidung unglaubwürdig erscheinen. Aber dann lebte Göring sehr schnell auf. Sein unbezähmbar-verderbliches Geltungsbedürfnis wurde wieder wach.
Seit 1943 sah er sich wegen seiner Mißerfolge in den Hintergrund gedrängt. Jetzt witterte er eine Aufgabe, die ihn wieder in den Vordergrund schob. Seine Phantasie schwelgte in der Vorstellung eines schnell geschlossenen Verhandlungsfriedens mit den westlichen Alliierten. Er war in seiner Eitelkeit voller Illusionen über die Einstellung führender Militärs und Politiker der Westmächte zu seiner Person. Diese Naivität, die ihn immer gekennzeichnet hatte, ließ ihn glauben, daß man ihn im Westen mit offenen Armen aufnehmen und seinen Rang als Reichsmarschall respektieren werde.
Immerhin vergaß er nicht, wie sehr Bormann ihn haßte und daß Bormann sich niemals mit ihm als Nachfolger Hitlers abfinden würde. Er fürchtete Bormanns Tücke, ja, eine Falle, die man ihm vielleicht stellen wollte. Deswegen ging er nach einiger Überlegung vorsichtig zu Werke. Er besprach sich mit dem Reichsminister Lammers, der auch nach Süddeutschland übergesiedelt war, um festzustellen, ob eine ältere Verordnung Hitlers vom Juni 1941, in der er für den Fall von Hitlers Ableben zu dessen Nachfolger ernannt worden war, unverändert geblieben war. In seiner wachsenden Verbitterung hätte Hitler ohne sein Wissen eine andere Verfügung erlassen können. Aber Lammers versicherte, daß dies nicht der Fall sei.

Nach langen weiteren Erwägungen unterzeichnete Hermann Göring schließlich am Nachmittag des gleichen Tages ein Telegramm an

Hitler, das ihm endgültige Gewißheit über dessen Haltung verschaffen sollte.
Er ließ das Telegramm gleichzeitig an Keitel, Ribbentrop, Goebbels und seinen Luftwaffenadjutanten, v. Bredow, übermitteln. Er fürchtete, daß Bormann den Text fälschen und Hitler diese Fälschung vorlegen könne. Die endgültige Fassung lautete:

»Mein Führer! Sind Sie einverstanden, daß ich nach Ihrem Entschluß, in Berlin zu bleiben und Berlin zu verteidigen, auf Grund Ihres Erlasses vom 2. 6. 1941 nunmehr die Gesamtführung des Reiches mit allen Vollmachten (mit voller Handlungsfreiheit) nach innen und außen übernehme? Wenn ich bis 22 Uhr keine Antwort erhalte, nehme ich an, daß Sie Ihrer Handlungsfreiheit beraubt sind, und werde ich nach eigenem Ermessen handeln. Was ich in dieser schweren Stunde meines Lebens für Sie empfinde, kann ich nicht aussprechen. Der Herrgott schütze Sie, und ich hoffe, daß Sie doch noch aus Berlin hierherkommen. Ihr getreuer Hermann Göring.«

Wenige Stunden später beleuchteten im Luftschutzkeller des schwedischen Konsulats in Lübeck einige Kerzen notdürftig eine weitere Szene im gespenstischen Spiel um das Ende. Ihr Schein fiel auf Himmlers schlaffes, vor Nervosität zuckendes Gesicht, während er sich mit dem schwedischen Grafen Bernadotte unterhielt.
Himmler hatte sich am Nachmittag des 22. April, nachdem er vergebens versucht hatte, Hitler telefonisch zum Verlassen Berlins zu bewegen, auf Drängen des Chefs des SS-Hauptamtes, Berger, aus Hohenlychen in Richtung auf Berlin in Bewegung gesetzt. Ihm voraus fuhr sein Begleitbataillon, das er Hitler für den Kampf um Berlin zur Verfügung stellen wollte.
Er hatte allerdings nicht mehr die Entschlossenheit aufgebracht, selbst bis zur Reichskanzlei zu fahren, sondern war in Nauen zurückgeblieben, um dort auf Fegelein, seinen Verbindungsoffizier bei Hitler, zu warten, der ihm entgegenkommen sollte. Berger war weiter zur Reichskanzlei gefahren.
Im Laufe der Nacht auf den 23. April hatte Himmler sich dann mit Fegelein nach Hohenlychen begeben und dort die Einzelheiten über die Ereignisse des 22. April, über Hitlers Gesundheitszustand, über seinen Zusammenbruch und über seinen Entschluß, in Berlin zu sterben, vernommen.
Hier lag für ihn wie für Göring der entscheidende Impuls für den

Entschluß zu einer Aktion, deren Durchführung er sich fast ein dreiviertel Jahr lang aus Beschränktheit, Schwäche, Unfähigkeit und Wankelmütigkeit versagt hatte. Er ließ sich durch den Chef des Auslandsnachrichtendienstes seines Reichssicherheitshauptamtes, den SS-Brigadeführer Schellenberg, dazu bewegen, den Westmächten über den Grafen Bernadotte, der seit dem Februar 1945 im Auftrag des Schwedischen Roten Kreuzes mit Himmler über den Abtransport norwegischer und dänischer Internierter aus deutschen Konzentrationslagern verhandelte, einen Sonderfrieden im Westen anzubieten.

Der Brigadeführer Schellenberg war zwar innerhalb der SS großgeworden, gehörte aber zu einem Teil der dort vertretenen Intelligenz, der sich verhältnismäßig früh und in Grenzen über die begangenen ideologischen, menschlichen, politischen und militärischen Irrwege klargeworden war. Er verfocht, ohne den Nationalsozialismus zu verwerfen, die Idee einer Umwandlung des Systems, die von der Intelligenzschicht der SS getragen werden sollte. Dazu gehörten eine Beendigung des Krieges und eine Beseitigung Hitlers. Er war der Ansicht, daß eine solche mehr oder weniger gewaltsame Veränderung nur mit Hilfe Himmlers und des SS-Machtapparates möglich sei.

Einer seiner Vertrauten war der Hauptschriftleiter der weitverbreiteten illustrierten Zeitung »Signal«, Wirsing, der Schellenberg seit Februar 1945 mit relativ realistischen Lageberichten versah, die dieser an Himmler weitergab und die immer wieder die These des Sonderfriedens im Westen zugunsten eines Behauptungskampfes im Osten vertraten. Auch Wirsing neigte zu der Überzeugung, daß Hitlers Macht nur durch den Machtapparat Himmlers gestürzt werden könne.

Er wie Schellenberg gaben sich dabei nicht der Illusion hin, mit Himmler als neuem Staatschef zu irgendeiner dauernden Vereinbarung mit den westlichen Alliierten zu gelangen. Sie waren sich darüber im klaren, daß Himmler nur als Werkzeug des Umsturzes benutzt werden konnte. Die Schwierigkeit ihrer Pläne lag darin, Himmler zum Vollzug dieses Umsturzes zu bewegen, ohne ihm zu sagen, daß sein eigener Sturz folgen werde.

Sie sahen auch hinsichtlich der Haltung der Westmächte um eine Spur klarer als die Illusionisten in der Reichskanzlei. Sie wußten um die alliierten Konferenzen in Casablanca und Teheran. Aber sie hatten bis zum Ausgang der Ardennenoffensive gehofft, daß die Aussicht, durch einen Waffenstillstand Blut zu sparen, die Westmächte dazu veranlassen könne, Sonderverhandlungen mit einem Deutschland zu führen, das von Hitler befreit war, auch wenn man sich vorübergehend Himmlers als eines Werkzeuges der Befreiung bedienen mußte. Sie hatten durch verschiedene teilweise dubiose Mittelspersonen Verbindungen nach dem Westen angeknüpft und zeitweise geglaubt, gewisse Anzeichen günstig deuten zu können. Aber im entscheidenden Punkt waren auch sie hoffnungslosen Illusionen gefolgt. Sie hatten zweifellos Himmlers politische Beschränktheit nicht verkannt und sogar danach getrachtet, sie auszunutzen. Verkannt aber hatten sie seine charakterliche Schwäche, seine Verlorenheit an Hitler und seine Unfähigkeit, zu handeln, solange er die Macht von Hitlers Persönlichkeit über sich wußte.

Für Augenblicke – vor allem während Himmlers Niederlagen in Pommern – hatten sie Himmler davon überzeugen können, daß der Krieg verloren war und daß er, Himmler, berufen sei, Hitler zu ersetzen und Deutschland zu retten. Aber sobald Himmler in den Bannkreis Hitlers geriet, versank er wieder in dem Sumpf seiner großdeutsch-germanischen Vorstellungen, Träume und Hoffnungen. Die langen vergeblichen Versuche, Himmler zum Handeln zu bewegen, hatten Schellenbergs Nerven aufgezehrt. In den Augenblicken, in denen Schellenberg seinen Einfluß auf Himmler hatte ausüben können, hatte sich Himmler wohl zu Gesprächen mit Bernadotte und auch zu dem einen oder anderen Entgegenkommen gegenüber norwegischen und dänischen Internierten bereit gefunden. Vielleicht bedrängte ihn dabei, wenn er unter Schellenbergs Vorstellungen den tatsächlichen Ernst der Lage erkannte, der verborgene Wunsch, im letzten Augenblick seine eigene Vergangenheit hinter einigen guten Taten zu verstecken. Auf jeden Fall war die Beschränktheit seiner Einsicht in die politische Wirklichkeit so unvorstellbar groß, daß er annahm, man werde ihn im Auslande als Vertreter Deutschlands ohne weiteres akzeptieren. Gleichzeitig beharrte er bei der Richtigkeit seiner Rassenvorstellungen, seiner rassischen Maßnahmen, vor allem gegenüber den Slawen. Schließlich glaubte er immer noch so fest an eine natürliche Verwandtschaft zwischen den »germanischen« Völkern, Amerika, England und Deutschland, daß er nicht daran zweifelte, Eisenhower und Montgomery würden ihn empfangen. Er war sicher, daß nur tragische Mißverständnisse das nationalsozialistische Deutschland von den vorwiegend germanischen Westmächten trennten, und glaubte, daß

er diese Mißverständnisse in persönlichen Gesprächen in kürzester Zeit ausräumen könne.
Schellenberg hatte offen mit Bernadotte gesprochen und Bernadotte gefragt, ob dieser bereit sei, als Vermittler zwischen Deutschland und den Westmächten zu dienen. Bernadotte hatte keinen Zweifel daran gelassen, daß er angesichts der seit Casablanca völlig erstarrten Haltung der Westmächte Sonderverhandlungen mit diesen für ausgeschlossen halte, hatte aber einen Versuch nicht abgelehnt.
Seither hatte Himmler selbst sich dreimal mit Bernadotte getroffen. Im wesentlichen hatte es sich dabei nur um einzelne Zugeständnisse für den Abtransport nordischer Gefangener gehandelt. Nur gelegentlich war das Gespräch im Februar und Anfang April auf das politische Gebiet hinübergeglitten. Aber Himmler hatte in seiner ängstlichen Unselbständigkeit noch keine Friedenswünsche im Westen ausgesprochen. Er hatte nur einmal auf die bolschewistische Gefahr hingewiesen und das Ende Europas prophezeit, wenn die deutsche Ostfront zusammenbräche. Er hatte zu erklären versucht, daß der zweite Weltkrieg ein Krieg zwischen Europäern und Asiaten sei. Ein Sieg der Alliierten werde der Untergang Europas sein. Allein in den letzten Wochen seien ungezählte deutsche Frauen im Alter von 16 bis 80 Jahren von der russischen Soldateska vergewaltigt worden. Er könne nicht verstehen, daß zum Beispiel Schweden nicht die Augen vor der unerhörten Gefahr aufgingen, die im Osten lauere. Bernadotte hatte Himmler erwidert, daß Deutschland ja doch selbst einmal mit Rußland verbündet gewesen sei und daß sich dies nicht mit dem zusammenreime, was Himmler gerade gesagt habe. Aber er erklärte sich am Nachmittag des 23. April, als er in der Nähe der deutsch-dänischen Grenze den Transport nordischer Internierter von Deutschland nach Dänemark überwachte und Schellenberg ihm plötzlich mitteilte, mit Hitler gehe es in Berlin zu Ende und Himmler wünsche eine Begegnung mit Eisenhower, zu einem Vermittlungsversuch bereit. Er wandte allerdings ein, es sei klüger, wenn Himmler seine Vermittlungswünsche an die schwedische Regierung richte. Im übrigen zweifle er daran, daß die westlichen Alliierten – gleich welche Enttäuschungen oder Einsichten über Stalin sich inzwischen ergeben hätten – eine Kapitulation an der Westfront ohne gleichzeitige Kapitulation im Osten annehmen würden. Eine Begegnung zwischen Himmler und Eisenhower schien ihm ebenso ausgeschlossen wie irgendeine zukünftige Rolle Himmlers, es sei denn bei der Durchführung der Kapitulation.

Es blieb unklar, ob Schellenberg Himmler über die Haltung Bernadottes voll und ganz informierte. Er befand sich in der Situation dessen, der endlose Monate darauf verschwendet hatte, ein Ziel zu erreichen, das er jetzt plötzlich vor Augen sah, und er wollte an diesem Ziel nicht vorübergehen.

So entstand das Zusammentreffen zwischen Himmler und Bernadotte in der Nacht vom 23. auf den 24. April. Himmlers Einschätzung der Lage in Berlin wurde schon aus seinen ersten Sätzen klar. Er begann das Gespräch mit den nervösen Worten: »Hitler ist sehr wahrscheinlich schon tot.« Er enthüllte die tatsächlichen Gründe seiner späten Bereitschaft zum Handeln, wenn er fortfuhr, Bernadotte hätte ihm in den früheren Gesprächen mehrfach angedeutet, er solle ein Ende mit dem Krieg machen. An und für sich habe er Bernadotte recht gegeben. Doch er sei bisher nicht imstande gewesen, den Treueid, den er Hitler gegeben habe, zu brechen. Heute sei die Lage anders. Um möglichst große Teile Deutschlands vor der russischen Invasion zu bewahren, sei er bereit, an der Westfront zu kapitulieren, damit die Truppen der Westmächte so schnell wie möglich nach Osten vorrücken könnten. Er sei nicht bereit, an der Oderfront zu kapitulieren. Er sei immer ein geschworener Feind des Bolschewismus gewesen und werde es allzeit bleiben. Ob Bernadotte bereit sei, eine Mitteilung dieser Art an den schwedischen Außenminister Günther weiterzuleiten, damit dieser die Westmächte über Himmlers Vorschlag orientieren könne?

Bernadotte erwiderte: »Meines Erachtens ist es ganz unmöglich, eine Kapitulation an der Westfront durchzuführen und dann den Kampf an der Ostfront fortzusetzen. England und Amerika werden sich bestimmt auf keine Sonderabmachungen mit Deutschland einlassen.«

Himmler erwiderte, er begreife, wie unerhört schwierig das sei. Aber er wolle auf alle Fälle einen Versuch machen, Millionen Deutsche vor einer russischen Besetzung zu retten. Er nahm Bernadottes Worte keineswegs so ernst, wie sie gemeint waren. Die Illusionen über die Möglichkeiten zwischen Ost und West, die der engste Kreis um Hitler auch ihm vermittelt hatte, waren unzerstörbar. Er empfand auch nicht, wie merkwürdig sich sein plötzliches Bemühen um das Schicksal der Millionen im Osten gegenüber seiner eigenen skrupellosen Leichtfertigkeit und Barbarei in den letzten Monaten ausnahm.

Bernadotte entgegnete: »Ich bin nur bereit, dem schwedischen

Außenminister Ihre Anfrage zu übermitteln, wenn Sie versprechen, daß auch Dänemark und Norwegen in die Kapitulation einbezogen werden.«

Himmler antwortete, er habe nichts dagegen einzuwenden, daß amerikanische, britische oder schwedische Truppen Dänemark und Norwegen besetzten. Die beiden Länder dürften nur nicht von russischen Truppen besetzt werden.

Bernadotte fragte, was Himmler zu tun gedenke, wenn sein Angebot abgewiesen werde.

»In diesem Fall«, erwiderte Himmler mit dem unechten Heroismus, den er so oft gezeigt hatte, »übernehme ich das Kommando eines Bataillons an der Ostfront und falle im Kampf.«

Er kam jedoch nochmals auf seine Lieblingsvorstellung eines persönlichen Gespräches mit Eisenhower zurück und versicherte, er sei bereit, bei einer solchen Begegnung folgende Erklärung abzugeben:

»Ich erkläre, daß die Westmächte die deutsche Wehrmacht besiegt haben. Ich bin bereit, an der Westfront bedingungslos zu kapitulieren. Ich bin ebenfalls bereit, die technische Durchführung einer Kapitulation der deutschen Streitkräfte in Dänemark und Norwegen zu diskutieren.«

Himmler verließ das Konsulatsgebäude gegen 2.30 Uhr am frühen Morgen des 24. April. Er bestand darauf, selbst seinen Wagen zu lenken. Aber seine Nervosität war so groß, daß er schon beim Start in den Stacheldrahtzaun hineinfuhr, der das Konsulatsgebäude umgab. Es war schwer, den Wagen wieder flottzumachen. Als Himmler endlich in der Nacht verschwand, waren die Schweden überzeugt, daß die Art des Startes etwas Symbolisches an sich gehabt habe. Sie wußten noch nicht, daß Himmler sich bei Schellenberg in dieser Nacht erkundigte, wie er sich vor Eisenhower verbeugen und ob er ihm die Hand drücken solle.

Himmler hatte, als er dem neuen Tag entgegenfuhr, keine Vorstellung von dem tatsächlichen Ausmaß seiner Irrtümer. Er ahnte nicht, daß schon zwei Tage später die westlichen Alliierten seine Vorschläge kalt ablehnen würden. Noch weniger ahnte er, daß Hitler sich inzwischen entschlossen hatte, weiterzukämpfen, und daß er – Himmler – fünf Tage später, anstatt Nachfolger des toten Hitler zu sein, von diesem aus allen Ämtern ausgestoßen werden würde.

Unterdessen hatten sich am Nachmittag des 23. April Keitel und Jodl zum letzten Male in die Reichskanzlei begeben, um Hitler Vor-

trag zu halten, und Keitel hatte einen illusionären Bericht über die Armee Wenck gegeben.
Beide hatten alles darangesetzt, Hitlers noch einmal erwachten Glauben an einen Entsatz Berlins von außen her zu stärken.
Als beide zwei Stunden später in das Quartier des Oberkommandos der Wehrmacht in Krampnitz zurückkehrten, hatten die Russen den Niederneuendorfer Kanal nordwestlich von Spandau überschritten. Das OKW mußte Krampnitz verlassen. Eine Stunde später drangen bereits sowjetische Panzer in Nauen ein.
Am frühen Morgen des 24. April bezogen Keitel, Jodl und das OKW in einem Forstamt bei Fürstenberg ein neues Quartier. Am selben Tage drangen Konjews weit überlegene Angriffsverbände im Süden und Südwesten von Berlin weiter vor und erreichten den Raum südostwärts Brandenburg. Potsdam wurde eingeschlossen. Bei Ketzin trafen die Verbände Shukows und Konjews zusammen, und die Einschließung Berlins war vollendet.
Shukow drang im Norden immer weiter in die tiefe Flanke der 3. Panzerarmee, die jetzt schon am Ruppiner Kanal Sicherungen aufbauen mußte, vor. Westlich Berlin drückten die sowjetischen Einschließungsverbände in Richtung auf die Elbe. Aber da ihnen hierzu zunächst nur schwächere Kräfte zur Verfügung standen, konnte sich der nördliche Teil der Armee Wenck, das nur halbfertige Korps Holste, zwischen Fehrbellin, Rathenow und Plaue einigermaßen behaupten, während im Südwesten von Berlin Wencks Korps Köhler – wie noch genauer beschrieben werden wird – während seiner Umgruppierungen nach Osten und Nordosten in die Verteidigung gedrängt wurde. Der Einschließungsring um die 9. Armee wurde noch stärker. Am 25. April trafen die 69. amerikanische Division und Teile der 58. sowjetischen Gardedivision bei Torgau an der Elbe zusammen und vollendeten damit auch die Abtrennung Berlins und Norddeutschlands vom Süden.

An dem Tage, an dem Keitel und Jodl bei Fürstenberg eintrafen, sah Heinrici die einzige Armee, die nach der Einschließung der 9. Armee noch von der Heeresgruppe Weichsel übriggeblieben war, die schwer angeschlagene 3. Panzerarmee, nicht nur immer mehr in der tiefen rechten Flanke durch Shukows Vordringen nördlich und nordwestlich von Berlin bedroht. Auch der Angriff der zehnfach überlegenen sowjetischen Heeresgruppe Rokossowski über den Unterlauf der Oder war nicht aufzuhalten.

Heinrici wollte nicht auch noch seine 3. Panzerarmee durch sinnloses Festhalten an der Oder der Vernichtung überantworten. Als er von dem Eintreffen Keitels und Jodls in Fürstenberg erfuhr, nahm er für einen Augenblick an, daß das OKW nach Fürstenberg verlagert worden sei, um den verlorenen Krieg auf eine möglichst vernünftige Weise zu Ende zu führen und dabei die 3. Panzerarmee mit so viel Zivilbevölkerung wie möglich in schrittweisem Zurückweichen an die Elbe zu bringen.
Er schrieb später:

»Keitel und Jodl waren die Nacht hindurch und den Morgen über eingekeilt in unendliche Züge von Heerestrümmern und Flüchtlingstrecks gefahren, um von Berlin aus auf ihren neuen Gefechtsstand zu kommen. Sie hatten bei dieser Fahrt wahrscheinlich zum ersten Male ein Bild der Wirklichkeit gewonnen, so wie es sich damals jedem Mitkämpfer an der Front und auch im Hinterland selbstverständlich darbot. Wenn sie ihre Augen nicht völlig der Wahrheit verschlossen, mußten sie in diesen Stunden eigentlich deutlich gesehen haben, daß der Krieg unwiderruflich zu Ende war... Um so größer war das Erstaunen, als das OKW seinen Entschluß bekanntgab, den in Berlin belagerten Führer wieder befreien zu wollen. Alle Gegenargumente und Beweise für die Undurchführbarkeit, welche seitens der Heeresgruppe Weichsel gegen diese Absichten vorgebracht wurden, prallten an der eisigen Zurückhaltung Jodls und den wortreichen Widerreden Keitels ab. Beide hatten Hitler beim Verlassen der Reichskanzlei zugesagt, daß sie ihn unter allen Umständen aus Berlin befreien würden. Beide waren entschlossen, dieses Versprechen einzulösen. Beide waren in absoluter Verkennung der Lage und der Kräfteverhältnisse auch überzeugt, daß dies gelingen würde, sofern nur der nötige Wille dazu vorhanden sei. Alle Maßnahmen, die Jodl und Keitel in Fürstenberg einleiteten und befahlen, waren daher auf dieses Ziel gerichtet.
Keitel hatte sich bereits zur Armee Wenck begeben, und sowohl den eingeschlossenen Resten der 9. Armee als auch der Armee Wenck war der undurchführbare Befehl erteilt, sich zu vereinen und Berlin von Süden und Südwesten her zu entsetzen. Es lagen Befehle für die Heeresgruppe Schörner vor, nach denen auch diese über Hunderte von Kilometern hinweg nach Norden angreifen sollte. Jetzt wandten Keitel und Jodl sich dem Entsatz Berlins und des Führers von

Norden her zu. Das Korps Holste der Armee Wenck, das nur schwach ausgerüstet und ohne Transportmittel nordwestlich von Berlin stand, sollte von Nordwesten her gegen Berlin vordringen. Vor allem aber erhielt jetzt SS-Obergruppenführer Steiner, der am 21. und 22. April infolge der Kräfteverhältnisse beim besten Willen nicht hatte angreifen können und seither Mühe hatte, die immer längere Flanke der 3. Panzerarmee mit seinen zusammengewürfelten Verbandsresten zu sichern, den Befehl, von neuem aufzumarschieren und aus dem Gebiet nordwestlich Oranienburg allein oder zusammen mit dem Korps Holste nach Berlin durchzubrechen ... Das Kräfteverhältnis gegenüber den Russen im Norden von Berlin war für einen Durchbruchsangriff hoffnungslos. Aber das spielte alles keine Rolle. Es spielte genausowenig eine Rolle wie der Einwand, daß die Front der 3. Panzerarmee am Unterlauf der Oder, die einen sowjetischen Einbruch nach Mecklenburg verhindern und dem illusorischen Angriff auf Berlin überhaupt den Rücken decken mußte, nicht länger gehalten werden könne. Es sei denn, man sehe zu, daß diese Front in der Mitte durchstoßen und in zwei Kesseln eingeschlossen würde. Jodl war durch kein Argument zu beeinflussen. Er erteilte strikten Befehl, daß die Front der 3. Panzerarmee am Unterlauf der Oder standzuhalten habe, bis Steiners Angriff auf Berlin zum Erfolg geführt habe.
Die Verhältnisse wurden umgedreht. Nicht Steiner sollte jetzt Flanken und Rücken der noch etwa hunderttausend Soldaten umfassenden 3. Panzerarmee sichern, sondern die 3. Panzerarmee sollte durch ein ebenso unmögliches Aushalten an der Oder Steiner den Rücken für einen Befreiungsangriff nach Berlin decken, der angesichts der Kräfteverhältnisse aussichtslos war. So entstanden sofort zwischen dem OKW und der Heeresgruppe Weichsel Meinungsverschiedenheiten. Im großen gesehen liefen sie auf die grundsätzliche Frage hinaus, ob man die schon bedrohte Existenz der 3. Panzerarmee endgültig aufs Spiel setzen und mit ihrer Einschließung und Vernichtung zugleich ein völlig uferloses Überrennen der Zivilistentrecks in Mecklenburg herbeiführen dürfe, nur um dem Phantom der Befreiung Hitlers nachzujagen. Die Heeresgruppe Weichsel, die in den zweiwöchigen Kämpfen ein einwandfreies Bild über die noch vorhandenen Leistungsmöglichkeiten ihrer Truppen gewonnen hatte, konnte nur zu dem Ergebnis kommen, daß die Durchführung der Absichten des OKW, was Berlin betraf, auf keinen Fall zu einem Erfolg, dafür aber die 3. Panzerarmee und alle

sonstigen Verbände und Trecks in Mecklenburg in eine endgültige Katastrophe führen mußte.«

Heinricis durch die Wirklichkeit nur allzubald bestätigte Warnungen in Fürstenberg blieben ergebnislos.
Jodl sperrte sich hinter einer völlig undurchdringlichen Maske gegen alle Einwirkungen. Nach dem Zweck des Weiterkämpfens und all seiner Anordnungen befragt, erwiderte er nichts anderes als: »Den Führer befreien.« Sowohl er als auch Keitel begaben sich mehrfach zu Steiner sowie zu dem Gefechtsstand des Korps Holste westlich Friesack, ohne diesen Verbänden, die an allem Mangel litten, mehr bringen zu können als scharfe Befehle und die erneute Erkenntnis der Wirklichkeitsfremdheit des OKW.
Während sie Steiner und Holste bedrängten, mit Kräften, die vorwiegend auf dem Papier standen, die Entsatzangriffe vom Norden auf Berlin anzusetzen, drückte die Übermacht Rokossowskis die Front der 3. Panzerarmee erbarmungslos auf den Randowabschnitt zurück. Stettin ging verloren. Im Norden wurden nur Usedom und Wollin mit Swinemünde behauptet, weil die Kriegsmarine den Hafen Swinemünde für die Durchführung ihrer Transportbewegungen in der Ostsee noch benötigte. Rokossowski konzentrierte die Hauptmassen seiner Kräfte zu einem Durchbruch in Richtung Prenzlau und weiter auf Neustrelitz und Neubrandenburg.
Heinrici begab sich am 26. April selbst zu Steiner. Er fand, daß Steiner mit der 25. Panzergrenadierdivision einen Brückenkopf südlich des Ruppiner Kanals als Ausgangspunkt für den Geisterangriff auf Berlin hielt, daß er sich aber nur mit Mühe der an Stärke zunehmenden sowjetischen Angriffe zu erwehren vermochte und daß seine Kräfte für einen Durchstoß nach Berlin noch weniger Chancen hatten als zwei Tage zuvor.
Als er nach seiner Rückkehr zur 3. Panzerarmee feststellte, daß ein Durchbruch der sowjetischen Übermacht über Prenzlau nach Westen nur noch eine Frage von Stunden war, wenn er seine Front nicht zurücknahm oder verstärkte, beantragte er in Fürstenberg die Aufgabe der Idee des Durchbruchs der Kampfgruppe Steiner nach Berlin und ihre Verwendung bei Prenzlau, um einen Durchbruch durch die Front der 3. Panzerarmee und eine russische Überschwemmung Mecklenburgs zu verhindern.
Jodl lehnte den Antrag ab, da er »dem Befehl Hitlers zum konzentrischen Entsatzangriff auf Berlin zuwiderläuft«. Er befahl, daß die

3. Panzerarmee aus eigener Kraft dort die Stellung zu halten habe, wo sie jetzt stehe.

Noch nicht 24 Stunden später, am Mittag des 27. April, geschah, was Heinrici hatte kommen sehen. Rokossowski durchbrach die Front der 3. Panzerarmee und drang über Prenzlau nach Westen und Nordwesten vor.

Heinrici verfügte über keine Reserven. Er forderte erneut, daß die Gruppe Steiner nach Norden in Marsch gesetzt werde, um dort dem sowjetischen Durchbruch entgegengestellt zu werden.

Keitel und Jodl konnten die Tatsachen des Durchbruchs nicht leugnen. Aber sie weigerten sich, den Aufmarschraum westlich Oranienburg und damit die letzte theoretische Chance für einen Angriff nach Berlin aufzugeben. Beide fürchteten sich, Hitler eine entsprechende Meldung zu machen. Sie erteilten nur Befehl, daß eine Steiner-Division durch Angriff von Süden her in die Flanke des sowjetischen Durchbruchs diesen zum Stehen zu bringen habe. Die Hauptkräfte sollten weiter für den Angriff auf Berlin bereitstehen.

Am Abend des 27. April erreichte Heinrici ein Aufruf Keitels, der an die Heeresgruppe Weichsel, die 12. Armee und auch an die Heeresgruppe Schörner gerichtet war. Darin hieß es, daß die Schlacht um Berlin ihren Höhepunkt erreicht habe und daß bei einer Vereinigung der 9. und 12. Armee mit gemeinsamem Vorstürmen nach Norden sowie dem Vorbrechen der Gruppe Steiner nach Süden die Schlacht um Berlin noch entschieden werden könne.

Heinrici stellte hierzu fest: »Dieser Befehl schlug dem Faß den Boden aus. Solche Gedankengänge waren nicht mehr zu verstehen.« Er beschloß, auf eigene Verantwortung zu handeln, seine aufgerissene Front vielleicht noch einmal zu schließen und sodann hinhaltend kämpfend den Rückzug nach Westen anzutreten.

Als Keitel und Jodl am Nachmittag des 23. April den Bunker der Reichskanzlei verließen, hatten sie Hitler in gespannter Erwartung zurückgelassen. Nicht viel mehr als 24 Stunden später bestand keine direkte Verbindung mehr zwischen dem Bunker und der Außenwelt.

In der Umgebung Hitlers befanden sich: Goebbels mit Frau und Kindern, der Arzt Dr. Stumpfegger, Fegelein, Bormann, Krebs, Burgdorf, Axmann, Naumann, der Verbindungsoffizier zu Dönitz, Admiral Voß, Botschafter Hewel, dazu eine Reihe von Adjutanten, Dienern und Wachen und einige Frauen, die vor allem als Sekretä-

rinnen arbeiteten. Unter den Frauen befand sich Hitlers langjährige Freundin Eva Braun.
Sie warteten auf die Erfolgsmeldungen, die Keitel und Jodl von außerhalb Berlins senden würden.
Statt dessen traf am späten Nachmittag des 23. April der Funkspruch Görings in der Reichskanzlei ein und verursachte genau das, was Göring hatte vermeiden wollen. Der Funkspruch gelangte nur in die Hände Bormanns, weil die anderen Fassungen an Persönlichkeiten gerichtet waren, die sich schon außerhalb Berlins befanden, oder aber in verstümmeltem Zustand eintrafen. Bormann zögerte nicht lange, dem verhaßten Rivalen den Todesstoß zu versetzen. Er legte Hitler, der unentwegt mit Kartenstudien und der Konzeption von Befehlen an »Entsatzarmeen« außerhalb Berlins beschäftigt war, Görings Funkspruch vor. Er lenkte Hitlers Aufmerksamkeit sofort auf jenen Satz, in dem Göring eine Antwort bis 22 Uhr forderte, und ließ durchblicken, daß dies ein Ultimatum sei, das Hitler sich nicht bieten lassen könne.
Hitler wütete und klagte über den Verrat, der ihn nach wie vor umgebe und sein Werk endgültig untergraben werde.
Schon eine Stunde später war ein Funkspruch nach Berchtesgaden abgesetzt, der Göring mitteilte, daß seine Handlung Hochverrat bedeute und daß man nur dann vom Vollzug der hierauf stehenden Todesstrafe absehen werde, wenn Göring sofort von allen seinen Ämtern zurücktrete. Bormann sorgte dafür, daß Göring und seine engere Umgebung noch in der Nacht vom 23. auf den 24. April von SS-Angehörigen verhaftet und unter Hausarrest gesetzt wurden.
Als Nachfolger Görings wurde der Generaloberst Ritter v. Greim empfohlen. Bormann und Burgdorf versicherten Hitler, daß letzterer ein Nationalsozialist voll unzerstörbaren Idealismus und Glaubens und zugleich ein Mann von einer ebenso unzerstörbaren Ehrauffassung als Offizier sei. v. Greim war zu dieser Zeit Befehlshaber der Reste der Luftflotte 6 bei München. Aber es genügte Hitler nicht, daß v. Greim durch Funk zum Nachfolger Görings ernannt wurde. Er wollte ihn selbst sehen. Er wollte ihm persönlich seine Befehle erteilen.
Sein von neuem entfachtes Mißtrauen beargwöhnte alles, was sich nicht in seinem direkten Bannkreis befand. Vielleicht aber drängte ihn auch ein erstickendes Gefühl seiner Vereinsamung und Abschließung von der Welt rings um Berlin dazu, einen Mann aus dieser Außenwelt zu sich zu rufen, der fliegen konnte und für den

daher noch eine Möglichkeit bestand, mit irgendeinem Sonderflugzeug in Berlin zu landen.
Am 24. April erhielt v. Greim den überraschenden Befehl, sich in der Reichskanzlei zu melden. Ein Grund wurde ihm nicht mitgeteilt. Er wußte nicht, daß er zum Nachfolger Görings ernannt werden sollte.
v. Greim war in der Tat ein Mann von festverwurzelten Ehr- und Gehorsamsbegriffen. Sein Schicksal war, daß er mit der Blindheit eines konservativen Idealisten im Nationalsozialismus immer das Gute gesucht und zumindest an den letztlichen Sieg des Guten geglaubt hatte. Göring war ihm wegen seiner Bequemlichkeit und seiner Unfähigkeit in der Führung der Luftwaffe verhaßt.
v. Greim zögerte nicht, den Flug nach Berlin zu wagen. Als Begleiterin wählte er sich eine Frau, die seit einem Jahrzehnt einen internationalen Namen als Fliegerin besaß: Hanna Reitsch. Auch sie war eine Idealistin, unantastbar in ihrer persönlichen Lebensführung, aber ebenso blind für die Wirklichkeit des Nationalsozialismus wie v. Greim. Von Patriotismus erfüllt, hatte sie sich während des Krieges immer mehr in den Gedanken hineingesteigert, als Fliegerin eine Jeanne d'Arc der Deutschen werden zu können. Sie hatte sich dazu gedrängt, gefährliche Erprobungsflüge durchzuführen. Nach Udets Tod hatte sie sich an v. Greim angeschlossen, weil beide der gleiche naive Idealismus erfüllte.
Bei einem Frontbesuch war sie verwundet worden und hatte längere Zeit in einem Lazarett bei Berlin gelegen. Ihre ungewöhnlich rege Phantasie hatte ihr dabei die Idee eingegeben, daß Berlin einmal von außen bedroht werden und daß es dabei vielleicht wichtig werden könne, Schwerverwundete aus der Stadt mit Hilfe von Hubschraubern auszufliegen.
Insgeheim hatte sie Landemöglichkeiten von Hubschraubern in Berlin erforscht. Bei der Rückkehr von einem Flug über Berlin hatte v. Greim sie überrascht.
Als er jetzt den Befehl erhielt, in das belagerte Berlin einzufliegen, erinnerte er sich an dieses Geschehnis. Hanna Reitsch hielt sich gerade in der Nähe von Salzburg bei ihren Eltern auf, die aus Schlesien geflohen waren. Sie erklärte sich sofort bereit, v. Greim nach Berlin einzufliegen.
Beide flogen zusammen am 26. April nach Rechlin. Dort mußte sie feststellen, daß der einzige vorhandene Hubschrauber nicht flugklar zu machen war. v. Greim entschloß sich daraufhin, mit einem Jagd-

flugzeug nach dem schon unter Artilleriefeuer liegenden Flugplatz Gatow zu fliegen und von dort aus den Versuch zu machen, mit einem »Fieseler Storch« in der Nähe der Reichskanzlei zu landen. Er wollte Hanna Reitsch in Rechlin zurücklassen. Diese veranlaßte jedoch einen Piloten des Jägergeleites, das v. Greim nach Gatow begleiten sollte, sie insgeheim in einer Maschine mitzunehmen. In Gatow verstand sie es, v. Greim zu überzeugen, daß er ohne ihre genaue Ortskenntnis nicht nach Berlin hineinkommen würde. So starteten beide zusammen in einem »Fieseler Storch«. Ohne ihre Begleitung wäre v. Greim tatsächlich nicht lebend gelandet. Über Berlin geriet das Flugzeug in schwerstes sowjetisches Flakfeuer hinein. v. Greim wurde am Fuß verwundet und verlor das Bewußtsein. Über seinen zusammengesunkenen Körper hinweg führte die Fliegerin die Maschine und landete trotz des schweren Abwehrfeuers in der Nähe des Brandenburger Tors. Hier hielt sie nach langem Warten schließlich einen vorbeikommenden deutschen Wagen auf. Damit gelangten beide in die Reichskanzlei. Es geschah gegen 7 Uhr am Abend des 26. April.

Niemand weiß, ob beider Idealismus einen verborgenen unheilbaren Stoß erlitt, als sie Hitler gegenübertraten. Wahrscheinlich hatten beide angenommen, daß v. Greim zu dem Flug auf Leben und Tod befohlen worden war, um einen Befehl entgegenzunehmen, der das Schicksal Deutschlands noch wenden könne.

Statt dessen erfuhren sie, daß Hitler v. Greim nur deswegen zu sich bestellt hatte, um ihm seine Ernennung zum Generalfeldmarschall und zum Oberbefehlshaber einer Luftwaffe mitzuteilen, die längst in den letzten Zügen lag. Zugleich erlebten sie in und um Hitler eine unnatürliche Atmosphäre; durchgeistert von immer wiederkehrenden überhitzten Gesprächen über Entsatzarmeen, durchgeistert von der krampfhaften Hoffnung auf einen Bruch zwischen der Sowjetunion und den Westmächten, die von Goebbels, Naumann und Hewel weiter diskutiert und durch Naumann täglich durch Aufrufe und Erklärungen an die Berliner weitergegeben wurde. Sie erfuhren, daß alle Bunkerinsassen sich zumindest theoretisch für den Fall, daß die Entsatzarmeen nicht kommen würden, auf einen Selbstmord vorbereiteten. Sie selbst erhielten für diesen gleichen Fall Giftkapseln, die in kürzester Zeit wirken sollten.

Aber diese Vorbereitungen auf ein freiwilliges Ende erschienen unwirklich gegenüber der verzehrenden Verbissenheit, mit der Hitler, Burgdorf und Krebs sich damit beschäftigten, die Operationen der

Entsatzarmeen, von deren Zustand sie nicht die geringste Vorstellung besaßen, aus der düsteren Gruft unter der Reichskanzlei zu lenken.

Noch funktionierte die telefonische Verbindung mit Fürstenberg. Noch kam es zu gelegentlichen Verbindungen mit der Heeresgruppe Schörner. Hitler schickte Befehl über Befehl nach Fürstenberg. Er verlangte sofortige Antworten und detaillierte Berichte.

Keitel und Jodl gaben optimistische Meldungen. Sie berichteten z. B. über einen bedeutungslosen, kleinen Abwehrerfolg Schörners bei Bautzen und fügten hinzu, daß dieser Erfolg den Entsatzangriff Schörners in Richtung auf Berlin erleichtern werde.

Dies bildete Anlaß dafür, daß Hitler in der Nacht vom 26. auf den 27. April Schörners Hauptquartier anrief und die Beschleunigung eines Entsatzangriffes verlangte, an dessen Durchführung selbst Schörner nicht denken konnte. Keitel und Jodl versprachen, daß »nunmehr« Steiner und »nunmehr« Wenck sich ihre Aufmarschräume zum Angriff erkämpft hätten. Sie erhöhten damit bei Hitler die Hoffnung, daß all diese Angriffe in den nächsten 24 Stunden ins Rollen kommen müßten. Aber dieses »Rollen« konnten sie bis zum 27. April selbst bei noch so großer Beschönigung nicht melden.

Das Mißtrauen glomm von neuem auf. Hitler telegrafierte an Dönitz und verlangte zuverlässige Marinekräfte, um Berlin zu befreien. Als am 27. April immer noch keine Meldung über Fortschritte Steiners im Norden von Berlin eingetroffen war, wies er Jodl an, Steiner abzusetzen und an seiner Stelle den General Holste mit der Führung des nördlichen Angriffs zu betrauen.

In der Nacht vom 23. auf den 24. April hatte der größte Teil Berlins noch in verhältnismäßiger Ruhe dagelegen. Da erschütterte um 5.15 Uhr eine ungeheure Kanonade den aufsteigenden Morgen.

Die in fast allen Berliner Vororten aufgefahrene sowjetische Artillerie begann mit ihrem Vorbereitungsfeuer zum Generalangriff. Die Granatwerfer tobten wie ein Höllengewitter. Tiefflieger stürzten sich auf die deutschen Nachschubkolonnen, die, häufig ohne Benzin, in den Straßen eingekeilt waren.

Das Feuer dauerte rund eine Stunde. Dann trat sowjetische Infanterie, hinter Panzern vorgehend, zum Angriff an. Im Süden überschritten die Russen den Teltowkanal und erreichten Neukölln, Britz, Lichterfelde, Zehlendorf und Neubabelsberg. Von Tegel und

Reinickendorf aus arbeiteten sich Panzer und Sturmgeschütze mit nachfolgender Infanterie bis zum Wedding vor. Ihr Vorgehen erfuhr erst am Nordhafen und an der Ringbahn in der Nähe des Lehrter Bahnhofes eine vorübergehende Unterbrechung. Andere Sturmtrupps schoben sich von Norden her durch den Tegeler Forst und über die Jungfernheide an den Spandauer Schiffskanal heran. Dessen Brücken flogen in die Luft. Trotzdem setzten die Russen über den Kanal und drangen in Siemensstadt ein.
Heftige Nahkämpfe tobten zwischen Westend und Spandau. Im Nordosten und Osten Berlins erreichten die Russen die große Kreuzung zwischen Elbinger und Petersburger Straße sowie die Landsberger Allee. Sie stießen bis in das Gebiet Friedrichshain vor, wo Flakfeuer von den großen deutschen Luftschutzhochbunkern sie endlich aufhielt. Sie zogen umfangreiche Artillerie nach und belegten nun auch die Innenstadt und die Flugplätze Tempelhof und Gatow mit schwerem Beschuß.
Die Bevölkerung der äußeren Bezirke, die sich, soweit sie nicht geflohen war, in ihren Kellern duckte, sah sich völlig überraschend den fremdartigen Gesichtern der Sieger gegenüber. Sie erlitt jetzt, was die Deutschen in Königsberg, Breslau und Posen und jeder anderen Stadt des Ostens erlebt hatten. Ein großer Teil erlebte um so Schrecklicheres, als ganze Stadtviertel im Kampfgebiet in wenigen Stunden geräumt und die Bewohner auf denselben Straßen mit den sowjetischen Nachschubkolonnen nach Osten getrieben wurden. Dabei gerieten sie auf der Landsberger Allee und anderen Straßen in das Feuer und die Bombenwürfe deutscher Flieger hinein, die hier den vergeblichen Versuch machten, dem Übermaß des sowjetischen Nachschubstromes Einhalt zu gebieten. So begann die eigentliche Schlacht um Berlin.

Zu dem LVII. Panzerkorps des Generals Weidling, das jetzt die Hauptlast des Kampfes um Berlin trug, gehörten die Reste der Panzerdivision Müncheberg, die sich unter dem Befehl des Generals Mummert von der Oder bis nach Berlin zurückgekämpft hatte. Ein Ordonnanzoffizier dieser Division schrieb in den nun folgenden Tagen der Schlacht ein Tagebuch, das Ereignisse und Stimmungen sehr genau wiedergibt. Er schrieb:

»*24. April:* Am Vormittag stehen wir am Tempelhofer Flugplatz. Russische Artillerie schießt ununterbrochen. Von den acht Berliner

Verteidigungsabschnitten halten wir jetzt den Abschnitt D. Der Kampfkommandant befindet sich im Luftfahrtministerium. Unsere Hauptkräfte konzentrieren sich um das Karstadt-Hochhaus und die Sarotti-Schokoladenfabrik. An Stelle von Infanterie-Ersatz erhalten wir zusammengewürfelte Alarmeinheiten. Hinter uns bricht immer noch Zivilbevölkerung auf, die im Artilleriefeuer den Versuch macht, zu entkommen. Sie schleppt dürftige Bündel, Reste ihrer Habe, mit. Dazwischen versuchen Verwundete, nach hinten zu kommen. Aber die meisten bleiben, weil sie fürchten, von irgendwelchen Standgerichten aufgegriffen und als Deserteure erhängt zu werden.
Die Russen brennen sich mit Flammenwerfern in die umkämpften Häuser ein. Das Schreien von Kindern und Frauen ist fürchterlich. Gegen 15 Uhr besitzen wir noch knapp ein Dutzend Panzer und etwa dreißig Schützenpanzerwagen. Dies sind die einzigen Panzerfahrzeuge im ganzen Befehlsbereich des Wilhelmsplatzes. Die Befehlsverhältnisse sind unklar, denn immer wieder kommen über Bärenfänger hinweg Befehle direkt aus der Reichskanzlei. Sie beordern Panzer an andere Brennpunkte der Stadt, von wo sie nicht zurückkehren.
Nur der Härte von General Mummert ist es zu verdanken, daß die Division nicht schon heute verheizt wird...
Die Artillerie wird am Nachmittag in den Tiergarten verlegt. Munition ist nur noch wenig vorhanden. Rings um das Verwaltungsgebäude Tempelhof sieht es aus, als sei die Hölle losgebrochen. Gebrüll, Granatexplosionen, Einschläge der Stalinorgeln, die Schreie Verwundeter... Darüber Rauchschwaden, Chlor- und Brandgeruch. In den Straßen viele gefallene Frauen, die den Versuch machten, Wasser zu holen. Vereinzelt aber auch Frauen mit Panzerfäusten in der Hand, Schlesierinnen, die von wildem Rachedurst erfüllt sind. Aus dem Luftfahrtministerium Nachrichten und Gerüchte, daß Wenck in erfolgreichem Angriff auf Berlin ist und daß man an der Havel bereits Wencks Artilleriefeuer hören könne... 20 Uhr: Panzer mit aufgesessener russischer Infanterie rollen gegen das Tempelhofer Feld.
25. April: 5.30 Uhr. Angriff neuer massierter Panzerkräfte. Zum Rückzug gezwungen. Befehl aus der Reichskanzlei: Division Müncheberg zur sofortigen Entlastung zum Alexanderplatz. 9 Uhr: Befehl widerrufen, als Abmarsch schon im Gange. Russen dringen gegen 10 Uhr unaufhaltsam auf Flughafen Tempelhof vor. Neue

Hauptkampflinie Rathaus Schöneberg – Hallesches Tor – Belle-Alliance-Platz. Schwere Straßenkämpfe... Frauen auf der Flucht von Keller zu Keller... Neuer Befehl: Zum Alexanderplatz. Nach Ankunft Alexanderplatz Abgabe des bisherigen Abschnittes D. Übergabe der Abschnitte A und B an der Ostfront. Befehlshaber A bisher Bärenfänger. Bärenfänger lehnt es ab, von Mummert Befehle für Abschnitt A entgegenzunehmen, da gleichzeitig Kampfkommandant von Berlin... An den Häuserwänden Aufschriften: ›Die Stunde vor Sonnenaufgang ist die dunkelste Stunde‹ und ›Wir gehen zurück, aber wir siegen‹. Erhängte und erschossene Deserteure. Unvergeßliche Bilder auf dem Marsch. Die Brände im Osten und Süden dehnen sich schnell aus. Am Abend neue Aufrufe eines Freikorps Mohnke: Bringt Waffen, Ausrüstungsgegenstände und Lebensmittel mit. Jeder deutsche Mann wird gebraucht... Erste Kämpfe in den S-Bahn-Schächten. Russen versuchen, durch die Schächte in unseren Rücken zu kommen. Die Schächte selbst mit Zivilisten überfüllt.
26. *April:* Brandrote Nacht. Schweres Artilleriefeuer... Aus vielen Häusern wird auf uns geschossen. Wahrscheinlich ausländische Arbeiter. Aus dem Luftfahrtministerium die Nachricht, daß Bärenfänger als Kampfkommandant abgelöst wurde. Eine Stunde später ist General Weidling zum Kampfkommandanten ernannt. General Mummert übernimmt das Panzerkorps. Gegen 5.30 Uhr von neuem furchtbares Trommelfeuer... Rückzug zum Anhalter Bahnhof. Verteidigung Askanischer Platz, Saarlandstraße und Wilhelmstraße... Dreimal im Laufe des Vormittags Anfrage nach der Armee Wenck. Ihre Spitze soll in Werder stehen... Aus dem Propagandaministerium eine zuverlässige Nachricht, daß alle Truppen von der Elbe auf Berlin marschieren. Gegen 11 Uhr kommt L. mit strahlenden Augen aus dem Propagandaministerium. Er hat eine noch zuverlässigere Nachricht des Staatssekretärs Naumann. Es sind Verhandlungen mit den Westmächten geführt worden. Wir werden eine Anzahl Opfer bringen müssen, aber die Westmächte werden nicht zusehen, daß die Russen weiter vordringen und Berlin russisch wird. Ungeheurer Auftrieb. L. berichtet zuverlässig, daß jetzt wirklich nur noch 24, längstens 48 Stunden zu kämpfen sei...
Neuer Gefechtsstand Anhalter Bahnhof. Bahnsteige und Schalterräume gleichen einem Heerlager... Die Einschläge erschüttern die Tunneldecke. Betonstücke brechen herab. Pulvergeruch und Rauchschwaden in den Schächten. Lazarettzüge der S-Bahn, die

langsam weiterrollen. Plötzlich eine Überraschung. Wasser spritzt in unseren Gefechtsstand. Schreie, Weinen, Flüche. Menschen, welche um die Leitern kämpfen, die durch die Luftschächte an die Oberfläche führen. Gurgelndes Wasser flutet durch die Schächte. Die Massen stürzen über die Schwellen. Lassen Kinder und Verwundete zurück ... Das Wasser steigt einen Meter und mehr, bis es sich langsam verläuft. Noch stundenlang Angst und Panik. Viele Ertrunkene. Ursache: Pioniere haben auf irgendwessen Befehl die Schottenkammer des Landwehrkanals zwischen Schöneberg und Möckernbrücke gesprengt, um die Schächte gegen das unterirdische Vordringen des Feindes zu überfluten ... Am Spätnachmittag zum Potsdamer Platz. Gefechtsstand in der 1. Etage, da untere Schächte noch hoch unter Wasser. Einschläge durch die Fahrdecke. Schwere Verluste unter Verwundeten und Zivilisten. Qualm dringt durch die Einschlaglöcher ... Nach einem schweren Einschlag unterhalb des ersten Treppenabsatzes beim Bahnhofseingang beim Pschorrbräu grauenhafter Anblick: Männer, Soldaten, Frauen, Kinder kleben buchstäblich an den Wänden ...
27. April: In der Nacht anhaltende Angriffe. Russen versuchen Durchbruch zur Leipziger Straße. Prinz-Albrecht-Straße wird zurückgenommen. Zunehmende Auflösungserscheinungen ... Aber man darf nicht im letzten Augenblick kapitulieren und hinterher ein Leben lang bereuen, nicht durchgehalten zu haben. K. bringt Nachricht, daß amerikanische Panzerdivisionen unterwegs nach Berlin sind. Es heißt, in der Reichskanzlei sei man fester vom Endsieg überzeugt als je zuvor ... Die körperliche Verfassung ist unbeschreiblich. Weder Ablösung noch Ruhe. Keine regelmäßige Verpflegung. Kaum noch Brot. Nervenzusammenbrüche unter dem dauernden Artilleriefeuer. Wasser wird aus den Schächten und aus der Spree gepumpt und filtriert ... Die Zivilisten fürchten sich, verwundete Soldaten und Offiziere im Keller aufzunehmen. Zu viele sind als echte oder vermeintliche Deserteure erhängt worden. Die betreffenden Kellerbesatzungen werden von den Angehörigen der fliegenden Feld- und Standgerichte als Mithelfer rücksichtslos ausgeräuchert.
Fliegende Feldgerichte tauchen heute bei uns besonders häufig auf. Meistens ganz junge SS-Führer. Kaum eine Auszeichnung. Blind und fanatisch ...
General Mummert verbittet sich jedes weitere Auftauchen eines Feldgerichts in seinem Verteidigungsabschnitt. Eine Division, die

die meisten Ritterkreuz- und Eichenlaubträger besitzt, verdient es nicht, von so jungen Kerlen verfolgt zu werden. Mummert ist entschlossen, ein Feldgericht, das bei ihm eingreift, persönlich niederzuschießen.
Der Potsdamer Platz ist ein Trümmerfeld. Die Menge der zerschlagenen Fahrzeuge ist nicht zu übersehen. Die Verwundeten liegen noch in den zusammengeschossenen Sankas...
Abends Versuch, zum Propagandaministerium durchzukommen, um in den Regierungsgebäuden irgendeine Nachricht über Wenck und die amerikanischen Divisionen zu erhalten. Gerüchte, daß auch die 9. Armee unterwegs nach Berlin ist. Im Westen ist ein allgemeiner Friedensschluß im Gange...
Wir können uns am Potsdamer Platz nicht mehr halten und verlegen gegen 4 Uhr morgens unterirdisch zum Nollendorfplatz. Auf der Gegenfahrbahn marschiert der Russe durch den Schacht zum Potsdamer Platz.«

In der Nacht vom 27. zum 28. April sah der Himmel über Berlin so aus, als sei er in Blut getaucht. In dieser Nacht konzentrierte eine große Anzahl sowjetischer Batterien ihr Feuer aus nächster Nähe auf die Reichskanzlei. Einschlag folgte auf Einschlag. Der Bunker bebte.
Die Insassen rechneten damit, daß die so nah gerückte dünne Front der Verteidiger durchstoßen werden könne und daß plötzlich russische Stoßtrupps vor den Eingängen des Bunkers stünden.
Hitler verbrachte die Nachtstunden im Kreis seiner Umgebung. Er beschäftigte sich mit den Lagekarten, die sich unter seinen von krankhaftem Schweißfluß nassen Händen erweichten. Um 3 Uhr nachts bekam Krebs zum letzten Male eine längere telefonische Verbindung mit Keitel in Fürstenberg.
Krebs' Stimme enthielt nur noch einen Hauch der froh-arroganten Überheblichkeit von einst. Er schrie, wenn ihnen nicht in den nächsten 24 bis 48 Stunden geholfen werde, sei es zu spät.
Keitel besaß immer noch nicht den Mut oder den Weitblick, die wirkliche Lage einzugestehen. Er berichtete ausweichend, ein Brükkenkopf westlich Oranienburg sei noch nicht groß genug, um aus ihm heraus erfolgreich mit Panzern anzugreifen. Aber man sei dabei, die Division Schlageter in den Raum nordwestlich von Oranienburg zu überführen...
Krebs rief, Hitler erwarte schnellste Hilfe. Er wiederholte, es seien

höchstens noch 48 Stunden Zeit. Dies lasse Hitler nochmals sagen. Dann war die Telefonverbindung unterbrochen.
Berichte Axmanns besagten, daß seine Hitlerjungen unter schweren Verlusten die Havelbrückenköpfe hielten, um die Armee Wenck aufzunehmen. Von Wenck aber fehlte jede Nachricht.
Stundenweise nahm die Wucht des sowjetischen Artilleriefeuers ab, und die nicht mehr erträgliche Spannung im Bunker ließ nach. Als aber die Nacht einem grauen, wolkigen Himmel wich, setzte der Artilleriebeschuß wieder mit voller Kraft ein. Die aufzuckenden Blitze der Stalinorgeln erleuchteten den qualmverhangenen Morgen. Vom Süden her hatten die sowjetischen Sturmtruppen, rings um die Belle-Alliance-Straße vordringend, das Hallesche Tor erreicht. Von Westen her schoben sie sich Stunde für Stunde weiter im Gebiet der Potsdamer Straße vor.
Auf der Kuppel des Reichstages wehte bereits die sowjetische Fahne.

Die Morgenstunden des 28. April vergingen in bleierner Erwartung. Die Ventilatoren des Bunkers mußten abgestellt werden, weil sie Staub und giftige Gase einsaugten. Immer wieder wurde versucht, eine Telefonverbindung nach außen zu erhalten. Aber es bestand nur noch Funkverbindung, die spärliche und widerspruchsvolle Nachrichten brachte.
Endlich, gegen Mittag, traf eine erste Meldung über den Vormarsch der Armee Wenck ein. Danach war es Wenck gelungen, bis in die Gegend von Ferch, südlich Potsdam, vorzudringen. Mehr besagte die Meldung nicht. Aber sie verbreitete sich mit Windeseile.
Dann wurde es jedoch wieder still im Äther. Nur von den Kampfabschnitten in der Stadt trafen Nachrichten ein. Eine war noch beängstigender als die andere. Ordonnanzen fielen auf dem Weg zu den Kampfabschnitten oder wurden von stürzenden Trümmern begraben. Nur am Rande berichteten diejenigen, die durchkamen, von dem Elend der Zivilisten, für das überhaupt keine Steigerung mehr möglich schien.
Aber diese Berichte wollte niemand hören. Seit die Meldung über das Auftauchen der Armee Wenck bei Ferch eingetroffen war, glaubten sich alle Bunkerinsassen in einen Wettkampf zwischen dem Eintreffen der Armee Wenck und der Behauptung der Verteidigungsabschnitte in der Stadt eingespannt. Sie bewegte nur der Gedanke, ob und wie lange die Verteidigungsabschnitte noch hielten. Alles andere berührte sie, mit wenigen Ausnahmen, nicht.

Dr. Naumann begab sich, wie alltäglich, zum Propagandaministerium. Er wußte noch nicht, daß es das vorletzte Mal sein würde. Er trug die Nachricht von Wencks Anmarsch in den Keller des Ministeriums hinüber. Er riß die Insassen des Kellers noch einmal in einen Taumel der Hoffnung hinein, und er tat alles, was in seiner Macht stand, um die verlöschende Flamme der Hoffnung auch in den noch umkämpften Teilen der Stadt wieder zu entfachen.

»Klärung des Kampfbildes in Kürze zu erwarten«, verhieß die Zeitung »Der Panzerbär«. »Die von außen her in den Berliner Großraum hineinstoßenden deutschen Entsatzgruppen haben sich dem Gegner bereits gefährlich genähert... Es ist klar, daß die Sowjets in letzter Stunde mit aller Kraft versuchen, ihr Ziel, die Besetzung Berlins, zu erreichen, um nicht zwischen zwei Feuer zu geraten. Der Gegner drückt also mit aller Kraft auf den inneren Verteidigungsring. Aus dieser Lage ergaben sich verschiedene Schwerpunkte des Kampfes, an denen es vorübergehend... kritische Situationen gab, die aber dank dem entschlossenen Einsatz der Verteidiger, zum Teil im Gegenstoß, wieder geklärt wurden... Wenn weiter mit der gleichen Tapferkeit gekämpft wird, dann muß sich in Kürze das Bild auf dem Kampfplatz Berlin grundlegend wandeln... Wir stehen und halten. Bei uns ist der Führer. Wo aber der Führer ist, ist der Sieg.«

Wie im Bunker unter der Reichskanzlei, so wurde auch in der Stadt die winzige Meldung, daß Wenck Ferch erreicht habe, zum Mittelpunkt der von neuem aufflackernden Hoffnung. Sie pflanzte sich für 24 Stunden fort, bis sie draußen in der Stadt in dem Übermaß des Leidens wieder zu erlöschen begann.

Von Mittag bis zum Abend horchten die Funker der Reichskanzlei vergeblich. Es gab keine Nachricht mehr über Wenck. Es gab keine Nachricht über Busse. Es gab keine Nachricht über Holste.

Die Entfernung von Ferch nach Potsdam und Berlin war so klein, daß sie den Männern, die auch jetzt noch in der Vorstellungswelt der deutschen Vormärsche in den großen Erfolgsjahren bis 1942 dachten, nicht in Tagen, sondern in Stunden überwindbar schien. Als sie weiter Stunde um Stunde vergebens auf Erfolgsberichte warteten, wuchs wieder das Mißtrauen.

Um acht Uhr abends ließ Bormann einen Funkspruch an Dönitz absetzen. Er lehrte, daß das Mißtrauen sich jetzt auch gegen Jodl und Keitel zu richten begann.

Bormanns Funkspruch lautete: »Statt mit Befehl und Appell die Truppen, die uns freikämpfen sollten, anzufeuern, schweigen die maßgeblichen Männer. Die Treue scheint vor der Untreue zu weichen. Wir bleiben hier. Reichskanzlei bereits Trümmerhaufen!«

Wenn je junge, unerfahrene Soldaten besondere Leistungen vollbracht hatten, so hatten es die Soldaten des XX. Korps der Armee Wenck getan.

Kaum motorisiert, unzureichend bewaffnet, aber getragen von dem tragisch ungebrochenen Glauben ihrer Jugend, hatten sie es fertiggebracht, ihre Front innerhalb von zwei Tagen von Westen nach Osten zu drehen und am Morgen des 25. April mit Front nach Osten angriffsbereit zu sein.

Aber bevor Wenck zu dem geplanten Angriff in Richtung Jüterbog hatte schreiten können, war er in schwere Abwehrkämpfe verstrickt. Die sowjetischen Verbände, die den Ring um die 9. Armee von Westen schlossen, hatten sich aus ihren offenbar unerschöpflichen Reserven schnell verstärkt. Vor allem ostwärts Wittenberg griffen sowjetische Kräfte pausenlos mit Panzerunterstützung nach Westen an. Die Division Ulrich von Hutten hielt die sowjetischen Verbände auf. Aber südlich Niemegk zwischen dem noch offenen Nordflügel der Division Ulrich von Hutten und dem Südflügel der Division Theodor Körner sickerten starke sowjetische Kampfgruppen in die Wälder an der Autobahn ein.

In den Tagen vom 26. bis 28. April kam es zu schweren Abwehrkämpfen im Raum Wittenberg-Niemegk. Es schien zeitweise überhaupt zweifelhaft, ob es noch gelingen würde, anzugreifen. Auf jeden Fall war es unmöglich, in der ursprünglich vorgesehenen Richtung, der 9. Armee entgegen, anzugreifen. Hier waren die sowjetischen Verbände so stark, daß keine Erfolgschance mehr gegeben war.

Wenck besaß Funkverbindung mit Busse, dessen Kräfte bei den Versuchen, nach Westen durchzubrechen, mehr und mehr erlahmten.

Er entschloß sich schließlich, alle seine Angriffskräfte zu einem Stoß über Belzig in Richtung Beelitz–Ferch anzusetzen, weil dort die sowjetischen Kräfte am schwächsten schienen.

In einer Meldung der 9. Armee am Morgen des 28. April hieß es: »Körperlicher und seelischer Zustand von Offizier und Mann sowie die Munitions- und Betriebsstofflage gestatten weder erneuten planmäßigen Durchbruchsangriff noch langes Durchhalten. Besonders belastend ist die erschütternde Not der im Kessel zusammengedrängten Zivilbevölkerung. Nur durch die von sämtlichen Generalen getroffenen Maßnahmen ist es gelungen, die Haltung der Truppe bis jetzt zu gewährleisten.«

Die Meldung besagte mehr als lange Berichte. Besonders die Tatsache, daß sie die Leiden der Zivilbevölkerung erwähnte, ließ Schlüsse auf deren tatsächlichen Zustand zu. Gerade das trieb jedoch Wenck dazu, auch das letzte zu versuchen. Am 28. April war die Umgruppierung und Bereitstellung der Divisionen zum Angriff in Richtung Belzig vollendet. Und in den frühen Morgenstunden trat das XX. Armeekorps zum Angriff nach Nordosten an.

Es stieß auf erbitterten sowjetischen Widerstand. Aber alles in allem zeigte sich, daß Wenck die Angriffsrichtung gut gewählt hatte. Es gelang seinen Divisionen, in einem wuchtigen, für den Gegner offenbar überraschenden Stoß bis zu der allgemeinen Linie Westrand Beelitz–Ferch–Petzow vorzudringen. Dann war die Angriffskraft erschöpft, und schon in der Nacht vom 28. auf den 29. April begannen überall sowjetische Kräfte mit Gegenangriffen, welche das XX. Armeekorps in die Verteidigung drängten. An eine Fortsetzung des Angriffs war nicht zu denken. Aber Wenck war so nahe an Potsdam herangekommen, daß sich die Möglichkeit bot, die eingeschlossene Besatzung von Potsdam aufzunehmen. Wenck erteilte ihr die Weisung, sich über die See-Enge Alt-Geltow, wo die besten Durchbruchsmöglichkeiten gegeben schienen, aus der Einschließung herauszukämpfen und zu ihm durchzuschlagen. Für Teile der Besatzung bestand auch die Möglichkeit, über den Schwielowsee überzusetzen.

Außerdem hatte die 12. Armee in dem genommenen Gebiet eine ganze Reihe von Ortschaften mit Einwohnern und Flüchtlingen sowie Lazaretten von der sowjetischen Besetzung befreit. Die panische Angst der Befreiten, nochmals in die Hände sowjetischer Truppen zu fallen, bewegte Wenck von selbst dazu, alle Mittel auszunutzen, um Einwohner, Flüchtlinge und Verwundete in sein rückwärtiges Gebiet zu überführen. Trecks, Autokolonnen und improvisierte Pendelzüge kamen in Bewegung. Wieweit der Abtransport gelingen würde, hing ausschließlich davon ab, wie lange das XX. Korps den Einbruchskeil nach Nordosten behaupten konnte.

Davon aber hing es auch ab, ob die eigentliche Hauptaufgabe, die Wenck nach wie vor im Auge hatte, die Rettung wenigstens eines

Teiles der 9. Armee, Erfolg haben würde. Wenck hatte Busse durch Funk darauf hingewiesen, daß im Gegensatz zu dem Raum um Jüterbog und Treuenbrietzen, wo die sowjetische Massierung am stärksten war, südlich Beelitz nur verhältnismäßig schwache Kräfte auf weitem Raum verteilt stünden und daß Busse dort noch der Durchbruch bis zu der vorgetriebenen Front der 12. Armee gelingen könne.

Seither hatte man bei der 9. Armee nochmals alle Kräfte zusammengerafft, um einen letzten Durchbruchsversuch in der angegebenen Richtung zu unternehmen. Ob dieser Durchbruch gelingen würde, war ungewiß. Auf jeden Fall aber war Wenck entschlossen, seine Aufnahmestellung für die 9. Armee so lange wie irgend möglich zu behaupten.

Am 29. April meldete er an das OKW nach Fürstenberg: »Die Armee und insbesondere das XX. Korps, welches zeitweilig die Verbindung mit der Besatzung von Potsdam hat herstellen können, ist auf der gesamten Front so in die Abwehr gedrängt worden, daß der Angriff auf Berlin nicht mehr möglich ist, zumal auch mit Unterstützung durch die Kampfkraft der 9. Armee nicht mehr gerechnet werden kann.«

Dies war die Sprache der Tatsachen. Um die gleiche Zeit aber zerbrachen auch im Norden und Nordwesten von Berlin die Illusionen über die von dort zu führenden Entsatzangriffe unter den erbarmungslosen Schlägen der Wirklichkeit.

Wenn irgend jemand recht behalten hatte, so war es Heinrici.

Der sowjetische Durchbruch durch die 3. Panzerarmee hatte von Stunde zu Stunde bedrohlichere Formen angenommen. In der Nacht vom 27. auf den 28. April drangen die sowjetischen Panzerspitzen in die Stadt Neubrandenburg ein. Im Norden erschienen sowjetische Panzerverbände im Raum südlich Anklam.

Der Durchbruch hatte eine neue Welle der Flucht und des panischen Entsetzens hervorgerufen. Es gab später kein unverfänglicheres Zeugnis für die Gründe dieser Flucht als den Bericht des amerikanischen Armeegeistlichen Francis Sampson, der sich mit anderen kriegsgefangenen Amerikanern, Franzosen, Italienern und Serben in dem deutschen Kriegsgefangenenlager Neubrandenburg befand, als am Abend des 27. April von Südosten her das Grollen der sowjetischen Artillerie laut wurde und die Straßen in der Nähe des Lagers von angsterfüllten Menschen überquollen, die nach Westen zu entkommen suchten.

Sampson schrieb darüber einen Bericht, den er »Befreiung« nannte; darin hieß es: »Das dumpfe Wumpf-Wumpf der russischen Artillerie wurde immer lauter. Russische Flugzeuge flogen über die Stadt und warfen Tausende von Flugblättern ab, welche die Deutschen in Schrecken versetzten. Eines der Flugblätter erklärte in deutscher Sprache: ›Rokossowski steht vor den Türen‹, und der Ruf, der den Rokossowskischen Armeen voranging, genügte, um die Deutschen in Neubrandenburg in panische Angst zu versetzen. Binnen kurzem waren die Straßen in der Stadt und nach Westen gestopft voll mit Wagen voller Habseligkeiten, voller Kinder und alter Leute. Die Deutschen wollten alles, nur nicht in die Hände der Russen fallen ... Auch ein Teil unserer Lagerwache floh ...

Die deutsche Besatzung der Stadt befand sich in einer hoffnungslosen Lage. Wir selbst hoben Gräben aus, in denen wir Deckung nehmen wollten, sobald die russische Artillerie die Stadt beschoß. Die Ereignisse der dann folgenden Tage waren die fürchterlichsten, die mir je in meinem Leben begegnet sind.

Am 28. April, um Mitternacht, begannen die russischen Tanks in die Stadt zu rollen ... Der deutsche Kommandant hatte sich erschossen, und die deutsche Garnison leistete keine Gegenwehr. Die russische Infanterie, die zu je fünfzehn oder zwanzig Mann auf den Tanks saß, machte den Eindruck von Wilden und schoß mit ihren Gewehren und Maschinenpistolen nach allen Seiten. Die meisten Infanteristen hatten asiatische Gesichter. Binnen einer Stunde war Neubrandenburg ein Meer von Flammen, das im Laufe der Nacht höher und höher hinaufschlug. Die Stadt brannte den ganzen folgenden Tag lang, und es blieb kaum ein Haus, das nicht bis auf den Grund ausbrannte. Die Hitze, welche die brennende Stadt ausströmte, war sengend, und das Lager war taghell erleuchtet.

Wir hielten uns im Lager zurück, während Franzosen, Italiener und Serben zum Plündern in die Stadt zogen. Die russischen Gefangenen waren merkwürdigerweise die einzigen unter uns, die nicht glücklich über ihre Befreiung schienen. Ein russischer Arzt und verschiedene andere russische Gefangene, die von Mitgefangenen beschuldigt wurden, mit den Deutschen zusammengearbeitet zu haben, wurden ohne weiteres erschossen. Die anderen erhielten ein Gewehr in die Hand gedrückt und wurden an die Front getrieben.

Unser deutscher Lagerkommandant wurde auf einen Hügel geschleppt. Er wurde gezwungen, ein Loch zu graben, und wurde erschossen und hineingeworfen.

Am 29. April besuchte uns ein russischer General, der unsere Rüstung lobte ... Fast alle Geräte, die wir bei den Russen sahen, stammten aus Amerika. Auch die russischen Flugzeuge, die herumflogen, waren Bell-Airacobras. Danach besuchte uns ein Kommissar und sagte uns unseren baldigen Transport zu den amerikanischen Truppen zu. Aber die russischen Soldaten erhielten täglich eine Ration Wodka und hatten auch noch deutschen Schnaps gefunden, so daß die meisten ständig betrunken waren. In diesem Zustand raubten einige von ihnen den Amerikanern ihre Wertgegenstände, vor allem die Armbanduhren, und zwangen sie, ihnen Latrinen zu graben. Ich suchte den russischen Obersten, dem das Lager unterstand, auf, aber auch er war betrunken. Wir fühlten uns allmählich unter den Russen sehr viel weniger sicher, als wir uns unter den Deutschen gefühlt hatten ...
Ein alter französischer Pfarrer, der als Gefangener unter uns war, bat mich am Nachmittag, mit ihm in die Stadt zu gehen. Er wollte sehen, wie es den deutschen Geistlichen und den Deutschen, die nicht hatten fliehen können, erging ... Obwohl wir aufs Schlimmste gefaßt waren, erschütterte uns das, was wir sahen, in einem Maße, das mit Worten nicht zu fassen ist. Wenige Meter von unserem Lager entfernt, im Wald, stießen wir schon auf einen Anblick, den ich bis an das Ende meiner Tage nicht vergessen werde. Mehrere deutsche Mädchen waren hier geschändet und dann getötet worden. Einige hatte man an den Füßen aufgehängt und ihre Leiber aufgeschlitzt. Kameraden hatten mir vorher schon ähnliches berichtet, aber ich hatte es nicht glauben wollen. Wir hielten an und sprachen einige Gebete.
Als wir dort ankamen, wo ein paar Tage vorher noch die schöne kleine Stadt Neubrandenburg gestanden hatte, war mir, als blickte ich auf das Ende der Welt und auf das Jüngste Gericht. Die meisten Häuser brannten noch, und in den Straßen häuften sich die Trümmer herabgestürzter Mauern. Eine große Gruppe Deutscher, Männer, Frauen und Kinder, räumte die Hauptstraße unter der Bewachung eines russischen Soldaten auf. Leichen, die in den Straßen lagen, wurden, soweit sie den Verkehr nicht behinderten, nicht beachtet. Über einigen Straßen lag ein unerträglicher Geruch verbrannten Fleisches ...
Schließlich kamen wir zu einem deutschen Pfarrhaus und gingen hinein. Das Haus war zum Teil vom Feuer zerstört und an vielen Stellen zusammengefallen. Die beiden Schwestern des Pfarrers sa-

ßen auf den kahlen Treppenstufen. Der Pfarrer selbst und sein Vater hockten daneben, und ihre fahlen Gesichter verrieten die äußerste Erschütterung, die Menschen überfallen kann. Drei Frauen kauerten auf einem Sofa. Eine der Schwestern sprach mit dem französischen Priester und sagte ihm, daß eine Horde Russen die drei Frauen geschändet und den Pfarrer und seinen Vater gezwungen hätte, dabei zuzusehen. Der französische Priester fragte sie, ob er irgend etwas für sie tun könne. Aber sie schüttelten den Kopf voller Hoffnungslosigkeit. Und ich sah, daß sie nahe daran waren, den Verstand zu verlieren. Sie befanden sich in einem Zustand, der schon jenseits der Angst lag...

Am 22. Mai erschien endlich ein amerikanischer Oberst in unserem Lager. Er war über die Behandlung, die die Russen uns angedeihen ließen, erstaunt und protestierte heftig. Doch erwartete man von den russischen Fronttruppen offenbar nichts Besseres. Auch die Lage unserer Kranken und Verwundeten wurde kritisch, weil die Russen in die Baracken eindrangen, in denen unsere Kranken lagen, und sie zwangen, mit ihnen Wodka zu trinken. Am 4. Mai kam dann ein amerikanischer Hauptmann, und der Oberst bat, mich mit zu den amerikanischen Linien zu nehmen, damit ich dort jemandem unsere Lage beschreiben konnte.«

Am Morgen des 28. April, an demselben Morgen, an dem nicht nur Neubrandenburg, sondern fast alle anderen Ortschaften im Bereich des sowjetischen Durchbruchs in Flammen standen, hatte sich Keitel abermals auf den Weg gemacht, um die Gruppe Steiner aufzusuchen und unter ihrem neuen Befehlshaber Holste neue scharfe Anweisungen für den Entsatzangriff auf Berlin zu erteilen.

Gehetzt von seinen Treuekomplexen, erfüllt von der vermeintlichen »historischen und moralischen Bedeutung seiner Aufgabe«, stellte er auf der Fahrt nach Süden überraschend fest, daß sich die 7. Panzerdivision, aber auch die 25. Panzergrenadierdivision statt im Angriff Richtung Berlin auf dem Marsch in den Raum von Neustrelitz und Neubrandenburg befanden, um dort die Lücke in der Front der 3. Armee schließen zu helfen.

Keitel wollte dies nicht wahrhaben. Aber es blieb kein Zweifel. Heinrici hatte sich über seine und Jodls strikte Befehle hinweggesetzt. Er hatte dem sinnlosen Versuch des Entlastungsangriffes auf Berlin von sich aus ein Ende gemacht. Er war im Begriff, das einzig Mögliche und Vernünftige zu tun, nämlich seine Heeresgruppe ohne unnütze Kämpfe und Verluste mit so viel Zivilbevölkerung wie möglich nach Westen an die Elbe bzw. in den Raum zwischen Elbe und Ostsee zu führen.

Keitel bebte förmlich vor Wut und Empörung. Heinrici befand sich nicht in Prenzlau. Er war unterwegs nach den am schwersten gefährdeten Stellen der 3. Panzerarmee. Hier traf ihn Keitel auf einer Straße zwischen Neustrelitz und Neubrandenburg in Begleitung des Generals v. Manteuffel.

Das Zusammentreffen geschah inmitten vorbeiziehender Kolonnen verwundeter und waffenloser Soldaten sowie umfangreicher Flüchtlingstrecks. Es kam zu einem schweren Zusammenstoß, in dem Keitel – dunkelroten Gesichts – von Heinrici Rechenschaft forderte. Er warf ihm Gehorsamsverweigerung, Verrat am Führer und Feigheit, Sabotage am Siege vor. Er schrie ihm ins Gesicht, wenn er so gehandelt hätte wie Rendulic in Wien, wenn er, Heinrici, einige Tausende Fahnenflüchtige erschossen oder an die Bäume gehängt hätte, wäre die Lage anders, dann befänden sich seine Armeen nicht auf der Flucht. Aber an Härte, Entschiedenheit und Brutalität habe es bei ihm von vornherein gefehlt. Nur deswegen sei es zu dem Desaster an der Oder gekommen.

v. Manteuffel blickte mit zornbleichem Gesicht zu Heinrici hinüber. Er war, wie Heinrici, ein Mann der Front. Er hatte Keitel und Jodl gegenüber nie viel Vertrauen aufgebracht und in den letzten Tagen fast so etwas wie Verachtung gelernt. Dies war der Höhepunkt.

Aber Heinrici blickte mit eiserner Beherrschung zu Keitel hinauf. Er ließ Keitels tobende Worte verklingen. Dann wies er auf eine der Marschkolonnen, die am Straßenrand daherzog, Soldaten mit Flüchtlingen vermischt, ohne Geschütze, ohne Munition, ohne Fahrzeuge, ohne Panzer, erschöpft, ohne Hoffnung, im Rücken eine mehr als fünfzehnfache Übermacht und das Grauen vor dem Osten, unfähig, noch eine Chance des Sieges zu sehen. »Herr Feldmarschall«, sagte Heinrici und wies mit der Hand auf die Kolonne, »wenn Sie die dort erschießen wollen, dann bitte fangen Sie an.«

Vielleicht fand Heinrici die Antwort, die als einzige den Theoretiker entwaffnen konnte, der bis in diese Tage hinein niemals die Unerbittlichkeit der Front, niemals Blut und auch niemals Exekutionskommandos in Tätigkeit gesehen hatte und der in dem gleichen Augenblick innerlich zurückschreckte, in dem er das tun sollte, was er bedenkenlos von anderen verlangte.

Keitel blickte sich verwirrt um. Dann trat er plötzlich den Rückzug an und fuhr davon. Alle, die den Auftritt miterlebt hatten, verharrten einen Augenblick in ratlos-erbittertem Schweigen. Dann fragten sie Heinrici, weshalb er Keitel nicht einfach verhaftet habe. Der schmale Mann sah über den Augenblick hinaus und fragte: »Wozu?« Die Dinge rollten auch ohne Keitels Verhaftung so, wie sie nun einmal rollen mußten. Er sah, daß trotz allen Zusammenbruchs und aller Zeichen der Erschöpfung seine Einheiten überall dort bereit waren, Widerstand zu leisten, wo dieser Widerstand einen Sinn hatte. Es ging ihm um eine Sinngebung, die nicht mehr mit Illusionen und Phantomen arbeitete, sondern kurz und schlicht den Rückmarsch von Soldaten und Bevölkerung nach Westen so lange wie möglich sicherte.
Am späten Nachmittag setzte sich Heinrici formell über das Telefon mit Jodl in Verbindung. Er meldete, daß er auf Grund der Lage gezwungen sei, seinen rechten Flügel nunmehr hinter den Havel-Voß-Kanal-Verlauf der Havel zurückzunehmen, um noch weitere Kräfte nach Norden in den Einbruchsraum von Neubrandenburg–Friedland zu verschieben. Außerdem beantrage er den Einsatz der Division Schlageter im Einbruchsraum westlich Neubrandenburg. Sonst sei es unmöglich, den sowjetischen Durchbruch zum Stehen zu bringen.
Jodl war bereits durch Keitel über die Geschehnisse informiert. Seine kalte, alle Einflüsse der Wirklichkeit von sich weisende Konzentration auf das Phantom »Den Führer befreien« sowie sein jetzt schon pathologisches Voranstellen der Pflichterfüllung gegenüber Hitler hatte auch ihn mit kaltem Zorn und selbstgerechter Verachtung für den scheinbaren Verräter erfüllt. Sie kam nur deswegen nicht voll und ganz zum Ausbruch, weil ihm das Temperament dazu fehlte.
Seine Stimme am Telefon war von eisiger Kälte. Er verbot Heinrici jede Zurücknahme des rechten Flügels. Er befahl, daß der rechte Flügel, da er nicht angegriffen sei, stehen zu bleiben habe, wo er stehe. Die Division Schlageter sei nicht dem feindlichen Durchbruch vorzulegen, sondern sie sei, wie befohlen, dem rechten Flügel der Heeresgruppe zuzuführen.
Heinricis Gesicht wirkte schmal und klein, aber er bewahrte seine Beherrschung. Er erwiderte, daß er diesen Befehl nicht ausführen könne, ohne seine Armee und alle seine Soldaten der sicheren Vernichtung zu überantworten.

Jodl wiederholte seine Befehle. Er drohte, Heinrici werde persönlich die Verantwortung dafür zu tragen haben, wenn er die Befehle des Oberkommandos der Wehrmacht nicht ausführe.
Heinrici hängte ein. Der Blick, den er auf seinen IA richtete, besagte alles. Er zweifelte, ob Keitel und Jodl noch bei Verstand waren. Er hatte zuviel über das Ende anderer Generale gehört und in den letzten Wochen zuviel Irrsinn erlebt, um nicht sein eigenes Ende vorausahnen zu können. Aber für ihn gab es kein Zurück mehr. Er hatte die notwendigen Bewegungen der Truppen bereits angeordnet und fiel ihnen nicht mehr in den Arm.
Die Abendstunden waren von einer großen Spannung erfüllt. Heinrici hatte sich durch die immer dichteren Elendszüge der Flüchtlingstrecks zu seinem letzten Gefechtsstand auf einem Gut bei Waren begeben. Dort erleuchteten Kerzen schwach den Raum, in dem Heinrici und sein Stab arbeiteten, als der letzte Aufeinanderprall des Tages und damit auch das Ende Heinricis als Oberbefehlshaber der Heeresgruppe kam.
Gegen 10 Uhr abends wurde Heinrici gemeldet, daß Swinemünde jetzt von der völligen Einschließung bedroht war. Gleichzeitig teilte der Kommandierende Admiral in Swinemünde mit, daß die Marine den Hafen für ihre Transportbewegungen nicht länger benötige. In Swinemünde befanden sich nur noch schlecht ausgerüstete Marinekräfte und eine Ersatzdivision, die aus siebzehnjährigen, nur noch zum Teil bewaffneten Rekruten bestand. Da jetzt die einzige an Swinemünde interessierte Stelle den Hafen freigab, entschloß sich Heinrici, Swinemünde zu räumen, bevor es abgeschnitten war und die Division einem völlig sinnlosen Kampf ausgeliefert wurde, der nur mit ihrer Vernichtung enden konnte.
Gegen 23.30 Uhr setzte sich Heinrici noch einmal telefonisch mit Fürstenberg in Verbindung. Er ahnte das kommende Unheil. Aber er ging ihm, gradlinig wie er war, entgegen.
Am anderen Ende der Telefonleitung meldete sich Keitel. Er hatte inzwischen erfahren, daß Heinrici auch die Befehle Jodls nicht beachtet hatte. Jodl und Keitel hatten eine Reihe von Ordonnanzoffizieren in das Frontgebiet entsandt, um auf diese Weise zu überprüfen, ob ihre Befehle befolgt würden. Diese Ordonnanzoffiziere hatten berichtet, daß der rechte Flügel Heinricis sich bereits hinter den Havel-Voß-Kanal abgesetzt habe. Als Heinrici jetzt seine Absicht, Swinemünde zu räumen, meldete, war Keitels Empörung noch uferloser als am Mittag. Er verlor jedes Maß. Es war, als spre-

che aus seinem Munde Hitler mit all seinem Haß gegen die Verräter, gegen Feigheit und Schwäche.
Heinricis persönlicher Bericht über diese letzte Stunde des 28. April war nüchtern, von der Furcht diktiert, irgendwo zu sehr hervorzutreten oder voreilig über andere zu urteilen. Aber selbst dieser Bericht gab in all seiner Nüchternheit und Zurückhaltung etwas von der Maßlosigkeit und absurden Groteske jenes letzten Telefongesprächs wieder:

»Keitel«, so berichtet Heinrici, »beantwortete die Mitteilung des Oberbefehlshabers mit einem Schwall von Vorwürfen. Die Gründe für die Räumung Swinemündes interessierten ihn nicht. Die Stellungnahme des Kommandierenden Admirals in Swinemünde erklärte er für unmaßgeblich. Er sagte, er könne es dem Führer gegenüber nicht vertreten, daß der letzte Stützpunkt im Gebiet der Oder freiwillig aufgegeben würde. Der Hinweis auf den Zustand der infanteristischen Besatzung fruchtete nichts. Als der Oberbefehlshaber es ablehnte, die Rekrutendivision in einem offensichtlich zwecklosen Festungskampf untergehen zu lassen, drohte Keitel mit Kriegsgericht und wies auf die Strafe hin, welche auf Verweigerung des Gehorsams vor dem Feinde stehe. Hier war nun allerdings das Maß voll. Aus der Antwort des Oberbefehlshabers konnte Keitel unmißverständlich erkennen, wie die Heeresgruppe über ihn und seine Anordnungen dachte. Als der Oberbefehlshaber erneut erklärte, daß er für seine Person den Befehl zur Verteidigung von Swinemünde nicht geben werde, erklärte Keitel ihn für abgesetzt.
Die Form, in der sich diese Absetzung vollzog, ließ weitere Folgen befürchten. Als der Oberbefehlshaber der 3. Panzerarmee, v. Manteuffel, von dem Vorgang erfuhr, bot er dem abgesetzten Oberbefehlshaber eine Schutzwache an.
Es waren mehrfache ... Gründe, welche den Oberbefehlshaber der Heeresgruppe bestimmten, nicht gegen den Entscheid des Oberbefehlshabers Keitel aufzubegehren ... (Dabei) spielte ... das Wissen darum eine Rolle, daß keine Macht der Welt, kein Befehl auch der höchsten Stelle, mochte sie Hitler oder Keitel heißen, an dem weiteren Ablauf der Ereignisse etwas ändern konnte. Das ins Rollen gekommene Rad war nicht mehr aufzuhalten. Nicht Wunsch oder Wille eines einzelnen, sondern die Gewalt der Tatsachen hatte es in Bewegung gesetzt. So blieb denn auch der Eingriff des Feldmar-

schalls Keitel nicht nur für Swinemünde, sondern für den allgemeinen Ablauf der Dinge in Mecklenburg ohne Bedeutung.«

Noch in der Nacht vom 28. auf den 29. April wurde der Generaloberst der Luftwaffe und bisherige Oberbefehlshaber der 1. Fallschirmarmee, Student, mit der Nachfolge Heinricis beauftragt. Er hatte sich durch die Eroberung Kretas 1941 einen Namen gemacht. Er schien in den Augen Keitels und Jodls ein Mann zu sein, dem blinder Gehorsam zuzutrauen war.

Da es jedoch in der allgemeinen Verwirrung einige Tage dauern mußte, bis Student den Gefechtsstand der Heeresgruppe Weichsel erreichte, beauftragte Keitel General v. Manteuffel mit der einstweiligen Nachfolgerschaft Heinricis. Aber v. Manteuffel lehnte es ab, unter den gegebenen Umständen diese Nachfolge anzutreten. Daraufhin bewegte Keitel den Oberbefehlshaber der 21. Armee, v. Tippelskirch, die stellvertretende Führung der Heeresgruppe zu übernehmen.

v. Tippelskirch hatte am 28. April mit dem aus Ostpreußen nach Deutschland zurückgeführten Reststab der ehemaligen 4. Armee den Auftrag erhalten, unter einem Armeeoberkommando 21 die Kampfgruppe Steiner und alle anderen am Südflügel der 3. Panzerarmee stehenden Kräfte zusammenzufassen, den Südflügel der 3. Panzerarmee sowie ihre Flanke nach Westen zu decken und den so heiß umstrittenen Brückenkopf in Richtung auf Berlin zu behaupten.

Heinrici übergab ihm das Kommando in einem Ort in der Nähe der Müritz. Dann verabschiedete er sich kurz und fuhr davon, um sich bei Keitel oder Dönitz zu melden.

Aber Keitel und Jodl befanden sich nicht mehr in Fürstenberg. In der Nacht auf den 29. April hatte die Wirklichkeit an die Türen ihres Stabsquartiers geklopft. Hals über Kopf hatten sie ihre Quartiere vor anrückenden sowjetischen Panzern verlassen und waren auf Waldwegen nach Dobin in Südmecklenburg geeilt, um schon einen Tag später vor den schnell nachrückenden sowjetischen Verbänden von neuem weiterzuziehen.

Vielleicht lag hierin Heinricis Rettung, denn Keitel war entschlossen, ihn zu verhaften und vor ein Kriegsgericht zu stellen. Er hatte auch an Dönitz für den Fall, daß Heinrici sich dort melden würde, eine entsprechende Aufforderung gerichtet. Aber zu ihrer Verwirklichung kam es nicht mehr.

Es kam so, wie Heinrici in seinem Bericht schrieb. Keitel änderte nichts an dem Ablauf der Dinge. Die sowjetische Übermacht zeigte innerhalb von 48 Stunden, daß alle Pläne des Oberkommandos der Wehrmacht Illusionen waren, daß es keinen Durchbruch der Armee Wenck nach Norden, keinen Flankenangriff gegen den sowjetischen Durchbruch bei Neubrandenburg, keine Behauptung eines Brükkenkopfes gegenüber Berlin gab, sondern nur noch eines: den Rückzug an die Elbe.

Am Abend des 28. April verringerte sich zeitweise das Artilleriefeuer, das auf dem Zentrum von Berlin lag. In einer Feuerpause, in der man nur das Prasseln von Steinen, das Rutschen von Schutt, das dünne Hämmern der Maschinengewehre und das dumpfe Knallen von Panzerkanonen hörte, eilte der Verbindungsmann zwischen Hitler und dem langjährigen Reichspressechef Dr. Dietrich, Lorenz, vom Propagandaministerium zum Bunker der Reichskanzlei. Als er den Bunker betrat, verriet sein erregtes Gesicht, daß er eine Nachricht überbrachte.

Er trug die Aufnahme eines Reuter-Berichtes bei sich, in welchem über die Vorschläge berichtet wurde, die Himmler fünf Tage zuvor dem Grafen Bernadotte in Lübeck gemacht hatte. Und diese Nachricht bedeutete den Anfang vom Ende.

Am 22. April hatte die Tatsache, daß Steiner nicht angegriffen hatte, genügt, um die schützenden Wände der Selbsttäuschungen, die Hitler um sich aufgerichtet hatte, zum Einsturz zu bringen. Jetzt, in der von enttäuschten Erwartungen gesättigten Atmosphäre am Abend des 28. April, war es die Meldung über Himmlers Aktion, die in Hitler zunächst einen letzten Sturm der Empörung und dann einen neuen Sturz in Selbstaufgabe und in die Vorbereitung des persönlichen Endes verursachte.

Noch einmal ergriff ihn eine hemmungslose Raserei, die sein Gesicht fast unkenntlich werden ließ. Dann zog er sich mit Bormann und Goebbels in seine privaten Räume zurück. Es folgte eine Konferenz, für die es keine Zeugen gibt. Aber daß nach Göring nun auch noch Himmler von ihm abfiel, mußte nicht nur sein Selbstbewußtsein tief treffen. Himmlers Verrat mußte für ihn zu einer neuen schmerzvoll-wollüstigen Bestätigung für die These des Verrats allüberall und für die Unzulänglichkeit der Umwelt werden, die zu klein für ihn war und ihn verriet, weil er zu hoch über ihren erbärmlichen Schwächen stand.

Der Sturm krankhafter Selbstbestätigung zitterte noch in ihm nach, als er das Konferenzzimmer verließ und den Befehl erteilte, daß Fegelein sofort scharf vernommen werde. Sein nach Verrat und Verrätern dürstender Geist war nun gänzlich von der Vorstellung einer Verschwörung erfüllt. Er glaubte plötzlich zu wissen, weshalb der SS-Obergruppenführer Steiner nicht angegriffen hatte und nicht angriff. Fegelein erschien ihm als verräterischer Verbindungsmann zwischen Himmler und ihm, der Himmler über Vorgänge im Bunker unterrichtet hatte. Die Idee der Verschwörung griff auf den Bunker über und versetzte die Verlorenen in eine krankhafte Erregung, die sich bei manchen Frauen bis zu Weinkrämpfen steigerte. Fegelein wurde nach den Gerüchten, die in den Gängen des Bunkers von Mund zu Mund gingen, zu einer Bestie und Himmler zu einem Ungeheuer, das den Westmächten versprochen hatte, ihnen im Falle von Hitlers Tod dessen Leichnam auszuliefern.
Ohne das Ergebnis einer genauen Untersuchung abzuwarten, gab Hitler den Befehl, daß Fegelein in den Garten der Reichskanzlei geführt und dort erschossen wurde. Er saß, am ganzen Körper zitternd, in einem Stuhl im Konferenzzimmer, als ihm der Vollzug der Exekution gemeldet wurde.
Dann raffte er sich auf und begab sich zu v. Greim. Nach den tagelangen vergeblichen Versuchen war es am Abend des 28. April endlich einem Piloten gelungen, mit einem Schulflugzeug »Arado 96« von Rechlin aus nach Berlin durchzubrechen, im Schutz der Qualmwolken auf der Ost-West-Achse zu landen und sein Flugzeug zu verstecken. Greim hatte sich aber geweigert, Berlin wieder zu verlassen. Er wollte zusammen mit Hanna Reitsch an der Seite Hitlers siegen oder sterben. Er beugte sich jedoch Hitlers Willen, als dieser mit düster leuchtenden Augen seinen Raum betrat und ihm befahl, noch in der Nacht zusammen mit Hanna Reitsch Berlin zu verlassen, nach Plön zu fliegen, Himmler zu verhaften und unschädlich zu machen. Er wiederholte mehrfach die Worte »unschädlich machen«.
Er wußte nicht, daß Himmlers Verhandlungen längst gescheitert waren. Die Umwelt lag im Dunkel da. Er war dazu verurteilt, blind umherzutappen. Er argwöhnte, daß Himmlers Verhandlungen schon zum Erfolge geführt hatten, ohne seinen Willen, ohne sein Wissen, über seinen Kopf hinweg. Das war vielleicht das schlimmste, daß hier etwas geschah, das nicht mehr seinem Willen unterworfen war, und daß, wenn es zu irgendwelchen Abmachungen mit

den Westmächten kam, nicht mehr er im Mittelpunkt stand, sondern daß über ihn hinweggeschritten würde, hinweggeschritten wie über ein Nichts.
v. Greim wurde daraufhin mit bandagiertem Fuß in einem kleinen Panzerfahrzeug zu dem versteckten Flugzeug hinausgefahren. Hanna Reitsch begleitete ihn. Sie trug eine Reihe von Briefen an die Außenwelt mit sich. Die Fahrt ging über Trümmer und an Granattrichtern vorbei.
Der Himmel war wieder blutrot erleuchtet von den Bränden, die sich immer weiterfraßen.
Die Startbahn wies ebenfalls Trichter auf. Aber der Start gelang, obwohl die sowjetische Flakartillerie alles daransetzte, das Flugzeug abzuschießen.
Möglicherweise vermuteten die Russen darin Hitler, der die Reichshauptstadt verlassen wollte.
v. Greim und Hanna Reitsch landeten in Rechlin. Von dort begaben sie sich weiter nach Norden, um Himmler zu stellen. Aber als sie in Dönitz' Stab eintrafen, hatte Himmler bereits alles abgeleugnet, und er blieb bei seinem Leugnen. Einen Tag später aber hatten sich die Verhältnisse bereits gewandelt. Hitler hatte seinem Leben ein Ende gemacht.

Als v. Greim und Hanna Reitsch in der Dunkelheit verschwunden waren, zog sich Hitler für eine Weile zurück. Als er für seine Umgebung wieder sichtbar wurde, hatte sich eine Änderung in ihm vollzogen.
Die Erregung war von ihm abgefallen. Es war, als habe ihn eine neue, diesmal letzte Phase der Resignation erfaßt. Sie wirkte auf seine Umgebung genauso erregend wie der vorangegangene Sturm. Alle gewannen den Eindruck, daß er sich unter dem Eindruck von Himmlers Verrat endgültig selbst aufgegeben hatte und sein Ende vorbereitete. Er war sich seines verratenen Prophetentums gewiß. Eine Stunde nach Mitternacht vollzog er plötzlich eine merkwürdige Zeremonie, welche auch seine Umgebung überraschte. Er ließ sich mit Eva Braun trauen, die Jahre hindurch seine sorgfältig verborgene Freundin gewesen war, ein hübsches, aber geistig unbedeutendes Wesen, das ihm jedoch in Treue und Bewunderung ergeben war.
Sie war erst am 15. April, von Süddeutschland kommend, in den Bunker übergesiedelt. Sie hatte sich geweigert, Hitler zu verlassen.

Sie war geblieben, sozusagen eine schattenhafte Figur am Rande der Geschichte, ein Teil der kleinbürgerlichen Sphäre, die immer ihren Platz in Hitlers widerspruchsvoller Natur behauptet hatte.
Kein Zeuge überlebte die Nacht vom 28. auf den 29. April, der über die Gründe dieser späten Trauung hätte Auskunft geben können. Aber zweifellos hing sie mit der Art zusammen, mit der Hitler sich in das Bewußtsein des Verratenen hineinversenkte und sich in einer Art Rückzug von der verräterischen Umwelt mit der Frau verband, deren Treue ihm am tiefsten schien und deren Zuneigung wahrscheinlich auch am unkompliziertesten und tiefsten und sichersten war.
Nach der Trauung kam es zu einem düster-gedämpften Trauungsmahl. Hitler saß schweigend da. Aber wenn er sprach, kreisten seine Worte immer wieder um die Feststellung, er warte jetzt nur noch auf das Ende. Der Tod sei für ihn eine Erlösung, da er von seinen besten Freunden verraten worden sei. Später zog er sich zurück und diktierte sein Testament. Er diktierte ein persönliches Testament, das für die Nachwelt ohne Bedeutung war. Aber dann ließ er, während über den Bunker wieder eine Welle von Feuerüberfällen dahinrollte und sich in den Gängen draußen neue Angst verbreitete, die ersten sowjetischen Stoßtrupps könnten plötzlich vor den Eingängen stehen, sein politisches Testament folgen.
Es spiegelte seine ungebrochene Selbstüberzeugung, sein Gefühl, recht zu haben und recht zu behalten, und die Überzeugung des verratenen Propheten wider.
Er rechtfertigte sich für den Ausbruch des Krieges und diktierte, es sei unwahr, daß er den Krieg im Jahre 1939 gewollt habe. Der Krieg sei ausschließlich von jenen internationalen Staatsmännern angestiftet worden, die entweder jüdischer Herkunft gewesen seien oder aber für jüdische Interessen gearbeitet hätten. Dann fuhr er fort: Nach einem sechsjährigen Kampf, der trotz aller Rückschläge als ruhmreichste und tapferste Bekundung des Lebenswillens eines Volkes in die Geschichte eingehen werde, könne er sich nicht von der Hauptstadt des Reiches trennen. Da die Kräfte zu gering seien, um dem feindlichen Ansturm noch länger standzuhalten, und da der eigene Widerstand durch verblendete wie charakterlose Subjekte untergraben werde, wolle er das Schicksal der Einwohner teilen. Er wolle nicht dem Feind in die Hände fallen, der zur Belustigung verhetzter Massen ein neues, von Juden arrangiertes Schauspiel benötige. Er habe sich daher entschlossen, in dem Augenblick den Tod

zu wählen, in dem er glaube, daß der Sitz des Führers und Kanzlers nicht mehr gehalten werden könne.
Dann wandte er sich an die Wehrmacht. Er entschuldigte die Luftwaffe und belastete Göring mit der Schuld an ihrem Niedergang. Er pries die einfachen Soldaten des Heeres, die ihm vertraut hätten, und verdammte die Generale, die dieses Heer schlecht geführt, sich seiner Strategie widersetzt und sich gegen ihn verschworen hätten. Noch einmal glühte sein Haß gegen den Generalstab auf. Nur der Marine zollte er schrankenlose Anerkennung, indem er schrieb, es möge dereinst zum Ehrbegriff des deutschen Offiziers gehören – so wie dies in der Marine schon bei deren Schiffen der Fall sei –, daß die Übergabe einer Stadt unmöglich sei und daß vor allem die Führer mit leuchtendem Beispiel voranzugehen hätten in treuester Pflichterfüllung bis in den Tod. Er fuhr fort: »Ich stoße vor meinem Tode den früheren Reichsmarschall, Hermann Göring, aus der Partei aus und entziehe ihm alle Rechte, die sich aus dem Erlaß vom 29. Juni 1941 sowie aus meiner Reichstagserklärung vom 1. September 1939 ergeben könnten. Ich ernenne an Stelle dessen den Großadmiral Dönitz zum Reichspräsidenten und Obersten Befehlshaber der Wehrmacht.
Ich stoße vor meinem Tode den früheren Reichsführer SS und Reichsminister des Innern, Heinrich Himmler, aus der Partei sowie aus allen Staatsämtern aus. Ich ernenne an seiner Stelle den Gauleiter Hanke zum Reichsführer SS und Chef der deutschen Polizei, den Gauleiter Paul Gießler zum Reichsminister des Innern.
Göring und Himmler haben durch geheime Verhandlungen mit dem Feinde, die sie ohne mein Wissen und gegen meinen Willen abhielten, sowie durch den Versuch, entgegen dem Gesetz die Macht im Staate an sich zu reißen, dem Lande und dem gesamten Volke unabsehbaren Schaden zugefügt, gänzlich abgesehen von der Treulosigkeit gegenüber meiner Person.«
Dann fuhr er fort, um dem deutschen Volk eine aus ehrenhaften Männern zusammengesetzte Regierung zu geben, welche die Verpflichtung erfülle, den Krieg mit allen Mitteln weiter fortzusetzen, ernenne er Dönitz für den Fall seines Ablebens zu seinem Nachfolger mit dem Titel des Reichspräsidenten. Er ernenne ferner Dr. Goebbels zum Reichskanzler, Bormann zum Parteiminister, Seyß-Inquart zum Außenminister, Feldmarschall Schörner zum Oberbefehlshaber des Heeres. Er ließ noch einige weitere Namen folgen, die ohne Bedeutung waren, und schloß: »Von allen Deut-

schen, allen Nationalsozialisten, Männern und Frauen und allen Soldaten der Wehrmacht verlange ich, daß sie der neuen Regierung und dem Präsidenten gehorsam sein werden bis in den Tod. Vor allem verpflichte ich die Führung der Nation und die Gefolgschaft zur peinlichen Einhaltung der Rassegesetze und zum unbarmherzigen Widerstand gegen den Weltvergifter aller Völker, das internationale Judentum.«
Als er sein Testament unterzeichnete und Goebbels, Bormann, Burgdorf und Krebs als Zeugen ihre Unterschriften folgen ließen, war es 4 Uhr, und draußen rüttelten gerade wieder die Einschläge der sowjetischen Salven wie Riesenfäuste an den Bunkerdecken. Niemand wußte, ob ihm in diesen Stunden in den verborgensten Tiefen seines Innern nicht eine einzige innere Stimme vorhielt, welche fürchterlichen Irrwege er begangen hatte, die ihn und die Deutschen in einen Abgrund rissen.

Als der Morgen des 29. April anbrach, standen sowjetische Panzer diesseits des Anhalter Bahnhofs, und Granate auf Granate fiel in die Trümmerzone um die Reichskanzlei. Der Frontkreis des Brigadeführers Mohnke, der sich um die Reste der Innenstadt schloß, hatte sich weiter verengt. In der Gegend des großen Zoobunkers hatte der Kreis noch eine schmale Verbindung mit dem wesentlich größeren Frontkreis, der die noch verteidigten Stadtteile des Berliner Westens bis nach Steglitz und Spandau umschloß.
Der Geländestreifen, der die beiden Kreise verband, war kaum noch tausend Meter breit. In seinem Mittelpunkt stand der gewaltige Zoobunker, in dessen drangvoller Enge immer noch Menschen Zuflucht suchten. Dort lag, hockte und stand Frau neben Frau, Mann neben Mann und Kind neben Kind. Dort starben Kranke und Verwundete. Aber inmitten dieser Zusammenballung von Schmerz und Tod und Angst, Verzweiflung und langsam verlöschender Hoffnung suchten die Greifkommandos noch nach Männern und versprengten Soldaten, um die Kampfeinheiten aufzufüllen oder Futter für die Maschinerie der Schnellgerichte zu finden.
Im Bereich des Zoobunkers griffen die sowjetischen Sturmkolonnen mit geringen Unterbrechungen an, um die beiden Frontkreise voneinander zu trennen. Und gleichzeitig stürmten sie immer wieder gegen die dünne Front im Bereich der Reichskanzlei.
Morgens um 8 Uhr erhielten Hitlers Heeresadjutant, Major Johannmeyer, der SS-Standartenführer Zander sowie der Verbin-

dungsmann zum Reichspressechef, Lorenz, den Befehl, drei Abschriften des Testaments aus Berlin herauszubringen, um es danach zu Dönitz bzw. zu Schörner zu schaffen. Es wurden Funksprüche an Schörner und Dönitz abgesetzt, in denen diese aufgefordert wurden, Wasserflugzeuge zum Wannsee zu schicken, um dort wichtige Nachrichten aufzunehmen.

Lorenz, Zander und Johannmeyer verließen gegen Mittag in einer Feuerpause den Bunker, um zunächst einen Weg nach Westen, nach Pichelsdorf, zu suchen. Ihr weiteres Schicksal blieb im Bunker unbekannt. Niemand erfuhr, daß sie bis zur Pfaueninsel in der Havel gelangten und dort auf die Flugzeuge warteten. Es gelang jedoch keinem, Verbindung zu den Flugzeugen zu bekommen. Sie suchten daher schließlich zu Fuß ihren Weg weiter nach Westen und tauchten irgendwo für längere oder kürzere Zeit unter.

Als am Mittag im Bunker der Reichskanzlei nach wie vor keine Nachrichten von der Außenwelt eintrafen, Krebs dagegen melden mußte, daß die Russen am Anhalter Bahnhof weiter vorgerückt waren und daß die Munition immer knapper wurde, erhielten drei weitere Insassen des Bunkers vom Führer die Erlaubnis, auszubrechen.

Es handelte sich um den Adjutanten des Generals Krebs, v. Freytag-Loringhoven, seinen Adjutanten Boldt und den Adjutanten Burgdorfs, Weiß. Sie hatten von sich aus den Vorschlag gemacht, persönliche Verbindung mit Wenck aufzunehmen und ihn zur Eile anzutreiben. In ihren Herzen brannte dabei der Wunsch, dem sicheren Untergang zu entrinnen.

Hitler erteilte ihnen die Erlaubnis zum Ausbruch in der Stimmung absoluter Apathie, die ihn seit der Nacht nicht mehr verließ. Es war ungewiß, ob er selbst noch irgendwelche Hoffnungen auf Wenck hatte. Am Nachmittag wurde auch noch einem vierten Offizier, dem Luftwaffenadjutanten Oberst v. Below, die Erlaubnis zum Ausbruch erteilt. Er erhielt einen Brief von Krebs an Jodl, in dem Krebs schrieb, der Widerstand in Berlin könne nur noch wenige Tage dauern. Der Führer erwarte, daß die anderen Fronten bis zum letzten Mann weiterkämpften. Ferner wurde ihm eine persönliche Nachschrift Hitlers zu seinem Testament übergeben. Sie enthielt Abschiedsworte an die deutsche Wehrmacht. Sie spiegelte nochmals die Stimmung dessen wider, der im Gefühl des Verratenseins seinem Ende entgegenging. Noch einmal meldeten sich Starrsinn und unbelehrbarer Trotz, wenn Hitler am Schluß seines Schreibens erklärte, es müsse weiter das Ziel bleiben, dem deutschen Volk Raum im Osten zu gewinnen.

Die vier Offiziere verabschiedeten sich und verschwanden in den Kellern, Schächten und Ruinen der brennenden Stadt. Sie kamen alle bis zur Havel. Bis auf Weiß gelangten sie in den nächsten Tagen über die Elbe nach Westen, um sich dort ebenfalls zu zerstreuen. Keiner erreichte das gesteckte Ziel.

Am Abend um 10 Uhr versammelte Hitler zum letzten Male seine engere Umgebung. Auch General Weidling erschien. Er wirkte bleich, erschöpft und am Ende seiner Kraft.

Er meldete, daß die Russen in der Wilhelmstraße fast bis zum Luftfahrtministerium vorgerückt seien. Sie standen in der Saarlandstraße. Im Westen Berlins wurde zwischen Bismarck- und Kantstraße gekämpft. Die Front verlief im Norden des Grunewalds und des Reichssportfeldes. Im Havelbrückenkopf von Pichelsdorf kämpfte noch in einer ebenso beispiellosen wie tragischen und ihre Urheber verdammenden Treue ein Hitlerjugendbataillon, dessen Kräfte aber auch in Kürze erschöpft sein mußten. Weidling schätzte, daß die sowjetischen Angreifer spätestens am 1. Mai vor den Eingängen des Bunkers erscheinen müßten.

Dann raffte er sich zu einem letzten verzweifelten Versuch auf, seine noch kämpfenden Truppen zu retten. Er schlug vor, in letzter Stunde aus Berlin auszubrechen. Er versicherte, daß es noch möglich sein würde, den sowjetischen Ring nach Südwesten zu durchbrechen und Wenck entgegenzumarschieren. Er verpflichtete sich, Hitler sicher aus Berlin herauszubringen. Auch Axmann meldete sich zu Wort und übernahm für seine Hitlerjungen die gleiche Verpflichtung Hitler gegenüber.

Aber Hitler lehnte ab. Obwohl Weidling ihn beschwor, ihm und seinen Soldaten zu vertrauen und ihm zu glauben, daß diese die letzte Kraft aus sich herausholen würden, sobald ihnen das Ziel gesteckt würde, sich aus Berlin nach Westen durchzukämpfen.

Hitler blieb bei seiner Ablehnung. Wenn es nicht seine Apathie war, die ihn bewegte, so war es die Tatsache, daß er sich durch sein Testament unwiderruflich festgelegt hatte, in Berlin zu bleiben.

Als Krebs eine halbe Stunde später einen Funkspruch an Jodl absetzen ließ, der folgenden Inhalt hatte: »Es ist mir sofort zu melden, erstens, wo sind die Spitzen von Wenck? Zweitens, wann greifen sie weiter an? Drittens, wo ist die 9. Armee? Viertens, wohin bricht die 9. Armee durch? Fünftens, wo sind die Spitzen von Holste?«, wurde dieser Funkspruch im Namen Hitlers abgesetzt. Aber es war zweifelhaft, ob diese neue verzweifelte Anfrage nach dem Ausbleiben der Entsatzarmeen von Hitler stammte oder ob sie aus einer Anwandlung von Lebenshunger bei Krebs selbst geboren war.

In der Nacht auf den 30. April, um 1 Uhr, während die Innenstadt wieder unter einem Feuerorkan dalag, traf noch einmal eine Nachricht von Jodl bzw. Keitel ein. Es war die Antwort auf Krebs' Anfrage. Sie ließ etwas von der beginnenden Erkenntnis der Wirklichkeit ahnen, die sich unter dem Druck der Lage in Mecklenburg ankündigte. Sie gebrauchte zum ersten Male keine Beschönigungen, sondern stellte kurz und hilflos fest: »Erstens, Spitze Wenck liegt südlich Schwielowsee fest. Zweitens, 12. Armee kann daher Angriff auf Berlin nicht fortsetzen. Drittens, 9. Armee mit Masse eingeschlossen. Viertens, Korps Holste in die Abwehr gedrängt.«

Das war das Ende, auch wenn Bormann sich in seinem Lebenshunger dagegen auflehnte und kurz darauf ein Telegramm absandte, das er über den Gauleiter von Mecklenburg an Dönitz richten ließ. Es verriet nicht nur seine persönliche Gier nach Weiterleben. Es verriet auch das ganze Ausmaß des dumpfen Mißtrauens und der Verkennung der Wirklichkeit, die ihn erfüllte. Er funkte: »Dönitz! Nach unseren immer klareren Eindrücken treten die Divisionen des Kampfraumes Berlin seit vielen Tagen auf der Stelle, anstatt Führer herauszuhauen. Wir bekommen nur Nachrichten, die von Keitel kontrolliert, unterdrückt oder gefärbt werden. Wir können im allgemeinen nur über Keitel senden. Führer befiehlt, daß Sie schnellstens und rücksichtslos gegen alle Verräter vorgehen.«

Bormann wehrte sich gegen die Wahrheit von Keitels Feststellungen. Aber seiner blindwütigen Auflehnung entsprach keine Auflehnung Hitlers mehr.

Gegen 4 Uhr am Morgen verabschiedete sich Hitler von dem weiteren Kreis seiner Umgebung und zog sich mit Eva Braun in seine privaten Räume zurück. Er wirkte müde und gebrochen. Erst gegen Mittag, als sowjetische Sturmtrupps im U-Bahn-Schacht in der Friedrichstraße kämpften und auch bereits in den Schacht unter der Voßstraße eingedrungen waren, erteilte Hitler einen seiner letzten Befehle.

Er war an seinen Kraftfahrer Kempka gerichtet und wies diesen an, zweihundert Liter Benzin in Kanistern in den Garten der Reichskanzlei zu bringen.

Hitler aß zu Mittag. Danach versammelte er noch einmal den enge-

ren Kreis seiner Mitarbeiter um sich, Burgdorf, Krebs, Hewel, Goebbels, Bormann, Naumann, Voß, die Sekretärinnen und seine Köchin. Er verabschiedete sich von ihnen und zog sich dann wieder in seine privaten Räume zurück.
Es war gegen halb vier am Nachmittag, als ein einzelner Schuß hörbar wurde. Als die Angehörigen seiner engsten Umgebung etwas später Hitlers private Räume betraten, fanden sie ihn tot. Er hatte sich in den Mund geschossen. Eva Braun lag neben ihm. Sie hatte Gift genommen.
Beide wurden – Hitler in eine Decke gehüllt – durch Bormann, Kempka und einige SS-Offiziere in den Garten hinausgetragen.
Das sowjetische Feuer hatte sich gerade abgeschwächt, aber immer noch schlugen einzelne Granaten in der Umgebung ein. Man legte die Leichen nebeneinander, übergoß sie mit Benzin und zündete das Benzin an. Die Flammen schlugen empor, während Bormann und die anderen wieder in den Schutz der Bunkertüren zurücksprangen und dem Spiel der Flammen zusahen.

Keine Nachricht, kaum ein Gerücht über Hitlers Ende drang in die noch umkämpften Teile der Stadt, die jetzt unter einer riesigen, schwarzgelben Wolke dalag. Niemand weiß, wie viele Herzen diese Nachricht in den düsteren Nachmittagsstunden des 30. April noch angerührt hätte. Sicherlich hätte sie die Fanatiker getroffen, die sich immer noch mit einer Besessenheit, die einmalig in der Geschichte war, weigerten, an das Ende zu glauben.
Aber die Massen? Die Massen in all ihrer Pein und ihrer Not, die Massen, deren Denken und Fühlen sich in den letzten 24 oder 48 Stunden mehr und mehr von den letzten hoffnungsvollen Perspektiven, die man ihnen bis zum 28. und 29. April vorgegaukelt hatte, entfernte? Die Massen, deren Fühlen und Denken immer mehr auf die Angst und den Kampf der Kreatur um das nackte Leben zusammengeschrumpft war? Die Massen, die in ihrer unsagbaren Erschöpfung und Müdigkeit kaum noch fähig waren, Glauben oder Haß zu empfinden? Diese Massen konnte die Nachricht von Hitlers Tod nicht mehr wirklich erschüttern oder bewegen.
Da war etwas erloschen, das an diesem Tage schon außerhalb der Hoffnungen und Gefühle lag. Ein Leben war erloschen, dessen Fortbestand in den letzten Tagen selbst für den engsten Kreis um Hitler wie ein Alpdruck wirkte, weil auch das Denken und Fühlen dieses Kreises auf die Sorge um die eigene Existenz zusammenge-

schrumpft war. Die imaginären Schatten des Siegeswillens, die Täuschungen des Schicksalsglaubens, der Druck des Gehorsams, der Rivalitäten und des Treuekomplexes – das war mit Hitler plötzlich ausgelöscht. Alle, die im Bunker Hitlers Tod überdauert hatten, dachten nur noch an ihr eigenes Schicksal, oder sie verbargen nicht mehr, daß sie schon lange nur daran gedacht hatten.
Kurz nach 17 Uhr hatte Bormann auf dem einzigen noch vorhandenen funktelegrafischen Wege zu der Außenwelt einen Spruch an Großadmiral Dönitz absetzen lassen. Er lautete: »Großadmiral Dönitz. An Stelle des bisherigen Reichsmarschalls Göring setzt der Führer Sie, Herr Großadmiral, als seinen Nachfolger ein. Schriftliche Vollmacht unterwegs. Ab sofort sollen Sie sämtliche Maßnahmen verfügen, die sich aus der gegenwärtigen Lage ergeben.«
Der Spruch bewies, daß Bormanns beschränkter, darum aber um so zäherer Wille nach Leben und Macht auch nach Hitlers Tod ungebrochen war. Mit Hitlers Tod war seine bisherige Macht dahingesunken. Er wußte nicht, ob Dönitz ihn als Parteiminister bestätigen würde. Aber er war bereit, um seine Macht zu kämpfen – und sei es auch nur für wenige Stunden oder Tage.
Bormann verschwieg daher in seinem Funkspruch, daß Hitler bereits tot war. Mit der dumpfen Verschlagenheit, die ihn an die Macht gebracht hatte, suchte er nach einem Weg, der ihm diese Macht auch in der Regierung Dönitz' verschaffen konnte. Sein Mangel an Wissen und Erkenntnissen, welche über die Maulwurfsgänge seiner internen Macht hinausreichten, hinderte ihn zu erkennen, daß es für ihn keine Zukunft mehr gab. Er strebte nur danach, aus Berlin herauszukommen und in den Umkreis von Dönitz zu gelangen, um sich dort eine neue Position zu sichern.
Während neue Feuerüberfälle aus nächster Nähe das Ende ankündigten, versammelten sich Goebbels, Bormann, Burgdorf und Krebs zur Beratung über die Möglichkeiten, die ihnen noch offenstünden. Bormann machte sich zum Fürsprecher eines allgemeinen Ausbruchs der Überlebenden durch die russischen Linien nach Norden oder Westen. Die Verwirklichung dieses Planes schien aussichtslos. Aber Bormann erfand einen anderen Ausweg. Er schlug vor, mit den Russen zu verhandeln und ihnen die Kapitulation anzubieten. Er wollte dabei erklären, daß sich die deutsche Regierung, die allein über die Kapitulation entscheiden könne, nicht mehr in Berlin befinde, sondern in Schleswig-Holstein und daß sich daher unter dem Schutz einer vorübergehenden Waffenruhe eine Delegation aus

Berlin nach Schleswig-Holstein begeben müsse, um dort die Zustimmung zur Kapitulation vor der Roten Armee einzuholen. Er hoffte, zu dieser Delegation zu gehören und auf diese Weise aus Berlin entweichen zu können.

Goebbels stimmte dem Vorschlag zu. Er schlug vor, die Russen im äußersten Notfalle darauf hinzuweisen, daß Himmler sich bereits in Verhandlungen mit den Westmächten befände und daß die Gefahr bestehe, daß Dönitz sich ganz auf die Seite der Westmächte gegen die Sowjetunion stellen werde, wenn es nicht gelänge, ihn von Berlin aus zu beeinflussen.

In Bormanns Augen glomm ein dunkles Licht auf. Es blieb unbekannt, was in diesem Augenblick in seinem Gehirn vorging. Er hatte in den letzten Jahren im verborgenen mehrfach bemerkt, daß zwischen seiner Art der Parteihierarchie und Parteiführung und der sowjetischen Art eine nahe Verwandtschaft bestand. Mehr als ein Mann aus seinem Umkreis wollte wissen, daß er, dem die Parteimacht alles bedeutete und die Ideologie nichts, mehr als einmal daran gedacht hatte, sich notfalls mit dem Sowjetsystem zu verbrüdern und sein Parteisystem dem sowjetischen anzugliedern. Niemand sah am Abend des 30. April in Bormanns Herz. Niemand sah auch in Goebbels' Herz. Auch Goebbels hatte sich oft der sowjetischen Art, einen Staat zu lenken und die öffentliche Meinung zu machen, verwandt gefühlt. Oft hatte er das sowjetische Beispiel der Härte, der Rücksichtslosigkeit, der weltanschaulichen Disziplin gepriesen und die Sowjetunion insgeheim um die Werte, die ihr den Sieg zu verbürgen schienen, beneidet. Auf jeden Fall hatte er sich ihnen näher gefühlt als der »Dekadenz der westlichen Demokratien«, und mit seinem wachsenden Haß gegen die Verständnislosigkeit der westlichen Welt hatte ihn häufig die ebenso haßerfüllte Versuchung befallen, sich Arm in Arm mit den Sowjets an den Westmächten zu rächen.

Goebbels hatte sich darauf festgelegt, daß er sterben werde. Aber auch er war nur ein Mensch, der bis zur letzten Sekunde seines Lebens nicht ganz ohne Hoffnung sein konnte. Regte sich an diesem Abend, als er Bormanns Vorschlägen zustimmte, noch einmal ein Funke der Hoffnung in ihm? Sahen sowohl er als auch Bormann in dem Hinweis auf Himmlers und Dönitz' westlichen Kurs nicht nur eine taktische Finesse, sondern einen letzten Köder der Verzweiflung, einen letzten Versuch, ein irres Greifen nach einer fast unwahrscheinlichen Möglichkeit?

Niemand weiß es. Niemand wird es jemals wissen. Man beschloß, General Krebs wegen seiner einstigen Tätigkeit in Moskau als Unterhändler zu entsenden. Für ihn wurde ein Schreiben an Marschall Shukow aufgesetzt. Es war von Goebbels und Bormann unterzeichnet. Sie teilten darin Hitlers Tod mit und wiesen auf die Stellungen hin, die ihnen durch Hitlers Testament in der Regierung Dönitz vorbehalten waren. Krebs wurde bevollmächtigt, über einen Waffenstillstand oder eine Kampfpause zu verhandeln, während welcher sie die Einwilligung von Großadmiral Dönitz zur Kapitulation einholen wollten.

Der Oberbefehlshaber der sowjetischen Angriffsverbände in Berlin, Generaloberst Tschuikow, hatte am Abend des 30. April einen Gefechtsstand in einem Hause der Immelmannstraße bezogen. Tschuikow – nicht zu verwechseln mit Marschall Shukow – hielt sich, den Uniformmantel um die Schultern gehängt, im Speisezimmer des Hauses auf. Auf der Anrichte standen die Feldtelefone. Den Eßtisch bedeckte ein Stadtplan von Berlin. Das Fenster war ohne Glas. Ein scharfer Wind, der von draußen eindrang, bewegte den durchlöcherten Verdunkelungsvorhang.
Hinter den Löchern in der Verdunkelung glühte das furchtbare Rot der Brände, das den Himmel über der Innenstadt von Berlin färbte. Es ging auf 12 Uhr, als sich ein Verbindungsoffizier meldete. Er kam von der Hauptkampflinie am Ufer des Landwehrkanals und berichtete, daß vor zehn Minuten im Abschnitt eines der dort kämpfenden Garderegimenter ein deutscher Oberst mit weißer Flagge erschienen sei. Der Oberst, der eine von Bormann unterzeichnete Vollmacht bei sich trug, bat das sowjetische Oberkommando, einen Ort zu bestimmen, an dem der Chef des Generalstabes des deutschen Heeres, General der Infanterie, Krebs, die Frontlinie passieren könne, um dem sowjetischen Oberkommando eine Botschaft von höchster Wichtigkeit zu übermitteln.
Tschuikow fragte im Hauptquartier Shukows an. Danach erklärte er sich bereit, Krebs zu empfangen.
Um 3 Uhr morgens wurde telefonisch gemeldet, daß Krebs im Stabe eines sowjetischen Bataillons eingetroffen sei. Zehn Minuten später erreichte er einen Divisionsstab und sagte aus, Goebbels habe ihm eine Geheimbotschaft anvertraut. Abermals zehn Minuten später wurde Krebs in das Zimmer Tschuikows geführt. Man sah seiner Uniform den ungewohnten Marsch über die Trümmer Berlins an.

Sein Gesicht war gelblichweiß. Die Narben darin, die noch von dem Luftangriff auf Zossen herrührten, wirkten unnatürlich rot. Seine Augen blickten unstet umher. Hinter ihm betraten drei weitere deutsche Offiziere, ein Oberst, ein Major, der als Dolmetscher vorgestellt wurde, und ein Soldat, der die weiße Fahne getragen hatte, den Gefechtsstand. Der Soldat blieb im Vorzimmer zurück.
Krebs blickte zu den übrigen sowjetischen Offizieren hinüber. »Der General der Infanterie bittet«, übersetzte Krebs' Dolmetscher, »die Unterredung unter vier Augen führen zu dürfen.«
Tschuikow erwiderte: »Teilen Sie dem General mit, daß hier lediglich mein Kriegsrat zugegen ist.«
»Ich wiederhole«, erklärte Krebs mit undeutlicher Stimme, »daß meine Botschaft außerordentlich wichtig und besonders vertraulichen Charakters sein wird.« Er horchte auf die Übersetzung des Majors.
Tschuikow antwortete: »Ich bin bevollmächtigt, Sie anzuhören.«
Krebs blickte sich noch einmal im Kreise um. Dann raffte er sich auf und erklärte. »Am 30. April, gestern nachmittag, hat Adolf Hitler Selbstmord begangen. Unsere Truppen wissen noch nichts davon.«
Er horchte wieder auf die Übersetzung. Er erwartete irgendeine Reaktion. Er war überzeugt, den Russen eine Neuigkeit mitzuteilen, die für sie von besonderer Tragweite sein müsse. Tschuikow blieb jedoch unbewegt.
»Wir sind darüber bereits informiert«, erklärte er. Krebs blickte sich ratlos um. Dann legte er das von Goebbels und Bormann unterzeichnete Schreiben vor. Diesmal las ein sowjetischer Dolmetscher das deutsche Schreiben und trug seinen Inhalt Tschuikow in russischer Sprache vor. Tschuikow schwieg eine Weile. Dann ließ er zwei Fragen an Krebs richten. Die erste lautete, ob Krebs bevollmächtigt sei, die bedingungslose Kapitulation anzubieten. Die zweite Frage lautete, ob sich das gleiche Angebot auch an die Verbündeten der Sowjetunion richte.
Krebs sagte, die Frage nach dem Kapitulationsangebot auch an die sowjetischen Verbündeten könne er nicht beantworten, da er und seine Auftraggeber in Berlin eingekesselt seien und keine Möglichkeit besäßen, mit Engländern und Amerikanern in Verbindung zu treten. Es sei ja der Zweck seines Hierseins, einen vorübergehenden Waffenstillstand herbeizuführen, der es Goebbels, Bormann oder ihm ermöglichen werde, mit dem neuen Regierungschef Dönitz die Frage einer allgemeinen Kapitulation zu klären.

Krebs war immer recht wortreich gewesen. Aber sein Wortreichtum wirkte jetzt eher verwirrend als klärend. Tschuikow unterbrach ihn und erklärte, wenn über eine Kapitulation gesprochen werde, so könne es sich nur um eine bedingungslose Kapitulation vor den drei verbündeten Mächten handeln, vor der Sowjetunion, den Vereinigten Staaten und Großbritannien.
Krebs hatte bisher zu verbergen versucht, daß er seit seiner Amtszeit in Moskau Russisch verstand und Russisch sprach. Er wußte, daß die Zeit, die der Dolmetscher zum Übersetzen brauchte, eine Frist zum Nachdenken bot. Aber jetzt überwältigte ihn die Erregung. Er begann plötzlich – gebrochen, aber verständlich – Russisch zu sprechen. »Dafür«, rief er heiser, »gerade dafür, für die Durchführung weiterer Unterhandlungen, bitte ich ja um eine zeitweilige Unterbrechung der Kriegshandlungen. Die deutsche Regierung ist nicht mehr in Berlin. Ihr Chef ist nicht in Berlin. Nur einige Minister sind in Berlin; sie können nicht ohne den Chef entscheiden.«
Das Gespräch erhielt eine dramatische Note. Krebs sprach abwechselnd Deutsch und Russisch. Er wollte nicht begreifen, daß er gegen eine Wand sprach. Er wollte in seiner Art, die Dinge leicht und optimistisch zu nehmen, nicht verstehen, daß er nichts zu bieten hatte, was der Gegner nicht bereits besaß oder spätestens in wenigen Tagen besitzen würde. Die wirklichkeitsfremde Atmosphäre des Bunkers, in der zumindest bis zum 30. April der Eindruck aufrechterhalten worden war, als werde hier noch Politik gemacht, als werde von hier noch eine Wehrmacht kommandiert, als werde von hier noch ein Staat gelenkt, wirkte in ihm nach. Er verstand nicht oder wollte nicht verstehen, daß die sowjetischen Offiziere ihn betrachteten wie einen Mann, der aus einer fremden, unverständlichen Welt kam, und daß sie, die den Sieg fest in der Hand hielten und spätestens in wenigen Tagen ganz Berlin besetzt haben würden, an den Verstandeskräften eines Mannes zweifeln mußten, der von ihnen einen Waffenstillstand verlangte, um Verhandlungen mit einer ebenfalls schon zum Tode verurteilten Regierung über die Bereitschaft zu einer Kapitulation zu führen, deren Vollzug mit oder ohne diese Bereitschaft sicher war.
Krebs hörte, daß Tschuikow den Auftrag gab, über sein Eintreffen und seine merkwürdigen Forderungen nach Moskau zu berichten.
Er schöpfte daraus unsinnige Hoffnungen, obwohl er als einstiger Gehilfe des Generals Köstring in Moskau hätte wissen müssen, daß

diese Meldung nach Moskau für Tschuikow eine selbstverständliche Pflicht war und wenig zu bedeuten hatte.
Krebs entfaltete eine immer stärkere Beredsamkeit, obwohl Tschuikow ihm nur schweigend zuhörte und obwohl er wiederum hätte wissen müssen, daß Tschuikows schweigende Geduld nichts anderes bedeutete als eine Überbrückung der Zeit, die bis zum Eintreffen der Entscheidungen aus Moskau notwendig war. Es vergingen nahezu zwei Stunden. In regelmäßigen Abständen schleuderten Luftdruckwellen die Verdunkelungsblende ins Zimmer und brüllten die Rohre einer Batterie in der Straße auf. Die Lichter flackerten gespenstisch.
Nach Ablauf von zwei Stunden betrat eine Ordonnanz das Zimmer und überreichte Tschuikow die Entscheidung aus Moskau. Krebs hörte Tschuikows tiefe Stimme, die ihm kurz und scharf mitteilte, er möge sich jetzt endgültig zu der Frage: Bedingungslose Kapitulation vor allen Verbündeten oder nicht, mit Ja oder Nein äußern.
Krebs' Augen flackerten. Dann begann er von neuem zu sprechen. Er erklärte Tschuikow, daß Himmler schon zu Hitlers Lebzeiten Sonderverhandlungen mit den Westmächten aufgenommen habe. Erregung und Verzweiflung beflügelten seine Phantasie. Er sagte, daß Himmler dabei sei, eine Gegenregierung zu bilden. Er sagte, daß Goebbels sich mit Himmler entzweit habe, daß Goebbels und Bormann immer die dekadente Welt des westlichen Kapitalismus bekämpft hätten, daß es eine Gemeinsamkeit des Sozialismus zwischen Deutschland und der Sowjetunion gäbe und daß Goebbels und Bormann vor der Sowjetunion kapitulieren und jeden Vertrag mit der Sowjetunion schließen würden. Dazu aber sei es notwendig, eine kurze Waffenruhe herbeizuführen und Goebbels und Bormann zu Dönitz zu entsenden, um auch diesen zu überzeugen, daß es nur Schulter an Schulter mit der Sowjetunion ein erträgliches Leben für Deutschland geben könne. Diese Dinge eilten außerordentlich, wenn man Himmler noch zuvorkommen wolle.
Wieder begriff er nicht, daß er Angebote machte, die nur in der irren Welt des Bunkers noch einen Schein der Ernsthaftigkeit behalten hatten. Er wußte nicht, daß Moskau durch die amerikanischen und britischen Botschafter über Himmlers Angebot und seine Ablehnung informiert worden war. Das Gelb in seinem Gesicht wurde noch trüber, als Tschuikows unberührte Stimme ihm zum letzten Male erklärte, jedes weitere Wort sei überflüssig, er möge erklären, ob er kraft seiner Vollmacht eine allgemeine Kapitulation aller Ber-

liner Streitkräfte gegenüber den Verbündeten vollziehen wolle oder nicht.

Aber Krebs wollte immer noch nicht alle Hoffnungen begraben. Er erklärte, das überschreite seine Kompetenz. Man möge ihm erlauben, den ihn begleitenden Obersten in die Reichskanzlei zurückzuschicken, um Goebbels die sowjetische Forderung zu unterbreiten und seine Entscheidung einzuholen. Tschuikow entschied, daß der Oberst in Begleitung eines sowjetischen Stabsoffiziers zur Hauptkampflinie zurückgehen könne. Der deutsche Dolmetscher könne ihn begleiten. Krebs müsse bleiben und die Antwort abwarten.

Nachdem der Oberst mit Begleitung gegangen war, versuchte Krebs, das Gespräch wiederaufzunehmen. Er wurde jedoch in das Vorzimmer geführt. Hier bemühte er sich, mit den dort wartenden sowjetischen Offizieren in ein Gespräch zu kommen. Er sprach jetzt nur noch russisch. Er offenbarte in diesen Stunden der letzten Entscheidung, über die er sich vorher wahrscheinlich so häufig mit dem Gedanken an einen Freitod hinweggetäuscht hatte, auf eine aufdringliche Weise jene innere Neigung zur Servilität, die ihn in den letzten Wochen noch bis zum Generalstabschef emporgetragen hatte.

»Heute ist der 1. Mai«, sagte er, »ein großer Feiertag für unsere beiden Länder.«

Er überhörte die Zurückweisung, die in der unwilligen Antwort lag: »Wir haben heute einen großen Feiertag. Wie es bei Ihnen drüben aussieht, ist schwer zu sagen.«

Er unternahm immer neue Versuche, ein Gespräch anzuknüpfen und wenigstens im Vorzimmer eine Verbindung mit den sowjetischen Offizieren zu gewinnen.

Es war ein würdeloses Spiel. Es wurde erst unterbrochen, als sein Dolmetscher, schmutzbedeckt, zurückkam. Er berichtete, daß der sowjetische Major gefallen sei, daß es aber dem Oberst gelungen sein könnte, die Front zu überschreiten. Er wisse es nicht genau. Krebs schwieg und wartete darauf, wie man sowjetischerseits auf den Tod des Majors reagieren würde.

Es geschah jedoch nichts.

Quälend vergingen die Stunden. Das Tageslicht kroch herauf. Die lohende Glut über Berlin nahm einen helleren Ton an. Krebs war schon bereit, die Hoffnung auf die Rückkehr des Obersten aufzugeben, als dieser plötzlich in Tschuikows Vorzimmer erschien. Es war am 1. Mai, mittags gegen 12 Uhr.

Er überbrachte die Nachricht, daß Goebbels Krebs selbst sprechen wolle, bevor er sich endgültig entscheide. Krebs wurde noch einmal zu Tschuikow geführt, und Tschuikow erteilte ihm die Erlaubnis, zur Reichskanzlei zurückzukehren. Krebs bat, so als werde noch einmal ein letzter Funke von Hoffnung in ihm wach, um eine nochmalige Formulierung der endgültigen sowjetischen Bedingungen.
Aber diese Bedingungen hatten sich nicht geändert. Sie lauteten auf vollständige und bedingungslose Kapitulation nach allen Seiten.
Krebs und der Oberst wurden auf die Straße geführt. Sie blinzelten aus entzündeten Augen in das Sonnenlicht, dessen Strahlen durch die Wolken von Qualm und Staub über der Stadt hindurchdrangen.
Ein Panzerwagen brachte sie zum Landwehrkanal zurück.

Voller Spannung hatten Goebbels, Bormann und die anderen, die sich noch im Bunker aufhielten, auf die Rückkehr von Krebs gewartet.
Als Krebs am Vormittag des 1. Mai noch nicht zurückgekehrt war, sah sich Bormann genötigt, Dönitz nicht noch länger in Unklarheit über Hitlers Tod zu halten. Er ließ funken: »Großadmiral Dönitz. Testament in Kraft. Ich werde so rasch wie möglich zu Ihnen kommen. Bis dahin meines Erachtens Veröffentlichung zurückstellen. Bormann.«
Der Funkspruch zeigte, daß Bormann entschlossen war, so oder so zu überleben und, falls Krebs nicht irgendeinen Bescheid über eine bereitwillige Haltung der Sowjetunion mitbrächte, nach Westen auszubrechen.
Als Krebs gegen 1 Uhr zurückkehrte, stürzten alle offenen Hoffnungen auf eine Waffenruhe sowohl als auch geheime Hoffnungen auf ein Bündnis mit den Sowjets in sich zusammen.
Eine neue Konferenz begann, während draußen Stunde um Stunde weitere Tausende von Soldaten und Zivilisten starben. Man entschied sich, noch einmal einen Parlamentär über die Linie zu schikken und Tschuikow mitzuteilen, daß man die sowjetischen Bedingungen nicht annehmen könne. Für alle, die nach dem Zusammenbruch dieser letzten, irren Hoffnung den Willen zum Weiterleben behielten, gab es nur noch den Ausbruch, den Bormann zuerst vorgeschlagen hatte.
Um 15.15 Uhr wurde ein letzter Funkspruch an Dönitz gesendet. Er lautete:

»Führer gestern 15.30 Uhr verschieden. Testament vom 29. April überträgt Ihnen das Amt des Reichspräsidenten, Reichsminister Dr. Goebbels das Amt des Reichskanzlers, Reichsleiter Bormann das Amt des Parteiministers, Reichsminister Seyß-Inquart das Amt des Reichsaußenministers. Das Testament wurde auf Anordnung des Führers an Sie, an Feldmarschall Schörner und zur Sicherstellung für die Öffentlichkeit aus Berlin herausgebracht. Reichsleiter Bormann versucht, noch heute zu Ihnen zu kommen, um Sie über die Lage aufzuklären. Form und Zeitpunkt der Bekanntgabe an Truppe und Öffentlichkeit bleibt Ihnen überlassen. Eingang bestätigen. Goebbels – Bormann.«

Es war die letzte Unterschrift, die Goebbels gab. Im Gegensatz zu Bormann war für ihn der letzte, vielleicht noch aufflackernde Funke einer irren Hoffnung erloschen. Er zog sich zu seiner Frau und den Kindern zurück. Arglos tranken seine Kinder das Gift, das ihnen in einem süßen Getränk gereicht wurde. Goebbels rief danach seinen Adjutanten zu sich und verpflichtete ihn, seinen Körper zu verbrennen, sobald er sich entleibt habe. Gegen 8.30 Uhr abends begab er sich mit seiner Frau in einer Feuerpause in den Garten. Er erschoß sich nicht selbst, sondern befahl einem SS-Posten, dies zu tun. Sein Adjutant hatte am Fuß der Bunkertreppe gewartet, bis die Schüsse fielen. Als er in den Garten hinaufeilte, fand er Goebbels und Frau Goebbels tot.

Er übergoß die Toten flüchtig mit Benzin und zündete sie an. Dann lief er in den Bunker zurück. Kaum jemand fragte danach, was geschehen sei. Im Gang wimmelte es von erregten Menschen, denen Bormann mitgeteilt hatte, daß es jetzt nur noch einen Weg der Rettung gab: den Ausbruch nach Westen. Jeder dachte nur noch an sich selbst.

Man konnte bereits das Tackern der Maschinengewehre hören, während Bormann mit gepreßter dunkler Stimme mitteilte, daß um 21 Uhr der Ausbruch beginnen werde. Man werde in mehreren Gruppen durch Keller und U-Bahn-Schächte bis zum Wilhelmplatz gehen, von dort bis zur Station Friedrichstraße. Dort werde man sich mit noch kampffähigen Einheiten des Brigadeführers Mohnke vereinigen und versuchen, im Schutze der Nacht über die Spree nach Nordwesten zu gelangen.

Ein Pesthauch lag über der Innenstadt und über den westlichen Bezirken, um die am Abend des 1. Mai unentwegt gekämpft wurde.

Keiner der kämpfenden Soldaten wußte, daß Hitler tot war. Immer noch regten sich letzte Hoffnungen auf Hilfe und Entsatz in letzter Sekunde.

Auch ein Mann wie Fritzsche, der sich noch im Bereich des Propagandaministeriums aufhielt, wußte nicht, daß Hitler seinem Leben ein Ende gemacht hatte. Er wartete vergebens darauf, daß Naumann, so wie an allen Tagen vorher, erschien, um über die Konferenzen im Bunker zu berichten.

Aber Naumann kam nicht mehr. Statt dessen mehrten sich mündliche Berichte über den beispiellosen Jammer der Ungezählten, die sich noch in den U-Bahn-Schächten und den Kellern der Innenstadt zusammendrängten.

Fritzsche fühlte sich an den 22. April erinnert, an dem er zum ersten Male eine absolute Führungslosigkeit empfunden hatte. Er hatte sich gegen Mittag auf die Suche nach General Weidling gemacht, aber seinen Gefechtsstand nicht gefunden.

Er hatte sich dann zu verschiedenen Kampfgruppen in dem Viertel zwischen Gendarmenmarkt, Reichstag, Bahnhof Friedrichstraße und dem Luftfahrtministerium begeben. Er war über Tote und Sterbende hinweggestiegen, hatte hier und da, unbekümmert um das gegnerische Feuer, Männer und Frauen, halbe Kinder darunter, getroffen, die sich noch einmal in einer wilden Lebensgier zusammenfanden. Er hatte einige Majore und schließlich einen Oberst in irgendwelchen Gefechtsständen hinter Trümmern aufgespürt, verdreckt, verwundet, abgezehrt und müde. In ihren Augen mischten sich Hoffnungslosigkeit mit richtungslosem Fanatismus oder dem quälenden Bewußtsein eines Pflichtgefühls, dem sie nicht entrinnen konnten. Selbst die Hoffnungslosen lehnten Eigenmächtigkeit ab. Sie wünschten Befehle.

Fritzsche war in den Keller des Propagandaministeriums zurückgekehrt. Dort hatte er endlich eine Meldung vorgefunden, daß Naumann kommen werde, um Informationen über die Lage zu geben. Aber Stunden vergingen, und als Naumann endlich erschien, hatte sich sein Wesen verändert. Einige Dutzend Menschen drängten sich um Naumann zusammen.

Aber er kam aus der Gruft des Bunkers und hatte nur noch den Zusammenbruch mitzuteilen. Er sprach hastig, fast so, als empfinde er den peinlichen Gegensatz zwischen seinen letzten Worten vor zwei Tagen und dem unausgesprochenen Eingeständnis, daß alles Täuschung und Illusion gewesen war:

»Adolf Hitler hat gestern nachmittag Selbstmord begangen. Dr. Goebbels liegt im Sterben. Die ganze in der Reichskanzlei liegende Kampftruppe macht um 21 Uhr einen Ausbruchsversuch. Dieser steht unter der Führung von Bormann. Die noch vorhandenen Panzer fahren voraus. Ich empfehle allen, auch den Frauen, sich diesem Ausbruch anzuschließen. Abmarsch Punkt 21 Uhr!«
Er sprach kein Wort über die Diskrepanz zwischen Lüge und Wirklichkeit. Fritzsche blieb vor ihm stehen und sagte: »Dieser Ausbruch ist Wahnsinn.«
Naumann antwortete, danach könne er nicht mehr fragen.
Es war die Antwort eines Gehetzten, der vor seinem besseren Wissen und Gewissen floh und nicht bereit war, an der Stätte zu bleiben, an der er seine Täuschungen ausgestrahlt hatte.
»Seit wann haben Sie, Goebbels und Hitler uns sehenden Auges in diesen Abgrund geführt?« rief Fritzsche. »Warum dann noch das Berliner Blutbad? Haben Sie vergessen, daß Goebbels mir oft in Ihrer Anwesenheit schwor, dieser Kampf werde kein Kampf wie der der letzten Goten am Vesuv?«
Naumann antwortete: »Ich habe jetzt keine Zeit, zu diskutieren.«
Dann werde er, gab Fritzsche zurück, als Zivilist und höchster Beamter in der Stadt, die Kapitulation aussprechen. Soldaten und Offiziere würden ihm folgen, wenn er ihnen erkläre, was wirklich geschehen sei.
»Lassen Sie uns Zeit zum Ausbruch«, bat Naumann.
Daraufhin erwiderte Fritzsche, seinem eigenen Bericht zufolge: »Nur, wenn Bormann als Chef des Werwolfs*) den Befehl gibt, daß keine Aktion des Werwolfs mehr ausgeführt werden darf. Auch die Kosten dieses Kampfes müßte das Volk tragen ...!«
Naumann erklärte sich bereit, dies zuzugestehen. Aber Fritzsche erklärte, daß er Bormanns persönliche Zustimmung benötige. Daraufhin forderte Naumann ihn auf, mit zur Reichskanzlei zu kommen.
Es herrschte gerade eine Feuerpause. Fritzsche sah noch einen Brand im Garten der Reichskanzlei. Wahrscheinlich war es jener Brand, der Goebbels' Körper verzehrte. Sie fanden Bormann in einer Mauerlücke an der Rückfront der Reichskanzlei. Er trug SS-Uniform und hatte zum ersten Male in seinem Leben eine Maschinenpistole umgehängt. Es kam zu einem kurzen Gespräch. Vielleicht dachte

*) Nationalsozialistische Guerilla-Organisation.

Bormann einen Augenblick daran, Fritzsche niederzuschießen, aber dann entschied er sich für den einfacheren Weg. Er rief einige Männer in SS-Uniform und in Zivil herbei und erklärte ihnen: »Sämtliche Werwolfaktionen sind einzustellen. Auch die Vollstreckung von Todesurteilen. Der Werwolf ist aufgelöst.« Was bedeutete schon eine solche Zusage? Was bedeutete sie, wenn es ihm gelang, nach Westen zu entkommen?
Aber Fritzsche gab sich damit zufrieden. Er lief zum Keller des Propagandaministeriums zurück.
Hunderte von Menschen hatten sich inzwischen dort versammelt. Sie schrien ihm Fragen der Verzweiflung entgegen. Sie schrien: »Was ist los?« – »Wo ist die Armee Wenck?« – »Was ist mit Schörner?« – »Hat sich Hitler gedrückt?« – »Was werden Sie tun?«
Mit Mühe verschaffte sich Fritzsche Gehör. Er sagte, daß er dem Ausbruchsversuch keine Chance gäbe, zumindest keinem Massenausbruch. Er werde bleiben und dem sowjetischen Oberbefehlshaber die Kapitulation anbieten, da keine andere Autorität mehr vorhanden sei. Er erwarte für sich nichts Gutes.
Man konnte Fritzsche sehr viel Verantwortung, vor allem aber für das Meer der Propaganda, des Glaubens und der Illusionen aufbürden. In dem Augenblick, in dem er Naumann gefragt hatte, wann Goebbels und Hitler »uns« sehenden Auges in den Abgrund geführt hätten, in dem Augenblick, in dem er sich in dieses »uns« mit einschloß, hatte er der menschlichen Regung nachgegeben, sich selbst aus der Mitverantwortung herauszumanövrieren. Aber als er sich jetzt dazu bekannte, zu bleiben, diejenigen, zu deren Täuschungen er beigetragen hatte, nicht zu verlassen und für seine Verantwortung einzustehen, tat er etwas, das nur wenige Nachahmer fand.
Er schloß sich mit dem Dolmetscher Junius und einem Rundfunktechniker in ein Zimmer ein und schrieb einen Brief an Marschall Shukow, in dem er sich bereit erklärte, für die Kapitulation der Innenstadt einzustehen. Junius sollte dann den Brief übersetzen und ihn zu den Russen bringen.
Fritzsche schrieb noch, als plötzlich stürmisch geklopft wurde. Als er öffnete, drängte sich General Burgdorf schwankend, mit glasigen Augen und rotem Trinkergesicht in den Raum. Er vermochte sich kaum aufrecht zu halten. Er grölte Fritzsche mit heiserer Stimme entgegen: »Sie wollen kapitulieren?«
Als Fritzsche bejahte, griff er zur Pistolentasche und keuchte: »Dann muß ich Sie niederschießen. Der Führer hat in seinem Testa-

ment jede Kapitulation verboten. Es muß bis zum letzten Mann gekämpft werden.«
Fritzsche blickte zu seinem Techniker hinüber, der hinter Burgdorf in einer der Sprechzellen des Raumes stand. Burgdorf stützte sich gegen den Türrahmen. Es war offenbar, daß er sinnlos betrunken war.
»Auch bis zur letzten Frau?« fragte Fritzsche. Burgdorf schwankte. Er wollte die Waffe heben. Aber es war für den Techniker hinter ihm ein leichtes, seinen Arm in die Höhe zu stoßen.
Der Schuß ging in die Decke. Dann führte der Techniker Burgdorf hinaus. Es war das letzte Auftreten des Mannes, der als Chef des Heerespersonalamtes so viel dazu beigetragen hatte, das deutsche Heer zum willenlosen Werkzeug zu machen. Er jagte sich auf dem Rückweg aus einer zweiten Pistole eine Kugel durch den Kopf.
Zu dieser Zeit suchten die Gruppen aus der Reichskanzlei, die den Ausbruch wagen wollten, ihren nächtlichen Weg durch die brennenden Ruinen der Stadt.
Die Gruppen brachen einzeln auf. In der ersten Gruppe befanden sich der Brigadeführer Mohnke, der Botschafter Hewel, der Admiral Voß, Hitlers Flugzeugführer Bauer sowie einige Frauen.
Mit der dritten Gruppe verließ Bormann das Trümmerfeld der Reichskanzlei. Der ersten Gruppe gelang es, die Spree zu erreichen und sie in der Nähe der Weidendammer Brücke zu überqueren. Die anderen Gruppen waren schon am Bahnhof Friedrichstraße auseinandergeraten. Nur einzeln hatten ihre Mitglieder das Gebiet der Weidendammer Brücke erreicht. Dort aber stießen sie auf sowjetische Panzersperren. Sie warteten dann auf deutsche Panzer, die einen Durchbruch versuchen wollten, und sammelten sich schließlich um diese Panzerwagen. Dabei fanden sich Bormann, Naumann, Axmann, Dr. Stumpfegger, Hitlers zweiter Flugzeugführer, Beetz, und einige andere nochmals zusammen. Sie folgten einem Panzer, der jedoch von einer Panzerfaust getroffen wurde und explodierte. Einige wurden verwundet oder zu Boden geworfen. Darunter auch Bormann. Aber sie fanden sich wieder zusammen. Bormann, Naumann, Axmann, Dr. Stumpfegger und einige andere gelangten bis zum Lehrter Bahnhof.
Dort gerieten sie auseinander. Bormann und Stumpfegger schlugen die Richtung zum Stettiner Bahnhof ein. Die meisten anderen versuchten, nach Westen zu entkommen. Dabei gelang es Naumann, Berlin zu verlassen. Axmann mußte noch einmal umkehren und ar-

beitete sich jetzt ebenfalls in der Richtung vor, in der Bormann und Stumpfegger verschwunden waren. In der Invalidenstraße sah er beide – nach seiner Überzeugung tot – daliegen. Sie waren gut zu erkennen, denn der Mond beschien ihre Gesichter. Außerdem erleuchteten die Brände den Platz. Auch Axmann gelang es danach, sich nach Westen durchzuschlagen.

Währenddessen war die erste Gruppe, der es gelungen war, die Spree zu überqueren, über die Chausseestraße nach Norden weitergekrochen. In der Nähe der Maikäfer-Kaserne hatte Admiral Voß die Verbindung verloren und war offenbar von den Russen gefangen worden. Die übrigen krochen und sprangen noch weiter durch den Irrgarten der Trümmer und machten schließlich erschöpft in einem Keller halt. Hier waren Mohnke, Hewel und Bauer noch beieinander. Sie versteckten sich bis zum Nachmittag des 2. Mai. Dann erschienen russische Soldaten vor den Kellertüren.

Vor Mitternacht, kurz nachdem eine Folge von Raketensalven die Trümmer der Innenstadt noch einmal durchwühlte, hatten Junius und ein zweiter Parlamentär Fritzsches den Keller des Propagandaministeriums verlassen.

Die Stunden vergingen. Immer mehr Menschen, Männer, Frauen und Kinder, suchten Zuflucht unter der niedrigen Decke, über der die Schuttmassen schwelten. Fritzsche ließ die vorhandene Verpflegung verteilen und alle Alkoholbestände vernichten, weil er immer wieder gehört hatte, daß die sowjetischen Soldaten am hemmungslosesten waren, wenn sie Alkohollager erbeuteten.

Eine Stunde nach Mitternacht kamen einige derer zurück, die an dem Ausbruchsversuch teilgenommen hatten. Sie berichteten von dem Sturm an der Weidendammer Brücke. Durch überfüllte U-Bahn-Schächte, in denen hilflose Verwundete nach einem Gnadentod schrien, durch ein wirres Durcheinander von deutschen Kampftruppen und sowjetischen Stoßtrupps hatten sie sich zurückgearbeitet.

Endlich, im Morgendämmern des 2. Mai, kamen überraschend die beiden Parlamentäre zurück. Ein deutscher Oberst hatte sich ihnen angeschlossen. So waren sie über die Linien gelangt. Sie hatten ihre Botschaft an Marschall Shukow befördern können. In einem sowjetischen Stab hatte man ihnen mitgeteilt, daß Fritzsche erwartet werde, und ihnen einen sowjetischen Oberstleutnant bis zur Kampflinie mitgegeben.

Fritzsche verabschiedete sich von den wenigen Mitarbeitern, die noch bei ihm waren. Dann machte er sich, zusammen mit dem deutschen Oberst, den beiden Parlamentären und einem Soldaten, der die weiße Fahne trug, auf den Weg. Schließlich schloß sich ihm noch ein Mann an, der bis vor wenigen Tagen unentwegt Hoffnungen und Illusionen verbreitet hatte und der jetzt auch den Mut fand, Verantwortung zu tragen und nicht aus dem Leben oder aus Berlin zu fliehen, Dr. Kriegk.

Die kleine Gruppe zog durch das fürchterliche Trümmerfeld der Innenstadt zum Gendarmenmarkt. Dann arbeitete sie sich durch die Leipziger Straße zurück zum Luftfahrtministerium. Dort stieß sie auf junge Soldaten. Irgendwoher hatten sie von Fritzsches Absicht, zu kapitulieren, gehört. Sie weigerten sich, so wie die Fanatiker in Königsberg, an die Unwiderruflichkeit des Endes zu glauben. Sie glaubten auch nicht an Hitlers Tod. Erst nach längerer Debatte gelang es dem deutschen Oberst, den Weg für den Weitermarsch frei zu machen.

Die Gruppe gelangte dann zum Anhalter Bahnhof.

In der Nähe stießen sie auf den sowjetischen Oberstleutnant, überschritten die Kampflinie und erreichten schließlich in der Dessauer Straße einen sowjetischen Wagen, der sie nach Tempelhof brachte. Sie fuhren durch ein Meer der Zerstörung, an glühenden Ruinenhaufen, an langen Reihen zerstörter und ausgebrannter Fahrzeuge und wüsten Ansammlungen zerschlagenen Hausrats vorüber.

Sie lasen aus den Gesichtern der Toten vor Kellern und Bunkern, wieviel Entsetzliches sich dort ereignet hatte. Der Wagen hielt schließlich vor einem Mietshaus gegenüber dem Eingang des Flughafens Tempelhof. Dort wurde Fritzsche, zusammen mit dem Dolmetscher Junius, in ein Zimmer geführt, in dem rund 30 sowjetische Offiziere rings um einen großen Tisch auf ihn warteten. Es war in der sechsten Morgenstunde.

Ein Offizier mit großen silbernen Schulterstücken vernahm Fritzsche. Dieser erklärte ihm, daß er gekommen sei, um die Kapitulation für die Innenstadt anzubieten, und daß er nach einer Vereinbarung unter Einsatz seiner Person und seines Namens für die Einhaltung dieser Vereinbarung eintreten werde. Aber während Fritzsche noch sprach, wurde der Offizier mit den silbernen Schulterstücken aus dem Zimmer gerufen. Soeben hatte sich der letzte Kampfkommandant von Berlin, General Weidling, gefangen gegeben und bereit erklärt, die Kapitulation zu vollziehen.

Kurz nach Mitternacht hatten mehrere sowjetische Funkstellen im Gebiet des Anhalter Bahnhofes einen Funkspruch aufgenommen, den General Weidling durch eine Funkstelle des LVII. Panzerkorps senden ließ. Er lautete: »Hier LVII. deutsches Panzerkorps, LVII. deutsches Panzerkorps. Wir bitten, das Feuer einzustellen. Um 12.50 Uhr Berliner Zeit entsenden wir einen Parlamentär auf die Potsdamer Brücke. Erkennungszeichen weiße Flagge vor rotem Licht. Wir bitten um Antwort. Wir warten. Hier LVII. deutsches Panzerkorps.«

Der Spruch wurde so wie der Brief Fritzsches, dessen Parlamentäre eine Stunde früher die Linien überschritten hatten, an Generaloberst Tschuikow weitergereicht. Tschuikow gab Befehl, den Parlamentär aufzunehmen. Weidling hatte zum Parlamentär einen Oberst ausersehen.

Dieser teilte mit, daß Weidling, nachdem Hitler die in Berlin kämpfenden Truppen im Stich gelassen habe, entschlossen sei, die Waffen zu strecken. Gegen 5 Uhr fuhr der Oberst, begleitet von sowjetischen Offizieren, zur Voßstraße. Dort öffnete sich um 5.30 Uhr die Betondecke über dem Gefechtsstand Weidlings. Die Russen sahen zu, wie ein Soldat mit weißem Tuch am aufgepflanzten Bajonett die Treppe hinaufstieg. Ihm folgten die Generale Weidling, Wetasch und Schmidt-Danckwart.

Erschöpft, mit aschgrauen Gesichtern, gingen sie zu dem sowjetischen Panzerwagen, der auf sie wartete. Nachdem sich die Panzertür hinter ihnen geschlossen hatte, rollte der Wagen an den Skeletten des Potsdamer und Anhalter Bahnhofs vorüber und über die Belle-Alliance-Straße nach Tempelhof. Schließlich hielt er vor dem Haus, in das am 30. April Krebs geführt worden war.

Tschuikow wartete. Weidling hob die Hand zur Mütze. Aus seinen Augen sprach alles, was er in den letzten Wochen und Tagen erlebt und was ihn als Soldaten, voller festumrissener Gehorsams- und Ehrbegriffe am schwersten getroffen und dazu bewogen hatte, ein Ende zu machen. Er war seinen anerzogenen Begriffen von Treue und Gehorsam bis zu dem Augenblick gefolgt, in dem Hitler sich ohne ein Wort des Abschieds an seine Soldaten aus dem Leben und aus der Verantwortung gestohlen hatte.

Weidling las den Inhalt einer Kapitulationsurkunde, die ihm vorgelegt wurde. Er unterzeichnete sie mit einer Hand, deren Zittern nur mühsam beherrscht war. Er überflog ein zweites Blatt, das ihm zur Unterschrift vorgelegt wurde.

»Berlin, den 2. Mai 1945. Am 30. April hat der Führer uns, die wir ihm die Treue geschworen hatten, im Stich gelassen. Auf Befehl des Führers glaubt ihr noch immer, um Berlin kämpfen zu müssen, obwohl der Mangel an schweren Waffen, an Munition und die Gesamtlage den Kampf als sinnlos erscheinen lassen.
Jede Stunde, die ihr weiterkämpft, verlängert die entsetzlichen Leiden der Zivilbevölkerung Berlins und unserer Verwundeten. Im Einvernehmen mit dem Oberkommando der sowjetischen Truppen fordere ich euch daher auf, sofort den Kampf einzustellen.
Weidling, General der Artillerie und Befehlshaber des Verteidigungsbereichs Berlin.«
Weidling zögerte einen Augenblick, aber dann unterzeichnete er auch dies.
Man führte ihn wieder auf die Straße. Der Panzerspähwagen fuhr ihn nach Johannisthal hinaus. Er blickte auf die endlos marschierenden Kolonnen der Rotarmisten, auf die Rudel von Panzern, auf die Batterien der sowjetischen Artillerie und auf die grauen, trostlosen Haufen seiner eigenen Soldaten, die schon in Gefangenschaft geraten waren und an den Straßenrändern zwischen Ruinen auf ihr Schicksal warteten.
In Johannisthal hielt der Wagen vor einem einstigen Filmatelier. Weidling tat müde und hoffnungslos, was General Lasch in Königsberg, General Mattern in Posen getan hatten. Er vollzog noch einmal die Geste der Kapitulation vor den Kameras der sowjetischen Wochenschau und sprach den Befehl an seine Truppen, den er in Tschuikows Zimmer unterzeichnet hatte, in ein Mikrophon. Dann nahm der Wagen den General wieder auf und brachte ihn in die Gefangenschaft.

Russische Lautsprecher und russische Flugblätter trugen den Text von Weidlings Aufruf durch Trümmer und Brand und den Lärm der Gefechte zu den deutschen Kampfgruppen, die sich noch in den Ruinen der Innenstadt und im Berliner Westen zur Wehr setzten.
In der Stadtmitte folgten die meisten Gruppen Weidlings Kapitulationsaufforderung. Andere kämpften weiter oder versuchten, zwischen den Zivilisten unterzutauchen oder sich im Schutz der nächsten Nacht durch das Gewirr der Fronten nach Westen durchzuschlagen. In Halensee wurde buchstäblich bis zum letzten Mann gekämpft. Eine in Pankow stehende stärkere Kampfeinheit versuchte einen geschlossenen Ausbruch nach Westen. Sie zerflat-

terte in wilden verzweifelten, erbarmungslosen Kämpfen Mann gegen Mann.
Im Berliner Westen versuchten mehrere Gruppen, der gefürchteten sowjetischen Gefangenschaft durch geschlossene Ausbruchsversuche zu entkommen. Überall schlossen sich ihnen Frauen und Kinder an. Frauen stürmten, ihre Kinder auf dem Arm, mit in der vordersten Linie und gingen im Feuer zugrunde. Einer dieser Ausbruchsversuche wurde von den dezimierten Resten der Division Müncheberg unternommen. Der gleiche Ordonnanzoffizier, der über die Kämpfe des LVII. Panzerkorps und der Division Müncheberg in den Straßen Berlins einen tagebuchartigen Bericht geschrieben hatte, notierte über diese »letzten Tage der Verzweiflung«:

»*1. Mai 1945.* Wir liegen jetzt im Aquarium. Ringsum breitet sich Trichter an Trichter. Die Straßen scheinen zu dampfen. Der Leichengeruch wird zeitweise unerträglich. In der letzten Nacht haben in einer Etage über uns trotz des ununterbrochenen schweren Artilleriefeuers Polizeioffiziere und Polizeisoldaten Abschied vom Leben gefeiert. Männer und Frauen liegen am Morgen betrunken und eng umschlungen auf den Treppen. Auf der Straße blickt man durch die gähnenden Einschlaglöcher in den Straßendecken in die U-Bahn-Schächte hinab. Man hat den Eindruck, als ob dort unten Menschen in Schichten aufeinanderlägen... Jeder in unserem Gefechtsstand, einschließlich General Mummert, ist in den letzten Tagen zum zweiten- oder drittenmal verwundet worden. Der General trägt den rechten Arm in der Schlinge. Wir alle kennen nur noch zwei oder drei Stunden Schlaf am Tag und gleichen wandelnden Skeletten. Die Funker horchen hinaus. Aber es gibt keine Meldungen... Nur ein Gerücht besagt, Hitler sei gefallen... Nur noch von einem wird gesprochen, sich nicht gefangen zu geben, sondern, falls Hitler wirklich tot ist, irgendwohin nach Westen durchzubrechen. In den Augen der Zivilisten gibt es auch keine Hoffnungen mehr. Niemand spricht mehr von Wenck. Den ganzen Vormittag über dröhnt die Erde. Sprühend steigen Feuersäulen auf, und weit und breit platzen die Geschosse von Granatwerfern und Stalinorgeln...
Nach Mittag müssen wir zurück... Wir bringen unsere Verwundeten in den letzten Schützenpanzerwagen in die Heereskleiderkasse...
Die Division hat alles in allem noch fünf Panzer und vier Geschütze. Ein Teil kämpft jetzt vor dem Zoobunker, in dem Tausende dem

Ersticken nah sein müssen. Die Gedächtniskirche wird von den Russen genommen. Am späten Nachmittag neue Gerüchte, daß Hitler gefallen sei und daß Kapitulationsverhandlungen im Gange sind. Das ist alles. Zivilisten fragen uns, ob wir ausbrechen werden.

Sie wollen sich uns anschließen. Ihre Gesichter, seit Wochen kaum noch gewaschen, bleiben unvergeßlich ... Die Russen verfolgen immer wieder ihre Taktik des unterirdischen Vorgehens. Plötzlich steigen sie irgendwo in unserem Rücken aus den Schächten herauf. Unten hört man während der Feuerpausen das Geschrei der Zivilisten, die auf den Bahnkörpern liegen. Vor Einbruch der Dunkelheit gelingt es einem Spähtrupp, über die Spandauer Brücke vorzustoßen und in Spandau nur schwächere russische Kräfte festzustellen ... Es entsteht der Plan, über Spandau nach Westen aufzubrechen.

Der russische Druck aus der Budapester Straße ist nicht mehr länger aufzuhalten. Wir müssen weiter zurück. Verwundete schreien in den Kellern. Es gibt kein Mittel mehr, ihre Schmerzen zu lindern. Hier und da stürzen Frauen trotz des Feuers, die Fäuste an die Ohren gepreßt, aus den halbverschütteten Kellereingängen, weil sie das Schreien nicht länger ertragen können.

2. Mai ... Endlich Verbindung mit einer übriggebliebenen Gruppe der 18. Panzergrenadierdivision. Anfrage, ob sie sich einem Ausbruchsversuch anschließen will. Sie lehnt ab, solange kein höherer Befehl vorliegt ...

Am Nachmittag Kapitulationsflugblätter. Sowjetische Lautsprecher, die einen angeblichen oder tatsächlichen Kapitulationsaufruf Weidlings zu uns herüberschreien. Die Flak auf dem Zoobunker feuert immer noch. Ein paar abgehetzte Landser und Zivilisten, die schon hinter der sowjetischen Front gewesen sind, schlagen sich zu uns durch. Sie sind ohne Ausnahme verwundet, auch die Frauen. Sie sind schweigsam. Sie deuten nur mit wenigen Worten an, was sie drüben gesehen und erlebt haben. Die 18. Panzergrenadierdivision meldet sich. Teile von ihr wollen sich jetzt unserem Ausbruch anschließen.

3. Mai. Im Morgengrauen Angriff auf die Havelbrücke bei Spandau, die nach Spandau-West führt ... Die Brücke liegt dauernd unter schwerem Feuer ... Die Brücke wird genommen. Sie ist nur im Sprung zu überqueren. Aber die Verzweiflung treibt eine Masse von Flüchtlingen jeden Alters darauf zu. Sie fallen reihenweise. Die letzten Panzer und Fahrzeuge, die noch einsatzbereit sind, bahnen sich

einen entsetzlichen Weg durch wirre Haufen von menschlichen Körpern. Die Brücke schwimmt in Blut, als wir darüber hinwegspringen. Die Nachhuten halten nicht mehr. Sie fiebern nach Westen. Sie wollen nicht im letzten Augenblick fallen... General Mummert wird beim weiteren Angriff auf den Flugplatz Staaken vermißt. Der erste Angriff auf Staaken gelingt nicht. Erst der zweite Angriff gelingt... Immer noch versuchen Zivilisten, mit durchzubrechen.
4. Mai. Hinter uns brennt Berlin. Außer uns müssen noch viele andere Gruppen kämpfen. Der Himmel glüht in einem hellen Rot, das von hellen Blitzen durchzuckt wird. Rings um unsere Gruppe das Feuer sowjetischer Panzerkanonen... Wir kämpfen uns an Fort Hahneberg vorbei. Immer wieder stoßen wir auf Flüchtlingskolonnen, die ziellos umherirren. Sie bitten weinend um Führung und Hilfe. Aber wir selbst sind am Ende. Im Morgengrauen erreichen einzelne Kolonnen den Truppenübungsplatz Döberitz. Hier stoßen wir auf weit überlegene Russen. Unsere Munition geht zu Ende... Wir werden völlig aufgesplittert. In kleinen Gruppen versuchen wir uns weiter durchzuschlagen. Wir erreichen den Beetzsee und verstecken uns im Schilf, um in der Nacht weiterzumarschieren. In der Ferne grollen unentwegt Geschütze, und die Feuerwolke – jetzt hellrosa vom Licht des Tages – liegt breit und flach über Berlin.«

Das war das Ende einer Division, die in Berlin gekämpft hatte. Der Ausbruch gelang nur wenigen.
Ausgebrannt, mit apathischen, von Müdigkeit, Enttäuschung, Verbitterung oder der ersten Ahnung einer zu spät erkannten Wirklichkeit gezeichneten Gesichtern, stiegen die überlebenden Soldaten und Volkssturmmänner aus den Kellern, Höhlen und Schächten. Sie sammelten sich, wie in allen anderen verlorenen Städten des Ostens, in den Ruinenfeldern zu verlorenen Haufen. Sie formierten sich zu endlosen Zügen, die den Marsch aus Berlin nach Osten antraten.
Sie ließen die Berliner Bevölkerung zurück, die das Schicksal der Besiegten erlebte, das der Bevölkerung Ostdeutschlands in den vorangegangenen Monaten zuteil geworden war – um Nuancen abgeschwächt, weil Gier und Haß in den vorangegangenen Monaten schon so viel Beute gefunden hatten.

Als die Nacht vom 30. April zum 1. Mai über dem Gebiet von Beelitz, Ferch, Petzow hereinbrach, wußten Wencks schwerkämpfende

Divisionen und Divisionsreste nichts vom Ende des Dramas, das sich in Berlin vollzog.

Der Druck der sowjetischen Übermacht wurde von Stunde zu Stunde stärker. Aber die jungen Soldaten behaupteten den Keil, in dem sie vorgestoßen waren.

Während die letzten Teile der Potsdamer Besatzung in Ruderbooten über den Schwielowsee kamen und aufgenommen wurden, rollten hinter den Frontabschnitten immer noch Trecks der Bevölkerung und Verwundetenkolonnen aus Lazaretten nach Westen der Elbe zu. Pendelzüge rollten trotz dauernder Luftangriffe hin und her. Sie brachten allein aus Beelitz dreitausend Verwundete an die Elbe. Mit den Deutschen wurden Angehörige der aus Berlin geflohenen Schweizerischen Gesandtschaft, Teile der Schweizer Kolonie von Berlin und Angehörige der Dänischen Gesandtschaft an die Elbe bei Tangermünde gebracht.

Wenck selbst war von Frontabschnitt zu Frontabschnitt unterwegs. Er sah die zunehmende Erschöpfung. Aber er sagte seinen Soldaten, weshalb sie aushalten müßten, weshalb sie so viele Opfer auf sich nehmen müßten.

In den frühen Morgenstunden des folgenden Tages stiegen gegenüber den vorderen Linien zwischen Treuenbrietzen und Beelitz Leuchtkugeln hoch. Sie zeigten an, daß die Angriffsspitzen der 9. Armee dicht vor der Front Wencks standen. Wenige Stunden später, nach mehrfachem Hin und Her von Angriff und Gegenangriff, vereinten sich Busses Spitzen mit der 12. Armee.

Noch bis zum Abend des 1. Mai dauerten die Kämpfe an der Aufnahmestelle an. Von allen Seiten drängten sowjetische Einheiten. Aber als die Nacht zum 2. Mai hereinbrach, befanden sich die Reste der 9. Armee nach dem fürchterlichen Weg aus ihrem Einschließungsraum westlich der Oder bis nach Beelitz hinter den Wenckschen Linien.

Es waren vielleicht noch dreißigtausend Mann, die sich um General Busse scharten. Dazu einzelne Haufen von Zivilisten, die sich an die Kampfgruppen geklammert hatten. Busses Stabschef, General Hölz, war in den Kämpfen gefallen. Nur der Wille, sich nach Westen zu retten, hatte die ausgebrannten Schlacken einstiger Divisionen und Regimenter mit einer Handvoll noch fahrbereiter Panzer immer wieder vorwärtsgetrieben. Auch hier waren Frauen, ihre Kinder auf dem Arm, mit den Panzern vorgegangen.

In dem Augenblick, in dem sich die Linien der 12. Armee für die

todmüden Haufen öffneten, brach die kolossale Überspannung ihres Lebenswillens zusammen.
Sie sanken plötzlich an den Straßen hin. Sie waren am Ende.
Kein noch so scharfer Befehl, keine Drohung mit Strafen, kein Hinweis darauf, daß die 12. Armee sich selbst nur noch kurze Zeit halten konnte, waren in der Lage, die in sich zusammenfallenden Haufen wieder in Bewegung zu bringen. Sie konnten nicht mehr.
Wenck blieb nichts anderes übrig, als fast die gesamten Transportmittel, die ihm noch zur Verfügung standen, für den Transport der Reste der 9. Armee an die Elbe einzusetzen.
Wenck verlangte noch einmal Übermenschliches von seinen Divisionen. Aber sie hielten stand.
Nur im Norden durchbrachen sowjetische Panzerkolonnen in der Frühe des 2. Mai die lückenhafte Front und stießen bis Havelberg an der Elbe vor. Das XX. Armeekorps war gezwungen, Kräfte an seinen Nordflügel zu werfen und den Russen ein Vordringen nach Süden, an der Elbe entlang, zu verwehren. Aber auch das gelang.
Als die Abtransporte der Überlebenden der 9. Armee rollten, begannen am 3. Mai die Rückzugskämpfe an der gesamten Front. Wencks Armee bildete jetzt, mit dem Rücken gegen die immer noch untätig abwartende Elbefront der Amerikaner stehend, einen Brükkenkopf, der aus dem Gebiet südlich Havelberg mit der weit vorgetriebenen Spitze bis in das Gebiet nördlich Wittenberg reichte. Die Amerikaner verhinderten Versuche der am Ostufer der Elbe aufgestauten zivilen Flüchtlinge, den Fluß zu überschreiten. Nur durch die Vermittlung zufällig anwesender Vertreter des Internationalen Roten Kreuzes gelang an der Front des Brückenkopfes Barby die Überführung deutscher Verwundetentransporte an das Westufer des Flusses. Die Lage verlangte nach einer Entscheidung.
Wenck hatte bisher gezögert, den Amerikanern die Kapitulation seiner Armee anzubieten. Von Hitlers Tod hatte er am 2. Mai durch Radiomeldung erfahren. Solange die Aufnahme der 9. Armee nicht abgeschlossen, der Verlauf des Rückzuges auf die Elbe nicht klar war, war er nicht in der Lage, bindende Zusicherungen bezüglich der Überführung seiner Armee in amerikanische Kriegsgefangenschaft zu machen. Jetzt, wo die Rückzugskämpfe im Gange waren, wo die Verwundeten und die Erschöpften der 9. Armee am Ostufer der Elbe warteten oder auf das Ufer zurollten, entschloß er sich zum Angebot der Kapitulation.
Am 4. Mai überquerten seine Parlamentäre, geführt durch den Frei-

herrn v. Edelsheim, die Elbe. Ein amerikanischer Wagen brachte sie nach Stendal. Dort wurden sie in das Rathaus geführt, in dem die 9. amerikanische Armee ihr Hauptquartier aufgeschlagen hatte.
v. Edelsheim trug ein schriftlich niedergelegtes Kapitulationsangebot bei sich, das er dem amerikanischen Armeekommando übergab. Es enthielt im wesentlichen folgende Punkte:

1. Die deutsche 12. Armee hat den Kampf gegen ihren bisherigen Gegner im Westen eingestellt.
2. Die deutsche 12. Armee wird den Abwehrkampf gegen die von Osten vordringende russische Armee bis zur letzten Patrone fortsetzen.
3. Die deutsche 12. Armee ersucht den Oberbefehlshaber der amerikanischen 9. Armee, ihr, dem zahlreichen waffenlosen Gefolge und der heimatlosen, vor den Russen fliehenden Zivilbevölkerung einen kampflosen Übergang über die Elbe sowie eine ehrenvolle Übergabe zu gewähren.
4. Insbesondere bittet das Oberkommando der 12. Armee um:
   a) Übernahme der Verwundeten und Kranken;
   b) sofortige Gewährung des Übergangs der deutschen Zivilflüchtlinge aus dem Osten, meist Frauen und Greise und Kinder, über die Elbe sowie um Zuweisung von Sammelräumen für die Flüchtlinge;
   c) Gewährung des Übergangs der Truppen der 12. Armee an folgenden Stellen: bei Stendal, Tangermünde und Ferchland;
   d) Gewährung des Übergangs in folgender Reihenfolge: Verwundete und Sanitätsversorgungsdienste, Waffenlose (meist Angehörige der 9. deutschen Armee), Wehrmachtsgefolge und Versorgungstruppen, Kampftruppen der 12. Armee mit Handwaffen;
   e) Gewährung einer Hilfeleistung beim Übergang durch Brükkengeräte und Pioniere.

Während v. Edelsheim im Rathaus zu Stendal auf die amerikanische Entscheidung wartete, lagen die Divisionen Hutten, Jahn, Körner und Scharnhorst immer noch in verlustreichen Abwehrkämpfen. Fast ohne schwere Waffen, mit versiegender Munition behaupteten sie den Zusammenhalt ihrer langsam zurückweichenden Brückenkopffront.
An der Elbe selbst warteten die unter freiem Himmel lagernden

Flüchtlinge zusammen mit den Resten der 9. Armee. Sie konnten drüben die amerikanischen Postierungen erkennen. Im Osten hörten sie das Grollen der sowjetischen Artilllerie. Sie sahen zum Himmel hinauf, besorgt um die sowjetischen Tiefflieger, die immer wieder angriffen und Tote, Verwundete und zerstörte Wagen zurückließen.

Nach mehreren Stunden kam v. Edelsheim zurück. Er meldete, daß er korrekt empfangen und behandelt worden sei und daß das Oberkommando der 9. amerikanischen Armee bereit sei, die Kapitulation der Armee Wenck anzunehmen und Wencks Bedingungen mit zwei Ausnahmen anzuerkennen. Die Amerikaner lehnten jede Unterstützung beim Übergang über die Elbe ab. Sie verweigerten ferner den Übergang von Zivilpersonen und Flüchtlingen jeder Art.

Wenck ließ sich zweimal berichten. Er verstand nicht, daß man seiner Armee den Weg nach Westen öffnen wollte, während man die hilflosen Flüchtlinge dazu verdammte, doch noch in die Hand derer zu fallen, vor denen sie zum Teil über Hunderte von Kilometern durch Eis und Schnee und tausend Nöte und Gefahren geflohen waren. Aber man hatte v. Edelsheim nur Entscheidungen, keine Gründe mitgeteilt. Sowohl er als auch Wenck wußten zu dieser Stunde noch nicht, weshalb die Amerikaner tatenlos an der Elbe stehengeblieben waren und zusahen, wie die sowjetischen Armeen immer weiter nach Westen marschierten. Wenck wußte nichts über die Entscheidungen einer Konferenz in Jalta, in der zwischen Stalin, Roosevelt und Churchill über die Aufteilung Deutschlands zwischen den sowjetischen Truppen und den westlichen Alliierten entschieden worden war. Er kannte auch nicht die Illusionen, welche die westliche Welt über die Ziele ihres sowjetischen Verbündeten erfüllten.

Wenck würde auch ohne materielle Unterstützung der Amerikaner seine Armee über die Elbe bringen. Aber die Flüchtlinge, die bisher zu ihm aufgesehen hatten und die jenseits der Elbe Rettung erhofften?

v. Edelsheim überquerte nochmals die Elbe, um über das Schicksal der Zivilisten zu verhandeln. Aber er erfuhr nochmals höfliche, hier und da vielleicht mitleidige, doch klare Ablehnung. Als er darauf hinwies, weshalb all jene Flüchtlinge seit Wochen ihre Heimat verlassen hatten, als er etwas von jenem ungeheuren Sturm der Schrekken und des Entsetzens zu berichten versuchte, der in den letzten

Monaten über Ostdeutschland hinweggebraust war, sah er nur ungläubige Gesichter. Man sagte ihm mit aufkommendem Mißtrauen, Versuche, in letzter Stunde noch Zwietracht zwischen der Sowjetunion und den westlichen Alliierten zu säen, seien nicht angebracht. Mehr erfuhr er nicht. Mehr erfuhren auch die Unterhändler anderer deutscher Armeen und des Großadmirals Dönitz, die um die gleiche Zeit oder später den Versuch unternahmen, zu kapitulieren und der Masse deutscher Soldaten und Zivilisten aus dem Osten den Weg nach Westen zu öffnen, nicht.

Für v. Edelsheim wäre es sinnlos gewesen, zu erklären, daß die deutsche 12. Armee nur dann vor den Amerikanern kapitulieren werde, wenn diese auch den Flüchtlingen den Weg nach Westen öffneten. Die Haltung seiner Gegenüber ließ keinen Zweifel daran, daß man dann auf die Kapitulation verzichten und die Armee dem unvermeidlichen Schicksal überlassen würde, östlich der Elbe von sowjetischer Übermacht vernichtet zu werden oder aber vor dieser sowjetischen Übermacht zu kapitulieren.

Das Schicksal der Flüchtlinge wurde durch das Opfer der Armee nicht gebessert. Wenn es zum Kampf bis zum letzten kam, würde es nur noch verschlimmert werden und die Flüchtlinge in den Strudel des letzten Verzweiflungskampfes hineinreißen.

v. Edelsheim berichtete Wenck, daß es nur den Ausweg gebe, so viele Flüchtlinge wie möglich gegen den Willen der Amerikaner, mit den Truppen vermischt und sozusagen im Schatten der Truppen sowie der Verwundetentransporte über die Elbe zu bringen. Wenck stimmte zu.

In der Nacht zum 5. Mai begann der Transport der Verwundeten, der Waffenlosen, der rückwärtigen Dienste und getarnten Flüchtlinge über den Strom. Das Übersetzen geschah reibungslos.

Der Lärm der Front rückte immer näher. Aber bis zum Abend des 6. Mai gelang es überall, den Zusammenhalt an der Brückenkopffront zu wahren. Dann ging die Munition zu Ende. Es gab Einbrüche, die nur mühsam abgeriegelt werden konnten.

Wenck erteilte daher den Kommandanten der Elbeübergänge den Befehl, den Übergang der nichtkämpfenden Truppen und der Zivilisten bis zum Morgen des 7. Mai zu beenden und dann Stege und Fähren für die zurückgehenden Frontverbände freizuhalten.

Das Absetzen bis an das Ostufer der Elbe gelang fast überall, auch wenn bis zum letzten Augenblick gekämpft wurde.

Als Wenck selbst in den Abendstunden des 7. Mai im Schlauchboot über die Elbe fuhr, geschah es im Feuer sowjetischer Maschinengewehre, die dicht am Ostufer Stellung bezogen hatten. Er landete auf dem Westufer in dem Bewußtsein, daß rund hunderttausend seiner Soldaten und der Soldaten der 9. Armee zwischen Havelberg und Ferchland über die Elbe in amerikanische Gefangenschaft gelangt waren und daß es darüber hinaus gelungen war, insgeheim einige Zehntausend Flüchtlinge über den Strom zu bringen. Er wußte nicht, wie viele noch hatten zurückbleiben müssen. Diese unbekannte Zahl verfolgte ihn. Aber er wußte, daß es nichts in seiner Macht gab, das das Schicksal der nun Zurückbleibenden hätte ändern können – auch nicht das eigene Opfer.

Auf eigene Faust versuchten noch Tausende, den rettenden Strom zu überqueren; auf Flößen, an Balken geklammert und auf Fässern sitzend. Manche benutzten Boote, welche die Soldaten bewußt zurückgelassen hatten. Viele stießen auf dem westlichen Ufer auf amerikanische Soldaten, die nicht verstanden, weshalb sie diesen Gehetzten den Weg versperren sollten. Aber die meisten wurden zurückgewiesen.

Als der Großadmiral Dönitz am Nachmittag des 30. April kurz nach 18 Uhr den ersten Funkspruch Bormanns über seine Ernennung zum Nachfolger Hitlers erhielt, befand er sich mit einem kleinen Stabe in dem sogenannten Lager »Forelle« bei Plön in Holstein.

Als Shukow die Oderfront durchbrochen und den Marsch nach Berlin angetreten hatte, war Dönitz nur durch einen glücklichen Zufall der Gefangennahme in seinem damaligen Hauptquartier, dem sogenannten Lager »Koralle« bei Bernau nördlich von Berlin, entronnen.

Er hatte sich für einen Tag nach Berlin begeben, noch einmal Hitler gesehen und war dann am frühen Morgen des 23. April inmitten der Flut gehetzter Menschen, die das halb eingeschlossene Berlin nach Nordwesten verließen, nach Eutin gefahren. Ein gepanzerter Mercedes und eine Handvoll anderer Kraftwagen brachten ihn, seine Familie, seinen Chef des Stabes, Davidson, die Admirale Wagner und Machens, sowie einige weitere Personen in das kleine Barakkenlager, das den Namen »Forelle« trug.

Da Keitel und Jodl selbst nach Mecklenburg übergesiedelt waren, kam Dönitz zunächst nicht dazu, das Amt des »Oberbefehlshabers Nord« zu übernehmen. Ihm blieb keine andere Tätigkeit als die Führung der immer mehr zusammenschrumpfenden Kräfte der

Kriegsmarine und ein Abwarten der Dinge, die sich in und um Berlin vollziehen würden.
Dönitz' Schicksal lag in seinem Aufstieg begründet. Er war ein ausgezeichneter U-Boot-Fachmann, mit Phantasie, Tatkraft und Beweglichkeit. Er war mit der Fähigkeit begabt, ein festes Vertrauensverhältnis zu der Masse seiner U-Boot-Fahrer zu gewinnen, das im Kern selbst die Krisenzeiten der Jahre 1943 und 1944 überdauerte. Er war keine geistige Persönlichkeit, und politisch war er ohne Erfahrung und Instinkt. Aber er war keineswegs immer der Gefolgsmann Hitlers gewesen, als der er in den Jahren 1943 bis 1945 in zunehmendem Maße in den Vordergrund trat. Vor seiner Ernennung zum Oberbefehlshaber der Kriegsmarine hatte er seinem Stabe erklärt, der liebe Gott möge verhüten, daß Hitler sich einmal in die Führung der U-Boot-Waffe einmische, denn dann werde Hitler mit jedem einzelnen U-Boot spielen wie mit Schiffchen in der Badewanne. Und auch in den ersten Monaten nach seiner Ernennung hatte er seiner Umgebung mehr als einmal erklärt, er danke Gott, daß er sich wieder für einige Tage vom Führerhauptquartier entfernen und frische Luft atmen könne, um die Klarheit der Gedanken zurückzugewinnen. Aber schließlich war er mehr und mehr ein Gefangener der Maschine geworden, in die er nach seiner Ernennung hineingeworfen worden war.
Dönitz wäre kraft seiner Persönlichkeit nie bis zum Range eines Großadmirals emporgestiegen, wenn ihn nicht die ungewöhnlichen Verhältnisse gefördert hätten. In einer Flotte, deren schwache Überwasserkräfte bald erschöpft waren und deren einzige bedeutende Kampfkraft schließlich in der U-Boot-Waffe lag, mußte deren Befehlshaber von selbst zur leitenden Position emporsteigen, als Hitler 1943 die Verschrottung der in seinen Augen nutzlosen Überwasserflotte verlangte und der bisherige Oberbefehlshaber der Marine, Raeder, über dieser Forderung – müde und resigniert – zurücktrat. Er mußte dies um so mehr, weil er das unbedenklichere Draufgängertum eines geistig unkomplizierten Frontsoldaten verkörperte, das Hitlers Forderungen leichter folgte als die unbequeme Skepsis weitblickenderer Admirale.
Vielleicht hätte der schnelle Aufstieg nicht genügt, um Dönitz bis zu Hitlers Tod zu einem Verfechter der Größe Hitlers, des Siegeswillens und der Siegessicherheit zu machen. Es kam noch etwas anderes hinzu. Das war der Niedergang des U-Boot-Krieges durch den gegnerischen Einsatz von Radargeräten, kurz nachdem Dönitz

Oberbefehlshaber der Kriegsmarine geworden war. Einmal hineingezogen in die Rivalitäts- und Machtkämpfe rings um Hitler und infolge seiner vorangegangenen Erfolge mit ungewöhnlichen Erwartungen in diesen Kreis aufgenommen, sah Dönitz sich gezwungen, entweder wieder von der Höhe, die er erklommen hatte, gestürzt zu werden oder aber durch stete Bekundung seines Glaubens an den Sieg, durch Versprechungen und schließlich durch Täuschungen über den Stand der Neuentwicklung der U-Boot-Waffe sowie durch den tragischen, menschenmordenden Einsatz behelfsmäßiger Kleinkampfmittel die Basis zu ersetzen, die ihm durch die Radargeräte und britisch-amerikanische Übermacht entrissen worden war.
Es hatte auch dann noch Stunden gegeben, in denen er in seinem eigenen Kreis klaren Blick bewies. Die Klarheit war jedoch verloren, wenn er von einer Lagebesprechung bei Hitler zurückkehrte. Die Art, Seeleute und ganz junge Menschen auf überstürzt hergestellten Klein-U-Booten hinauszuschicken und Hitler gegenüber mit Meldungen über ihre Erfolge die Notwendigkeit der Kriegsmarine zu beweisen, während sich der Einsatz neuer mehr oder weniger gegen die Radarwirkung abgeschirmter U-Boote immer weiter verzögerte, gehörte bereits zu den anfechtbaren Seiten seines Wesens. Und doch war Dönitz ein Mann geblieben, der nicht, wie Hitler oder Bormann oder Himmler, Keitel, Burgdorf, Goebbels und andere, die innere Herzensverbindung zu der Masse und zu deren menschlichem Elend verloren hatte. Die Macht des Apparates, in dessen Mittelpunkt Hitler stand, war nur stärker gewesen als er. Die Hybris der abstrakten Ideen von der Gewalt des Willens, von der Herrschaft des Stärkeren, von der Berechtigung jedes Opfers für die Zukunft der Deutschen, von der Nichtswürdigkeit unterlegener Rassen, von der Brutalität als Grundlage des Überlebens hatte Dönitz nicht verschont und seine Seele gespalten. Daß dem so war, zeigte sich von dem Augenblick an, in dem der Bann Hitlers ihn freigab.
Die Macht des toten Hitler und die Macht seiner Ideenwelt wirkten auch dann noch bis in die Phraseologie hinein in Dönitz nach. Aber man vermochte zu verfolgen, wie sein ursprünglich einfacher, gesunder Menschenverstand wieder Besitz von ihm ergriff und wie er, wenn auch unter Irrtümern und Illusionen, ohne langes Zögern das tat, was nicht dem Regime, seinen Angehörigen oder einer heroischen Untergangslegende, wohl aber den leidenden Millionen in letzter Stunde helfen konnte.

Die aufeinanderfolgenden Telegramme Bormanns, Goebbels' und wieder Bormanns, welche die Nachfolgerschaft Dönitz' immer mehr präzisierten, kamen für Dönitz nicht völlig überraschend. Seit dem großen Auszug aus Berlin hielten sich in dem nahegelegenen Eutin mehrere Minister der Reichsregierung auf. Unter ihnen befand sich neben Ribbentrop, Rosenberg, Dorpmüller und Speer der Finanzminister Schwerin v. Krosigk, der in einer gewissen Abseitigkeit alle Wechselfälle der Hitlerschen Regierungszeit überdauert hatte. Er war keine überdurchschnittliche Persönlichkeit, sondern ein Beamter konservativer Richtung, der wenig Reibungsflächen bot und sich, wie tausend andere, von der nationalen Seite des Nationalsozialismus hatte mittragen lassen. Gerade seiner äußeren Farblosigkeit hatte er es zu verdanken, daß er immer noch in seinem Amte war.

Schwerin v. Krosigk hatte Anschluß an Dönitz gefunden. Dabei war die Frage behandelt worden, was eigentlich geschehen solle, wenn Hitler in Berlin »ausfalle«, keinen Nachfolger ernenne oder dieser Nachfolger von einem anderen, etwa Himmler, nicht anerkannt werde, weil er sich übergangen fühle. Seit Bormann Dönitz am Abend des 23. April mitgeteilt hatte, Göring habe im Süden geputscht und Dönitz müsse im Norden gegen alle etwaigen Verräter vorgehen, war man sich in Plön und Eutin darüber im klaren, daß Göring als Nachfolger Hitlers nicht mehr in Frage kam. Schwerin v. Krosigk hatte es seitdem nicht für unmöglich gehalten, daß Dönitz die Nachfolge Hitlers antreten würde. Er meinte, Hitler werde einen Nachfolger erst in dem Augenblick bestimmen, in dem er einsehe, daß nur noch eine Kapitulation übrigbleibe, die selbst zu vollziehen ihm sein grenzenloser Trotz verbiete. Zur Durchführung einer Kapitulation aber sei ein militärischer Führer notwendig, und dazu komme nach dem Ausfall Görings nur noch Dönitz als Oberbefehlshaber der Kriegsmarine in Betracht, da das Amt des Oberbefehlshabers des Heeres schon lange unbesetzt sei. Schwerin v. Krosigk folgte dabei seiner Wesensart, die immer noch in Begriffen der Routine, des Protokolls oder des üblichen Staatsrechts dachte, wo Hitler nur nach Eingebung, Laune oder Machtvollkommenheit handelte.

Himmler – von dem Geheimnis seiner Unterredung mit Bernadotte und den Hoffnungen auf ein Zusammentreffen mit Eisenhower erfüllt, gleichzeitig aber von der Furcht, sein Geheimnis könne zu früh entdeckt werden, geängstigt – äußerte zuversichtlich, daß Hitler ihn nach der Verhaftung Görings zum Nachfolger ernennen würde. Aber er stimmte einer Vereinbarung zu, nach der er sich Dönitz unterstellen wolle, wenn Hitler diesen zum Nachfolger ernenne, während umgekehrt Dönitz sich ihm unterstellen wollte, sofern Himmler Hitlers Nachfolger werden sollte. Am frühen Morgen des 30. April hatte Dönitz jedoch den Funkspruch Bormanns erhalten, in dem dieser ihn über das Kapitulationsangebot Himmlers an Bernadotte unterrichtet und ihn aufgefordert hatte, »blitzschnell und stahlhart« vorzugehen. Dönitz, der zu diesem Zeitpunkt noch von Vorstellungen über die allumfassende Macht Himmlers erfüllt war und nur über schwache eigene Landverbände verfügte, verabredete mit Himmler ein Zusammentreffen in Lübeck. Dabei hatte Himmler – von Furcht befallen – jeden Versuch, mit der Gegenseite zu verhandeln, abgestritten. Dönitz hatte ihm geglaubt und war nach Plön zurückgekehrt. Es war aber klar, daß Himmler, gleich, ob schuldig oder nicht, ebenfalls als Nachfolger Hitlers ausschied. Aus diesem Grunde war Dönitz nicht völlig unvorbereitet, als ihn Bormanns erstes Telegramm vom 30. April erreichte.

Ein Bericht des Adjutanten des Großadmirals Dönitz, Lüdde-Neurath, und die stenographische Mitschrift von Aussagen, die Schwerin v. Krosigk nach dem Ende des Krieges machte, wurden wesentliche Quellen über Dönitz' Verhalten und Dönitz' Entscheidungen von dem Augenblick an, in dem er sich als Nachfolger Hitlers mit der Verantwortung für das Schicksal der Millionen in den noch umkämpften Gebieten Deutschlands belastet sah.
Es blieb unbekannt, wie Dönitz gehandelt hätte, wenn das Testament Hitlers mit der Verpflichtung, den Kampf weiterzuführen, in seine Hände gelangt wäre. Die Frage, ob der Wille des Toten hier noch einmal seine Wirkung auf den Mann entfaltet hätte, der sich erst seit dem 23. April mehr und mehr aus dem Machtbereich Hitlers entfernte und sich zu eigenen Gedanken und Entschlüssen hinbewegte, mußte unbeantwortet bleiben. Dönitz nahm seine Betrauung mit der Nachfolgeschaft als Auftrag hin, den Krieg zu beenden.
Seit acht Tagen hörte er Tag für Tag Berichte über das entsetzliche Elend der Massen, die auf der Flucht vor den Russen nach Schleswig-Holstein kamen. Die Stimme seines Gewissens sagte ihm, daß etwas geschehen müsse, um diesem Elend wenigstens halbwegs zu steuern.

Dönitz rief Keitel und Jodl aus Mecklenburg zu sich. Er beriet sich mit Speer und Schwerin v. Krosigk. Während der Unterredungen zitterte die Baracke vom Luftdruck der Bombenwürfe, die nur wenig entfernt auf eine vorüberführende Fluchtstraße herabprasselten. Es waren die Bombenwürfe englischer und amerikanischer Flieger. Sie wußten nicht, daß sie über dem Hauptquartier des Mannes kreisten, der eben Nachfolger Hitlers geworden war.
Eine Stunde später erfuhr Dönitz, daß die 21. Armeegruppe des englischen Feldmarschalls Montgomery, die in den letzten Wochen bis zur Elbe vorgedrungen war und dort plötzlich haltgemacht hatte, wieder zum Angriff angetreten war und zusammen mit amerikanischen Verbänden die Elbe überschritt, um Hamburg, Schleswig-Holstein und die Häfen an der Lübecker Bucht in englische Hand zu bringen.
Es lag nahe, daß sich sofort wieder der Gedanke regte, jetzt endlich gäben Engländer und Amerikaner ihre abwartende Haltung auf und rückten nach Osten vor, um die Sowjetunion am weiteren Vordringen nach Westen zu hindern. Keitel und Jodl wiesen nach ihrem Eintreffen auf diesen Punkt hin und erklärten, daß es im Sinne des Führers sei, bis zur letzten Sekunde um politischen Zeitgewinn zu kämpfen. Aber Keitels irrer Gesichtsausdruck warnte davor, seine Worte ernst zu nehmen. Jodls kalter, frontfremder Abstraktheit aber hatte Dönitz nie besonderes Vertrauen entgegengebracht.
Auch Himmler traf ein, aufgeschreckt durch die Nachricht von Dönitz' Ernennung. Er bot sich als »zweiter Mann im Staate« an. Er gab jetzt plötzlich zu, daß er Verbindung mit Bernadotte gehabt habe, und operierte mit der Behauptung, daß er nur darauf warte, über Schellenberg, der nach Schweden gereist sei, von den Westmächten zu hören, um mit ihnen einen Sonderfrieden abzuschließen und im Osten weiterzukämpfen. Er beschwor Dönitz, abzuwarten. Aber Dönitz hatte stets nur Himmlers Macht respektiert, ohne für ihn Sympathien zu empfinden. Wie viele seinesgleichen hatte er sich häufig hinter den Gedanken verschanzt, daß in Hitler das Gute im Nationalsozialismus verkörpert sei, das Böse dagegen in Männern wie Bormann, Himmler und anderen. Noch immer respektierte er die vermeintliche Macht Himmlers. Aber er hielt ihn hin, ohne seinen Rat zu beachten. Die Stimme der Vernunft riet ihm, auf Speer zu hören, der sich von dem Druck der Existenz Hitlers befreit fühlte und offen vertrat, was er in den letzten Monaten nur in halber Verborgenheit zu vertreten gewagt hatte: die sofortige Kapitulation

und die Bewahrung der noch bestehenden Lebensgrundlage für die Deutschen.
In dem Bericht von Lüdde-Neurath – der inhaltlich mit dem Bericht von Schwerin v. Krosigk übereinstimmte – hieß es in dürren Worten über die Beratungen und Besprechungen am 1. Mai und in der Nacht zum 2. Mai in Dönitz' kleinem Barackenzimmer bei Plön:

»Dönitz sah in dem Augenblick, wo er die Verantwortung übernahm, seine oberste Aufgabe darin, den Krieg so schnell wie möglich zu beenden, um weitere sinnlos gewordene Opfer auf beiden Seiten zu vermeiden, und vor allem so viele Menschen wie möglich vor dem Osten zu retten.
Zwei Wege grundsätzlich verschiedener Art schienen gegeben: entweder Kapitulation oder stille Einstellung des Widerstandes. Die Frage, ob nicht die letzte Form zweckmäßiger und ehrenhafter sei, wurde eingehend erwogen und war Gegenstand schwerster seelischer Konflikte. Die Bitterkeit einer bedingungslosen Kapitulation und ihre erschütternden Folgen waren bekannt.
Dönitz hatte alle diese Zweifel gründlich durchdacht und innerlich schwer um die Lösung gerungen. Nach sorgfältiger Abwägung des Für und Wider hielt er jedoch den Weg der offiziellen, von oben gesteuerten Kapitulation aus folgenden Gründen für besser:
1. Vermeidung weiterer Verluste an Gut und Blut...
2. Vermeidung des Chaos.
Ein Nichtabschluß der Kapitulation würde die Entscheidung, wann der Kampf einzustellen ist, unteren Instanzen überlassen. Hierbei mußte nach Dönitz' Ansicht die stellenweise durchaus noch vorhandene Bereitschaft zum ›heldenhaften Widerstand‹ zwangsläufig mit den Elementen der Einsicht und denen der Auflösung kollidieren und unter Umständen zu schweren Zusammenstößen führen. Die Gefahr einer solchen Entwicklung schien am besten gebannt durch den Befehl zur Einstellung des Kampfes und Durchsetzung dieses Befehls auch gegenüber Fanatikern.
3. Verpflichtung der Sieger.
Bei Nichtabschluß einer Kapitulation befürchtete man eine einseitige Verewigung des Kriegszustandes und schrak vor allem vor den Gefahren zurück, die in staats- und völkerrechtlicher Hinsicht durch das leichtsinnige Heraufbeschwören eines Vakuums entstehen mußten. Es war in erster Linie Schwerin v. Krosigk, der diese Gedanken entwickelte und vertrat. Er sah in dem ›Vertrag‹ der

Kapitulation ein Mittel, die Sieger an die Grundzüge des Völkerrechts zu binden.
Die grundsätzliche Frage des ›Ob‹ überhaupt Kapitulation war damit entschieden, nicht das ›Wie‹...
Eine gleichzeitige Gesamtkapitulation in West und Ost schied aus den Überlegungen des 1. Mai aus. Sie war undurchführbar, weil sie von der Ostarmee schwerlich befolgt worden wäre. Die Unterschrift unter ein solches Dokument wäre damit wertlos, das neue Staatsoberhaupt mit seiner ersten Amtshandlung vertragsbrüchig geworden. Man hätte dem Gegner... nur Gelegenheit zu Repressalien gegeben.
Es blieb daher nur der andere Weg zur raschen Beendigung des Krieges. Rückführung der Ostfront auf die inzwischen bekanntgewordene Demarkationslinie zwischen zukünftigen sowjetischen und britisch-amerikanischen Besatzungszonen in Deutschland unter Rettung möglichst zahlreicher Flüchtlinge. Hierfür wurden mindestens acht bis zehn Tage Zeit als notwendig veranschlagt. Gleichzeitig Fortsetzung der Rücktransporte über See aus der Danziger Bucht, Kurland und aus verschiedenen Ortschaften mit allen verfügbaren Mitteln.
Im Westen dagegen Versuch der Teilkapitulation, Einstellung des Kampfes und nur dort Fortsetzung, wo und solange das Hauptziel ihn erforderte.
Dieser Zusatz bezog sich nur auf einen kleinen Abschnitt der Front, nämlich die Elbe von Lauenburg bis Hamburg, um so das letzte im eigenen Besitz befindliche ›Tor‹ zwischen Ost und West für die Flüchtlinge aus dem pommerschen, mecklenburgischen und brandenburgischen Raum offenzuhalten.«

Solche Worte verrieten nichts von dem inneren menschlichen Wandel, der hinter diesen Entschlüssen stand; nichts von der späten, quälenden Befreiung aus jahrelanger Selbstverhärtung gegenüber dem Schicksal von Millionen; nichts vom Wachsen der Erkenntnis einer Verpflichtung nicht gegenüber Hitler, sondern gegenüber den Kämpfenden und Leidenden.
Die Ereignisse überstürzten sich, während die Beratungen noch andauerten. Das schnelle Vordringen Montgomerys über die Elbe zwang Dönitz, das Lager »Forelle« zu verlassen und sich nach Flensburg zu begeben, um sich wenigstens noch für kurze Zeit Bewegungsfreiheit zu sichern.

Von »Forelle« aus ließ er noch am späten Abend des 1. Mai eine Meldung über Hitlers Tod durch den Hamburger Sender bekanntgeben, welche nichts über Hitlers Selbstmord enthielt und seinen Tod mit zeitgenössischer Phraseologie heroisierte:

»Aus dem Führerhauptquartier wird gemeldet, daß unser Führer Adolf Hitler heute nachmittag in seinem Befehlsstand in der Reichskanzlei, bis zum letzten Atemzug gegen den Bolschewismus kämpfend, für Deutschland gefallen ist. Am 30. April hat der Führer Großadmiral Dönitz zu seinem Nachfolger ernannt.«

In der Nacht auf den 2. Mai folgte der Aufruf:
»Deutsche Männer und Frauen, Soldaten der deutschen Wehrmacht. Unser Führer Adolf Hitler ist gefallen... Im Bewußtsein der Verantwortung übernehme ich die Führung des deutschen Volkes in dieser schicksalsschweren Stunde. Meine erste Aufgabe ist es, deutsche Menschen vor der Vernichtung durch den bolschewistischen Feind zu retten. Nur für dieses Ziel wird der Kampf weitergeführt. Soweit und solange die Erreichung dieses Zieles durch die Engländer und Amerikaner verhindert wird, werden wir uns auch gegen sie weiter verteidigen und gegen sie weiterkämpfen müssen. Dönitz.«

Dieser Aufruf war nicht nur ein Aufruf an die Deutschen, sondern auch ein Aufruf an die Westmächte. Er war eine erste, fast beschwörende Erklärung dessen, was Dönitz in letzter Stunde zu tun gedachte. Er bevollmächtigte die Einheiten der Heeresgruppe Weichsel, jede Möglichkeit von Verhandlungen mit den westlichen Alliierten auszunutzen, und beauftragte einen der geachtetsten Offiziere der Kriegsmarine, Generaladmiral v. Friedeburg, Verbindung mit Montgomery aufzunehmen und den Versuch zu machen, eine Kapitulation in Norddeutschland, wo die Verhältnisse jetzt am schnellsten einem nicht mehr zu übersehenden Ende entgegentrieben, herbeizuführen.
Während v. Friedeburg aufbrach, um einen Weg zu Montgomery zu finden, fuhr Dönitz mit seinem Stab nach Norden, seinem letzten Hauptquartier in der Marineschule Mürwick entgegen.

An dem Tage, an dem Hitler starb, waren die Armeen Rokossowskis in Mecklenburg bis nach Rostock und Güstrow und weiter südlich über Neuruppin hinaus vorgedrungen. Eine geschlossene Front gab es nirgendwo mehr. Der stellvertretende Oberbefehlshaber der Heeresgruppe Weichsel, v. Tippelskirch, hatte am 29. April keine Nachrichtenverbindung mehr zu seinen Truppen.

Wahrscheinlich prägte sein Chef des Stabes, Dethleffsen, ein richtiges Wort, wenn er von einer »Disziplin der Auflösung« sprach. Überall setzten sich noch Verbände hinhaltend zur Wehr. Dahinter aber wälzte sich der immer gewaltigere Strom waffenloser Soldaten und panikerfüllter Zivilisten dem scheinbar rettenden Westen entgegen.

Am Abend des 29. April hatte v. Tippelskirch seinen Gefechtsstand noch in Güstrow aufgeschlagen. Am 30. April aber hatte er schon nach Schönwalde in der Nähe von Schwerin weiterziehen müssen, weil sowjetische Panzerkanonen nach Güstrow hineinschossen.

v. Tippelskirch, der auf das Eintreffen des Generalobersten Student wartete, sah nur noch die Möglichkeit, die Reste der Heeresgruppe in den verengten Raum hineinzuführen, der zwischen der Ostseeküste und der nach Nordwesten fließenden Elbe lag. Er wollte versuchen, in der Linie Wismar–Schwerin–Ludwigslust–Dömitz Widerstand zu leisten, auf diese Weise den Abfluß der Flüchtlingstrecks nach Nordwesten so lange wie möglich zu sichern und dann seine Truppe auf irgendeine Weise zu den Engländern an der Elbe hinüberzuführen.

In diesem Augenblick stellte ihn der Angriff Montgomerys gegen die schwachen Verbände des Feldmarschalls Busch in seinem Rücken vor eine neue Lage. Am Nachmittag des 30. April erschienen urplötzlich englische und amerikanische Fliegerverbände, die sich seit Wochen nicht mehr gezeigt hatten, und griffen in massierten Einsätzen den Straßenverkehr an. Sie trafen nicht nur die spärlichen rückwärtigen Dienste der Heeresgruppe Weichsel, die noch intakt waren, und die zurückflutenden Verbände, sondern auch die Flüchtlingstrecks, welche die Straßen, Wälder und Wiesen bevölkerten.

Die Verbände Montgomerys und einige amerikanische Divisionen, welche sie unterstützten, fanden auf der Erde kaum noch Widerstand und drangen am 1. Mai östlich der Elbe in breiter Front gegen die Linie Ludwigslust–Schwerin–Wismar vor. Die Situation der eigenen Verbände blieb v. Tippelskirch mehr oder weniger unbekannt. Nach mündlichen Berichten von Ordonnanzoffizieren kämpften Reste der 3. Panzerarmee an der Seenlinie Plauer

See–Goldberg–Sternberg. Die 21. Armee wurde südwestlich des Plauer Sees vermutet. Russische Verbände standen dicht vor Parchim und drangen, nachdem sie Rostock genommen hatten, auf Wismar vor. In ein bis zwei Tagen mußten alle zwischen der russischen und englisch-amerikanischen Front eingeklemmten deutschen Truppen und Trecks gefangen oder vernichtet sein.
Es gab nur eine Lösung: den Versuch einer Kapitulation gegenüber Engländern und Amerikanern und den Marsch von Truppen und Flüchtlingen hinter die englisch-amerikanische Front nach Westen, um beide vor dem Schlimmsten zu bewahren.
v. Tippelskirch suchte sich selbst einen Weg durch die jammervollen Züge der Flucht, um sich ein Bild von der Lage zu machen. Aber alle Bemühungen waren vergebens. Auf den meisten Straßen war es unmöglich, dem Strom der Flucht entgegenzufahren. Als er gegen Mittag nach Schönwalde zurückkehrte, war Generaloberst Student, von Hannover kommend, eingetroffen.
Die Befehlsübergabe war ein gespenstisches Ereignis. Der stellvertretende Oberbefehlshaber einer Heeresgruppe, die kaum noch dem Namen nach bestand, übergab diese Heeresgruppe formgerecht seinem Nachfolger. Dethleffsen hielt einen Lagevortrag, der alle Unklarheiten überging und nur eine krampfhaft unnatürliche Schaustellung war. Student übernahm die Heeresgruppe so, als sei überhaupt noch etwas zu übernehmen, und so, als sei nicht das Ende unwiderruflich gekommen. Er sprach von endgültigen Verteidigungslinien. Eingezwängt in das Korsett der Selbsttäuschung und der Täuschung brachten die drei Männer das Schauspiel schließlich zu Ende.
v. Tippelskirch sah sich wieder in die rauhe Wirklichkeit versetzt, als er den Versuch unternahm, zum Stabe seiner 21. Armee, der sich inzwischen bei Parchim gemeldet hatte, zu fahren. Überall stieß er bereits auf vorgehende Engländer und Amerikaner. Erst nach stundenlangen Fahrten entdeckte er noch einen freien Weg über den unzerstörten Damm durch den Schweriner See nordöstlich Schwerin.
In Parchim hatte sein Chef des Stabes, Oberst v. Varnbühler, bereits den Versuch gemacht, mit den bei Ludwigslust stehenden Amerikanern Verbindung aufzunehmen. Der Raum zwischen den Fronten hatte sich derart verengt, daß sich die Lazarette der 21. Armee bereits hinter den amerikanischen Linien befanden und die Verwundeten aus den Kämpfen mit den sowjetischen Verbänden nicht mehr nach Westen abtransportiert werden konnten.

v. Varnbühler hatte seinem I C den Auftrag erteilt, den Amerikanern die Bitte vorzutragen, sie möchten den angestauten Flüchtlingstrecks und den deutschen Verwundeten Wege nach Westen öffnen. Der I C sollte außerdem feststellen, wie die Amerikaner den Vorschlag einer Kapitulation der deutschen 21. Armee aufnehmen würden.

Zwischen Neustadt und Ludwigslust war der deutsche Offizier auf amerikanische Panzerspitzen gestoßen und zum Kommandeur der 82. US-Luftlandedivision, General Gavin, geführt worden.

Er wurde persönlich zuvorkommend behandelt. Als er jedoch seine Bitte, Verwundete und Flüchtlinge passieren zu lassen, vortrug, erwiderte Gavin, dies würde eine amerikanische Unterstützung im Kampf der Deutschen gegen die sowjetischen Verbündeten der Westmächte bedeuten. Er müsse daher ablehnen. Als der deutsche Offizier fragte, ob man amerikanischer- bzw. englischerseits bereit sei, eine Kapitulation der deutschen 21. Armee entgegenzunehmen und die Truppen dieser Armee in englische bzw. amerikanische Gefangenschaft zu übernehmen, erhielt er zur Antwort, eine solche Teilkapitulation sei unmöglich, da sie Verbände betreffe, die bisher gegen die Sowjetunion gekämpft hätten. Da die Armee nur gegen die Sowjetunion gekämpft habe, werde sie sich auch in sowjetische Gefangenschaft begeben müssen.

Der deutsche Offizier wies darauf hin, daß sich kein deutscher Soldat angesichts der Erfahrungen, die man mit der sowjetischen Seite gemacht habe, ohne äußerste Not in sowjetische Gefangenschaft begeben werde. Gavin unterbrach die Verhandlungen, um sich mit dem vorgesetzten Hauptquartier seines Korps in Verbindung zu setzen.

Als er nach einer Weile das Gespräch wiederaufnahm, ließ er vorsichtig durchblicken, daß es unter der Voraussetzung, daß die 21. Armee allen Alliierten gegenüber kapituliere, vielleicht doch möglich sein werde, ihre Soldaten in amerikanische bzw. englische Gefangenschaft zu nehmen. Hierüber müsse aber mit dem deutschen Oberbefehlshaber verhandelt werden.

Mit diesem Bescheid kehrte der I C zurück, kurz nachdem v. Tippelskirch in Parchim eingetroffen war.

v. Tippelskirch versuchte vergebens, eine Verbindung mit Student zu bekommen. Aus dem Norden kamen die Nachricht über Hitlers Tod und die Meldung, daß Dönitz Hitlers Nachfolgerschaft angetreten habe. Andererseits meldeten die letzten Armeetrümmer

schnelles Vordringen der sowjetischen Panzerkolonnen. So begab sich v. Tippelskirch am Abend durch die amerikanischen Vorpostenlinien nach Ludwigslust.
Gavin empfing v. Tippelskirch im Thronsaal des großherzoglichen Schlosses. Der Saal war mit amerikanischen Flaggen geschmückt. Das Gespräch beschäftigte sich sofort mit dem Hauptproblem: der Kapitulation und der Rettung von Soldaten und Flüchtlingen hinter die amerikanischen Linien.
v. Tippelskirch erklärte: »Meine Truppen würden meinen Befehl, sich in russische Gefangenschaft zu begeben – und darauf läuft Ihre Forderung nach bedingungsloser Kapitulation ... hinaus –, ... nicht ausführen. Der deutsche Soldat fürchtet die russischen Soldaten als Kämpfer nicht. Er fürchtet aber aus Erfahrung die Behandlung in russischer Gefangenschaft. Kein deutscher Soldat wird sich darein fügen, solange er noch irgendeinen Ausweg sieht. Würde ich den Befehl dazu erteilen, so käme es unweigerlich zu einer völlig zügellosen Massenflucht nach Westen und zu einer endgültigen Auflösung meiner Verbände mit Folgen, die Sie sich vielleicht ausmalen können. Wahrscheinlich werden die Russen in die fliehenden deutschen Soldaten hineinstoßen. Sie werden unter ihnen und unter den Flüchtlingskolonnen auf den Straßen ein Blutbad anrichten. Eine bedingungslose Kapitulation kann ich unter diesen Umständen nicht anbieten.«
Gavin fragte: »Und wie denken Sie sich die Entwicklung?«
v. Tippelskirch erwiderte: »Ich muß meiner Armee die Möglichkeit geben, sich, ohne von den Russen zersprengt zu werden, weiter nach Westen abzusetzen, bis Ihre Linien erreicht sind. Geben Sie mir die Möglichkeit, dies zu tun, dann werde ich meinen Truppen den Befehl geben, keinen einzigen Schuß gegen Sie abzufeuern und die Waffen niederzulegen, sobald sie Ihre Linien erreichen.«
Gavin antwortete: »Wir können Ihnen unter keinen Umständen zubilligen, an der Ostfront weiterzukämpfen, während wir mit Ihnen hinter dem Rücken unserer russischen Verbündeten ein Abkommen schließen ...«
v. Tippelskirch fühlte, daß der Amerikaner nicht abgeneigt war, ihm entgegenzukommen, daß er aber nicht wagte, von sich aus die formellen Hürden des Bündnisses und die Verpflichtungen, die den Russen gegenüber eingegangen worden waren, zu überspringen.
Er überlegte fieberhaft. Dann erklärte er: »Könnten wir nicht eine Formulierung finden, die Ihre russischen Verbündeten völlig aus

dem Spiele läßt? Beschränken wir uns doch auf die Verpflichtung meinerseits, meinen Truppen den Befehl zu geben, nach Erreichen Ihrer Linien sofort die Waffen niederzulegen.«

Gavin überlegte. Dann sagte er: »Setzen Sie eine entsprechende Formulierung auf. Ich werde sehen, ob sie von meinen Vorgesetzten gebilligt wird.«

v. Tippelskirch brachte mit nervöser Hand einige Sätze zu Papier. Sie lauteten: »Die 21. Armee setzt sich erneut vom Feinde ab und verhindert russische Durchbrüche. Wer im Laufe der Absetzbewegungen auf englisch-amerikanische Kräfte stößt, stellt den Kampf ein und begibt sich unter Niederlegung der Waffen in deren Hand.«

Gavin überflog das Papier. Er fügte einige Ergänzungen ein. Dann wurde die Unterredung unterbrochen.

v. Tippelskirch wartete in kaum erträglicher Spannung. Nach einer halben Stunde traf eine Antwort, anscheinend aus Montgomerys Hauptquartier, ein. Sie stimmte der Vereinbarung zu.

Der General kehrte nach Parchim zurück. Er traf dort kurz nach Mitternacht ein und gab die getroffene Vereinbarung in einem Armeebefehl weiter. Dieser wirkte wie eine Befreiung.

Am Morgen des 3. Mai griffen Rokossowskis Kolonnen überall weiter an. Der deutsche Widerstand war nur noch gering. Alle rückwärtigen deutschen Verbände waren bereits nach Westen in Bewegung gesetzt. Vermischt mit den Flüchtlingszügen marschierten sie den amerikanischen Linien zu. Die Straße nach Ludwigslust war mit Soldaten und Zivilisten bedeckt. Zu ihren Seiten häufte sich fortgeworfenes Kriegsgerät. Der Führungsstab der 21. Armee leitete von dem ehemaligen Flugplatz bei Neustadt aus soweit wie möglich den Abmarsch, bis sowjetische Panzer gegen Mittag am Horizont erschienen. Über hunderttausend Soldaten gelangten bis dahin in amerikanische Gefangenschaft.

Sie erfuhren in letzter Stunde ein glückliches Schicksal, das aber ungewollt ein unglücklicheres Ende für einen großen Teil der zivilen Flüchtlinge in sich schloß. Um den Überblick über die Kriegsgefangenen nicht zu verlieren und ein Untertauchen der Soldaten in den Scharen der Zivilisten zu verhindern, befahlen Amerikaner und Engländer den Zivilisten, Männer, Frauen und Kinder, an den Seiten der Straßen zu lagern und abzuwarten, bis der Abmarsch der Soldaten beendet sei. Dieser währte aber zu lange. Die sowjetischen Kolonnen waren ihnen so dicht auf den Fersen, daß es für einen

Weiterzug der Flüchtlinge hinter die britisch-amerikanischen Linien zu spät war, als der Zug der Soldaten zu Ende war. Bis auf einen Teil, der noch einzeln oder in kleinen Gruppen entkam, blieben die Flüchtlinge auf sowjetischer Seite zurück.
Ähnliches geschah im Bereich der 3. Panzerarmee, die ebenfalls Verbindung mit den Truppen Montgomerys bekam und durch deren Linien in britisch-amerikanische Gefangenschaft gelangte. Student und sein Stab wurden von dem amerikanischen Vormarsch überrascht, als der Generaloberst am Morgen des 3. Mai in seiner Eigenschaft als Oberbefehlshaber zum ersten Male zu seinen Armeen fahren wollte, um die Fiktion einer »standhaften, siegessicheren« Führung bis zuletzt aufrechtzuerhalten.

v. Friedeburg trat Montgomery am 3. Mai gegenüber, ohne von den Vorgängen in Mecklenburg zu wissen.
Das Zusammentreffen war äußerlich korrekt. Friedeburg bot die Kapitulation der deutschen Streitkräfte in Norddeutschland einschließlich der 3. Panzerarmee und 21. Armee in Mecklenburg an. Er gab zu verstehen, daß es sein Hauptanliegen sei, die Soldaten der genannten Armeen vor der russischen Gefangenschaft zu bewahren und den Massen von Zivilflüchtlingen, die vor den sowjetischen Armeen flohen, einen rettenden Weg nach Westen zu öffnen.
Hätte v. Friedeburg gewußt, daß zur gleichen Zeit in Mecklenburg schon eine praktische Antwort auf sein Ersuchen erteilt wurde, hätten ihn Montgomerys kühle, abweisende Worte wahrscheinlich weniger getroffen.
Er wußte noch nicht, daß Eisenhower im Gegensatz hierzu nicht bereit war, um einen Deut von der Forderung der gleichzeitigen bedingungslosen Kapitulation gegenüber Ost und West abzuweichen, und es ablehnte, auch nur Teile einer deutschen Armee der Ostfront in westliche Gefangenschaft zu nehmen. Ihm war unbekannt, daß Eisenhower seinen Armeegruppenbefehlshabern lediglich Vollmacht gegeben hatte, Einzelkapitulationen deutscher Truppen anzunehmen, sofern diese der Hauptsache nach im Westen, nicht aber im Osten gekämpft hatten.
Auch Montgomery erklärte zunächst, er müsse es ablehnen, die Kapitulation derjenigen deutschen Armeen, welche gegen die Russen gekämpft hätten, anzunehmen. Ihre Übergabe wäre mit den russischen Alliierten zu besprechen. Was die deutschen Streitkräfte vor seiner eigenen Front betreffe, so sei er nur bereit, über das Ange-

bot v. Friedeburgs hinaus die bedingungslose Kapitulation aller Land-, See- und Luftstreitkräfte anzunehmen, die nicht nur in Norddeutschland, sondern in dem gesamten noch umkämpften Gebiet in Holland, auf den Friesischen Inseln, auf Helgoland, in Schleswig-Holstein, in Dänemark und im Gebiet westlich der Elbe stünden.

v. Friedeburg erwiderte, daß er nicht bevollmächtigt sei, die Kapitulation auch der Streitkräfte in Holland und in Dänemark anzubieten. Hier müsse er erst um eine weitere Vollmacht nachsuchen. Er werde sie sicherlich erhalten. Aber er werde Dönitz nicht bereit finden, die Armeen, die in Mecklenburg vor den Russen zurückwichen und mit ihrem Rücken schon vor den englischen und amerikanischen Linien stünden, den Russen zu opfern. Es gebe keinen deutschen Soldaten, der nicht wisse, daß er in sowjetischer Gefangenschaft nicht so behandelt werde, wie es unter europäischen Gegnern üblich sei, und es werde keinen Befehlshaber geben, der sich mit seinen Soldaten den Russen überantworten werde, solange es für ihn noch eine einzige Möglichkeit gebe, zu entkommen. Dies sei keine Frage des Stolzes, der eine Kapitulation vor den Russen nicht zulasse. Es sei einfach eine Frage des nackten Lebenswillens für die betroffenen Deutschen... Dieselbe Schwierigkeit betreffe auch eine bedingungslose Kapitulation aller Seestreitkräfte. Es befänden sich noch deutsche Soldaten in Kurland und in Ostpreußen, die nur über See übergeführt werden könnten. Dies wäre unmöglich, wenn die noch einsatzfähigen deutschen Schiffe zur Übergabe gezwungen würden.

Montgomery gab zurück, die Forderung auf bedingungslose Kapitulation aller deutschen Land-, See- und Luftstreitkräfte in den von ihm genannten Gebieten sei unabdingbar. Was die deutsche 3. Panzerarmee und die 21. Armee in Mecklenburg betreffe, so sei er außerstande, eine Ausnahme für die Übergabe einer geschlossenen deutschen Armee, die gegen seine sowjetischen Verbündeten gekämpft habe, zu machen. Er betonte jedoch den Begriff »geschlossenen«, so daß v. Friedeburg aufhorchte. Tatsächlich fuhr Montgomery fort, er sei in der Lage, folgender Formulierung zuzustimmen: »Alle Angehörigen der deutschen Streitkräfte, welche im Bereich der 21. Armeegruppe von Osten her kommen und wünschen, sich zu ergeben, werden zu Kriegsgefangenen gemacht.«

v. Friedeburg fühlte aufatmend, daß hier eine Brücke gebaut wurde, um so mehr, als Montgomery ergänzte, eine Erörterung über die zi-

vilen Flüchtlinge sei nicht nötig, und die Kapitulation der deutschen Seestreitkräfte brauche nicht unbedingt zu bedeuten, daß Flüchtlings- und Rücktransporte in der Ostsee sofort beendet werden müßten.
Montgomerys Gesicht blieb unbewegt. Es war möglich, daß es ihm nur um die schnellstmögliche Inbesitznahme der deutschen Küste und der deutschen bzw. der deutsch besetzten Häfen mit den U-Boot-Stützpunkten und den U-Boot-Werften sowie um die Einstellung des U-Boot-Krieges ging und daß er deswegen bereit war, v. Friedeburg entgegenzukommen.
v. Friedeburg erklärte, daß seine Vollmachten zwar nicht ausreichten, daß er aber glaube, unter den genannten Umständen eine Erweiterung seiner Vollmachten zu erreichen. Er bat Montgomery, zwei Offiziere seiner Begleitung, den Konteradmiral Wagner und den Major Friedel, nach Flensburg entsenden zu dürfen. Er selbst wollte bis zur Rückkehr der beiden Offiziere zusammen mit General Kinzel in Montgomerys Hauptquartier verbleiben.

Während dieser schicksalhaften Ereignisse in der Lüneburger Heide hatte Dönitz die Befehlshaber der noch kämpfenden deutschen Wehrmachtseinheiten sowie einige politische Persönlichkeiten aus den noch besetzten außerdeutschen Gebieten nach Flensburg beordert. Sie trafen im Laufe des 3. Mai in Schleswig-Holstein ein. Als Vertreter Schörners erschien General v. Natzmer. Dönitz erläuterte die Lage und seine Absichten. Vor allem ging es ihm darum, von v. Natzmer zu hören, wie lange es dauern würde, um die Masse der Heeresgruppe Schörner nach Westen an die amerikanischen Linien zu führen.
v. Natzmer meinte, daß die Heeresgruppe Schörner bei etappenweisem Zurückkämpfen aus ihrem augenblicklichen Frontbogen rings um den Ostteil der Tschechoslowakei etwa bis Mitte Mai die amerikanischen Linien erreichen könnte.
v. Natzmer betonte aber, daß er nicht wisse, ob Schörner überhaupt einer Kapitulation zustimmen würde oder ob er sich dazu entscheiden würde, in der Tschechoslowakei bis zur letzten Patrone zu kämpfen. Er hoffe jedoch, daß, wenn ein vernünftiger Kapitulationstermin eine Zurückführung der Heeresgruppe über die amerikanischen Linien möglich machte, die Vernunft in Schörner siegen würde. Dönitz versicherte, er werde alles, was in seinen Kräften stehe, unternehmen, um einen Waffenstillstand abzuschließen, der

der Heeresgruppe Schörner genügend Zeit lasse. Die Verhandlungen hätten aber erst begonnen.
In der folgenden Nacht auf den 4. Mai trafen Friedeburgs Abgesandte in Flensburg ein und erstatteten Bericht. Sie wurden mit atemloser Spannung erwartet. Dönitz hörte mit grauem, faltigem Gesicht zu. Die Einbeziehung Dänemarks und der Flotte in den Kapitulationsbereich schien ihm zunächst unannehmbar. Es ging ja nicht nur um die Schiffe für die Abtransporte aus Kurland, von der Kurischen Nehrung und der Halbinsel Hela. Es ging auch um Dänemark, das seit Wochen zur letzten halbwegs sicheren Aufnahmestation für Hunderttausende geworden war, welche noch über die Ostsee nach Westen flohen. Auch die beruhigenden Andeutungen, die Montgomery gemacht hatte, konnten ihn nicht überzeugen. Er ging lange mit sich zu Rate. Aber er mußte sich der Ausweglosigkeit der Situation beugen.
Am Morgen des 4. Mai stimmte er Montgomerys Bedingungen zu. Die beiden Offiziere kehrten in Montgomerys Hauptquartier zurück. Am Nachmittag des 4. Mai um 18 Uhr meldete sich v. Friedeburg bei Montgomery. Dieser empfing ihn in seinem Wohnwagen und erklärte, daß er nichts weiter zu hören wünsche als ein Ja oder ein Nein. v. Friedeburg erwiderte: »Ja.«
Zwanzig Minuten später unterzeichnete er die Urkunde über die Kapitulation aller Streitkräfte in Norddeutschland, Holland und Dänemark und fuhr anschließend nach Flensburg zurück.

Das versteckte Entgegenkommen, das v. Friedeburg gefunden zu haben schien, erweckte in jedem Fall Hoffnungen in Flensburg. Das gleiche tat die Nachricht, wonach der britische Feldmarschall Alexander die Kapitulation des Oberbefehlshabers der deutschen Truppen in Norditalien, Generaloberst v. Vietinghoff, angenommen habe.
Dönitz unternahm den Versuch, auch für die übrigen Armeen des Oberbefehlshabers Süd, Kesselring, eine Teilkapitulation anzubieten. Da Kesselring nicht nur die Truppen, die noch in Süddeutschland und Österreich gegen die Amerikaner kämpften, sondern auch die Heeresgruppen Schörner, Löhr und Rendulic in der Tschechoslowakei sowie auf dem Balkan unterstellt waren, sollte diese Teilkapitulation die Möglichkeit eruieren, auch die genannten Heeresgruppen, welche gegen die sowjetischen Truppen kämpften, in amerikanische Gefangenschaft zu überführen.

Dönitz' Hoffnungen erhielten jedoch einen ersten Schlag, als Kesselring meldete, General Eisenhower habe eine Teilkapitulation seiner Truppen abgelehnt und eine bedingungslose Kapitulation aller seiner Verbände sowohl gegenüber Amerikanern, Engländern und Russen verlangt.
Dönitz und seine Umgebung hofften jedoch, daß es in direktem Gespräch mit Eisenhower gelingen werde, diesen von der Tragödie zu überzeugen, die sich im Osten und Südosten, überall, wo gegen sowjetische Truppen gekämpft wurde, vollzogen hatte und noch vollzog. Dönitz suchte auf dem Funkwege Verbindung mit Eisenhowers Hauptquartier. Er erhielt den Bescheid, daß Eisenhower bereit sei, Admiral v. Friedeburg mit Begleitung am 5. Mai in Reims zu empfangen.

Das Flugzeug, das v. Friedeburg nach Brüssel brachte, traf dort am 5. Mai ein. Ein amerikanischer Wagen holte den Generaladmiral ab und brachte ihn nach Reims. Eisenhowers Hauptquartier befand sich in einem Schulhaus, einem nüchternen roten Backsteingebäude. v. Friedeburg war auf der Fahrt vor Übermüdung eingeschlafen und schrak erst auf, als der Wagen vor dem Schulhause hielt. Er wurde von Eisenhowers Chef des Stabes, General Smith, empfangen.
Smiths korrektes, nicht unnötig kaltes Wesen verhinderte, daß v. Friedeburg sofort alle Hoffnungen, die er mitgebracht hatte, begrub und erkannte, daß ihn hier eine andere Atmosphäre empfing, als er sie in der Lüneburger Heide vorgefunden hatte. Erst als Smith ihm die bereits schriftlich niedergelegten Kapitulationsbedingungen Eisenhowers vorlegte, ahnte er etwas von der Unerbittlichkeit, die ihn hier erwartete.
Eisenhower wiederholte die Forderung nach bedingungsloser Kapitulation aller noch kämpfenden deutschen Streitkräfte vor allen Alliierten gleichzeitig. Für einen Augenblick dachte v. Friedeburg daran, daß auch Montgomery Ähnliches gefordert hatte und daß es dann doch zu einer Verständigung gekommen war. Er versuchte, General Smith darzulegen, was er Montgomery dargelegt hatte. Es war der gleiche Kampf um die Rettung der Flüchtlinge und Soldaten im Osten, diesmal in erster Linie geführt um die Heeresgruppe Schörner, zugleich aber auch um die Hunderttausende von Soldaten, die in dieser Stunde noch auf dem Balkan vor der nachdrängenden sowjetischen Übermacht und jugoslawischen Partisanen zurückwichen.

Aber Smith ging nicht auf seine Worte ein. Er erklärte, daß v. Friedeburg zu den vorliegenden Bedingungen nur ja oder nein sagen könne. v. Friedeburg versuchte, auf die Kapitulation gegenüber Montgomery hinzuweisen. Aber Smith erklärte, die Teilkapitulation im Norden sei eine taktische Angelegenheit. Jetzt ginge es um die Gesamtkapitulation aller deutschen Streitkräfte, und diese könne gemäß den zwischen den Alliierten bestehenden Vereinbarungen nur in der von Eisenhower gewünschten Form erfolgen.
v. Friedeburg bat, sich mit Dönitz in Verbindung setzen zu dürfen, um von dort eine Entscheidung zu erhalten.
v. Friedeburgs Nachricht traf am 6. Mai in Flensburg ein und löste Niedergeschlagenheit aus. Dönitz entschloß sich jedoch, nicht aufzugeben, sondern Jodl nach Reims zu senden und dort noch einmal darzulegen, worum es ihm ging.
Es wurde nie ganz klar, warum er Jodl wählte, dessen Vorgeschichte ihn nicht zu Verhandlungen geeignet machte, in denen es darum ging, eine millionenfache menschliche Not und Angst zu schildern und um einen Beistand für diese Not und Angst zu bitten.
Auch Jodl wurde zunächst von General Smith empfangen. Mit unpersönlicher, kühler Art erklärte er noch einmal, daß Dönitz die Absicht habe, den Krieg so schnell wie möglich zu beenden, daß er dabei aber nach den entsetzlichen Greueln der Roten Armee in Ostdeutschland »deutsche Menschen in möglichst großer Zahl vor dem Bolschewismus« retten müsse. Es bestünde keine Schwierigkeit, die bedingungslose Kapitulation für die deutschen Truppen in den Atlantikfestungen, in Norwegen, auf Kreta, Rhodos und Milos auszusprechen. Anders lägen die Dinge aber bezüglich der Kapitulation in Kurland und bei den Heeresgruppen Schörner, Löhr und Rendulic mit ihren mehr als zwei Millionen Soldaten. Eine bedingungslose Kapitulation dieser Armeen auch gegenüber Rußland, so wie General Eisenhower sie fordere, liefere nicht nur die Soldaten, sondern auch alle Deutschen, die sich jetzt noch im Schutze dieser Truppen befänden, der bolschewistischen Sklaverei aus. Eine solche Tat könne kein Deutscher von Ehre mit seinem Namen decken. Der Fluch von Millionen würde seinen Namen ächten, und die deutsche Geschichte würde ihn als einen Verräter brandmarken... Keine deutsche Regierung könne die Truppen der genannten Heeresgruppen zwingen, einem Befehl zum Niederlegen der Waffen vor den Russen nachzukommen, solange sie noch einen Weg nach rückwärts in den amerikanischen Raum sähen. Sie würden sich mit dem

Mut der Verzweiflung auf alles stürzen, was ihnen den Weg versperrte, und würden schließlich geschlossen oder in Gruppen vor den amerikanischen Linien eintreffen. Die deutsche Regierung aber oder das Oberkommando der Wehrmacht, das sich bei der Unterzeichnung der geforderten Kapitulation verpflichten müsse, diese Bedingungen einzuhalten, könnte dann als vertragsbrüchig hingestellt und die Kapitulation als nichtig erklärt werden. In den Kapitulationsbedingungen, die man v. Friedeburg und nun auch ihm vorgelegt habe, lese er ausdrücklich, alle Truppen hätten in den Stellungen zu verbleiben, die sie bei Eintritt der Kapitulation innehätten. Ferner müsse sich das OKW verpflichten, für die Ausführung aller Anordnungen der Alliierten zu sorgen, widrigenfalls es mit der Schuld für eine mögliche Fortführung der Feindseligkeiten belastet würde. Das sei ein Dilemma, aus dem es für die deutsche Regierung schließlich keinen anderen Ausweg geben könne, als auf eine Kapitulation zu verzichten, die Dinge sich selbst zu überlassen und damit ein allgemeines Chaos heraufzubeschwören...

General Smith hatte Jodl ausreden lassen. Aber er erklärte: »Sie haben ein sehr hohes Spiel gespielt. Der Krieg war für Sie mit dem Übergang über den Rhein verloren. Sie haben aber unentwegt auf eine Entzweiung zwischen den Alliierten gerechnet. Diese ist nicht eingetreten. Was die Schwierigkeiten betrifft, denen Sie sich deshalb jetzt gegenübersehen und in denen Sie meine Hilfe suchen, so kann ich Ihnen nicht helfen... Ich muß wiederholen, daß eine einseitige Einstellung der Kampfhandlungen nur gegenüber uns und die Gefangennahme von Armeen, die zum größten Teil seit Jahren gegen unsere russischen Verbündeten gekämpft haben, eine absolute Unmöglichkeit ist. Sie widerspräche der Fairneß jedes Bündnisses. Sie machte uns zu Vertragsbrechern und untergrübe die Koalition, welche den Sieg über Sie errungen hat... Wenn Ihre Soldaten an der Ostfront Kapitulationsbefehlen, die von Ihnen völlig eindeutig gegeben werden, keine Folge leisten, so kann dafür weder Ihre Regierung noch das Oberkommando der Wehrmacht verantwortlich gemacht werden. Wenn außerdem einzelne deutsche Soldaten an die amerikanischen Linien kommen, so werden wir sie als Kriegsgefangene behandeln. Unter gar keinen Umständen aber können wir die Kapitulation ganzer Heeresgruppen entgegennehmen. Unsere Bedingungen sind eindeutig und unveränderlich.«

Das Gespräch wurde mehrfach unterbrochen, und Jodl beriet sich mit seinen Begleitern. Aus der Wirklichkeitsfremdheit heraus, in der er jahrelang gelebt und in der er die Ausschreitungen des Mannes, dem er gedient hatte, nicht in ihrer ganzen Bedeutung begriffen hatte, war er nach Reims gefahren. Er war überzeugt gewesen, in den alten soldatischen Formen verhandeln zu können, die früher zwischen Gegnern üblich gewesen waren. Er begann jetzt erst, die Höhe der Mauer aus Ablehnung, Verachtung und Härte zu ahnen, die rings um Deutschland gewachsen war und alle Vorstellungen über irgendeine anti-sowjetische Gemeinsamkeit mit den westlichen Alliierten zur Absurdität machte, solange noch ein Hauch der Hitler-Ära übrigblieb.

Er mußte erkennen, daß es keine Möglichkeit gab, der Forderung Eisenhowers nach einer Kapitulation auch vor den Russen zu entgehen und daß bestenfalls noch eine Chance bestand, den Millionen Soldaten und Flüchtlingen, um die es ging, zu helfen, nämlich Zeit für sie gewinnen, und seien es nur 24 oder 48 Stunden, in denen sie alles daransetzen konnten, ihre bisherigen Fronten abzubauen, in höchster Eile nach Westen zu marschieren und den Versuch zu machen, durch die amerikanischen Linien zu sickern. Stunden schließlich, in denen es noch möglich sein würde, Abtransporte über See durchzuführen.

Jodl ließ sich von neuem bei Smith melden. Er schlug eine Kapitulation in zwei Phasen vor, mit einem Termin, von dem an nicht mehr gekämpft werden sollte, und einem Termin, von dem an nicht mehr marschiert werden durfte. Er erklärte ferner, die Kapitulation müsse durch die Oberbefehlshaber der deutschen Wehrmachtsteile unterzeichnet werden. Diese könnten erst am 8. Mai in Reims eintreffen, vor allem, da der neue Befehlshaber der Luftwaffe, v. Greim, erst gesucht oder durch einen Vertreter ersetzt werden müsse. Weiter sei es unmöglich, innerhalb von 24 Stunden die Kapitulationsbefehle an die weit verzettelten deutschen Kräfte durchzubringen. Dazu brauche man 48 Stunden. Bei einer Unterzeichnung der Kapitulation am 8. Mai nachmittags könne dann die Waffenruhe am 10. Mai nachmittags eintreten.

General Smith erklärte sich bereit, General Eisenhowers Entscheidung einzuholen, kehrte jedoch wenig später zurück und berichtete, General Eisenhower habe Jodls Vorschläge abgelehnt. Der General verlange die sofortige Unterzeichnung der Kapitulationsurkunde. Die Kapitulation selbst träte spätestens am 9. Mai um 0.00 Uhr in Kraft. Die Unterzeichnung durch alle deutschen Oberbefehlshaber könne später erfolgen. Jodl habe eine halbe Stunde Bedenkzeit.

Smith fuhr fort: »Wenn Sie ablehnen, gelten die Verhandlungen als abgebrochen. Sie können dann mit den Russen allein verhandeln. Die Operationen unserer Luftstreitkräfte werden wiederaufgenommen, und unsere Linien werden auch für einzelne aus dem Osten kommende deutsche Soldaten und Zivilisten gesperrt.«

Jodl war totenbleich. Dann erhob er sich. »Entnehmen Sie«, sagte er, »meine Antwort aus dem Funkspruch, den ich jetzt an Feldmarschall Keitel geben werde und dessen Beantwortung ich abwarten muß...«

Er telegrafierte an Keitel, daß er keinen anderen Ausweg mehr sehe als »Unterzeichnung oder allgemeines Chaos«.

Er hatte mehrere Stunden zu warten. Zweifellos begriff er nicht, daß General Smith mit seinem Hinweis auf das »sehr hohe Spiel« recht hatte. Sicherlich begriff er ebensowenig, daß die Sorge, mit der man sich nun um das Schicksal der Ostarmeen bemühte, für einen unvoreingenommenen Beobachter merkwürdig verspätet erscheinen mußte, nachdem zumindest mit den Armeen in Kurland und in Ostpreußen und mit den Armeen auf dem Balkan zuvor ein großzügiges Spiel ohne Gewissensskrupel gespielt worden war. Statt dessen entwickelte sich in seinem starren, einseitigen Wesen – aus plötzlich zerstörten Illusionen und dem Gefühl ungerechtfertigter und unfairer Behandlung heraus – das trotzige Gefühl des Rechthabens und des erlittenen Unrechtes, das ihn in den kommenden Monaten bis zu seinem Tode erfüllte.

Um 1.30 Uhr in der Frühe des 7. Mai traf aus Flensburg folgender Entscheid ein: »Vollmacht zur Unterzeichnung nach mitgeteilten Bedingungen hat Großadmiral Dönitz erteilt. gez. Keitel.«

Eine Stunde später betraten Jodl und v. Friedeburg mit ihrer Begleitung das Zimmer, in dem die Unterzeichnung der Kapitulationsurkunde stattfinden sollte.

Die Vertreter der alliierten Mächte waren an einem einfachen grauen Tisch versammelt. Die Wände waren mit Generalstabskarten behangen. Vor jedem Stuhl lagen ein Bleistift und ein Schreibblock. Die Kapitulationspapiere lagen in vierfacher Ausfertigung in grauen Aktendeckeln ohne Bänder, Siegel oder sonstigen Schmuck auf dem Tisch.

Die Gesichter von Jodl und v. Friedeburg waren bleich, aber äußerlich ausdruckslos. Nur ihre Augen verrieten etwas von dem Absturz aus einer weltabgeschlossenen Sphäre voller Illusionen in eine harte, kalte Wirklichkeit. Beide sahen zum ersten Male General Eisenho-

wer inmitten der englischen, französischen, amerikanischen und sowjetischen Delegierten.
Sein Gesicht schien voller Ablehnung und nicht ohne Verachtung. Es sah so aus, als ob es ihn Überwindung koste, überhaupt einige Worte an die Deutschen zu richten. Er ließ Jodl durch den Dolmetscher fragen, ob ihm alle Punkte der Kapitulationsurkunde klar seien.
Jodl antwortete: »Jawohl.«
Dann ließ Eisenhower durch den Dolmetscher erklären: »Sie werden dienstlich und persönlich zur Verantwortung gezogen, wenn gegen die Punkte dieser Kapitulationsurkunde verstoßen werden sollte, auch gegen die, welche sich auf die offizielle Übergabe an Rußland beziehen, zu der die deutschen Oberbefehlshaber zu dem Zeitpunkt in Berlin erscheinen müssen, der vom russischen Oberkommando festgesetzt wird. Das ist alles.«
Es folgte die Unterzeichnung mit zwei Füllfederhaltern, die Eisenhower seit der Landung in Afrika für diesen Zweck aufbewahrt hatte.
Es war das Ende der Hoffnungen, mit denen v. Friedeburg noch nach Reims gefahren war. Es war das Ende der Hoffnungen für Kurland, für die Heeresgruppen Schörner, Rendulic und Löhr, zumindest für die große Masse ihrer Soldaten.
Als die Federn beiseite gelegt waren, erhob sich Jodl. Er sah starr geradeaus, wie um die Feindseligkeit und Verachtung zu übersehen, die ihm hinter den äußerlich gewahrten Formen entgegenschlugen. Er begann in Englisch und fuhr dann in Deutsch fort: »Herr General, mit dieser Unterzeichnung sind das deutsche Volk und die deutsche Wehrmacht auf Gedeih und Verderb dem Sieger ausgeliefert. In diesem Kriege, der über fünf Jahre dauerte, haben beide mehr geleistet und mehr gelitten als vielleicht irgendein anderes Volk der Welt. In dieser Stunde bleibt mir nichts, als auf die Großmut des Siegers zu hoffen.«
Als er keine Antwort erhielt, salutierte er kurz. Dann wandte er sich ab und verließ, gefolgt von seiner Begleitung, den Raum.

Als Jodl nach Flensburg zurückkehrte, fand er die gedrückte Stimmung vor, welche aus der beginnenden Erkenntnis der ganzen Unerbittlichkeit der Realitäten erwuchs. Alle, die dort auf einem letzten Fleck noch nicht eroberten deutschen Bodens – nur durch eine spärliche Funkverbindung und einige alliierte Zeitungen, die

v. Friedeburg mitgebracht hatte, mit der übrigen Welt verbunden – auf Jodls Rückkehr warteten, wußten immer noch zuwenig von der politischen Entwicklung, die sich durch Stalins Geschick, Roosevelts und seiner Berater Illusionen und Churchills Unfähigkeit, sich in der großen Koalition durchzusetzen, in den Konferenzen von Casablanca über Teheran bis Jalta vollzogen hatte. Sie wußten nichts von dem Ausmaß der nicht nur durch Propaganda, sondern durch einen echten menschlichen Glauben gespeisten Woge, welche die ganze westliche Welt erfüllte und – dank Hitlers Mißgriffen und Sünden – Deutschland zum einzigen und furchtbarsten Friedensstörer hatte machen können. Sie wußten nichts von dieser Woge, die in Deutschland das einzige Hindernis zur Herstellung einer einheitlichen friedlichen Welt sah, an der die Sowjetunion nach der erfolgreichen Verteidigung ihrer Freiheit gegen die deutschen Eroberer selbstverständlich teilhaben würde. Sie wußten nicht, daß gerade in diesen Tagen des endgültigen Zusammenbruches die alliierte Besetzung von Konzentrationslagern und Vernichtungsanlagen für die Juden, die bis in Hitlers Testament hinein »Weltvergifter aller Völker« geblieben waren, dieser Woge eine neue schauerliche Nahrung gab. Auch sie begannen erst die undurchdringbare Wand zu erkennen, die um sie aus Schuld und Verhängnis errichtet war.

Als Jodl zurückkehrte, hatten mit Ausnahme von Speer die letzten maßgebenden politischen Träger des gestürzten Regimes Flensburg verlassen. Dönitz, der in einem Augenblick erster Resignation den Standpunkt vertreten hatte, daß es sinnlos sei, dem letzten Telegramm von Goebbels und Bormann gemäß eine Regierung zu bilden, hatte sich durch Schwerin v. Krosigk bewegen lassen, eine »geschäftsführende Reichsregierung« zusammenzustellen.

Schwerins legalistischer Geist hatte Dönitz davon überzeugt, daß man den Anspruch auf die Souveränität und die Einheit des Reiches um der Zukunft willen so lange wie möglich dokumentieren müsse. Die Siegermächte mochten unternehmen, was sie wollten, auf jeden Fall dürfe man nicht freiwillig darauf verzichten, sich als legale Vertretung des deutschen Volkes zu betrachten, bis diese Vertretung entweder mit Gewalt beseitigt und damit ein rechtloser Akt durchgeführt würde, oder aber bis das deutsche Volk Gelegenheit erhalte, eine neue Regierung zu bilden. Außerdem sei es Dönitz' Pflicht, sich bereit zu halten, um die Umstellung von den Kriegs- zu Friedensverhältnissen zu erleichtern und die zu erwartenden, vor allem ernährungspolitischen Krisen auf Grund der Kenntnisse der deutschen Verhältnisse steuern zu helfen.

Dönitz hatte daher der Bildung einer »geschäftsführenden Reichsregierung« in Flensburg zugestimmt. Er hatte sich nicht an die Ministerliste gehalten, die ihm das letzte Telegramm aus der Reichskanzlei vorschrieb.

Er hatte Ribbentrop, der am 1. Mai anrief und um eine Weiterverwendung feilschte, abgewiesen. Ribbentrop hatte bis zuletzt versucht, Dönitz davon zu überzeugen, daß nur er in der Lage sei, einen Sonderfrieden mit den Westmächten herbeizuführen, und war desavouiert bis zur grausamen Lächerlichkeit. Als Dönitz ihn abwies, verschwand er, um irgendwo in Hamburg unterzutauchen.

Rosenberg hatte von vornherein resigniert und war als Kranker in einem Flensburger Lazarett verschwunden.

Am zähesten hatte Himmler bis zum 6. Mai um ein Ministeramt gekämpft. Er hatte immer wieder versucht, eine Unterredung mit Dönitz zu erlangen. Als Dönitz – immer noch beeinflußt von dem irrigen Nimbus, der Himmler umgab – ihn vorsichtig hinhielt, hatte er sich mit unbedeutenden Vorzimmerfiguren angebiedert. Der Absturz von der Höhe seiner Macht ließ selbst kleine Kapitänleutnants, die wenige Wochen vorher noch vor Himmler gezittert hätten, ihre Verachtung zeigen. Mit seinem Sekretär und seinem Adjutanten belagerte er Dönitz' Vorzimmer und erläuterte immer wieder die Ideen, die sein beschränkter Geist in ihm wachhielt. Er wartete Tag für Tag, daß Schellenberg ihm aus Schweden eine Nachricht zukommen lasse und daß es ihm möglich werden würde, in einem persönlichen Gespräch mit Eisenhower und Montgomery die offenbar bestehenden Mißverständnisse zu zerstreuen und beiden zu erklären, daß es ohne eine Ordnungsmacht, wie er sie aufgebaut habe, kein Überleben gegenüber dem Bolschewismus geben werde.

Er suchte mehrmals Schwerin auf und erklärte: »Die jetzige Lage dauert höchstens drei Monate. Dann tritt der völlige Umschwung ein. Spätestens in drei Monaten erfolgt der Zusammenstoß zwischen Ost und West, und wir werden dann das Zünglein an der Waage sein und das erreichen, was wir im Kriege nicht erreichen konnten.« Er sprach in diesem Zusammenhang vom Ural und fügte hinzu: »Ich kann Sie nur bitten, das Amt des Außenministers zu übernehmen. Ich kann Ihnen versichern, daß ein Außenminister noch niemals ein Amt mit größeren Aussichten und Wirkungsmöglichkeiten übernommen hat als Sie.«

Er hatte später Norwegen und Böhmen als Faustpfänder bei den Kapitulationsverhandlungen empfohlen. Der Verlauf der Kapitulationsverhandlungen hatte auch ihn zur absurden Figur gemacht, bei der nur die Barbarei, die an ihr klebte, jedes Gelächter ersticken ließ. Erst am 6. Mai hatte Dönitz sich endlich entschlossen, Himmler offiziell all seiner Ämter zu entheben, und Schwerin fand den Mut, ihm offen zu erklären: »Es gibt für Sie keinen anderen Weg, als zu Montgomery zu fahren und zu sagen: ›Hier bin ich.‹ Dann müssen Sie die Verantwortung für Ihre Männer übernehmen!« Am nächsten Tage war Himmler aus Flensburg verschwunden, um in einer unvollkommenen Maske zwischen deutschen Soldaten unterzutauchen, bis er englischen Soldaten in die Hände lief und eine Giftkapsel nahm, die er bei sich führte.

Mit Himmler hatte die letzte politische Hauptfigur aus dem Kreis um Hitler Flensburg verlassen. Die geschäftsführende Regierung, die Schwerin v. Krosigk zusammenstellte, setzte sich aus Schwerin als Reichsaußenminister und Reichsfinanzminister, Speer als Reichswirtschafts- und Produktionsminister, Backe als Reichsminister für die Ernährung und Landwirtschaft, Dr. Stückrath als Innenminister, Seldte als Arbeitsminister und Dr. Dorpmüller als Reichsverkehrs- und Reichspostminister zusammen. Schwerin glaubte, Männer gewählt zu haben, die von den Siegern akzeptiert werden könnten.

Sicher wurde dieser Glaube erschüttert, als Jodl und v. Friedeburg aus Reims zurückkehrten und von der Welt berichteten, der sie sich gegenübergesehen hatten. Aber die Geschichte der letzten Phase des nationalsozialistischen Deutschland war ein einziger Beweis für die Zähigkeit selbst des unsinnigsten Glaubens und der unsinnigsten Hoffnung gewesen. Die Minister, die sich am zähesten an die Illusionen, welche das untergehende Regime geboren hatte, klammerten, hatten zwar Flensburg verlassen. Trotzdem blieben Illusionen und Hoffnungen genug, und vor den Männern um Dönitz lag noch ein harter Weg, auf dem der Bereich dieser Illusionen und Hoffnungen immer enger werden sollte.

Die Ausgabe der Kapitulationsbefehle an die noch kämpfenden Truppenteile war eine Beschäftigung, die noch ein Gefühl von Autorität hinterließ. Die Delegation, welche die endgültige Kapitulation in Berlin unterzeichnen sollte, wurde zusammengestellt. Sie bestand aus Keitel, v. Friedeburg und dem Generaloberst der Luftwaffe Stumpff als Vertreter des Generalfeldmarschalls v. Greim.

Am 8. Mai erhielt Dönitz aus Reims die Anweisung, diese Delegation im Flugzeug nach Berlin zu entsenden. Im Wagen wurden sie durch die immer noch brennende und schwelende Stadt nach Karlshorst gefahren. Dort unterzeichneten sie in Gegenwart des sowjetischen Marschalls Shukow, des englischen Luftmarschalls Tedder, des amerikanischen Generals Spaatz und des französischen Generals Lattre de Tassigny die endgültige Kapitulation. Sie unterzeichneten »für das Oberkommando der deutschen Wehrmacht«. Sie wollten damit ausdrücken, daß sie nur eine militärische Kapitulation unterzeichneten, nicht aber eine Kapitulation der »Regierung«.

Es geschah in der ersten Morgenstunde des 9. Mai um 0.16 Uhr.

Es geschah in der Abgeschlossenheit eines Konferenzzimmers, in das keine Stimme und kein Laut eindrangen, um davon zu berichten, was zur gleichen Stunde noch in den Trümmern Berlins an Plünderung und Vergewaltigung geschah.

DIE INSEL DER UNSELIGEN ODER STURM ÜBER PRAG

In den Tagen, in denen Himmler aus Mürwick in eine trügerische Verborgenheit entwich, strebten die Ereignisse auf dem zweiten großen Schauplatz des letzten Kampfes, auf dem Boden Sachsens und der Tschechoslowakei, im wankenden Frontbogen der Heeresgruppe Schörner, ihrem Gipfelpunkt und ihrem Absturz in die Katastrophe zu. Seit in den ersten Märztagen der Heeresgruppe Schörner und den Flüchtlingen aus dem Warthegau und aus Ober- und Niederschlesien, die hinter ihrer Front Schutz gesucht hatten, noch einmal eine Atempause an der Neiße und an der Linie Görlitz–Striegau–Oppeln gewährt worden war, hatte sich Schörner im wesentlichen in einem Befehlszug aufgehalten, der auf dem Bahnhof von Josephstadt stand.

Schörner hatte sich den Zug zusammenstellen lassen, um bei seiner ruhelosen Tätigkeit hinter der Front beweglich zu sein. Seine Fronten in der Tschechoslowakei, in Schlesien und in der Lausitz waren jedoch so ausgedehnt, daß die Entfernungen zu den einzelnen Truppenverbänden sich selbst mit dem Zug nicht schnell genug bewältigen ließen. Daher war der Zug schließlich auf dem schmutzigen Bahnhofsgelände von Josephstadt zurückgeblieben. Seine zehn Wagen, von denen aus mehr als eine Million deutscher Soldaten kommandiert wurden, standen anscheinend verloren auf einem Abstellgleis. Unter ihnen befand sich der in Italien beschlagnahmte Salonwagen des Kronprinzen Umberto von Italien, der auf jeder seiner Mahagonitüren das prunkvolle Wappen des Hauses Savoyen trug. In diesem Wagen verbrachte Schörner seine Abende und Nächte, sofern er nicht auf Frontreisen war. Seinem Chef des Stabes, General v. Natzmer, stand der Salonwagen der ehemaligen Königin von Rumänien zur Verfügung. Die Arbeitsverhältnisse waren drükkend eng. Es war kaum ein Tisch vorhanden, um eine große Karte auszubreiten. Aber Schörner selbst empfand dies kaum, da er mit geringen Unterbrechungen mit Flugzeug und Kraftwagen unterwegs war, um nach dem Gesetz, dem er sich verschrieben hatte, durch Brutalität, Unberechenbarkeit und die Erweckung von Furcht seine Front zu stärken und zu reglementieren.

Von Josephstadt aus flog und fuhr er zum Südflügel seiner Heeresgruppe. Dort war es nie zu einer wirklichen Ruhepause gekommen. Ununterbrochen waren hier die Russen gegen die Westbeskiden, die Weißen Karpaten und das Industriegebiet von Mährisch-Ostrau angestürmt. Während des ganzen Monats März war dort erbittert gekämpft worden, ohne daß sich wesentliche Veränderungen im Frontverlauf ergeben hätten. Dann hatte eine neue starke Offensive der Russen begonnen, welche die 1. Panzerarmee um die Wende vom März zum April zurückwarf, bis in den Raum von Brünn durchstieß und schließlich die Heeresgruppe Schörner von den weiter südlich in der Slowakei und Westungarn stehenden Truppen der Heeresgruppe Süd trennte. Da der russische Durchbruch sich wieder verlangsamt hatte, blieb es ungewiß, ob die Russen versuchen wollten, von Süden einen großen Umfassungsarm um die Heeresgruppe Schörner zu schließen, oder aber ob es ihr Ziel war, nach Österreich durchzubrechen. Das Vordringen der Russen hatte Scharen von Volksdeutschen aus ihren Dörfern und Siedlungen vertrieben und sie auf die Straße gehetzt, wo sie müde und hoffnungslos, nur von dem blanken Entsetzen, das in ihrem Rücken saß, getrieben, dahinzogen. Schörners brutalem Willen war es nicht mehr gelungen, die einmal aufgerissene Lücke zu schließen. Die Macht der Wirklichkeit zeigte ihm, wo auch seine Grenzen lagen und daß auch er nichts Übermenschliches vermochte. Seine rechte Flanke

blieb offen und ungedeckt. Nur Spähtrupps und einzelne deutsche Flugzeuge beobachteten, was sich auf russischer Seite ereignete oder vorbereitete.
Der Zurücknahme der 1. Panzerarmee hatte die der 17. Armee folgen müssen. Das heiß umkämpfte Industriegebiet von Mährisch-Ostrau war verlorengegangen. Auch hier wälzten sich fliehende Deutsche über die Straßen der Tschechoslowakei, und wieder waren Zehntausende nicht entkommen, weil sie bis zuletzt gearbeitet hatten. Ziegenhals, Schweidnitz und viele andere Orte waren verlorengegangen. Nur das schwierige Gelände an diesem Teil der Front kam Schörner zu Hilfe und gab ihm nochmals eine Atempause an einer neuen, nur lückenhaft besetzten Frontlinie, die aus dem Raum von Brünn über Olmütz und Altvater und dort vom Kamm des Reichensteiner und Eulengebirges entlang bis nach Hirschberg verlief.
Auch der Zobten war verlorengegangen. Wenn man bis dahin noch von seiner Höhe aus die Brandwolken über dem eingeschlossenen Breslau hatte sehen und sogar Einzelheiten der Kämpfe um die todgeweihte Stadt hatte verfolgen können, so zerriß jetzt jede direkte Verbindung. Die letzten vagen Hoffnungen auf einen Entsatz der sterbenden Stadt entschwanden, nachdem vorher in Josephstadt mehrfach der Versuch gemacht worden war, Reserven zusammenzuraffen, um noch einmal die Verbindung nach Breslau herzustellen und den Eingeschlossenen einen Weg nach Westen zu öffnen. Keiner dieser Versuche hatte zum Erfolg geführt, weil jedesmal, wenn es wirklich gelungen war, Reserven zusammenzubringen, irgendeine neue bedrohliche Situation an der langgestreckten Front nach diesen Reserven rief und sie in Kämpfe verstrickte, aus denen sie nicht mehr zurückkehrten.

In trügerischer Ruhe hatte nur der linke Flügel der Heeresgruppe an der Lausitzer Neiße dagelegen. Aber gerade hier deuteten seit Anfang April alle Zeichen darauf hin, daß die gegenüberliegende Heeresgruppe des Marschalls Konjew bei Görlitz oder aber zwischen Guben und Forst zu einer neuen Durchbruchsschlacht antreten würde. Entweder würde sie von Süden her gegen Berlin vorstoßen und den Großangriff der Marschälle Shukow und Rokossowski, der sich zur gleichen Zeit gegen die deutsche Heeresgruppe Weichsel am Unterlauf der Oder ankündigte, unterstützen, oder aber von Görlitz aus über Dresden nach Prag vordringen.
Vielleicht war auch ein Durchstoß bis zur Elbe geplant, aus dem

heraus sich ein Angriffskeil nach Norden gegen Berlin und gleichzeitig ein Angriffskeil nach Süden gegen Prag entwickeln konnte. Es stand jedenfalls fest, daß sich gegenüber der dünnen Front der 4. deutschen Armee, die an der Neiße stand, zwei sowjetische Schwerpunkte mit ungeheuren Artilleriemassierungen bildeten.
Schörners Stabschef v. Natzmer war der Ansicht, daß der erste und gefährlichste Angriff im Gebiet von Guben und Forst zu erwarten sei, und Schörner hatte sich seiner Ansicht angeschlossen. Hitler dagegen hatte aus unerfindlichen Gründen an seiner Meinung festgehalten, daß der Angriff bei Görlitz in Richtung auf Dresden und Prag führen werde. Er hatte befohlen, daß die Kräfte, die er in der ersten Aprilwoche aus der Front des Generalobersten Heinrici herausgenommen und nach Süden geschickt hatte, bei Görlitz eingesetzt werden sollten.
Über diesen Befehl hatte sich Schörner insgeheim zwar hinweggesetzt, trotzdem aber war die Front der 4. Armee bei Guben und Forst so dünn, daß v. Natzmer nur mit größter Sorge dem sowjetischen Angriff entgegensah. Ganze zwei Panzerdivisionen standen Mitte April hinter diesem Abschnitt der Front. Eine weitere Panzerdivision wurde als Reserve bei Görlitz bereitgehalten. Das war alles, was einem sowjetischen Durchbruch entgegengestellt werden konnte.
Auf dem Papier unterstanden der Heeresgruppe noch 40 Divisionen. In Wirklichkeit aber hatten zwei bis drei Divisionen häufig nicht mehr die Kampfkraft eines Regiments. Es waren Verbände darunter, die den ganzen Krieg im Osten miterlebt hatten, die 6., 7., 8., 16. und 20. Panzerdivision, die 10. Panzergrenadierdivision, die 68. Infanteriedivision, die 78. Sturmdivision. Unter Schörners rücksichtsloser Faust, eingespannt zwischen der Bedrohung durch den übermächtigen Gegner und der Bedrohung durch Standgerichte im Hinterland, durch Schörners persönliche Propaganda immer wieder über die tatsächliche Lage hinweggetäuscht, hatten sie ihren inneren Zusammenhalt gewahrt. Aber ihre zerzausten Verbände konnten nur einen schwachen Rückhalt für die Masse der Kräfte bilden, die auch an der Neißefront aus Volkssturm, Polizei und Kranken zusammengestellt worden waren. Sie hielt nur die nackte Furcht vor Schörner noch zusammen.
Es war v. Natzmer sehr bald klargeworden, daß vor allem die Front der 4. Panzerarmee an der Neiße nicht mehr in der Lage sein würde, einem länger dauernden sowjetischen Ansturm Widerstand zu lei-

sten, sofern sie nicht entscheidende Verstärkungen von anderen Fronten bekamen. Sosehr Schörner sich immer dagegen gesträubt hatte, das Unmögliche für unmöglich zu halten – Mitte April hatte er sich zu einem Flug nach Berlin entschlossen, um von Hitler weitere Verstärkungen für die Front an der Neiße zu fordern.
Schörner fühlte kaum die drückenden Sorgen, die seinen Stabschef und die meisten der anderen Stabsoffiziere bei ihren Frontfahrten belasteten, nämlich nicht nur die Sorge um das Schicksal der Front selbst, sondern auch um die Hunderttausende, die sich in der Lausitz und in Sachsen zusammendrängten, seit sie über die Neiße geflohen waren, um das Schicksal der Millionen, die westlich der Neiße lebten und ihre letzte Hoffnung auf die Behauptung der Neißefront setzten. Dies zu empfinden – dazu fehlten ihm alle Voraussetzungen. Aber es ging etwas anderes in ihm vor, das manchmal unter seiner zur Schau getragenen Brutalität fühlbar wurde. Sah er selbst die kommende Niederlage? Dachte er insgeheim an die Folgen, die auch ihn für seine Rücksichtslosigkeit und seine eiserne Parteigängerschaft ereilen würden, wenn das Ende kam? Machte ihn diese Sorge plötzlich der Einsicht in die Wirklichkeit zugänglicher?
Als Schörner am 15. April in seiner zweimotorigen Heinkel 111, gesichert durch drei Messerschmitt-Jäger, nach Cottbus flog, um von dort nach Berlin zu fahren, äußerte er sich gegenüber seinem Begleiter, dem I. Generalstabsoffizier seines Stabes, zum ersten Male mit einer Offenheit, die diesen aufhorchen ließ. Er erklärte, er fahre nicht nur nach Berlin, um Verstärkungen für die Neißefront zu fordern, er werde auch Hitler bitten, Berlin zu verlassen und in das Hauptquartier der Heeresgruppe überzusiedeln. Man müsse damit rechnen, daß den Russen ein Durchbruch gelinge; Berlin würde dann in wenigen Tagen eingeschlossen und Hitler jeder Handlungsfreiheit beraubt sein. Wenn sich Hitler jedoch in Josephstadt befände, dann könne man gemeinsam die noch vorhandenen militärischen und politischen Möglichkeiten nutzen.
Der I. Generalstabsoffizier war so überrascht, daß er die Bedeutung, die sich dahinter verbarg, zunächst nur ahnte. Bevor er dazukam, Gegenfragen zu stellen, landete die Maschine. Sie stiegen in einen Wagen über, und Schörner hüllte sich, als habe er bereits zuviel gesagt, in eisiges Schweigen.
Vielleicht war der I. Generalstabsoffizier zu sehr eingefangen in die Grenzen seiner Stabsarbeit, um sofort erkennen zu können, daß

Schörner nicht mehr an das glaubte, was er wenige Stunden zuvor noch seinen Soldaten an der Front gepredigt hatte, nämlich an den sicheren Sieg. Hegte er vielleicht in der Verborgenheit seines kalten Herzens den Plan, die böhmischen Berge zu einem letzten Zufluchtsort zu machen, Hitler vielleicht gar als politische Geisel zu benutzen und sich so lange zu behaupten, bis die Gegensätze zwischen Russen, Amerikanern und Engländern, auf die auch er baute, zum Austrag kamen?

Als Schörner und seine Begleiter in Berlin eintrafen, erfuhren sie als erstes, daß im Bereich der Heeresgruppe Weichsel seit 24 Stunden jene schweren Kämpfe im Gange waren, die dem Hauptangriff Shukows über die Oder am 16. April vorausgingen. Damit war von vornherein die Möglichkeit, noch irgendwelche Verstärkungen für die Front an der Neiße zu bekommen, abgeschnitten. Trotzdem sprach Schörner mehrere Stunden mit Hitler allein.

Währenddessen wartete der I. Generalstabsoffizier im Rauchzimmer der Reichskanzlei. Er erlebte zum ersten Male die ihm bis dahin fremde Welt. Die Ankunft Schörners lockte Diplomaten, Gauleiter und SS-Führer an. Es war, als ob sie sich an dem Nimbus der Unerschütterlichkeit, der Schörner umgab, erwärmen wollten. Vor allem Himmler schien von einer kaum zu verbergenden Ratlosigkeit erfüllt. Er verlangte unbedingt Schörner zu sprechen. Er überschüttete den I. Generalstabsoffizier mit ungezählten Fragen nach Schörners Absichten, nach Schörners Meinungen. Als Schörner drei Stunden später zurückkehrte und das Rauchzimmer betrat, war sein Gesicht verdüstert. Jeder der Versammelten versuchte, ihn in ein Gespräch zu verwickeln. Aber Schörner hatte es eilig.

Als er mit dem I. Generalstabsoffizier die Voßstraße betrat und im verdämmernden Licht des Tages den Wagen bestieg, sagte er kurz: »Der Führer bleibt in Berlin.« Mehr sagte er nicht. Aber seine Worte verrieten, daß seine Absichten gescheitert waren.

Als die Maschine Cottbus überflog, sah man im Osten am nächtlichen Himmel die Leuchtkugeln der Front emporsteigen. Keine zwölf Stunden später brach das Ungewitter des sowjetischen Trommelfeuers zwischen Guben und Forst los. v. Natzmer und Schörner hatten recht behalten, was die Voraussicht auf den Angriffsschwerpunkt Konjews betraf. Aber das war nur ein geringer Trost. Schörners Macht und Schörners Terror hatten nicht ausgereicht, um das Unmögliche möglich zu machen und eine Front aufzubauen, die nicht unter der Wucht der Übermacht zerbrach.

»Zwischen Muskau und Guben«, so schrieb später General v. Natzmer, »brach das russische Ungewitter durch unsere Front, weder durch Abwehr noch durch Gegenangriffe der vorhandenen Reserven aufzuhalten.« Die Front der 4. Armee zerriß. Schörner war ebensowenig wie Heinrici mit seiner 9. Armee in der Lage, den gewaltigen russischen Durchbruchskeil, der sich in wenigen Tagen über das Land ergoß, von Süden her anzufallen, zum Stehen zu bringen und durch Angriff nach Norden wieder eine Verbindung mit der 9. Armee herzustellen.

Nur die Tatsache, daß Konjew sich zunächst mit seiner Hauptmacht nach Norden gegen Berlin wendete, sicherte den Resten der 4. Armee und damit Schörners linkem Flügel eine letzte Gnadenfrist. Nur schwächere russische Verbände bedrängten die zunächst nach Süden und Westen ausweichende 4. Panzerarmee. Als die russische 58. Gardedivision am 25. April der 69. amerikanischen Division bei Torgau an der Elbe die Hand gereicht hatte, gab sich Konjew zunächst zufrieden. Die 4. Armee konnte noch einmal in der allgemeinen Linie Penzig – Niesky – Riesa eine dünne Verteidigungsfront aufbauen. Sie fand weiter westlich Anschluß an eine behelfsmäßige Elbeverteidigung von Riesa bis Wittenberg.

Der sowjetische Durchbruch war so schnell erfolgt, daß er wiederum Hunderttausende von Flüchtlingen und Einwohnern überrannt hatte. Wieder war das Verhalten der deutschen Parteistellen bis zum letzten Augenblick ohne Vernunft, ohne Menschlichkeit. So als seien nicht die furchtbaren Erfahrungen in Schlesien, im Wartheland, in Ostpreußen, Westpreußen und Pommern voraufgegangen, weigerte sich der überwiegende Teil von ihnen bis zum letzten Augenblick, die Wirklichkeit anzuerkennen. Das fürchterliche System der Illusionen, das System der unzerstörbaren Hoffnung, vor allem das System der Angst des einen vor dem anderen, des Ortsgruppenleiters vor dem Kreisleiter, des Kreisleiters vor dem Gauleiter und des Gauleiters vor Bormann und vor Hitler, blieb wirksam bis zum letzten Tag.

Die Straßen füllten sich über Nacht mit Flüchtlingen, die wieder in panischer Angst zum Westen an die Elbe zu kommen versuchten, während hinter ihnen die Flammenzeichen der Kämpfe am Himmel standen. Vielen, die der vorangegangenen Hemmungslosigkeit der sowjetischen Armeen östlich von Oder und Neiße entkommen waren, mochten die Formen, in denen sich das neue Ungewitter in Sachsen vollzog, milder erscheinen. Die Gardedivisionen, die einen

Teil der Verbände Konjews bildeten, zeigten stärkere Zurückhaltung und Disziplin.

Es schien unfaßbar, aber es war Wirklichkeit. Noch am 25. April entsandte Gauleiter Mutschmann aus Dresden Polizeiverbände an die Elbebrücke bei Meißen, um die Trecks der Bevölkerung, die aus dem unmittelbar bedrohten Gebiet östlich der Elbe noch nach Westen übersetzen wollten, zur Umkehr zu zwingen. Der Kreisleiter von Meißen, Böhme, einer der wenigen Männer, die Mut und Gewissen genug gehabt hatten, um aus eigener Verantwortung der Bevölkerung rechtzeitig den Weg nach dem Westen zu öffnen, wurde dieser Trecks wegen des Defätismus angeklagt. Ihm wurde erklärt, die Lage erfordere unter gar keinen Umständen eine Flucht der Bevölkerung. Die 4. Panzerarmee werde die Russen wieder aus Sachsen vertreiben. Böhme setzte daraufhin seinem Leben ein Ende.

Noch am 5. Mai, kurz bevor Dresden verlorenging, gab Gauleiter Mutschmann die Parole aus, die große Wendung stehe dicht bevor. Ein Großangriff werde in Kürze die Russen wieder nach Osten zurückwerfen. Nur zwei Tage später versuchte der geistlose, grobschlächtige Vogtländer mit seinem Kraftwagen ins Fichtelgebirge zu entkommen, wo er in der Nähe von Tellerhäuser ein Jagdhaus besaß. Bevor er sein Ziel erreichte, wurde er jedoch von sowjetischen Truppen überrascht und gefangengenommen. Sein weiteres Schicksal blieb ungewiß.

Als Konjew in der letzten Aprilwoche stärkere Verbände aus dem Kampf um Berlin abzog und den Angriff nach Süden eröffnete, geriet die dünne Front der 4. Panzerarmee schnell in neue Bedrängnis. Es bestand kein Zweifel darüber, was Konjew anstrebte. Wenn es ihm gelang, die 4. Panzerarmee endgültig zu zerschlagen, öffnete sich ihm der Weg nach Prag und in den Rücken der 17. Armee sowie der 1. Panzerarmee.

Es wirkte nur noch wie ein Ruf aus einer anderen Welt, als Hitler in der Nacht vom 26. auf den 27. April auf einer durch Zufall noch offenen unterirdischen Leitung aus dem Bunker der Reichskanzlei das Hauptquartier Schörners anrief und mit vor Erregung zitternder Stimme auf die Durchführung seines Befehls drängte, wonach die Heeresgruppe Mitte aus dem Raum um Dresden in Richtung auf Berlin angreifen solle, »um die Schlacht in Berlin siegreich zu beenden.«

Schörner schlief, und v. Natzmer führte das Gespräch. Er notierte darüber:

»Also ein Angriff über fast 200 Kilometer mit Kräften, die nur noch in Hitlers Einbildung bestanden, gegen einen Feind mit vielfacher Überlegenheit. Auf die Gegenvorstellungen der Heeresgruppe, daß alle Kräfte in der Front gebunden wären, daß weder genügend Munition noch Betriebsstoff zur Verfügung ständen; daß ein solcher Angriff, wenn er überhaupt gestartet werden könnte, höchstens die Gegend von Cottbus erreichen und spätestens dort von den weit überlegenen russischen Panzerverbänden zerschlagen werden würde – auf alle diese Einwände kam nur die stereotype Antwort: ›Das spielt alles keine Rolle. Alles Fehlende muß beschafft, die Schlacht um Berlin muß gewonnen werden.‹ Auf die nochmalige entschiedene Antwort, daß der geforderte Angriff nicht im Bereich des Möglichen liege und nicht durchgeführt werden könne und werde, antwortete Hitler, daß er den Eindruck habe, die Heeresgruppe könne schon, sie wolle aber nicht. Eine gröbere Verkennung der eigenen Möglichkeiten, als sie dieses Gespräch offenbart, ist nicht denkbar ... «

Wenige Tage später war die 4. Panzerarmee bereits in verzweifelte Abwehrkämpfe verstrickt. Ein Einbruch überlegener sowjetischer Panzerverbände folgte dem anderen. Mit Mühe wurde bis zum 3. Mai die Linie Meißen – Grimma verteidigt. Dann wich die 4. Panzerarmee von Auffangstellung zu Auffangstellung nach Süden zurück. Ihre besten Verbände, die vier Jahre eines fast ununterbrochenen Kampfes im Osten hinter sich hatten, kämpften mit dem Mut der Verzweiflung. Sie wußten, worum es für ihre Kameraden, die noch die Ostfront der Heeresgruppe Schörner hielten, ging.

Vor Schörners Ostfront starb unterdessen das belagerte Breslau. Ende März hatte Marschall Konjew ankündigen lassen, er werde seine Truppen und seine Flieger so lange gegen Breslau stürmen lassen, bis die Stadt sich ergebe. Der Festungskommandant Niehoff hatte sich zu der Erkenntnis durchgerungen, daß mit einem Entsatz der Stadt nicht mehr zu rechnen war. Ab und zu regte sich in ihm noch eine Hoffnung. Aber sie verlosch bald.
Ein Ausweg hätte sich zweifellos leicht geboten, wenn vor der Festung die Amerikaner oder Engländer gestanden hätten. Den

Russen aber wollte sich auch hier kein Soldat ergeben, und über die Zivilbevölkerung mußte erst völlige Hoffnungslosigkeit hereinbrechen, um sie bereitzumachen, das Ende mit Schrecken dem Schrekken ohne Ende vorzuziehen. Vor Ostern hätte ein Niehoff, der kapitulieren wollte, wahrscheinlich weder unter seinen Soldaten noch in der Zivilbevölkerung Unterstützung gefunden. Eher hätte er sie für den Plan des Durchbruchs nach Westen gewonnen. Aber er besaß nicht die Entschlossenheit und vielleicht auch nicht die Möglichkeit, sich gegen Hitler und Hanke durchzusetzen. Hanke selbst war sich ebenfalls klar darüber, daß es für die Stadt keine Rettung mehr gab. Aber er war entschlossen, bis zum Untergang auszuhalten und die Stadt in diesen Untergang hineinzureißen. Für ihn selbst schien es keinen Ausweg mehr zu geben, und wenn er selbst schon untergehen sollte, dann wollte er wenigstens als heroische Gestalt in der Geschichte weiterleben.

Am Ostersonntag machte Konjew einen Teil seiner Drohungen wahr. Massierte Artillerie begann im Norden, Süden und Westen zu feuern. Alle Breslauer flüchteten in die Keller. Am Montag wurde Breslau während des ganzen Tages pausenlos bombardiert. Nach wenigen Stunden brannte die Stadt. Ein Feuersturm erhob sich. Es wurde unmöglich, sich auch nur für kurze Zeit im Freien aufzuhalten. Aus zusammenstürzenden Häusern gerettete Habseligkeiten gerieten sofort in Flammen. Die Pinien im Botanischen Garten brannten lichterloh. Das Feuer fraß die Domtürme, die Wahrzeichen der Stadt, und ließ nur traurige Stümpfe zurück. Erst gegen Abend minderte sich die Gewalt der Bombenangriffe. Aber die brennenden Häuserzeilen glühten während der ganzen Nacht weiter, bis schließlich ein leiser Regen einsetzte und die Glut dämpfte.

Jetzt stiegen die Überlebenden aus ihren Kellerlöchern und flohen den nördlichen und östlichen Teilen der Stadt zu, die am wenigsten gelitten hatten. Hier und da gab ein schnell zusammengezimmertes hölzernes Kreuz die ungefähre Zahl der Opfer eines Hauses oder einer Straße an.

Am 8. April setzten die Russen zum nächsten Angriff an. Verzweiflung und Ratlosigkeit wuchsen schnell einem Krisenpunkt entgegen, an dem sie entweder in Apathie oder Empörung umschlagen mußten. Hanke ließ die Textillager öffnen, um die Bevölkerung abzulenken. Im Störfeuer der russischen Artillerie versammelten sich Frauen und Männer vor den Lagern und Kellergeschäften, um sich noch einmal einzukleiden. Aber die meisten taten es schon in klarer Voraussicht auf die kommende Katastrophe und in dem Bemühen, für ein ungewisses Schicksal gerüstet zu sein.

Noch einmal wirkte Hitlers Zaubermacht am 20. April, an seinem Geburtstag. Noch einmal wurden an diesem Tage Hoffnungen erweckt, die schon am nächsten Tage zusammenbrachen. Niehoff, der am 14. April die Liebigs-Höhe, die unter dem russischen Artilleriefeuer in einen rauchenden Vulkan verwandelt worden war, verlassen hatte und in die Keller der Universitätsbibliothek auf der Sandinsel gezogen war, erschien an diesem Tage unter den arbeitenden Frauen und Kindern und verteilte Schokolade. Niemand sah, was ihn selbst hinter seinem bleichen Gesicht bewegte. Vielleicht waren es die Gedanken an seine eigene Frau und an die eigenen Kinder. Vielleicht war es das Schicksal des Generals Lasch in Königsberg. Vielleicht das Edikt Bormanns und Himmlers, das alle Kampf- und Festungskommandanten bei vorzeitiger Kapitulation mit dem Tode bedrohte.

Am 21. April wurden die jungen Mädchen Breslaus zur Gestellung befohlen, um als Batteriehelferinnen eingesetzt zu werden und Männer für die Fronteinheiten frei zu machen. Niemand wußte, ob Hanke oder Niehoff dafür verantwortlich war. Wahrscheinlich waren es beide, der eine als Initiant, der andere als Mann, der sich mit gebundenen Händen beugte.

In dem Vorort Zimpel zogen zum ersten Male Frauen mit weißen Fahnen vor die Parteilokale und vor Militärunterkünfte und forderten das Ende des hoffnungslosen Kampfes. Hanke ließ die Anführerinnen, soweit er ihrer habhaft werden konnte, verhaften. Aber die Sehnsucht nach einem Ende, vor dem es doch keine Rettung gab, nach Unterwerfung unter ein grausames Schicksal, das jedoch nicht schlimmer sein mochte als die Leiden der Belagerung, war nicht mehr zu unterdrücken. Zu ihren Sprechern machten sich die Geistlichen Hornig und Dr. Konrad sowie der katholische Weihbischof Ferche und der Kanonikus Kramer, die am Morgen des 4. Mai 1945 um eine Audienz bei Niehoff nachsuchten.

Niehoff empfing die Geistlichen in seinem Bunkerraum zusammen mit seinem Adjutanten, Oberst Tiessler, sowie seinem I A, Major Otto, und hörte schweigend den Bericht über die Lage der Stadt sowie die Frage des Pfarrers Hornig an: »Herr General, können Sie es unter diesen Umständen vor Ihrem ewigen Richter verantworten, die Verteidigung der Stadt fortzusetzen?«

Eine quälende Minute verging, bis Niehoff die ebenso gequälte Gegenfrage stellte: »Meine Herren, was soll ich tun?«
Die Geistlichen antworteten: »Übergabe.«
Als die Geistlichen drängten, deutete Niehoff einen Ausweg an, auf den er verfallen war. Er wollte jetzt in letzter Not den Ausfall wagen, zu dem er sich früher nicht hatte entschließen können. Er wollte versuchen, sich zu den Linien Schörners durchzuschlagen und dabei die Zivilbevölkerung mitzunehmen. Über Andeutungen ging er jedoch nicht hinaus, weil er sich über den Wahnwitz des Planes im klaren war. Es entbehrte nicht bitterer Ironie, als Pfarrer Hornig, der während des ersten Weltkrieges Artillerieleutnant gewesen war, dem General klarzulegen suchte, daß die Aktion, die er offenbar plane, in einem fürchterlichen Blutbad enden müsse, weil mit viel zu schwachen Kräften zwei russische Fronten durchbrochen werden müßten. Hornig stellte ferner die Frage, was aus dem Teil der Zivilbevölkerung werden solle, der sich dem Durchbruchsversuch nicht anschließen könne – vor allem aus den Kranken und Alten und darüber hinaus aus den Verwundeten. Niehoff wußte darauf keine Antwort.
Die Geistlichen machten sich gegen Mittag auf den Heimweg. Sie brauchten lange dazu, weil sie wegen der Tieffliegerangriffe von Keller zu Keller springen mußten. Als jedoch Dr. Konrad das Elisabeth-Pfarrhaus erreichte, in dem er zu Hause war, wartete dort ein Offizier, der den Pfarrer Hornig abzuholen wünschte. Konrad dachte unwillkürlich, es handle sich um Hornigs Verhaftung. Der Offizier versicherte ihm jedoch, für den Nachmittag sei eine Beratung aller Truppenkommandeure bei Niehoff angesetzt. Vor ihnen solle Hornig noch einmal sprechen. Hornig begab sich zur Sandinsel zurück und sprach vor etwa dreißig Offizieren. Er fühlte die Zustimmung der meisten. Nach seinem Vortrag wurde Hornig wieder entlassen, und die Geistlichen hofften, daß ihr Vorstoß doch zu einem Erfolg führen werde.
Ihre Hoffnung wurde jedoch auf eine harte Probe gestellt. Am Abend des 4. Mai erfuhr Hanke von dem Zusammentreffen zwischen Festungskommando und Geistlichkeit und verbot Niehoff die Fortführung der Gespräche. Die Festungszeitung, die am Morgen des 5. Mai erschien, enthielt Hinweise auf die defätistischen Elemente, die eine feige Übergabe Breslaus anstrebten, und forderte Widerstand bis zum letzten Mann und bis zur letzten Frau.
Die sowjetischen Propagandalautsprecher drohten, daß Breslau

dem Erdboden gleichgemacht werde, wenn es jetzt nicht zur Übergabe käme. Eine Panikstimmung griff um sich. Niehoff befürchtete Meuterei, denn am Abend des 5. Mai ging seine Stabswache an der Südseite der Sandinsel mit Maschinengewehren in Stellung. Aber er konnte sich immer noch nicht zu einem klaren Entschluß durchringen. Erst die folgende Nacht befreite ihn von der erdrückenden Hörigkeit, in die er Hanke gegenüber geraten war. Hanke verließ in aller Stille von dem Flugplatz aus, den er unter so viel Opfern hatte bauen lassen, mit einem »Fieseler Storch« die Stadt. Er hatte am späten Abend die Nachricht vom Tode Hitlers und von seiner Ernennung zum Nachfolger Himmlers als Reichsführer SS, Chef der deutschen Polizei und Reichsinnenminister erhalten. Diese Nachricht war gleichbedeutend mit einem Vorwand zum Verlassen Breslaus.

Auch Hanke, der noch am längsten in einer bedrohten oder eingeschlossenen Stadt ausgehalten hatte, enthüllte die Diskrepanz, die im nationalsozialistischen Parteiapparat zwischen Phrase und Wirklichkeit bestand. Auch er floh, ließ die von ihm Geführten und Verführten zurück und überlieferte sich selbst dem Odium der Feigheit vor der letzten Entscheidung. Sein weiteres Schicksal blieb unbekannt. Gewiß war nur, daß er die Stadt in der Uniform eines Unteroffiziers der Waffen-SS verließ und niemals bei Dönitz erschien, um sein Ministeramt zu beanspruchen. Spätere Berichte wollten wissen, er sei mit einem SS-Verband in die Hand der Tschechen gefallen und bei einem Fluchtversuch erschlagen worden. Nach anderen Nachrichten gelang es ihm, zu entkommen und in der Verwirrung der Nachkriegsjahre unterzutauchen.

Als die Geistlichen am frühen Morgen des 6. Mai, während immer noch Bomben fielen und die Artillerie schoß, um eine neue Besprechung bei Niehoff nachsuchten, erhielten sie die Antwort: »Meine Herren, die Sache ist bereits in Ihrem Sinne entschieden.« Niehoff hatte die Übergabeverhandlungen eingeleitet und gab am Vormittag des 6. Mai durch rote Anschläge an den rauchgeschwärzten Häuserwänden Breslaus bekannt, daß mit einem Entsatz Breslaus nicht mehr zu rechnen sei und er daher die Übergabeverhandlungen mit den Russen eingeleitet habe. Noch am selben Abend eilte die Nachricht durch die Stadt, daß sich am 7. Mai die Übergabe vollziehen werde. Einzelne Teile der Truppen versuchten noch verzweifelte Ausbrüche. Andere warfen ihre Waffen in die Oder und tauschten ihre Uniformen gegen Anzüge. Doch für viele war es schon zu spät.

Schon während der Nacht zum 7. Mai drangen russische Stoßtrupps bis zu den Brücken vor, die zur Sandinsel hinüberführten. Musik ertönte aus den russischen Lautsprechern, und Plünderung und Schändung nahmen ihren Anfang. Über diejenigen, die sich ergeben hatten, ergoß sich der Strom der entfesselten Instinkte, und nach wenigen Tagen wußten viele nicht mehr, ob ihr Leben in den schlimmsten Tagen der Belagerung nicht doch erträglicher gewesen sei als der Zustand der Vogelfreiheit und der Angst, dem sie jetzt unterworfen waren. Dies bedeutete jedoch ebensowenig wie in Königsberg oder irgendwo sonst, daß diejenigen recht behalten hätten, die Breslau bis zu seiner Selbstzerstörung verteidigen wollten. Denn sie waren es, welche die Schuld dafür traf, daß es überhaupt so weit gekommen war.

So starb vor Schörners Front die Stadt Breslau. Hinter dieser Front aber rüsteten sich in denselben Wochen andere Instinkte der Rache.

Wie eine Insel der Seligen schien die 1939 von Deutschland zerschlagene Tschechoslowakei, das seitherige »Protektorat« Böhmen und Mähren, bis Ende April inmitten des Chaos im Osten zu liegen – fast unberührt vom Toben der Gewalten. Die Ereignisse von der sogenannten »September-Krise« und der »Münchener Konferenz« im Jahre 1938 bis zu diesen letzten Sturmwochen des Krieges waren anders zu werten als die Geschehnisse in Rußland oder Polen. Im Herbst 1938 war mit der An- oder Rückgliederung der sudetendeutschen Provinzen aus der 1918 aus dem Zerfall des österreichisch-ungarischen Kaiserreiches entstandenen Tschechoslowakei an deutsches Staatsgebiet nichts anderes geschehen, als daß Landstriche, die immer deutsch bewohnt gewesen waren und der Tschechoslowakei nach dem ersten Weltkrieg aus geo- und militärpolitischen Gründen zugeschlagen worden waren, wieder Anschluß an den deutschen bzw. deutsch-österreichischen Staats- und Sprachraum erhielten. Doch ein halbes Jahr später hatten sich die Ereignisse abgespielt, die als Angelpunkt in der Ausdehnungspolitik Hitlers angesehen werden mußten.

Im März 1939 überschritt Deutschland mit der Besetzung der Kerngebiete des tschechoslowakischen Staates, ihrer Umwandlung in ein »deutsches Protektorat Böhmen und Mähren« und der Abtrennung der Slowakei als von Deutschland abhängigem Staatsgebilde die Grenzen der von deutschen Majoritäten bewohnten Gebiete. Die

Besetzung – unblutig, aber unter dem Druck hoffnungsloser militärischer deutscher Überlegenheit vollzogen – war die erste offene Abweichung von der bis dahin nach außen hin vertretenen Politik der bloßen Herstellung oder Wiederherstellung eines nationalstaatlichen deutschen Reiches.
Sie bedeutete die erste Hinwendung zu Hitlers Idee von einer ostkolonialen Eroberung und Reichsgründung, die bis dahin nur in seinen Schriften oder unter Vertrauten zum Ausdruck gebracht und gemeinhin als Gedankenspiel oder Traum, nicht aber als reale Möglichkeit bewertet worden war. Die für Hitler selbst unerwartete Gunst der Stunde, hoffnungslose tschechoslowakische Unterlegenheit, verspätete Aufrüstung von Franzosen und Engländern sowie deren noch mangelhafte Bereitschaft, für die Erhaltung der Tschechoslowakei oder anderer Verbündeter in Osteuropa einen Krieg gegen Deutschland zu führen, hatten ihn verlockt, das große Spiel der kolonialen Ausdehnung Deutschlands nach Osten zu wagen. Er hatte gezeigt, daß er bereit war, die bestehenden Staatsgefüge Osteuropas ohne Rücksicht auf Recht, Grenzen, Nationalbewußtsein und Volkstum zu zerstören und nach seinen Vorstellungen zu formen. Die weiteren Ereignisse: der Angriff auf Polen als nächstes Ziel, eine vorübergehende berechnende Partnerschaft mit der Sowjetunion, eine nicht erwartete Kriegserklärung Englands und Frankreichs, verführerische militärische Triumphe im Westen gegen die britisch-französische Allianz, schließlich der Eroberungszug gegen die Sowjetunion und die Verwicklung in einen Weltkrieg, dem Deutschland nicht gewachsen sein konnte, waren nur Schritte auf einem Wege gewesen, der durch die Besetzung der Tschechoslowakei eröffnet worden war.
Als sich jetzt der Sturm des Krieges und die Agonie des deutschen Rückzugs dem Protektorat Böhmen und Mähren näherten, lagen hinter den Tschechen fünfeinhalb Jahre deutscher Herrschaft. Es war für sie unmöglich gewesen, die Ereignisse des Jahres 1939 und die Zerstörung ihres Staates zu vergessen. Die Pseudo-Selbständigkeit einer tschechischen Protektoratsregierung, einer tschechischen Verwaltung und einer tschechischen Polizei hatte nie die Tatsache verdeckt, daß ein deutscher Reichsprotektor, eine deutsche Verwaltung und deutsche Truppen die absolute Kontrolle ausübten. Zwar hatten sie nicht erlitten, was Polen und der Sowjetunion widerfahren war. Die deutschen Truppen und die Elite der Verwaltungsbeamten, die zu Anfang unter dem ehemaligen deutschen Außenmini-

ster und nunmehrigen »Reichsprotektor« Freiherr v. Neurath die Zügel in Händen hatten, verhielten sich gemäßigt und korrekt. Ebenso vermieden die im Lande ansässigen Deutschen jeglichen nationalistischen Exzeß. Unter den Sudetendeutschen waren viele gewesen, welche die Besetzung der Tschechoslowakei nicht begrüßten, denn sie hatten nichts anderes gewünscht, als in einer nationalen Trennung von den Tschechen zu leben. Bei allen historischen Konflikten mit den Tschechen hatten sie nicht deshalb Hitler Gehör geschenkt, um irgendeinen Einbruch in einen fremden Raum zu unterstützen, sondern weil er sie nach dem Zusammenschluß Deutschlands mit Österreich wieder in ein deutsches Vaterland aufgenommen hatte. Ihnen allen ging es nicht in erster Linie um Hitler als Parteiführer, sondern um Hitler als den Befreier von den langsamen, aber unvermeidlichen Bestrebungen der Tschechisierung. Sie wären einem Hindenburg oder Stresemann auf dem gleichen Wege gefolgt. Aber der weitere Weg nach Osten ins tschechische Gebiet hinein befriedigte nur Fanatiker, die in den vorangegangenen deutsch-tschechischen Volkstumskämpfen einen grundsätzlich anti-tschechischen deutschen Chauvinismus entwickelt hatten.
Die Deutschen, die seit Jahrhunderten mitten im tschechischen Raum verstreut in Städten oder kleinen Siedlungen gelebt und sich gegen eine Tschechisierung zur Wehr gesetzt hatten, mußten in diesem Ereignis die Erfüllung einer jahrzehntealten, kaum aussprechbaren Hoffnung sehen. Sie hatten ja seit den Tagen der Münchner Konferenz und Angliederung der Sudetengebiete an Deutschland in völliger Verwirrung dagestanden. Sie hatten in den fünf Monaten seither um ihr weiteres Schicksal gefürchtet, das ihnen in dem übriggebliebenen tschechisch-nationalen Rumpfstaat stärker als zuvor nur die Wahl der langsamen Assimilierung oder des Auswanderns zu lassen schien. Am 15. März 1939 schien diese Sorge behoben.
Trotzdem hatten sie in der Mehrheit nur selten ein Herrentum hervorgekehrt, das die Deutschen sonst in allen besetzten Gebieten verhaßt machte. Die alteingesessenen Deutschen in Böhmen und Mähren lebten in der Mehrzahl auf einem zwar bescheidenen, aber gediegenen Lebensniveau. Sie bewahrten zu ihren tschechischen Nachbarn ein zwar kühles, aber korrektes Verhältnis früherer Zeiten, das sich aus den nationalen Reibereien und Kämpfen vieler Generationen entwickelt hatte.
Gleiches aber ließ sich nicht von vielen Deutschen sagen, die als

Verwaltungs- und Kontrollorgane aus Deutschland gekommen waren; ebensowenig von einer Reihe fanatischer Sudetendeutscher, die zu führenden Rollen in den deutschen Protektoratsbehörden gelangten. So glücklich die Wahl des Freiherrn von Neurath zum Reichsprotektor gewesen war, so ungünstig hatte die Ernennung des Sudetendeutschen Karl Herrmann Frank zu seinem Staatssekretär gewirkt. Er, seine Parteigänger und eine Anzahl ahnungslos in die Verhältnisse des Protektorats hineinstolpernde Reichsdeutsche, hatten mit der Zeit die anfänglich abwartende Haltung der Tschechen zuungunsten der Deutschen beeinflußt und zum Schluß in untergründige Feindschaft verwandelt.
Der Ausbruch des Krieges – nur sechs Monate nach der Einrichtung des Protektorats – hatte den Hoffnungen nationaler Tschechen auf Wiederherstellung ihres Landes neue Nahrung gegeben. Ein Deutschland auf der Höhe seiner Machtentfaltung, so wie es zur Protektoratserrichtung dastand, war für realistisch denkende Tschechen kein Gegner, gegen den man sich auflehnen konnte. Ein Deutschland im Krieg war etwas anderes. So hatten sich die ersten Zwischenfälle von Bedeutung nach Kriegsausbruch eingestellt. Im November 1939 hatten die Demonstrationen einiger tschechischer Studenten den Anhängern der Gewalt auf deutscher Seite erwünschten Anlaß gegeben, zurückzuschlagen. Vierzehn Demonstranten wurden hingerichtet, die Hochschulen geschlossen. Dieser erste Akt deutscher Machtanwendung hatte eine Wende eingeleitet. Weitere waren gefolgt. Verbitterung und innerer Widerstand wuchsen. Freiherr von Neurath war zurückgetreten. An seine Stelle wurde der SS-Führer Reinhard Heydrich berufen, der seine Amtstätigkeit mit umfassenden Polizeiaktionen und zahlreichen Todesurteilen begann. Nach seiner Ermordung gipfelten die deutschen Repressalien im Juni 1942 in den sogenannten Morden von Lidice.
Trotz allem war die Zahl der Tschechen, die persönlich unter den deutschen Gewaltmaßnahmen gelitten hatten, nicht groß. Der Masse war nicht im entferntesten geschehen, was Russen und Polen widerfahren war.
Böhmen und Mähren lebten vielmehr bis Anfang 1945 in einem äußerlichen Frieden, wie ihn zu dieser Zeit in Europa außer der Schweiz, Dänemark, Schweden und Spanien kein weiteres Land genoß. Sie kannten keinen Bombenkrieg, keine besonderen Nahrungssorgen, keine Arbeitslosigkeit. Der Wohlstand und der materielle Standard, vor allem der der tschechischen Bauern, war höher

als der vieler Deutscher. Aber auch die tschechischen Arbeiter, denen schon Heydrich mit berechnender Intelligenz mancherlei Vorteile hatte zukommen lassen, hatten wirtschaftlich nicht zu klagen. Das Land blühte unter den Rüstungsinvestitionen auf und vergrößerte so noch seinen schon von Natur her vorhandenen Reichtum.
Aber Unverstand und Taktlosigkeit deutscher Parteiführer, Beamter und Polizeibehörden, nationaler Übereifer und Überheblichkeit hatten im kleinen ebensoviel Unheil angerichtet wie die politischen Entscheidungen im großen. Lidice war Mord – wie alle Abschreckungsmaßnahmen der Geschichte, welche die Schuldigen mit den Unschuldigen mischten. Und es blieb Mord, auch wenn sich hernach erwies, daß die aus dem Ausland wirkenden tschechischen Urheber dieses Mordes kaum weniger kalt und grausam handelten. Sie hatten genau gewußt, daß ein Anschlag auf Heydrich eine übersteigerte Reaktion der Deutschen heraufbeschwören mußte, die Hunderten ihrer eigenen Landsleute das Leben kosten würde, und die Reaktion in ihre Pläne zu einer tschechischen Erhebung gegen die Deutschen einkalkuliert.
Die Mehrzahl der Deutschen im tschechischen Raum erschrak vor den Ereignissen in und um Lidice. Sie erschrak vor der von Hitler befohlenen Jagd auf wirklich und angeblich Schuldige, vor der Verhaftung und Vernichtung von Verdächtigen und Geiseln, die auch einen zurückhaltenden tschechischen Nationalismus aktivieren mußten.

Bis in die ersten Maitage lag die »Insel der Seligen« noch in trügerischer Ruhe da.
Wohl erschienen, seit die ersten Verbände der 1. und 3. amerikanischen Armee sich von Westen her tschechischem Boden näherten, Tag für Tag und Nacht für Nacht amerikanische Kampf- und Tieffliegerverbände über dem Gebiet, das nach Osten zu von der Heeresgruppe Schörner umschlossen war. Die Flieger begannen Bahnverbindungen lahmzulegen und den Straßenverkehr zu stören. Sie trafen auch einzelne Städte, darunter Eger und Pilsen, schwer. Aber im Verhältnis zu dem, was ringsum geschah, waren die Auswirkungen gering.
Das Protektorat entwickelte sich zu einer letzten intakten Lebenszelle, welche von dem riesigen Raum übriggeblieben war, den Deutschland einmal erobert hatte. Diese Zelle war von einem merkwürdig hektischen Leben erfüllt. Es waren nicht nur die Trecks der

Flüchtlinge, die ununterbrochen über die Straßen des Landes zogen, seitdem sie Schlesien verlassen hatten, und nun angesichts der von Westen heranrückenden amerikanischen Armeen nicht mehr wußten, wohin sie sich wenden sollten. Es waren nicht nur die unübersehbaren Scharen der Fliehenden, welche das Aussehen der Bahnhöfe bestimmten und vor allem im Norden des Landes hinter der zerbröckelnden Front der 4. Armee die Züge in unvorstellbarer Weise überfüllten. Auch Zehntausende von Verwundeten wurden Tag und Nacht auf der Eisenbahn und auf Lastwagen in das sudetendeutsche und tschechische Gebiet hineingefahren. Zahlreiche deutsche Regierungs- und Amtsstellen der verschiedensten Art verlagerten bis in die letzten Tage hinein Akten, Büros, Maschinen- und Fabrikeinrichtungen in diesen Raum. Die Luftwaffe versammelte einen großen Teil ihrer letzten Kräfte, vor allem der wenigen nicht fertiggewordenen Düsenflugzeuge, auf den Flughäfen um Prag. Unentwegt verbreiteten sich Gerüchte. Gerüchte über neue Waffen und den Endsieg, der mit ihrer Hilfe aus tschechischem Gebiet heraus erfochten werden sollte. Sie vermischten sich mit Gerüchten über Schörner-Pläne, den tschechisch-sudetendeutschen Raum zur letzten Zuflucht Hitlers und zum letzten Hort des deutschen Widerstandes zu machen. Sie verquickten sich gleichzeitig mit geheimnisvollen Berichten über ein deutsch-tschechisches Staatsgebilde, das die Reste Sachsens, das Sudetenland und das Protektorat umfassen sollte und von dem aus man den Aufeinanderprall zwischen den westlichen und östlichen Alliierten abwarten wollte. Schließlich war die Rede von einem Bandenkrieg, der, wenn alle anderen Pläne scheiterten, noch auf Jahre hinaus Russen und Amerikaner im Böhmerwald beschäftigen sollte. Überall im Lande wurden Panzersperren gebaut und Schützenlöcher gegraben. Das grausame Spiel mit dem Volkssturm wurde überall gespielt, wo Deutsche lebten. Konferenzen politischer Industrieführer schienen einander zu jagen. Diese Vermischung einer aufgeregten Tätigkeit mit politischen und militärischen Gerüchten war ein Spiegelbild der Verwirrung, die den Mann erfüllte, der in diesen Tagen noch Herr des Landes war. Der stellvertretende »Reichsprotektor von Böhmen und Mähren«, SS-Gruppenführer Karl Hermann Frank, hatte nach dem Morde an Heydrich und nach einer kurzen Lehrgangszeit unter dem Reichsprotektor Daluege die Macht übernommen. Er war, wie Hitler, aus einer kleinbürgerlichen Sphäre ohne Weltkenntnis emporgestiegen und Hitler sklavisch ergeben.

Als die Front vor Berlin und bei Guben und Forst zerbrach, hatten Vernunft und Furcht vor dem Kommenden für einen Augenblick über seine Hörigkeit gesiegt. Vielleicht hatte er auch nur auf einen weiterblickenden Ratgeber gehört. Jedenfalls hatte er einem Plan zugestimmt, die Macht im Protektorat an eine tschechische Nationalregierung zu übergeben. Es hatte sich um eine antikommunistische Regierung handeln sollen, bestehend aus Männern, die in den nationalen tschechischen Gruppen gefunden werden konnten und die zwar die deutsche Herrschaft leidenschaftlich ablehnten, aber sich noch leidenschaftlicher gegen jeden Einfluß der Kommunisten oder die Ablösung einer deutschen Herrschaft durch eine sowjetische wandten.
Frank hatte geplant, sich selbst nach der Übergabe der Macht mit den deutschen Truppen, den deutschen Behörden, der deutschen Polizei, allen Reichsdeutschen sowie den Volksdeutschen, die das Land verlassen wollten, nach Westen oder Nordwesten zurückzuziehen. Der Plan entsprach zugleich Vorstellungen, die in Prag wie in Berlin die Köpfe aller derer erfüllten, deren Hoffnungen um den Ausbruch von Gegensätzen zwischen den westlichen Alliierten und der Sowjetunion kreisten. Mit der Begründung einer tschechischen Nationalregierung wollte er die Aufmerksamkeit der westlichen Welt auf dieses Problem lenken. Er wollte dem Westen zeigen, daß der sowjetfreundliche Kurs einer Exilregierung des einstigen Präsidenten Benesch, der nach dem ersten Weltkrieg zu den Begründern des tschechoslowakischen Staates gehört hatte, die sich in Kaschau niedergelassen hatte, keineswegs des überwiegenden Teils der Tschechen entsprach. Er wollte die westliche Welt zwingen, eine klare Stellung einzunehmen, und zwar nicht für irgendein nationalsozialistisch-deutsches Protektorat, sondern für ein Land, aus dem die Deutschen sich zurückgezogen hatten und das nun von den Westmächten Stütze und Schutz gegen die neue Bedrohung seiner Freiheit, die aus dem Osten kam, forderte.
Niemand weiß, wohin die Verwirklichung dieses Planes geführt und ob er die Amerikaner dazu bewogen hätte, die Schleier ihrer Illusionen zu durchbrechen und sich aus der Zwangslage zu befreien, in die Roosevelts Politik in Jalta sie hineingeführt hatte. Angesichts der amerikanischen Haltung auf den anderen Schauplätzen des Krieges war dies mehr als unwahrscheinlich.
Frank hatte sich im letzten Aprildrittel in die Reichskanzlei nach Berlin begeben, um Hitler den Plan zu unterbreiten. Aber Hitler

hatte ihm erklärt, er denke nicht daran, das Protektorat als intakte Rüstkammer Deutschlands aufzugeben. Böhmen werde um jeden Preis gehalten werden, er beabsichtige im übrigen, die Entscheidung des Krieges in den nächsten drei Wochen herbeizuführen. Frank war nicht der Mann, sich in Hitlers komplexe Natur zu versenken. Er glaubte. Und da es ihm für Hitlers Zuversicht keine andere Erklärung gab als die Existenz kriegsentscheidender neuer Waffen, glaubte er auch an sie und kehrte gestärkt, nach Prag zurück.
Er verbot jede weitere Verfolgung des Plans und ließ alle Verhandlungen mit der tschechischen Protektoratsregierung und mit nationaltschechischen Gruppen abbrechen.
Er wartete auf die Wende, die Hitler ihm verheißen hatte. Als ihm immer deutlichere Aufstandsvorbereitungen nicht nur unter den tschechischen Kommunisten, die durch sowjetische Flugzeuge mit Waffen versorgt wurden, sondern auch unter enttäuschten tschechischen Nationalisten, die auf den Einmarsch der Amerikaner hofften, bekannt wurden, sprach er in der Nacht vom 30. April auf den 1. Mai zwischen Trommelwirbeln und Fanfarenklang über den Prager Sender. Er verkündete den Tschechen, daß er einen Aufstand »in einem Meer von Blut« ertränken würde. Selten hatte Frank törichtere, sinnlosere und verhängnisvollere Worte gesprochen.
Die aktiven politischen Gruppen, die sich zur Übernahme der Macht mit oder ohne den Willen Franks rüsteten, schreckte er wenig. Sie wußten, daß ihre Stunde kam und daß hinter Franks Worten in Kürze nicht mehr die nötige Macht stehen würde, um sie zu verwirklichen. Ihnen lieferte Frank nur eine neue Parole, wie sie extremistische Kräfte brauchten, um selbst ein Meer von Blut zu erzeugen, in dem aber die Deutschen ertrinken sollten.
Die Deutschen im Protektorat und ehemals tschechoslowakischen Sudetenland nahmen Franks Worte mit Unbehagen auf. Es war unmöglich, die Gedanken, Hoffnungen und Sorgen zu beschreiben, welche sie in diesen Tagen erfüllten. Die Sphäre, in der sie lebten und arbeiteten, war widerspruchsvoll. Mochten ganze Teile des Landes von den Elendsscharen der Unglücklichen, die aus Sachsen, Schlesien und Mähren flohen, überschwemmt werden, Sudetendeutsche und auch die Deutschen, die seit langem im tschechischen Siedlungsgebiet gelebt hatten, dachten kaum daran, das Land zu verlassen.
Dem war nicht nur so, weil sie nicht wußten, wohin sie hätten flüchten sollen, oder weil das unbeschreibliche Elend der Schlesier, der

Galizier, Bessarabier, Dobrudscha- und Baltendeutschen, die heimatlos auf den Straßen umherirrten, sie schreckte.

Selbst manche Deutsche, welche seit Jahrzehnten unter Tschechen lebten und die unberechenbar explosiven Seiten des tschechischen Charakters kannten, besaßen keine Vorstellung der Schrecken, die auf sie warteten. Für alles, was in Kürze geschehen sollte, fehlten die Vorbilder. Sudetendeutsche z. B., die sich keinen Illusionen hingaben, nahmen für den Fall der Niederlage an, daß wieder jener Zustand zurückkehren werde, der bis 1938 in ihrem Land geherrscht hatte. Sie erwarteten, daß die Tschechen wieder die Herrschaft übernehmen, den Hohn der Sieger über sie ausgießen und ihre einstige Politik der Tschechisierung wiederaufnehmen würden. Etwas weiter dachten vielleicht die Deutschen, die in mehr oder weniger großen Gruppen oder völlig verstreut in den tschechischen Großstädten und Siedlungen lebten. Ein Teil von ihnen faßte die Möglichkeit ins Auge, daß sich das »slawische Temperament«, wie oft in der Geschichte der Tschechen, »in einer Volkswut« entlud. Viele schickten ihre Frauen und Kinder zu Verwandten und Bekannten ins Sudetenland. Einzelne, die über gute Beziehungen verfügten, versuchten, Möbel und andere Teile ihres Besitzes nach Westen »in Sicherheit« zu bringen. Die Männer aber blieben durchweg zu Hause. Sie wollten den sicherlich vorübergehenden Sturm überdauern, so wie ihre Vorfahren manche Stürme überdauert hatten. Auch in den düsteren Träumen dachte niemand an die Woge der Rache, absoluter Entrechtung, Enteignung und Vertreibung, die auf sie wartete.

Da unter der deutschen Herrschaft kaum Tschechen vertrieben worden waren, glaubte man selbst dort nicht an eine Vertreibung der Deutschen, wo man die Ankündigungen ausländischer Sender über tschechische Austreibungspläne oder aber die Berichte geflüchteter Volksdeutscher aus Rumänien und der Slowakei vernahm. In Rumänien und in der Slowakei waren vor allem die Russen die treibenden Elemente gewesen. Hier aber wurden die Russen immer noch durch Schörners Heeresgruppe aufgehalten, während die Amerikaner ganz nahe waren und in wenigen Tagen das ganze Land besetzen konnten. Für alle, die sich weder an Wunderwaffen noch an andere Illusionen klammerten, für die also die deutsche Niederlage zur Gewißheit geworden war, bedeutete das schnelle Heranrücken der amerikanischen Armeen die entscheidende Hoffnung. Dies war um so mehr der Fall, da diese Hoffnung sich mit den Wünschen der tschechischen Mehrheit deckte, für die die Furcht vor dem Kommunismus größer war als ihre natürliche Hinneigung zu den slawischen Brüdern. Mit ihnen hofften jene Deutschen auf eine Kapitulation nach Westen und auf amerikanische Truppen, welche die Ordnung aufrechterhalten würden.

Sie ahnten nicht, daß auch die amerikanischen Verbände dort, wo sie das Land besetzten, kaum etwas dazu tun würden, den bevorstehenden Ausbruch der Rache einzudämmen, daß vielmehr ein Teil der Amerikaner dem kommenden Sturm mit dem gleichen Gefühl, einer gerechten Bestrafung der Deutschen beizuwohnen, zusehen würde, mit dem sie so mancher menschlichen Tragödie an den Demarkationslinien im Norden zugesehen hatten.

Die Deutschen ahnten auch nichts von dem Austausch von Funksprüchen, der in den letzten April- und den ersten Maitagen zwischen General Eisenhower und dem Generalstabschef der russischen Armee, Antonow, im Gange war. Im Verlauf dieses Austausches setzte Antonow alles daran, um die Amerikaner davon abzuhalten, einen größeren Teil des tschechischen Gebietes und vor allem Prag zu besetzen, während die russischen Truppen noch von Schörners verzweifelt kämpfenden Truppen in ihrem Vormarsch aufgehalten waren. Antonow hatte das Zukunftsziel einer kommunistischen Tschechoslowakei vor Augen. Die Sowjetunion brauchte zu diesem Zweck eine Befreiung des tschechischen Landes, besonders aber der goldenen Stadt Prag, durch die Rote Armee, um auch den tschechischen Nationalismus, der sich gegen den sowjetischen Kommunismus wehrte, zu gewinnen und wenigstens vorübergehend vor ihren Wagen zu spannen.

Die Deutschen ahnten nicht, daß Eisenhower noch am 4. Mai nach Moskau gedrahtet hatte, daß seine 3. Armee bereit sei, über die Linie Karlsbad – Pilsen – Budweis hinaus bis an die Elbe und die Moldau in die Tschechoslowakei vorzustoßen und »das ganze Gebiet bis zum Westgebiet dieser Flüsse zu säubern«. Sie wußten auch nicht, daß Antonow Eisenhower noch am selben Tag »in größter Eile« über die amerikanische Militärmission in Moskau »auffordern« ließ, »nicht über die Linie Karlsbad – Pilsen – Budweis vorzustoßen«, um die »dadurch mögliche Verwirrung beiderseitiger Streitkräfte« zu vermeiden. Und sie wußten schließlich nicht, daß Eisenhower Antonows Forderungen entsprechen und seinen Truppen den Befehl erteilen würde, an der genannten Linie haltzumachen.

Der 1. Mai verlief noch ruhig.
Der Tod Hitlers wurde in der Nacht zum 2. Mai kurz nach 24 Uhr in Prag bekannt. Am nächsten Morgen erschienen alle Prager Zeitungen – die deutschen und die zensierten tschechischen – mit schwarzen Trauerrändern. Die Blätter veröffentlichten lange Nekrologe voller Verherrlichungen des Mannes, der, wie man in Prag glauben mußte, »bis zum letzten kämpfend in seinem Gefechtsstand in der Reichskanzlei gefallen« war.
Am selben Tage aber trafen die ersten Nachrichten über offene Auflehnung unter der tschechischen Bevölkerung in Prag ein. Hitlers Tod war der Auftakt. Die Nachricht von Hitlers Ende hatte Karl Hermann Frank bis ins Innerste getroffen. Der Halt, an den er sich in seiner Unselbständigkeit geklammert hatte, war zerbrochen. Frank begriff, daß die Zuversicht, mit der er aus Berlin zurückgekehrt war, auf falschen Voraussetzungen beruht hatte und daß es keine Hoffnung mehr gab. Er versank in Ratlosigkeit. Sein immer schon hageres Fanatikergesicht nahm in diesen Tagen das Aussehen eines Totenschädels an.
Erst nach Stunden raffte er sich auf. Am Morgen des 3. Mai flog er – ein bleicher Schatten – nach Plön, um sich bei Dönitz Rat und Weisungen zu holen. Ein Flugzeug des Oberstleutnants Baumbach, der in diesen Tagen mit einigen übriggebliebenen Maschinen Kurierflüge zwischen den noch in deutscher Hand befindlichen Gebieten durchführte und, um überhaupt noch fliegen zu können, seinen Flugzeugen Tag für Tag und Nacht für Nacht andere alliierte Hoheitszeichen aufmalen ließ, brachte Frank nach Norden.
Dönitz empfand auch gegenüber Frank die Aversion, die er vielen Parteiführern entgegengebracht hatte. Er trug ihm auf, solange wie möglich für Ordnung zu sorgen und Prag im übrigen zur offenen Stadt und »Lazarettstadt« zu erklären. Von Anweisungen über Verhandlungen mit den Tschechen war nicht die Rede. Als Frank aus Dönitz' Zimmer trat, flehte der früher überhebliche Mann den Presse- und Nachrichtenreferenten Dönitz', Kapitänleutnant Weitmann, an, die Erklärung Prags zur Lazarettstadt mit Vorrang zu veröffentlichen. Dann flog er nach Prag zurück.
Die beiden Tage seiner Abwesenheit waren in den östlichen Gebieten des Protektorats Tage wachsender Unruhe gewesen. Trikoloren, weit mehr aber rote Fahnen waren in den Straßen und auf den Häusern vieler Orte erschienen. Trotzdem rührten sich die Kommunisten zunächst nur in abgelegenen Orten, in denen es keine deutschen

Verbände gab. Sie erprobten erst den Widerstandswillen der deutschen Polizei und der deutschen Etappenverbände.
Dabei stellten sie auch im Hinterland der Heeresgruppe Schörner fest, daß die Deutschen müde und ohne Zuversicht waren, daß viele bereits ihre Waffen wegwarfen oder gegen Zivilkleider eintauschten. Der Verkehr begann zu erlahmen. Flüchtlingszüge fuhren nicht weiter, weil tschechische Eisenbahner die Arbeit niederlegten. Trecks blieben auf einsamen Straßen liegen, weil ihnen von plötzlich auftauchenden Partisanengruppen die Pferde ausgespannt wurden.
Die Industrie- und Rüstungswerke stellten die Arbeit ein. Die Arbeitermassen versammelten sich untätig auf den Straßen. Die deutsche Polizei einschließlich vieler aus den Volksdeutschen Rumäniens und Ungarns rekrutierter SS-Verbände zeigte keinen Kampfwillen mehr. Es gab Deserteure, die sich in den Wäldern verbargen oder zusammen mit den Flüchtlingstrecks dahinzogen. Tschechen begannen, deutsche Straßenschilder und deutsche Aufschriften an ihren Geschäften zu entfernen oder zu übermalen.
Trotzdem blieb es in den Städten noch verhältnismäßig ruhig. In einer Stadt wie Prag, in deren politischen Wandlungen seit erdenklichen Zeiten die »Taferlpolitik« ein Grundelement des nationalen Kampfes war, brauchte die Änderung der Schilder noch nicht das Signal zu einem blutigen Aufstand zu sein. Erst am 4. Mai machten sich in Prag deutlichere Sturmzeichen bemerkbar. Es gab Massenansammlungen in den Straßen. Gerüchte gingen um, Karl Hermann Frank sei nicht zurückgekehrt, und Schörner habe die vollziehende Gewalt auch im Protektorat übernommen. Gleichzeitig sprach man jedoch davon, daß die deutschen Truppen in wenigen Tagen abziehen würden, daß Kapitulationsverhandlungen mit den Amerikanern im Gange seien, daß Frank deswegen nicht zurückkehre, weil die Macht einer tschechischen Nationalregierung übergeben würde, und daß die Amerikaner in wenigen Tagen in Prag sein würden.
Am Abend verkündeten öffentliche Lautsprecher, daß der Ausnahmezustand über Prag verhängt sei. Ein Ausgangsverbot für die tschechische Bevölkerung wurde erlassen. Aber die Massen schenkten den Anordnungen kaum Beachtung. Die deutsche Polizei selbst – ohne führende Hand – griff nur vereinzelt ein. Die Bande der Disziplin begannen sich zu lockern. Man fand deutsche Soldaten, die zusammen mit Tschechen in den Gaststätten auf die Radionachrichten der verschiedensten Sender horchten und auf das nahe

Ende des Krieges warteten. Es gab Berichte über wüste Exzesse der SS-Verbände in Karlsbad und anderen Orten. Dort sollten SS-Truppen jeden deutschen Soldaten erhängen oder erschießen, der auch nur ein Zeichen mangelnden Kampfwillens zeigte. Die SS verschanzte sich – wie es hieß – in Waldlagern. Zusammen mit aufgelesenen Frauen – Angesicht in Angesicht mit dem bevorstehenden Ende – genoß sie alles, was ihr das Leben noch zu bieten hatte. Deutsche, die sich in ihren Wohnungen verbargen, saßen unterdessen an den Radioapparaten, um von irgendwo die Spur einer Gewißheit dafür zu erlangen, was denn nun geschehen würde.
So brach die Nacht zum 5. Mai 1945 herein.

Als Karl Hermann Frank am Morgen des 5. Mai wieder in Prag eintraf, lag die Stadt in unnatürlicher, bleierner Ruhe da. Er erfuhr, daß Schörner inzwischen tatsächlich versucht hatte, die Macht im Protektorat zu übernehmen, um das Hinterland seiner Front zu sichern. Er widerrief aus einer Auflehnung seines Selbstgefühls heraus Schörners Anordnungen. Vielleicht wunderte es ihn, daß Schörner in Wolchow bei Josephstadt widerspruchslos den Widerruf zur Kenntnis nahm. Er ahnte nicht, daß auch Schörner bereits innerlich resignierte und sich persönlich zur Flucht nach Westen rüstete.
Frank erfuhr ferner, daß sowohl die tschechische Protektoratsregierung als auch ein tschechischer Nationalrat, der sich inzwischen gebildet hatte und der alle nationalen nichtkommunistischen tschechischen Elemente umfaßte, während Franks Abwesenheit immer wieder darauf gedrängt hatten, daß ihnen offiziell die Macht übergeben werde. Dafür boten sie einen ungestörten Abmarsch aller deutschen Truppen und aller deutschen Zivilisten, die das Protektorat verlassen wollten.
Sowohl die Protektoratsregierung als auch der Nationalrat standen unter immer heftigerem Druck von Kommunisten wie nationalen Extremisten, welche keinerlei Vereinbarung mit den Deutschen wünschten, sondern einen blutigen Umsturz anstrebten. Frank erfuhr, daß dieser Umsturz dicht bevorstehe. Wahrscheinlich sei es für Verhandlungen schon zu spät, weil Nationalrat und Protektoratsregierung gezwungen seien, sich einer einmal ausgebrochenen offenen Revolution anzuschließen, wenn sie nicht jeden Einfluß auf die zukünftige Entwicklung einer wiedererstandenen Tschechoslowakei verlieren wollten. Bevor Frank, der sich apathisch die verschiedenen Meldungen anhörte, zu einem Entschluß gelangte, hatten die

Kommunisten gehandelt und die blutige Revolution ins Rollen gebracht. Sie kannten die Methode, Massen in Bewegung zu bringen. In den Vormittagsstunden des 5. Mai verbreiteten sie das Gerücht, daß amerikanische Panzer sich dem Westrande von Prag näherten. Die Meldung, daß amerikanische Panzer durch den großen Industriebezirk von Smichow an der Straße nach Pilsen führen und auf dem Flugplatz von Ruzyn amerikanische Flugzeuge gelandet seien, eilte durch die Stadt. Ihr folgte die Nachricht, die Amerikaner hätten die sofortige Übergabe der Stadt gefordert, und diese sei von den Deutschen zugesagt.

Urplötzlich tauchten in zahllosen Fenstern tschechische und rote Fahnen auf. Die Straßen füllten sich. Erwachsene und Kinder schwenkten Fahnen und Fähnchen. Die Massen bildeten eine Art Spalier, um die Amerikaner zu empfangen. Umzüge begannen; tschechische Nationallieder klangen zu dem strahlendblauen Himmel hinauf. Führungslos verfolgte die deutsche Polizei die Ereignisse. Die deutschen Truppen sahen von den Kasernen aus zu. Wo sich deutsche Soldaten in den Straßen zeigten, wurde ihnen in diesen Morgenstunden vielfach zugewinkt mit dem Ruf: »Gleich ist alles zu Ende, seid froh, der Krieg ist aus, ihr könnt nach Hause gehen.« Es war ein allgemeiner Taumel, ein Taumel der Freude, der für einen Augenblick sogar untergründigen Haß zurückdrängte, aber gleichzeitig die Massen in eine Erregung versetzte, in die nur ein Funke der Enttäuschung hineinzuspringen brauchte, um hemmungslose Freude in ebenso hemmungslosen Haß zu verwandeln.

Als Karl Hermann Frank über Umzüge, Massenversammlungen und den allgemeinen Jubel über die bevorstehende Befreiung unterrichtet wurde, überfiel ihn noch einmal sein altes Selbstgefühl. Zu lange hatte er sich als Herrscher auf der Prager Burg gefühlt, als daß er in diesem Augenblick das Gefühl des Herrschertums und seinen Zorn darüber, daß die Tschechen sich über seine Existenz hinwegsetzten und den Amerikanern entgegenjubelten, hätte überwinden können. Das alte Machtbewußtsein überfiel ihn um so mehr, als er erfuhr, daß die Amerikaner in Wirklichkeit keinen Schritt über die mit den Russen vereinbarte Linie hinaus getan hatten.

Aus einer trotzigen Aufwallung heraus gab er den Befehl, die Straßen sofort zu räumen, Zusammenrottungen aufzulösen und auf alle, die Widerstand leisteten, rücksichtslos zu schießen. Nur wenige Stunden später war er bereits wieder in die Apathie und Unschlüssigkeit des Mannes versunken, der mit Hitler seinen Halt verloren

hatte und die Dinge mehr oder weniger hilflos treiben ließ. Aber da war das Verhängnis schon geschehen.
Nur noch ein Teil der deutschen Truppen und der Polizei befolgte seine Anordnungen. Aber wie immer in vorrevolutionären Stadien waren Halbheiten schlimmer als Untätigkeit oder aber wirklich entschlossene Aktion. Es genügte, daß in einzelnen Stadtteilen SS-Verbände mit dem Räumen der Straßen begannen, daß sie auf Demonstranten schossen, daß sie Geschütze und Maschinengewehre auffuhren, daß sie Tschechen, die Laden- und Straßenschilder übermalten, von den Leitern warfen. Es waren die Funken, welche die Erregung der Massen, die noch nicht wußten, daß kein einziger amerikanischer Soldat vor Prag stand, in Zorn und eine erste Welle des Haßausbruchs verwandelten.
Fast gleichzeitig fuhr ein Lastwagen mit bewaffneten Kommunisten überraschend in das Tor des Rundfunksenders Prag in den Weinbergen ein. Die Tschechen überwältigten die deutsche SS-Wache und hatten wenige Minuten später das Nachrichtenmittel in der Hand, um die Massen zu beeinflussen und zu den Waffen zu rufen. Deutsche SS-Verbände unternahmen den Versuch, den Sender zurückzuerobern. Die Aufständischen gerieten zeitweise in Bedrängnis. Aber es gelang nicht mehr, den Sender zurückzunehmen, denn unterdessen hatten in zahlreichen Teilen der Stadt Kämpfe begonnen. Gut organisierten, russisch bewaffneten kommunistischen Kampfgruppen war es gelungen, in Überraschungsaktionen Bekleidungs- und Waffenlager zu nehmen. Sie bemächtigten sich des umfangreichen Waffenlagers des Volkssturms auf der Hetzinsel. Währenddessen riefen sie über den Sender unentwegt zur Erhebung auf. »Polizei, Gendarmerie, Angehörige der tschechoslowakischen Armee, wendet euch gegen die Okkupanten, kommt uns zu Hilfe, folgende Straßen sind noch frei ...« Es folgten Schilderungen über Mordtaten deutscher SS-Verbände und Aufrufe zur Vergeltung. Kommunisten und nationalistische Extremisten drangen überraschend in das Gebäude der Gestapo, die Petschek-Bank, und in das Haus des Sicherheitsdienstes in den Weinbergen ein. Hier blieb nur ein Teil der Deutschen am Leben. Kleinere SS- und Polizeitrupps wurden auf offener Straße zusammengeschossen oder erschlagen. Abenteuerlich aussehende Partisanentrupps, die sich eben erst rekrutiert hatten, begannen, in die Wohnungen von Deutschen einzudringen, die Deutschen, Männer, Frauen und Kinder, auf die Straße zu treiben, mit Steinen zu bewerfen und zu mißhandeln.

Ihre Führer kannten alle Methoden, um vorhandenen Haß zum Glühen zu bringen. Gemäßigte Nationalisten auf der anderen Seite wußten, daß sie an dem Aufstand teilnehmen mußten, wenn sie nicht hoffnungslos überspielt werden wollten. Die Polizeitruppen der Protektoratsregierung, die Gendarmerie, untergründig organisierte Offiziere und Unteroffiziere der 1939 aufgelösten tschechoslowakischen Armee rückten in die Reihen des Aufstandes ein. Kraft ihrer größeren Zahl, ihre besseren Ausbildung und Bewaffnung wurden sie vorübergehend zum Schwergewicht innerhalb der Kräfte des Aufstandes. Der Nationalrat übernahm die Führung, und Nationale wie Kommunisten, die einander mißtrauten, standen nebeneinander im Kampf.

Aber durch diese Rivalität zwangen sie sich gegenseitig zu immer schrofferen Aktionen, um die Gunst der einmal vom Taumel der Befreiung erfaßten Massen nicht zu verlieren. Die Kommunisten blieben dabei das tätigste Element. Sie gaben, gefolgt von nationalen Extremisten, überall das Beispiel, an dem sich der Rausch der Massen entzündete. Sie waren durch Kuriere aus dem Osten und durch Funk darüber orientiert, daß nicht die Amerikaner, sondern die Russen nach Prag kommen würden. Sie wußten, daß nicht die Nationalen, sondern sie selbst am Ende die Macht erringen würden, daß es aber zunächst darauf ankam, eine blutige Revolution gegen die Deutschen zu entfachen und diese Revolution am Leben zu erhalten. Nur aus der Revolution gegen die Deutschen und aus einem einmal erweckten Sturm der Leidenschaft konnte die Revolution entstehen, die sie selbst anstrebten, die Revolution gegen die alte tschechische Oberschicht und gegen die bürgerlichen Klassen überhaupt.

Niemand wußte, wer auf deutscher Seite führte. Frank verharrte in Apathie. Von Schörner kamen keine Nachrichten mehr. Der deutsche Stadtkommandant, General Toussaint, hatte keine Kommandogewalt über SS- und Polizeiverbände. Diese selbst waren nicht mehr geschlossen. Hätten sie gewußt, welches Schicksal ihnen bevorstand, so hätten sie wahrscheinlich alles darangesetzt, dieses Schicksal von sich abzuwenden. Aber die zahlreichen, keineswegs freiwillig dienenden, sondern frisch einberufenen SS-Soldaten aus dem Südosten, die längst ihre Heimat verloren hatten, setzten sich nur unentschlossen zur Wehr. Volksdeutsche SS-Soldaten, die in Prag selbst beheimatet waren, begannen zu desertieren und suchten zu den Wohnungen ihrer Eltern oder Familien zu gelangen, die sie in Gefahr wußten. Alte SS- und SD-Verbände, die sich über ihr Schicksal im klaren waren, kämpften dagegen rücksichtslos. Sie erwiderten jede Grausamkeit der Aufständischen mit eigener Grausamkeit. Wütend wurde um die große Moldaubrücke nördlich von Prag und um den Vorort Pankraz gekämpft.

Währenddessen wurden deutsche Wehrmachtseinheiten, die noch viel weniger als die SS an das Schicksal dachten, das auch einem großen Teil von ihnen bevorstand, überraschend in ihren Kasernen eingeschlossen. Ein seit Jahren für die deutschen Kommandostellen in Prag gültiger Verteidigungsplan hatte die deutschen Truppen auf zahlreiche Stützpunkte in der Stadt verteilt und Verteidigungsblocks geschaffen. Schon bei der Ausarbeitung dieses Planes hatten Prager Deutsche darauf hingewiesen, daß er für den Fall einer Auflehnung der Tschechen bei einer drohenden deutschen Niederlage verfehlt sei. Die einzelnen Verteidigungsblocks würden sehr schnell isoliert werden, und die rund 50000 zählende deutsche Zivilbevölkerung Prags würde eine Geiselschar in der Hand der Tschechen bilden.

Schon am Nachmittag des 5. Mai war diese Warnung Wirklichkeit. Der größte Teil der schwach besetzten deutschen Dienststellen im Innern der Stadt war gestürmt. Alle großen Straßen, der größte Teil der Brücken, die meisten Bahnhöfe, die Telefonzentrale und nach dem Sender Prag auch der Sender Böhmen waren in tschechischer Hand. Fast gleichzeitig wurden in allen tschechischen Protektoratsbehörden die deutschen Beamten verhaftet und zum Teil erschossen. Nur das deutsche Regierungsviertel am Hradschin, das Czernin-Palais, und die stärkeren Wehrmachtsdienststellen in Dewitz behaupteten sich. Dazu eine kleine Gruppe deutscher Soldaten, die, von einem entschlossenen Hauptmann zusammengerafft, den Masaryk-Bahnhof und einige Tausend deutscher Flüchtlinge, Zivilisten und Verwundeten verteidigte, die sich gerade auf der Durchfahrt auf dem Bahnhof befunden hatten. Zwischen Dewitz und den – vor allem von der SS verteidigten – Regierungsstellen im Innern der Stadt lagen die Moldau-Brücken und der Sommerberg, wo tschechische Polizei und andere – aus ehemaligen Angehörigen der tschechoslowakischen Armee rekrutierte und mit deutschen Waffen ausgerüstete – tschechische Gruppen sich festgesetzt hatten.

Die tschechischen Massen hatten meist von weitem den Sturm auf die deutschen Dienststellen verfolgt. Sie hatten zugesehen, wie kommunistische und nationalistische Partisanen SS- und Polizeitrupps, aber auch Gefangene des deutschen Heeres auf offener Straße erschlugen oder zu Tode jagten. Währenddessen hörten sie ständig die aufpeitschenden Stimmen der Sender Prag und Böhmen. Sie erlebten das erste Eindringen in Wohnungen der Deutschen. Sie erlebten, wie Partisanen die Deutschen niederschlugen und die Wohnungen ausraubten. Ihr Beispiel forderte unausweichlich zur Nachahmung heraus.

Schon am Nachmittag des 5. Mai wurden die meisten deutschen Zivilisten, gleich ob Männer oder Frauen oder Kinder, in die Keller ihrer Häuser beordert und in vielen Stadtteilen am Nachmittag desselben 5. Mai verhaftet. Sie wurden aus den Häusern geholt und in Gefängnissen, Schulen, Kinos, Garagen und Kellern zusammengepfercht. Es kam dabei zu den ersten Massenprügeleien und einer großen Zahl von Erschießungen, an der ein immer größerer Teil der Bevölkerung teilnahm. Die Deutschen wurden ausgeplündert. Sie erhielten nichts zu essen und zu trinken und verbrachten die Nacht auf den 6. Mai häufig in so fürchterlicher Enge, daß sie stehen mußten und sich langsam im Kreise bewegten, damit jeder an den wenigen Luftlöchern, die man offen ließ, Atem schöpfen konnte.

Karl Hermann Frank selbst war im Regierungsviertel eingeschlossen. Er war über die Entwicklung in der Stadt unterrichtet. Aber er unternahm auch in der Nacht zum 6. Mai und im Laufe des 6. Mai nichts, um mit dem tschechischen Nationalrat oder der einstigen Protektoratsregierung zu einer Vereinbarung über einen sofortigen Waffenstillstand und einen Abmarsch der Deutschen zu kommen. Man wußte nicht, was ihn überhaupt noch bewegte, ob er auf Anweisungen aus Plön wartete oder ob er die Dinge einfach treiben ließ, weil er zu überheblich war, um von sich aus Vereinbarungen zuzustimmen, die nicht mehr, wie im April, eigenem Handeln entsprangen und wenigstens den Schein eigener Macht wahrten, sondern nur noch eines hätten sein können: klare Kapitulation vor den Tschechen.

Am 6. Mai begannen erste öffentliche Mißhandlungen der Deutschen in den Straßen Prags. Die eingeschlossenen deutschen Truppenteile versuchten zwar, durch Stoßtruppunternehmungen Deutsche aus provisorischen Gefängnissen, in die man sie geworfen hatte, zu befreien. Dies gelang in vielen Fällen, und eine größere Zahl von Deutschen wurde in vorübergehende Sicherheit gebracht. Aber der überwiegenden Masse der Deutschen war auf diese Weise nicht mehr zu helfen.

Diejenigen, die in diesen Tagen verhaftet und in provisorische Gefängnisse übergeführt wurden, erlitten ein grausames Schicksal. An den Straßen warteten Tschechen aller Schichten. Sie bewiesen, welche Ansteckungsfähigkeit Grausamkeit und Haß besitzen. Die Wartenden fielen über Deutsche her, bewarfen sie mit Steinen, spien sie an und schlugen mit allem auf sie ein, was sich zum Schlagen eignete. Ganze Gruppen deutscher Verhafteter, Frauen, Männer und Kinder, mußten Spießruten laufen und taumelten unter hagelnden Schlägen und Fußtritten mit erhobenen Armen dahin. Frauen, gleich welchen Alters, wurden aus den Gruppen herausgerissen und in irgendwelche Häuser und Lokale geschleppt. Dort wurden ihnen die Köpfe mit Papierscheren kahlgeschoren. Die Gesichter wurden mit Farbe angestrichen. Man riß ihnen die Kleider vom Leibe und malte ihnen Hakenkreuze auf Rücken und Brust. Man schändete sie, und viele wurden gezwungen, ihren Mund zu öffnen, damit ihre Quäler und Quälerinnen hineinspeien konnten.
In unterirdische Klosettanlagen des Wenzelsplatzes wurden zahlreiche Deutsche gepfercht, nachdem man sie gezwungen hatte, den einen Kilometer langen Platz auf einem Bein entlangzuhüpfen, wobei die Menge wahllos auf sie einschlug, wenn ihr zweites Bein einmal die Erde berührte.
Die Entwicklung im ganzen Lande nahm dort, wo Deutsche lebten, den gleichen Verlauf. Kleine Gruppen deutscher Soldaten wurden erschlagen, hinterrücks erschossen, erhängt, in Jauchegruben ersäuft und in Fässern zu Tode gerollt. Die zum großen Teil weit verstreut lebenden Deutschen fielen hilflos den entfesselten Leidenschaften zum Opfer. Es war bedeutungslos, ob sie in der deutschen Verwaltung eine Rolle gespielt hatten oder nicht.
Es spielte auch keine Rolle, ob es sich um Deutsche handelte, die seit Jahrhunderten im Lande lebten, um Deutsche, die erst nach 1939 zugewandert waren, oder aber um Flüchtlinge, die sich auf der Flucht vor den Russen noch in Böhmen aufhielten. Sie wurden ihrer Habe beraubt, auf öffentlichen Straßen und Plätzen, inmitten johlender Massen von Zuschauern, getreten, geschlagen, bespien und dann in Gefängnissen, Sälen oder auf bewachten Sportplätzen in Massen zusammengepfercht.
Nur im eigentlichen Sudetengebiet herrschte noch verhältnismäßige Ruhe, wenigstens in den nördlichen Teilen. Aber auch hier rüsteten sich die Tschechen, mit den Deutschen ähnlich zu verfahren wie in den übrigen Teilen des Landes oder aber sie innerhalb von Stunden

aus Städten, Dörfern und Flecken zu vertreiben und jeden Funken deutschen Lebens wieder auszulöschen.

Der erste blutige Akt des Aufstandes in Prag erlebte am 6. Mai ein gewisses Intermezzo, das einige Bedeutung für den Ablauf der Ereignisse in Prag erhielt. Es beleuchtete aber auch noch einmal das Gesamtpanorama des Kampfes im Osten, seine schuldhaften Hintergründe und die ebenso tragische wie verhängnisvolle Verstrikkung der westlichen Alliierten in Irrtümer und Illusionen.
Am Morgen des 6. Mai rückte die 1. Division des Generals Wlassow, in deutschen Uniformen, aber das Wahrzeichen des russischen Andreaskreuzes auf weißem Grunde auf ihren Ärmeln und Fahnen, in Prag ein und griff auf seiten der tschechischen Aufständischen in den Kampf gegen die Deutschen ein. Es konnte nicht – wie später behauptet wurde – davon die Rede sein, daß sie die Entscheidung in Prag herbeigeführt hätte. Diese war so oder so nur eine Frage der Zeit. Aber sechs Regimenter der 1. Division unter Führung des Generals Bunitschenko beschleunigten die Entscheidung im Kampf um Prag.
Bunitschenko setzte sich mit dem tschechischen Nationalrat in Verbindung und übernahm die Operation gegen die deutschen SS-Verbände, die auf den Höhen des Hradschin und im Gebiet des Stadions kämpften. Die Deutschen, welche plötzlich den neuen Gegner in deutscher Uniform vor sich sahen, dachten erbittert an nichts anderes als an Verrat. Vor allem die SS-Leute, die jemals von Wlassows umstrittener Existenz gehört hatten, waren jetzt überzeugt, daß General Wlassow immer ein Verräter gewesen sei und daß er seit seinem Erscheinen im Jahre 1943 nichts anderes im Schilde geführt hätte, als im Auftrage Stalins in die deutsche Wehrmacht einzudringen und ihr an der Ostfront in den Rücken zu fallen. Sie fragten nicht, wie oft Wlassow deutscherseits verraten worden war und wie oft man ihn hingehalten und getäuscht hatte. Und sie konnten solche Fragen auch nicht stellen, weil sie über die Hintergründe zu wenig wußten.
Es gab nur wenige, welche die Tragödie durchschauten, die sich mit dem Namen Wlassow verband und die nicht nur eine persönliche Tragödie Wlassows und seiner Anhänger, sondern eine russische, deutsche und, wenn man wollte, europäische Tragödie war.
So wie die entsetzliche Katastrophe dieser Tage ein Rückschlag der Maßlosigkeiten und Irrtümer war, denen Hitler in Osteuropa ge-

folgt war, so bedeutete das Eingreifen der 1. Wlassow-Division in Prag einen Rückschlag der Sünden Hitlers und seiner Umgebung gegenüber dem Mann, der, nachdem der Krieg im Osten einmal entbrannt war, allenfalls noch einen Erfolg über Stalin hätte herbeiführen können.

Wlassow hatte nach seinen Vereinbarungen mit Himmler und nach seinem Manifest von Prag am 14. November 1944 nicht das Material für die versprochene Armee erhalten. Die Ausrüstung von einer Million russischer Freiwilliger war ein Traum geblieben, ein Traum Wlassows und ein Traum jener Russen, die selbst zu dieser Zeit noch, gleich aus welchen Motiven, an Wlassow und seine Möglichkeiten glaubten. Sie war nicht nur ein Traum geblieben, weil Himmler Wlassow nur aus opportunistischen Motiven unterstützt hatte. Nicht nur, weil es zu schweren Auseinandersetzungen zwischen Wlassows großrussischen Befreiungsideen und zahlreichen ukrainischen, kaukasischen, turkestanischen, weißrussischen Befreiungskomitees gekommen war, die sich nicht unterordnen wollten. Es war einfach zu spät. Deutschland war nicht mehr in der Lage, seine eigenen Truppen auszurüsten. Woher sollte es die Ausrüstung für die russischen Verbände nehmen?

Wlassow war es nur noch gelungen, zwei Divisionen aufzustellen; die 1. Division auf dem Truppenübungsplatz Münsingen, die 2. Division in Heuberg. Die 2. Division war aber nur zum Teil bewaffnet.

Wlassow hatte einige Regierungsstellen ausgebaut und zum großen Teil nach Karlsbad verlegt. Er hatte einen Generalstab mit dem einstmals russischen Generalmajor Truchin als Chef gebildet. Er hatte die Anfänge einer Luftwaffe aufgestellt und eine Offiziersschule unter der Führung des Oberst Meandrow gegründet. Die Befehlshaber der beiden Divisionen waren der einstige sowjetische Oberst und nunmehrige Generalmajor Bunitschenko sowie der einstige Oberst und nunmehrige Generalmajor Swerew.

Die 1. Division war zum Teil aus sogenannten Ostbataillonen zusammengestellt, welche deutscherseits während der Feldzüge in der Sowjetunion gebildet und schließlich als Landsknechtsverbände mißbraucht worden waren.

Wlassow hatte in den letzten Monaten jede Illusion über das Ende Hitlers, Deutschlands und den Ausgang des deutsch-sowjetischen Krieges aufgegeben. Aber er hatte in sich ähnliche Hoffnungen genährt, wie sie Millionen von Deutschen bis in die letzten Stunden des Untergangs in sich trugen: die Hoffnung darauf, daß, wenn Deutschland zerbrach, die westlichen Alliierten nicht tatenlos zusehen würden, daß Stalins Macht bis in das Herz Europas vordrang. Auch Wlassow glaubte, das Zweckbündnis zwischen der Sowjetunion und den Westmächten würde im Augenblick des Sieges über Deutschland zerfallen und in eine neue Kampfstellung zwischen dem Osten und dem Westen übergehen. Auf jeden Fall aber war sich der verzweifelte Mann, der alles, für das er sich eingesetzt hatte, zerrinnen sah, klar darüber, daß er nur noch bei den Westmächten den Rückhalt finden würde, den er bei Hitler gesucht, aber nicht erhalten hatte.

In den Tagen, in denen die 1. Wlassow-Division sich insgeheim darauf vorbereitete, nach Prag zu marschieren, waren Wlassows Kräfte räumlich weit verteilt. Die 2. Division war halbfertig von Heuberg in den Raum von Linz aufgebrochen. Die Masse des Generalstabes und der Regierungsstellen befand sich in Karlsbad oder Marienbad. Die Offiziersschule war nach Linz unterwegs. Die Luftwaffeneinheiten befanden sich praktisch ohne Flugzeuge in der Nähe von Marienbad.

Auch Wlassow war mit der 1. Division in Richtung Linz gefahren. Alle Gespräche in seiner Umgebung hatten sich nur darum gedreht, was jetzt geschehen solle. Die einen waren dafür gewesen, alle Kraft auf Verhandlungen mit den Westmächten zu richten. Andere hatten darauf gedrängt, nach Jugoslawien zu marschieren, sich mit den »weißen« jugoslawischen Partisanen des Generals Michailowitsch und einem von Deutschland aufgestellten antikommunistischen Kosakenkorps zu vereinigen und dort unten – über die deutsche Niederlage hinaus – zu kämpfen, bis es zu Vereinbarungen mit den westlichen Alliierten käme. Wlassow hatte sich schließlich entschlossen, einen seiner Mitarbeiter, den General Malyschkin, über die zurückweichende deutsche Westfront zu dem amerikanischen General Patch zu schicken. Aber während Wlassow sich im Anschluß daran nach Ruhpolding begab, um Abschied von Angehörigen zu nehmen, hatte General Bunitschenko, von Verzweiflung über die aussichtslose Lage getrieben, auf eigene Faust gehandelt. Seine 1. Division war am frühesten einsatzbereit gewesen. Sie war im April an die Oderfront geschickt worden, um sich dort in einem begrenzten Angriff zu bewähren. Ihre Bewährung sollte die Deutschen davon überzeugen, daß es keine Materialverschwendung war, wenn sie den Russen Waffen zur Verfügung stellten.

Der Einsatz war mißlungen, weil er mit unzureichenden Mitteln gegen einen Brückenkopf unternommen worden war, den vorher mehrere deutsche Einheiten vergebens angegriffen hatten. Bunitschenko hatte die hoffnungslose Schwäche der deutschen Front erkannt und das Debakel im Osten kommen sehen. Sofort nach dem Scheitern des Einsatzes hatte er sich bemüht, aus dem Gebiet der deutschen Ostfront herauszukommen. Er wollte seine Verbände vor dem sicheren Untergang retten, der ihnen drohte, wenn die sowjetische Angriffsflut begann und die viel zu schwache deutsche Front hinwegschwemmte.

Seine Division wollte er als Trumpf für Verhandlungen mit dem Westen erhalten. So war er zunächst – deutsche Befehle mehr oder weniger mißachtend – nach Süden bzw. Südwesten marschiert. Von deutscher Seite war er der Heeresgruppe Schörner zugeteilt worden. Aber Bunitschenko hatte es in der allgemeinen Verwirrung verstanden, sich dem Zugriff Schörners zu entziehen. Auf diese Weise war Bunitschenko in den ersten Maitagen bis in den Raum westlich Prag gelangt. Sein Streben war, noch weiter nach Süden zu kommen und Verbindung mit der 2. Division und den anderen Wlassow-Verbänden aufzunehmen.

In diesem Augenblick hatten sich Abgesandte der tschechischen Nationalisten bei ihm gemeldet und ihm folgenden Vorschlag gemacht: Ihnen, den Nationalisten, fehle es an bewaffneten Kräften, um die deutsche Herrschaft in der Tschechoslowakei zu stürzen und eine Nationalregierung zu bilden, bevor es den Kommunisten in der Tschechoslowakei gelinge, die Macht zu ergreifen. Die Bildung einer tschechischen Nationalregierung werde auch die Amerikaner bewegen, ihren Vormarsch in Richtung Prag zu beschleunigen. Wenn Bunitschenko den Nationalisten mit zum Sieg verhelfe, werde die nationale tschechische Regierung seiner ganzen Division mit allen Angehörigen eine zukünftige Heimat in der Tschechoslowakei bieten.

Bunitschenko hatte mehrere Tage verhandelt. Dann hatte er, ohne die Zustimmung Wlassows abzuwarten, einen Vertrag mit den tschechischen Abgesandten unterzeichnet und am 5. Mai seiner Division den Befehl erteilt, nach Prag einzumarschieren. Es hatte in seinem Stab Meinungsverschiedenheiten gegeben. Einige seiner Offiziere wollten nicht gegen die Deutschen kämpfen. Aber die Zukunftshoffnung, die in dem Vertrag mit den Tschechen lag, sowie die tausendfach erlebten Enttäuschungen über die Deutschen hatten die Division hinter ihm geeint. Er handelte in der Hoffnung, die westlichen Alliierten davon zu überzeugen, daß Wlassow und seine Soldaten keine Knechte der Deutschen waren. Es war ein letztes, tragisches Spiel.

Die 1. Wlassow-Division wurde bei ihrem Eintreffen in Prag von der aufgewühlten tschechischen Bevölkerung mit Blumen überschüttet. Für einen Augenblick trat der Blutrausch zurück, der gerade begann. Seine deutschen Opfer in den Straßen blieben den Leuten Bunitschenkos nicht verborgen und erhöhten bei vielen Offizieren die innere Unsicherheit über das Unternehmen, in das sie sich eingelassen hatten. Aber es gab keinen Weg zurück.

Manchen deutschen Soldaten, die in die Gefangenschaft der 1. Division fielen, öffnete sie den Weg nach Westen. Andere Teile der Division begingen aus Verzweiflung und Haß gegen die Deutschen, in denen sie nur noch die Verräter an ihrer Sache sehen konnten, selbst unbeschreibliche Grausamkeiten. Sie gerieten auch in Kämpfe mit kommunistischen Tschechen hinein, die hier und da bereits sowjetische Fallschirmspringer zu Anführern hatten. Rücksichtslos war überall der Kampf gegen die SS-Verbände.

Am Nachmittag des 7. Mai wehte im Zentrum von Prag neben der nationaltschechischen Fahne die Andreasflagge Wlassows. Kurze Zeit später erfuhr Bunitschenko, daß Deutschland im Begriff sei zu kapitulieren und daß auch die deutsche Führung in Prag in Kapitulationsverhandlungen eingetreten sei. Der Prager Sender feierte die Wlassow-Soldaten überschwenglich als Befreier. Wlassow-Bilder hingen in den Straßen. Einer von Bunitschenkos Verbindungsoffizieren war bei den Kapitulationsverhandlungen mit den Deutschen zugegen.

In den Vormittagsstunden des 8. Mai rückte in die von unheimlichem Leben erfüllte Stadt eine kleine amerikanische Patrouille auf Panzern und Kraftwagen ein. Schon glaubten die Nationalisten und glaubte auch Bunitschenko, daß nun der amerikanische Einmarsch dicht bevorstehe. Aber es stellte sich gleich darauf heraus, daß dies ein Irrtum war und bleiben sollte. Die Amerikaner bildeten lediglich einen Aufklärungsverband, der die Lage in Prag erkunden sollte. Der Oberbefehlshaber der 3. amerikanischen Armee, General Patton, war nur ungern Eisenhowers Befehl gefolgt, seinen Vormarsch bei Pilsen zu stoppen. Er persönlich sah die sowjetischen Gefahren. Und er spielte einen Augenblick mit dem Gedanken, die Kämpfe in Prag und die Möglichkeit einer Zerstörung der Stadt als Vorwand

zu benutzen, um Prag mit schnellen Verbänden zu besetzen, während die Russen aufgehalten waren und nicht so schnell vorwärts kamen, wie General Antonow es vorausgesagt hatte.
Aber der Führer der amerikanischen Aufklärungseinheit hatte den Auftrag, festzustellen, ob die Deutschen noch die Kraft hätten, die Aufständischen zu überwinden und Prag zu zerstören. Als er feststellte, daß die Deutschen auf wenige Widerstandszentren zusammengedrängt waren und über eine Kapitulation verhandelten, kehrte er nach Pilsen zurück.
Vor der Abfahrt hatte er ein Gespräch mit Bunitschenko. Er erklärte diesem dabei mit erschütternder Unkenntnis und Naivität, die 3. amerikanische Armee werde nicht in die Tschechoslowakei einmarschieren, sondern deren Besetzung den Russen überlassen, und die 1. Wlassow-Division möge in Prag die Ordnung aufrechterhalten und das Eintreffen der Roten Armee erwarten. Er verstand nicht die Wirkung, die diese Äußerung auf den Russen ausübte und daß er die 1. Division aufforderte, sich sozusagen selbst als Verräter gegen Stalin dem Untergang auszuliefern.
Als der Führer von Bunitschenkos Aufklärungsabteilung funkte, daß ihm soeben ein sowjetischer Kommissar die Grüße Stalins und den Wunsch übermittelt habe, Bunitschenko und die anderen Verräter bald »in der Heimat« zu sehen, begriff dieser, daß sein Spiel um die Zukunft verloren war und daß es jetzt nur noch eine Chance gab, so schnell wie möglich aus Prag heraus nach Westen zu marschieren und hinter die amerikanische Frontlinie zu gelangen. Es war ein unbeschreibliches Bild, wie Bunitschenko, der eben noch gegen die Deutschen gekämpft hatte, nun mit seinen Kolonnen zwischen den versprengten Resten deutscher Verbände und kleinen, gehetzten Häuflein deutscher Zivilflüchtlinge den amerikanischen Linien zumarschierte.
Während des Marsches stieß er auf Wlassow, der in Ruhpolding von der Eigenmächtigkeit Bunitschenkos gehört hatte und sofort in Richtung Prag aufgebrochen war. Er war zu spät gekommen. Jetzt blieb ihm nur der Rückmarsch mit der Division nach Westen und die Hoffnung, daß Malyschkin bei den Verhandlungen mit den Amerikanern ein Erfolg beschieden sei. Er ahnte nicht, daß sich Malyschkin bereits in amerikanischer Gefangenschaft befand und daß er vergebens versucht hatte, den Amerikanern klarzumachen, daß Stalins machtpolitische Ziele anders seien, als sie sich die Amerikaner im Taumel des siegreichen Koalitionskrieges vorstellten,

und daß der Kommunismus eine welterobernde Macht bleiben werde.
Wlassow, Bunitschenko und die 1. Division erreichten den Raum von Suchomast. Die Amerikaner ließen sie über ihre Linie, lieferten die Division jedoch wenige Tage später an sowjetische Verbände aus. Wlassow gelangte bis nach Schlüsselburg. Dort wurde er von untergeordneten amerikanischen Kräften, bewußt oder unbewußt, in die Hände einer sowjetischen Patrouille gespielt und anderthalb Jahre später mit zwölf seiner Offiziere in Moskau gehängt. Den größten Teil seiner Offiziere und Soldaten ereilte ebenso das Schicksal der Auslieferung. Viele verübten Selbstmord. Nur ein Teil entkam.

Der Auftritt von Wlassows Soldaten im tschechischen Sturm war eine menschliche und politische Tragödie. Den Deutschen allerdings, die am 6. Mai in diesen Sturm hineingerissen wurden, konnte es, sofern sie überhaupt davon erfuhren, in der Tat nur als ein markantes Schauspiel des Verrats erscheinen. Die Deutschen in den Widerstandsnestern in Prag, in Dewitz, im Czernin-Palais und am Masaryk-Bahnhof oder im weiten Land, dazu die unübersehbare Zahl der Verhafteten, hegten nur noch eine Hoffnung: Es war die Hoffnung auf die Heeresgruppe Schörner, die – was immer auch geschah – durch den tschechischen Raum nach Westen zurückmarschieren mußte. Man hoffte, daß der Mann, dessen Name »eiserne Entschlossenheit« bedeutete, auf diesem Rückmarsch zum Befreier werden würde.

Die Nacht vom 6. und 7. Mai lastete mit rabenschwarzer Dunkelheit auf dem letzten Hauptquartier Schörners zehn Kilometer westlich Josephstadt. Die Hauptgebäude des Sanatoriums Wolchow, in denen sich Schörners Stab seit Anfang April eingerichtet hatte, lagen still und dunkel da. Man bemerkte nichts von der Spannung, die im Innern des Sanatoriums herrschte.
Der Chef des Stabes der Heeresgruppe ging in seinem Zimmer auf und ab. In der Stille hatte auch er wie alle Ostfrontsoldaten gehofft, es würde gelingen, mit den Westmächten zu einem Sonderfrieden zu kommen. Aber seit seiner Rückkehr aus Mürwick wußte er, daß dies eine absurde Hoffnung gewesen war und daß es für ihn nur noch eine sinnvolle Tätigkeit geben konnte. Sie hieß: Loslösung der unterstellten Armeen der Heeresgruppe von den sowjetischen

Armeen, Bewahrung ihrer Soldaten vor sowjetischer und Überführung in amerikanische Gefangenschaft. Es mußte einfach gelingen, die vielen Hunderttausende deutscher Soldaten, für die Schörner und er verantwortlich waren, an bzw. über die amerikanischen Linien im Raum Pilsen zu bringen, bevor eine Kapitulation unterzeichnet würde.

v. Natzmer wußte nicht genau, wie Schörner über diese Frage dachte. Der Feldmarschall war von einer unerträglichen Nervosität erfüllt und noch unberechenbarer, als er sonst zu sein pflegte. Immerhin hatte er seinem Stabschef am 3. Mai die Zustimmung zu dessen Flug nach dem Sitz der Regierung Dönitz erteilt.

Seither zog sich die am weitesten im Osten stehende 17. Armee kämpfend durch die Tschechoslowakei nach Westen zurück. Die Reste der 1. Panzerarmee schlossen sich südwestlich davon diesem Rückzug an. Die 4. Panzerarmee im Norden stemmte sich noch immer mit letzter Kraft Konjews Armeen entgegen. Wenn es den Russen gelang, durchzubrechen, schnitten sie den Soldaten der 17. und 1. Panzerarmee den Weg nach Westen ab.

Draußen klang das dumpfe Brummen russischer Flieger durch die Nacht. Irgendwo in der Ferne knallten Schüsse und grollte eine schwere Explosion. Niemand konnte feststellen, wo überall geschossen wurde. Alarmmeldungen kamen aus dem ganzen Land. Tschechische Gruppen überfielen einzeln fahrende Wehrmachtswagen. General v. Natzmer schob das Tablett mit Mokka und Kognak beiseite, das ihm Schörner persönlich hereingetragen hatte, bevor er sich um 12 Uhr für die Nacht zurückzog. Dies gehörte zu den berechnenden Gesten des sonst jeder Rücksicht baren Feldmarschalls gegenüber denen, deren Unterstützung er dringend brauchte. v. Natzmer hatte sich längst daran gewöhnt, diese Dinge nicht anders zu werten, als sie waren. In schnellen Zügen rauchend, beugte er sich über seine Papiere.

In derselben Nacht brannte in der nahe gelegenen Villa des ehemaligen Chefarztes von Wolchow, in der Schörner persönlich Quartier genommen hatte, ebenfalls noch Licht. Im ganzen Hause herrschte lautlose Stille. Die beispiellose Geräuschempfindlichkeit des Feldmarschalls lastete in diesen Tagen und Nächten noch stärker auf seiner Umgebung als sonst.

Es gab nun keinen Zweifel mehr, alles war unwiderruflich zu Ende. Hitler, dem er seinen Aufstieg verdankte, lebte nicht mehr. Was mit

seinen Freunden, vor allem Bormann und Burgdorf, geschehen war, wußte niemand. Am 1. Mai, vor sechs Tagen, hatte Schörner noch einen Funkspruch erhalten, der ihn aufforderte, ein Flugzeug nach der Pfaueninsel bei Potsdam zu schicken, um von Major Johannmeyer das Schreiben in Empfang zu nehmen, in dem er zum Oberbefehlshaber des Heeres ernannt worden war. Aber der Flieger kam unverrichteter Sache wieder zurück. Schörner wußte nichts von seiner Ernennung, da auch Dönitz nichts davon wußte und v. Natzmer keine Mitteilung darüber hatte machen können. Alles, was in Berlin geschehen war und noch geschah, lag für Schörner im Dunkel. War er, der Generalfeldmarschall Schörner, der letzte noch Lebende aus dem Kreis der »Unbedingten«?
Er hatte gelegentlich erfahren, was man auf der feindlichen Seite über ihn schrieb. Es hieß, er stehe auf der Schwarzen Liste der Russen. Er hatte auf eine Karte gesetzt, auf die eine große Karte Hitler. Die Karte hatte nicht gestochen – und jetzt kam die Rechnung.
Er dachte an andere Feldmarschälle und Generale, die stets Hemmungen gehabt hatten. Vielleicht bildeten sie sich jetzt ein, sie kämen mit heiler Haut davon, weil sie nur widerstrebend Krieg geführt und viele Maßnahmen ebenso widerstrebend vollzogen hatten. Sie sollten sich nicht täuschen! Sie hatten mitgemacht, und sie würden ebenfalls bezahlen müssen. Sie lebten noch in alten Vorstellungen von Kriegs- und Völkerrechten und sonstigen Ritterlichkeiten. Aber damit war es vorbei. Sie hatten sich den Genuß dieser Rechte selbst verscherzt, als sie sich – wenn auch nur mit einem Bein – mit auf die neue Ebene begaben, auf der weltanschauliche Armeen geschaffen wurden, mit denen um die Vorherrschaft von Ideen und Parteisystemen auf Leben oder Tod gekämpft wurde. Wenn es schiefging, gab es keine Völkerrechte. Er, Schörner, wußte das. Er würde sich nicht den Siegern und am allerwenigsten den Russen gutgläubig ans Messer liefern. Also erschießen?
Nein. Er hatte Hitler am 24. April nochmals telefonisch aufgefordert, sich in die Tschechoslowakei zu seiner Heeresgruppe zurückzuziehen. Das wäre ein Grund gewesen, um in den tschechischen Bergen weiterzukämpfen. Aber Hitler hatte es abermals vorgezogen, in Berlin zu bleiben. Sollte er sich also den Teufel um die Kapitulationsverhandlungen scheren, die Dönitz in Mürwick tätigte, und bis zur letzten Patrone weiterkämpfen? Der Gedanke, dies zu tun, beherrschte ihn stark. Er war noch nicht ganz entschlossen. Eines aber wußte er bestimmt. Er würde nicht selbst Hand an sich

legen. Er glaubte an die gesunde Kraft zur Selbstbehauptung. Er war nicht auf Großstadtpflaster aufgewachsen. Er kannte die bayerischen Berge und die Einsamkeit. In den Bergen hatte er ein »Adlernest« ausgewählt und mit Proviant für mehr als ein Jahr versehen lassen.

Er löschte mit einem harten Griff das Licht und öffnete das Fenster. Er brauchte Luft, weil ihn das Vorgefühl der kommenden Tage zu ersticken drohte. Oder ergriff ihn Lebensangst? Dachte er in diesem Augenblick vielleicht einmal an diejenigen, die in den vergangenen Monaten draußen auch plötzlich die bohrende Angst vor der sowjetischen Übermacht befiel, die Angst vor dem Tod, die Angst vor der Grausamkeit der Gefangenschaft und der Wunsch nach Leben – und die er, Schörner, über das auch in Krisen vertretbare Maß hinaus, verurteilt hatte?

Am Mittag des 7. Mai 1945 nahm die Funkstelle in Wolchow einen Befehl des Oberkommandos der Wehrmacht – oder dessen, was sich in Mürwick oder Flensburg noch so nannte – auf. Der Befehl besagte, daß am 9. Mai, 0.00 Uhr, Waffenstillstand an allen Fronten eintrete. Als der Funkspruch General v. Natzmer vorgelegt wurde, erbleichte er. Dies bedeutete das Ende der Hoffnung, die Soldaten der Heeresgruppe vor der sowjetischen Gefangenschaft zu bewahren. Es war unmöglich, bis zum 9. Mai die Heeresgruppe von den Sowjets zu lösen. Also Nichtbeachtung des Befehls und des geschlossenen Waffenstillstandes?

Schörner war nicht zu erreichen. Er war am frühen Morgen aufgeregt und ruhelos davongefahren. Nicht nur die tägliche Gewohnheit der vergangenen Jahre, sondern auch die kaum bezähmbare innere Unrast hatte ihn an diesem Tage ins Hinterland der Front hinausgetrieben. Er kehrte immerhin früher als sonst zurück und nahm die Nachricht über den Abschluß des Waffenstillstandes entgegen. Er bebte im ersten Augenblick vor Zorn und erklärte, an diesen Waffenstillstand werde er sich nicht halten. Er diktierte ein Schreiben an die Oberbefehlshaber seiner Armeen, teilte die Tatsache des Waffenstillstandes und gleichzeitig seinen Entschluß zum Weiterkämpfen mit. Er forderte Befragung der kommandierenden Generale in dieser Angelegenheit und Antwort bis zum Abend. Niemand würde vor den Russen kapitulieren wollen. Hier deckten sich die allgemeinen Ansichten mit seinen verborgenen persönlichen Plänen.

Der Stabschef und seine Mitarbeiter hatten jedoch das ganze Problem des Weiterkämpfens genau durchdacht. Sie waren zu dem Schluß gekommen, daß es undurchführbar war. Ein willkürliches Hinwegsetzen über die Kapitulationsvereinbarungen würde die letzten schwachen Rechtsgrundlagen zerstören, auf die man vielleicht noch bauen konnte. Die Amerikaner würden jegliche Vereinbarung über eine Gefangennahme der Heeresgruppe ablehnen, wenn diese die Kapitulationsvereinbarungen nicht einhielt. Mit dem Befehl zum Weiterkämpfen machte man die eigenen Soldaten zum Freiwild.

Schörner hörte seine Mitarbeiter erregt an. Ihn interessierte die Haltung der Amerikaner nach einem Bruch des Waffenstillstandes nicht. Er war schon so sehr in dem Gedanken an sein persönliches Schicksal gefangen, daß ihn das Nachher nicht mehr bewegte. Er selbst wollte weder in russische noch in amerikanische Gefangenschaft gehen. Wußte er, ob ihn die Amerikaner nicht an die Russen auslieferten?

Er hatte seinen Fluchtplan fertig und brauchte die Amerikaner nicht. Aber als v. Natzmer seine Vorschläge für die einzige noch mögliche Lösung des ganzen Problems unterbreitete, horchte er auf. v. Natzmer schlug vor, dem im Erzgebirge stehenden äußersten Flügel der 4. Panzerarmee den Befehl zu befristetem Weiterkämpfen zu geben, um die dort anstürmenden Russen zu hindern, von Norden her die Rückmarschstraßen der Heeresgruppe nach Westen abzuschneiden. Er schlug ferner vor, der 17. Armee und 1. Panzerarmee sofort freie Hand für eine »organisierte Flucht nach Westen« unter Ausnutzung jedes Fahrzeuges und jedes Tropfens Benzin zu geben. Dies werde zwar, vor allem angesichts des Aufruhrs im tschechischen Gebiet, nicht verhindern können, daß große Teile der nichtmotorisierten und bespannten Einheiten in sowjetische Gefangenschaft fielen. Es eröffne aber die einzige noch mögliche Aussicht, wenigstens die anderen Teile zu retten.

Schörner begriff sofort, daß hier *die* Lösung war, nicht nur für die Heeresgruppe, sondern auch für ihn. Wenn er den Armeen freie Hand, ja den Befehl zur Flucht nach Westen gab – befreite er sich dann nicht selbst von aller Verantwortung? Konnte er dann nicht offen und ohne weitere Rücksichten so handeln, wie es für seine eigene Rettung notwendig war?

Er stimmte überraschend schnell zu. Der Stabschef schlug daraufhin vor, das Hauptquartier am nächsten Morgen von Wolchow nach

Westen, etwa nach Saaz, zu verlegen, um von dort den Versuch zu unternehmen, Verbindung zu den Amerikanern zu bekommen und die Fluchtbewegung der Truppen so lange wie möglich zu steuern. Schörner stimmte auch hier sofort zu. Vielleicht hätte diese Zustimmung seine Mitarbeiter aufmerksam machen müssen. Aber keiner von ihnen dachte daran, daß der Feldmarschall, der mit völliger Selbstverständlichkeit von jedem Soldaten jedes Opfer bis zum Tode gefordert hatte, sich mit dem Gedanken trug, zu fliehen. Schörner gab fast erleichtert Befehl, alle Vorbereitungen für die Verlegung zu treffen, einen Abschiedsappell für die Offiziere des Stabes anzuberaumen und eines nicht zu vergessen – die »Fieseler Storch«-Verbindungsflugzeuge der Heeresgruppe auf den Flugplatz von Saaz vorauszuschicken.

Der Abschiedsappell war vorüber. Schörner hatte in die kalten Augen seiner Offiziere geblickt und nicht viel Zeit für diese Verabschiedung geopfert.

Während im Stab die Anweisungen an die Armeen und die Befehle, am Morgen des 8. Mai noch einmal die Stabschefs zu einer letzten Besprechung nach Wolchow zu schicken, hinausgingen, während die Verlegung vorbereitet und Kraftwagen beladen wurden, eilte Schörner zu seinem Haus hinüber. Er beriet sich mit seinem Ordonnanzoffizier. Dann schob er Geld in eine Aktentasche und trat noch einmal ans Fenster. Es begann schon zu dunkeln. Das also war sein letzter Abend als Feldmarschall, dachte er, und dann: wenn nur die »Störche« unbeschädigt nach Saaz gelangen. Ohne sie oder wenigstens einen von ihnen mußte sein Fluchtplan scheitern. Er nahm die Tasche, verließ das Haus und ging zum Stabsgebäude hinüber. Akten und Papiere wurden zum Verbrennen übereinandergehäuft. Es waren Zeichen des Endes. Aber Schörner hatte keine Zeit, sich mit diesen Bildern einer zusammenbrechenden Ordnung, die vor wenigen Tagen noch sein ganzes Strafregister auf den Plan gerufen hätten, zu beschäftigen. Er begab sich zu Natzmer, um ihm seinen Fluchtplan mitzuteilen, und er wußte genau, auf welchen Widerstand er stoßen würde.

Er traf v. Natzmer allein. Der Stabschef ahnte dunkel, daß irgendeine Entscheidung bevorstand. Aber er dachte an alles, nur nicht an das, was Schörner ihm mit kaum beherrschter Stimme mitteilte. Schörner dankte kurz für Natzmers Dienste. Dann fuhr er unvermittelt fort, er selbst sei öffentlich zu sehr belastet, als daß er sich freiwillig in Gefangenschaft begeben könne. Er werde daher spätestens in der Nacht vom 8. auf den 9. Mai versuchen, mit einem der »Fieseler Störche« in die bayerischen Berge zu entkommen. Er werde in einer Sennhütte, die niemand kenne, verschwinden. Erst um Weihnachten herum werde er den Kopf wieder »'rausstecken« und die Lage »peilen«.

Er öffnete die Tasche und zog das Geld hervor. Er bot es v. Natzmer an für den Fall, daß auch dieser sich zur Flucht entschließen werde. Er sah in Natzmers errötendes, dann eisig erstarrendes Gesicht. v. Natzmer machte Schörner mit einer Stimme, die kalt und abweisend klang, darauf aufmerksam, daß die Heeresgruppe am kommenden Tage um ihr Leben marschieren werde. In dieser Zeit könne der Oberbefehlshaber seine Heeresgruppe nicht verlassen.

Schörners Augen waren rot unterlaufen. Aber noch beherrschte er sich gegenüber dem Mann, mit dem er so lange zusammengearbeitet hatte. Er erklärte kurz, er habe jedem in der Heeresgruppe das Recht gegeben, sich nach Westen in Sicherheit zu bringen. Er nehme jetzt dasselbe Recht für sich in Anspruch. Was noch zu tun sei, werde v. Natzmer erledigen können. Damit nahm er die Tasche wieder an sich und verließ schroff das Zimmer.

Am Morgen des 8. Mai tat sich für den Stab der Heeresgruppe Mitte noch einmal eine Hoffnung auf. Aus Flensburg kam die Meldung, ein Offizier des Oberkommandos der Wehrmacht – unter amerikanischem Schutz über Prag herangeführt – sei unterwegs, um neue Weisungen zu bringen. Gegen Mittag erschien ein Oberst Meyer-Detring. Aber er brachte lediglich das Schreiben, in welchem die Regierung Dönitz erklärte, weshalb der Waffenstillstand so frühzeitig habe abgeschlossen werden müssen und daß man trotzdem alles daransetzen solle, die Heeresgruppe in amerikanische Gefangenschaft zu überführen.

Kurz nach Mittag war die Wagenkolonne des Stabes fahrbereit. An der Spitze fuhr Schörner mit seinem Ordonnanzoffizier, es folgte der Adjutant, der Stabschef und die Funkstaffel. Wegen der immer bedrohlicheren Nachrichten über tschechische Aufstandsbewegungen hatte Schörner befohlen, als Marschweg die Straße Josephstadt–Jungbunzlau–Leitmeritz–Saaz zu benutzen. Er forderte seinen Fahrer zu ständigen Steigerungen der Geschwindigkeit auf, so daß der Stabschef nur mühsam folgen konnte.

Auf der Straße bewegten sich, auf der Flucht vor den Russen, militärische Kolonnen und Besatzungseinheiten aus der Tschechoslowakei. Dazwischen die in ihrem Elend immer gleichbleibenden, endlosen Trecks deutscher Flüchtlinge. Gelegentlich wurde Schörners Wagen durch Straßenverstopfungen aufgehalten. Als der Stabschef ihn bei einem solchen Halt bat, eine längere Pause einzulegen, um den zurückbleibenden Teilen der Kolonne die Möglichkeit zu geben, wieder Anschluß zu finden, lehnte Schörner ab. v. Natzmer ging es darum, die Funkstaffel nicht zu verlieren. Ohne sie würde es ihm unmöglich sein, von Saaz aus wieder Verbindungen zu den Armeen aufzunehmen. Schörner hörte ihm kaum zu, sondern befahl die Weiterfahrt.

Schließlich näherte man sich Saaz und dem Flugplatz, der unmittelbar an der Straße lag. Als auf dem Platz die vorausgeschickten »Fieseler Störche« nicht zu finden waren, bemächtigte sich Schörners eine neue Erregung. Gleichzeitig trafen Meldungen über das Heranrücken sowjetischer Panzer von Norden ein. Wenn diese Meldungen richtig waren, mußte die Front der 4. Armee im Erzgebirge durchbrochen sein. Damit drohte das Schlimmste, das man befürchten konnte, die Absperrung der Fluchtstraßen nach Westen durch sowjetische Panzerkolonnen. In Saaz machte Schörner fast eine Stunde halt, um auf die »Störche« zu warten. v. Natzmer hoffte unterdessen, daß die Funkstaffel ihn wieder erreichen würde. Aber weder die »Störche« noch die Funkstaffel trafen ein. Dafür tauchten plötzlich sowjetische Panzer am Nordrand des Flugplatzes auf. Den Russen war also der Durchbruch durch die 4. Panzerarmee gelungen.

Schörner befahl sofortige Weiterfahrt. Bei sinkender Dunkelheit rollte die Kolonne in den nächsten größeren Ort, Podersam, ein. In der Ortskommandantur erfuhr Schörner endlich, daß einer seiner »Störche« in der Nähe auf einer Wiese gelandet sei. Er sandte sofort seinen Ordonnanzoffizier aus, um das Flugzeug sicherzustellen. In den Diensträumen der Ortskommandantur drängten sich zahlreiche Soldaten, Verwundete, Versprengte. Als Schörner plötzlich mitten unter ihnen stand, schraken sie zusammen.

Sie wußten nicht, daß vor ihnen nur noch eine Uniform stand – die äußere Haut einer schon gestürzten Größe. Sie begannen erst zu begreifen, als der Feldmarschall den Ortsgruppenleiter von Podersam zu sich befahl und ihm den Auftrag erteilte, zwei passende Zivilanzüge für ihn, darunter bayerische Tracht, zu besorgen. Er löste mitten im Kreis der Soldaten Ritterkreuz, Eichenlaub und Brillanten vom Hals und schob Orden und Ehrenzeichen in seine Hosentaschen. Dann zog er sich in das Zimmer des Ortskommandanten zurück. Dort warf er die Uniform ab, zog die Tracht an, die der völlig verwirrte Ortsgruppenleiter brachte, und befahl einem Zahlmeister, Sekt und Zigarren zu beschaffen. Er nahm den Adjutanten und den Ordonnanzoffizier, beides Männer, die ihm völlig ergeben waren, zu sich ins Zimmer. Und während sich draußen die Ratlosen und Verlorenen langsam aus ihrer Erstarrung lösten und begriffen, welchen Sturz sie eben miterlebt hatten, ertränkte Schörner die Überspannung seiner Nerven in einem Abschiedsfest.

v. Natzmer zog sich aus der Ortskommandantur zurück und ging mit seinem Ordonnanzoffizier schweigend durch das nächtliche Podersam. Er versuchte, irgendeine Funkstelle aufzutreiben, mit deren Hilfe er Verbindung zu den Truppen der Heeresgruppe aufnehmen könnte, deren Standort niemand mehr kannte. Aber alles Bemühen war umsonst. So begab er sich zur Ortskommandantur zurück. Es gab jetzt nur noch eine Verbindungsmöglichkeit zu den Truppen, nämlich mit Hilfe des »Storch«, der auf der Wiese von Podersam wartete.

v. Natzmer stand lange bei seinem Wagen. Dann entschloß er sich, Schörner zu ersuchen, ihm den »Storch« zur Verfügung zu stellen, damit er in der Frühe des 9. Mai zur 17. und 1. Panzerarmee fliegen könne.

Schörner – ein Glas in der Hand – stand nicht mehr sicher auf den Beinen, als er seinem Stabschef entgegentrat. Er versuchte in halber Trunkenheit v. Natzmer zu beruhigen, indem er ihm sein Glas entgegenstreckte und ihn aufforderte, mitzutrinken und »alles zu vergessen«. Als sein Stabschef mit kalten Worten ablehnte, erfaßte Schörner eine jäh aufsteigende Wut. Er verlor die letzte Beherrschung. Zum ersten Male in seiner Laufbahn strömte sein abgrundtiefer Haß gegen die Offiziersklasse, der v. Natzmer angehörte, über seine Lippen. Sein Stabschef hörte ihm mit zusammengebissenen Zähnen zu und ließ den Haß verströmen. Dann forderte er nochmals den »Storch«. Schörner schrie ihm ein neues Nein entgegen. Darauf entgegnete ihm v. Natzmer, er werde den »Storch« unter Bewachung stellen, und verließ, vor Erregung zitternd, das Zimmer.

Draußen erteilte er Befehl, eine Wache bei dem Flugzeug aufzustellen und die Maschine niemandem außer ihm selbst freizugeben. Er begab sich noch einmal auf die Suche nach einer Funkstelle. Als sie abermals ergebnislos blieb, setzte er sich in seinen Wagen, der vor

der Ortskommandantur stand, um den Morgen abzuwarten. Dabei übermannte ihn die Müdigkeit.
Die Bewachung des »Storch« bestand aus einigen älteren Landesschützen. Als im Morgengrauen plötzlich ein großer, breiter Mann in Zivil, begleitet von einem jüngeren Menschen, vor ihnen auftauchte, griffen sie zu den Waffen. Als sie aber sein Gesicht erkannten und seine Stimme sie anschrie: »Kennt ihr mich nicht? Ich bin der Feldmarschall Schörner«, ließen sie erschrocken die Waffen sinken und sahen zu, wie Schörner und sein Ordonnanzoffizier den »Storch« bestiegen und davonflogen. Eine Viertelstunde später meldete sich bei General v. Natzmer, der zu spät aufwachte und Schörners Zimmer in der Ortskommandantur verlassen fand, der Adjutant des Feldmarschalls und bat darum, mit einem eigens angefertigten Soldbuch als »Gefreiter« untertauchen zu dürfen.
Schörner flog unterdessen nach Südwesten. Der »Storch« verweigerte jedoch den Dienst, bevor er sein Ziel erreichte, und zwang Schörner notzulanden. Schörner irrte einige Tage umher, wurde schließlich von der Bevölkerung erkannt und meldete sich Mitte Mai bei dem Stab der einstigen 1. deutschen Armee, die unter General Foertsch vom Balkan nach Österreich gelangt war. Der Stab befand sich bereits in amerikanischer Gefangenschaft. Kurze Zeit später lieferten die Amerikaner Schörner an die Sowjetunion aus, deren Kommissare bereits auf der Suche nach dem Entflohenen waren.

An der beschämenden Düsterkeit dieses Endes änderte die Tatsache, daß Schörners Anwesenheit kaum noch das nun kommende Schicksal seiner Soldaten hätte wenden können, nichts.
Ihr Schicksal war – wie das Schicksal der deutschen Armeen in Mecklenburg und das Schicksal Wlassows und seiner Leute – der Entscheidung der westlichen Alliierten anheimgegeben. In den frühen Morgenstunden des 9. Mai, in denen Schörner seine Heeresgruppe verließ, fluteten auf zahlreichen Straßen des tschechischen und sudetendeutschen Raumes die Soldaten der 1. und 4. Panzerarmee sowie der 17. Armee nach Westen. Sie kannten nur noch ein Ziel: Rettung vor der Gefangennahme durch einen Feind, dessen rächende Härte vor aller Augen stand.
Im Laufe des 8. Mai waren die Stabschefs der Armeen, die befehlsgemäß noch einmal nach Wolchow geschickt worden waren, zurückgekehrt. Den Weisungen entsprechend, die sie erhalten hatten,

wurde den Armeen der Befehl erteilt, daß die Kampfhandlungen am 9. Mai um 0.00 Uhr zu Ende seien, daß die Armeen aber mit allen Mitteln nach Westen marschieren sollten. Rund eine Million Soldaten, die bis zur letzten Stunde gekämpft hatten und die – wenn schon jeder andere Glaube dahinschwand – noch fest davon überzeugt waren, zu Recht gegen den Sturm aus dem Osten gekämpft zu haben, marschierten nach Westen. Rund eine Million Soldaten klammerten sich an diese letzte Hoffnung, in amerikanische Gefangenschaft zu gelangen, während sie durch das aufrührerische Land marschierten. Der Absturz in eine absolute Hoffnungslosigkeit, den sie in den folgenden Tagen erlebten, war unbeschreiblich und blieb für ihr ganzes Leben unvergessen.

Fast abgeschnitten von allen Nachrichtenverbindungen, hatte sich die 1. Panzerarmee gerade der Gefahr einer Umklammerung durch zwei sowjetische Panzerarmeen entzogen, als der Chef des Stabes, Oberst v. Weitershausen, aus Wolchow nach dem letzten Gefechtsstand der Armee in Leitomischel zurückkehrte. Er brachte den Befehl zur organisierten Flucht nach Westen mit. Während die Flügel der Armee noch nördlich und südlich von Olmütz darum kämpften, eine 30 Kilometer breite Lücke nach Westen offenzuhalten, zwängten sich in der Mitte die zusammengeschmolzenen Gebirgs- und Jägerdivisionen aus den Kleinen Karpaten in das Marchtal hinab.

Aus dem Industriegebiet von Mährisch-Ostrau wichen die Reste deutscher Divisonen auf Olmütz zurück, und am Abend des 8. Mai hielt die 1. deutsche Panzerarmee, ausgeblutet, aber noch geschlossen kämpfend, auf der Linie Brünn–Olmütz–Mährisch-Schönberg. Von hier begann der letzte Marsch der Vierhunderttausend, die der Armee noch angehörten.

Der 9. Mai war ein trügerisch schöner Frühlingstag. An den Straßen blühten die Bäume, als wollten sie den Aufbruch des Hasses verdekken, der sich zur gleichen Zeit abseits der Straßen, auf denen noch kampffähige deutsche Verbände marschierten, vollzog. 200 Kilometer trennten die Nachhuten an der March vom Böhmerwald, wo die amerikanischen Linien standen. 200 Kilometer waren keine Entfernung für die Soldaten, welche die Strapazen des Krieges im Osten bis zur letzten Stunde überwunden hatten und hinter sich sowie in ihren Flanken den sowjetischen Gegner wußten.

Die rückwärtigen Dienste und Lazarette gelangten als erste in den amerikanischen Bereich. Sie wurden von den Amerikanern gefangengenommen. Die Hoffnung wuchs, daß mit den übrigen Teilen der Armee das gleiche geschehen würde. Am Nachmittag des 9. Mai bezog der letzte Befehlshaber der Armee, General Nehring, seinen letzten Gefechtsstand in dem Dorf Tisch im Böhmerwald. Nur 10 Kilometer weiter westlich standen die Sicherungen der 5. amerikanischen Infanterie-Division.

Um die gleiche Stunde trafen erste Nachrichten ein, daß die amerikanischen Linien sich fest schlossen und daß die nach Westen marschierenden Kampfverbände die Wege nach Bayern gesperrt fanden. Meldungen aus dem Osten und Südosten besagten, daß schnelle sowjetische Panzerkolonnen über Iglau und Budweis in Richtung auf Prag marschierten und daß die Zeit drängte, wenn die Soldaten der Armee gerettet werden sollten.

Aber die amerikanischen Linien blieben geschlossen. Die deutschen Verbände drängten sich auf freiem Feld oder an Waldrändern zusammen, vorsichtig umlauert von tschechischen Partisanen, die vorläufig noch aus der Entfernung auf ihre Stunde warteten. Deutsche Soldaten, die mit Amerikanern in ein kurzes Gespräch gerieten, stießen einmal auf Anteilnahme, ein andermal auf Verständnislosigkeit, auf Unkenntnis oder auf einen Haß, der ihnen ins Gesicht sagte, daß ihr Versuch, vom Schauplatz ihrer Verbrechen im Osten und vor ihrer verdienten Strafe für diese Verbrechen zu fliehen, vergeblich sein werde.

Amerikanische Flugzeuge landeten an den Rückmarschstraßen, zwangen die deutschen Kolonnen zum Halt und trieben sie schon weit vor den amerikanischen Linien auf großen Plätzen zusammen. Als diese Nachricht General Nehring in Tisch erreichte, ahnte er, welches Ende für seine Armee heranrückte. Aber er beauftragte seinen Stabschef, jeden möglichen Versuch zu machen, um den Kommandeur der 5. amerikanischen Division persönlich zu sprechen. Er hoffte noch, überzeugen zu können, wo es nichts zu überzeugen gab. Es gelang v. Weitershausen, die amerikanischen Linien zu überschreiten. Während sich immer größere verlorene Haufen der 1. Armee vor der amerikanischen Demarkationslinie versammelten, unternahm er den letzten Versuch, den amerikanischen Offizieren verständlich zu machen, weshalb seine Soldaten nach Westen drängten, weshalb sie vor dem Osten flohen, weshalb sie seiner und ihrer Überzeugung nach überhaupt im Osten gekämpft hatten.

Aber er bemerkte bald, daß sich in dem Zimmer, in dem er um das letzte Schicksal seiner Armee zu kämpfen versuchte, zwei Welten

gegenübersaßen, zwischen denen es in diesem Augenblick keine Verständigung geben konnte. Er fühlte, daß seine Anschauung und die Anschauung seiner Soldaten über die Sowjetunion und über die anscheinend so naheliegende »Gemeinsamkeit der westlichen Völker gegenüber diesem Osten« zu propagandistisch geblendet oder zu einseitig waren, um der komplizierten Wirklichkeit gerecht zu werden, und daß sich anstatt der Gemeinsamkeit eine Kluft gegenüber den westlichen Staaten gebildet hatte, vor der er hoffnungslos und mit leeren Händen dastand.
Der amerikanische Divisionskommandeur erklärte ihm, die 1. Panzerarmee habe sich, da sie auf dem russischen Kriegsschauplatz gefochten habe, auch in russische Gefangenschaft zu begeben. Er habe Befehl, jeden Marsch der Armee nach Westen mit allen Mitteln zu verhindern. Weitere Verhandlungen seien daher Zeitverschwendung. Er müsse das Kommando der 1. Panzerarmee an die zuständigen sowjetischen Befehlshaber verweisen.
v. Weitershausen dachte an die Hunderttausende, die in verzweifelter Hoffnung auf den Ausgang seines letzten Versuchs warten mochten. Für eine Weile befiel ihn der wilde Zorn des Machtlosen, der gegen eine unbezwingbare Mauer gestürmt war. Sein Gesicht war totenblaß, als er sich schweigend erhob. Er bat darum, über die amerikanischen Linien zurückgebracht zu werden, um seinen Oberbefehlshaber zu orientieren. Dann ließ er sich schweigend zum Wagen bringen.
Erst als der Stabschef der amerikanischen Division ihm die Hand bot und ihm aus offenbar ehrlicher Überzeugung erklärte: »Wir achten die Russen als eine sehr faire Armee. Sie werden auch in russischer Gefangenschaft nach den Grundsätzen des Völkerrechts behandelt werden und bald Ihre Heimat wiedersehen«, brach v. Weitershausen noch einmal das Schweigen. Er sah den Amerikaner aus ebenso hoffnungslosen wie verzweifelten Augen an. »Mit den Sowjets«, sagte er mit mühsam beherrschter Stimme, »kann man nur mit der Waffe in der Hand verhandeln. Hat man die nicht mehr, so ist man ein Sklave. Sie werden einmal an meine Antwort denken.«
Der Amerikaner verbeugte sich ungläubig, überlegen, abweisend. Dann fuhr v. Weitershausen nach Tisch zurück.
Schon am nächsten Tage kam das Ende. Alle Verbände der 1. Panzerarmee, die von amerikanischen Kommandos aufgehalten waren, wurden sowjetischen Verbänden, die nach einem bestimmten Plan

heranrückten, übergeben. Nur diejenigen entkamen, die einzeln oder in kleinen Trupps durch die Netze schlüpften und durch die Wälder des Böhmer- und Bayrischen Waldes nach Westen flohen. Am Anfang waren es vielleicht einige Zehntausend. Aber nur wenige Tausend entkamen wirklich. Die anderen fielen in die Hände der aufständischen Tschechen. Sie wurden gefangen, erschlagen, zu Tode gemartert oder sowjetischen Kolonnen übergeben; sie verschwanden, ohne daß noch jemals ein Mund über ihr Schicksal berichten würde. Die Masse der Armee formte sich zu den gleichen trüben, grauen und hoffnungslosen Kolonnen, die auch im Norden, vor allem in Berlin, den Marsch in die Ungewißheit antraten.

Schörner hatte nicht nur seine Soldaten im Stich gelassen. Er hatte auch alle jene Deutschen im Stich gelassen, die am 6., 7. und 8. Mai in Prag und im ganzen tschechischen und sudetendeutschen Gebiet noch darauf hofften, seine nach Westen zurückgehenden Truppen würden sie schützen oder befreien und ihnen ebenfalls den Weg nach Bayern oder ins amerikanisch besetzte Gebiet öffnen. Auch hier war es keine Entschuldigung für ihn, daß sein Verbleib bei der Heeresgruppe wahrscheinlich nur noch wenig am Schicksal der Deutschen in der Tschechoslowakei und im Sudentenland hätte ändern können. Aber wenn es seine Leidenschaft gewesen war, schwache, kampfesmüde Truppen wieder unter seine Gewalt zu bringen, so hätten die letzten Tage des Krieges im tschechischen Gebiet nach der Betätigung dieser Leidenschaft verlangt. Er hätte zumindest den Versuch machen können, die zahlenmäßig noch großen, aber am Sinn des Weiterkämpfens zweifelnden deutschen Soldaten im Hinterland und vor allem in Prag noch einmal zusammenzufassen und den Aufstand des nationalistischen oder kommunistischen Hasses wenigstens an den wichtigsten Punkten des Landes niederzuhalten, bis die noch erreichbaren Deutschen nach Westen in Sicherheit gebracht waren. Es wäre nur ein Versuch gewesen.

Eine Antwort auf diese Frage gab es nicht mehr. Die Deutschen warteten vergebens auf den angeblich unbesiegbaren Schörner und auf seine Truppen.

Nur Teile seiner zurückflutenden Armeen kamen hier und da dazu, in den Orten, die an ihrem Marschwege lagen, Deutsche aus ihrer verzweifelten Lage zu befreien. Aber der Marsch der Armeen selbst war so schnell, und ihre eigene Auflösung vollzog sich mit solcher

Geschwindigkeit, daß sie nicht mehr dazu kamen, den weiter abseits im Lande verstreuten Deutschen zu helfen.

Der 7. Mai war in Prag ein Tag ununterbrochener Kämpfe um die Zentren des deutschen Widerstandes gewesen. Er war ein Tag immer weiterer Verhaftungen deutscher Zivilisten und immer hemmungsloserer Mißhandlung und Plünderung geworden.
In der Nacht vom 6. auf den 7. Mai ergriff den zwischen Ratlosigkeit und Emporkömmlingsstolz hin und her geworfenen Frank noch einmal die irrationale Hoffnung auf Gegensätze zwischen Ost und West. Er suchte einen Ausweg vor dem Zwang, sich den Tschechen zu ergeben, indem er eine Botschaft an die Amerikaner richtete, in der er auf den kommunistischen Hintergrund des tschechischen Aufstandes sowie auf die drohenden Zukunftsgefahren aus dem Osten hinwies. Er beschwor die Amerikaner, Prag zu besetzen, bevor es zu spät sei und bevor die Sowjetunion sich dieser zentralen Stelle in Europa bemächtigt habe. Als Franks Botschaft mit Hilfe eines mühsam aufgetriebenen englischen Lexikons ins Englische übersetzt wurde, konnte man, wenn man das Ohr auf die Erde legte, den Kanonendonner aus der Richtung Aussig–Teplitz–Brüx vernehmen. Ein General Ziervogel erhielt den Auftrag, die Botschaft durch das aufständische Land nach Pilsen zu bringen. Er erreichte jedoch niemals sein Ziel. Sein Schicksal blieb ungewiß. Frank wartete vergebens auf eine Antwort.
Unterdessen erhielt General Toussaint aus Plön die Nachricht von der allgemeinen Kapitulation und den Befehl, wie alle deutschen Truppen den Kampf am 9. Mai um 0.00 Uhr einzustellen.
Toussaint bot daher von sich aus dem tschechischen Nationalrat die Kapitulation unter der Bedingung freien Abzuges für seine Truppen und die deutsche Zivilbevölkerung an. Die Verhandlungen mit dem Nationalrat währten die ganze Nacht vom 7. auf den 8. Mai. Sie beanspruchten auch noch den ganzen Vormittag des 8. Mai. Währenddessen versuchten einige SS-Regimenter von sich aus, den Sommerberg und die Moldaubrücken zu nehmen und sich gewaltsam einen Ausbruch aus dem Stadtinneren zu erkämpfen. Sie schossen im Straßenkampf das alte Rathaus und die weltberühmte astronomische Uhr in Trümmer. Aber der Durchbruch gelang ihnen nicht, und die Vernichtung des Rathauses erhitzte nur die tschechischen Massen und führte zu neuen Mißhandlungen wehrloser deutscher Zivilisten.

Sie erschwerte auch die Verhandlungen, die Toussaint führte. Frank hielt sich resigniert im Hintergrund. Der Nationalrat war bereit, in eine Kapitulation einzuwilligen, weil er eine Beendigung der Kämpfe und eine nationale Regierungsbildung erreichen wollte, bevor die Russen in Prag erschienen. Auch der tschechische Nationalrat hegte Illusionen über die harte Zielstrebigkeit der sowjetischen Seite. Er glaubte, sich nach einer sowjetischen Besetzung behaupten zu können, wenn es ihm nur vorher gelang, eine Regierung zu bilden. Die Kommunisten dagegen sträubten sich gegen jede Vereinbarung mit den Deutschen. Sie konnten sich mit keiner Beendigung der Kämpfe, mit keiner Unterbrechung des blutigen Aufstandes einverstanden erklären, bevor nicht die russischen Armeen als Befreier in die goldene Stadt Prag einzogen und aus den Feuern des Aufstandes die sozialistische Revolution entstand. Sie wußten, daß es nur noch eine Frage kurzer Zeit sein konnte, bis die Panzer Konjews Prag erreichten.

Noch aber setzten sich die Kommunisten nicht durch. Der Nationalrat willigte in den Abzug der deutschen Truppen nach Westen ein, erklärte sich allerdings außerstande, den allgemeinen Abzug der deutschen Zivilisten, die sich zum größten Teil ja schon nicht mehr in Freiheit befanden, zu garantieren. Teils fehlte hierzu tatsächlich die Macht, vor allem gegenüber den Kommunisten. Teils wollten sich auch die Extremisten unter den Nationalen das deutsche Wild nicht entgehen lassen. Als nach Mittag eine Funknachricht über den Durchbruch der russischen Panzer durch die deutschen Stellungen im Erzgebirge und das schnelle Vordringen dieser Panzer nach Süden eintraf, sah Toussaint sich gezwungen, entweder sofort mit dem Abmarsch zu beginnen und die Verwundeten und Zivilisten, so wie es die Tschechen vorschlugen, unter dem Schutz des Roten Kreuzes zurückzulassen, oder aber seinen Truppen die Möglichkeit des Abmarsches nach Westen zu verbauen und sie in Prag in russische Hände fallen zu lassen. Helfen konnte er den Zivilisten nicht. Er konnte nur durch den Abzug seiner Truppen die Zahl der Opfer vermindern.

Frank nahm schweigend die Kapitulationsverhandlungen zur Kenntnis und rüstete sich, an dem allgemeinen Auszug nach Westen teilzunehmen. Die Frage nach dem Schicksal der deutschen Zivilisten, die zurückbleiben mußten und die schon zu Zehntausenden in den Gefängnissen lagen, wurde von ihm nicht gestellt.

Es war vereinbart worden, daß die Deutschen sich zu größeren

Kolonnen zusammenschließen konnten, deren bewaffneten Schutz gegen Überfälle sie selber übernahmen. Soweit die Fahrzeuge reichten, konnten sie Verwundete und Kranke mitnehmen.
Am Nachmittag des 8. Mai rüsteten die Deutschen zum Ausmarsch. Toussaint war nicht imstande, alle seine Truppen zu benachrichtigen. Einzelne isolierte SS-Verbände weigerten sich auch, seinem Befehl zur Kapitulation zu folgen. Noch während die deutschen Soldaten ihre Wagen beluden, knallten überall Schüsse kommunistischer Gruppen, die sich nicht an die Abmachungen hielten. Am Spätnachmittag begann der Auszug. Der tschechische Major Fürst Schwarzenberg, der die Kapitulation einer kleinen deutschen Truppe im Masaryk-Bahnhof entgegennahm und dies, während die einmal geweckte Rache-, Blut- und Beutegier in den Straßen lauerte, mit Korrektheit und Ritterlichkeit tat und dafür sorgte, daß das verlorene Häuflein deutscher Soldaten und Flüchtlinge ungestört seinen Marsch antreten konnte, war eine der Gestalten, die sich aus dem Brodeln hemmungsloser Instinkte heraushoben. Aber wenn man über die Straßen blickte, konnte man schon sicher sein, daß er und seinesgleichen bald den Radikalen zum Opfer fallen würden. Als am Morgen des 9. Mai sowjetische Truppen nach einem Gewaltmarsch über die große Autostraße nach Prag in die aufrührerische Stadt einrückten, verhalfen sie den Kommunisten und nationalistischen Extremisten zum Sieg. Sie befreiten die Massen von der letzten Angst, die Deutschen könnten vielleicht doch noch einmal zurückschlagen. Eine Hölle, die im Untergrunde schon angeheizt war, feierte am 9. Mai ihren Befreiungstag und gebar so mörderische Exzesse, daß schließlich sogar sowjetische Offiziere eingreifen mußten, um zu verhindern, daß jede Ordnung in einem Blutrausch sondergleichen unterging.
Deutsche Soldaten, Zivilisten und als Soldaten verkleidete Zivilisten aus den deutschen Widerstandsbereichen zogen am Spätnachmittag und Abend des 8. Mai in langem Zuge durch die Panzersperren und Barrikaden in den Straßen Prags nach Westen. Sie mußten sich selbst mühsam ihren Weg durch die Barrikaden bahnen, während Tschechen die Straßen säumten. An den Seiten gingen schleppenden Schrittes deutsche Soldaten, noch mit Maschinenpistole und Panzerfaust, aber müde, geschlagen, mit grauen Gesichtern. Verwundete auf Stöcken und Krücken, die dem Frieden kein Vertrauen schenkten, quälten sich stöhnend und ächzend vorwärts. In einem Wagen, inmitten des großen Auszuges, entkam Frank ungesehen

mit seiner Familie aus der Stadt. Niemand weiß, was ihn bewegte, als er durch die Abenddämmerung aus der Stadt seiner größten Machtvollkommenheit auf die Straße nach Pilsen fuhr. Dachte er jetzt an diejenigen, welche er Tschechen überließ, die aus seinen Taten und seinen Worten über das Butbad, das er ihnen bereiten wollte, das Recht ableiten konnten, nicht nur eine Bartholomäusnacht, sondern Nächte und Tage ohne Zahl zu feiern? Man wußte es nicht. Auf jeden Fall entrann er seinem Schicksal nicht, denn die Amerikaner, zu denen er sich flüchtete, lieferten ihn an die Tschechen aus, und diese erhängten ihn.

Der Ausmarsch währte die ganze Nacht. Als gegen zwei Uhr nachts irgendwo in der Innenstadt noch einmal eine versprengte deutsche Batterie zu schießen begann, nutzten die kommunistischen Partisanen die Stunde, um ihrerseits das Feuer auf die ausmarschierenden deutschen Kolonnen zu eröffnen. Ihr Feuer galt vor allem den Nachhuten in den Gartenstraßen von Dewitz. Auch in Bubentsch flackerten vereinzelte Kämpfe auf, die immer wieder Stockungen in den deutschen Ausmarsch brachten. So dauerte der Marsch der Deutschen länger als vorgesehen. Er hielt noch an, als schon die Morgensonne des 9. Mai leuchtete.

Die deutsche Gruppe am Masaryk-Bahnhof gehörte zu den letzten Haufen, welche die dicht vor dem vollen Ausbruch menschlicher Leidenschaften stehende Stadt verließen. Frauen, Kinder und Zivilisten, deren Mitnahme gestattet worden war, in der Mitte, schleppte sich ihr Zug der Moldaubrücke entgegen. Noch waren erst wenige Tschechen auf der Straße, die ihren Hohn über die Ausziehenden ausgossen. Der Morgen schien still und nach den vorangegangenen Tagen merkwürdig friedlich. Er wurde nur durch die schlurfenden Schritte aller derer gestört, die schweigend daherzogen. Ein unheimliches Gefühl der Verlassenheit lastete auf allen, obwohl sie sich glücklich priesen, in letzter Minute dem Bereich des Vulkans zu entkommen, der jeden Augenblick ausbrechen konnte.

Gegen sieben Uhr überschritten die Deutschen die Moldaubrücke. Vor ihnen erhob sich, jäh aufsteigend, vom Strahlenglanz der frühen Morgensonne übergossen, der Hradschin. Sie zogen über die schleifenreiche Straße an den gewaltigen Mauern entlang und bogen gerade in eine Kurve ein, als sie die deutschen Panzer, die ihnen vorausfuhren, schießen hörten. Gleich darauf sahen sie die Panzer brennen, und dann stürzte in dichten, graubraunen, »Urräh«

schreienden Massen sowjetische Infanterie aus dem umliegenden Park hervor. Sie feuerten aus Maschinengewehren und Maschinenpistolen. Sie mähten die deutschen Soldaten nieder, brachen in die Schar der Zivilisten ein, die, zwischen die Angreifer und die hohen Mauern eingezwängt, hoffnungslos ihrem Schicksal ausgeliefert waren. Sie erlebten, was ungezählte andere vor ihnen erlebt hatten, Mord, Plünderung, Schändung, noch während Gewehre knallten und die Gefangenen und Sterbenden die Straße bedeckten.

Dies war der Sieg der radikalen Revolution.

Als die Deutschen, die man am 6. und 7. Mai in das Prager Zuchthaus Ruzyn getrieben hatte, am Vormittag des 9. Mai zum ersten Male aus brütend heißen, stinkenden, zehn- oder zwanzigfach überbelegten Zellen ins Freie geführt wurden; als sie zum ersten Male nach Tagen eine Blechschale mit Wasser erhielten und ihre zusammengebrochenen Kinder von den Fußböden auflasen, wußten sie nicht, daß sie erst eine Vorhölle durchschritten hatten.

Trotzdem waren viele schon so erschöpft, daß sie sich wünschten, ihre Peiniger möchten die Pistolen abdrücken, mit denen sie immer wieder geschlagen und bedroht wurden. Aber man sagte ihnen, der Krieg sei zu Ende und jetzt sei es ihre Ehrenpflicht, die Schäden in der Stadt und die Barrikaden wieder zu beseitigen.

Noch bevor sie zum Abmarsch zusammengetrieben wurden, erhielt ein Teil von ihnen, der sich in der Nähe des Tores befand, einen Vorgeschmack dessen, was auf sie wartete. Es fuhren plötzlich Lastwagen mit verwundeten deutschen Soldaten in den Hof, die eigentlich im Schutz des Roten Kreuzes hätten stehen sollen. Es waren Jammergestalten darunter, Abbilder menschlichen Elends und menschlicher Verlorenheit. Sie trugen noch blutdurchtränkte Verbände. Die Gesichter der deutschen Ärzte und Schwestern, welche sie begleiteten, verrieten blanken Schrecken. Die Zuschauer wußten nicht, was in diesen Stunden schon in vielen Lazaretten geschah. Sie wußten nicht, daß Tschechen und Tschechinnen, nicht nur nationalistische oder kommunistische Aufständische, sondern mitlaufende Männer und Frauen, Pöbel und Nichtpöbel, Verwundete aus ihren Betten warfen, Hilflose erschlugen und erdrosselten, entmannten, in ihren Waschschüsseln ertränkten, in Schuppen warfen oder auf Lastwagen luden und an einigen Stellen auf die Straße legten, damit Soldaten zu Pferde über sie hinwegreiten konnten.

Die Verwundeten, die hier nach Ruzyn kamen, schienen den

schlimmsten Qualen einer völlig entmenschten Welt noch entronnen zu sein – aber sie entrannen ihrem Schicksal nicht. Denn als sie noch furchtsam und bleich neben ihren Wagen standen, stürzte sich eine Gruppe von Aufständischen, welche im Hofe lauerte, auf sie, riß ihnen Krücken, Stöcke und Verbände weg, schlug sie zu Boden und hieb so lange mit Knüppeln, Stangen und Hämmern auf sie ein, bis sie in ihrem Blute lagen und sich nicht mehr rührten. Das war für die Deutschen in Ruzyn der Auftakt zum 9. Mai, einem Höllentage.

Auf die vielen Deutschen, die an diesem Tage aus den Gefängnissen und Behelfsgefängnissen herausgeholt und zum großen Teil zur freiwilligen Meldung für die Barrikadenbeseitigung aufgefordert wurden, wartete an vielen Straßen und an den Barrikaden bereits der Pöbel. Aus zahlreichen Fenstern blickten Augen, die sich das Schauspiel der Rache nicht entgehen lassen wollten. Die Historie weiß nicht, wie viele sich von den Fenstern abwandten und beschämt in ihren Häusern blieben. Auch sie waren vorhanden, und wahrscheinlich war ihre Zahl nicht gering. Aber diejenigen, die an den Straßen standen, hatten vom heißen Teer bis zu Scheren alles mitgebracht, womit sie Haß und Gelüste befriedigen konnten. Wenn man bis dahin auch im schlimmsten Wüten an Weichsel, Oder und Elbe doch noch hatte sagen können, dies sei furchtbar und jenes weniger furchtbar gewesen, so gab es an diesem 9. Mai keine Unterscheidung mehr.

Waren es denn noch Menschen, welche am 9. Mai auf dem Wenzelsplatz, auf dem Karlsplatz und in der Rittergasse wahllos Deutsche mit Benzin übergossen, mit den Füßen nach oben an Masten und Laternen hängten und sie anzündeten und johlend den brennenden Fackeln und ihren Qualen zusahen, die um so länger dauerten, weil die Köpfe der Brennenden vorsorglich nach unten gehängt waren und der aufsteigende Rauch sie nicht ersticken konnte? Waren es noch Menschen, welche deutsche Soldaten, aber ebenso Zivilisten und Frauen mit Stacheldraht zusammenbanden, zusammenschossen und die Menschenbündel in die Moldau stürzten? Waren es noch Menschen, welche deutsche Kinder in den Löschwasserbehältern ertränkten und Frauen und Kinder aus den Fenstern auf die Straßen stürzten? Sie hatten menschliche Gesichter. Aber es waren keine Menschen mehr.

Es waren keine Menschen, welche nackte deutsche Frauen zwangen, Steine fortzuräumen, ihnen dabei die Achillessehnen durchschnitten und sich an ihrer Hilflosigkeit und ihren Schmerzen weideten. Es waren keine Menschen, welche die Deutschen aus dem Behelfsgefängnis der unterirdischen Klosettanlagen am Wenzelsplatz heraufholten, mit Knüppeln niederschlugen und buchstäblich zu Tode traten, und es waren keine Menschen, welche deutsche Mädchen, die ihnen als Wehrmachtshelferinnen in die Hände gefallen waren, nachdem sie ihnen die Kleider geraubt hatten, durch die Foch-Straße nach dem Wolschaner Friedhof trieben und sie dort mit Maschinengewehren zusammenschossen oder mit Schlägen und Bajonettstichen in Heuhaufen hineintrieben, die sie dann anzündeten. Und dies waren nur einige Gipfelpunkte in dem Meer von Unmenschlichkeit, in dem die einfache Erschießung, und sei es die Hunderter von Schülern der Prager Adolf-Hitler-Schule, eine Wohltat schien.

Es war nur der Anfang, und Prag war wiederum nur das Beispiel für das ganze Land und für alle Städte und Flecken in den tschechischen Gebieten und mit geringen Unterschieden in den alten deutschen Gebieten des Sudetenlands. Es war der Auftakt zu einer Sturmflut der Mißhandlung, Schändung, Enteignung und Vertreibung, die sich – mochte sie auch in den Maiwochen 1945 die Höhepunkte ihrer unbeschreiblichen Exzesse erleben, über Monate und langsam abebbend über Jahre ausdehnte, bis der letzte Deutsche das Land verlassen oder zu Tode geschunden und in Konzentrationslagern verhungert war oder enteignet und entrechtet, unentbehrlicher Fachkenntnisse wegen, geduldet wurde.

Die Geschichte kann mit sehr viel Recht feststellen, dies Geschehen sei nicht schlimmer gewesen als die Austreibung und Vernichtung der Juden durch die Deutschen und es stelle nur eine gerechte Antwort auf vorangegangene Untaten dar. Aber die Tschechen waren nicht berufen, das Schicksal der Juden an den Deutschen zu rächen, während sie nur ihrem Haß, ihrer eigenen Rache, ihrem eigenen Chauvinismus die Zügel schießen ließen. Die Geschichte kann ferner feststellen, daß die gewaltsame Okkupation des tschechischen Staates, die Unterdrückung der nationalen Freiheit der Tschechen und die Ereignisse um Lidice nach einer solchen Explosion der Rache und des Hasses gerufen hatten. Im gleichen Atemzug aber muß sie feststellen, daß es zwischen dem Ausmaß des ersteren und dem Ausmaß der Geschehnisse, die mit dem Prager Aufstand ihren Anfang nahmen, kein gerechtes Verhältnis und keinen Vergleich mehr gab.

Der deutsche Pfarrer Karl Seifert stand am Abend des 20. Mai in der Gegend von Pirna mit einigen Männern seiner Gemeinde am Ufer der Elbe. Er hatte dem zwischen Härte und Gutmütigkeit unberechenbar hin und her schwankenden sowjetischen Kommandanten seines Ortes die Erlaubnis abgerungen, tote Deutsche zu bestatten, die Tag für Tag an dieses Ufer angetrieben wurden.
Sie kamen elbeabwärts aus der Tschechoslowakei. Und es waren Frauen und Kinder und Säuglinge, Greise und Greisinnen und deutsche Soldaten. Und es waren Tausende und aber Tausende, von denen der Strom nur wenige an jenen Teil des Ufers schwemmte, an welchem der Pfarrer und seine Männer die Toten in die Erde senkten und ein Gebet über ihren Gräbern sprachen.
An diesem Abend des 20. Mai geschah es, daß der Strom nicht nur solche Deutsche von sich gab, die zusammengebunden ins Wasser gestürzt und ertränkt worden waren, und nicht nur die Erdrosselten und Erstochenen und Erschlagenen, ihrer Zungen, ihrer Augen, ihrer Brüste Beraubten, sondern auf ihm trieb, wie ein Schiff, eine hölzerne Bettstelle, auf der eine ganze deutsche Familie mit ihren Kindern mit Hilfe langer Nägel angenagelt war. Als die Männer die Nägel aus den Händen der Kinder zogen, da konnte der Pfarrer nicht mehr die Worte denken, die er in den letzten Tagen oft gedacht hatte, wenn er sich mit den Tschechen beschäftigte und wenn Schmerz und Zorn und Empörung ihn übermannen wollten: »Herr, was haben *wir* getan, daß sie so sündigen müssen.« Dies konnte er nicht mehr. Aber er sagte leise: »Herr, sei ihrer armen Seele gnädig!«

DIE VERLORENEN VON KURLAND

Das große Drama im Osten hatte noch einen letzten Akt. Und dieser Akt spielte auf einer Bühne, deren Existenz die meisten, in ihre unmittelbarsten Nöte verstrickten Deutschen zu diesem Zeitpunkt fast schon vergessen hatten.
Am Spätnachmittag des 8. Mai 1945 saß der 25jährige Hauptmann Breuninger in der kurländischen Hafenstadt Libau in seiner Unterkunft und schrieb. Er schrieb an seinen Vater in Hannover, damit dieser noch ein Lebenszeichen von ihm erhielt, bevor er als Gefangener in dem weiten Rußland verschwand:

»Lieber Vater! Es geht nun alles zu Ende. Heute abend verlassen diejenigen von uns, die die Heimat noch einmal wiedersehen sollen, Libau, um zu Schiff nach Kiel gebracht zu werden. Ich gebe einem von ihnen, dem Feldwebel Hermann Meister von der II. I.D., diesen Brief mit und hoffe, daß er Dich erreicht. Wir haben bis gestern noch gehofft, daß wir alle zu Schiff nach Deutschland kämen, um dort gegen die Russen weiterzukämpfen.
Am 5. Mai, vor drei Tagen, erhielten wir eine nur mündlich durchgegebene geheime Weisung unseres Befehlshabers, General der Infanterie Hilpert. Danach hat Großadmiral Dönitz Verbindung mit den westlichen Alliierten aufgenommen, um im Westen Frieden zu schließen. Im Osten aber sollte weitergekämpft werden. Unsere Heeresgruppe sollte über Libau und Windau abtransportiert und an der Elbe wieder eingesetzt werden... Das Korps bei Grobin erhielt den Befehl über die Festung Libau, um unseren Abtransport zu sichern...
Einige Offiziere wollten sogar wissen, daß englische Schiffe uns abholen würden. Es hat sogar geheißen, englische Truppen würden in Libau gelandet, um sich mit uns zu vereinen und den Russen in den Rücken zu fallen.
Bis wir die Nachricht vom Heldentod des Führers erhielten, haben wir an eine Wendung durch die neuen Waffen geglaubt. Als die Nachricht vom Tod des Führers kam, bedeutete das eine bittere Enttäuschung und das Ende dieser Hoffnung. Aber als wir am 5. Mai die neue Weisung erhielten, schöpften wir wieder Hoffnung und erkannten wieder den Sinn unseres Aushaltens, denn wir haben mit unserm Herzen immer nur gegen einen Gegner gekämpft, gegen den Bolschewismus. Wenn wir gegen Engländer und Franzosen und gegen die Amerikaner gekämpft haben, so doch nur, weil diese den Sinn unseres Kampfes im Osten und gegen den Bolschewismus nicht begreifen wollen. Um so größer waren unsere Hoffnungen, als wir von einem Sonderfrieden im Westen hörten und von der Fortsetzung dieses Kampfes gegen den bolschewistischen Weltfeind. Dann wäre unser Kampf ja doch noch zu einem guten Ende gediehen, obwohl wir uns als Volk fast hätten opfern müssen, bis die Engländer und Amerikaner begriffen, um was es in Wirklichkeit geht.
Vielleicht kannst Du Dir denken, wie groß jetzt unsere Enttäuschung sein muß, nachdem uns heute mittag mitgeteilt worden ist, daß unsere ganze Wehrmacht kapituliert hat und unsere Heeresgruppe sich dieser Kapitulation anschließt und russische Kommis-

sare zur Übernahme unserer Truppen und unserer Waffen in den nächsten Tagen erwartet werden ... Die Kriegsmarine hat von sich aus noch eine Reihe kleiner Schiffe aus der Danziger Bucht hergeschickt. Mit ihnen wird die Heeresgruppenreserve: die 2. I. D. und die 14. Pz.-Div., abtransportiert. Sie war unsere ›Feuerwehr‹ und immer in den Brennpunkten der Schlachten. Sie hat es verdient. Und jede Division durfte einige Offiziere oder einen Offizier und 125 Mann für die Fahrt in die Heimat stellen, vor allem Familienväter. Dazu wurden die Verwundeten verladen. Ihr hättet sehen müssen, wie die 2. I. D. durch Libau marschierte in voller Ordnung und Bewaffnung, zum Teil mit Gesang. So zog sie mit ›Reihe rechts‹ auf die Schiffe.

Viele ihrer Offiziere und Männer glaubten auch jetzt noch nicht an die Kapitulation, sondern meinten, daß sie in Kiel einen neuen Einsatz gegen die Russen erleben. Der Hafen ist durch Feldgendarmerie abgesperrt, damit nur diejenigen auf die Schiffe kommen, die Erlaubnis dazu haben. Aber es vollzieht sich alles ohne Panik, mit der Disziplin, mit der unsere Heeresgruppe immer gekämpft hat und auch heute ungeschlagen und ungebrochen dasteht. Wir haben unsere Pflicht getan, so wie sie deutsche Soldaten nur tun konnten – wenn es nun sein muß, bis zum bitteren Ende.

Wir wissen nicht, wie der Führer gefallen ist. Wir wissen nicht, was sich in der Heimat in den letzten Wochen abgespielt hat an Schwäche und Verrat. Wir wissen nur, daß wir gegen den Bolschewismus, der nicht nur unser Feind, sondern der Feind ganz Europas ist, gekämpft haben bis heute. Wir haben ihn erlebt. Wir haben sein Paradies gesehen wie niemand vor uns. Wir wissen daher, wofür wir gekämpft haben.«

Dieser Brief war ein typisches Zeugnis jener Tage. Er mußte glücklicheren Angehörigen westlicher Völker unverständlich bleiben oder als Zeichen böser Verstocktheit und eines hysterischen Rußland-Komplexes der Deutschen erscheinen. Dies mindert jedoch nicht seine tragische Note.

So wie der Hauptmann Breuninger dachte wahrscheinlich die Masse der Offiziere und Soldaten, die am 8. Mai 1945 gegen 14 Uhr den Kapitulationsbefehl der Heeresgruppe Kurland vernahmen. Sie alle hatten tapfer gekämpft. Dies würde ihnen niemals bestritten werden können. Aber auch sie waren Opfer einer beispiellosen Glaubensbereitschaft geworden.

Dies galt für sie um so mehr, als sie in einer Abgeschlossenheit kämpften, die sie noch stärker als alle anderen Deutschen dem Monopol der nationalsozialistischen Propaganda unterworfen hatte. Die Propaganda hatte ihnen seit der Abtrennung von der Heimat gesagt, daß sie so viel sowjetische Kräfte wie möglich zu binden hätten, um die Ostfront in Deutschland zu entlasten, bis neue deutsche Armeen, vor allem aber kriegsentscheidende neue Wunderwaffen zu einer großen Wende führen würden. Als die Hoffnung in den ersten Tagen des Mai zerbrach, war an ihre Stelle auch hier die Hoffnung auf eine gemeinsame Fortsetzung des Kampfes mit den Westmächten gegen die Sowjetunion getreten.

Die hier und da vorhandene dunkle Ahnung einer deutschen Schuld am Kriege und an den Ereignissen im Osten war auch hier überschattet durch die Wirksamkeit einer Propaganda, die nie aufgehört hatte, die These zu vertreten, daß Hitler der Sowjetunion in die Arme gefallen sei, kurz bevor diese sich auf Deutschland und Europa stürzen wollte. Sie war vor allem aber überschattet durch das langjährige Erlebnis des russischen Landes und seines Regimes. Das Bewußtsein, gegen eine fremde östliche Welt und eine Bedrohung Europas gekämpft zu haben, war unerschütterlich in sie eingepflanzt.

In diesem Bewußtsein hatten sich die ursprünglich 35 und am Ende 24 kaum noch regimentstarken Divisionen der Heeresgruppe Kurland seit Ende Oktober 1944 in sechs schweren Angriffsschlachten gegen die erste, zweite und dritte baltische »Front« der Russen unter der Führung der Generale Bagramian, Jeremenkow und Maslennikow mit nur unwesentlichen Geländeverlusten behauptet. Die Angehörigen dieser Divisionen waren überzeugt, auch die drohende siebente Kurlandschlacht durchstehen zu können, obwohl die Russen ihnen in den Tagen der Kapitulation mit 101 Schützendivisionen, zwei Panzerkorps, einem motorisierten Korps und 18 selbständigen Panzerverbänden gegenüberstanden. Sie hatten gerade die vierte Kurlandschlacht im Raum von Prekula südöstlich Libau geschlagen, als in der zweiten Januarhälfte 1945 der Einbruch der sowjetischen Armeen nach Ostdeutschland begann. Die deutschen Wehrmachtsberichte hatten am 28. Januar den erfolgreichen Abschluß dieser Schlacht gemeldet, ohne mitzuteilen, welchen Sinn dieser Erfolg haben sollte, während die Bevölkerung in Ostpreußen, an der Warthe und in Schlesien in Schnee und Eiseskälte floh und fürchterliche Verluste erlitt. Der Wehrmachtsbericht hatte auch das

erfolgreiche Ende der fünften Kurlandschlacht im Raum von Prekula am 27. Februar gemeldet und schließlich über den Erfolg der sechsten Kurlandschlacht am 26. März berichtet, während Shukow, Konjew und Rokossowski an Oder und Neiße schon zum letzten Sturm rüsteten. Aber der Wehrmachtsbericht beantwortete niemals die Frage nach dem Sinn der Abwehrsiege.
Die Heeresgruppe Kurland hatte trotz der Schiffsraum- und Materialnöte an der Ostfront nicht an ausgesprochenen Mängeln gelitten. Sie mußte wohl sparen. Aber sie hatte über angemessene Vorräte an Munition, Waffen, Fahrzeugen, Geräten und Verpflegung verfügt. In Libau waren immer größere Vorräte gelagert worden, da Libau gemäß einem Befehl Hitlers auf jeden Fall gehalten werden sollte, wenn die übrige Front zerbrach.
Die lettische Bevölkerung hatte den Kampf der Deutschen mit allen Kräften unterstützt. Lettische Regimenter kämpften mit echtem Todesmut, und lettische Bauern brachten auf ihren Fahrzeugen Nachschub zur deutschen Front. Auch die Letten waren von Hitlers Politik im Osten enttäuscht und in wachsende Bitterkeit gestürzt worden. Sie hatten von den Deutschen Befreiung erwartet und dafür koloniale Verwaltungsmethoden erlebt. Aber sie standen wie alle kleinen Völker des Ostens vor der tragischen Wahl zwischen zwei Übeln, dem deutschen und dem sowjetischen, und wählten in ihrer Masse das geringere, das für sie bei den Deutschen zu liegen schien.

Auf Schörner, der sich, bevor Hitler ihn im Januar nach Schlesien versetzte, den Namen des »Gendarms von Kurland« verdient hatte, war am 25. Januar Generaloberst Rendulic gefolgt, der schon einen Tag später nach Ostpreußen fliegen und die Heeresgruppe Nord übernehmen mußte. Er hatte, seiner Art entsprechend, am 25. Januar eben begonnen, für seine persönliche Bequemlichkeit zu sorgen, als er abberufen worden war. An seine Stelle war, von Italien kommend, Generaloberst v. Vietinghoff-Scheel getreten, ein gebildeter, schlichter Mann, der es verstand, Menschen mit dem Herzen anzusprechen. Nichts konnte ihn besser charakterisieren als eine kleine Szene, die sich zwischen ihm und dem I A der Heeresgruppe, einem Oberst, ereignete. Der Oberst hatte versucht, das Schörnersche Erbe zu wahren, und erschien wegen der Teilnahme an der Erschießung eines Soldaten zu spät zum Mittagessen.
»Herr Generaloberst«, entschuldigte er sich, »verzeihen Sie, daß ich

zu spät komme. Ich war dienstlich verhindert. Ich habe einen Schweinehund ins Jenseits befördert.«
Vietinghoff-Scheel sah nur kurz zu ihm auf und sagte: »Solche Dinge liebe ich nicht«, und sein Blick ließ den Oberst erröten und verwirrt verstummen.
Rund vier Wochen später war Rendulic aus Ostpreußen zurückgekehrt, und v. Vietinghoff-Scheel kehrte im Zuge der hektischen Auswechslung von Befehlshabern nach Italien zurück. Rendulic gewann auch hier kein Verhältnis zu seinen Soldaten. Er setzte ohne Rücksicht auf das, was ringsum geschah, sein Bemühen fort, einen möglichst hohen Lebensstandard zu halten. Er ließ sich in dem Fischmeisterhaus des Schlosses Pelci bei Goldingen, in dem der Stab der Heeresgruppe Kurland lebte und arbeitete, ein Klubzimmer und ein Speisezimmer ausbauen. Er trug Sorge für ein Kino, für Reitpferde und für einen hohen Splitterschutz, der rings um sein Haus aufgerichtet werden mußte. Alle diese Arbeiten waren gerade vollendet, als Hitler ihn von Kurland nach dem Südosten versetzte. An seine Stelle trat der bisherige Oberbefehlshaber der 16. Armee in Kurland, General der Infanterie Hilpert, vielleicht der sympathischste und aufrechteste unter allen Befehlshabern in Kurland, ein Mann, der Rendulics Bauten wieder einreißen ließ und in einen Bunker zog. Er war ein einfacher, anständiger, zurückhaltender, von seinen Soldaten verehrter Mann, der gleichzeitig von Güte und Energie erfüllt war. Wenn man unter den Fanatikern oft die Ansicht hörte, daß Schörner der Mann gewesen sei, der die unerschütterliche Widerstandskraft der Kurlandarmee geschaffen habe, so irrte man sich. Ein Mann wie Hilpert genoß ohne Terror größeres Ansehen und größere, weil echtere Macht über seine Männer. Auch versuchte er nicht, sich durch Flucht zu retten, sondern ging mit ihnen in die Gefangenschaft.
Am 7. Mai erhielt Hilpert durch seinen Stabschef General Foertsch, den er zu Dönitz gesandt hatte, den Befehl zur Kapitulation.
In den vorausgegangenen Tagen war versucht worden, die Heeresgruppe Kurland unter Zurücklassung aller Fahrzeuge und aller schweren Waffen über See nach Deutschland zu transportieren. Alle verfügbaren Schiffe in der Ostsee sollten Libau und Windau anlaufen und im Verlauf der letzten Kriegstage zuerst die 18. Armee und dann die 16. Armee, die den Rückzug decken sollte, abtransportieren. Die einzelnen Absetzbewegungen waren festgelegt. Foertsch teilte mit, daß in den deutschen Häfen nicht mehr genügend Kohlen

gelagert seien, um die großen Schiffe für die Kurlandfahrt zu versorgen. Es seien aber über den Brigadeführer Schellenberg Verhandlungen mit Schweden im Gange, um von dort Kohlenlieferungen zu erhalten.
Auf Grund dieser Meldungen entstanden die geheimen, mündlich weitergegebenen Weisungen, von denen der Brief des Hauptmanns Breuninger sprach. Eine erste Zurücknahme vorderster Frontteile war eingeleitet, als aus Flensburg ein Funkspruch eintraf, der besagte, daß Schweden die Auslieferung der Kohle ablehne. Es entwickelte sich ein Austausch von Funksprüchen zwischen Pelci und Flensburg. Schweden beharrte jedoch bei seiner Weigerung, so daß Dönitz' Bemühen, möglichst viele Soldaten der Kurlandarmee vor der sowjetischen Kriegsgefangenschaft zu bewahren, im Falle Kurland scheiterte. Der Kriegsmarine blieb nichts anderes übrig, als die kleineren Schiffe, die noch über Treibstoff verfügten, nach Libau und Windau zu entsenden, um dort wenigstens einen Teil der Kurlandarmeen an Bord zu nehmen. Es kam daraufhin noch einmal, diesmal in Libau, zu einer Besprechung zwischen Foertsch und Offizieren der Kriegsmarine, die, den Transportschiffen auf Schnellbooten vorauslaufend, dorthin gekommen waren. Es ergab sich, daß die vorhandenen Schiffe bei einer Räumung Kurlands nur die rückwärtigen Dienste und kleine Teile der Fronttruppen hätten an Bord nehmen können, während die Masse der Frontsoldaten, die den Abtransport am meisten verdient hätte, zurückbleiben mußte. So verfiel man auf die Lösung, über die auch jener Hauptmann Breuninger am 8. Mai seinem Vater schrieb. Man rettete die Verwundeten, die Heeresgruppenreserve und von allen Divisionen eine kleine Gruppe von Soldaten. Für die übrigen bedeutete diese Lösung die Verurteilung zur Gefangenschaft.

Es waren Minensuchboote, Prahme, Räumboote, Fischkutter, Tender, Segelschiffe und Schnellboote, die am Nachmittag des 8. Mai in Libau 20000 und in Windau 7000 Soldaten und Verwundete an Bord nahmen. Das letzte Schiff verließ Libau gegen 20 Uhr. Im Vorhafen bildeten sich drei Geleitzüge, die dann kurz vor 21 Uhr endgültig Libau verließen. Der südlichste Geleitzug wurde noch lange von russischen Fliegern angegriffen.
Erst als die Geleite fertig zum Auslaufen dalagen, zerbrach für einige Stunden in Libau und Windau und an verschiedenen anderen Stellen der Küste die Disziplin. Die Furcht vor der Gefangenschaft und die

Sehnsucht nach der Heimat trieb Tausende von Soldaten und Offizieren auf Flöße und kleine Boote. Ein Teil von ihnen erreichte noch die Geleite und wurde an Bord genommen. Ein anderer entkam nach Schweden. Die übrigen gingen in der Ostsee unter und blieben verschollen.

Zusammen mit den Schiffen waren, aus Norwegen kommend, 35 Junkersflugzeuge »Ju 52« in Grobin gelandet, um Verwundete zu bergen. 32 von ihnen fielen im Laufe des Nachmittags sowjetischen Jägern zum Opfer. Nur drei gelangten glücklich nach Deutschland. Die wenigen deutschen Flieger, die zuletzt noch in Kurland stationiert waren, versuchten ebenfalls, Deutschland zu erreichen. Obwohl diese Flugzeuge den Generalen und Stabsoffizieren der Heeresgruppe Kurland zum Mitflug offengestanden hätten, nützte nur einer, der Kommandeur der 6. Flakdivision, diese Möglichkeit. An Bord der Schiffe fuhren die Kommandeure der 2. Infanteriedivision und der 14. Panzerdivision mit Teilen ihrer Truppen in die Heimat. Bei der 14. Panzerdivision gelangten außer dem Divisionsstab nur wenige Soldaten an Bord. Alle anderen Kommandeure blieben zurück und gingen in russische Gefangenschaft, bis auf einige, die, wie der SS-Obergruppenführer Krüger, ihrem Leben selbst ein Ende machten.

Hilpert, die Oberbefehlshaber der 16. und 18. Armee und alle Kommandierenden Generale hatten diesen Weg als erste beschritten. Hilpert hatte sich am 7. Mai mit den Russen funktelegrafisch in Verbindung gesetzt und ihnen die Kapitulation der Heeresgruppe Kurland angeboten. Die Russen forderten, daß Hilpert sich mit den genannten anderen Befehlshabern in ihre Hand begäbe, bevor sie ihre Kapitulationsbedingungen mitteilten. Zur Einleitung der Verhandlungen stimmten sie zunächst einer Waffenruhe auf einer Frontbreite von drei Divisionen zu.

Still und beherrscht, so wie er gelebt hatte, fuhr Hilpert mit den anderen Generalen im Kraftwagen mit weißer Flagge zur russischen Front hinüber. Zurück blieb sein Chef des Stabes, General Foertsch, der die Führung der Heeresgruppe für die letzten Tage übernahm. Auch Foertsch war ein bescheidener Mann ohne persönliche Ansprüche, ein unermüdlicher und gewissenhafter Arbeiter. Aber er war sensibel, eher gefühlvoll als energisch. Das längere Abreißen der Nachrichtenverbindung zu seiner Familie in Deutschland hatte ihn bereits innerlich erschüttert.

Um so mehr gab er sich noch einigen Wunschträumen hin, die nicht der Wirklichkeit entsprachen, die aber auch in den Herzen zahlreicher Soldaten lebten. Sie glaubten, wegen ihres tapferen Kampfes auf eine besondere Behandlung rechnen zu dürfen, und hofften in der Stille, daß sie vielleicht doch bald in die Heimat entlassen werden würden. Foertsch hegte ähnliche Hoffnungen und ließ noch am 8. Mai einen motorisierten, beweglichen Arbeitsstab zusammenstellen. Er dachte daran, daß die ganze Heeresgruppe zu einem Arbeitseinsatz in Rußland oder Polen verwendet werde und daß sie dabei geschlossen geführt werden müsse.

Unterdessen begab sich der General Rauser im Auftrag von Foertsch zu den Russen, um die Kapitulationsbedingungen in Empfang zu nehmen. Rauser war ein harter und stolzer Mann, der noch viel Überwindung brauchte, um dieses Ende zu begreifen. Er erklärte den Russen, die ihn in ihrer Unberechenbarkeit und in der Freude über den Abschluß des Krieges mit »Kammrad« begrüßten und ihm zu rauchen anboten, er sei nicht als Freund gekommen, sondern lediglich, weil er dazu befohlen worden sei. Sechs Stunden wurde über die Kapitulationsbedingungen verhandelt. Aber Rauser erklärte sie für unerfüllbar und weigerte sich, damit nach Pelci zurückzukehren. Die Russen erklärten daraufhin, daß sie in Moskau neue Weisungen einholen würden. Dies dauerte bis tief in die Nacht vom 8. zum 9. Mai. Die Bedingungen wurden dann gemildert, und Rauser traf am Morgen wieder in Pelci ein.

Zu diesem Zeitpunkt lagen dort schon Meldungen über das Verhalten der Russen gegenüber den deutschen Fronteinheiten vor. Und seit der Nacht vom 8. auf den 9. Mai marschierten russische Truppen überall nach Kurland hinein. Sie kümmerten sich zunächst wenig um die einzelnen deutschen Truppenteile, sondern interessierten sich nur für Uhren, Ringe und anderen Schmuck. Fahrzeuge und Unterkünfte wurden geplündert und Funkgeräte, Radioapparate und ärztliche Einrichtungen einfach zerschlagen. Nach den Bestandslisten, die überall vorbereitet worden waren, wurde nicht gefragt. Die meisten russischen Soldaten waren betrunken und riefen den Deutschen, noch während sie plünderten und ihnen die Uhren abnahmen, zu: »Woina kaputt, skoro domoi!« (Der Krieg ist zu Ende, bald geht es nach Hause!) Sie dachten dabei an sich selbst, nährten aber Illusionen bei den Deutschen. Da die Russen sich auch im weiteren Verlauf des 9. Mai nicht um die deutschen Verbände kümmerten, versuchten letztere einfach in Richtung Deutschland abzuziehen. Sie gelang-

ten zum Teil bis Memel oder sogar bis Insterburg in Ostpreußen. Dort wurden ihre Kolonnen jedoch aufgehalten und ihr vermeintlicher Heimmarsch fand ein jähes Ende.
Erst am Nachmittag des 9. Mai kam etwas Ordnung in die unübersichtliche Lage. Auf Sammelplätzen wurden die deutschen Offiziere von den Soldaten getrennt. Russische Offiziere hielten Ansprachen und versicherten den Deutschen ehrenvolle Behandlung und ausreichende Verpflegung. Dann begann der Marsch der Deutschen in die Sammellager. Auf dem Marsch wurden viele von ihnen noch ihrer letzten Habe beraubt.
Unterdessen war auch ein russisches Übergabekommando beim Stab der Heeresgruppe in Pelci erschienen. Foertsch hatte ihnen im Fischmeisterhaus zum Empfang ein Frühstück herrichten lassen. Aber die Russen beachteten seine Vorbereitungen nicht. Sie rückten wohl ihre Mützen in den Nacken und nahmen sich stehend vom gedeckten Tisch dies und jenes, was ihnen gerade gefiel. Dann aber schoben sie einfach mit den Armen Gedecke, Gläser und Platten beiseite und begannen mit der Vernehmung der Deutschen.
Foertsch brach zusammen.
Bis zum 10. Mai lebte der Stab der Heeresgruppe noch in verhältnismäßiger Freiheit. Dann wurde auch er im Schloß interniert und zwei Tage später, am Vormittag des 12. Mai, nach Riga-Schlock gefahren, wo bereits der größte Teil der Kurlandoffiziere unter der Aufsicht des sowjetischen Geheimdienstes versammelt war. Der Stab wurde in Autobussen an endlosen Zügen deutscher Gefangener vorbeigeführt. Sie kamen an den ersten Mannschaftslagern vorbei und sahen die deutschen Soldaten mit geschorenen Köpfen unter freiem Himmel hinter Stacheldraht. Da gaben sie ihre Illusionen auf.
Am 23. Mai 1945 war das große Sammeln abgeschlossen, und wenige Tage später begann der Weitermarsch nach Osten, den Ausläufern des Waldaigebirges entgegen, wo inmitten sumpfiger Wälder Gefangenenlager »abgesteckt« waren. 180000 Deutsche hielten hier ihren Einzug. Auf sie warteten tausendfacher Tod, das lange Schweigen und in wachsendem Maße die quälende Frage: Was war der Sinn?
Am gleichen 23. Mai, an dem das »Sammeln« der deutschen Kriegsgefangenen in Kurland abgeschlossen war, ging in Flensburg die Frist, die einem kurzen Weiterleben der Regierung Dönitz am Rande des Zusammenbruchs gesetzt worden war, zu

Ende. Am 9. Mai, am Tage der Gesamtkapitulation, hatte Dönitz vor dem Entschluß gestanden, seiner schattenhaften Regierung selbst ein Ende zu machen. Der Auftrag zur Beendigung des Krieges war erfüllt. Eine wachsende Resignation, die ihn seit den Kapitulationsverhandlungen mit Eisenhower erfüllte, sagte ihm, daß seine Regierung nur zu leicht eine würdelose Farce werden könne. Aber noch einmal trat Schwerins legalistischer Geist auf den Plan. Auch Schwerins Hoffnungen hatten durch die Ereignisse bei den Kapitulationsverhandlungen schwere Schläge erlitten. Aber seine ursprünglichen staats- und völkerrechtlichen Überzeugungen, die er sich auf sonderbare und rätselhafte Weise durch die Jahre seiner Ministerzeit, in denen Recht durch Macht ersetzt worden war, aufbewahrt hatte, ließen ihn erklären, Dönitz sei mit der Ernennung durch Hitler legales Staatsoberhaupt geworden. Dieses juristische Faktum werde durch den zeitweiligen Verlust der Souveränität nicht berührt. Ein Erlöschen der Funktion des Staatsoberhauptes sei rechtlich ausgeschlossen. Damit erübrigte sich jede Erörterung eines freiwilligen Rücktritts.

Schwerin besaß den stärksten Einfluß auf Dönitz. Aber auch Speer und Jodl trugen dazu bei, daß Dönitz sich entschloß, seine Schattenregierung nicht selbst aufzulösen. Jodls Gedanken dagegen kreisten nach wie vor um den Gegensatz zwischen Ost und West. Die für ihn entehrenden Erlebnisse in Reims und der Trotz, der dort in ihm wachgerufen worden war, bewogen ihn erst recht dazu, die Idee eines bevorstehenden offenen Ausbruchs der Gegensätze zwischen Ost und West zu pflegen und die Weiterexistenz der Regierung zu fordern, da es ihre Pflicht sei, sich nicht freiwillig der Chance zu berauben, beim Ausbruch dieser Gegensätze Deutschland zu vertreten.

Auf eine starre, groteske Art setzte er die täglichen Lagebesprechungen des »Oberkommandos der Wehrmacht« fort und bastelte von Tag zu Tag weiter an den Träumereien über einen kommenden Krieg zwischen der Sowjetunion und den westlichen Alliierten.

Dönitz, seine Regierung und die Reste des OKW behielten zunächst Bewegungsfreiheit in einem kleinen Raum um Flensburg und Mürwick. In dieser Enklave wechselten Hoffnungen und Illusionen mit Stimmungen der Resignation. Am 10. Mai traf eine »Alliierte Kontrollkommission« in Flensburg ein, welche die Durchführung der Kapitulationsbedingungen überwachen sollte. Sie stand unter der Führung des amerikanischen Generals Rooks und des englischen Brigadegenerals Ford. Die Kommission nahm Wohnung auf dem im Flensburger Hafen liegenden Motorschiff »Patria«.

Das gegenseitige Verhältnis war korrekt. Aber jedes Wort, das Rooks oder Ford sprachen, wurde von Schwerin auf die Goldwaage gelegt und auf Anzeichen dafür geprüft, daß man auf alliierter Seite bereit sei, die Dönitz-Regierung anzuerkennen und mit ihr zusammenzuarbeiten. Er ließ eine Denkschrift über die deutsche Ernährungslage und über die Möglichkeiten, eine Hungersnot zu vermeiden, ausarbeiten. Diese Denkschrift wurde Rooks überreicht. Die Tatsache, daß er sie nicht ohne Interesse zur Kenntnis nahm, erregte ebenso viele Hoffnungen wie die zweite Tatsache, daß der geschäftsführende Minister für Ernährung und Landwirtschaft, Backe, nach Reims beordert wurde. Erst später wurde bekannt, daß Backe nach seiner Ankunft in Reims von den Amerikanern verhaftet und in ein Lager bei Luxemburg übergeführt worden war.

Schwerin begriff langsam die allbeherrschende Woge des Hasses und des Abscheues gegen alles Deutsche, als er die englischen und amerikanischen Presseberichte über die Besetzung deutscher Konzentrations- und Vernichtungslager für Juden und politische Gegner las. Man durfte ihm ebenso wie Dönitz glauben, daß beider tatsächliche Kenntnis von den Verhältnissen in den Konzentrationslagern beschränkt gewesen war und daß sie angesichts der Berichte in der Weltpresse zuerst annahmen, es handle sich um eine Wiederholung antideutscher Greuelnachrichten des ersten Weltkrieges. Die Wahrheit wurde ihm aber vor Augen geführt, als in Mürwick ein Schiff eintrat, von dem die Bewachungsmannschaften geflohen waren und in dessen Laderäumen weit über tausend Häftlinge eingepfercht waren, von denen die Hälfte an Hunger gestorben war und der Rest Skeletten glich. Erregt bedrängte Schwerin Dönitz, sofort eine Verordnung auszuarbeiten, welche die Verurteilung der Konzentrationslagerverbrechen zum Gegenstand hatte. Man durfte Schwerin die Empörung des bürgerlichen Menschen glauben, der vielleicht zum erstenmal entdeckte, welchem Regime er tatsächlich gedient hatte. In der Verordnung wurde ein Reichsgerichtshof ermächtigt, in erster und letzter Instanz über all diejenigen zu urteilen, die an den Konzentrationslagerverbrechen beteiligt gewesen seien. Schwerin trug Sorge, daß diese Verordnung Eisenhower übersandt wurde. Es war wieder ein Zeichen für die Irrealität seiner Vorstellungen, wenn er Tag für Tag auf eine Antwort hoffte und nicht verstand, daß diese ausblieb.

Die Erkenntnis der unerbittlichen Wirklichkeit, in der die westlichen Sieger auch den letzten Rest dessen, was von Hitlers Regime übriggeblieben war, aber darüber hinaus den letzten Rest deutscher Selbständigkeit zerstören wollten, schuf sich nur langsam Bahn. Der Erkenntnis half die Tatsache weiter, daß Keitel verhaftet wurde; vielleicht auch die Nachricht, nach der Eisenhower erklärt hatte, daß Dönitz und seine Umgebung sich lediglich als Kriegsgefangene in vorläufiger Sonderbehandlung zu betrachten hätten.

Am 15. Mai traf der politische Berater General Eisenhowers, Murphy, in Flensburg ein, um die Legitimation Dönitz' als Staatsoberhaupt zu prüfen. Bei der Einleitung der Kapitulation hatte niemand daran gedacht, zu erklären, daß die entsprechenden Legitimationen nicht ausreichend seien. Jetzt betrachtete Murphy sie mit skeptischem Blick.

Zwei Tage darauf, am 17. Mai, erschien der sowjetische General Trushkow mit seinem Stab, um sich an den Versammlungen der Kontrollkommission zu beteiligen. Noch einmal belebten sich die Illusionen, die in den naiven Vorstellungen von einer nahen Auseinandersetzung zwischen Ost und West wurzelten, als man ein Mißtrauen zu bemerken glaubte, das zwischen den Russen, die auf dem Schiff, das sie hergebracht hatte, blieben, sowie Amerikanern und Engländern bestand. Aber das war nur ein letztes Aufflackern der Hoffnungen vor dem Ende.

Am 23. Mai wurden Dönitz, Jodl und v. Friedeburg auf die »Patria« bestellt. General Rooks teilte ihnen in Gegenwart von Ford und Trushkow mit, das alliierte Hauptquartier habe ihm soeben den Befehl übermittelt, alle Angehörigen der Dönitz-Regierung und des Oberkommandos der Wehrmacht zu verhaften. Am frühen Nachmittag kam das Ende. v. Friedeburg kehrte noch einmal in seine Wohnung zurück und beging Selbstmord.

Rings um die Verwaltungsgebäude in Mürwick fuhr eine englische Panzerbrigade auf. Dazu gesellte sich ein Bataillon englischer Militärpolizei. Unter Bedeckung durch die Panzer begann die Fahrt der Verhafteten nach Flensburg und von dort in ein luxemburgisches Lager. Die Stätte, auf der Dönitz und seine Umgebung voller Illusionen und schwer begreiflicher Verkennung der Wirklichkeit die Kapitulation um 14 Tage überdauert hatten, blieb leer und verlassen zurück.

NACHWORT

Dieses Buch ist die Fortsetzung des Bandes »Es begann an der Weichsel«, worin die letzten Monate des Zweiten Weltkrieges in Osteuropa und Ostdeutschland vom Januar 1945 bis zum März 1945 und die Flucht der deutschen Bevölkerung nach Westen geschildert wurden.

Auch dieses Buch stützt sich auf eine große Zahl von Dokumenten, auf gedruckte oder geschriebene Quellen, Bücher, Broschüren, Flugblätter, Briefe, Tagebücher, ausführliche Erinnerungsberichte führender politischer und militärischer Persönlichkeiten oder um stenografische Mitschriften eingehender Unterredungen des Verfassers mit solchen Persönlichkeiten, nicht zuletzt aber mit den machtlosen, duldenden Zeugen und Opfern des Geschehens.

Für dieses Buch gilt das gleiche wie für »Es begann an der Weichsel«. Bei der Schilderung eines so umfangreichen Stoffes wäre es vermessen, wollte der Autor den Anspruch erheben, eine in jedem Punkt unanfechtbare Darstellung vorzulegen. Indes dürfte, aufs Ganze gesehen, die Zahl solcher Irrtümer gering und, an der Gesamtaufgabe gemessen, ohne Bedeutung sein.

Dies gilt nicht zuletzt für das Kapitel »Die Insel der Unseligen«. Hier sind die Quellen ebenso widerspruchsvoll wie die Ansichten über das deutsch-tschechische Verhältnis bis 1939, über die gewaltsame Besetzung und Zerstückelung der Tschechoslowakei, über die Explosion tschechischer Emotion und Vergeltung, die sich daraus ergab, mit all ihren Fragen nach Schuld und Sühne.

Dieses Buch wird, wie das erste, Freunde unter all denen finden, die in ihm Abbilder ihrer eigenen Erlebnisse, ihrer Leiden und die Erhellung von Hintergründen sehen, die ihnen unbekannt waren und bis heute unbekannt geblieben sind. Aber es wird auch Gegnerschaft erwecken, nicht nur in der Sowjetunion, welche die vorangegangene deutsche Eroberung, deutsche Herrscherträume und Barbarei mit ihrem eigenen Maß an Rückeroberung und Eroberung, Vergeltung und Barbarei erwiderte. Sondern auch unter denen, die an den Entscheidungen von Jalta und Potsdam teilhatten und die Grundlagen für die Haltung der westlichen Alliierten während der letzten Monate des Zweiten Weltkrieges sowie in den Jahren danach schufen und dabei Irrtümern verfielen, weil auch sie nur Menschen waren.

Es wird wiederum Leser geben, die darüber enttäuscht sind, daß sie nicht alles vorfinden, was sie zu finden hofften, nachdem sie nach Kräften zur Sammlung der Quellen beitrugen. Aber sie werden verstehen müssen, daß ein Buch, das ein so vielgliedriges Geschehen behandelt, nicht jede Stadt und jedes Dorf nennen kann, an denen Menschen hängen und in denen gelitten und gestorben wurde. Und sofern manche glauben mögen, daß dem Ausmaß des Schreckens der Vergeltung nicht Genüge geschehen sei, so muß auch bei dem neuen Buch wiederholt werden, was für »Es begann an der Weichsel« galt. Es wurde nicht geschrieben, um die eigene Unschuld zu beweisen und die Schuld anderer zur eigenen Entlastung zu brandmarken. Es wurde auch nicht geschrieben, um neuen Haß, neue Entfremdung oder den Wunsch nach Vergeltung für Vergeltung zu nähren, sondern es wurde so wie das erste Buch geschrieben, um auf allen Seiten nach Wahrheit zu suchen, soweit dies schon heute und einem unvollkommenen Menschen möglich ist.

QUELLEN

Im folgenden sind die wichtigsten Quellen angegeben, die dem Autor zur Zeit der Niederschrift zur Verfügung standen.

GEDRUCKTE UND HEKTOGRAPHIERTE QUELLEN:

BÜCHER UND BROSCHÜREN:

Anders, Wladislaw, An Army in Exile, London 1949.
Bernadotte, Folke, Das Ende, Zürich 1945.
Boldt-Hepp, Die letzten Tage der Reichskanzlei, Hamburg-Stuttgart 1947.
Byrnes, J. F., In aller Offenheit, Frankfurt 1948.
Ciechanowski, Jan, Vergeblicher Sieg, Zürich 1948.
Clay, Lucius D., Entscheidung in Deutschland, Frankfurt 1950.
Eisenhower, Dwight, D., Invasion, Hamburg 1949.
–, Kreuzzug in Europa, Amsterdam 1949.
Fritzsche, Hans, Hier spricht Hans Fritzsche, Zürich 1948.
Grieger, Friedrich, Wie Breslau fiel, Metzingen/Württ. 1948.
Guillaume, A., Warum siegte die Rote Armee? Baden-Baden 1949.
Halder, Franz, Hitler als Feldherr, München 1949.
Hart, Lidell, Die Strategie einer Diktatur, Zürich 1949.
Kern, Erich, Der große Rausch. Der Rußlandfeldzug 1941/42, Zürich 1948.
Koller, Karl, Der letzte Monat, Mannheim 1949.
Mendelssohn, Peter de, Die Nürnberger Dokumente, Hamburg 1947.
Minz, I. I., Der Große Vaterländische Krieg der Sowjetunion, Berlin 1947.
Montgomery, Von El Alamein zum Sangro – Von der Normandie zur Ostsee, Hamburg 1949.
Nycop, Carl-Adam, Die großen Kanonen, Zürich 1944.
Puttkamer, Jesco v., Irrtum und Schuld, Berlin-Neuwied 1948.
Reichenberger, E. J., Ostdeutsche Passion, Düsseldorf 1948.
Rein, Heinz, »Finale Berlin«, Berlin 1949.
Rieß, Curt, Joseph Goebbels, Baden-Baden 1949.
Roosevelt, Elliott, As he saw it, New York 1946.
v. Schenk, Rosenberg, St. Gallen 1947.
Seraphim, Ostwärts der Oder und Neiße, Hannover 1949.
Sherwood, Robert E., Roosevelt und Hopkins, Hamburg 1950.
Shulman, Milton, Die Niederlage im Westen, Gütersloh 1949.
Speidel, Hans, Invasion 1944, Stuttgart-Tübingen 1949.
Stalin, J., Über den Großen Vaterländischen Krieg der Sowjetunion, Moskau 1946.
Stephan, Werner, Joseph Goebbels, Dämon einer Diktatur, Stuttgart 1949.
Trevor-Roper, Hitlers letzte Tage, Zürich 1948.
Westphal, Siegfried, Heer in Fesseln, Bonn 1950.
Wogulow, Wladimir, Wie Ostdeutschland besetzt wurde und Berlin kapituliert hat.

ZEITSCHRIFTEN-AUFSÄTZE, ZEITUNGEN, FLUGBLÄTTER USW.:

Baldwin, Hanson W., Die Schlacht in den Ardennen, Die amerikanische Rundschau, 3. Jahrgang, 15. Heft, Oktober 1947.

Brock, Joachim, Der Untergang der »Wilhelm Gustloff«, Christ und Welt, Nr. 24/25, November 1948.

Europa-Briefe; Die Nürnberger Aufzeichnungen des Admirals Dönitz (17. Juni 1950).

Flugblätter des Alliierten Oberkommandos, März/Mai 1945.

Flugblätter über die Kapitulation von Königsberg am 12. April 1945, Erklärungen des Generals Lasch.

Franzel, Emil, Prag im Mai 1945, »Die Welt«, Hamburg, 3., 5. und 6. Mai 1950.

»Front und Heimat«, 1945.

Kircher, Rudolf, Statisten beim Jüngsten Gericht, »Die Weltwoche«, Zürich, 17. Jahrgang, Nr. 131/132.

v. Köller, Max-Georg, Die Flucht Erich Kochs, Echo, Deutsche Warte, Nürnberg, Nr. 11, 4. Jahrgang, Anfang Juni 1949.

Lüdde-Neurath, Walter, Sieben Tage Schattenregierung Dönitz, »Die Welt«, Hamburg, Mai 1949.

Schön, Heinz, Die letzte Fahrt der »Wilhelm Gustloff«, Heim und Welt, Nr. 7, 8 und 9, vom 20. Februar bis 6. März 1949.

»Ostdeutscher Beobachter«, Posen, Januar 1945.

»Der Panzerbär«, 1945.

»Pommersche Zeitung«, Stettin, Februar 1945.

»Preußische Zeitung«, Königsberg, Januar, Februar, März 1945.

Simpson-Francis, »Befreiung«, Catholic Digest 1946.

Sonderdienst Seehaus, Abhörberichte über Sendungen Ilja Ehrenburgs, Seehaus 1945.

Sowjetische Flugblätter, Januar/April 1945.

»Der Völkische Beobachter«, 1945.

Wochenzeitung »Das Reich«, 1945.

GESCHRIEBENE QUELLEN UND HEKTOGRAPHIERTE MITSCHRIFTEN:

Die Namen einiger Verfasser oder interviewter Zeugen, die zur Zeit der Quellensammlung und der Niederschrift von »Es begann an der Weichsel« und »Das Ende an der Elbe« in von der Sowjetunion besetzten oder verwalteten Gebieten lebten, wurden auf ihren Wunsch durch Sternchen ersetzt.

v. Ahlfen, Hans, 1. Rückzug von der Weichsel 1945, 2. Die Verteidigung Breslaus vom 1. Februar bis 31. März 1945.

Beckmann, Karl, Der Untergang der »Goya«.

Boeckh, Theodor, Die Kämpfe um den Masaryk-Bahnhof in Prag in den ersten Maitagen 1945.

Breitfeld, E. C., 1. Heereslager Böhmen, März/April 1945, 2. Ereignisse in Prag, 28. April bis 5. Mai 1945, 3. Die Revolution in Kladno, 5. bis 10. Mai und 11. bis 28. Mai 1945.

Chill, Kurt, 1. Die Ereignisse in Ost- und Westpreußehn, Januar bis Mai 1945. 2. Das Schicksal der ostpreußischen Bevölkerung.

Cvikevicz, Georg, 1. Die Wlassow-Armee, 2. Der Aufstand in Prag, 3. Das Ende Wlassows.

Dethleffsen, Erich, Die Kämpfe der 4. Armee in Ostpreußen im Januar 1945.

Deutsches Büro für Friedensfragen, Dokumente der Greuel während des tschechischen Aufstandes.

Ehlert, Willy, In Königsberg und Pillau.

Eismann, Hans-Georg, Als I A der Heeresgruppe Weichsel unter Himmler und Heinrici in Pommern und Mecklenburg.

v. Freytag-Loringhoven, Bernd, 1. Ereignisse und Gestalten im Bereich der Ostfront 1944/45, 2. Die Schlacht um Berlin.

Göttinger Arbeitskreis, Dokumente der Menschlichkeit.

von der Groeben, Peter, Die Sommerschlacht in Rußland 1944 im Bereich der Heeresgruppe Mitte.

v. Grolmann, Helmut, Der Zusammenbruch der Heeresgruppe Süd in Rumänien.

Großmann, Horst, Das VI. Armeekorps in Ostpreußen.

Guderian, Heinz, Ereignisse an der Ostfront, im Oberkommando des Heeres und Führerhauptquartier Juni 1944 bis 28. März 1945.

Heidkämper, O., Tagebuchnotizen über die Ereignisse im Stab der Heeresgruppe Reinhardt im Januar 1945.

Heinrici, Gotthard, 1. An der Ostfront 1944/45, 2. Der Zusammenbruch der deutschen Ostfront im Sommer 1944, 3. Übernahme der Heeresgruppe Weichsel am 20. März 1945, 4. Die Abwehrvorbereitungen an der Oder, 5. Die sowjetische Offensive über die Oder am 16. April 1945, 6. Der Zerstörungsbefehl »Tote Erde«, 7. Die Heeresgruppe Weichsel und der Kampf um Berlin, 8. Die Kämpfe der 3. Panzer-Armee, 21. und 9. Armee bis zur Ablösung Heinricis.

Hilfswerk der Evangelischen Kirchen in Deutschland, 1. Dokumente und Erlebnisberichte über die Ereignisse westlich der Oder und Neiße im Frühjahr 1945, 2. Eidesstattliche Erklärungen über die Ereignisse und Erlebnisse während des tschechischen Aufstandes und der Vertreibung der Deutschen aus der Tschechoslowakei.

Hoffmann, Werner, 1. Die Räumung Memels – 2. Die Kämpfe um Königsberg.

Hoßbach, Friedrich, Die Kämpfe um Ostpreußen vom 19. Juli 1944 bis 30. Januar 1945.

Jacob, Alfred, Befestigungen des deutschen Ostens 1944/45.

Kerschies, Erwin, 1. Die Flucht des Gauleiters Koch, 2. Als Funker an Bord der »Ostpreußen«.

Kerwin, Bruno, Die letzten Tage Königsbergs.

v. Keudell, 1. Albert Forster, 2. Die Evakuierung des Regierungsbezirks Marienwerder.

Konrad, Joachim, Die Einflußnahme der Kirchen auf die Übergabe von Breslau im Mai 1945.

Kroemer-Pecoroni, Walter, 1. Sammlung von Berichten und Dokumenten aus der Schlacht um Berlin, 2. Die Kämpfe des Panzerkorps Weidling und der Panzerdivision »Müncheberg« an der Oder und in Berlin vom April bis Mai 1945.

Lassen, E. A., Der Kampf um Ostpreußen.

v. Lenski, Dietrich, Erlebnisse und Gestalten in Kurland (Schörner, Rendulic, Model).

Lüdecke, Otto, 1. Erlebnisse in Westpreußen 1944/45, 2. Die Kämpfe in Sachsen im April und Mai 1945.

Matzky, G., Ostpreußen im Januar 1945.

van der Milwe, Anatol, 1. Über Erich Koch in der Ukraine, 2. Über General Wlassow.

Naether, Johannes, 1. Die 2. Armee in Westpreußen, 2. Das Schicksal der westpreußischen Bevölkerung.

v. Natzmer, Oldwig, 1. Festung Kurland, 2. Ergänzungen zum Kurlandbericht, 3. Im Stab der Heeresgruppe Nord in Zinten, 4. Der Kampf um Schlesien und Sachsen, 5. Ergänzungen zum Bericht über den Kampf um Schlesien und Sachsen, 6. Das Hauptquartier der Heeresgruppe Schörner in Josephstadt, 7. Die Flucht des Generalfeldmarschalls Schörner.

Nehring, Walter, Als Führer eines Panzerkorps im Raum von Glogau von Januar bis Mitte Februar 1945.

Petzel, Walter, 1. Gauleiter Greiser, 2. Die Evakuierung des Warthegaues, 3. Die Befestigungen im Warthegau, 4. Die letzten Kämpfe im Warthegau vom 14. bis 25. Januar 1945.

Reichhelm, Günter, Aufstellung und Operationen der 12. Armee (Armee Wenck) März bis Mai 1945.

Richarz, Hugo, Bemerkungen über das Schicksal der Kurlandarmee.

v. Rosenegk, Wilhelm Nickisch, Die Ereignisse bei der Besetzung von Gleiwitz.

Roßmüller, Günther, Brieflicher Bericht über die Fahrt des Gauleiters Koch am 27. April 1945 von Schievenhorst nach Hela.

Schack, Erlebnisse in der Schlacht um die Oder und in Mecklenburg.

Schieck, Arno, 1. Die Kämpfe in Berlin, 2. Hitlers Zerstörungsbefehl »Tote Erde«.

Schön, Arnold, Die letzten Wochen von Pillau.

Schultz, Joachim, Tagebuchnotizen aus dem Bereich des Oberkommandos der Wehrmacht vom 20. April bis 23. Mai 1945.

Schumacher, Pfarrer, Erlebnisse in Gotenhafen und auf Hela März 1945.

Schwenkhagen, Peter, 1. Die Ereignisse in Graudenz – 2. Der Ausbruch aus Graudenz – 3. Erlebnisse in Danzig und Weichseltief im März/April 1945.

v. Schwerin-Krosigk, Die letzten 20 Tage der deutschen Reichsregierung; stenografische Mitschrift von Dr. Theo Seidel.

Staemmler, K. D., Die Luftversorgung Breslaus.

Szuks, Willy, Die Heeresgruppe Kurland.

Thielmann, Kurt, 1. Die letzten Tage Pommerns, 2. Der Durchbruch zum Brükkenkopf Wollin.

Thomas, Wolfram, Das Schicksal der Stadt Glogau im Frühjahr 1945.

v. Thiedemann, Der Kampf um Kolberg.

v. Tippelskirch, Kurt, 1. Das Vorrücken der Russen gegen Ostpreußen, 2. Die letzten Stunden der 21. Armee in Mecklenburg, 3. Das Kriegsende in Mecklenburg und Neubrandenburg.

v. Trebra-Lindenau, Fritz, Die amtlichen Angaben über die Luftangriffe auf Dresden.

Twiehaus, Hans, Die letzten Tage von Königsberg.

Urban, Rudolf, 1. Die letzten Tage des Protektorats Böhmen und Mähren, 2. Im Czernin-Palais während des Aufstandes in Prag.

Wegener, Martin, 1. Erich Koch, 2. Königsberg im Januar 1945.

v. Weitershausen, Georg, 1. Kämpfe und Ereignisse im Bereich der Heeresgruppe A von September 1944 bis März 1945, 2. Die Lage der Heeresgruppe Mitte im April 1945 und der Flug Schörners nach Berlin am 15. April 1945, 3. Das Ende der 1. Panzerarmee.

Weitmann, Julius, Als Nachrichtenreferent im Stabe Dönitz von März bis Mai 1945.

Welsch, Werner, Die Südfront und das Schicksal der Volksdeutschen von Herbst 1944 bis Frühjahr 1945.

Wenck, Walther, Die Februar-Offensive in Pommern.

Wirsing, Karl-Heinz, Die Operationen der 2. deutschen Armee Januar/Mai 1945.

v. Witzendorff-Rehdiger, Gotthard, Sammlung von Berichten und eidesstattlichen Erklärungen über Ereignisse östlich von Oder und Neiße im Frühjahr 1945.

Zahn, Günther, H., 1. Drei Provinzen Niemandsland, 2. Die sowjetische Okkupation des Landes hinter Oder und Neiße.

*** Arthur Greisers Aufstieg und Ende.

*** 1. Der Warthegau vom Spätsommer 1944 bis zur Besetzung durch die Russen, 2. Die letzten Tage der Gauleitung in Posen.

*** Die Räumung des Warthegaues.

*** Stettin im Frühjahr 1945.

*** 1. Die Kämpfe um Posen vom 19. Januar bis 22. Februar 1945, 2. Posens letzte Tage.

*** Der Untergang des Verwundeten-Transportschiffes »General Steuben«.

*** 1. Zwischen Hitler und Goebbels, Januar 1945 bis zum Ende, 2. Politische Gespräche, Wunschgedanken und Vorstellungen im engsten Kreise Hitlers während der letzten Monate und Wochen des Krieges.

*** 1. Politische Vorstellungen Schellenbergs und des Amtes 6 im Reichssicherheitshauptamt. 2. Bemühungen um Verhandlungen mit dem Westen und um eine Beseitigung Hitlers durch Himmler, 3. Hitler, Himmler, Bormann, Kaltenbrunner, Schellenberg.

*** Die Seeverbindung nach Kurland.

*** Die Kapitulationsverhandlungen des Generals Tschuikow mit dem deutschen General Krebs und mit General Weidling in Berlin.

REGISTER